LE CIVISME CONTRACTUEL EN DROIT DE L'OHADA ET EN DROIT EUROPEEN

Milingo Ellong Jean Joss

LE CIVISME CONTRACTUEL EN DROIT DE L'OHADA ET EN DROIT EUROPEEN

L'Harmattan

5-7, rue de l'École-Polytechnique, 75005 Paris

http://www.harmattan.fr
diffusion.harmattan@wanadoo.fr
harmattan1@wanadoo.fr

ISBN : 978-2-343-08873-0
EAN : 9782343088730

Dédicace

A Marielle, Joana, Gracia et Gloria,

A Mes Maîtres,

A Tous Ceux qui me sont Chers, et Dieu seul sait qu'ils sont nombreux !

Remerciements

Mes remerciements vont d'abord à mes directeurs de thèse, Messieurs les professeurs Philippe DELEBECQUE et Henri Désiré MODI KOKO BEBEY, qui ont su, chacun à sa manière, me transmettre cette passion pour la recherche. Je tiens à leur exprimer toute ma profonde gratitude pour leur disponibilité et leur soutien indéfectible. Que la présente thèse soit l'expression de ma sincère reconnaissance, ainsi que celle de l'attention et confiance permanentes qu'ils n'ont cessé de me témoigner.

Je tiens également à remercier Madame le Professeur Stéphane GÉRRY-VERNIÈRE, ainsi que Messieurs les Professeurs Denis MAZEAUD, André AKAM AKAM et Cyril GRIMALDI, d'avoir bien voulu accepté de faire partie du jury et d'amender ce travail en vue de son amélioration.

Enfin, merci à tous les acteurs de l'ombre, qui ont pour la plupart choisi une fois de plus de rester dans l'anonymat, mais qui, directement ou indirectement, de manière significative, ont œuvré à la réalisation de cette thèse. Puisse celle-ci leur donner raison de leur patience et de leur profonde estime

Préface

La communauté des juristes doit au Doyen Carbonnier, prince de la formule, l'expression de « civisme contractuel » (Droit civil, t. IV, PUF, n° 68). Le Doyen entendait par là que le contrat devait nécessairement obéir, au-delà de la volonté exprimée par les contractants, à un certain nombre de règles imposées par la société. Le Doyen ne s'était pas vraiment expliqué sur la société en cause, mais on peut supposer qu'il visait la société démocratique occidentale contemporaine nourrie de principes universels. Le civisme contractuel représenterait ainsi une « exigence absolument générale de validité », « le minimum de conformisme social requis de tous les contractants ». Il y aurait donc parmi ou derrière les conditions essentielles de validité de toute convention visées par l'article 1108 du Code civil, une toile de fond ou une condition « absolue » portant le nom de civisme contractuel, trouvant son expression dans la conformité à l'ordre public et aux bonnes mœurs, notions auxquelles il faudrait rattacher l'absence de fraude, sorte de protection avancée de l'ordre public.

Depuis le Doyen Carbonnier, de nombreux auteurs se sont emparés de ce bel emblème du civisme contractuel pour développer les exigences de l'ordre public auxquelles le contrat est confronté, en y intégrant ou non celles encore plus évolutives de bonnes mœurs. Personne cependant n'avait osé aller plus loin et essayé de conceptualiser ce que peut recouvrir une telle expression. Le sujet attendait un jeune auteur à la fois rigoureux et ouvert aux autres. Ce jeune auteur, le Doyen Henri Modi Koko l'avait trouvé en la personne de Jean-Joss Milingo Ellong et lorsque celui-là me demanda si j'étais prêt à codiriger une thèse sur un tel sujet et que celui-ci me fut présenté, j'acceptais immédiatement, d'abord parce que les choix du Doyen Henri Modi Koko sont toujours excellents, mais aussi parce que j'avais l'intuition que si l'entreprise était particulièrement difficile, elle n'était pas impossible, si l'on prenait le soin de ne pas trop valoriser le sujet tout en ayant conscience de son intérêt et de son actualité.

L'écueil, en effet, était d'expliquer toutes les limites à la liberté contractuelle par une référence au civisme contractuel. Le civisme, c'est ce qui est postulé par la citoyenneté, par l'appartenance à la cité, par la civilité non pas puérile et honnête, mais faite de partage, de considération de l'autre et de défense des libertés. Il ne fallait donc pas multiplier les exemples tirés de textes impératifs ou d'une jurisprudence souvent raisonneuse, mais s'en tenir aux exigences du vivre en commun postulées par la société contemporaine et que caractérisent la dignité, le respect d'autrui, la sécurité des personnes et des biens, sans oublier la loyauté. Le sujet ne devait pas être non plus l'occasion de passer en revue toutes les manifestations de l'ordre public politique ou économique, de direction ou de protection, interne ou international ; il fallait plutôt insister sur ce qui fait le ciment des sociétés modernes, tout en en appréhendant les évolutions liées aux questions sociales et environnementales.

C'est bien cette direction dans laquelle s'est engagé Monsieur Milingo avec le souci constant de porter une attention soutenue aux sources tirées de la Convention européenne des droits de l'homme – on ne s'en étonnera pas -, mais aussi à un certain nombre de conventions internationales récentes, bilatérales ou multilatérales, régionales ou plus étendues, à l'exemple des traités OHADA, où l'on voit se profiler des exigences essentielles renvoyant à la protection des salariés ou à celle des consommateurs, imposant le respect de la bonne foi ou encore prenant en considération la protection de l'environnement. Les conventions de droit matériel contemporaines, dont les conventions OHADA, ne se contentent plus d'exposer les règles techniques sur tel ou tel thème intéressant de près ou de loin le droit des contrats, elles cherchent en même temps à défendre les valeurs universelles qui portent les sociétés modernes. D'où une interaction entre la technique et les valeurs qui tire les règles juridiques vers le haut et obligent les contractants à faire preuve toujours plus de civisme. On l'aura compris, l'intérêt de la thèse de Monsieur Milingo est de donner un contenu à la belle expression du Doyen Carbonnier et de montrer qu'elle n'était pas une simple formule.

L'auteur centre ses analyses sur les aspects les plus concrets du civisme contractuel : assurer la dignité et la sécurité des personnes, sans oublier celle de leur patrimoine, et imposer la loyauté dans les échanges, bien entendu, mais aussi veiller à ce que les contractants respectent les politiques du développement durable, du commerce équitable et de la protection de l'environnement. Comme le dit très bien Monsieur Milingo, le civisme contractuel ne se résume pas à la seule défense des droits fondamentaux des individus. Du reste, il est symptomatique que dans les contrats internationaux, les grands groupes s'engagent aujourd'hui, à travers des clauses savamment étudiées, non seulement à éviter toute discrimination, mais aussi à respecter l'environnement du pays d'accueil et à contribuer à son développement. Ces clauses ne sont pas ou plus vides de sens : elles sont strictement sanctionnées. Pour ne prendre que l'exemple des grandes compagnies pétrolières, celles-ci ont parfaitement compris qu'elles ne pouvaient plus se permettre de tenir compte de leurs seuls intérêts et de négliger la pression sociale. Leur image en dépend. D'où des comportements beaucoup plus civiques que par le passé. Les catastrophes sont souvent porteuses d'enseignement. Celle de l'*Erika* et celles des *crashs* aériens le démontrent amplement.

Si le civisme contractuel se traduit par un certain conformisme, si l'on ose dire, par du « juridiquement correct », celui que préconise Monsieur Milingo n'est pas pour autant dépourvu de tout esprit critique : le lecteur s'en convaincra en se reportant aux analyses nuancées de l'auteur sur le solidarisme contractuel. On conviendra cependant que l'on se trouve là aux limites de l'exercice, car ce que le contractant civique doit faire, ce qui s'impose au bon contractant, doit, semble-t-il, relever avant tout de son appréciation et non de ce qui peut lui être dicté par les autres ou même par le juge. Il reste que c'est sans doute l'éducation qu'il a reçue ou qu'il devrait recevoir qui déterminera sa décision.

La thèse qui est aujourd'hui offerte sur le civisme contractuel soulève, comme on le voit, de nombreuses questions. Le sujet, une fois encore, devait être traité et il fallait beaucoup de courage et de science pour l'entreprendre. On se félicitera donc de la présente étude, d'autant que le plan suivi, assez audacieux, permet d'en comprendre toutes les articulations et débouche sur ce qui faisait le projet de l'auteur : parvenir à conceptualiser le civisme contractuel et à l'ériger au rang d'une véritable notion. La bonne maîtrise technique de l'auteur sur les concepts les plus importants du droit contractuel, associée à une culture très vaste font de cette recherche sur un sujet particulièrement difficile un ouvrage de référence. Au demeurant, le jury de soutenance, composé du Doyen Akam-Akam, de Madame Gerry Vernières et de Messieurs D. Mazeaud et C. Grimaldi et dirigé par le Doyen Henri Modi Koko et le soussigné, a tenu, à l'unanimité, à le reconnaître, en attribuant à la thèse de Monsieur Milingo les meilleures distinctions.

On ne peut refermer cette brève préface, sans mentionner les mérites de l'auteur, ses capacités de travail assez exceptionnelles, dans des conditions que peu d'étudiants auraient pu accepter et accepteraient encore, mais aussi ses grandes qualités humaines et, nous l'avons dit, son ouverture de cœur et d'esprit, qui le prédisposent certainement à une brillante carrière universitaire.

Philippe Delebecque
Professeur à l'Ecole
de droit de la
Sorbonne
Université de Paris-I
(France)

Résumé

Le contrat est juste parce que les parties l'ont voulu. Cette idée qui a longtemps prévalu en droit des contrats y est encore bien présente. Avec les mutations économiques, sociales, environnementales et technologiques observées, elle s'est émoussée au profit d'un interventionnisme protecteur, la volonté n'étant plus à même d'assurer exclusivement la sauvegarde des intérêts contractuels. Aujourd'hui, le volontarisme et le protectionnisme ne suffisent plus à assurer la sauvegarde de tous les intérêts contractuels en présence. Il fallait donc à nouveau repenser autrement le contrat. Pour le doyen Carbonnier, *« seul le civisme contractuel (la conformité du contrat à l'ordre public et aux bonnes mœurs) représente une exigence absolument générale de validité, le minimum de conformisme social requis de tous les contractants»*. L'idée de civisme, consubstantielle à la notion de contrat, se révèle alors progressivement en la matière, dans les droits nationaux comme dans les regroupements étatiques tels le droit européen et de l'OHADA. Bien qu'implicite, le civisme contractuel est affirmé dans les sources de ces ordres juridiques et son contenu hétérogène est identifiable. Par ailleurs, le civisme contractuel a vocation à s'appliquer à tous les contrats de droit privé; à toutes les phases contractuelles, quand bien même il serait plus manifeste lors de l'exécution du contrat. Il s'impose aux contractants et aux interprètes tels le juge et l'arbitre ; et contribue non seulement à l'accroissement de leurs pouvoirs, mais également à la sécurisation du lien contractuel. Ainsi, le civisme contractuel ne saurait être limité, comme l'entrevoyait son géniteur le doyen Carbonnier, à une condition extrinsèque de validité du contrat tenant à son contenu. Il s'agit d'un principe général du droit des contrats, complémentaire des principes actuels à l'instar du libéralisme et du solidarisme contractuels, et dont la nécessaire consécration textuelle peut être relativisée. La violation des droits et obligations que véhicule le civisme contractuel est sanctionnée selon que l'intérêt en cause est général ou particulier, l'idée étant de maintenir le contrat tant que son exécution reste possible, ou d'accélérer sa disparition lorsqu'il est établi que son maintien risque de porter atteinte aux intérêts contractuels en présence.

Descripteurs : Civisme – Contrat- Droit comparé - Droit OHADA - Droit européen

Abstract

The "contract" is just because both parties wanted it. This idea has long prevailed in contract law and is still very present. With the observed economic, social, environmental and technological transformations, it is blunted in favour of a protective interventionism, the will no longer being to ensure exclusively the protection of the contractual interests. Today, voluntarism and protectionism are not enough to ensure the safety of all contractual interests. It is therefore necessary to think otherwise of a contract. According to Dean Carbonnier, *«only the contractual citizenship (contract compliance to public order and morality) represents an absolutely general validity requirement, the minimum social conformity required of all contractors»*. The idea of citizenship, consubstantial with the notion of contract, reveals itself gradually on the matter, under national law, as in the state groupings such as the European law and OHADA. Though implicit, contractual citizenship is stated in the sources of these legal systems and its heterogeneous content is identifiable and recognizable. Moreover, the contractual citizenship authority to apply to all contracts of private law; to all contractual phases, even though it would be more evident during the execution of the contract. It binds the contracting parties and interpreters such the judge, and contribute not only to help increasing their powers, but also to the security and reassurance of contractual relationship. Thus, the contractual citizenship could not be limited, as foreseen by sire Dean Carbonnier, to an extrinsic condition of validity of the contract relating to the content. It is about a general principle of contract law, complementary to the existing principles like liberalism and contractual solidarity, and whose necessary textual dedication can be relativized. The violation of rights and obligations which conveys the contractual citizenship is sanctioned according to whether the interest in question is general or private, the idea being to maintain the contract so long as its execution remains possible, or to accelerate its disappearance when established that its maintenance likely infringe or affect the contractual persons involved.

Keywords : Civism – Contract – Comparative law - OHADA Law – European Law

Liste des principales abréviations

Arr	Arrêt
Adde	Ajouter
aff.	Affaire
AFSJP/UD	Annales de la Faculté des Sciences Juridiques et Politiques de l'Université de Douala
AFSJP/Uds	Annales de la Faculté des Sciences Juridiques et Politiques de l'Université de Dschang
AIDH	annuaire International des Droits de l'Homme
AJ	Actualité Jurisprudentielle
AJ *fam.*	Actualité Juridique Famille
AJDA	Actualité Juridique, Droit Administratif
AJDI	Actualité juridique, Droit Immobilier
Al.	Alinéa
alii	*alli auctores* (autres auteurs)
Ann.	Annales
APAUDC	Avant-projet d'Acte uniforme OHADA sur le droit des contrats
APAUDT	Avant-projet d'Acte uniforme relatif au droit du travail
APD	Archives de Philosophie du Droit
art.	Article
Ass.	Assemblée
Ass. plén.	Assemblée Plénière
AUDA	Acte Uniforme OHADA relatif au Droit de l'Arbitrage
AUOHCE	Acte Uniforme portant Organisation et Harmonisation des Comptabilités des Entreprises
AUDCG	Acte Uniforme portant sur le Droit Commercial Général
AUDSCGIE	Acte Uniforme relatif au Droit des Sociétés Commerciales et du Groupement d'Intérêt Économique
AUPCAP	Acte Uniforme portant organisation des Procédures Collectives d'Apurement du Passif
AUPSRVE	Acte Uniforme portant Organisation des Procédures Simplifiées de Recouvrement et des Voies d'Exécution
AUS	Acte Uniforme portant organisation des sûretés
AUCTMR	Acte Uniforme relatif aux contrats de transport de marchandises par route
B.D.E.	Bulletin de droit économique (Université de Laval)
BDP	Bibliothèque de Droit Privé
BGB	*Bürgerliches Gesetzbuch* (Code civil allemand)
BT	Bulletin des Transports
BTL	Bulletin des Transports et de la Logistique (depuis 1991)
Bull	Bulletin des Arrêts de la Cour de cassation

Bull. civ. Bulletin des Arrêts de la Cour de Cassation, Chambres Civiles (I, II, III), Commerciale (IV) et Sociale (V)
Bull. Joly Bulletin Joly (Mensuel d'Information des Sociétés)
CA Cour d'Appel
Cah. dr. aff. Cahiers de Droit des Affaires
Cah. dr. entr. Cahiers de Droit de l'Entreprise
Cass. Ass. Plén. Arrêt de l'Assemblée Plénière de la Cour de Cassation
Cass. civ. Arrêt d'une Chambre Civile de la Cour de Cassation
Cass. com Arrêt de la Chambre Commerciale de la Cour de Cassation
Cass. crim. Arrêt de la Chambre Criminelle de la Cour de Cassation
Cass. req. Arrêt de la Chambre des Requêtes de la Cour de Cassation
Cass. soc. Arrêt de la Chambre Sociale de la Cour de Cassation
CCIP Chambre du Commerce International de Paris
C. civ. Code Civil
C.C.J.A. Cour Commune de Justice et d'Arbitrage de l'OHADA
C. com. Code de Commerce
CE Conseil d'État (France)
CEMAC Communauté Economique et Monétaire de l'Afrique Centrale
cf. *Confer* (se reporter à)
chron. Chronique
CIJ Cour internationale de Justice
CIMA Conférence Interafricaine des Marchés des Assurances
C.J.C.E. Cour de Justice des Communautés Européennes
C.J.U.E. Cour de Justice de l'Union Européenne (anciennement C.J.C.E.)
CNIL Commission Nationale Informatique et Libertés (France)
CNUCED Commission des Nations Unies pour le Commerce et le Développement
CNUDCI Commission des Nations Unies pour le Droit Commercial International
coll. Collection
comm. Commentaire
Comm. EDH Commission Européenne des Droits de l'Homme
concl. Conclusions
Contrats, Conc. Consom Revue Contrats, Concurrence, Consommation
Conv. EDH Convention Européenne de Sauvegarde des Droits de l'Homme et des Libertés Fondamentales (ou Convention Européenne des Droits de l'Homme)
Cour ADHP Cour Africaine des Droits de l'Homme et des Peuples
Cour AJDH Cour Africaine de Justice et des Droits de l'Homme
Cour EDH Cour Européenne des Droits de l'Homme
C.P. Code Pénal
C.S. Cour Suprême du Cameroun

C.T. Code du Travail en vigueur au Cameroun
CVIM Convention de Vienne sur la Vente Internationale de Marchandises
D. Recueil Dalloz
D. aff. Revue Dalloz Affaires
déc. Décision
DET Droit Européen des Transports
DFCR *Draft Common Frame of Reference (Cadre commun de référence)*
D. H. Recueil Hebdomadaire de Jurisprudence
D. P. Recueil Périodique et Critique Mensuel Dalloz
Dr. Droit
Dr. et patr. Droit et Patrimoine
Dr. ouv. Droit Ouvrier
Dr. et soc. Droit et société
Dr. soc. Droit Social
D.U.A. Droit Uniforme Africain
éd. Edition
EDC L'ESSENTIEL Droit des contrats
EJE Éditions Juridiques Européennes
ex. Exemple
fasc. Fascicule
FSJP Faculté des Sciences Juridiques et Politiques
Gaz. Pal. Gazette du Palais
ibid. *Ibidem* (au même endroit)
Id. Idem
infra. Plus bas ou ci-dessous
IR. Informations Rapides (Recueil Dalloz)
IRJS Institut pour la Recherche Juridique de la Sorbonne
J-Cl. Juris-classeur (Encyclopédie)
JCP G Juris-Classeur Périodique (Semaine Juridique), édition générale
JDI Journal du Droit International Privé (Clunet)
J.O. Journal Officiel
Jur. Jurisprudence
L.G.D.J. Librairie Générale de Droit et de Jurisprudence
LPA Les Petites Affiches
n° Numéro
OAPI Organisation Africaine pour la Propriété Intellectuelle
obs. Observations
OCDE Organisation de Coopération et de Développement Économique
OHADA Organisation pour l'Harmonisation en Afrique du Droit des Affaires

op. cit.	*Opere citato* (dans l'ouvrage cité ou précité)
p. // pp	Page // pages
PDEC	Principes du Droit Européen des Contrats
préc.	Précité
P.U.	Principes d'UNIDROIT relatifs aux contrats du commerce international
P.U.A.	Presses Universitaires d'Afrique
P.U.A.M.	Presses Universitaires d'Aix Marseille
P.U.F.	Presses Universitaires de France
P.U.G.	Presses Universitaires de Grenoble
P.U.L.	Presses Universitaires Libres
P.U.L.	Presses Universitaires de Lyon
P.U.N.	Presses Universitaires de Namur
Rapp.	Rapport
R.C.D.I.P.	Revue Critique de Droit International Privé
RADIC	Revue africaine de Droit International Comparé
RASJ	Revue Africaine des Sciences Juridiques
RDAI	Revue de Droit des Affaires Internationales
RDC	Revue des Contrats
RD imm.	Revue de Droit Immobilier
RDLF	Revue de Droit et Libertés Fondamentales
RDT	Revue de Droit du Travail
RDUA	Revue de Droit Uniforme Africain
RDUE	Revue du Droit de l'Union Européenne
Rec.	Recueil
Rec Jur CCJA	Recueil de la jurisprudence de la Cour Commune de Justice et d'Arbitrage
REDE	Revue Européenne de Droit de l'Environnement
Rev. arb.	Revue de l'Arbitrage
Rev. soc.	Revue des Sociétés
R.G.D.A	Revue Générale de Droit des Assurances
RIDC	Revue Internationale de Droit Comparé
RJE	Revue Juridique de l'Environnement
RTD civ.	Revue Trimestrielle de Droit Civil
RTD com	Revue Trimestrielle de Droit Commercial
RTD eur.	Revue Trimestrielle de Droit Européen
S.	Recueil Sirey
s.	Suivants
SA	Société Anonyme
SARL	Société à Responsabilité Limitée
SCA	Société en Commandite par Action
SCS	Société en Commandite Simple
SNC	Société en Nom Collectif
SLC	Société de Législation Comparée

supra	Plus Haut ou ci-dessus
t.	Tome
TGI	Tribunal de Grande Instance
TPI	Tribunal de Première Instance
UNIDROIT	Institut International pour l'Unification du Droit Privé
v.	Voir
vol.	Volume

Sommaire

INTRODUCTION *1*

PREMIÈRE PARTIE
L'EXISTENCE DU CIVISME CONTRACTUEL *38*

TITRE I - LES SOURCES DU CIVISME CONTRACTUEL 40
CHAPITRE I L'ABSENCE DE SOURCES EXPLICITES DU CIVISME CONTRACTUEL 43
CHAPITRE II L'EMERGENCE DE SOURCES IMPLICITES DU CIVISME CONTRACTUEL 85

CONCLUSION DU TITRE 1 DE LA PREMIERE PARTIE 135

TITRE II - LE CONTENU DU CIVISME CONTRACTUEL 137
CHAPITRE I LES DROITS CIVIQUES PERMANENTS 139
CHAPITRE II LES DROITS CIVIQUES CONTINGENTS 209

CONCLUSION DE LA PREMIÈRE PARTIE *262*

DEUXIÈME PARTIE

L'ESSENCE DU CIVISME CONTRACTUEL *263*

TITRE I - LA GÉNÉRALISATION DE LA NOTION DE CIVISME CONTRACTUEL 265
CHAPITRE I LA QUALIFICATION DU CIVISME CONTRACTUEL 267
CHAPITRE II LES FONCTIONS PLURIELLES DU CIVISME CONTRACTUEL 325

TITRE II - LA SPECIALISATION DES SANCTIONS DE LA VIOLATION DU CIVISME CONTRACTUEL 391
CHAPITRE I LES SANCTIONS DE LA VIOLATION DE L'INTERET GENERAL 393
CHAPITRE II LA SANCTION DE LA VIOLATION D'UN INTERET PARTICULIER 437

CONCLUSION DE LA DEUXIEME PARTIE *483*

CONCLUSION GÉNÉRALE *485*

INTRODUCTION

> ***«Il n'y a dans le monde ni unité de doctrine, ni communauté de pensée»*** [1]
>
> ***«L'existence précède l'essence»*** [2]

1. *«Le civisme peut-il être contractuel», «Le civisme est-il d'ordre public ?».* Ces interrogations de M. HAUSER au sortir d'un colloque consacré au solidarisme contractuel sont révélatrices de la valeur du civisme en matière contractuelle[3]. Elles nous interpellent à plus d'un titre puisqu'elles constituent la trame de notre démonstration : celle de la réalité du civisme contractuel en droit européen et de l'OHADA. En d'autres termes, le civisme contractuel existe-t-il en droit européen et de l'OHADA des contrats ? Dans l'affirmative, quelle serait son essence ?

2. Sur la question de savoir si le civisme peut être contractuel, M. HAUSER apporte une réponse concevable. Après avoir assimilé le civisme contractuel à une manifestation du solidarisme contractuel, M. HAUSER conclut que le civisme pourrait bien être contractuel, mais qu'il sera contraint et forcé et sa victoire ne serait jamais acquise comme le droit de la famille. Ces propos fort intéressants n'emportent pas totalement notre adhésion.

D'abord, en assimilant le civisme contractuel à une manifestation du solidarisme contractuel, dans sa dimension tenant à la réconciliation des intérêts, on doute bien que les contours du civisme contractuel aient été suffisamment cernés. A la différence du solidarisme-conciliation orienté vers une simple rencontre des intérêts des contractants, le solidarisme-

---

[1]G. RIPERT, *La règle morale dans les obligations civiles*, 4e éd., *L.G.D.J.,* 1949, n°16, .26.

[2]J.-P. SARTRE, *L'existentialisme est un humanisme*, Paris, *Gallimard*, 1996, p. 26. M. SARTRE voulait montrer, contrairement à ses prédécesseurs dans la quête de la réalité de la nature humaine, qu'un individu n'a pas de particularités qui le relierait, *a priori*, à l'humanité avant la naissance. Il n'est pas soumis à une définition qui existerait de toute éternité dans le monde selon la volonté de Dieu. Mais, il est maître de sa destinée, se crée tout seul, se donne des buts à atteindre, se construit sa propre signification, se donne un sens à sa vie.

[3]J. HAUSER, «Le solidarisme contractuel, mythe ou réalité ?», Rapport de synthèse, in L. GRYNBAUM et M. NICOD (dir.), *Le solidarisme contractuel*, *Économica*, coll. 2004, Études juridiques, n°18, 206 p, spéc. p.193 s.

réconciliation des intérêts consiste selon M. HAUSER *«dans les rapports entre contractants, à exclure l'égoïsme, l'indifférence, la désinvolture»*[4]. Il s'agirait d'une solidarité altruiste par laquelle le contractant peut sacrifier ses propres intérêts au détriment de ceux du cocontractant. Pourtant, au-delà de l'adjectif contractuel et du «*isme*» communs, civisme et solidarisme, même pour le non juriste, ne renvoient pas à la même réalité.

Ensuite, M. HAUSER semble rejeter l'idée d'un civisme volontaire qui pousserait le contractant à agir spontanément dans la sauvegarde des intérêts de son cocontractant ou du contrat car *« le contrat est un instrument de pouvoir et si je respecte l'intérêt social et les intérêts particuliers c'est dans mon intérêt que je les respecte ».* On ne peut donc avoir qu'un *« solidarisme ordonné à défaut d'un solidarisme génétique des humains ! »*[5]. Le quotidien nous offre pourtant de nombreuses hypothèses contraires. Par exemple, payer ses impôts ou respecter les stipulations contractuelles, c'est aussi faire preuve de civisme.

Enfin, M. HAUSER ne semble donner de cadre au civisme que dans le solidarisme, et ne lui voue aucun lendemain meilleur. En réalité, ne dit-on pas souvent qu'une bonne conclusion contient ou suggère de nouveaux axes de recherche ? L'évocation du civisme contractuel dans ces propos conclusifs ne concourt-elle pas à la recherche d'une meilleure appréhension des contours du solidarisme contractuel ou à son dépassement? L'un des intérêts majeurs de la démonstration sera de tenter d'apporter plus de clarté à la compréhension du civisme contractuel.

3. Sur la question de savoir si le civisme est d'ordre public, M. HAUSER n'apporte guère de réponse. Selon lui, *« les deux grands mérites de ce colloque et de ses organisateurs ont été de poser la question... et de résister à la tentation d'y répondre* ». Il rapporte les propos des intervenants. Une première tendance aura conduit à estimer qu' *« il appartient à chacun de mettre en œuvre les moyens de protection que la loi lui offre ».* Ainsi, *« le civisme resterait une affaire privée ».* Cette tendance a entrainé une autre, qui réduit à une peau de chagrin le rôle du législateur et accroit de manière significative celui du juge dans l'émergence du solidarisme-réconciliation. D'une part, selon M. HAUSER, *« on peut effectivement douter de l'efficacité de cette solidarité de façade, imposée par le législateur, et qui n'a jamais réduit les inégalités et se demander si la divergence d'intérêts ne doit pas être envisagée froidement, et éventuellement non moins froidement corrigée ».* Pourtant, l'un des reproches fait à l'ordre public de protection, puisque c'est de lui qu'il s'agit, est d'avoir *surprotégé*[6] la *« partie*

---

[4]*Ibid.*

[5]J. HAUSER, *op. cit.*

[6]A. SINAY-CYTERMANN, «Protection ou surprotection du consommateur ? », *JCP* 1994. I.3804, spéc. n°18. Cet auteur relève la dimension sociale du texte sur le

économiquement faible»[7]. D'autre part, la crainte était de voir le juge reconstruire le contrat au point d'aboutir à *« une démobilisation de l'un ou des contractants, provoquant à son tour un éloge dangereux de l'égoïsme et du ''chacun pour soi'' contractuel».* Si en droit contemporain des contrats l'influence du juge est réelle, elle ne va pas toujours jusqu'à produire des effets pervers. Toutes ces observations révèlent simplement la pertinence de l'interrogation de cet auteur.

4. M. HAUSER n'est cependant ni le premier à envisager le civisme contractuel dans une perspective solidariste, le solidarisme-réconciliation des intérêts en l'occurrence, ni le premier à l'entrevoir comme une composante de l'ordre public. Avant lui, d'autres auteurs s'étaient déjà saisis de la question, la plupart se réclamant du solidarisme contractuel, avec en tête de file le professeur Denis MAZEAUD[8]. Comme nous le verrons, le civisme contractuel est appréhendé par ce dernier comme une manifestation du solidarisme contractuel ayant pour fondement la bonne foi. Percevant la notion de bonne foi sous un angle plus large, cet auteur va récemment marquer sa préférence pour la notion d'éthique contractuelle, par rapport à celle de civisme contractuel, qu'il estime trop connotée[9]. Il s'agirait selon lui

---

traitement du surendettement mais déplore la «surprotection» de certains consommateurs qui ne rentrent visiblement pas dans les prévisions de la loi. Une étude (INC Hebdo 14 avr. 1995, n°899, p.2 ; V. aussi Rapport AN V. Neiertz, avril 1998, n°856, p.19) révèle que près des 3/4 des plans de redressement ne sont pas viables, et les bénéficiaires des mesures de redressement *«ne sont pas des cas sociaux»*, car la moyenne de leurs ressources mensuelles totales est proche de la moyenne nationale. L'étude révèle enfin que les chômeurs ne constituent que 18 % de la population des bénéficiaires des plans de redressement.

[7]Selon l'expression de Jean Pascal CHAZAL, in «La protection par les juges du fond de la partie économiquement faible dans les contrats de distribution», *JCP* 1999, II, n° 10244.

[8]Parmi les initiateurs du solidarisme contractuel, l'on cite également Christophe JAMIN et Catherine THIBIERGE-GUELFUCCI. En ce sens, voir Y. LEQUETTE, «Bilan des solidarismes contractuels», Mélanges Paul DIDIER, *Litec/Dalloz*, 2008, pp.247-287, spéc. p. 275 et s ; D. MAZEAUD, «La bataille du solidarisme contractuel : du feu, des cendres, des braises ...», Mélanges en l'honneur du professeur Jean Hauser, *LexisNexis/Dalloz*, 2012, 1060 p., spéc. pp. 441 et s ; «Loyauté, solidarité, fraternité : la nouvelle devise contractuelle ? », in *L'avenir du droit*, Mélanges en hommage à F. Terré, *Dalloz* 1999 (2000), .603-634 ; Ch. JAMIN, «Plaidoyer pour un solidarisme contractuel», in *Le contrat au début du XXIe siècle*, Mélanges J. GHESTIN, *LGDJ*, 2001 ; D. MAZEAUD.

[9]L'éthique contractuelle consiste à indiquer aux contractants comment ils doivent se comporter, agir et être, entre eux et envers ce qui les entoure. On ne peut totalement l'assimiler au civisme contractuel. Si l'éthique contractuelle semble se limiter au comportement des contractants, le civisme contractuel va encore plus loin puisqu'il

« dans les relations contractuelles dans lesquelles la liberté et l'égalité contractuelles ne sont que des leurres, et dans lesquelles le destin du contrat se trouve, en réalité, placé entre les mains d'un contractant, d'adapter la théorie générale du contrat, dans ce qu'elle a alors d'inappropriée pour ce type de relations contractuelles, en intégrant dans la gamme contractuelle des valeurs, traditionnellement occultées ou sous-estimées, telles la transparence, la cohérence, la proportionnalité (en fait, l'absence de disproportion, d'excès manifeste, de déséquilibre excessif), la dignité. Exceptionnellement, dans des situations contractuelles de crise, cette exigence d'éthique contractuelle peut emporter une certaine forme d'altruisme ou de fraternité, lesquels peuvent notamment conduire, en cas de changements de circonstances emportant un bouleversement profond de l'économie générale du contrat, à sa renégociation, sa révision ou sa résiliation judiciaires, et en cas de surendettement menaçant le débiteur surendetté de précarité sociale, à la modification, voire à la suppression des obligations contractuelles»[10]. Quoi qu'il en soit, le civisme contractuel n'a pas vocation à être une situation d'exception, ou à s'appliquer à certains contrats seulement, il est consubstantiel au contrat et s'applique à tous les contrats de droit privé[11]. C'est tout de même la preuve que ce civisme contractuel prend corps en droit des contrats, il gagne en importance et en intérêt. Tout le mérite revient à cet auteur d'avoir tenté de formuler des pistes de réflexion sur la question du civisme contractuel. D'autres auteurs se sont prêtés à l'exercice, tantôt en évoquant la notion de civisme contractuel au passage, tantôt en reprenant la pensée de Denis MAZEAUD[12].

Pour autant, la paternité de l'expression civisme contractuel ne revient ni à Jean HAUSER, ni à Denis MAZEAUD. C'est le doyen Jean CARBONNIER qui est le géniteur du civisme contractuel[13]. Il s'était approprié l'expression, mais dans un sens pas véritablement voisin. L'on

---

ne soumet pas seulement les contractants à l'observation de certains devoirs, à l'agir d'une certaine manière, il leur confère également des droits.

[10]D. MAZEAUD, «La bataille du solidarisme contractuel : du feu, des cendres, des braises ...», *op. cit.*

[11]Une recherche du civisme contractuel n'est pas impossible dans les contrats de droit public ou les contrats de l'administration, contenant des prérogatives de puissance publique.

[12]A. MAZEAUD, « Obligation de loyauté : premier aperçu », *RPT*, 2013 ; X. DELPECH, «Mise en œuvre de la jurisprudence de l'Assemblée plénière du 1er décembre 1995: vers un avènement du «solidarisme contractuel» ?», *D.* 2002, p. 302 ; E. CHEVRIER, «Pas d'aide à la reconversion des concessionnaires déchus!», *D.* 2002 p.1754.

[13]Il a utilisé cette expression pour la première fois dans la première édition de son ouvrage intitulé *Droit civil. Les obligations*, tome 4, publié aux éditions P.U.F. de 1957. A ce jour, cet ouvrage est à sa 22ème édition.

comprend alors mieux avec Georges RIPERT qu'*«Il n'y a dans le monde ni unité de doctrine, ni communauté de pensée»*[14]. Tout comme MM. MAZEAUD et HAUSER, le doyen CARBONNIER n'a pas défini la notion de civisme contractuel. Il lui a simplement consacré quelques développements qui laissent transparaitre non seulement sa nature juridique, mais également son contenu.

5. La nature juridique du civisme contractuel est claire pour le doyen CARBONNIER. Il s'agit d'une condition extrinsèque de validité du contrat quant à son contenu[15].

Condition de validité, le civisme contractuel l'est parce qu'il subordonne l'efficacité du contrat. D'après M. CARBONNIER, *«Le contrat peut être considéré comme une sorte de mécanisme clos, fait de la réunion de plusieurs pièces constitutives. L'article 1108 l'envisage ainsi quand il énumère les conditions qui sont essentielles pour sa validité. Ce sont les éléments qui donnent au contrat sa structure. Mais, le contrat, mécanisme individuel, se forme au sein d'un ordre collectif dont il ne peut s'isoler : il n'est entièrement efficace que par sa conformité à certaines exigences qu'il rencontre en dehors de lui-même, dans la société»*. Le civisme contractuel apparait donc comme une condition *sine qua non* de formation du contrat. Pris dans ce sens, son inobservation ne peut qu'être sanctionnée par la nullité absolue ou relative du contrat. Une telle vision du civisme contractuel mériterait d'être revisitée. Deux raisons, non exhaustives, le démontrent à juste titre.

La première raison, d'ordre lexical, tient à ce que les termes en forme d' «isme» traduisent mieux l'idée d'une doctrine contractuelle que

---

[14]G. RIPERT, *op. cit.*

[15]Les quatres conditions intrinsèques de validité du contrat sont : le consentement, la capacité, l'objet et la cause. Le civisme quant à lui est une condition extrinsèque de validité tenant au contenu du contrat à côté de la sincérité et la justice contractuelle. Il distingue ainsi les conditions extrinsèques de validité tenant au contenu à celles tenant à l'extériorisation du contrat. Ces dernières tiennent à la forme et à la preuve du contrat. Malgré leur importance, la présente étude ne se propose pas de faire une analyse du droit processuel, ou du civisme contractuel sous l'angle du droit processuel (avec certains droits comme les droits de la défense, le droit à un procès équitable, etc). D'ailleurs, s'agissant de la preuve, on peut aujourd'hui douter de l'existence d'un droit commun de la preuve en matière contractuelle. En ce sens, voir M. MEKKI et L. CADIET (dir.), *La preuve : regards croisés*, Colloque organisé par l'Institut de recherche en droit des affaires (IRDA, Université de Paris 13) et le Centre de Recherches sur la Justice et le Procès (C.R.J.P., Université de Paris 1), le 29 novembre 2013, spéc. C. GRIMALDI, «La preuve en droit des contrats», L. GAMET, « La preuve en droit du travail», et M. MEKKI, Rapport général : Regard de droit substantiel sur le risque de la preuve.

celle d'une condition de validité du contrat[16]. Le doyen CARBONNIER observait que le civisme est une vertu[17] ; et qui dit vertu dit valeur, qualité portée à un haut degré, ou disposition constante à accomplir une sorte d'actes moraux par un effort de volonté[18]. Certains auteurs ont montré les manifestations de cette vertu civique dans les sociétés commerciales. Celle-ci se traduirait par une exigence de transparence et de coopération à l'égard des associés et de l'entreprise. En effet, *«Au sein de cette communauté qu'est la société,* (le dirigeant social) *est tenu de cultiver la vertu du civisme tant à l'égard des associés que de l'entreprise elle-même»*[19]. A moins de confondre vertu et condition, il semble que l'idée de relativiser le civisme en tant que condition de validité du contrat n'est pas inopportune.

La seconde raison, d'ordre juridique, tient à la difficulté contemporaine de limiter la sanction des conditions de validité du contrat à sa nullité absolue ou relative. Comme nous le verrons, la théorie des nullités a évolué. Il n'est plus rare que la violation des conditions de validité du contrat entraine d'autres sanctions que son annulation. La nullité de la clause contractuelle constitue désormais une réponse efficace et alternative à l'annulation du contrat.

Condition extrinsèque de validité du contrat en outre, le civisme contractuel l'est parce qu'il ne découle pas de la volonté des contractants, mais plutôt de celle de la société. Pour s'en convaincre, M. CARBONNIER observe qu'*«il ne suffit pas que deux volontés s'accordent sur un objet pour faire un contrat. Le contrat n'est pas seulement ce mécanisme individuel, interindividuel, que suppose l'article 1108. Déjà, la société s'infiltre dans sa structure par le tabou de l'objet illicite, par la cause illicite (et les remords que l'illicite traîne derrière lui). Mais, plus directement, il faut que l'accord des volontés, en se nouant, se conforme aux impératifs et aux rites, à toutes les conditions que, du dehors, lui impose la société. Ces conditions extrinsèques, qui s'ajoutent à celles de l'article 1108, peuvent être classées en deux groupes selon qu'elles sont relatives au contenu du contrat ou à son extériorisation, laquelle est à la fois affaire de forme et de preuve»*[20]. L'on perçoit sa vocation sociologique qui, se rapprochant de la conception

---

[16]Il existe néanmoins des termes en «isme», qui, sans être des conditions de validité du contrat, ne traduisent pas non plus l'idée d'une doctrine. Egoïsme, prisme, charisme, euphémisme sont expressifs à suffisance.

[17]*«Pour être parfait,* disait-il, *il faut au contrat toutes sortes de vertus: civisme, justice, sincérité», op. cit.*

[18]*In Dictionnaire Le nouveau Petit Robert de la langue française,* 2010, p. 2700. Le civisme serait ainsi volontaire, contrairement à ce qu'affirme M. HAUSER.

[19]V. M. COZIAN, A. VIANDIER, F. DEBOISSY, *Droit des sociétés, Litec,* 2003, spéc. n°387 ; D. MAZEAUD, «Obligation d'information», sous Cass. com., 12 mai 2004, pourvoi n°00-15.618, *RDC,* 01/10/2004 n° 4, p.923.

[20]V. J. CARBONNIER, *Droit civil, Les obligations, op. cit.*

durkheimienne du fait social, ne limite plus le contrat à un simple accord de volontés individuelles, mais l'intègre dans une sphère plus large qu'est la société, au sein de laquelle il évolue, et qui fait dépendre sa validité de l'observation d'un certain nombre d'exigences[21].

6. Au-delà de la précision de la nature juridique du civisme contractuel, le doyen CARBONNIER a également déterminé son contenu. D'après lui, «*seul le civisme contractuel (la conformité du contrat à l'ordre public et aux bonnes mœurs) représente une exigence absolument générale de validité, le minimum de conformisme social requis de tous les contractants*»[22]. Est donc civique le contrat qui est conforme à l'ordre public et aux bonnes mœurs. Il n'est pas surprenant qu'il voit dans le civisme *«une sorte de condition négative de validité du contrat, requise non par l'article 1108, mais par l'article 6 (du Code civil) : il ne faut pas que le contrat contredise l'ordre public et les bonnes mœurs. L'ordre public limite la liberté contractuelle»*. S'il fallait s'en tenir à cela, l'on pourrait conclure avec le doyen CARBONNIER que le civisme contractuel est une réalité en droit des contrats. Il serait consacré par l'article 6 du Code civil en vertu duquel *«On ne peut déroger, par des conventions particulières, aux lois qui intéressent l'ordre public et les bonnes mœurs»*. Il s'agit d'une consécration implicite car cette notion n'apparait à aucun moment dans l'article 6 précité. Il s'agirait également d'une consécration partielle puisque, comme le relève le doyen CARBONNIER, l'ordre public ne se limite pas aux *«lois d'ordre public»*. D'autres éléments, telle la fraude à la loi, peuvent être pris en compte comme une manifestation de l'ordre public en matière contractuelle[23]. Ces composantes ne traduisent pas à suffisance son contenu[24]. Il conçoit toutes ces notions de manière extensive et restrictive.

S'agissant de l'ordre public, il observe que *«la notion d'ordre public ne se laisse enfermer ni dans une définition, ni dans une énumération»*. Elle comprend ainsi l'ordre public textuel et l'ordre public virtuel ; l'ordre public politique (Etat, famille, individu) et l'ordre public économique (ordre public

---

[21]Cf. E. DURKHEIM, *De la division du travail social*, 7è éd., Paris, *P.U.F.*, 2007, 40-XLIV, 416p, par S. Paugam ; *Les règles de la méthode sociologique*, 13è éd., P.U.F., 2007, 20-XXII, 149p, par F. Dubert.

[22]V. également B. STARCK, H. ROLAND et L. BOYER, *Obligations. Contrat*, t.2, 4[ee] éd. *Litec*, 1993, 873p.

[23]M. CARBONNIER observe qu' *«à cette exigence* (celle du civisme contractuel) *se rattache la théorie de l'ordre public et des bonnes mœurs, dont le principe est dans le Code, mais aussi la théorie de la fraude à la loi, que les interprètes ont élevée, comme une sorte de protection avancée de l'ordre public»*.

[24]L'article 1135 du Code civil peut l'illustrer puisque : *« Les conventions obligent non seulement à ce qui y est exprimé, mais encore à toutes les suites que l'équité, l'usage ou la loi donnent à l'obligation d'après sa nature. »*.

de direction et ordre public de protection). Si le civisme contractuel pensé par M. HAUSER est d'ordre public, il s'agit d'un ordre public très simplifié, dans lequel le législateur *«n'a pas bonne presse»*, et où l'on craint que l'activisme du juge l'amène à *«reconstruire le contrat»*[25]. Pour M. CARBONNIER, l'ordre public est tellement large qu'il laisserait penser que le civisme contractuel peut tout englober. Une telle assimilation est excessive. Si le civisme est d'ordre public, il doit s'agir d'un ordre public singulier, un ordre public civique, qui concilierait le virtuel et le textuel, le politique et l'économique.

En ce qui concerne les bonnes mœurs, les propos du doyen CARBONNIER sont révélateurs. D'après lui, *« L'article 6* (du Code civil) *ne doit pas être pris à la lettre : ce n'est pas seulement aux lois intéressant les bonnes mœurs qu'il est interdit de déroger, c'est aussi aux bonnes mœurs directement, lors même qu'elles ne seraient pas consacrées dans un texte. Cependant, les bonnes mœurs ne doivent pas être identifiées avec la morale. C'est quelque chose de moins pur, de plus terre à terre. Les bonnes mœurs ne sont, au fond, que les coutumes des honnêtes gens, spécialement en matière sexuelle, pour un lieu et un temps donnés (c'est à ce titre que continuent d'être annulées certaines libéralités, mais pas toutes, entre concubins). Rien de comparable à une éthique transcendantale et éternelle »*. Il s'agit donc des coutumes des honnêtes gens en matière sexuelle. En réalité, les bonnes mœurs ont évolué. Elles se sont développées dans toutes les sphères de la vie. Dans les milieux professionnels en l'occurrence, les bonnes mœurs connaissent un accroissement exponentiel. Elles sont logées dans des codes de bonne conduite professionnelle, des recommandations de bonnes pratiques, des règles déontologiques, des chartes, des avis, bref dans un ensemble plus vaste que l'on range désormais dans l'expression *«droit souple»*, *«droit mou»*, *« sources informelles privées »*[26] ou plus communément *«soft law»*[27]. Longtemps, la juridicité du droit

---

[25]*Op. cit.*

[26]D'après Filali OSMAN, il s'agit de sources édictées par les professionnels, soit de leur propre initiative, soit par habilitation de l'Etat. In «Avis, directives, codes de bonne conduite, recommandation, déontologie, éthique, etc : réflexion sur la dégradation des sources privées du droit», *RTD civ.* 1995, n°3, 510.

[27]Certains juristes français parlent de «flexible droit», «droit flou», «droit gazeux». V. J. CARBONNIER, *Flexible droit. Pour une sociologie du droit sans rigueur*, 10è éd. *L.G.D.J.*, 2001, 493p. ; M. BRAC, «Codes de bonne conduite: Quand les sociétés jouent à l'apprenti législateur », in E. CLAUDEL et B. THULLIER (dir.), *Le droit mou: une concurrence faite à la loi*, Paris, Travaux du CEDCACE, 2004, disponible à http://www.glose.org/cedcace.htm ; G. FARJAT, «Nouvelles réflexions sur les Codes de conduite privée», in J. CLAM et G. MARTIN (dir.), *Les transformations de la régulation juridique*, Paris, *L.G.D.J.*, 1998, p.151-164 ; D. MAZEAUD, «A propos du droit virtuel des contrats : réflexions sur les principes d'UNIDROIT et de la Commission Lando», Mélanges Michel Cabrillac, *Dalloz-*

souple a été discutée. L'on a pensé que ce droit n'avait aucune valeur contraignante[28]. Aujourd'hui, son enracinement est de plus en plus certain dans les systèmes juridiques de la *Common law* comme dans ceux de droit continental. En France par exemple, le Conseil d'État a, dans son rapport public de 2013 relatif au droit souple, entériné l'usage de la notion en droit français. Il en propose également une définition[29] et recommande de doter les pouvoirs publics d'une doctrine de recours et d'emploi du droit souple pour contribuer à la politique de simplification des normes et à la qualité de la réglementation[30].

Litec, 1991, p.163 et s ; C. GUELFUCCI-THIBIERGE, «Le droit souple. Réflexion sur les textures du droit», *RTD civ.*, 2003, p. 600 et s ; Conseil d'Etat, *La dégradation de la norme*, Rapport public 1991, Etudes et documents, n°43, *Doc. fr*, 32 ; F. OSMAN, *Les principes généraux de la Lex Mercatoria : contribution à l'étude d'un ordre juridique a-national*, Paris, *L.G.D.J.*, 1992, *BDP*, t.24 ; R.-B. FERGUSON, « The legal status of non-statutory Codes of Practice», *J. Bus. L.* 1988, 12s ; Ph. JESTAZ, *L'inflation des avis en droit*, Rapport de synthèse, in *Autour du droit civil, Ecrits dispersées – Idées convergentes*, *D.* 2005, 442 p., spéc. p.141 et s ; R. LIBCHABER, *L'ordre juridique et le discours du droit. Essai sur les limites de la connaissance du droit*, *L.G.D.J.*, 2013, 450p.

[28]Cf. Cass. soc., 24 mai 1960, Le Bocage c/ Dr François, Bull. civ. IV, n°562, .435 ; D. 1961, Somm.3 ; JCP 1961.II.12044, note J. Savatier ; Gaz. Pal. 1960.2.298 ; Cass. civ. 1ère, 18 avril 1961, *JCP* 1961.II.12184, note J. Savatier. Dans un arrêt du 5 novembre 1991 (Conta c/ SARL Le Blanc distribution et autre, Bull. civ. I, n°297, .195 ; RJDA 1992, n°11, .15 ; JCP 1993, éd. C.I.II, .17, note A. Viandier), la première chambre civile de la Cour de cassation a décidé que : *«Les règles déontologiques, dont l'objet est de fixer les devoirs des membres de la profession, ne sont assorties que de sanctions disciplinaires et n'entraînent pas à elles seules la nullité des contrats conclus en infraction à leur disposition»*. Dans cette affaire, la Cour sanctionne les juges de fond qui avaient déclaré nul le contrat d'abonnement stipulant une rémunération forfaitaire conclu par un expert-comptable, motifs pris de la violation de l'article 16 du code déontologique établi par le Conseil supérieur de l'ordre des experts-comptables et comptables agréés, qui prévoyait une rémunération de l'acte. Ils auraient dû rechercher en quoi le contrat d'abonnement litigieux contrevenait à l'article 6 du Code civil. Adde Com., 22 avril 1980, SA Marseillaise de Crédit c/ SA Banque Hervet, *D.*1981.48, chron. M. Vasseur ; Paris, 28 juin 1985, *D.* 1987.16, note A. Gourio ; Civ. 1ère, 17 novembre 1987, *Lexilaser*, arrêt n°1.224, pourvoi n°86-12.901.

[29]C'est un ensemble d'instruments qui, cumulativement, vise à modifier ou orienter les comportements de leurs destinataires en suscitant leur adhésion, qui ne créent pas par eux-mêmes de droits ou d'obligations pour leurs destinataires, et qui présentent, par leur contenu et leur mode d'élaboration, un degré de formalisation et de structuration qui les apparente aux règles de droit.

[30]La juridicité du droit souple soulève encore aujourd'hui de nombreuses interrogations, dont les réponses ne sont pas toujours entièrement satisfaisantes. Cf. C. THIBIERGE (dir.), *La force normative. Naissance d'un concept*, *L.G.D.J.*, 2009,

7. Cette vision du doyen CARBONNIER n'est donc pas une donnée spontanée. Elle s'inscrit dans un courant d'idées politiques et socio-économiques qui, au fil des temps, ont marqué les notions de contrat et de civisme, et permis de les clarifier et de les distinguer des notions voisines. Il s'agira de ressortir le critère définitoire du civisme contractuel. Or, une telle recherche soulève des difficultés tant sémantique, juridique que géographique.

8. Les difficultés sémantiques concernent la définition du civisme contractuel. C'est une expression complexe dont on a du mal à saisir le sens des mots. La levée de cette complexité procède préalablement d'une clarification des concepts qui la composent.

9. Le constat est clair : le substantif civisme est absent des dictionnaires juridiques. Le seul qui en propose une définition le présente comme des *« droits et devoirs collectifs des citoyens envers l'État»*[31]. Pourtant, le civisme est une notion bien connue, et son contenu a évolué au fil du temps. Dérivé savant du latin *civis*, le terme civisme renvoie à la notion de citoyen. Il est né pendant la Révolution française[32], et implique la formation individuelle du citoyen considéré comme membre d'une communauté politique jouissant d'un ensemble de droits et de devoirs. Le terme civisme peut ainsi revêtir une double signification. La première concerne la vertu du bon citoyen. Elle consiste une disposition du citoyen à

912p ; THIBIERGE C. et alii, *La densification normative : Découverte d'un processus*, éd. Mare et Martin, 2014, 1204p ; R. LIBCHABER, *op. cit.*

[31] *Le droit de A à Z. Dictionnaire juridique pratique*, 3e éd., *EJE*, 1998, 755p., spéc. p.116.

[32] Pour encourager la promotion du civisme pendant la Révolution française, le Conseil Général de la Commune de Paris délivrait le certificat de civisme à certaines personnes, principalement les responsables des affaires publiques. L'absence de ce certificat a justifié la fermeture de certaines études de notaires (Cf. J.-P. POISSON, «Les notaires parisiens devant la révolution», *LPA*, 23 août 1999 n°167, p.12). Sous la Terreur, plusieurs personnes demandèrent la délivrance de ce certificat pour attester que son possesseur avait rempli ses devoirs civiques. C'était une attestation de bonne conduite et d'orthodoxie politique. Il fut supprimé au début de septembre 1795. Cf. J. TULARD, J.-F. FAYARD et A. FIERRO, *Histoire et dictionnaire de la Révolution française. 1789-1799*, éd. *Robert Laffont*, 1998, 1223p. Mais la pratique du civisme n'est pas propre à la période de la Révolution. *«Le moyen-âge lui-même* - affirme Pierre DELORE- *si méconnu, et quoi qu'en pensent les ignorants, pratiquait aussi le civisme; autour du château féodal ou de l'abbaye, sous le signe de la chevalerie, au sein de la commune, dans le cadre des corporations et du compagnonnage, sur le chantier des cathédrales, de même que dans les jeux et fêtes populaires qui tenaient alors une si grande place, s'affirmait l'esprit de communauté»*, in *Cité, civisme, civilisation*, éd. du livre français, 1941, 128p., spéc. .43.

accomplir de son propre gré certains actes moraux. Pris dans ce sens, à rebours de M. HAUSER, le civisme apparait comme une disposition essentiellement volontaire, dénuée de toute contrainte. L'on voit alors mal comment il pourrait être contractuel car le non respect d'une obligation naturelle n'est pas juridiquement sanctionné. La seconde suppose le dévouement du citoyen pour sa communauté. Celle-ci prévoit un ensemble de règles auxquelles le citoyen est tenu de se soumettre parce que la société dans laquelle il évolue l'exige. Il s'agit d'actes que la société impose au citoyen à peine de sanction. Ici, le civisme est perçu de façon plus rigoureuse et contraignante. C'est sous ce double prisme que sera analysé le civisme contractuel. Il oscillera entre souplesse et rigueur, conscience et contrainte. Il s'agit d'assurer la conciliation de tous les intérêts en présence dans la sphère contractuelle.

Le terme civisme a aujourd'hui considérablement évolué et embrasse de nouvelles dimensions[33]. Le développement du nationalisme, les guerres de 1870[34] et 1914[35] ont amené à le considérer comme synonyme de patriotisme. Cette dernière signification a également été abandonnée au profit d'une notion de solidarité active et de participation. Le vocable civisme renvoie aussi au sens civique, c'est-à-dire au dévouement[36] du citoyen envers la collectivité ainsi qu'aux valeurs que celle-ci incarne. D'après le Dictionnaire de l'Académie française, ce terme équivaut au zèle du citoyen pour les intérêts de son pays. Il consiste à respecter et à faire respecter les lois et les règles en vigueur, à avoir conscience de ses devoirs envers la société. De façon générale, le civisme est lié à un comportement actif et passif du citoyen dans la vie quotidienne et publique. C'est agir pour que l'intérêt général l'emporte sur l'intérêt particulier. Il comprend un ensemble de règles sociales auxquelles le citoyen doit se soumettre. Cette vision unidirectionnelle du civisme est contestable car elle ne tient compte que des actes que la société impose au citoyen à peine de sanction, ce au mépris de ses droits en tant que membre de la société. Ainsi, le civisme se rapproche sans se confondre de certaines notions. Nous nous limiterons à la citoyenneté, la civilité et la civilisation.

Premièrement d'abord, la citoyenneté est ce qui confère la qualité de citoyen[37]. Selon Régis DEBRAY, *«Le citoyen, c'est celui qui participe de*

---

[33]Cf. H. BELLANGER (dir.), *Le civisme, vertu privée, d'utilité publique*, éd. *Autrement*, Coll. Morales n° 19, Paris, 1996, 236p., spéc. p.179.

[34]Guerre franco-allemande : défaite de l'Empire et proclamation de la 3e République le 04 septembre 1870.

[35]Première guerre mondiale : la France sort victorieuse mais très affaiblie.

[36]C'est le fait de se consacrer entièrement à quelqu'un ou à quelque chose, de lui manifester un attachement zélé.

[37]Cf. notamment E. PATAUT, «Citoyenneté de l'Union et nationalité étatique (2010)», *RTDE*, 2010 (3), .617s; C. MARZO, «La définition d'une nouvelle méthode

son plein gré à la vie de la cité. Il partage avec ses concitoyens le pouvoir de faire la loi ... le pouvoir d'élire et le cas échéant, d'être élu. Si tu fais la loi, il est normal que tu lui obéisses. Ça s'appelle le civisme...»[38]. En le paraphrasant, on peut conclure que si tu fais le contrat, il est normal que tu le respectes. Mais, une telle assertion serait elle satisfaisante ? Le civisme contractuel serait-il exclusivement l'obéissance aux stipulations contractuelles ? Tout comme la citoyenneté, le civisme postule une certaine conformité aux règles étatiques. En tant que *« figure centrale autour duquel doit se construire l'espace de liberté, sécurité, justice»,* le citoyen européen par exemple est *«l'un des nouveaux pivots de l'Union»*[39] tenu de respecter les règles générées dans cet espace, bien qu'on leur reproche un élan démocratique. Le respect et l'ordre apparaissent ainsi comme une caractéristique fondamentale, mais non exclusive, du civisme. Alain BÉNABENT n'a-t-il pas récemment souhaité que *« la sphère contractuelle ne soit pas une autre jungle où jouerait la loi du plus fort juridiquement, mais devienne un lieu civilisé, (...) régi par un minimum de respect mutuel entre les cocontractants »*[40] *?* Mais, civisme n'est pas toujours synonyme de citoyenneté. Tantôt ces deux notions se rapprochent, tantôt elles s'éloignent. Elles s'entrecroisent car elles tendent à imposer au citoyen un comportement conforme aux valeurs de la société. Tous deux confèrent des droits et des obligations au citoyen. Mais le civisme ne se réduit pas à la citoyenneté. Le civisme est également la propension, en raison des droits que l'on détient ou des obligations dont on a la charge, à agir d'une manière plutôt que d'une autre, tandis que la citoyenneté est la qualité qui confère la possibilité d'avoir cette propension, le rattachement d'une personne à un espace national, régional ou supranational donné. Par ailleurs, si le civisme est attendu de tous les membres d'un espace donné, qu'ils en soient citoyens ou non, la citoyenneté n'est attachée qu'à une certaine catégorie de personnes.

Deuxièmement ensuite, il faut entendre par civilités un ensemble d'exigences sociales, de bonnes manières, de bonnes habitudes, de bonnes conduites, de bons comportements, de règles de politesse ou de savoir-vivre

---

de jugement attachée à la citoyenneté européenne. Réflexions autour de l'arrêt Förster», *RTDE*, 2009 (3), .439s; G. CANIVET, «Réflexions sur la place du citoyen dans le marché unique européen», *RTDE*, 2008 (1), .119s; CJCE 20 sept. 2001, Grzelczyk, C-184/99, point 31.

[38]*La République*, *Le Seuil*, 1998, 61p.

[39]E. PATAUT, *op. cit.*, .617. Cette perception du citoyen n'est pas la même en droit de l'OHADA, du moins pas encore, et on doute fort qu'il en sera ainsi. Le droit de l'OHADA n'est pas un droit communautaire. Certes, il existe des instruments communs, une CCJA chargée d'uniformiser le doit, et des obejctifs communautaristes. Il lui manque un espacé un espace de libre circulation et un marché commun.

[40] A. BÉNABENT, in *La bonne foi*, Travaux de l'Ass. H. Capitant, *Litec*, 1992, p. 300.

auxquelles doit se soumettre le citoyen dans ses rapports avec les autres. La décadence de ces règles en milieu social a conduit, dans les milieux professionnels, à l'adoption des codes dits de bonne conduite, d'éthique ou de déontologie. Les civilités participent ainsi du civisme. Appliquées à la sphère contractuelle, elles consistent pour les contractants à adopter entre eux de bons comportements[41]. Le contrat de travail constitue l'un des cadres par excellence de la manifestation des civilités. L'interdiction du harcèlement sexuel en est une illustration parfaite. Les civilités imposent également au salarié ou à l'employeur un devoir de réserve et de respect mutuel. Dans sa décision du 10 avril 2013, la Cour de cassation française l'a clairement fait remarquer. Elle n'a rejeté la condamnation du salarié pour injures à l'endroit de son employeur que parce que ce dernier avait paramétré de manière très fermée son compte dans des réseaux sociaux, limitant son accès à ses seuls amis[42]. Cette habilité étant moins évidente chez tous les internautes, il semble que la Cour lance un signal d'alerte à tous les amoureux de la toile sur leur obligation de réserve et de bonne conduite. Si les civilités se traduisent alors par l'adoption de bonnes conduites à l'égard des autres, dont le non respect est moralement sanctionné, le civisme va plus loin car il exige une attitude poussant au respect de soi, et son inobservation est juridiquement sanctionnée.

Troisièmement enfin, le fossé entre la civilisation et le civisme n'est pas très poreux. Si aux dires du doyen CARBONNIER le civisme est une condition extrinsèque de validité du contrat, la civilisation constitue également une exigence plus extrinsèque qu'intrinsèque. Elle évoque l'idée de progrès et de développement d'une société ou d'une communauté par rapport à une ou plusieurs autres. Appliquée au domaine contractuel, elle marque le passage d'un état primitif à un état moderne ou civilisé, d'un cadre plus permissif à la barbarie à un cadre plus respectueux des valeurs. A s'en tenir au contrat de travail, Antoine MAZEAUD observe que *«Le droit du travail se civilise»*[43] puisqu'*«il s'adresse tout autant à la personne qu'au salarié»*[44]. La civilisation en la matière marque alors cette tendance au respect du salarié en tant que personne titulaire de droits et d'obligations, et non en tant qu'objet. Or, il faut le reconnaître, si la civilisation suppose une

---

[41]Cf. B. FAGES, *Le comportement du contractant, P.U.A.M.*, 1997, 519p. ; S. DARMAISIN, *Le contrat moral, L.G.D.J.*, 2000, *BDP*, t. 343, 537p.

[42]Cass. civ. 1ère, 10 avril 2013 n°11-19.530 : *« D... devrait voter une loi pour exterminer les directrices chieuses comme la mienne ! ! !» (site MSN)»* ; *«extermination des directrices chieuses»* (Facebook) ; *«éliminons nos patrons et surtout nos patronnes (mal baisées) qui nous pourrissent la vie ! ! !»* (Facebook) ; *«Z... motivée plus que jamais à ne pas me laisser faire. Y'en a marre des connes»*.

[43]*Droit du travail*, 5e éd. *Montchrestien*, 2006, n°703, p.566.

[44]*Ibid.*

prise en compte d'aspects extérieurs au milieu choisi, le civisme exige en outre un perfectionnement intérieur du contractant.

10. Au-delà de l'analyse des origines du vocable civisme, une présentation de sa réception en droit semble également nécessaire. Celle-ci ne s'est pas faite de manière linéaire. Saisi tout d'abord par la politique dans son sens originel[45], le terme civisme désigne un ensemble de comportements, de valeurs, d'attitudes ou de règles qu'un individu doit respecter pour éviter de choquer le goût du public ou de la société. C'est le résumé de toutes les vertus du bon citoyen[46]. MONTESQUIEU voyait dans la vertu citoyenne - devenue plus tard vertu civique[47] et aujourd'hui civisme[48] - le ciment du régime républicain par l'amour des lois, de la patrie et de l'égalité[49]. C'est l'exercice du respect à l'égard de la république et de ses lois[50].

Ce terme a par la suite été saisi par le droit, plus précisément le droit public, centré sur la défense de l'intérêt général et la promotion des attitudes civiques. Il s'agira d'un minimum d'observations que le droit impose au citoyen pour qu'en préservant l'intérêt de tous par ses faits et actes, il n'en

[45]C'est-à-dire l'art de gérer la Cité.

[46]P.-H. SIMON, «L'éducation civique», in *Crise du pouvoir et crise du civisme*, *op. cit.* D'après cet auteur, *«il ne peut y avoir de civisme que là où il y a des citoyens, c'est-à-dire dans une République; et, inversement, une république ne saurait se soutenir sans cette intention de la volonté de tous et de chacun vers le bien de l'État, qui est proprement le civisme »*. Le civisme serait alors le bien de l'État. Plus extensible et rationnelle est la position de Pierre DELORE. Pour ce dernier, *«le civisme, c'est l'ensemble des vertus que tout citoyen doit exercer dans la vie en commun, qu'il s'agisse pour lui du groupe familial, professionnel, communal ou national»*, op. cit., .40.

[47]Dans la plupart des manuels ou des ouvrages d'instruction ou d'éducation civique, on compte parmi les vertus civiques: la défense du territoire national en temps de guerre; la tolérance caractérisée par l'acceptation des opinions des autres; le refus de la xénophobie et du racisme; le respect des lois votées par les élus du suffrage universel quand bien même on les jugerait contestables; l'inscription sur les listes électorales; la participation à toutes les élections politiques ou professionnelles; l'assistance et l'aide aux personnes défavorisées; etc...

[48]D'après Pierre-Henri SIMON en effet, *«ce que les hommes de la Révolution appelaient civisme, c'est exactement ce que MONTESQUIEU appelait vertu»*, *op. cit.*, .333.

[49]*«Ce que j'appelle la vertu dans la république,* affirme MONTESQUIEU, *c'est l'amour de la patrie, c'est-à-dire l'amour de l'égalité. Ce n'est point une vertu morale, ni une vertu chrétienne, c'est la vertu politique; et celle-ci est le ressort qui fait mouvoir le gouvernement républicain comme l'honneur est le ressort qui fait mouvoir la monarchie»*, in *De l'esprit des lois*, Œuvres complètes III, *Bibliothèque de la Pléiade*, *Gallimard*, 1964, 509p, spéc. p. 228.

[50]Y. ALPE et alii, *Lexique de sociologie*, 3e éd., *D.* 2010, .39.

sauvegarde en réalité que les siens propres[51]. Il consiste alors pour le citoyen non seulement en l'accomplissement des devoirs qui lui incombent, mais également en la jouissance effective des droits et libertés garantis par les textes en vigueur[52]. La maîtrise d'un tel concept, plus aisée en droit public, devient complexe lorsqu'on l'appréhende sur le terrain du droit privé, essentiellement basé sur la défense des intérêts particuliers. Le contrat étant l'exemple de convention par excellence, il s'agira de rechercher le rapport du contrat au civisme. Une telle recherche doit être précédée d'une présentation du contrat.

11. Est contractuel ce qui résulte d'un contrat[53]. D'après M. GHESTIN, *«le mot contrat vient du latin contractus lui-même dérivé de contrahere qui signifie rassembler, réunir, conclure»*[54]. C'est une notion polysémique qui renvoie non seulement à un écrit destiné à constater l'accord des contractants à une manifestation d'autonomie de la volonté individuelle s'opposant traditionnellement à la loi et au jugement, mais également à une espèce de convention ayant pour objet de créer une obligation ou de transférer la propriété. S'interrogeant sur ce qu'est le contrat, M. ATIAS rappelle que *« le contractuel ne se laisse pas aisément isoler, questionner. L'analyse de ses composantes le dissout ; l'étude de son fondement, de son critère, de sa nature semble échouer comme si l'objet recherché s'échappait constamment et s'évanouissait... »*[55]. Il se pourrait donc que, pour une notion *a priori* simple comme le contrat, des incompréhensions surgissent dès son abord. Au-delà des incompréhensions qui peuvent tenir à sa signification, d'autres incompréhensions tenant à sa nature juridique, que nous nous contenterons d'évoquer, sont en outre envisageables.

La première incompréhension présente le contrat comme une norme.

---

[51]Cette thèse a été développée par plusieurs philosophes, notamment Jean-Jacques ROUSSEAU, Emmanuel KANT, MONTESQUIEU. Pour M. DELORE, le civisme *«fait passer les devoirs avant les droits: devoirs envers la famille, la société, la nation. Il fait passer l'intérêt général avant les intérêts particuliers»*, in *Civisme, cité, civilisation*, éd. du livre français, 1941, 128 p., spéc. .42.

[52]Comme l'a si bien dit Régis DEBRAY, *« Parler droits sans devoirs, c'est vouloir l'homme sans le citoyen, la récompense sans l'obligation, la ville à la campagne »*, in *Que vive la République*, éd. *Odile Jacob*, 1991, 218p.

[53]Par opposition à extracontractuel, quasi-contractuel, délictuel, et quasi-délictuel.

[54]«La notion de contrat», recueil *Dalloz Sirey*, 1990, 23e cahier - Chr. 147.

[55]Ch. ATIAS, «Qu'est-ce qu'un contrat ?», in Ch. JAMIN (dir.), *Droit et économie des contrats*, *L.G.D.J.*, coll. Droit et économie, 2008, pp. 3-19, spéc. n°22, p. 12. Adde J. L. AUBERT, *Le contrat. Droit des obligations*, *D.*, coll. Connaissance du droit, 3e éd. 2005, spéc. n°4.

Certains auteurs ont longtemps considéré le contrat comme une norme[56], un acte juridique *«normateur»*[57], c'est-à-dire une règle de droit qui évoque non pas l'idée de normalité, ni celle de rationalité, mais qui vise généralement toutes les règles présentant ce caractère, quels qu'en soient la source ou l'objet[58]. Cette perception du contrat en tant que norme ou acte juridique normateur n'est pas forcément illusoire. Le contrat crée à l'égard des contractants des droits et des obligations qu'ils sont tenus de respecter comme si ces droits et obligations découlaient de la loi. *«Il est donc tentant d'assimiler la loi contractuelle à la loi étatique»*. Si pour Lucien MAURIN, une telle assimilation est *«dangereuse»* et *«inexacte»*[59], les évolutions récentes en matière contractuelle ne plaident pas en sa défaveur. La tentation est d'autant plus grande aujourd'hui en France puisque le Conseil constitutionnel a, dans sa décision du 13 juin 2013, élevé la liberté contractuelle au rang de principe à valeur constitutionnelle[60]. Le contrat aurait ainsi une valeur quasi-identique à celle de la loi, et ne peut être remis en cause que par le législateur ou le constituant.

La deuxième incompréhension repose sur la nature individuelle ou collective du contrat. Au départ, le contrat était considéré comme un acte juridique individuel, une affaire des seuls contractants. Aujourd'hui, une telle affirmation est difficilement concevable, le contrat étant désormais assimilé à un phénomène social. Le doyen JOSSERAND ne disait-il pas que *«le contrat a gagné en profondeur et en intensité»*, et que *«nous vivons de plus en plus contractuellement»*[61] ? En tant que tel, il va de soi qu'il tienne compte des transformations sociales et s'adapte aux exigences concrètes des contractants. Le contrat oblige alors non seulement parce qu'il a été voulu, mais également parce que la société l'impose. Deux visions du contrat vont

[56]V. H. KELSEN, «La théorie juridique de la convention», in *Le problème du contrat*, *APD* 1940, pp.33-76.
[57]D. DE BÉCHILLON, « Le contrat comme norme dans le droit public positif», *RFDA*, 1992, pp. 15-35, spéc. p. 16. Adde G. ROUHETTE, *Contribution à l'étude critique de la notion de contrat*, thèse Paris, 1965, p.636.
[58]G. CORNU (dir.), *Vocabulaire juridique*, 9è éd. *P.U.F.*, 2011, coll. Quadrige, p.685.
[59]L. MAURIN, *Contrat et droits fondamentaux*, *L.G.D.J.*, 2013, coll. *BDP*, t.545, 540 p., spéc. n°4, p. 4 et s.
[60]Cons. const. 13 juin 2013, n°2013-672 DC. Dans cette décision, le Conseil relève qu'*«Il est loisible au législateur d'apporter à la liberté d'entreprendre et à la liberté contractuelle qui découlent de l'article 4 de la Déclaration de 1789, des limitations liées à des exigences constitutionnelles ou justifiées par l'intérêt général, à la condition qu'il n'en résulte pas d'atteintes disproportionnées au regard de l'objectif poursuivi»*. Adde J. GHESTIN, «La consécration de la valeur constitutionnelle de la liberté contractuelle», note sous Cons. const., déc. 13 juin 2013, n°2013-672 DC, *Sem. Jur.*, éd. G., 9 septembre 2013, n°37.
[61]L. JOSSERAND, «Aperçu général des tendances actuelles de la théorie des contrats», *RTD civ.* 1937, 1.

alors s'opposer ici. L'une, libérale, qui fait de la volonté individuelle la seule et unique source de droits et obligations, se suffisant à elle-même. L'autre, sociale, permettant au législateur et au juge d'assurer la protection du contractant faible dans certains rapports déséquilibrés.

La troisième incompréhension, mais non la dernière, est celle qui considère le contrat à la fois comme un lien et un bien. Cette thèse est principalement défendue par M. MESTRE[62]. Pour lui, si le renforcement du lien contractuel marque un renouvellement de l'approche classique du contrat, la prise en compte du contrat comme un bien révèle un certain dépassement de cette approche. M. STOFFEL-MUNCK observe par la suite qu'il y a un dualisme dans la détermination de la nature du contrat. *«Le contrat est, en effet, tout à la fois un phénomène interpersonnel et un phénomène réel. Il est l'occasion d'une relation entre deux personnes et constitue en soi une opération économique»*[63]. Le contrat en tant que bien est l'idée de départ. Il est un instrument au service des volontés contractuelles. Il sera relayé autour des idées de liberté, sécurité, efficacité, utilité ou égalité contractuelles. Le contrat apparait également comme un lieu d'épanouissement de la personne et de ses droits. Ce *vinculum juris* existant entre les contractants est le couvent d'idées tenant à leur dignité, solidarité, fraternité ou loyauté. Ces deux dimensions économique et interpersonnelle se relayent et se complètent aujourd'hui. Elles sont la résultante des transformations contractuelles au cours des siècles.

12. Le contrat offre ainsi une large grille d'analyse qui empêche de l'appréhender dans une approche unidirectionnelle. Toutes ses composantes doivent être prises en considération. Le contrat qui sera examiné dans le cadre de notre étude est le contrat de droit privé au sens large, c'est-à-dire celui conclu par les personnes privées, qu'il s'agisse des contrats B/B[64], B/C[65] ou C/C[66], qu'ils soient synallagmatiques ou unilatéraux[67], commutatifs ou aléatoires, nommés ou innomés. Ils peuvent être d'ordre interne ou

---

[62]J. MESTRE, «L'évolution du contrat en droit privé français, in *L'évolution contemporaine du droit des contrats*, *P.U.F.* 1985, Journées René Savatier, Poitiers, 24-25 octobre 1985, p.41 et s.

[63]Ph. STOFFEL-MUNCK, *L'abus dans le contrat. Essai d'une théorie*, *L.G.D.J.*, 2000, 647 p., spéc. n°7, p.11.

[64]Business to business ou contrats commerciaux ou d'affaires.

[65]Business to consumer ou contrats mixtes.

[66]Consumer to consumer, ou contrats civils.

[67]Le contrat n'en demeure pas moins un dans ce cas, quand bien même les prestations à accomplir ou les obligations à assumer ne seraient qu'à la charge de l'une des parties. Pour une étude critique, voir R. ENCINAS DE MUNAGORRI, *L'acte unilatéral dans les rapports contractuels*, *LGDJ*, 1996, t.254, préf. A. Lyon-Caen, 551 p. Adde F.-L. SIMON, «La spécificité du contrat unilatéral», *RTD civ.*, 2006, p.209.

international et leur examen se fera à toutes les phases, c'est-à-dire de la formation du contrat à sa disparition en passant par son exécution ou inexécution. Nous n'excluons pas de notre étude les contrats où la personne publique agit en qualité de personne privée, ceux où les personnes privées agissent pour le compte des personnes publiques, ou les contrats-organisation (contrat de société, contrat de travail). Ne rentrent pas dans notre étude les contrats de droit public en général, et les contrats administratifs en particulier. Il s'agit des contrats conclus par les personnes morales de droit public, précisément l'administration, et les personnes morales ou physiques de droit public ou privé. Ces contrats *sui generis* comportent des clauses exorbitantes de droit commun[68], parfois dans les contrats de droit privé conclus par les personnes publiques[69]. Ne seront pas non plus examinés les contrats conclus interétatiques, ou certains contrats spécifiques tels les contrats d'armement ou les contrats pétroliers.

L'on comprend mieux la difficulté qu'éprouvaient les auteurs précités à définir la notion de civisme contractuel. Cette difficulté peut tenir à l'antinomie quasi-certaine des composantes de la notion de civisme contractuel, ainsi qu'à sa nature allégorique. Elle nous est aussi bien réelle. A l'idée de définir le civisme contractuel, nous revient immédiatement cette confession de SAINT-AUGUSTIN selon laquelle: *«si personne ne me le demande, je le sais: mais que je veuille l'expliquer à la demande, je ne le sais pas!»*[70]. Cette confession faite au sujet du temps n'est pas moins valable s'agissant du civisme contractuel. Elle révèle la difficulté à identifier un critère de définition qui distinguerait le civisme contractuel des notions voisines. Il est embarrassant de prétendre définir une notion dont les composantes ont chacune un caractère amphibologique. En effet, si le civisme impose des obligations, il confère également des droits. Il suppose une soumission aux exigences sociales, mais aussi une participation active du contractant. Il n'est pas que volontaire, il est en outre d'ordre public. Il s'accommode autant du droit public que du droit privé. Il recherche la sauvegarde des intérêts de tous, mais en plus ceux de chacun. Le contrat en retour est le domaine par excellence des initiatives individuelles ; mais il ne saurait déroger à l'ordre public et aux bonnes mœurs. Il s'agit d'un accord de volonté, mais aussi d'un phénomène social. Au regard de cette difficulté à

---

[68]Cf. Th. BIDJA NKOTTO, *Les contrats de l'Administration au Cameroun*, Thèse, Paris I, 2000, T1, 310p ; D. TRUCHET, «Le contrat administratif, qualification juridique d'un accord de volontés», in L. CADIET et G. CORNU (dir.), *Le droit contemporain des contrats : bilan et perspectives*, *Economica*, 1987, 284p, p.185 et s.

[69]V. A. HASTINGS-MARCHADIER, «Les contrats de droit privé des personnes publiques et la liberté contractuelle», *AJDA*, 1998, p.683.

[70]SAINTAUGUSTIN, *Confessions*, XI, 14, http:www.abbaye-saint-benoit.ch/saints/augustin/confessions.htm.

définir le civisme contractuel, doit-on aller jusqu'à penser, comme Philippe STOFFEL-MUNCK au sujet de l'abus, que *«son inconstance ou son inconsistance est sa vertu propre, ou encore que son imprécision est cause de son succès au point qu'à trop la définir on peut la dégrader»*[71], ou encore qu' *«il serait dangereux de la cerner car c'est son indétermination qui fait merveille...»*[72]. Toute proportion gardée, il semble que pour de telles notions, cette vision de M. STOFFEL-MUNCK soit recommandable. Mais, une tentative de définition ne serait pas non plus malaisée. Si elle ne prétend point à la perfection, elle permet d'entrevoir une certaine adéquation avec le cadre théorique de l'analyse.

En fait, difficulté est-elle synonyme d'impossibilité ? Dans un souci de sécurité et d'efficacité, il convient de proposer une définition du civisme contractuel. Dans la présente étude, le civisme contractuel renverra à un ensemble de droits et d'obligations permettant aux contractants et interprètes contractuels d'assurer la conciliation des intérêts particuliers des contractants à l'intérêt général de la société[73]. Les droits et obligations ici mis en relief ne sont pourtant pas le propre du civisme contractuel. Il en est de même de l'idée d'intérêt, qu'il soit particulier ou général. La spécificité du civisme contractuel tient à la recherche d'une conciliation simultanée, et non isolée, des intérêts catégoriels en présence, c'est-à-dire les intérêts de chacun des contractants d'une part, et ceux de la société d'autre part. Il ne s'agit pas seulement d'articuler l'intérêt du débiteur à celui du créancier, il est en outre question de s'assurer que ces intérêts particuliers du débiteur et du créancier s'accommodent de l'intérêt général de la société. Il ne s'agit pas d'un intérêt général au sens premier du terme, lequel suppose la prééminence de la volonté générale sur les volontés individuelles. Cet intérêt pourrait être rapproché de l'intérêt général que Mustapha MEKKI décrit dans sa thèse remarquée, c'est-à-dire un intérêt immanent et non transcendant[74]. En réalité, l'intérêt général dont s'agit est un intérêt certes vertical, mais qui prend appui par le bas, pour s'élever en hauteur, et non l'inverse[75]. Cet intérêt ne transcende pas les intérêts particuliers des contractants, mais doit composer avec eux dans un souci de liberté, de sécurité, d'efficacité et de pérennité contractuelles. Cette exigence de conciliation permet notamment d'éviter qu'à travers le contrat, les contractants favorisent l'incivisme. On peut par exemple se demander si certains montages dit d'optimisation fiscale,

---

[71]Ph. STOFFEL-MUNCK, *op. cit.*, n°3, p.4 et s.
[72]*Ibid.*
[73]Qu'il nous soit permis de les désigner « droits civiques ».
[74]M. MEKKI, *L'intérêt général et le contrat. Contribution à une étude de la hiérarchie des intérêts en droit privé*, *L.G.D.J.*, 2004, *BDP*, t. 411, 910 p.
[75]Sur la régulation du bas vers le haut, du top-down et du bottom-up, voir J. COMMAILLE, *L'esprit sociologique des lois. Essai de sociologie politique du droit*, Paris, *PUF,* 1994, 277p.

juridique ou financière, par lesquels les contractants rédigent ou font rédiger des actes plus ou moins fictifs afin de réaliser des bénéfices fiscaux, ne favorisent pas l'incivisme contractuel[76]. La réponse mérite d'être nuancée. Rien n'empêche les contractants de trouver le cadre fiscal approprié à leur opération parmi les nombreux cadres qui leur sont offerts par le droit. De tels montages ne deviennent inciviques que si le contournement de l'impôt est justifié par la volonté de ne pas satisfaire à cette exigence sociale[77]. Ces dernières conventions tombent plutôt sous le coup de la fraude à la loi, que le doyen CARBONNIER avait rangé comme une sorte de protection avancée de l'ordre public, composante discutable du civisme contractuel. Pour échapper à la loi fiscale[78], les parties montent souvent des archipels juridiques qui ne sont pas toujours le reflet de ce qu'elles ont voulu faire. Le droit fiscal a fait figure d'exception depuis très longtemps car il a qualifié d'incivique, ou d'incivisme fiscal, l'attitude des contractants consistant à contourner l'esprit de la loi fiscale de sa lettre. La volonté délibérée des contractants de frauder la loi les éloigne du champ du civisme contractuel. L'idée ne tient donc pas de la recherche par les contractants des techniques contractuelles de réduction de l'impôt, manifestation de l'intérêt général, à travers les conventions particulières, mais plutôt de leur volonté délibérée de se détourner de cette exigence citoyenne. En fait, le civisme contractuel suppose que l'intérêt du débiteur soit ou non en désaccord avec celui du créancier, et que leur volonté commune porte également atteinte à l'intérêt général. Du moment que les contractants sont convenus d'un accord, et à moins que l'on ne trouve dans cet accord des velléités d'incivisme, cet accord ne tombe plus sur le coup du civisme contractuel, mais plutôt de l'ordre public de direction ou de protection. Au-delà de ces difficultés d'ordre sémantique, d'autres difficultés à caractère géographique sont envisageables.

13. Les difficultés géographiques méritent une attention particulière. La présente étude n'a pas pour ambition d'examiner le civisme contractuel

---

[76]Cf. D. PORACCHIA, *La réception juridique des montages conçus par les professionnels du droit, PUAM*, 1998, 521p. ; J.-P. DOM, *Les montages en droit des sociétés : aspects de droit interne*, 2e éd. *Joly*, 2000, 576p.

[77]Cf. R. BLANCHER, «Abus de droit. Montage juridique, preuves, pénalités pour manœuvres frauduleuses», *RTD. com.* 1993, p.220 ; J. MESTRE et B. FAGES, «Erreur et fiscalité», *RTD. civ.* 2003, p.699.

[78]La fraude fiscale ou évasion fiscale est la soustraction illégale à la loi fiscale de tout ou partie de la matière imposable ; c'est également le fait de soustraire le maximum de matière imposable à l'application de la loi fiscale en général ou d'un tarif d'impôt particulier, sans transgresser la lettre de la loi, en mettant systématiquement à profit toutes les possibilités de minorer l'impôt ouvert soit par ses règles soit par ses lacunes.

dans l'univers. Une délimitation du champ d'étude s'impose dès lors. Ce dernier peut être tant d'ordre spatial que temporel.

14. S'agissant du domaine spatial, la recherche des manifestations et implications du civisme contractuel se fera en droit européen et en droit de l'OHADA[79]. Elle commande de prendre simultanément en compte les instruments de ces deux ordres juridiques. Naissent alors quelques difficultés tenant à l'existence d'un droit européen en général, et, à celle d'un droit européen et de l'OHADA des contrats en particulier.

La question de l'existence d'un droit européen n'est pas anodine. Plusieurs juristes affirment son inexistence. C'est la *«thèse du non-droit»* européen[80]. Le doyen CARBONNIER ne disait-il pas du droit européen qu'il est un *«drame»*[81], un droit *«imposé»* et *«venu d'ailleurs»*[82]. Pour d'autres

---

[79]L'analyse aurait été moins complexe si elle avait été envisagée dans une perspective de droit interne, qu'il s'agisse du droit camerounais ou du droit français par exemple, ou encore dans celle de droit comparé camerounais et français. Le Code civil applicable dans chacun de ces systèmes juridiques, ses textes modificatifs et supplétifs, ainsi que la jurisprudence auraient alors servi de référent. Cette complexité serait en outre moindre si l'analyse avait été orientée en droit de l'OHADA ou en droit européen. A ce niveau, on se serait, en l'absence d'un droit commun des contrats, raisonnablement appuyé sur le droit des contrats spéciaux qu'offre chacun d'eux, mais aussi sur le droit national pour les cas non régis par ce dernier droit. La réglementation européenne ou de l'OHADA ne tarit pas le cadre normatif des systèmes nationaux ; elle le complète. Il arrive parfois que la législation nationale offre un niveau de protection plus élevé que les systèmes européen ou de l'OHADA, et vice versa. Il y aurait enfin peu de complexité à ce que cette analyse soit faite en droit de l'OHADA à la lumière du droit européen, et vice versa. Une telle analyse conduirait à s'appesantir sur les instruments juridiques et judiciaires de l'un de ces systèmes, en essayant par endroit de relever leurs affinités, leurs contrariétés, leurs singularités ou leurs complémentarités avec ceux de l'autre.

[80] J.-S. BERGÉ et S. ROBIN-OLIVIER, *Droit européen. Union européenne – Conseil de l'Europe*, 2è éd., *PUF*, 2011, Coll. *Thémis,* 540 p, spéc. p.6 s : *«La thèse selon laquelle le droit européen n'est pas véritablement du droit existe depuis toujours. La construction européenne contemporaine, qu'elle se fasse à Strasbourg, siège du Conseil de l'Europe, de la Cour européenne des droits de l'homme et du Parlement européen, à Bruxelles, où sont installés deux des principales institutions de l'Union européenne (le Conseil et la Commission), à Luxembourg, lieu d'implantation de la Cour de justice de l'Union européenne ou en tout autre lieu, a depuis l'origine, suscité la critique de ceux qui nourrissent des doutes sur sa juridicité».*

[81]J. CARBONNIER, «L'avenir d'un passé», in *L'avenir du droit,* Mélanges en hommage à F. TERRÉ, *P.U.F.*, *Dalloz*, Jurisclasseur, 1999, p.10

[82]J. CARBONNIER, *Droit et passion du droit sous la Ve République*, éd. *Flammarion*, 1996, spéc. p. 44 et s. Selon cet auteur, les droits issus de la Conv. EDH sont des «axiomes», c'est-à-dire des vérités indémontrables qui doivent être

auteurs, le droit européen serait un droit fait par d'autres[83], dans une langue autre que la leur[84], étranger à leur culture juridique. Par conséquent, il ne fait pas partie de leur ordre juridique. Nombreux sont aussi les auteurs qui avaient estimés que le droit européen se limite au droit du Conseil de l'Europe. En réalité, le droit européen renvoie non seulement au droit du Conseil de l'Europe[85], mais aussi à celui de l'Union européenne[86]. La difficulté tenant à l'existence du droit européen est donc relative. Le droit du Conseil de l'Europe et le droit de l'Union européenne sont bien réels. De la sorte, le droit européen n'est ni un mythe, ni un drame, mais une réalité[87].

En droit de l'Union européenne, il existe une abondance de textes relayée par une jurisprudence débordante de la Cour de justice de l'Union européenne (CJUE)[88]. Sans prétention d'exhaustivité, nous axerons notre

---

admises, ou encore, tel que le percevaient les grecs de l'Antiquité, des affirmations évidentes qui n'avaient nullement besoin d'être prouvées. Et, comme il l'a si bien observé, *«il y a une rue de la Loi au cœur de Bruxelles et une impasse de la Loi dans un faubourg de Paris. On ne l'a pas fait exprès»*, in *Essais sur les lois*, *Defrénois*, 1995, p.7.

[83]F. TERRÉ, *Introduction générale au droit*, Précis *Dalloz*, 2009, 656p, spéc. n° 251.

[84]G. CORNU, «Un Code civil n'est pas un instrument communautaire», *D.* 2002, p.351.

[85]Organisation inter-gouvernementale instituée le 5 mai 1949 par le traité de Londres, le Conseil de l'Europe est la doyenne des organisations européennes, par le biais des normes juridiques dans les domaines de la protection des droits de l'homme, du renforcement de la démocratie et de la prééminence du droit en Europe. Cette organisation internationale est dotée de la personnalité juridique reconnue en droit international public et rassemble 800 millions de ressortissants de 47 États membres.

[86]J.-S. BERGÉ et S. ROBIN-OLIVIER, *op. cit.* L'Union européenne (UE) est une association *sui generis* de vingt-huit États européens qui délèguent par traité l'exercice de certaines compétences à des organes communs. Peuplée de 505,7 millions d'habitants, l'Union européenne est régie par le Traité sur l'Union européenne (TUE) et le Traité sur le fonctionnement de l'Union européenne (TFUE), dans leurs versions actuelles, depuis le 1er décembre 2009 et l'entrée en vigueur du Traité de Lisbonne. Sa structure institutionnelle est en partie supranationale, en partie intergouvernementale. Elle comprend le Parlement européen, le Conseil européen, le Conseil des ministres, la Commission européenne, et la Cour de justice.

[87]Selon Jean-Sylvestre BERGÉ et Sophie ROBIN-OLIVIER, *«Le droit européen n'est pas simplement une ''idée généreuse'' ou un ''vœu pieux'' comme on le dit parfois avec condescendance. Territoire d'un marché sans frontière, inscrite dans le mouvement de mondialisation économique, l'Europe est aussi le terrain sur lequel peut se reconstruire un espace de liberté, sécurité et justice», op. cit.*, n°10, p.9 et s. D'ailleurs, *«Entre une gouvernance mondiale difficile à concevoir et les limites des politiques nationales, le niveau européen constitue dans bien des domaines, la meilleure voie».*

[88]Anciennement dénommée Cour de justice des communautés européennes (CJCE).

démonstration sur celles des bases ayant une incidence en matière contractuelle. Les traités, les règlements, les directives, et les conventions en l'occurrence pour ce qui est du droit positif[89]. En ce qui concerne le droit prospectif, nous recourrons aux Principes du droit européen des contrats (PDEC). Il s'agit d'un corps de règles complètes et générales[90] qui régissent tant les contrats civils que les contrats commerciaux, qu'il y ait ou non un lien d'extranéité[91]. N'est pas à exclure la proposition de règlement relatif à

[89]Cf. W. Van GERVEN, Rapport introductif, Actes du colloque sur *L'harmonisation du droit des contrats en Europe*, *op. cit.*, p.3 et s., spéc. p.4.

[90]Selon Hélène BOUCARD, *«il est de la nature des instruments internationaux d'unification d'être incomplètes. C'est vrai pour les conventions sectorielles comme celle de Vienne, que les aléas de la négociation internationale conduisent à laisser certains points en suspens. C'est moins vrai pour les Principes Unidroit et Lando, ces codifications doctrinales proposant une théorie générale du contrat»*, in «Les instruments internationaux d'unification: concurrence ou modèle pour les droits nationaux?», in G. WICKER (dir.), *Droit européen du contrat et droits du contrat en Europe*, p. 21 et s., spéc. p.33.

[91]Encore appelés Principles of European Contract Law (PECL), les PDEC ont été établis par la Commission sur le droit européen des contrats, créée en 1980 sous l'égide du professeur Ole LANDO. La première partie des principes sur l'exécution et l'inexécution a été publiée en 1995; la deuxième partie sur la formation, la validité, l'interprétation, le contenu et le mandat a été publiée en 1998; et la troisième partie portant sur une partie du régime général des obligations a été achevée en 2001. En réalité, ces Principes ont été élaborés par trois commissions successives entre 1974 et 2002. La Commission sur le droit européen repose aujourd'hui sous la direction de Von BAR. Ces Principes peuvent être choisis par les parties qui entendent leur soumettre leur contrat. Ils ont vocation à inspirer les législateurs nationaux de l'Union. D. TALLON, «Vers un droit européen du contrat», *Mélanges Colomer*, 1993, p.494 ; «Les principes pour le droit européen du contrat», *Defrénois* 2000.683; «Les travaux de la commission Lando», in *L'harmonisation du droit des contrats en Europe*, *Economica*, 2001, p.119 ; Ph. MALAURIE, «Le Code civil européen des obligations et des contrats, une question toujours ouverte», *JCP* 2002. I. 110; D. MAZEAUD, «A propos du droit virtuel des contrats: réflexions sur les principes d'UNIDROIT et de la commission Lando», *Mélanges Cabrillac*, 1999, p.205; du même auteur «Faut-il avoir peur d'un droit européen des contrats?», in *Mélanges Malinvaud*, *Litec*, 2007 et *Mélanges Xavier Blanc-Jouvan*, *SLC*, 2005, 941 pages, spéc. p.309 et s; P. RÉMY-CORLAY et D. FENOUILLET (dir.), *Les concepts contractuels français à l'heure des principes du droit européen des contrats*, *D.* 2012, coll. Thèmes et commentaires, 276 p. ; G. ROUHETTE, I. De LAMBERTERIE, D. TALLON, C. WITZ, *Principes du droit européen des contrats*, coll. Droit privé et comparé européen, coll. dirigée par B. Fauvarque-Cosson, *SLC*, 2003, 655 p. ; B. FAGES, «Quelques évolutions du droit français des contrats à la lumière des Principes de la commission Lando»: *D.* 2003, chron. p. 2386; Ch. JAMIN et D. MAZEAUD, *L'harmonisation européenne du droit des contrats*, *Economica*, 2001, 178 p.; C. PRIETO (dir.), *Regards croisés sur les Principes du droit européen du contrat et sur le droit français*, *PUAM*, 2003, 582 p.

un droit commun européen de la vente. D'autres boîtes à outils, tels le Projet de cadre commun de référence (PCCR), les listes noires-grises-blanches, les livres verts et blancs, le Code européen des contrats[92] constitueraient d'autres référents. Le Code européen des contrats par exemple est un code dont l'attrait et la richesse du contenu ne sont pas à démontrer. Ce code contient deux livres. Le premier livre a été achevé en 1999 et concerne «les contrats en général»[93]. Le second livre est consacré aux contrats en particulier et aux obligations extra-contractuelles. Mais, seul son titre premier relatif à la vente ainsi qu'aux contrats collatéraux a jusqu'à présent été publié. En attendant la publication des autres titres, ce code reste donc incomplet[94]. La question de l'existence du droit de l'OHADA ne se pose

[92]Parfois appelé Code Gandolfi, ce code est encore au stade d'avant-projet, comme la plupart des textes européens d'uniformisation du droit des contrats. Il a été élaboré par l'Académie de Pavie en Italie, dite Académie des Privatistes Européens sous la direction du Professeur Giuseppe GANDOLFI. Cette Académie a publié en français, en 2001, le livre 1er du Code consacré aux contrats en général et travaille actuellement sur le livre 2e dédié aux contrats spéciaux, dont la première partie sur la vente a été publiée en 2006. En ce sens, v. J.-P. GRIDEL, «Sur l'hypothèse d'un droit européen des contrats: les propositions de l'académie des privatistes européens (Pavie)»: *Gaz. Pal.* 21 et 22 février 2003, p. 3; C. WITZ, «Plaidoyer pour un Code européen des obligations», *D.* 2000, chron. 79; B. FAUVARQUE-COSSON, «Faut-il un Code civil européen?», *RTD civ.2002*, 463; C. PRIETO, «Un Code civil européen: de l'utopie à la prospective juridique», *LPA*, 2004, n° 92, 19. K. GARCIA, *Le droit civil européen. Nouvelle matière, nouveau concept*, éd. *Larcier*, 2008, coll. Europe, 674 p. ; S. NADAUD, *Codifier le droit civil européen*, éd. *Larcier*, 2008, coll. Europe, 464p. ; Ph. MALINVAUD, «Réponse -hors délai- à la Commission européenne : à propos d'un Code européen des contrats», *D.* 2002, p.2542 ; Ph. MALAURIE, «Le Code civil européen des obligations et des contrats, une question toujours ouverte», *JCP*, 2002, I, p. 110 ; J. HUET, «Nous faut-il un "euro" droit civil ?», *D.* 2002, p.2611. *Contra*, Y. LEQUETTE, «Vers un code civile européen», éd. *Le Seuil, Pouvoirs*, 2003/4, n°7 ; «Quelques remarques à propos du projet de Code civil européen de M. von Bar», *D.* 2002, p.2202 ; G. CORNU, «Un Code civil n'est pas un instrument communautaire», *D.*2002, p.351.

[93]Ses 173 articles sont répartis en 11 titres. Sur ce premier livre, le doyen CARBONNIER a fait l'observation suivante: *«Dans le domaine des contrats, n'est pas de coin ni de recoin que le Code "Gandolfi" n'ait abordé et éclairé»*, (cité par M. G. GANDOLFI, «Le code européen des contrats», in R. CABRILLAC, D. MAZEAUD et A. PRÜM (dir.), *Le contrat en Europe: Aujourd'hui et demain, SLC*, 2008, 194 p., pp. 115-124, spéc. p.116.

[94]M. SAVAUX observe à cet effet que le Code européen des contrats a une *«dimension limitée» (*«L'adéquation de l'offre de lois contractuelles aux besoins des consommateurs», in *Droit européen du contrat et droits du contrat en Europe. Quelles perspectives pour quel équilibre?*, *op. cit.*, p. 51 et s, spéc. n°4, p.54.

pas[95]. En revanche, celle du droit européen et de l'OHADA des contrats demeure.

S'interrogeant sur l'existence d'un droit européen des contrats, Anne PÉLISSIER observe qu'il n'en existe *«pour l'instant, aucun»*[96]. Son avènement est d'aillleurs encore incertain[97]. Et, la *«longue marche»* pour y parvenir pourrait davantage s'accentuer[98]. La tentation est alors grande de cantonner ces droits soit dans certaines branches telles le droit public ou le droit privé[99], soit dans certaines catégories telles le droit économique ou le droit non économique[100], soit encore dans certains domaines tels celui des

---

[95]Cf. P.-G. POUGOUE (dir), *Encyclopédie du droit OHADA*, *éd. Lamy*, Paris, 2012, 2275p. ; H.-D. MODI KOKO BEBEY, « L'OHADA, une réalité plus belle que le rêve », *Lettre d'information (n°24) du Notariat francophone*, 10-17 octobre 2013, p. 8 et s.

[96]A. PÉLISSIER, «La participation des droits fondamentaux, à la construction d'un droit européen des contrats», in R. CABRILLAC, D. MAZEAUD et A. PRÜM (dir.), *Le contrat en Europe: Aujourd'hui et demain*, *op. cit.*, spéc. p.31.

[97]H. BOUCARD, «Les instruments internationaux d'unification: concurrence ou modèle pour les droits nationaux?», in G. WICKER (dir.), *Droit européen du contrat et droits du contrat en Europe. Quelles perspectives pour quel équilibre?*, Actes du Colloque organisé le 19 septembre 2007 par le Centre d'études et de recherche en droit des affaires et des contrats (CERDAC), *Litec* 2008, 92 p., spéc. p.27 : *«L'incertitude porte sur l'avènement d'un droit européen des contrats».*

[98]V. D. BLANC et J. DEROULEZ, «La longue marche vers un droit européen des contrats», *D. 2007*, chron. p. 1615-1623; C. WITZ, « La longue gestation d'un code européen des contrats (Rappel de quelques initiatives oubliées) », *RTD. civ.* 2003, p.447-454.

[99]Même si cette subdivision peut présenter des interactions réciproques entre ces deux disciplines, le droit institutionnel relève généralement du droit public, et le droit matériel du droit privé.

[100]Le droit économique serait *«l'apanage de l'Union européenne »* tandis que le droit non économique relèverait du Conseil de l'Europe (cf. J.-S. BERGÉ et S. ROBIN-OLIVIER, *op. cit.*, n°13, p.11). S'agissant du droit de l'OHADA, les critiques ont été virulentes. La plupart des auteurs estimant qu'il s'agit d'un droit des affaires limité aux seuls aspects régis par le traité ; lesquels ne sauraient par extension embrasser des disciplines qui ne relèvent pas des matières de droit des affaires, comme l'indique l'abréviation OHADA. Si la sécurisation des transactions économiques, la libéralisation du marché et d'autres préoccupations à caractère économique ont été les points déclencheurs de ces regroupements étatiques, cette position mérite aujourd'hui d'être nuancée. En droit européen en effet, *«l'ancienne Communauté européenne (CEE, 1957) ne s'est jamais limitée à des solutions conçues dans la sphère strictement économique. Outre la prise en compte, dès l'origine, des exceptions non marchandes au libre échange, le développement, dès le début des années 1970, d'une protection des droits fondamentaux et l'émergence progressive depuis les années 1990 d'un espace de liberté sécurité justice s'inscrivent dans ce mouvement. Quant au Conseil de l'Europe, son objet n'a jamais*

contrats civils, commerciaux ou mixtes[101]. En droit européen, le principe de subsidiarité commande de se limiter à ce que prévoient les traités. Dans le silence de ceux-ci, il semble plus logique de saisir la question dans un sens large afin d'intégrer le plus grand nombre d'hypothèses. C'est l'attitude qu'adopte la Cour EDH. Lorsqu'une notion est susceptible de plusieurs interprétations ou revêt des sens différents dans les Etats membres, la Cour EDH a tendance à lui donner un sens autonome, parfois très original, et généralement beaucoup plus favorable que celui retenu en droit interne[102]. Le juge national, juge régional ou communautaire de droit commun[103], doit leur assurer une plus grande effectivité et efficacité dans la défense des droits en présence[104]. Mais, la réponse à la question posée mérite d'être nuancée. A

---

exclu les questions économiques» (J.-S. BERGÉ et S. ROBIN-OLIVIER, *op. cit.*, n°14, p.12).

[101]En droit de l'OHADA par exemple, le débat entre la limitation des compétences de l'OHADA aux contrats d'affaires et son ouverture aux contrats civils et mixtes s'est posée avec acuité, et est loin d'être clos. Dans un souci d'uniformisation, il serait souhaitable de ne pas distinguer les contrats selon qu'ils sont civils, commerciaux ou mixtes, mais d'envisager l'application de ce droit à tous les contrats de droit privé. Pour la thèse de l'unité, v. P.-G. POUGOUÉ, «L'avant-projet d'Acte uniforme OHADA sur le droit des contrats : les tribulations d'un universitaire», www.ohada.com, Ohadata D-07-41 ; J. YADO TOÉ, «La problématique actuelle de l'harmonisation du droit des affaires par l'OHADA», Rapport présenté au Colloque sur *L'harmonisation du droit OHADA des contrats*, Actes du colloque de Ouagadougou (Burkina Faso) tenu du 15 au 17 novembre 2007, UNIDROIT, 2008, 676p. Pour la thèse de la dualité: M. FONTAINE, *Note explicative à l'Avant-projet d'Acte uniforme sur le droit des contrats* ; «L'avant-projet d'Acte uniforme sur le droit des contrats: vue d'ensemble», Rapport présenté au Colloque sur *L'harmonisation du droit OHADA des contrats, op. cit.*;; P. MEYER, «La sécurité juridique et judiciaire dans l'espace OHADA», www.ohada.com, Ohadata D-06-50 ; D. COSSI SOSSA, «Le champ d'application de l'avant-projet d'Acte uniforme OHADA sur le droit des contrats : contrats en général / contrats commerciaux /contrats de consommation», Rapport présenté au Colloque sur *L'harmonisation du droit OHADA des contrats, op. cit., op. cit.*; E.-J. BILE KANGAH, *Réflexions sur la future harmonisation du droit des affaires de l'OHADA*, mémoire de maîtrise de droit privé, Université Catholique de l'Afrique de l'Ouest, 2007, Ohadata, D-08-10, p.78 et s.

[102]Sur les notions autonomes devant la Cour EDH, voir notamment K. GARCIA, *Le droit civil européen. Nouvelle matière, nouveau concept, op. cit.*

[103]En ce sens, voir la Résolution du Parlemet européen du 9 juillet 2008 sur le rôle du juge national dans le système juridictionnel européen (2007/2027 (INI). Adde G. CANIVET, « Le droit communautaire et l'office du juge national », *Dr. et soc.*, 20/21-1992, pp. 143-154.

[104] S'il est vrai que le juge national n'est pas tenu de se conformer à la jurisprudence de la Cour EDH, les décisions de ladite Cour ayant une autorité relative de la chose jugée, le juge national de l'OHADA lui est tenu de se conformer aux décisions de la CCJA, en application du principe de primauté posé à l'article 10 du traité de

notre sens, que ce soit en droit de l'OHADA ou en droit européen, il existe un véritable droit des contrats spéciaux qui se matérialise dans les Actes uniformes en droit de l'OHADA, les directives, règlements et la Conv. EDH notamment en droit européen par la présence de dispositions applicables aux contrats[105]. On y trouve par exemple des dispositions tenant aux contrats de vente, aux contrats d'intermédiation commerciale, au cautionnement, à la garantie à première demande, aux contrats de consommation en général, aux contrats de services.

En fait, reste d'actualité la question de l'existence d'un droit commun des contrats[106]. En l'état actuel du droit européen et de l'OHADA, il n'existe pas de droit commun des contrats. De nombreuses mobilisations se font ressentir en faveur d'un tel droit. Denis MAZEAUD ne nous enseigne t-il pas, avec un optimisme partagé, que *«Le temps»* constitue inéluctablement l'un des ingrédients *« nécessaires et concevables dans la perspective de la réalisation d'un droit européen (*et OHADA*)*[107] *des*

---

l'OHADA. Il en est de même pour le juge national dans l'Union européenne. D'après Luc Marius IBRIGA, *« C'est aux juridictions nationalesqu'il appartient d'assurer la protection juridique découlant pour le justiciable de l'effet direct et de la primauté du droit communautaire. C'est en cela qu'il est affirmé que le juge national est le juge de droit commun du droit communautaire. C'est à lui qu'est confiée la mission de veiller quotidiennement à la bonne application du droit communautaire alors qu'il revient au juge communautaire d'assurer l'appréciation de la validité et l'interprétation uniforme du droit communautaire »*, in « La juridictionnalisation des processus d'intégration en Afrique de l'Ouest : une hypothétique juridicisation », in *La gestion des risques de conflits de normes et de juridictions entre l'OHADA et les organisations voisines*, Acte du colloque tenu à Lomé, les 8 et 9 octobre 2010, *La documentation de l'OHADA*, 99 p, spéc. pp. 17-36.

[105]Voir par exemple L. BERNARDEAU, «Droit communautaire et droit des contrats : perspectives d'évolution », *CCC* 2001, chron. n°19, p. 4 ; Ch. JAMIN, «Un droit européen des contrats?», in P. DE VAREILLES-SOMMIÈRES (dir.), *Le droit privé européen, Économica*, 1998, p.40 ; N. CHARBIT, «L'esperanto du droit ? La rencontre du droit communautaire et du droit des contrats, à propos de la communication de la Commission européenne relative au droit européen des contrats», *JCP* 2002, éd. G., I, 100, p.11 ; Chr. QUÉZEL-AMBRUNAZ (dir.), *Les défis de l'harmonisation européenne du droit des contrats*, Université de Savoie, 2012, 274p.

[106]Le droit commun des contrats renvoie à la théorie générale des contrats. Il s'agit des règles applicables à tout contrat peu importe sa qualification. Le droit des contrats spéciaux désigne l'ensemble des règles applicables à tel ou tel contrat. Par exemple la vente, le bail, etc... Il ne faut pas confondre ce dernier avec les droits spéciaux du contrat qui sont ces droits qui se sont développés en marge du droit commun des contrats et qui s'applique à un type de contrat donné. Il s'agit en l'occurrence du droit de la concurrence et du droit de la consommation.

[107]Nous disons.

contrats »[108]. C'est donc à tort que les systèmes européen et de l'OHADA rejettent ou n'admettent pas encore l'idée d'un droit commun des contrats. Pourtant, ce n'est que pure logique d'asseoir le droit des contrats spéciaux sur un droit commun des contrats[109]. L'avènement d'un droit commun des contrats en droit européen et de l'OHADA constituera un gage certain de sécurité et d'efficacité des transactions civiles et commerciales.

L'autre versant de la difficulté d'un droit commun ou spécial des contrats repose sur son applicabilité aux personnes physiques ou morales de droit privé. La situation varie selon qu'il s'agit du droit européen ou du droit de l'OHADA. Dans ce dernier droit, la difficulté est moindre. En effet, *«Les actes uniformes sont directement applicables et obligatoires dans les Etats Parties nonobstant toute disposition contraire de droit interne, antérieure ou postérieure»*[110]. Le droit de l'OHADA a donc un effet vertical et horizontal. Il s'applique à tous, Etats, collectivités territoriales, personnes physiques et morales de droit privé. Le problème qui demeure est celui de sa mise en œuvre effective par tous les Etats membres. Certains ont du mal à s'en imprégner et à l'appliquer. D'autres résistent à son application, parfois sans raisons avouées. Une forte implication politique devrait faciliter son application. En droit européen, la situation s'est différemment posée. Ici, elle est plus technique que subjective. Elle a fait douter et hante encore les esprits les plus sceptiques. Les textes constitutifs entrent en vigueur dans les Etats membres dès lors que le quota requis des Etats signataires est atteint. A l'exception des règlements qui entrent directement en application dès leur adoption, les directives et autres textes de droit dérivé le sont dès leur transposition dans l'ordre juridique interne. Même s'il existe toujours des mauvais élèves tels que la France, le défaut ou retard de transposition de ces textes est de plus en plus sanctionné. Toutefois, les actes pris par le Conseil de l'Europe ont un effet horizontal, et peuvent par conséquent s'appliquer

---

[108]D. MAZEAUD, «Faut-il avoir peur d'un droit européen des contrats?», *in De tous horizons*, Mélanges Xavier Blanc-Jouvan, *SLC*, 2005, 941p., p.309-327, spéc. p.323 et s.

[109] Sur l'impossibilité d'approuver un droit commun de la vente comme préalable à un droit des relations économiques ni un un droit des relations économiques comme préalable à un droit commun des contrats en Europe, voir L.-F. PIGNARRE, « Le très spécial avant le général : l'impossible droit commun », in Chr. QUÉZEL-AMBRUNAZ, *op. cit.*, spéc. Pp. 167-177.

[110]Traité OHADA, art. 10. Dans un avis du 18 avril 2002, la CCJA a confirmé que l'effet abrogatif concerne toute disposition de droit interne ayant le même objet que les Actes uniformes, qu'elle soit contraire ou identique (CCJA, Avis n°1/2001/EP du 30 avril 2001, Avis n°002/99/EP du 13 oct. 1999 ; Arrêt n°012/2002 du 18 avril 2002, *Société Elf Oil Côte d'Ivoire c/ Société Cotracom).* Adde B. BOUMAKANI, «Le juge interne et le droit Ohada», *Penant* 2002, p.146 et s ; M.-A. NGWE, «L'application des Actes uniformes de l'Ohada au Cameroun», *Penant*, *JurisAfrica*, janv-mars 2005, n°850, pp.81-95.

aux rapports entre particuliers[111]. En droit de l'Union européenne, l'horizontalité des textes de droit dérivé a longtemps été contestée. La Cour a rejeté toute opposabilité d'une directive transposée à un particulier, niant ainsi tout *«effet direct horizontal»* des directives[112]. Pour autant, l'horizontalité de la quasi-totalité des textes pris par les institutions de l'Union européenne semble de plus en plus admise. Selon certains auteurs en effet, *«Ce débat est aujourd'hui dépassé. Le droit européen ne s'applique pas seulement aux rapports entre Etats et aux relations verticales entre l'autorité publique et les administrés. Il intervient aussi dans les liens noués entre particuliers»*[113].

---

[111]Les droits relevant de la Conv. EDH peuvent être invoqués devant les juridictions par les personnes morales. *«Directement invocables devant les juridictions nationales, la CEDH est devenue une véritable source du droit des affaires»* (Cf. R. DUMAS et E. GARAUD, *CEDH et droit des affaires*, Dossiers Francis Lefebvre, éd. *Francis Lefebvre*, 2008, 437p., spéc. p. 7. Adde J.-F. FLAUSS, «La Convention européenne des droits de l'homme, une nouvelle interlocutrice pour le juriste d'affaires», *RJDA* 1995, p.524 ; note sous Cour EDH, 4e sect. 13 juill. 2004, *Pla et Puncernau c/ Andorre, AJDA* 2004. 1812 ; J.-P. MARGUENAUD, «Avis de tempête européenne sur l'interprétation des testaments et des contrats privés», note sous Cour EDH, 4e sect. 13 juill. 2004, *Pla et Puncernau c/ Andorre, RTD. civ.* 2004, p.804 ; R. DUMAS, «Les droits fondamentaux : source nouvelle de la matière commerciale, *Jurisclass*, commercial, fasc. 30, 2007). Plusieurs dispositions de la Conv. EDH peuvent être invoquées avec profit par les entreprises et leurs conseils. Au-delà des garanties procédurales qu'énumère la Conv. EDH et dont tout opérateur économique peut se prévaloir (droit à un procès équitable, la présomption d'innocence, droits de la défense, le principe de la légalité des délits et des peines), d'autres prérogatives substantielles intéressant également les entreprises y sont proclamés. Il s'agit de la protection du droit au respect de la vie privée et familiale, du domicile et de la correspondance (article 8), la liberté d'expression qui s'exerce sous la forme d'une liberté d'opinion et de communication des idées et des informations (article 10), le droit de propriété ou droit au respect des biens (article 1 du premier protocole additionnel à la CEDH). Pour d'autres développements sur la question, v. A. DEBET, *L'influence de la Convention européenne des droits de l'homme sur le droit civil, D.* 2002, coll. NBT, 998 p. ; L. MAURIN, *Contrats et droits fondamentaux, op. cit.* ; C. LALAUT, «Le contrat et la Convention européenne des droits de l'homme», *Gaz. Pal.* 7-8 mai 1999, p.2 ; T. REVET et J. ROCHFELD, «CEDH et interprétation des contrats de droit privé», note sous CEDH 13 juillet 2004 requête n°69498/01, Pla et Puncernau c/ Andorre, *RDC* 2005, 3, p.645 ; O. LUCAS, «La convention européenne des droits de l'homme et les fondements de la responsabilité civile», *JCP* 2002, éd. G., I, 111, p.286.

[112]CJCE, 14 juillet 1994, C-91/92, Faccini Dori, Rec. p. I-3325 et 12 novembre 1996 C-201/94, Smith and Nephew, Rec. p. I-5819.

[113]J.-S. BERGÉ et S. ROBIN-OLIVIER, *op. cit.*, n°14, p. 12. Contrairement à la CJUE, la Cour EDH dispose d'une compétence subsidiaire en matière de violation des droits que proclame la Conv. EDH. Pendant un certain temps, on considérait que pour agir devant la Cour EDH, il fallait que toutes les voies de recours dans l'Etat

15. En ce qui concerne le domaine temporel, la question n'est pas moins aisée, à moins d'axer l'étude sur le droit européen et le droit de l'OHADA des contrats, c'est-à-dire à partir de la date de création de chacune de ces organisations. La comparaison à raison du temps tient la route puisque l'écart de nativité entre ces deux ordres juridiques est très poreux. Cela conforterait d'ailleurs ceux des comparatistes qui soutiennent que *«comparaison n'est pas raison»*, ou qu'*«on ne peut pas comparer ce qui n'est pas comparable»*. Pourtant, *«Comparaison n'est pas raison. Mais il y a une raison de la comparaison»*[114]. Le droit des contrats de l'OHADA par exemple est né avec l'institution elle-même. Celle-ci est une organisation panafricaine de normalisation juridique créée par le traité du 17 octobre 1993 signé à Port-Louis (île Maurice), révisé le 17 octobre 2008. Cette organisation regroupe aujourd'hui 17 pays et est ouverte à tout État du continent africain. Mais, l'idée d'un droit commun n'y est pas récente car l'OHADA a été créée en remplacement de l'Organisation commune africaine et malgache (OCAM) dont les origines remontent à 1961[115]. Le droit de l'Union européenne répond à la même logique. Il est né du Traité de Maastricht signé le 7 février 1992, et entré en vigueur le 1er novembre 1993, soit quize (15) jours après la signature du traité de l'OHADA. Le traité constitutif de l'Union européenne prend la suite du traité instituant la Communauté économique européenne (CEE), créée le 25 mars 1957 par le

---

signataire aient été utilisées. Mais, cela n'est plus totalement vrai, dans la loi comme dans la jurisprudence de la Cour EDH. V. Cour EDH, 14 février 2006, Lecarpentier et autres c/ France, req. n°67847/01 ; Cour EDH, req. n°42326/98, affaire Odièvre c/ France (Accouchement sous X) ; V. BONNET, «L'accouchement sous X et la Cour européenne des droits de l'homme (à propos de l'arrêt Odièvre c/ la France du 13 février 2003)», *R.T.D.E.,* 2004, n°58, pp.405-421 ; Cour EDH, Pine Valley Developments Ltd et autres c/ Irlande, arrêt du 29 novembre 1991, série A n°222, p.23. Contrairement à la CCJA, les arrêts de la Cour EDH ont un effet déclaratoire car se contentent de déclarer l'existence ou non d'une violation de la Conv. EDH et des protocoles ; et *«ont une portée individuelle limitée à une compensation pécuniaire»* (J.-P. MARGUENAUD, «La Cour européenne des droits de l'homme, ''La victime d'une violation de la CEDH''», p.31).

[114]F.-R. VAN DER MENSBRUGGHE (dir.), *L'utilisation de la méthode comparative en droit européen, P.U.N.*, 2003, Travaux de la Faculté de droit de Namur n°25, 218p, spéc. p.15.

[115]L'OCAM est une organisation intergouvernementale regroupant des États africains principalement francophones et ayant pour but la coopération économique, culturelle et sociale entre ses membres. Créée à Nouakchott en février 1965 par transformation de l'Union africaine et malgache de coopération économique (UAMCE, ex-UAM créée en septembre 1961) en Organisation commune africaine et malgache (OCAM), elle devient Organisation commune africaine, malgache et mauricienne (OCAMM) avant de redevenir OCAM en 1973 après le retrait de Madagascar. Elle cesse ses activités en 1985. Mais, le siège de sa représentation à Bruxelles existe toujours, au 22 rue de la Loi.

traité de Rome[116], laquelle fait suite à la déclaration de Robert SCHUMANN du 9 mai 1950, considéré comme le fondateur de la construction européenne. Le traité de Londres du 5 mai 1949 est le point de départ du droit du Conseil de l'Europe. C'est à cette période qu'ont également commencé les reflexions sur ce qu'est aujourd'hui le droit de l'OHADA. On peut donc sur un plan diachronique comparer le civisme contractuel dans ces ordres juridiques. D'après Paul ELUARD, *«Rien n'est incompréhensible. Tout est comparable à tout, tout trouve son écho, sa raison, sa ressemblance, son opposition, son devenir partout. Et ce devenir est infini»*[117]. Au-delà de ces difficultés géographiques, l'examen du civisme contractuel soulève des difficultés d'ordre juridique.

16. Celles-ci sont bien réelles. Elles reposent essentiellement sur la qualification à donner à la notion de civisme contractuel. De cette qualification découlera son régime juridique. Peut-on toujours, comme l'a fait le doyen CARBONNIER, considérer le civisme contractuel comme une condition extrinsèque de validité du contrat tenant à son contenu ? Ou faut-il plutôt y voir, comme l'a pensé Denis MAZEAUD et, à sa suite, Jean HAUSER, une manifestation du solidarisme contractuel ? La réponse à cette question n'est pas aisée, même si, tout tend à détacher le civisme contractuel de ces différents clichés. Ne s'agirait-il pas alors d'une notion à part ?, d'une notion plus générale comprenant des règles propres ayant des bases plus ou moins textuelles spécifiques, un contenu particulier, mais aussi des sanctions d'inobservation singulières ? L'intérêt d'une telle analyse est certain. Il découle du contexte ayant entrainé la genèse de cette expression. Celle-ci est marquée par un mouvement d'idées politiques et socio-économiques qui ont influencées le droit des contrats et continuent d'alimenter le débat en la matière. Ces influences idéologiques attestent des métamorphoses observées au fil de ces derniers siècles, prenant des allures de crise contractuelle[118],

---

[116]Le traité de Rome peut faire références à cinq traités qui ont été signés à Rome : le traité de Rome signé en 1924 entre l'Italie et la Yougoslavie sur le statut de la ville de Fiume ; deux traités qui signent l'acte de naissance symbolique de l'Union européenne ont été signés à Rome le 25 mars 1957 (le traité instituant la Communauté économique européenne, le traité instituant la Communauté européenne de l'énergie atomique), le Statut de Rome de 1998 portant création de la Cour pénale internationale ; et le traité de Rome de 2004, traité non-ratifié établissant une Constitution pour l'Europe.

[117]P. ELUARD, *Le poète et son ombre*, *Seghers*, 2008, 224p, p.75-76 et p.105.

[118]En ce sens, voir Ch. JAMIN et D. MAZEAUD (dir.), *La nouvelle crise du contrat, D. 2003*, coll. Thèmes et commentaires, 260p. ; L. AYNÈS, *Crise économique et droit des contrats*, éd. *Thémis*, 20p. ; M. I. KONATÉ, « Crise financière et contrats commerciaux », 3è congrès des juristes d'affaires, COJA, 2010 ; A. BARREYRE, *L'évolution et la crise du contrat : étude synthétique et*

mais nécessitant de penser autrement le contrat et la discipline[119]. A chaque époque correspond une philosophie contractuelle car « *les siècles se suivent et ne se ressemblent pas* »[120].

17. A la fin du 18è siècle, et à l'aube du 19e, c'était le règne de l'autonomie de la volonté avec ses corollaires du libéralisme économique ayant pour leitmotiv *« laisser passer laisser faire »*, ainsi que de l'individualisme juridique. Pendant cette période, les parties au contrat étaient les maîtres absolus du contrat. Celui-ci était leur *« chose »*[121]. Ils avaient sur lui le pouvoir de vie ou de mort. La volonté était toute puissante ; c'était la source des obligations par excellence, se suffisant à elle-même. Ce qui a fait dire à Alfred FOUILLÉE que *« qui dit contractuel dit juste »*[122].

18. A la fin du 19e siècle et à l'aube du 20e siècle, la philosophie individualiste ou libérale va connaitre un déclin. La volonté était si puissante qu'elle générait de nombreuses inégalités[123] et déviances contractuelles qui

---

critique, thèse Bordeaux, 1937, 137p. ; H. BATIFFOL, «La crise du contrat et sa portée», *Arch. phil. drt*, 1968, t.18, Sur les notions de contrat, 1968, p.13.

119 D. MAZEAUD, «Regards positifs et prospectifs sur ''Le nouveau monde contractuel''», *LPA*, 07 mai 2004 n°92, p.47 ; «Le nouvel ordre contractuel», *RDC*, 01 décembre 2003 n°1, p.295 ; M. MEKKI, «Les doctrines sur l'efficacité du contrat en période de crise», *RDC*, 01 janvier 2010, n°1, p.383 ; F. COLLART-DUTILLEUL, «La théorisation des contrats spéciaux: du droit des contrats au droit des biens», *RDC*, 01 avril 2006, n°2, p.604.

120 D. MAZEAUD, «Faut-il avoir peur d'un droit européen des contrats?», *op. cit.*, spéc. n°2, p.310.

121 B. FAGES, «Le contrat est-il encore la chose des parties ?», in *La nouvelle crise du contrat*, Actes du colloque organisé le 14 mai 2001 par le Centre René Démogue de l'Université de Lille II, *D.* 2003, pp. 153-161.

122 A. FOUILLÉE, *La science sociale contemporaine*, 5è éd., *Hachette*, 1910.

123 Ces inégalités sont à la fois intellectuelles, économiques et sociales. Elles ne sont pas exclusives de la kyrielle d'abus qui vont naître du jeu contractuel, ternissant par là même l'image du contrat. L'abus est une notion délétère dans le contrat. D'après M. STOFFEL-MUNCK, les abus ne saisissent pas la relation contractuelle sur le même plan ; certains s'intéressent au comportement du contractant tandis que d'autres visent à préciser le contenu obligatoire du contrat. Aussi, pour lui, le manquement à la loyauté, l'usage de la liberté contractuelle au détriment des faibles ou de l'ordre concurrentiel et l'invocation de la lettre d'une clause en infidélité à son esprit appellent l'abus. Il décrit ainsi les trois genres d'abus dans le contrat (in *L'abus dans le contrat : essai d'une théorie, op. cit.)* ; KHALED AGUEMON, *Réflexion sur l'abus de droit en droit des sociétés dans l'espace OHADA : Contribution du droit français*, thèse Lyon III, 7 septembre 2013, 510p.

ne pouvaient plus assurer la pérennité de l'institution contractuelle[124]. *«Ce siècle,* admet Pierre DELORE, *a tourné le dos au civisme. Individualisme; intolérance ou sectarisme; luttes partisanes, confessionnelles ou politiques; antagonisme de classes; division, même chez les Anciens Combattants; excès d'esprit de critique ... autant d'obstacles au civisme»*[125]. La société a par ailleurs connu de profondes mutations liées au développement scientifique et technologique, lesquelles ont eu des répercussions désastreuses dans la sphère contractuelle. Ajoutées à une protection étatique peu satisfaisante des droits des contractants, ces répercussions vont justifier par la suite un interventionnisme étatique plus accru. A l'optimisme de FOUILLÉE va alors se substituer le pessimisme de LACORDAIRE car *«entre le fort et le faible, entre le riche et le pauvre, entre le maître et le serviteur, c'est la liberté qui opprime et c'est la loi qui affranchit»*[126]. Rapportant les propos d'une scène de théâtre montée en 1997 par le metteur en scène Gildas BOURDET, M. MESTRE n'observe t-il pas à juste titre que *«Le droit est attentif aux déséquilibres, aux inégalités, à la loyauté, à l'équité. Il est soucieux de solidarité, de fraternité ! ... il est bon aussi que notre droit soit attentif aux comportements des parties : la loi du contrat, c'est aussi celle des contractants, et il ne faut pas que cette loi permette à l'un d'écraser l'autre»*[127]. Législateur et juge vont ainsi multiplier des interventions en matière contractuelle pour assurer une meilleure protection des intérêts des contractants estimés faibles. Il s'est par conséquent développé en marge du droit commun des contrats, des droits des contrats spéciaux. Cette socialisation du contrat est relayée dans la doctrine juridique non seulement par certains adeptes du catholicisme maurrassien (avec Georges RIPERT)[128], du catholicisme social (avec René SAVATIER)[129], du christianisme social

---

[124]P. DELORE, *Cité, civisme, civilisation*, éd. du livre français, 1941, 128p., spéc. .43.

[125]*Op. cit.*

[126]Jean-Baptiste-Henri LACORDAIRE, en religion Henri-Dominique LACORDAIRE, « Cinquante-deuxième conférence, (*Du double travail de l'homme*, 16 avril 1848) », in *Conférences de Notre-Dame de Paris*, tome III.

[127]J. MESTRE, Rapport de synthèse (hétérodoxe) sur la question de l'intangibilité du contrat, in *Que reste-t-il de l'intangibilité du contrat ?*, Colloque tenu le 28 Novembre 1997 à la Faculté de droit et d'économie de Chambéry, *Dr. et Patr.*, n°58, mars 1998.

[128]Le maurrassisme est un ensemble d'idées philosophiques et politiques inspirées par Charles MAURRAS, fondées sur l'ordre et la raison, l'exaltation du sentiment national et la primauté de la collectivité sur l'individu.

[129]C'est un courant de pensée dont la naissance en France est traditionnellement liée à la fondation en 1871 des «Cercles catholiques d'ouvriers» et de «l'Union des œuvres ouvrières catholiques» par Albert de MUN et Maurice MAIGNEN. Cette expression est adoptée plus tardivement, aux environs de 1890. Il s'agit d'un mouvement qui tend à diriger toutes les initiatives privées, à orienter les lois, les

(MM. Gérard FARJAT et Antoine PIROVANO)[130], mais également par certains démocrates chrétiens (M. Denis MAZEAUD)[131].

Les inconvénients de la philosophie libérale des 18e et 19e siècles vont ainsi justifier l'avènement de la philosophie sociale des 19e et 20e siècles, qui elle-même s'avère aujourd'hui peu satisfaisante. Si la recherche d'une meilleure protection du contractant jugé faible et d'emblée identifiable s'est avérée nécessaire dans le temps, aujourd'hui cette protection, jugée surprotectionniste par certains auteurs[132], mérite d'être relativisée. D'abord, le contractant antérieurement jugé faible peut aujourd'hui être celui qui tire les rênes du contrat et imposer sa loi à son cocontractant supposé fort. Il peut ensuite abuser de sa soi-disant position de faiblesse pour mettre en échec des mesures utiles pour le contrat et le cocontractant. Enfin, en dehors même du contractant jugé faible, la recherche de la protection des intérêts de ce dernier peut s'avérer préjudiciable pour le contractant jugé fort. Ce qui était alors censé protéger les intérêts de l'un sans porter atteinte à ceux de l'autre finit par remettre en cause ces derniers. De telles situations n'étant pas contractuellement concevable, il fallait trouver des solutions adaptées tant aux relations contractuelles qu'au contexte contractuel[133].

19. Aussi, à la fin du 20è siècle et au début de ce 21è siècle, l'on a observé de nombreux changements dans les relations contractuelles. Celles-ci sont devenues plus subtiles. Le faible est devenu intelligent et parfois économiquement très puissant. Le fort a quant à lui développé de nouvelles techniques. Les modes d'expression de la volonté ont profondément évolué avec notamment le développement des nouvelles technologies de

---

institutions, les mœurs, les revendications civiques vers une réforme fondamentale de la société moderne d'après les principes chrétiens.

[130]C'est une doctrine sociale apparue au XIXe siècle. Elle est fondée sur l'humanisme du christianisme opposé au libéralisme économique de l'époque et aux conséquences sociales dramatiques de l'industrialisation rapide. Gérard FARJAT avait innové dès sa thèse en 1963 sur *L'ordre public économique*, posant qu'il pouvait être de direction mais aussi de protection. Il avait le souci du faible et étudiait le marché et les moyens techniques d'y insérer la considération de l'être humain et des besoins que le marché ne peut suffire à satisfaire.

[131]Courant de pensée politique et religieux qui s'exprime en Europe à partir de la fin du XIXe siècle, la démocratie chrétienne cherche à promouvoir, au sein d'une société démocratique et pluraliste, une politique conforme au message qu'expriment l'Évangile, la doctrine sociale de l'Église et les travaux de penseurs chrétiens. Sans remettre en cause le capitalisme ou le libéralisme, ce courant voit l'économie comme une discipline au service de l'homme.

[132]A. SINAY-CYTERMANN, *op. cit.*

[133]Par contexte cotractuel, il faut entendre tout ce qui, même sans être prévu dans le contrat, pivote tout autour de ce dernier et est susceptible d'influencer sa formation, son exécution, son interprétation ou sa disparition.

l'information et de la communication. Les techniques medicales se sont aussi perfectionnées, entrainant l'apparition de nombreux cas d'incivisme contractuel. Bref, tous les domaines du droit privé des contrats connaissent une métamorphose profonde. Si les règles en matière contractuelle sont presque toutes restées les mêmes, le contexte contractuel lui a profondément changé, à tel point que, même combinées, les doctrines libérales et sociales ne pouvaient plus pleinement assurer une meilleure efficacité du rapport contractuel. Face à une telle situation, il fallait trouver une doctrine carrefour qui traduise cette double philosophie contractuelle. Comme un effet de balancier, cette philosophie oscillerait entre rigueur et souplesse, efficacité et équité, et vice-versa, sans pour autant perdre son identité propre. Le civisme contractuel constitue probablement une solution non pas simplement de compromis, mais une alternative susceptible d'assurer une *«évolution copernicienne du droit des contrats»*[134]. Ce n'est donc pas à tort, si l'on s'est demandé, au regard des mutations politiques, socio-économiques et environnementales observées au courant de ces derniers siècles dans le domaine contractuel, s'il est possible de conclure à la réalité du civisme contractuel en droit européen et de l'OHADA des contrats ? Une étude sur cette question centrale ne semble pas dénuée d'intérêt.

20. L'intérêt d'une telle étude est double. Il est à la fois théorique et pratique.

D'un point de vue théorique, l'étude du civisme contractuel est une véritable contribution à la systématisation de cette expression apparue depuis les années 1956 est aujourd'hui indéniable. Il s'agira de rechercher les cadres théoriques du civisme contractuel, tenant non seulement à ses sources, à son contenu et à sa nature juridique, mais également à ses implications pratiques vis-à-vis des différents contractants et interprètes contractuels.

D'un point de vue pratique, l'intérêt de cette étude est de faciliter la reconnaissance du civisme contractuel dans les espaces juridiques européen et de l'OHADA comme une notion autonome, probablement comme un principe général du droit des contrats. Une telle reconnaissance aura une double portée. D'une part, elle conférra au juge national, juge communautaire ou régional de droit commun, une base inédite sur laquelle il peut désormais s'appuyer pour concilier les intérêts en présence ; ce qui n'était pas toujours le cas avec les doctrines individualistes ou solidaristes[135].

---

[134] J. HAUSER, «Le solidarisme contractuel, mythe ou réalité ?», *op. cit.* Contra, M. VIVANT, «Le contrat plongé dans l''économie numérique''», *RDC*, 01 avril 2005 n°2, p.533.

[135] L'on peut tout de même craindre, comme ce fut le cas pour le solidarisme contractuel en France, que les Hautes juridictions des Etats membres manifestent

D'autre part, elle assure le rayonnement du civisme contractuel dans les ordres juridiques internes des Etats membres. La reconnaissance du civisme contractuel comme principe général du droit européen et de l'OHADA des contrats par exemple pourrait faciliter son intégration et son enracinement dans le droit national des Etats membres, soit en application de l'effet direct pour ce qui est du droit de l'OHADA, soit à travers la technique de transposition des directives, de l'effet direct des règlements ou par la reconnaissance jurisprudentielle en tant que principe communautaire pour ce qui est du droit européen.

21. Malgré tout l'intérêt que revêt cette question, une meilleure appréhension des contours du civisme contractuel n'est possible qu'à la condition de choisir une méthode adéquate. Dans le cadre de notre étude, plusieurs méthodes sont envisageables. L'on pense aux méthodes déductive et dialectique. Malgré leur importance, nous ne nous en référerons que par endroits. En revanche, d'autres méthodes retiendront principalement notre attention : téléologique, inductive, évolutive, analytique et comparative. La méthode téléologique s'entend de l'analyse des finalités de la réglementation. En l'absence d'une consécration expresse du civisme contractuel, la démarche téléologique permet d'interpréter l'esprit des textes de droit positif et de droit prospectif afin d'en ressortir la réalité, même implicite. A travers l'approche inductive, il s'agit de tirer des conclusions générales à partir des faits observés en théorie ou dans la pratique. Même s' *« il est clair que l'induction est entachée d'une foule de fragilités »*[136], *« la fréquence d'un thème dans une série documentaire laisse présumer une fréquence correspondante dans la réalité »*[137]. Avec la démarche évolutive, l'étude du civisme contractuel invite à ne pas se limiter au contexte lié à son érection, mais à tenir également compte des changements survenus en la matière. Il ne s'agira pas de revenir sur des composantes ayant déjà fait l'objet de nombreuses études, mais de prendre en considération leurs manifestations nouvelles, soit parce qu'elles sont une rénovation des mécanismes classiques, soit parce qu'elles constituent des innovations à part entière. Elle justifie par exemple l'exclusion de la bonne foi dans le cadre de notre étude, que ce soit dans sa conception classique ou moderne[138]. La

---

une hostilité déraisonnée vis-à-vis du civisme contractuel. cf. D. MAZEAUD, «La bataille du solidarisme contractuel : du feu, des cendres, des braises…», *op. cit.*

[136]J. CARBONNIER, *Sociologie juridique*, 3è éd., *Quadrige/P.U.F.*, 2012, 416p, spéc. p.188.

[137]*Ibid.*

[138]Cf. D. MAZEAUD, « La commission Lando: le point de vue d'un juriste français », in Ch. JAMIN et D. MAZEAUD (dir), *L'harmonisation du droit des contrats en Europe*, coll. Etudes juridiques, *Economica*, 2001, p. 141 et s, spéc. p.148.

frontière entre bonne foi et civisme est pourtant mince. Elle pousse à s'interroger sur la nécessité d'ériger la notion de civisme contractuel alors qu'elle trouverait ses manifestations dans la bonne foi. En réalité, si la bonne foi est proche du civisme contractuel en ce qu'ils constituent tous les deux une propension à agir d'une manière plutôt que d'une autre, une attitude ou un comportement traduisant la conviction ou la volonté de se conformer au droit, ces deux notions ne se confondent pas pour autant. La bonne foi est une attitude dépendant du contractant, et venant de l'intérieur, le civisme contractuel en revanche ne se limite pas à l'observation par le contractant de sa propre conduite, il suppose en plus la soumission du contractant aux règles venant de l'extérieur, et s'appliquant dans ses rapports avec lui-même, avec son cocontractant et avec tout ce qui l'entoure. Par exemple, si les obligations de loyauté, d'information, de collaboration ou de coopération, de transparence, sont des expressions du civisme contractuel et de la bonne foi, il n'en n'est pas de même du droit du contractant au respect de son intégrité, de sa vie privée, de la parité ou des questions tenant au developpement durable qui sont propres au civisme contractuel. En revanche, s'agissant du droit de participation de l'associé à la vie sociale, si le droit de vote en lui-même n'appelle pas la bonne foi, mais plutôt le civisme contractuel, son exercice peut être teinté de mauvaise foi, notamment à travers les abus. La méthode analytique, qui peut susciter la critique d'être une étude purement descriptive, n'est pas non plus négligeable. Elle permet de parcourir les textes ainsi que des décisions de justice, pour dévoiler les diverses manifestations du civisme contractuel. Elle permet également, d'un point de vue académique, de présenter des notions émergentes et parfois peu connues de la matière. La méthode comparative enfin consiste à systématiser une tendance naturelle de l'esprit dans le but de comprendre et d'améliorer la connaissance de son droit national ou régional de rattachement par rapport à un autre, d'en décourvrir les originalités et les lacunes[139], et d'émettre si besoin des jugements de valeur. Cette démarche de droit comparé peut avoir une fonction critique, voire subversive[140]. En réalité, dans une perspective d'harmonisation du droit, comme c'est le cas en droit européen et de l'OHADA des contrats, la comparaison a plus une fonction constructive. Elle *«ne se réduit pas à l'exacerbation systématique des différences. Certes, la différence est inscrite dans toute comparaison. Mais, la comparaison invite aussi à reconnaître la ressemblance et à envisager, le cas échéant, des*

---

[139] Sur l'intérêt des interventions comparatives, leur difficulté, leur nécessité et leur limite, v. P. LEGRAND, *Le droit comparé*, 4e éd, *P.U.F.*, 2011, coll. *Que sais-je ?*, 127p.

[140] H. MUIR WATT, «La fonction subversive du droit comparé», *R.I.D.I.C.*, 200/3, p.503 et s.

importations ou des exportations juridiques»[141]. René DESCARTES ne disait-il pas *«qu'en tout raisonnement, ce n'est que par comparaison que nous connaissons précisément la vérité»*[142].

22. La vérité ici consiste à dire si le civisme contractuel est une réalité en droit européen et en droit de l'OHADA. La question aurait pu être abordée de plusieurs manières. Par exemple, l'examen de la notion pouvait précéder celui du principe du civisme contractuel; celui du cadre du civisme contractuel avant celui de ses implications, ou encore celui de sa nature à son régime juridique. Mais, nous avons estimé que, du moment que la question de l'existence du civisme contractuel se posait, surgirait inéluctablement celle de son essence. D'après M. HAUSER, *«il ne suffit pas qu'un concept existe dans les esprits pour qu'il existe dans les choses et donne naissance à un élément juridique»*[143]. Avec Jean-Paul SARTRE, l'on comprend mieux que l'existence puisse précéder l'essence. Dans la présente étude, nous constaterons d'abord l'existence du civisme contractuel en droit européen et de l'OHADA (1ère Partie). Une fois cette existence démontrée, nous déterminerons l'essence du civisme contractuel (2ème Partie).

Première Partie : L'existence du civisme contractuel
Deuxième Partie : L'essence du civisme contractuel

PREMIÈRE PARTIE

L'EXISTENCE DU CIVISME CONTRACTUEL

23. Le civisme contractuel est un ensemble de droits et d'obligations qui permettent aux intervenants de la scène contractuelle de concilier les intérêts particuliers des contractants à l'intérêt général de la société. Ainsi, parler de l'existence du civisme contractuel en droit européen et de l'OHADA revient à ressortir les droits dont sont investis ces intervenants et les obligations auxquelles ils sont soumis. Cette démonstration est subordonnée à l'adoption d'une double approche. La première consiste à

---

[141]F.-R. VAN DER MENSBRUGGHE (dir.), *L'utilisation de la méthode comparative en droit européen*, *P.U.N.*, 2003, Travaux de la Faculté de droit de Namur n°25, 218p, spéc. p.3.
[142]R. DESCARTES, *Les règles pour la direction de l'esprit*, Règles XIV, Œuvres philosophiques, tome I (1618-1637), Paris, *Classiques Garnier*, 1988, p.168 et s.
[143]*Loc. cit.*

déterminer les *«points d'émergence»*[144], les *« forces créatrices du droit »*[145], l'origine ou le facteur qui donne naissance à ces droits et obligations. C'est la question des sources du civisme contractuel (**Titre 1**). Une telle approche permet de fixer les cadres du civisme contractuel, de renseigner sur les différents points d'où jaillissent ces droits et obligations, de maîtriser leur opportunité leur efficacité. Mais, la détermination de ces sources ne suffit pas à justifier de l'existence du civisme contractuel. Encore faut-il identifier dans une seconde approche les droits et obligations qui le composent. C'est la question du contenu du civisme contractuel (**Titre 2**), laquelle permet de lever les équivoques pouvant naître de l'examen d'une telle notion.

Titre 1- Les sources du civisme contractuel

Titre 2 - Le contenu du civisme contractuel

---

[144]F. TERRÉ, *Introduction générale au droit*, 8è éd. *D.* 2009, n°241, p.193 et s.
[145]Selon Georges RIPERT, in *Les forces crétrices du droit*, Paris, *L.G.D.J.*, 1995, 431p.

TITRE I - LES SOURCES[146] DU CIVISME CONTRACTUEL

24. La recherche des sources du civisme contractuel, à l'image de celle des sources du droit, n'est pas aisée. Le recours à la métaphore hydraulique de source n'est pas du moins étrangère à cela. Il s'agit d'une notion «*hétérogène, composite, idéologique, plurielle, insaisissable*»[147], voire équivoque[148] ou ambigüe[149]. Ajouté à cela la nature amphibologique de

---

[146]Le terme «source» recouvre plusieurs définitions sur lesquelles il convient de s'entendre. Au sens large, les sources sont tous les éléments qui influent sur la formation du droit (J. GHESTIN, G. GOUBEAUX, M. FABRE-MAGNAN, *Droit civil, introduction générale*, Paris, L.G.D.J., 4e éd., 1994, 891p, p.194). Au sens strict, la source de droit renvoie aux seules règles juridiquement obligatoires (*Idem*, p. 194). Le *Vocabulaire juridique* lui-même propose deux définitions de ce terme : soit la source est la *«forme sous l'action de laquelle la règle naît au Droit ; moule officiel dit ''source formelle'' qui préside, positivement, à l'élaboration, à l'énoncé et à l'adoption d'une règle de Droit : fonction reconnue, selon les systèmes juridiques, à la loi, à la coutume, à la jurisprudence ou à la doctrine»*, soit plus largement à *« tous les éléments ou agent contribuant à la germination du Droit, y compris pratique contractuelle, usages, controverses, etc... doit être écartée la distinction entre les sources formelles et les sources matérielles... face à cette classification hétérogène* (Ph. JESTAZ, *Les sources du droit*, Paris, *Dalloz*, coll. Connaissance du droit,, 2005 : cet auteur fait une distinction entre les sources venues d'un sommet (la révélation, la loi, le jugement) et les sources venues de la base (l'acte juridique des particuliers et la coutume), la doctrine, source inclassable demeure à l'écart. Le doyen CARBONNIER n'aura guère été tendre avec ce *«droit venu d'ailleurs*» ; il en est de même du doyen CORNU. L'Europe est pour Jean CARBONNIER un *«drame»* («L'avenir d'un passé», in *L'avenir du droit*, Mélanges en hommage à F. TERRÉ, *P.U.F., D.,* Jurisclasseur, 1999, p.10). Il a en effet pu écrire à propos des droits reconnus par la CEDH qu'il s'agissait «d'axiomes passe-partout d'une pseudo-Constitution étrangère» (*Droit civil. Introduction*, t.1, *P.U.F.*, 23è éd., 1995, p. 183.). L'auteur semble reprocher au droit européen un manque de précision. N'est ce cependant pas le même auteur qui avertissait du danger de la précision ? *«Le droit est trop humain pour prétendre à l'absolu de la ligne droite. Sinueux, capricieux, incertain, tel nous est apparu - dormant et s'éclipsant, changeant mais au hasard, et souvent refusant le changement attendu, imprévisible par le bon sens comme par l'absurdité. Flexible droit ! Il faut, pour bien l'aimer, commencer par le mettre à nu. Sa rigueur, il ne l'avait que par affection ou imposture»* (*Flexible droit*, Paris, *L.G.D.J.*, 7e éd., 1992, préface de la 1ère éd.).

[147]C. THIBIERGE, «Sources du droit, sources de droit: une cartographie», in *Libres propos sur les sources du droit*, Mélanges en l'honneur de Philippe Jestaz, *D.* 2006, 644p., spéc. p.519 et s.

[148]F. TERRÉ, *Introduction générale au droit*, 8è éd. *D.* 2009, n°241, p. 193 et s. Adde G. RIPERT, *Les forces créatrices du droit*, *op. cit.* ; *Recueil d'études sur les sources du droit*, en l'honneur de François GÉNY, Tomes 1, 2 et 3, *Sirey* ; G. PIGNARRE (dir), *Forces subversives et forces créatrices en droit des obligations : rétrospectives et perspectives à l'heure du Bicentenaire du Code civil*, Actes du

l'expression civisme contractuel, l'analyse de ses sources ne risque pas d'être un *« long fleuve tranquille »*. Plusieurs critères peuvent servir de base à leur identification. D'aucuns tiennent à leur mode de création. On y distingue alors les sources directes des sources indirectes. D'autres sont liés au support de leur élaboration. Les sources écrites et non écrites en sont une illustration parfaite. D'autres encore sont relatifs à l'ordre juridique dont relève l'objet d'étude. On parlera notamment de sources internes, communautaires, régionales ou internationales. Quel que soit le critère retenu, les éléments donnant naissance au civisme contractuel peuvent provenir d'une disposition textuelle, ou exister en l'absence de tout texte de loi au sens large[150]. Nous n'avons pas la prétention de faire une *cartographie* des sources du civisme contractuel[151], mais de procéder à une tentative d'identification. Afin d'y parvenir, l'adoption d'une approche historique et évolutive nous semble plus appropriée. Elle permet de retracer l'évolution des sources du civisme contractuel, partant de l'érection de cette expression par la doctrine juridique à son intégration dans les ordres juridiques européen et de l'OHADA. Cette identification consiste à ressortir, sans aucune prétention d'exhaustivité, l'ensemble des règles et/ou des solutions juridiques qui évoquent ou contiennent l'expression civisme contractuel. Un double constat s'impose alors à l'analyse : celui d'une part, de l'absence de sources explicites du civisme contractuel (**Chapitre 1**) et d'autre part, celui de l'émergence de sources implicites du civisme contractuel (**Chapitre 2**).

Chapitre 1. L'absence de sources explicites du civisme contractuel

Chapitre 2. L'émergence de sources implicites du civisme contractuel

---

colloque tenu le 10 décembre 2004 à la Faculté de droit et d'économie de l'Université de Savoie, *D.* 2005, 169 p. ; L'opposition doctrinale sur la valeur respective des sources du droit n'entre pas dans le cadre de notre étude. Le conflit relatif à la jurisprudence, source du droit ou simple autorité, ne trouve pas également sa place ici (en ce sens, voir J. BOULOUIS, «La fonction normative de la jurisprudence», *Dr. soc.* 1989, n°7/8 ; F. ZÉNATI, «L'évolution des sources du droit dans les pays de droit civil», *D.* 2002, chron. p.15.

[149]V. H. KELSEN, *Théorie générale du droit et de l'Etat*, *Bruylant, LGDJ*, 1997, p.185. Si pour cet auteur la notion de sources est un *«outil quasi inutilisable»*, d'autres auteurs contemporains ne cessent de clamer son utilité. En ce sens, voir M. DELMAS-MARTY, *Le relatif et l'universel*, *Seuil*, coll. «Essais», 2005, p.172.

[150]Voir la hiérarchie des normes juridiques telle qu'élaborée par H. KELSEN, *Théorie pure du droit*, par Charles Eisenmann, L.G.D.J./Bruylant, 1999, 367p. ; J. GHESTIN, G. GOUBEAUX, M. FABRE-MAGNAN, *op. cit.*

[151]C. THIBIERGE, «Sources du droit, sources de droit : une cartographie», *loc. cit.*

CHAPITRE I

L'ABSENCE DE SOURCES EXPLICITES DU CIVISME CONTRACTUEL

25. Le civisme contractuel est un réceptacle de droits et d'obligations, nécessaires à la conciliation des intérêts particuliers des contractants à l'intérêt général de la société. Ces droits et obligations n'étant pas une création *ex nihilo*, il y a lieu de s'interroger sur leur provenance. La difficulté ici est tirée de l'absence avérée de sources explicites du civisme contractuel en droit européen et de l'OHADA. Est explicite ce qui est expressément formulé, que ce soit par un texte de loi, par une décision de justice ou par une pratique reconnue. Aussi, parler de l'absence de sources explicites du civisme contractuel en droit européen et de l'OHADA revient à montrer qu'en l'état actuel de ces droits, il n'existe pas de textes juridiques, ni de décisions de justice, encore moins de pratiques qui énoncent formellement cette expression.

26. Généralement, pour étudier les sources d'une notion, l'on distingue selon qu'on est en présence d'un texte ou alors en l'absence de tout texte. L'analyse de l'absence de sources explicites du civisme contractuel n'est pas compatible à une telle approche. En effet, *l'absence de texte* est une expression tellement large qu'elle peut laisser croire à l'admission du civisme contractuel par tous autres modes de formulation des règles juridiques. L'approche organique nous semble plus appropriée. Il s'agira de faire un état des lieux du droit sur la question à travers l'analyse des organes chargés d'élaborer les normes juridiques, et d'envisager les perspectives d'une prise en compte du civisme contractuel.

27. Il ne nous semble pas non plus nécessaire de présenter dans le détail toutes les sources du droit européen et de l'OHADA. Il convient d'examiner les plus pertinentes et les plus récurrentes. L'examen des principaux textes et décisions de justice devrait pouvoir orienter cette présentation. L'étude ne se limitera pas alors à la démonstration de l'absence du civisme contractuel. Il s'agira également de montrer que cette absence de sources explicites n'est pas significative de l'inexistence du civisme contractuel ; mais qu'en revanche son existence est implicitement avérée. Nous montrerons alors que l'absence de sources explicites du civisme contractuel est manifeste tant sur le plan légal, au sens large du terme (**Section I**), que sur le plan jurisprudentiel (**Section II**). Ce n'est encore que de manière détournée, que l'on parvient à identifier quelques manifestations du civisme contractuel.

SECTION I. L'ABSENCE DE SOURCES LEGALES EXPLICITES

28. En droit européen et de l'OHADA, il existe une panoplie de sources légales. Malgré cette inflation textuelle, le civisme contractuel souffre d'une absence de reconnaissance expresse. Aucun texte de loi ne le consacre, qu'il s'agisse du droit primaire[152] (**§1**), ou du droit secondaire[153] (**§2**).

§1. L'absence de sources légales explicites du droit primaire

29. Le droit primaire s'entend de l'ensemble des règles sur lesquelles est fondée une organisation régionale ou communautaire. Ces règles sont comprises dans des traités, qu'ils soient constitutifs ou modificatifs. Aucun traité, du droit de l'OHADA (A.) comme du droit européen (B.) n'a expressément évoqué la notion de civisme contractuel.

A. Le silence du droit primaire de l'OHADA

30. L'OHADA, nous l'avons observé, a été créée par le traité relatif à l'Harmonisation en Afrique du Droit des Affaires. Signé le 17 octobre 1993 à Port-Louis en Île Maurice, ce traité est entré en vigueur le 18 septembre 1995[154]. Au 31 décembre 2000, seize Etats l'avaient déjà ratifié. Le 17 octobre 2008, le traité constitutif de l'OHADA a été révisé à Québec au Canada. Avec le dépôt - le 13 juillet 2012 - des instruments de ratification dudit traité par la République démocratique du Congo, ce traité est devenu effectif le 12 septembre 2012 dans dix-sept pays africains et reste ouvert à l'adhésion de nombreux autres Etats membres ou non de l'Union Africaine (ancien OUA, Organisation de l'unité africaine)[155]. L'OHADA s'est principalement donnée pour missions de réaliser progressivement l'intégration économique des Etats membres, de garantir la sécurité juridique[156] et judiciaire[157], et de promouvoir l'arbitrage comme mode de

---

[152] Encore appelé droit originaire.

[153] Encore désigné droit dérivé.

[154] Correspondant au soixantième jour après la date du dépôt du septième instrument de ratification.

[155] Traité de l'OHADA, art. 53.

[156] Cet objectif découle du constat de la vétusté des textes juridiques en vigueur dans les Etats membres. La plupart de ces textes datent de la période coloniale et ne cadrent manifestement plus à la situation économique et aux rapports internationaux actuels. L'absence de réformes et la difficulté pour les justiciables de connaitre le droit applicable à leurs situations juridiques ont considérablement renforcé cette exigence.

règlement des différends contractuels. Mais, ces missions ne sont pas simplement centrées sur les activités économiques, même si tel était l'idée de départ[158]. De plus en plus, les institutions en charge de son fonctionnement prennent en considération des aspects à la fois sociaux et environnementaux[159]. Ces considérations pluridimensionnelles sont le reflet

---

[157]Cette exigence découle de la dégradation de la façon dont est rendue la justice en raison notamment d'un déficit de matériels, de l'insuffisance de la formation des magistrats et des auxiliaires de justice.

[158]L'examen des motifs préambulaires liminaires du traité constitutif de l'OHADA est suffisamment édifiant à ce sujet. D'après ces dispositions, les Hautes Parties contractantes sont *«déterminés à accomplir de nouveaux progrès sur la voie de l'unité africaine et à établir un courant de confiance en faveur des économies de leur pays en vue de créer un nouveau pôle de développement en Afrique»,* et réaffirment *«leur engagement en faveur de l'institution d'une communauté économique africaine».* Ces dispositions ont d'ailleurs donné lieu à de vives controverses doctrinales au sujet de la détermination du champ d'application de l'Avant-projet d'Acte uniforme relatif au droit des contrats. V. J. PAILLUSSEAU, «Le droit de l'OHADA, un droit très important et original», *La semaine juridique*, éd. G., Cahiers de droit de l'entreprise, n° 5 supplément au n°44 du 28 octobre 2004, p.1, Pratique et actualités du droit OHADA, Journées d'études Juriscope Poitiers, p. 101, Ohadata D-12-64. Pour cet auteur, *«Ce que recouvrent en réalité ces textes* (dispositions du traité constitutif de l'OHADA), *c'est une partie importante du droit des activités économiques. L'objet réel de l'organisation juridique réalisée par les textes OHADA, c'est telle ou telle activité économique : ou bien il s'agit de l'organisation juridique des personnes physiques ou morales qui exercent des activités économiques : c'est notamment l'objet du droit commercial et de celui du droit des sociétés ; ou bien il s'agit des activités économiques elles-mêmes, et c'est l'objet des autres Actes uniformes. Le droit du travail résulte pour l'essentiel de l'exercice des activités économiques : les salariés participent aux activités de production, de transformation et de distribution des produits et des services et c'est bien pour organiser leurs statuts dans l'entreprise et leurs relations avec l'entreprise qu'ont été conçues les règles du droit du travail ; leur fonction est d'organiser juridiquement ces statuts et ces relations».*

[159]Aucun Acte uniforme ne traite du droit du travail, certes. Mais, l'article 2 du traité de 1993 vise expressément le droit du travail comme entrant dans le domaine du droit des affaires de l'OHADA. D'ailleurs est en circulation depuis quelques années un Avant-projet d'acte uniforme relatif au droit du travail, dont l'adoption a été annoncée à une époque donnée. Voir en ce sens J. ISSA-SAYEGH, «Questions impertinentes (?) sur la création d'un droit social régional dans les Etats africains de la zone franc», Ohadata D-02-27 ; J.-M. TCHAKOUA, «L'harmonisation du droit du travail dans le cadre de l'OHADA : la mesure d'un changement en perspective», Ohadata D-10-29 ; P. KIEMDE, «Intégration régionale et harmonisation du droit social en Afrique», *Rev. Burkinabé de droit*, n° 39-40, n° spécial, p.133, Ohadata D-05-54 ; A. BELLO, «Pourquoi faut-il adopter le projet d'Acte uniforme de l'OHADA relatif au droit du travail ?», *R.D.U.A.*, n°0005, 2e trimestre 2011, p.11, Ohadata D-12-20.

du civisme contractuel. Pourtant, à l'analyse du préambule et des soixante-trois articles qui composent le corpus du traité constitutif de l'OHADA, aucune allusion n'est faite à la notion de civisme contractuel. Il en est de même des révisions apportées à ce traité en 2008. La conclusion semble donc évidente : en droit de l'OHADA, il n'existe aucune mention du civisme contractuel.

31. Cette évidence n'est en réalité que d'apparence. L'absence de reconnaissance expresse du civisme contractuel ne saurait conduire à la négation de son existence. Il est des notions qui, comme l'autonomie de la volonté et le solidarisme contractuel en l'occurrence, n'ont jamais été expressément consacrées par des textes juridiques, mais dont l'enracinement en droit des contrats ne fait l'ombre d'aucun doute. A partir de certaines dispositions textuelles, il n'est pas impossible de déduire l'existence du civisme contractuel. Sans que cela soit pour autant exhaustif, deux manifestations permettent de le démontrer, l'une classique, et l'autre moderne car issue de la révision du traité de l'OHADA en 2008.

32. La première manifestation de cette réalité, plus ancienne mais toujours actuelle, repose sur l'objectif de sécurisation des activités économiques, contenu dans le préambule du traité de 1993[160]. D'après ce motif préambulaire, les Etats membres sont *« Conscients qu'il est essentiel que ce droit s'applique avec diligence, dans les conditions propres à garantir la sécurité juridique des activités économiques, afin de favoriser l'essor de celles-ci et d'encourager l'investissement ».* Cet objectif a été réaffirmé dans la Déclaration de Québec sur les « Arrangements de N'djamena » signée à Québec le 17 octobre 2008. On le retrouve également mentionné à l'article 248 de l'AUPCAP relativement à la publication des décisions prises dans le cadre d'une procédure collective[161]. Ceci confirme la

[160]Le préambule du traité de l'OHADA a valeur obligatoire. Il fait partie intégrante du traité et prime par conséquent sur les dispositions de droit interne, antérieures ou postérieure. En revanche, dans l'ordre juridique international, le Préambule n'a pas de force obligatoire. Il constitue simplement un outil d'interprétation du traité. D'après la Cour internationale de justice en effet, *«de telles considérations ne sont pas cependant en elles mêmes des règles de droit»* (CIJ, affaire du Sud ouest africain, 2è phase, arrêt du 18 juillet 1966, Rec. 1966, p. 5). Mais, au-delà de cette position lacunaire, il serait irréel de considérer le Préambule comme un recueil de simples déclarations d'intention (cf. Cons. Const. Sénégal, Décision n°3/C/93 du 16 décembre 1993, *Penant*, numéro spécial OHADA, 1998, p.225).

[161]D'après cet article: *«A la demande du syndic, le contenu essentiel des décisions relatives à une procédure collective et, le cas échéant, la décision qui le nomme sont publiées dans tout Etat-partie où cette publication peut être utile à la sécurité juridique ou aux intérêts des créanciers. La même publicité peut être décidée d'office, par la juridiction compétente ayant ouvert la procédure collective. (...)».*

volonté des Etats membres au traité de l'OHADA d'assurer le renforcement des droits et obligations des contractants à travers la sécurisation des activités économiques, gage du développement, de l'intégration économique et de l'essor des investissements. Qui dit sécuriser, dit rassurer, faire passer d'un sentiment d'angoisse à une impression de confiance. Il est une incontournable évidence: la quasi-totalité des activités économiques s'opérant aujourd'hui par le biais des contrats, leur sécurisation passe inéluctablement par celle des contrats qui les sous-tendent. Or, au-delà de la sécurité par la connaissance des textes et la prévisibilité des mécanismes applicables, la connaissance des droits et obligations nécessaires à la sauvegarde des intérêts contractuels constitue également un moyen de premier ordre ; il en est de même du recours aux mécanismes préventifs et curatifs par lesquels les contractants se voient accorder certains droits ou imposer certaines obligations afin de préserver leurs intérêts réciproques ainsi que l'intérêt général de la société. Une telle démarche participe à n'en point douter de l'exigence du civisme contractuel. Les conventions d'arbitrage, le recours aux sûretés réelles et personnelles, les mécanismes issus du droit commercial général ou du droit des sociétés constituent des preuves irréfragables.

Mais, l'exigence de sécurité juridique peut poser problème, notamment lorsqu'on l'appréhende dans un sens autre que le précédent. En fait, la sécurité juridique suppose également la clarté, l'accessibilité et surtout la prévisibilité des textes. Or, il est difficile, en l'absence d'un catalogue de droits civiques, de conclure à l'effectivité de ces différents critères. La diversité des sanctions de la violation de ces droits ne concourt pas non plus à la manifestation de cette exigence, puisqu'elle confère au juge un large pouvoir d'appréciation.

33. La seconde manifestation, issue des modifications au traité intervenues en 2008, est encore plus novatrice. A l'image de l'article 2 du traité de l'OHADA de 1993, elle élargit le champ de compétence matérielle des institutions de l'OHADA. Dans son préambule, l'entreprise d'harmonisation s'affirme désormais comme *«un outil d'affermissement continu de l'Etat de droit et de l'intégration juridique et économique»*. L'Etat de droit ou la primauté du droit est la situation juridique dans laquelle toute personne, le contractant y compris, a des droits mais aussi des devoirs, et se trouve par sa volonté tenue de se soumettre au respect des droits des autres, personnes physiques ou morales de droit public comme de droit privé. Il est possible d'accorder des droits aux contractants, et de les soumettre à certaines obligations afin de concilier tous les intérêts catégoriels en présence. L'une des manifestations les plus marquantes de ce postulat réside dans la recherche permanente de l'égalité contractuelle. En consacrant ces droits et obligations, juge et législateur contribueront à la réalisation de l'État de droit[162]. A l'instar de son homologue européen, le juge de l'OHADA peut reconnaitre de tels droits et obligations comme faisant partie intégrante des principes généraux du droit dont la CCJA assure le respect. A défaut de reconnaitre la Charte africaine des droits de l'homme et des peuples (CADHP) comme faisant partie de son ordre juridique en y adhérant ou en l'insérant dans cet ordre, le législateur de l'OHADA peut adopter une charte dite des droits de l'homme et libertés fondamentales de l'OHADA qui s'appliquerait directement et immédiatement aux Etats membres, comme l'a fait son homologue européen.

En conclusion, si les sources du civisme contractuel issu du droit primaire de l'OHADA ne sont pas explicites, elles véhiculent tout de même certains principes à travers lesquels son existence peut être déduite. Une situation identique peut s'observer en droit originaire européen.

B. Le silence du droit primaire européen

34. Le droit européen, nous l'avons montré, est conçu au sein des *«deux grandes organisations européennes»*[163] que sont le Conseil de l'Europe et l'Union européenne. Les actes constitutifs et modificatifs de ces institutions[164] révèlent leur indifférence vis-à-vis du civisme contractuel. En effet, c'est en vain que l'on chercherait une référence à la notion de civisme contractuel dans ces traités. Pourtant, il n'est pas exclu que, par déduction, l'on puisse montrer qu'à travers l'admission de certains principes, la reconnaissance de certains droits au profit des contractants, ou de certaines obligations à leur charge, l'on parvienne à admettre l'existence du civisme contractuel.

35. Quoi qu'il en soit, les traités constitutifs de l'Union européenne sont silencieux sur la question. Il en est de même de la Charte des droits

---

[162]En ce sens, voir J.-B. ESSOH, «L'OHADA et les droits de l'homme : état des lieux et perspectives d'une cohabitation», Communication dite lors d'une session de formation des formateurs tenue à l'ERSUMA (Bénin) les 03 au 07 septembre 2012.
[163]J.-S. BERGÉ et S. ROBIN-OLIVIER, *op. cit.*, n°14, p.12.
[164]Les traités du Conseil regroupent toutes les conventions élaborées en son sein depuis 1949. Peu importe leur dénomination (accord, convention, arrangement, charte, code, etc…), ces textes sont des traités internationaux au sens de la Convention de Vienne de 1969 sur le droit des traités. Ils s'appliquent aux États membres dès leur ratification. Mais, les Etats non membres peuvent également devenir parties. La plupart de ces textes ne sont cependant pas mis en œuvre, ce qui peut faire douter sur leur effectivité. C'est cette nature particulière et l'absence d'utilisation constante de ces traités qui nous ont conduits à disséminer, peut être maladroitement, leur étude tout au long de notre démonstration, dans la catégorie de sources explicites ou implicites.

fondamentaux de l'Union européenne (CDFUE). Mais, sans être à proprement parler un texte du droit primaire européen, la CDFUE a acquis une valeur égale à celle des traités. C'est ce qui justifie son analyse dans le cadre du droit primaire de l'Union européenne.

36. Les traités constitutifs du droit du Conseil de l'Europe et du droit de l'Union européenne sont silencieux sur la question du civisme contractuel.

Le Conseil de l'Europe est une organisation gouvernementale instituée le 5 mai 1949 par le traité de Londres. L'analyse du préambule de ce traité, de ses 42 articles, de ses différents textes statutaires ainsi que de ses textes modificatifs laisse clairement apparaître que ce droit ne fait aucunement référence à l'expression civisme contractuel. Son degré d'imprégnation du civisme contractuel s'induit de l'analyse de ses buts. Ces derniers couvrent la défense de la démocratie, le renforcement de l'Etat de droit et la protection des droits de l'Homme. Les deux premiers objectifs ont des arguments similaires à ceux avancés dans le cadre du droit de l'OHADA. Seule nous intéressera alors la promotion des droits de l'homme, laquelle sera amplement développée au sujet des droits et obligations contenues dans la Conv. EDH.

Le droit de l'Union européenne quant à lui constitue un ordre juridique propre fondé sur des sources de droit autonomes. L'essentiel de ces sources figure dans le traité sur l'Union européenne (TUE), le traité sur le fonctionnement de l'Union européenne (TFUE)[165], les principes généraux du droit reconnus par l'Union[166], ainsi que les traités internationaux conclus par

---

[165]Nous n'oublions pas le traité établissant une Communauté européenne de l'énergie atomique, que nous écartons volontairement parce qu'il couvre un domaine éloigné des mécanismes contractuels.

[166]Malgré l'affirmation précoce par la Cour EDH des principes de l'ordre juridique communautaire (Cf. arrêt du 5 février 1963, 26/62, Van Gend en Loos, Rec. p.1), ce n'est que plus tardivement et progressivement (depuis l'arrêt du 12 décembre 1969, 29/69, Slauder/Ulm, Rec. p.419) que ladite Cour a consacré les droits de l'homme tels qu'énoncés dans la Conv. EDH, en tant que principes généraux du droit dont elle assume le respect. Deux arrêts illustrent clairement cette situation. Dans l'arrêt du 14 mai 1974 par exemple, 4/73, Nold, Rec. p. I-491, la Cour affirme que *«les droits fondamentaux font partie intégrante des principes généraux du droit dont elle assure le respect ; en assurant la sauvegarde de ces droits, la Cour est tenue de s'inspirer des traditions constitutionnelles communes aux Etats membres et ne saurait, dès lors, admettre des mesures incompatibles avec les droits fondamentaux reconnus et garantis par les constitutions de ces Etats ; les instruments internationaux concernant la protection des droits de l'homme auxquels les Etats membres ont coopéré ou adhéré peuvent également fournir des indications dont il convient de tenir compte dans le cadre du droit communautaire».* En outre, dans l'arrêt du 29 octobre 1975 (36/75, Rutili, Rec. p.1219), la Cour franchit le pas et fait

l'Union européenne[167]. Sans qu'il soit besoin de s'étendre sur le corpus de ces textes, la lecture des motifs préambulaires du TUE et du TFUE nous donne trois principaux éléments de référence dont il convient désormais de tenir compte. A travers leur *«attachement aux principes de la liberté, de la démocratie et du respect des droits de l'homme et des libertés fondamentales et de l'Etat de droit»*, leur *« détermination à promouvoir le progrès économique et social de leurs peuples, compte tenu du principe du développement durable et de la protection de l'environnement dans le cadre de l'achèvement du marché intérieur ...»*, ainsi que leur résolution à *«faciliter la circulation des personnes, tout en assurant la sûreté et la sécurité de leurs peuples, en établissant un espace de liberté, de sécurité et de justice, ...»*, les Etats membres de l'Union européenne reconnaissent au profit des citoyens ou des contractants un certain nombre de droits et d'obligations nécessaires aussi bien à la protection des intérêts particuliers des contractants qu'à l'intérêt général de la société. Ces droits dont la CJUE a charge d'assurer le respect, et au premier rang desquels figurent la dignité humaine[168], l'égalité[169], la non-discrimination[170] ou la liberté

---

explicitement référence à la Conv. EDH, sans toutefois par la suite l'incorporer directement (elle n'a qu'une «signification particulière», aff. 22/84, Johnston, Rec. p.1651). Interrogé dès lors sur la question de savoir si l'Union avait une compétence pour adhérer à la Conv. EDH, la Cour a indiqué, dans son avis 2/94 du 28 mars 1996 (Rec. p.I-1759), qu'en l'état actuel du droit communautaire *«aucune disposition du traité ne conférait aux institutions communautaires, de manière générale, le pouvoir d'édicter des règles en matière de droits de l'homme ou de conclure des conventions internationales dans ce domaine»* (point 27). Cet avis n'empêche pas toutefois la Communauté d'adopter des dispositions protectrices dans son droit dérivé, ni d'insérer, de façon incidente, une clause dite « démocratique» ou «droits de l'homme», dans les accords qu'elle conclut (voir en ce sens l'arrêt de la Cour du 3 décembre 1996, C-268/94, République portugaise/Conseil, Rec. p.I-6177, points 27 à 29, et les conclusions de l'avocat général A. La Pergola présentées le 23 mai 1996, points 25 à 29).

[167]Ces sources sont une consolidation des instruments juridiques pris dans le cadre de l'Union européenne. Ils regroupent les traités de Rome de du 25 mars 1957 (l'un instituant la Communauté économique européenne, et l'autre instituant la Communauté européenne de l'énergie atomique, encore appelé traité Euratom, entrés en vigueur le 1er janvier 1958) ; l'Acte unique européen signé les 17 et 28 février 1986 et entré en vigueur le 1er juillet 1987 ; le traité de Maastricht ou traité sur l'Union européenne, traité constitutif de l'Union européenne, est signé le 18 février 1992 et entré en vigueur le 1er novembre 1993 ; le traité d'Amsterdam signé le 2 octobre 1997 et entré en vigueur le 1er mai 1999 ; le traité de Nice signé le 26 février 2001 et entré en vigueur le 1er février 2003, puis remplacé par le traité de Lisbonne signé le 13 décembre 2007 et entré en vigueur le 1er décembre 2009.

[168]1974, Casagrande, Rec. p.773.

[169]1962, Klöckner, Rec. p.653.

[170]1976, Defrenne/Sabena, Rec. p.455.

professionnelle[171], participent du civisme contractuel. La CJUE n'a nullement craint d'évoquer la valeur constitutionnelle des traités fondateurs de l'Union européenne[172] ou le caractère législatif de certains pouvoirs exercés au niveau européen[173]. La Cour EDH n'est pas allée aussi loin s'agissant de la Conv. EDH. Elle a qualifié cette dernière *«d'instrument constitutionnel de l'ordre public européen»*[174]. De telles références attestent du degré d'imprégnation du civisme contractuel. En réalité, c'est l'adhésion de l'Union européenne à la Conv. EDH qui constituera une première étape déterminante et significative[175] à la promotion des droits et obligations civiques[176]. Désormais titulaire de la personnalité juridique internationale[177],

---

[171]1979, Hauer, Rec. p.3727.

[172]Cf. CJCE, 14 déc. 1991, Avis 1/91: *«Le traité CEE, bien que conclu sous la forme d'un accord international, n'en constitue pas moins la charte constitutionnelle d'une communauté de droit»* ; CJCE, 3 sept. 2008, Kadi et Al Barakaat, aff. jointes C-402/05 et C-415/05: *«il y a lieu de rappeler que la Communauté est une communauté de droit en ce que ni ses Etats membres ni ses institutions n'échappent au contrôle de la conformité de leurs actes à la charte constitutionnelle de base qu'est le traité CE»* (point 280).

[173]CJCE, 17 déc. 1970, Köster, aff. 25/70, Rec., 1161 ; CJCE, 9 mars 1978, Simmenthal, aff. 106/77.

[174]Cour EDH (grande chambre), 23 mars 1995, req. n° 15318/89, Loizidou c/ Turquie.

[175]Au début des négociations officielles entre l'Union européenne et de le Conseil de l'Europe sur l'adhésion de l'UE à la Conv. EDH, précisément le 7 juillet 2010, Viviane REDING (Commissaire européenne à la Justice, aux Droits fondamentaux et à la Citoyenneté) a observé que : *« Ce jour est un moment historique (...). L'UE a un rôle important à jouer dans le renforcement accru du système de protection des droits fondamentaux, qui constitue la codification des droits fondamentaux la plus moderne au monde. C'est une excellente condition de départ pour un accord fructueux entre les partenaires de la négociation »*.

[176]Cette adhésion n'était toujours pas possible, motifs pris de ce que, selon la CJUE, *«aucune disposition du traité ne conférait aux institutions communautaires, de manière générale, le pouvoir d'édicter des règles en matière de droits de l'homme ou de conclure des conventions internationales dans ce domaine»*. S'agissant de cette absence de compétence en la matière, la Cour EDH affirmera que: *«l'adhésion de la Communauté à la convention européenne des droits de l'homme entraînerait un changement substantiel du régime actuel de la protection des droits de l'homme, en ce qu'elle comporterait l'insertion de la Communauté dans un système institutionnel distinct ainsi que l'intégration de l'ensemble des dispositions de la convention dans l'ordre juridique communautaire. Une telle modification du régime de la protection des droits de l'homme dans la Communauté, dont les implications institutionnelles seraient également fondamentales tant pour la Communauté que pour les Etats membres, revêtirait une envergure constitutionnelle et dépasserait donc par sa nature les limites de l'article 235. Elle ne saurait être réalisée que par la voie d'une modification du traité»*. Pour Jacques BIANCARELLI, la non adhésion de l'Union européenne à la Conv. EDH est justifiée par *«la réticence*

ce sera chose faite avec l'entrée en vigueur du traité de Lisbonne[178]. Cette adhésion s'est matérialisée à l'article 6 alinéa 2 qui dispose que : *« L'Union adhère à la Convention européenne de sauvegarde des droits de l'Homme et des libertés fondamentales. Cette adhésion ne modifie pas les compétences de l'Union telles qu'elles sont définies dans les traités »*[179]. A travers cette consécration, le traité de Lisbonne résout une question soulevée devant la CJCE dans l'Avis 2/94[180]. Par ailleurs, les droits garantis par cette Convention font partie du droit de l'Union en tant que principes généraux. Ceci permet au juge communautaire, régional ou national d'en assurer la protection. Cette étape sera suivie de l'insertion de la CDFUE.

37. La CDFUE rompt implicitement ce silence. Il ne s'agira plus de partir des buts fixés par le texte, mais des droits et obligations civiques proprement dits. Cette Charte a été proclamée lors du Conseil européen de Nice, le 7 décembre 2000, à raison de l'absence en droit de l'Union d'un catalogue de droits fondamentaux. Incluse dans le traité constitutionnel de 2004 et dans le traité de Lisbonne signé le 13 décembre 2007, la CDFUE intègre le droit de l'Union à part entière depuis le 1er décembre 2009, date de l'entrée en vigueur du traité de Lisbonne[181]. L'article 6 du TUE dispose en

---

politique de certains Etats membres de l'UE et parties au Conseil de l'Europe» qui *«s'efforcent par tous les moyens de retarder une telle adhésion»* sans que l'on ne sache à quelles fins, ni jusqu'à quand («Sur le droit européen », Préface à A. RACCAH (dir.), Le *traité de Lisbonne : de nouvelles compétences pour l'Union européenne*, éd. *L'Harmattan*, 2012, 238 p.

[177]Aux termes de l'article 147 du TUE en effet : *« L'Union a la personnalité juridique »*.mais, malgré tout, elle n'a que des compétences d'attribution qu'elle exerce conformément au principe de spécialité prévu à l'article 5§1 alinéa 1 du TUE.

[178]Cf. I. K. PANOUSSIS, «Les droits de l'Homme dans le traité de Lisbonne», in A. RACCAH (dir.), *Le traité de Lisbonne : de nouvelles compétences pour l'Union européenne, op. cit.*

[179]Cf. également le Protocole n°8 relatif à l'adhésion de l'Union européenne à la Conv. EDH, annexé au TUE. Il faut néanmoins signaler que, nombreux sont ceux des Etats membres de l'Union qui n'ont pas ratifié tous les protocoles additionnels à la Conv. EDH, et particulièrement le Protocole n°12 sur l'interdiction générale de la discrimination. C'est notamment le cas du Royaume-Uni, de la Pologne et de la République tchèque.

[180]CJCE, Avis du 28 mars 1996, avis 2/94, Rec. jur., 1996, p. 1759.

[181]Il faut néanmoins remarquer qu'avant cette date, plusieurs organes avaient déjà évoqué la Charte à de nombreuses reprises: le Tribunal de première instance des Communautés européennes (TPICE, 30 janvier 2002, Max. Mobil Telekommunikation Service GmbH c/ Commission), la CJCE en référé (Ordonnance du 18 octobre 2002, Commission c/ Technische Glaswerke Ilmeneau GmbH), ainsi que les avocats généraux près la CJCE (Conclusions sous CJCE, 9 octobre 2001, Pays-Bas c/ Parlement européen et Conseil de l'Union européenne). Adde L.

effet que: *«L'Union reconnaît les droits, les libertés et les principes énoncés dans la Charte des droits fondamentaux de l'Union européenne du 7 décembre 2000, telle qu'adoptée le 12 décembre 2007 à Strasbourg, laquelle a la même valeur juridique que les traités. Les dispositions de la Charte n'étendent en aucune manière les compétences de l'Union telles que définies dans les traités. Les droits, les libertés et les principes énoncés dans la Charte sont interprétés conformément aux dispositions générales du titre VII de la Charte régissant l'interprétation et l'application de celle-ci et en prenant dûment en considération les explications visées dans la Charte, qui indiquent les sources de ces dispositions»*. La CDFUE a donc la même valeur juridique que les traités. L'Union européenne dispose ainsi de son propre corps de texte en matière de droits de l'homme. Il s'agit d'un texte contraignant sur lequel la CJUE peut s'appuyer afin d'assurer la protection des droits fondamentaux, qui plus est des droits et obligations civiques. Matériellement, la CDFUE comporte une série de droits. Certains, tel le droit au respect de la vie privée et familiale[182], sont une reproduction des droits proclamés par la Conv. EDH. D'autres, tel le droit à la protection des données personnelles[183], constituent une véritable innovation par rapport à la Conv. EDH. Il en est de même de la proclamation des droits des consommateurs[184], ainsi que de nombreux droits sociaux à l'instar du droit de grève. Certains de ces droits, mis en œuvre en matière contractuelle, concourent à la conciliation des intérêts particuliers des contractants à l'intérêt général de la société. Ils constituent alors des droits civiques, dont le juge de l'Union a la charge d'imposer le respect. C'est donc avec raison qu'il convient de conclure à l'existence implicite du civisme contractuel dans la CDFUE.

38. Le constat vient d'être fait : les sources légales du droit primaire européen et de l'OHADA sont expressément indifférentes à la notion de civisme contractuel. Cette notion n'existe dans ce droit que de manière implicite. La même constatation s'opère droit secondaire européen et de l'OHADA.

BURGORGUE-LARSEN, «L'apparition de la Charte des droits fondamentaux dans la jurisprudence de la Cour de justice des Communautés», note sous Parlement c/ Conseil, 27 juin 2006, *AJDA*, 4 décembre 2006, n°41/2006, pp.2286-2288.

[182]Et bien d'autres, qui ne sont pas très courants en matière contractuelle, comme le droit à la vie, l'interdiction de la torture, la liberté et la sûreté.

[183]Voir également les questions liées à la bioéthique et à la médecine, à travers notamment l'interdiction des pratiques eugéniques et du clonage (art. 3 CDFUE).

[184]CDFUE, art. 38.

§2- L'absence de sources légales explicites du droit secondaire

39. Les instruments juridiques relevant des institutions du Conseil de l'Europe, de l'Union européenne et de l'OHADA adoptés pour leur permettre d'exercer leurs diverses compétences sont énumérés dans leurs traités constitutifs et modificatifs. Les instruments adoptés par l'OHADA sont qualifiés d'actes uniformes[185] (A.). Depuis l'adoption du traité de Lisbonne, les institutions européennes prennent des décisions, recommandations, avis, règlements et directives[186]. En droit de l'Union européenne, seuls le règlement et la directive nous intéresseront (B.). Malgré la pluralité des instruments issus du droit du Conseil de l'Europe[187], seule la Conv. EDH retiendra notre attention (C.).

A. Le silence des Actes uniformes en droit de l'OHADA

40. Les règles communes aux Etats parties de l'OHADA découlent principalement des Actes uniformes pris par le Conseil des Ministres suivant une procédure définie aux articles 5 à 12 du traité de l'OHADA tel que modifié en 2008. Ont déjà été adoptés neuf Actes uniformes[188]. En

---

[185]Le législateur de l'OHADA peut également se doter de règlements. A ce jour, il s'est uniquement doté de deux règlements d'application qu'il n'est pas convenable d'examiner ici: le règlement de procédure de la CCJA et le règlement d'arbitrage de la CCJA.

[186]Même si elle est obligatoire dans tous ses éléments, et directement applicable dans les mêmes conditions que les dispositions d'une directive, la décision sert à régler une situation concrète. Elle est par conséquent destinée à des personnes particulières. Les recommandations et les avis quant à eux ne lient pas. Ils ne créent aucun droit ni aucune obligation à leurs destinataires, mais peuvent fournir des indications sur l'interprétation et le contenu du droit de l'Union. Compte tenu de la fragilité de leur autorité, ces trois instruments juridiques seront examinés dans le cadre des sources informelles du civisme contractuel. Adde art. 288 TFUE.

[187]Parmi les actes issus du droit secondaire du Conseil de l'Europe, certains ont un lien très étroit avec le domaine des contrats. La convention européenne des droits de l'homme du 5 mai 1949, la charte sociale européenne de 1961, la convention pour la protection des personnes à l'égard du traitement automatisé des données à caractère personnel de 1981, la convention pour la protection des droits de l'homme et de la dignité de l'être humain à l'égard des applications de la biologie et de la médecine (dite convention des droits de l'homme et la biomédecine) de 1997 constituent quelques exemples de référence. Nous examinerons ces conventions dans le cadre des sources conventionnelles implicites du civisme contractuel.

[188]Ces Actes portent sur le droit commercial général (AUDCG, adopté le 17 avril 1997, entré en vigueur le 01 janvier 1998, et révisé le 15 décembre 2010 à Lomé au Togo), le droit des sociétés commerciales et du groupement d'intérêt économique (AUDSCGIE, adopté le 17 avril 1997, entré en vigueur le 01 janvier 1998 et révisé le 30 janvier 2014), le droit des sûretés (AUDS, adopté le 17 avril 1997, entré en vigueur le 01 janvier 1998 et révisé le 15 décembre 2010), les procédures simplifiées

application de l'article 10 du traité de l'OHADA, *«les Actes uniformes sont directement applicables et obligatoires dans les Etats parties nonobstant toute disposition contraire de droit interne, antérieure ou postérieure»*. Ce texte consacre la primauté et l'effet direct des Actes uniformes. Il n'existe pas en l'état actuel de l'OHADA de droit commun des contrats. Autrement dit, il n'y a pas d'Acte uniforme relatif au droit des contrats. Le projet d'Acte uniforme, qui avait été élaboré par Marcel FONTAINE à la demande de l'OHADA semble avoir été laissé aux oubliettes. Les virulentes critiques dont il a fait l'objet ne sont probablement pas indifférentes à cela[189]. Et, même s'il est adopté en l'état, il ne changerait véritablement pas grand-chose puisque, comme les autres Actes uniformes qui le précèdent, il ne fait aucunement référence au civisme contractuel alors pourtant qu'il consacre des droits civiques. Parmi les Actes déjà adoptés, six seulement touchent au droit des contrats. Il s'agit de l'AUDCG, l'AUDSCGIE, l'AUDS, l'AUDA, l'AUCTMR, et l'AUDSC. Aucun de ces Actes ne fait expressément référence à la notion de civisme contractuel. Il en est de même des avant-projets actuels d'Actes uniformes relatifs au droit de la consommation et au droit du travail[190].

41. Tous ces textes contiennent, au moins en filigrane, un droit ou une obligation tendant à la conciliation des intérêts particuliers des contractants à l'intérêt général de la société. La liberté d'établissement du commerçant, le droit au renouvellement du bail commercial, la sanction des abus sociaux, l'alerte des associés, l'obligation pour les arbitres de déclarer les causes de conflit d'intérêt lorsque les contractants ont fait une convention d'arbitrage, l'obligation pour les arbitres de statuer en équité lorsqu'ils ont reçu pouvoir des contractants, l'interdiction de transporter des marchandises

---

de recouvrement et voies d'exécution (AUPSRVE, adopté le 10 avril 1998 et entré en vigueur le 10 juillet 1998), les procédures collectives d'apurement du passif (adopté le 10 avril 1998 et entré en vigueur le 01 janvier 1999), l'arbitrage (AUDA, adopté le 11 mars 1999 et entré en vigueur le 11 juin 1999), l'organisation et l'harmonisation des comptabilités des entreprises (AUOHCE, adopté le 24 mars 2000 et entré en vigueur le 01 janvier 2001 pour ce qui est des comptes personnels des entreprises, et le 01 janvier 2002 pour ce qui est des comptes consolidés et des comptes combinés), les contrats de transport de marchandises par route (AUCTMR, adopté le 22 mars 2003 et entré en vigueur le 01 janvier 2004), les sociétés coopératives (AUDSC, adopté le 15 décembre 2010, et entré en vigueur le 15 mai 2011).

[189]En ce sens, P.-G. POUGOUE, «L'avant-projet d'acte uniforme OHADA sur le droit des contrats: les tribulations d'un universitaire», www.ohada.com, Ohadata, D-07-41.

[190]Ce dernier avant-projet fait déjà l'objet de très vives critiques. Cf. H. TEMPLE, «Quel droit de la consommation pour l'Afrique? Une analyse critique du projet d'Acte uniforme sur le droit de la consommation», *Revue burkinabé de droit*, n° 43-44, 1er et 2e semestre, 2003, Ohadata D-05-26.

dangereuses constituent, comme nous le verrons, des droits et obligations civiques que le juge ou l'arbitre a l'obligation de respecter et de faire respecter. Ces droits et obligations implicites confirment à suffisance l'existence du civisme contractuel en droit secondaire de l'OHADA. L'analyse des règlements et directives du droit de l'Union européenne conduit à des conclusions identiques.

B. Le silence des règlements et des directives en droit de L'Union européenne

42. Les règlements et les directives sont les principaux instruments par lesquels se révèle le droit de l'Union européenne. Les premiers sont des actes ayant une portée générale et impersonnelle, obligatoires et directement applicables dans les Etats membres. Les secondes n'ont pas une portée générale. Elles produisent un effet obligatoire certes, parce que les Etats ont l'obligation de les transposer dans leur ordre juridique interne, mais elles n'ont pas d'effet immédiat car leur applicabilité suppose qu'une mesure de transposition soit prise. En droit de l'Union européenne, il y a aujourd'hui une inflation de règlements et de directives en matière contractuelle[191]. Il serait inutile d'en dresser une liste ou d'essayer de les examiner les uns après les autres. Quelques règlements peuvent être pris en exemple. L'on cite notamment le règlement communautaire Rome I, le Règlement (UE) n°1177/2010 du Parlement européen et du Conseil du 24 novembre 2010 concernant les droits des passagers voyageant par mer ou par voie de navigation intérieure (texte modifiant le règlement (CE) n°2006/2004 et présentant de l'intérêt pour l'EEE), le règlement général 2796/99 relatif aux accords verticaux et pratiques concertées du 22 décembre 1999 (remplaçant le règlement 1983/83 du 22 juin 1983 sur les accords de distribution exclusive, le règlement 1984/83 du 22 juin 1985 (prorogé par le règlement n°1582-97 du 30 juillet 1997) sur les accords d'achat exclusif. Est également en discussion le projet de règlement européen de la vente, que la majorité des juristes français qualifie de droit commun européen des contrats au cas où il viendrait à être adopté[192]. Les directives traitent séparément de nombreux contrats. La vente à distance, les voyages à forfait, le mandat d'agent d'affaires, la consommation, la concurrence, la distribution, le transport, les contrats médicaux, les contrats informatiques constituent

---

[191]A ce jour, le nombre de directives et de règlements s'évalue par exemple en milliers.

[192]Cf. VIè Colloque annuel de l'Association du Master 2 DPG, Université Panthéon-Assas, Paris II, tenu à Paris le jeudi 10 mai 2012, avec pour thème «Le projet de droit commun européen de la vente : menace ou opportunité pour le modèle contractuel français?» ; précisément les propos introductifs du professeur Yves LEQUETTE.

quelques illustrations. Des questions spécifiques portant notamment sur la responsabilité des produits défectueux, les clauses abusives ou la garantie de conformité dans la vente ont également suscité de nombreuses initiatives communautaires. A travers ces contrats et questions, l'architecte européen vise un renforcement des droits contractuels dans la perspective civique de *« protection élevée »* du consommateur[193].

43. A l'analyse, aucun règlement, aucune directive, en l'état actuel du droit de l'Union européenne, ne consacre explicitement la notion de civisme contractuel. Ici égalemet, il n'existe pas encore de droit commun des contrats. Pourtant, les manifestations du civisme contractuel sont réels. La directive communautaire sur la responsabilité du fait des produits défectueux adoptée le 25 juillet 1985, pour se limiter à elle, fournit la preuve éclatante. Cette directive est singulière non seulement parce qu'elle facilite la mise en œuvre de la responsabilité contractuelle du fabricant à travers la multiplication des hypothèses de responsabilité et la limitation stricte des causes d'irresponsabilité, mais également parce qu'elle réalise une harmonisation totale du droit en la matière[194]. La loi française du 19 mai 1998 qui la transpose a donné à cette dernière un domaine qui déborde les relations entre professionnels et non professionnels[195]. Elle a ainsi assoupli le régime de responsabilité des producteurs pour permettre aux consommateurs victimes des produits du fabricant de mettre aisément en jeu cette responsabilité et de sauvegarder leurs intérêts par l'exercice de leurs droits. L'existence du civisme contractuel, même si elle n'est qu'implicite, est donc une implacable réalité en droit de l'Union européenne. Quid du droit dérivé du Conseil de l'Europe ?

---

[193]Cf. Directive 2005/29/CE du Parlement européen et du Conseil du 11 mai 2005 relative aux pratiques commerciales déloyales des entreprises vis-à-vis des consommateurs dans le marché intérieur et modifiant la directive 84/450/CEE du Conseil et les directives 97/7/CE, 98/27/CE et 2002/65/CE du Parlement européen et du Conseil et le règlement (CE) n°2006/2004 du Parlement européen et du Conseil («directive sur les pratiques commerciales déloyales»).

[194]CJCE, 25 avril 2002, *aff. C-52/00, Commission c/ France*: Dans les trois cas, la Cour a estimé que la directive de 1985 établit sur les points qu'elle réglemente une harmonisation totale, ne permettant ni le maintien ni l'établissement des dispositions s'écartant des mesures d'harmonisation communautaire. La France fût condamnée car sa loi du 19 mai 1998 était plus protectrice que la directive. Par l'article 29 de la loi n°2004-1343 du 9 décembre 2004, la France a revu sa position.

[195]Pour Philippe Le TOURNEAU, *«En insérant la responsabilité des produits défectueux dans le Code civil, et non dans le Code de la consommation, le législateur l'érigea implicitement au rang de la théorie générale des obligations, leur donnant un domaine qui déborde les limites étroites des relations entre professionnels et consommateurs »,* In *Le contrat de vente, Dalloz*, 2005, coll. Connaissance du droit, 145p, spéc. p.77.

C. **Le silence de la Conv. EDH en droit du Conseil de l'Europe**

44. Dans le cadre de son objectif de promotion et de protection des droits de l'homme, le Conseil de l'Europe s'est doté le 4 novembre 1950 à Rome de la Convention de sauvegarde des droits de l'homme et des libertés fondamentales, communément désignée Convention européenne des droits de l'homme[196]. Il s'agit de l'une des missions jamais réalisée en Europe. Pour Michel LEVINET, il s'agit du *«système de protection le plus performant»*[197] en matière de droits de l'homme. Selon lui en outre, *«Le grand œuvre du Conseil de l'Europe est indiscutablement la CEDH»*[198], bien que celle-ci ne soit pas sans lacune[199]. En réalité, la Conv. EDH est le premier traité moderne en matière des droits de l'homme. Ce n'est pas en matière contractuelle que la Conv. EDH a eu le plus d'importance, mais surtout en matière de procédure[200].

45. C'est surtout en recourant à certaines notions, dites autonomes[201] et contenues dans la Conv. EDH, que la Cour EDH assure une meilleure protection des droits en leur donnant un sens plus large ou en les appliquant

---

[196]Elle est entrée en vigueur le 3 septembre 1953.

[197]M. LEVINET, «Lecture critique du ''modèle européen'' de protection des droits de l'homme», in D. MAUGENEST et P.-G. POUGOUE (dir), *Droits de l'homme en Afrique centrale*, Colloque de Yaoundé (9-11 novembre 1994), *UCAC-KARTHALA*, 283p.

[198]*Ibid.* spéc. p.15.

[199]Ce système comporterait d'après M. LEVINET, deux sortes de lacunes: la première concerne le mécanisme de protection ; la seconde est relative aux droits garantis.

[200]Pour autant, à travers la consécration de certains droits procéduraux, la Conv. EDH a implicitement admis la possibilité pour la Cour EDH d'apprécier la violation de certains droits et obligations civiques. Créée le 18 septembre 1959, cette Cour est régie par les articles 19 à 51 de la Conv. EDH. Il existe une forte similitude entre l'article 6 Conv. EDH et les articles 10 et 14 du Pacte international relatif aux droits civils et politiques. Le droit procédural de référence, à l'exception de la légalité des peines, est le droit à un procès équitable prévu à l'article 6 de la Convention.

[201]Elles sont utilisées par la Cour EDH, avec une signification propre qui les différencie des notions homonymes des ordres juridiques des Etats membres. D'après M. KASTANAS, il s'agit des notions qui, *«détachées du droit interne, doivent s'interpréter dans le contexte de la Convention et à la lumière de son objet et de son but, le droit interne n'étant qu'un point de départ»*, (E. KASTANAS, *Unité et diversité: notions autonomes et marge d'appréciation des Etats dans la jurisprudence de la Cour européenne des droits de l'homme*, *Bruylant*, 1996, 482p. , spéc. p.16. En ce sens, v. F. SUDRE (dir.), «Les concepts autonomes de la Convention européenne des droits de l'homme», *Cahiers de l'IDEDH*, 1997, n°6, 136p. ; «Le recours aux ''notions autonomes''», in F. SUDRE (dir.), *L'interprétation de la Convention européenne des droits de l'homme*, *Némésis-Bruylant*, coll Droit et justice (n°21), 1998, 352p., spéc. p.93.

à des domaines parfois insoupçonnés par la Convention. Dans ses arrêts Engel et autres contre Pays-Bas ainsi que König contre Allemagne, la Cour a tenté pour la première fois d'attribuer aux termes de la Conv. EDH une signification européenne propre. Aujourd'hui, il existe plusieurs notions qualifiées par la Cour d'autonomes dans le domaine pénal[202] comme en matière civile. Il convient de s'intéresser particulièrement à l'expression *«droits et obligations de caractère civil»*[203]. La Conv. EDH ne donne pas de précisions sur ces droits et obligations. Il n'est pas exclu qu'il s'agisse de droits et obligations civiques, contenus dans la Conv. EDH ou dans la CDFUE. Le second pan de cette expression peut laisser apparaitre quelques signes de complexité. Le groupe de mots *«caractère civil»* n'est pas d'emblée aisé à appréhender[204] car la Conv. EDH ne précise pas ce qui confère à ces droits et obligations un caractère civil. Ce n'est pas le procès équitable qui est ici en cause, mais les droits et obligations de caractère civil, dont la protection est sollicitée à travers l'exigence d'un procès équitable. Mais, la détermination du caractère civil semble découler de la distinction faite par ce texte entre les *«contestations sur ses droits et obligations de caractère civil»* et la référence à *«toute accusation en matière pénale»*. Autrement dit, a un caractère civil ce qui ne relève pas du domaine pénal ou commercial. Peuvent donc, par déduction, rentrer dans cet ensemble de mots tout ce qui relève du droit civil, y compris au passage le droit des contrats. Or, l'influence de la Conv. EDH sur le droit civil n'est plus à démontrer[205]. Cette absence de précision préjudiciable pour la sécurité juridique a permis à la Cour d'élargir la garantie offerte par l'article 6 § 1 de la Conv. EDH. A travers une diversification de ses méthodes d'interprétation, celle-ci va élaborer les contours de la notion de *«droits et obligations de caractère civil»*.

46. Tout d'abord, la Cour EDH va favoriser la technique des «notions autonomes». Il s'agit, comme nous l'avons observé, de notions présentes dans la Conv. EDH et auxquelles la Cour donne sa propre

[202]C'est par exemple le cas de l'arrestation, la matière pénale, les témoins, l'accusation, la victime, la peine.

[203]La notion de « biens » constitue une notion autonome au regard de la Cour EDH. Elle sera examinée plus en détails dans le cadre du droit au respect des biens du contractant. Il en est de même de la notion de « vie privée ».

[204]V. J.-C. SOYER et M. DE SALVIA, in L.-E. PETTITI, E. DECAUX, P.-H. IMBERT (dir.), *La Convention européenne des droits de l'homme, commentaire article par article*, *Economica*, 1995, p.251 ; M.-A. ESSEN, *Jurisprudence relative à l'article 6 de la Convention européenne des droits de l'homme*, Strasbourg, 1ère éd. du Conseil de l'Europe, 1985, p.4.

[205]V. A. DEBET, *L'influence de la Convention européenne des droits de l'homme sur le droit civil*, *op. cit.* Adde, K. GARCIA, *Le droit civil européen : nouvelle matière, nouveau concept*, éd. *Larcier*, 2008, 674p.

définition, parfois en opposition avec ce qu'auraient pu juger les autorités des Etats membres dans leur droit interne. L'idée de «standard européen» suppose en effet que la Cour fasse abstraction de la variété des définitions telles que prévues dans les différents ordres juridiques nationaux. Dans ses arrêts *Ringeisen*[206] et *König*[207], la Cour EDH a privilégié une conception assez large de la notion de «droits et obligations de caractère civil», consacrant ainsi l'autonomie de la notion de matière civile. Dans l'affaire *Ringeisen* par exemple, la Cour a estimé que l'article 6 § 1 de la Conv. EDH s'applique à *«toute procédure dont l'issue est déterminante pour des droits et obligations de caractère privé»*, ce qui n'exclut pas les droits et obligations civiques. Elle va encore plus loin en ajoutant que, *«peu importe dès lors la nature de la loi suivant laquelle la contestation doit être tranchée (loi civile, commerciale, administrative, etc.) et celle de l'autorité compétente en la matière (juridiction de droit commun, organe de droit administratif, etc.)»*[208]. Il est donc clair qu'à travers sa jurisprudence, la Cour EDH impose une conception large et souple de certaines notions contenues dans la Conv. EDH, faisant ainsi abstraction de la législation en cause, de la nature de l'organe chargé de l'appliquer, tout en privilégiant l'objet des droits du requérant. Ces droits portent en effet, comme nous le verrons, soit directement sur la personne du contractant, soit sur certains attributs de sa personnalité, éléments essentielles à la société, et justifient de ce fait une protection accrue[209]. Ensuite, la Cour EDH a opéré une interprétation dynamique des termes contenus dans la Conv. EDH. Elle part du texte de la Convention pour en tirer une conception élargie des droits commentés, et au besoin admettre des droits qui, initialement, n'avaient pas été conçus comme en faisant partie[210]. Enfin, à travers l'interprétation évolutive, la Cour EDH va tenir compte de l'évolution du contexte d'application de la Conv. EDH, laquelle apparait alors comme *«un instrument visant à interpréter à la lumière des conditions de vie actuelles»*[211]. Toutes ces méthodes ont permis à la Cour EDH non seulement d'assurer une protection effective des droits garantis par la Conv. EDH, mais surtout de faire progresser ces droits sans

---

[206]Cour EDH, 16 juillet 1971, Ringeisen c/ Autriche, n°2614/65.

[207]Cour EDH, 28 juin 1978, König c. RFA, n°6232/73.

[208]Cour EDH, 16 juillet 1971, Ringeisen, *op. cit.,* spéc. § 94.

[209]Cour EDH, 28 mars 1992, Editions Périscope c/ France, n°11760/85 ; Cour EDH, 28 septembre 1995, Procola c/ Luxembourg, n°14570/89, § 39. Pourtant, dans son arrêt du 21 octobre 1997 (Pierre Bloch c/ France, n°24194/94), la Cour EDH va rendre une décision peu protectrice des droits garantis par la Conv. EDH puisqu'elle s'est appuyée sur une distinction contestable entre les droits civils et politiques, ce qu'avaient écarté les précédents arrêts.

[210]Sur un plan procédural, le droit à l'exécution des décisions judiciaires constitue une illustration parfaite.

[211]En ce sens, v. Cour. EDH, 25 avril 1978, Tyrer c/ Royaume-Uni, n°7819/77 ; 7878/77.

altérer le sens du texte. Le recours à ces méthodes d'interprétation pouvant faire obstacle à l'impératif de sécurité juridique, la Cour EDH a excipé l'argument du consensualisme, selon lequel, dans son interprétation, elle respecte les traditions communes aux Etats. Il n'est pouratnt pas impossible que cet argument voile par moments des définitions discrétionnaires de la Cour EDH.

47. En matière contractuelle, l'influence de la Conv. EDH a été beaucoup plus casuelle. On observe une influence grandissante à la fois devant les juridictions nationales que devant la Cour EDH.

En droit français par exemple, la Cour de cassation s'est appuyée sur certaines dispositions de la Conv. EDH ou de ses protocoles additionnels pour assurer le respect des droits des contractants. Sur le fondement de l'article 8 Conv. EDH, lequel prévoit pour toute personne, y compris le contractant, le droit au respect de sa vie privée et familiale, la Cour de cassation a jugé qu'une clause de mobilité insérée dans le contrat de travail salarié était inapplicable car elle n'était pas proportionnelle aux besoins de l'entreprise[212]. Elle a également décidé, s'agissant de la clause d'un bail d'habitation ayant pour effet de priver le preneur de la possibilité d'héberger ses proches, que cette clause est contraire à l'article 8 de la Conv. EDH[213]. L'influence de la Conv. EDH sur les droits nationaux s'est aussi opérée au travers des décisions de la Cour EDH[214]. Une décision mérite spécialement d'être évoquée. C'est l'arrêt dit des Raffineries grecques du 9 décembre 1994. Dans cette affaire que nous réexaminerons plus en détails, la Cour EDH a décidé qu'un droit de créance est un bien au sens de l'article 1er du 1er protocole additionnel de la Conv. EDH. En France, il ya eu par la suite des affaires étrangement similaires à l'arrêt des Raffineries grecques. Il s'agit notamment de l'affaire du tableau d'amortissement sur prêts immobiliers[215], et de l'arrêt Perruche[216]. Dans l'arrêt Perruche précisément, un contrat a été conclu entre une femme et un échographe. La femme, dame Perruche, avait fait savoir qu'elle souhaitait réaliser une interruption volontaire de grossesse en cas de malversation du fœtus. L'échographe n'a pas vu la malformation.

---

[212]Cass. soc., 12 janvier 1999, n°96-40. 755, Bull. n°7.

[213]Cass. 3è civ., 6 mars 1996, Bull. civ. III, 1996, n° 60, p.41, D. 1997, p. 167, note de B. de Lamy, JCP, éd. G 1996, I, 3958, obs. Ch. JAMIN, RTD civ. 1996, p.897, obs. J. MESTRE et p.1024, obs. J.-P. Marguénaud.

[214]Cf. K. LENAERTS, «Le droit comparé dans le travail du juge communautaire», *R.T.D. eur.,* 2001, p.495 ; J. MERTENS DE WILMARS, «Le droit comparé dans la jurisprudence de la Cour de justice des Communautés européennes», *J.T.D.E.,* 1991, p.36.

[215]Cass. 1ère civ., 20 juin 2000, (pourvoi n°97-22.394, arrêt n°1159 P+B), Epoux Lecarpentier c/ SA Royal Saint-Georges Banque, rejet du pourvoi. Pour les faits, voir supra, partie relative à la jurisprudence de la Cour EDH.

[216]Cass. plén., 17 novembre 2000, Perruche.

Et, l'enfant est né handicapé avec des lésions auditives, oculaires jusqu'à la cécité, cardiaques et mentales. Dame Perruche exerça alors un recours en tant que représentante des droits de l'enfant, Nicolas Perruche. Cela signifie que le préjudice de l'enfant était le fait d'être né. L'enfant a donc pu obtenir réparation du fait d'être né. Cela signifie également que la responsabilité des échographes en particulier, et des médecins en général, pouvait aisément être engagée. Le législateur français a réagi avec une loi dite Perruche du 4 mars 2002, laquelle a cassé cette jurisprudence. La loi précise en effet qu'on ne peut demander réparation du dommage né du seul fait d'être né. Dans cette loi, le législateur précise que la loi est applicable aux instances en cours. Cela pose problème car cela suppose que certaines personnes qui étaient supposées obtenir réparation d'un préjudice du fait de cette loi n'avaient plus aucune chance de l'obtenir. C'est à ce niveau que se trouve la relation avec l'arrêt des Raffineries grecques.

De nombreux recours ont alors été faits devant la Cour EDH contre cette loi. Le 6 octobre 2005, la Cour a rappelé qu'une créance, dès lors qu'elle correspond à une *« espérance légitime »*, constitue un bien au sens de la Conv. EDH. De ce fait, elle conclut que la loi française du 4 mars 2002 en prévoyant son application rétroactive aux instances en cours a privé les requérants de leur créance de réparation. Les répercussions de cette décision devant les juridictions françaises ont été immédiates. En effet, dès 2006, la Cour de cassation va tirer des conséquences nouvelles en considérant que la loi de 2002 n'est pas applicable aux instances en cours. L'influence de la Convention en droit civil en général et en droit des contrats en particulier est désormais incontestable [217]. Certains des droits qu'elle octroie aux contractants participent inéluctablement de la conciliation de leurs intérêts particuliers à l'intérêt général de la société, que ce soit lors de la formation du contrat ou pendant son exécution[218]. Le respect de ces droits est assuré par la Cour EDH[219]. Sont de plus en plus expressifs, et comme nous le verrons plus loin, l'interdiction de la discrimination (Conv. EDH, art. 14) et

---

[217]A. DEBET, *Influence de la convention européenne sur le droit civil, op. cit.* L. MAURIN, *Contrats et droits fondamentaux, op. cit.* ; A. PELISSIER et D. COSTA (dir), *Contrats et droits fondamentaux*, P.U.A.M. 2011, 142p.

[218]C. LALAUT, «Le contrat et la Convention européenne des droits de l'homme», *Gaz. Pal.*, 7-8 mai 1999, p.2.

[219]Grâce notamment à la politique conciliatrice de ladite Cour. Nul n'ignore en effet que la Conv. EDH autorise les Etats à prévoir des restrictions aux droits garantis, à condition toutefois que cette mesure restrictive soit d'après la Convention «prévue par la loi». Ce mécanisme permet également de tenir compte des susceptibilités nationales des Etats ; le respect des particularismes locaux étant un principe révélé dès les premières années d'application de la Conv. EDH. Dans son arrêt du 9 avril 2002 (requête n°46726/99, Podkolzina c/ Lettonie, point 34 de l'arrêt, J.D.I., 2003, p.572, obs. E. DECAUX), la Cour EDH a affirmé qu'elle se devait de juger «*eu égard au principe du respect des particularités nationales*».

le droit au respect de la vie privée et familiale[220]. Ce dernier droit (Conv. EDH, art. 14) permet non seulement au contractant de se recentrer sur sa vie tout en assurant la protection de ses intérêts, mais aussi à la société de promouvoir une certaine harmonie et cohésion sociale. C'est la raison pour laquelle ce droit doit souvent être équilibré avec le droit à la liberté d'expression garanti par l'article 10 de la Conv. EDH. Ses domaines d'application s'élargissent de façon vertigineuse. Les contrats de travail, les contrats informatiques, les contrats médicaux, spécialement en matière de procréation médicalement assistée, en constituent les terrains de prédilection. L'interdiction de la discrimination quant à elle garantit l'égalité de traitement dans la jouissance des droits reconnus par la Conv. EDH. Cette interdiction, aujourd'hui érigée en principe, celui de la non-discrimination, a vocation à garantir tant le droit des contractants à l'égalité des chances que leur droit à l égalité de traitement en matière d'emploi et de profession.

Par ailleurs, plusieurs protocoles additionnels à la Conv. EDH ont été adoptés pour renforcer les droits qu'elle prévoit et instituer d'autres droits nécessaires à la personne humaine, et partant à tout contractant personne physique[221]. C'est notamment le cas du droit au respect des biens de la personne[222], de l'interdiction générale de la discrimination[223], de la protection des personnes à l'égard du traitement des données à caractère personnel[224]. D'autres textes ont été pris pour réaliser les objectifs fixés par le Conseil de l'Europe pour améliorer la Conv. EDH. La Charte sociale européenne (signée en 1961, révisée à Strasbourg le 3 mai 1996 et entrée en vigueur en 1999) en l'occurrence énonce une pluralité de droits sociaux tenant notamment au logement, à la santé, à l'emploi, à une rémunération équitable, à la grève, à la non-discrimination, à la liberté entrepreneuriale, à la dignité. La convention des droits de l'homme et de la biomédecine de 1997 concourt quant à elle à la protection de l'être humain dans sa dignité et son identité, et à la garantie de l'intégrité de sa personne, cette convention va instituer une kyrielle de droits parmi lesquels figurent le droit à ne pas être soumis à une discrimination, le droit à la confidentialité, le droit à des soins appropriés, le droit à l'information pour assurer un consentement libre et

---

[220]Conv. EDH, art. 8. Adde articles 2 DDHC du 26 août 1789, 12 DUDH de 1948 ; 9 C. civ. français.

[221]De nos jours, la question de la reconnaissance des droits fondamentaux au profit des personnes morales est fort débattue. En ce sens, voir R. PIERRE, *Les droits fondamentaux des personnes morales de droit privé*, thèse Limoges, 22 novembre 2010, 628p ; X. DUPRÉ DE BOULOIS, «Les droits fondamentaux des personnes morales», *RDLF*, in http://webu2.umpf-grenoble.fr/rdlf/?p=1248, 17 octobre 2012.

[222]Protocoles additionnels à la Conv. EDH signé à Paris le 20 mars 1952.

[223]Protocole n°12 à la Conv. EDH signé à Strasbourg le 4 novembre 2000.

[224]Convention européenne pour la protection des personnes à l'égard du traitement automatisé des données à caractère personnel faite à Strasbourg le 28 janvier 1981.

éclairé[225]. Lorsqu'ils sont transposés dans le domaine contractuel, la plupart de ces droits concourent à la conciliation des intérêts particuliers des contractants à l'intérêt général de la société. Ils constituent de ce fait des droits civiques et attestent de l'existence implicite du civisme contractuel dans l'ordre juridique européen.

48. Finalement, la Conv. EDH apparait désormais comme une véritable source du droit civil, et partant du droit des contrats. L'un des auteurs les plus réceptifs et ouverts au droit européen a observé que, *«depuis l'arrêt Mazurek[226], les praticiens et les théoriciens ont enfin pris clairement conscience de ce que la CEDH et la jurisprudence de la Cour de Strasbourg sont de véritables sources du droit civil français»*[227]. Cette absence de sources légales explicites du civisme contractuel va de pair avec celle des sources jurisprudentielles explicites.

SECTION II. L'ABSENCE DE SOURCES JURISPRUDENTIELLES EXPLICITES

49. La loi fixe les règles générales de la vie en société, et c'est au juge d'en assurer l'interprétation et l'application. Comme l'observe PORTALIS, *«L'office de la loi est de fixer, par de grandes vues, les maximes générales du droit ; d'établir des principes féconds en conséquence, et non de descendre dans le détail des questions qui peuvent naître sur chaque matière. C'est au magistrat et au jurisconsulte, pénétrés de l'esprit général des lois, à en diriger l'application»*[228]. Cette affirmation

---

[225]En ce sens, voir H. SCICLUNA, «Droits des patients dans les textes du Conseil de l'Europe», PA, 21 mai 1997, n°61, p.31 ; H. CHANTELOUP, G. FAURE, M. DAURY-FAUVEAU et D. GUTMANN, «La convention du Conseil de l'Europe sur les droits de l'homme et la biomédecine », PA, 23 octobre 1998, n°127, p.3.

[226]Cet arrêt a été rendu le 1er février 2000 par la Cour EDH. Avant 2000, il était prévu qu'un enfant adultérin avait le droit à la moitié de l'héritage de l'enfant légitime. Il a donc fait un recours contestant une discrimination sur le fondement de l'article 14 de la CEDH et obtenu gain de cause devant ladite Cour. A ce titre, il a obtenu une satisfaction équitable de 500.000 Frs que l'Etat français a dû lui verser. Depuis lors, il est admis qu'un requérant peut dans certains cas obtenir un droit à une satisfaction équitable. Cela a obligé l'Etat français à changer sa législation. Des effets identiques ont été observées en matière d'écoutes téléphoniques, des annuités de retraite accordées à la femme ; etc.

[227]J.-P. MARGUENAUD, note sous CEDH, 13 février 2003, requête n°42326/98, Odièvre c/ France, *R.T.D. civ.*, 2003, p.375.

[228]J.-E.-M. PORTALIS, *Discours préliminaire sur le projet de Code civil*, présenté le 1er Pluviôse an IX, in *Rapports et travaux inédits sur le code civil*, Paris, Joubert, 1844.

de PORTALIS met en exergue le rôle de la jurisprudence dans la création du droit. Selon lui, *«On ne peut pas plus se passer de jurisprudence que de lois»*[229]. En revanche, selon le doyen CARBONNIER, *«la jurisprudence n'est pas une véritable source du droit civil, comparable à la loi ou même à la coutume. Mais elle est une autorité, et une autorité considérable en droit civil»*. Elle est *«l'autorité de ce qui a été jugé constamment dans le même sens»*[230]. Ces propos du doyen CARBONNIER n'ont pas vocation à dénoncer la jurisprudence, mais plutôt à relativiser sa place vis-à-vis de la loi et de la coutume en tant que source du droit. D'ailleurs, il reconnait que *«nul ne peut prétendre à la connaissance du droit s'il ignore la jurisprudence»*.

50. Aujourd'hui, la jurisprudence constitue à n'en point douter une véritable source de droit[231]. Le juge international, national et régional ne se complait plus au rôle de simple observateur auquel on l'avait jadis confiné ; il est devenu un acteur incontournable dans l'interprétation et l'application du droit. Le juge européen et celui de l'OHADA ne font pas exception à cette mesure. Ils assument pleinement leurs missions consultatives et contentieuses, et apparaissent plus comme des créateurs actifs du droit que des observateurs passifs. Dans ces deux systèmes juridiques, cette mission

---

[229] *Ibid.*

[230] J. CARBONNIER, *Le procès et le jugement, cours de sociologie juridique*, 1961-1962, Association corporative des étudiants en droit, Paris, 1962, p.262.

[231] L'élaboration du droit par voie jurisprudentielle, par le biais des questions préjudicielles généralement, joue un rôle considérable en droit européen. En ce sens, voir J. MERTENS DE WILMARS, *loc. cit* ; E. SERVERIN, *De la jurisprudence en droit privé, théorie d'une pratique, P.U.L.*, coll. Critique du droit, 1985, p.11: cet auteur considère la jurisprudence comme une pratique juridique particulière. D'après Ioannis K. PANOUSSIS, *« Le juge de Luxembourg, au travers de la compétence qui lui a été conférée par les traités, ne s'est, cependant, pas contenté de cette situation. Que ce soit au travers du recours en annulation des actes communautaires ou au travers des questions préjudicielles qui lui étaient posées par les juridictions nationales, il a saisi chaque opportunité pour étendre le spectre des droits fondamentaux dans l'ordre juridique communautaire. En l'absence de textes spécifiques, il a fait appel aux principes généraux du droit communautaire en s'inspirant des traditions constitutionnelles communes aux Etats membres ou des principaux textes internationaux - et en particulier de la Convention européenne des droits de l'Homme - en matière de droits de l'Homme»* (I. K. PANOUSSIS, «Les droits de l'Homme dans le traité de Lisbonne», in A. RACCAH (dir.), *Le traité de Lisbonne : de nouvelles compétences pour l'Union européenne, op. cit.*, pp. 209-221, spéc. p. 210). Dans d'autres cas, le juge national, par une interprétation prétorienne très constructive et très européenne, préfère éviter le renvoi préjudiciel pour assurer la protection de certains droits fondamentaux (En ce sens, V. BARBE, «La protection des droits fondamentaux en France après le traité de Lisbonne», in A. RACCAH (dir.), *Le traité de Lisbonne: de nouvelles compétences pour l'Union européennes ?, op. cit.*, pp. 223-236).

est confiée à trois principales juridictions: la CCJA, la CJUE et la Cour EDH. L'analyse des décisions rendues par ces juridictions en matière contractuelle devrait révéler le degré d'imprégnation du civisme contractuel. A ce jour, aucune décision ne parle expressément du civisme contractuel. Néanmoins, s'il est tout à fait possible à la CCJA de reconnaitre directement au profit des contractants des droits civiques (§1), cette possibilité n'est pas encore enviseageable devant la CJUE (§2) et la Cour EDH (§3). Dans ces deux derniers cas, la reconnaissance de tels droits passe par la mise en œuvre de certains mécanismes qu'il conviendra de présenter sans aucune prétention d'exhaustivité.

§1. La jurisprudence de la CCJA

51. La CCJA assure dans les Etats membres de l'OHADA l'interprétation et l'application commune du traité de l'OHADA, des règlements pris pour son application et des Actes uniformes. Elle est investie d'un pouvoir judiciaire autonome, et exerce une triple mission consultative, contentieuse et d'arbitrage[232]. D'après l'article 20 du traité de l'OHADA, *«Les arrêts de la CCJA ont l'autorité de la chose jugée et la force exécutoire. Ils reçoivent sur le territoire de chacun des Etats Parties une exécution forcée dans les mêmes conditions que les décisions juridiques nationales. Dans une même affaire, aucune décision contraire à un arrêt de la CCJA ne peut faire l'objet d'une exécution forcée sur le territoire d'un Etat Partie».* Cette disposition consacre trois principes essentiels à l'activité juridictionnelle de la CCJA : l'autorité de la chose jugée, la force exécutoire et la supériorité de la CCJA[233]. Nantie de toutes ces prérogatives, la CCJA a depuis sa création rendu de nombreuses décisions[234]. Ces dernières couvrent le champ d'application matériel du droit OHADA tel que prévu par l'article 2 du traité de 1993[235].

---

[232]V. B. BAYO BYBI, *Le rôle de la CCJA dans la sécurisation de l'espace OHADA*, thèse, Université de Caen, 16 novembre 2009, 378p.

[233]Dans une espèce en matière de cautionnement (CCJA, arrêt n° 18/2003 du 1er octobre 2003, Société AFROCOM c/ CSSPA, Le Juris-Ohada, n°4/2003, p.10, note BROU KOUAKOU Mathurin, Rec. jur. CCJA, n°2, juillet-décembre 2003, p.30), la CCJA a décidé que viole les articles 4 et 150 de l'AUS une norme de droit interne aux motifs qu'en n'exigeant pas les prescriptions de l'Acte uniforme, les parties ont renoncé aux dispositions dudit Acte. Doivent par conséquent être annulés les actes de cautionnement ne comportant ni la signature du bénéficiaire, ni la mention écrite de la main, de la somme maximale garantie.

[234]A ce jour, l'on dénombre plus de 664 décisions publiées sur le site officiel de l'OHADA, www.ohada.com.

[235]Elles concernent généralement le domaine des voies d'exécution, les procédures simplifiées de recouvrement, le droit de rétention, les opérations sur le fonds de

52. Les décisions de ladite Cour ne se limitent néanmoins pas à la sphère délimitée par l'article 2 suscité, elle s'étend à d'autres domaines qui, s'ils n'ont pas encore été inclus dans le champ d'application du droit OHADA, présentent un lien très étroit avec le droit des affaires. C'est notamment le cas des assurances, de la propriété intellectuelle, du crédit-bail, des opérations bancaires. Ici encore, le juge de la CCJA aborde incidemment les questions relevant du domaine contractuel. Dans un arrêt rendu le 28 février 2008[236] par exemple, la CCJA s'est prononcée non seulement sur la compétence du juge des référés à ordonner la restitution d'un véhicule dans le cadre d'un contrat de crédit-bail dans lequel est insérée une clause résolutoire, mais également sur les pouvoirs et droits dont disposent les parties dans un tel contrat. La Cour admet formellement que *« le juge des référés est compétent pour se prononcer sur les conséquences de ladite clause résolutoire »,* et retient au fond que *« la clause résolutoire insérée dans le contrat de crédit-bail est une dérogation au principe de résolution judiciaire de l'article 1184 du Code civil »,* laquelle dérogation confère au contractant lésé ou bénéficiaire de ladite clause le droit de demander la sanction de l'inobservation des stipulations contractuelles, à savoir ici la résiliation dudit contrat et la restitution du véhicule. En dehors de cette sanction, la CCJA se réfère dans plusieurs de ses arrêts à la nullité, laquelle demeure une sanction de référence en cas d'inobservation des stipulations contractuelles ou des exigences légales[237]. Dans son arrêt du 30 décembre 2008, qui n'est pas topique du droit des contrats, mais plutôt conventionnel, M. B., héritier du fonds de commerce «Pharmacie Centrale» et Mme R., pharmacienne et employée, avaient créé une société en participation à l'effet d'exploiter ladite pharmacie pour une durée de 20 ans. A peine deux années plus tard, précisément le 15 mars 1996, M. B. et Mme R. ont signé un acte de cession d'actifs du fonds de commerce en faveur de cette dernière. Or, le 10 novembre 2000, dame R. assigne sieur B. aux fins d'annulation de la société en participation susvisée, et de condamnation de ce dernier à la restitution de la somme de 133. 304. 070 F à lui versée. Saisie, la CCJA confirme le jugement n°076 du 7 février 2001 rendu par le tribunal régional de Niamey, lequel a annulé ladite société en participation, déclaré M. B.

---

commerce. Ces différents domaines sont très souvent abordés parce qu'ils sont la conséquence d'une inexécution contractuelle, d'une exécution tardive ou d'une exécution fautive, et non parce qu'ils révèlent un lien direct avec le contrat. C'est donc très souvent de manière incidente que la CCJA se rapproche du domaine des contrats.

[236]CCJA, 1ère chambre, arrêt n°002 du 28 février 2008, aff. V. c/ BICI-BAIL S.A., Le Juris Ohada n°3, juillet-août-septembre 2008, p.2, *Rec. jur. CCJA*, n°11, janvier-juin 2008, p.24.

[237]CCJA, 1ère chambre, arrêt n° 059 du 30 décembre 2008, aff. Mme R. c/ M. B, Le Juris Ohada n°1/2009, janvier-mars, p.32.

unique propriétaire du fonds de commerce et ordonné l'expulsion de dame R. Le juge peut donc maintenir la nullité du contrat, en lieu et place de celle de la clause contractuelle, lorsque la sauvegarde des intérêts catégoriels en présence l'oblige, ceci au regard du civisme contractuel.

53. Par ailleurs, en l'absence d'un droit commun des contrats dans l'espace OHADA, il s'avère difficile de conclure à une intervention directe de la CCJA en matière contractuelle, à l'exception bien entendu du cadre de l'arbitrage. Mais, cette absence de contentieux contractuel direct n'est pas symptômatique de l'ixistence du civisme contractuel. Jusqu'à lors, la CCJA a rendu dans le strict domaine du droit des contrats moins de cinq décisions[238] parmi lesquelles celles susvisées[239]. Pourtant, comme nous l'avons déjà observé, c'est le droit commun des contrats qui est encore inexistant dans l'espace de l'OHADA, et non le droit spécial des contrats.

En matière de bail par exemple, la CCJA a rendu un intéressant arrêt relatif aux modalités du droit au renouvellement du bail. Dans cette affaire[240], M. Koblan Akomci avait loué, par un contrat d'un an qui s'est mué en contrat à durée indéterminé à la suite de reconduction tacite, un local à usage de pressing appartenant à dame Aka. Le 05 novembre 2004, dame Aka lui a signifié un congé de six mois, qui n'a pas été contesté dans les délais. Saisie de l'affaire, la Cour s'est incidemment prononcée sur le droit au renouvellement du bail du locataire, quand bien même la question ne s'y prêtait plus en raison de la contestation tardive du congé. La Cour a profité de cette brèche pour encadrer le droit au renouvellement du bail conformément aux dispositions de l'AUDCG. Il ne s'agit pas pour elle d'un droit absolu, *«... la réhabilitation et la reconstruction de l'immeuble étant les deux conditions cumulatives pour s'opposer au droit au renouvellement du bail».* Dans une affaire similaire, la CCJA a reconnu le droit au renouvellement du bail du preneur du local lorsque le bailleur ne justifie pas d'un motif grave et légitime à son encontre[241]. Comme nous le verrons, le civisme contractuel renforce l'office du juge en matière contractuelle[242]. Le civisme contractuel n'est donc pas explicite devant la CCJA. La

---

[238]Cf. www.ohada.com/jurisprudence/categori/8/contrats-obligations.html, 02/10/2012.

[239]Sauf erreur ou omission de notre part.

[240]CCJA, arrêt n°041/2009 du 30 juin 2009, audience publique du 30 juin 2009, pourvoi n°076/2006/PC du 22 décembre 2006, aff. M. Koblan Akomci c/ Mme Aka Bertin née Thérèse Eliane Akissi, Rec. jur. CCJA, n°13, janvier-juin 2009, p.109.

[241]CCJA, arrêt n°006/2009 du 26 février 2009, aff. Seywa Antoinette c/ Zouzoua Nathalie, Rec. jur. n°13, janvier-juin 2009, p.45.

[242]CCJA, arrêt n° 064/2005 du 22 décembre 2005, aff. Sany Quincaillerie c/ SUBSAHARA Services NC, Rec. jur. CCJA, 6 juin-décembre 2005, p.54.

jurisprudence de la CJUE devrait pouvoir offrir un panorama à peu près identique.

§2. La jurisprudence de la CJUE

54. La CJUE, anciennement dénommée CJCE, est l'une des sept principales institutions de l'Union[243]. Elle regroupe trois juridictions : la Cour de justice, le tribunal et le tribunal de la fonction publique. Elle a pour mission de veiller à l'application du droit de l'Union et de l'uniformité de l'interprétation sur le territoire de l'Union[244]. Elle statue également sur les différends opposant les gouvernements des Etats membres et les institutions de l'Union européenne. Les personnes physiques peuvent en outre saisir la CJUE si elles estiment que leurs droits n'ont pas été respectés soit par une institution de l'Union européenne, soit par d'autres personnes morales de droit public ou privé[245]. Ceci laisse penser qu'en droit privé, le contentieux horizontal est limité aux relations entre particuliers et personnes morales de droit privé. Cette vision relativise l'idée selon laquelle la CJUE n'a pas compétence pour connaitre des différends entre personnes physiques, et qu'il est inconcevable de parler du civisme contractuel en droit de l'Union européenne. Position tout à fait logique que l'absence ou la rareté de contentieux en matière contractuelle pourrait confirmer. Mais, une telle position reste très fragile et critiquable. C'est au fil des décisions, de manière évolutive, que la Cour s'est forgée un droit vivant au service des Etats et des citoyens de l'Union. Deux arguments permettent notamment de le

---

[243]L'Union européenne s'appuie sur un appareil institutionnel dont l'armature est formée selon l'ordre prévu aux articles 13 et s. du TUE et 223 et s. du TFUE : du Parlement européen (siégeant à Strasbourg et à Bruxelles), du Conseil européen (siégeant à Bruxelles), de la Commission (siégeant à Bruxelles), de la Cour des comptes, du Comité économique et social, du Comité des régions, de la Banque centrale européenne. La CJUE quant à elle siège à Luxembourg. A ces institutions s'ajoutent le médiateur ainsi que de nombreuses agences européennes.

[244]V. l'article 19 TUE. A cette fin, la CJUE contrôle la légalité des actes des institutions de l'Union européenne, statue sur le respect, par les Etats membres, des obligations découlant des traités et des textes de droit dérivé. Elle interprète par ailleurs le droit de l'Union à la demande des juges nationaux.

[245]S'agissant de l'Union européenne, les citoyens disposent de moyens non juridictionnels (médiateur) et juridictionnels pour défendre leurs droits face aux actes des institutions européennes. En outre, en application du traité de Lisbonne, les particuliers peuvent désormais saisir la CJUE des pourvois en cassation contre les décisions du tribunal lors des recours en annulation, en carence ou en réparation devant le tribunal. De plus, lorsqu'un litige devant une juridiction nationale met en jeu les règles de droit européen, le juge national, face à une difficulté, peut demander l'avis de la CJUE. Dans ce cas, le citoyen représenté par un avocat peut être entendu par la Cour pour faire préciser les règles européennes qui le concernent.

démontrer. L'un repose sur le recours aux principes généraux du droit en vue de protéger les droits et obligations civiques (A.) ; l'autre est tiré de la reconnaissance des droits fondamentaux, et partant des droits civiques, comme principes généraux du droit de l'Union européenne (B.).

A. La sauvegarde des droits et obligations civiques par le recours aux principes généraux du droit de l'Union européenne

55. La CJUE peut invoquer les principes généraux de l'Union européenne pour préserver les droits et obligations civiques[246]. Ces principes généraux du droit font partie des sources non écrites du droit de l'Union européenne. Ils sont hiérarchiquement situés au même niveau que le droit primaire et les accords internationaux conclus par l'Union européenne, c'est-à-dire au sommet de la hiérarchie des normes. Dans un arrêt du 16 février 2000, la CJCE a décidé que les principes généraux du droit communautaire cèdent le pas devant les traités et les accords externes[247]. A un rang inférieur se trouve le droit dérivé. L'on comprend que la place de choix accordée aux principes généraux du droit de l'Union constitue un rempart pour le juge de la CJUE nécessaire aussi bien à l'érection qu'à la protection des droits. Jean-Sylvestre BERGÉ et Sophie ROBIN-OLIVIER observent à juste titre qu'*«En l'absence de dispositions expresses, la catégorie, non écrite des ''principes généraux du droit'' sert de réceptacle au développement d'une protection des droits fondamentaux dans les différentes Communautés européennes, puis au sein de l'Union européenne. Cette technique, bien que critiquée en raison du rôle créatif du juge, est, formellement, de nature à garantir la protection européenne des droits fondamentaux des justiciables»*[248].

56. Dresser un tableau exhaustif de ces principes dépasserait les limites de notre démonstration[249]. Un principe essentiel dont les applications

---

[246]Il appartient en effet à la CJUE d'assurer le respect du droit dans l'interprétation et l'application du traité, le tout *«selon les méthodes d'interprétation généralement admises, notamment en ayant recours [...] à des principes généraux communs aux systèmes juridiques des Etats membres».* Cf. CJCE, 5 mars 1996, affaires C-46/93 et C-48/93, Brasserie du pêcheur et Factortame Ltd et autres, Rec. p.1029

[247]CJUE, aff. Procter & Gamble c/ OHMI du 16 février 2000.

[248]*Op. cit.*, n°271, p.209.

[249]Ces principes sont déduits sont déduits des systèmes juridiques nationaux ou du droit communautaire. Rentrent dans la catégorie des principes déduits du droit des systèmes juridiques nationaux : le principe de sécurité juridique en vertu duquel les justiciables peuvent exiger que les réglementations qui leur sont applicables soient claires, prévisibles et fiables ; le principe de confiance légitime, lui-même issu du principe de sécurité juridique, et en vertu duquel les administrés doivent pouvoir compter sur le maintien d'une situation juridique contre un changement de cette

en matière contractuelle sont avérées suffira. Il s'agit du principe de proportionnalité. Dans la jurisprudence de la Cour EDH et de la CJUE, le principe de proportionnalité est une règle de pondération selon laquelle les atteintes portées notamment aux droits fondamentaux des particuliers par la puissance publique ne peuvent excéder ce qu'il est nécessaire à l'intérêt général ou aux objectifs de l'Union. Dégagé assez tôt par la jurisprudence de la CJCE, le principe de proportionnalité a été formalisé depuis 1992 dans l'article 5 traité CE, puis à l'article 5.4 du TUE[250]. Contrairement au principe de subsidiarité, et même s'il est très peu aisé de dissocier la subsidiarité de la proportionnalité[251], le principe de proportionnalité a une portée beaucoup plus large puisqu'il est applicable aussi bien aux compétences concurrentes qu'aux compétences exclusives de l'Union[252], aux institutions et aux Etats

situation auquel ils ne pouvaient raisonnablement s'attendre (CJCE, 16 mai 1979, Tomadini, 84/78, p.1801); le principe de bonne foi qui s'impose aux institutions dans le domaine administratif comme dans le domaine contractuel (CJCE, 15juillet 1960, Van Lackmüller, 43/59, p.933); le principe du respect des droits acquis en matière sociale ; le principe de bonne administration qui exige que l'administration communautaire agisse bien dans ses relations avec les Etats membres (CJCE, 13 novembre 1973, Werhahn Hansamühle, 63/72, p.1229); le principe de l'enrichissement sans cause (CJCE, 11 juillet 1968, Danvin, 26/67, p.463), le principe de la confidentialité des correspondances entre les avocats et leurs clients (CJCE, 18 mai 1982, AM & S, 155/79, p.1575), le principe du droit des entreprises sur leurs secrets d'affaires (CJCE, 24 juin 1986, Akso, 53/85, p. 1985), le principe du libre choix du partenaire économique, le principe de la sollicitude envers un opérateur économique. La catégorie des principes issus du droit communautaire comprend notamment le principe de solidarité et d'égalité entre les Etats membres ; le principe de l'équilibre institutionnel ; le principe de la libre circulation ; le principe de non-discrimination en raison de la nationalité (CJCE, 17 juillet 1981, Oebel, 155/80, p.1993) ou du sexe (CJCE, 15 juin 1978, Defrenne, 149/77, p.1365) ; le principe de la libre concurrence ; le principe de la communauté de droit (ou principe d'Etat de droit: CJCE, 31 mars 1971, Commission c. Conseil, 22/70, p.263), le principe du respect des droits de la défense (CJCE, 10 mars 1970, Commission c/ Italie, 7/69, p.117), le principe de subsidiarité, le principe de loyauté communautaire, le principe de transparence ou d'ouverture. La plupart de ces principes ont été repris ou consacrés dans l'ordre juridique de l'Union européenne.

[250]Ce texte prévoit qu'*«En vertu du principe de proportionnalité, le contenu et la forme de l'action de l'Union n'excèdent pas ce qui est nécessaire pour atteindre les objectifs des traités. Les institutions de l'Union appliquent le principe de proportionnalité conformément au protocole sur l'application des principes de subsidiarité et de proportionnalité»*

[251]En ce sens, relativement à la validité de la directive sur le tabac, voir CJCE, 10 décembre 2002, BAT, aff. C-491/01. Dans cette affaire, le juge européen n'a pas distingué la subsidiarité de la proportionnalité et a envisagé dans les deux cas l'intensité de l'action européenne.

[252]Pour plus de détails sur les compétences de l'Union, voir: A. RACCAH, (dir.), *Le traité de Lisbonne: de nouvelles compétences pour l'Union européenne ?*, Actes de

membres. Les droits fondamentaux demeurent le domaine où le recours au principe de proportionnalité excelle. Ils ne peuvent être restreints que si cette restriction est justifiée par la nature des missions à accomplir et proportionnée au but poursuivi[253].

Le principe de proportionnalité déploie l'essentiel de ses effets dans le domaine des atteintes portées au libre exercice des activités économiques par les règles de l'Union européenne. Or, qui dit libre exercice des activités économiques dit notamment mobilité des salariés[254], liberté professionnelle, liberté entrepreneuriale et droit d'établissement, lesquels droits et libertés participent du civisme contractuel. Dans la sphère de la libre circulation des personnes et des biens en l'occurrence, la proportionnalité impose qu'une mesure faisant obstacle à la libre circulation soit indispensable pour remplir l'objectif d'intérêt général recherché. Lorsqu'un choix est donc possible entre plusieurs mesures aptes à atteindre le même but, l'Etat doit choisir celle qui apporte le moins d'obstacles à la liberté des échanges. C'est la solution retenue dans le cadre de l'affaire Rewe-Zentral, dit arrêt «Cassis de Dijon»[255]. L'arrêt Buitoni rendu le même jour par la CJCE a renforcé l'enracinement de ce principe[256]. Cet arrêt a permis de reconnaitre le principe de proportionnalité comme un principe général du droit au sens du droit de

---

la journées d'étude du 4 mars 2010 tenue à Lille et organisée par l'Université catholique de Lille et le Mouvement européen, *L'Harmattan*, 2012, 238p. ; E. AUBER, *La répartition des compétences : une comparaison Etats-Unis-Union européenne*, *L'Harmattan*, 2009, 160p. ; B. DUBEY, *La répartition des compétences au sein de l'Union européenne à la lumière du fédéralisme suisse: systèmes, enjeux et conséquences*, *Helbing & Lichtenhahn, Brylant, L.G.D.J.*, 2002, 876p.

[253]Pour des développements doctrinaux sur la question, voir: S. BERRADA, *Recherches sur le principe de proportionnalité dans l'ordre juridique communautaire*, thèse, Bordeaux IV, 2003, 680p. Pour une application de ce principe en droit interne du travail, voir : B. GENIAUT, *La proportionnalité dans les relations du travail : de l'exigence au principe*, préface d'Antoine JEAMMAUD, *Dalloz*, 2009, 474p.

[254]Sur l'application du principe de proportionnalité sur le fondement de l'article 8 de la Conv. EDH, v. Cass. soc., 12 janvier 1999, Spileers, D. 1999, .645, note J.P. arguénaud et J. Mouly.

[255]CJCE, 20 février 1979, «Cassis de Dijon», aff. 120/78. Adde CJCE, 25 juillet 1991, Säger c/ Dennemeyer, aff. C-76/90: Lorsqu'une entrave est nécessaire pour satisfaire des exigences impératives, telles que l'efficacité des contrôles fiscaux, la loyauté des transactions commerciales ou encore la défense des consommateurs, elle sera acceptée sous réserve de répondre à la double condition de nécessité et de proportionnalité.

[256]CJCE, 20 février 1979, SA Buitoni c/ Fonds d'orientation et de régularisation de marchés agricoles, aff. 12/78, Rec., p.677.

l'Union européenne[257]. Aujourd'hui, la plupart des systèmes juridiques des Etats de l'Union européenne l'ont élevé au rang de principe directeur du contentieux des droits fondamentaux[258]. Dans une autre affaire, le principe de la proportionnalité avait justifié pour la protection des consommateurs le recours à un étiquetage adéquat, mesure estimée moins contraignante que le respect de conditions particulières d'emballage[259]. Il s'agissait d'emballage de forme cubique exigé en Belgique pour la vente au détail de la margarine. Dans une affaire quasi-similaire, la mesure d'étiquetage a été jugée moins contraignante qu'une interdiction pure et simple de la commercialisation de certains produits, en l'espèce la commercialisation en France des yaourts surgelés sous la dénomination «yaourt»[260].

Il y a donc dans toutes ces affaires un souci réel de protection des droits, fût-elle directe ou indirecte, en vue d'une conciliation des intérêts catégoriels en présence. Ceci s'observe également dans la reconnaissance des droits fondamentaux comme principe généraux du droit de l'Union.

B. La reconnaissance des droits fondamentaux en tant que principes généraux du droit de l'Union européenne

57. Il est des droits civiques qui, comme le respect de la dignité de la personne, sont des droits fondamentaux. L'argument tiré de la reconnaissance des droits fondamentaux en tant que principes généraux du droit de l'Union européenne constitue dans ce cas un argument de poids. C'est dans l'affaire Staüder rendue en 1969 que la CJCE, pour la première fois, a affirmé qu'elle assure le respect des droits fondamentaux de la personne compris dans les principes généraux du droit communautaire[261]. Une année plus tard, la CJCE va réitérer sa position en décidant que le respect des droits fondamentaux fait partie des principes généraux du droit dont elle assure le respect. Elle souligne alors à l'occasion qu'il convient de s'inspirer *«des traditions constitutionnelles communes des Etats membres»*[262]. Aujourd'hui, avec le traité de Lisbonne, l'article 6 TUE a été légèrement modifié, pour laisser la première place à la CDFUE. Aux termes

[257]En ce sens, D. SIMON, «Le contrôle de proportionnalité exercé par la Cour de justice des Communautés européennes», *LPA*, 05 mars 2009, n°46, p.17.

[258]Cf. G. XYNOPOULOS, *Le contrôle de proportionnalité dans le contentieux de la constitutionnalité et de la légalité en France, en Allemagne, et en Angleterre, L.G.D.J.,* 1995, *BDP*, T. 179, 468p.

[259]CJCE, 10 novembre 1982, Rau, aff. 261/81.

[260]CJCE, 14 juillet 1988, Smanor, aff. 298/87.

[261]CJCE, 12 novembre 1969, Stauder, aff. 26/69, Rec. 1969.

[262]CJCE, 17 décembre 1970, Internationale Handelsgesellschaft, aff. 11/70, Rec. jur. 1970.

de cette disposition: *«L'Union reconnaît les droits, libertés et les principes énoncés dans la Charte des droits fondamentaux de l'Union européenne du 7 décembre 2000»*. Consacrée à l'article 6 paragraphe 3 du TUE, cette jurisprudence de la Cour fait également référence aux droits fondamentaux tels que garantis par la Conv. EDH et tels qu'ils résultent des traditions constitutionnelles communes des Etats membres de l'Union[263]. Désormais, tous les Etats membres de l'Union sont liés par la Conv. EDH[264]. L'absence de contentieux sur une question précise devant une juridiction n'est donc pas un argument suffisant pour conclure à l'indifférence des juridictions vis-à-vis de cette question. Tout comme le non usage d'un texte de loi n'est pas synonyme de son abrogation, l'absence de contentieux tenant au civisme contractuel ne suffit pas à justifier de son inexistence devant la Cour. A l'évidence, cette technique constitue un moyen idéal pour le juge européen d'admettre des droits civiques.

58. C'est donc de manière implicite que la CJUE reconnait progressivement des droits et obligations civiques. Le contentieux entre un particulier - personne physique ou morale de droit privé - pour le respect de ses droits et une institution étatique ou de l'Union européenne peut, soit reposer sur une base contractuelle, soit - lorsqu'il a été résolu par la CJUE - servir de source d'inspiration au juge national, qui n'aura plus qu'à appliquer dans le contentieux privé dont il a connaissance les mesures prises devant ladite Cour. Cette approche sans doute contestable, est néanmoins indispensable pour une meilleure appropriation du droit de l'Union par les instances juridiques nationales, et partant de l'interprétation uniforme du droit des contrats au sein de l'Union.

Par ailleurs, l'absence de contentieux entre particuliers dans la sphère contractuelle peut ressusciter en droit de l'Union européenne l'épineuse question de l'effet direct des décisions de la CJUE. Cet argument compréhensible n'est logique que d'apparence. Nous avons montré, que cette question pouvait être désormais éludée, puisque le droit de l'Union européenne peut avoir non seulement un effet horizontal, mais être également invoqué par les parties au soutien de leurs droits civiques devant le juge national[265], juge européen de droit commun[266].

---

[263]En effet, *«L'Union respecte les droits fondamentaux, tels qu'ils sont garantis par la Convention européenne des droits de l'homme, signée à Rome le 4 novembre 1950, et tels qu'ils résultent des traditions constitutionnelles communes aux Etats membres, en tant que principes généraux du droit communautaire»*.

[264]CJCE, 18 juin 1991, Ert, aff. C-260/89. Adde CJCE, 5 octobre 1994, TV10, aff. C-23/93.

[265]CJCE, arrêt Van Gend en Loos, 5 février 1963, affaire 26/62 : d'après cet arrêt, les citoyens ont la possibilité de s'appuyer sur les Traités pour faire valoir leurs droits devant les juridictions nationales. L'effet horizontal a également été consacré

59. Aujourd'hui, il serait déraisonnable de conclure à l'inexistence d'un droit des contrats au sein de l'Union, et partant à celle du civisme contractuel. C'est sur le terrain de la protection des droits fondamentaux que s'est remarquablement opéré ce changement. Désormais constituée *«gardienne des droits fondamentaux»*[267], la CJUE a, à travers la reconnaissance des droits fondamentaux comme principes généraux du droit de l'Union européenne, intégré la Conv. EDH dans l'ordre juridique de l'Union[268]. Ceci permettra aux parties contractantes d'invoquer ces principes généraux du droit devant le juge national afin d'assurer le respect de leurs droits civiques.

60. La densification observée du catalogue des droits fondamentaux va de pair avec la recherche accrue de protection des droits et obligations des contractants. On dénombre aujourd'hui une foultitude de droits fondamentaux parmi lesquels le droit à l'égalité, le droit au respect de la dignité humaine, le droit à l'intégrité de la personne, le droit de propriété, le droit à la protection de la vie privée, le droit à la protection des données à caractère personnel, le droit de travailler, le droit d'entreprendre, le droit à un environnement sain, le droit à un procès équitable et le droit au respect de la confidentialité. Ces droits constituent, comme nous le verrons, des droits civiques aussi bien devant la CJUE que la Cour EDH.

---

dans le cadre de la liberté de circulation des travailleurs (CJCE, 12 décembre 1974, Malrave et Koch, 36/74, Rec. 1405 ; CJCE, 8 avril 1976, Defrenne, 43/75, Rec. 455), puis dans le domaine de la liberté d'établissement et de la prestation de service (CJCE, 11 décembre 2007, International Tranport Worker's Federation et Finnish Seamen's Union c/ Viking Line ABP, ou arrêt Viking, C-438/05, Rec. I-10779, note D. Simon, Europe, 2/2008. comm. 40, p.18-20 ; CJCE, 18 décembre 2007, Laval, C-341/05, Rec. I-11767. Adde A.-L. SIBONY et A. DEFOSSEZ, « Liberté d'établissement et libre prestation de services », *RTDE*, 2009, p. 511.

[266]Résolution du Parlement européen du 9 juillet 2008 sur le rôle du juge national dans le système juridictionnel européen (2007/2027(INI)), JOUE, C 294 E/27 du 3 décembre 2009. Cette résolution considère le juge national comme le *«premier juge du droit communautaire»*.

[267]V. F. ZAMPINI, «La Cour de justice des Communautés européennes, gardienne des droits fondamentaux dans le cadre du droit communautaire », *RTDE*, 1999, p.659.

[268]Cette Convention lie depuis l'arrêt Ert du 18 juin 1991 tous les Etats membres de l'Union européenne.

§3. La jurisprudence de la Cour EDH

61. La Cour EDH[269] occupe une place particulièrement importante dans le paysage juridique européen. Cet organe juridictionnel supranational a été crée en 1959 par la Conv. EDH, *«l'un des instruments les plus connus»*[270] du Conseil de l'Europe. L'entrée en vigueur en 1998 du protocole n° 11 à la Conv. EDH va instituer une Cour unique siégeant à plein temps et remplaçant la Comm. EDH (1954) et la Cour EDH (1959). C'est à cette Cour qu'il revient désormais de veiller au respect de ladite Convention, et par conséquent d'assurer la sauvegarde des droits et obligations civiques que celle-ci véhicule[271]. Dans le cadre de ses missions, la Cour EDH doit traiter des recours portés contre un Etat membre du Conseil de l'Europe qui, ayant ratifié la Conv. EDH et ses protocoles additionnels, ne respecte pas les droits et libertés qui y sont reconnus[272].

62. La Cour EDH n'avait pas à proprement parler rendu de nombreuses décisions en matière contractuelle. Celles qui l'ont d'ailleurs été sont plus indirectes que directes. Mais, de fil en aiguille, au gré des évolutions et des mutations socio-économiques, la Cour va exercer une influence considérable sur le droit des contrats des Etats membres. Si l'on s'en tient au cas de la France, l'on constate que la Conv. EDH y a été ratifiée en 1974. Depuis cette date, la Conv. EDH va prendre une importance particulière[273]. Dès les propos liminaires de sa thèse, Anne DEBET affirme avec raison qu'aucune des branches du droit civil ne saurait se soustraire à l'influence de la Conv. EDH[274] ; ce qui n'exclut donc pas le droit des contrats.

---

[269]Encore appelée Cour de Strasbourg par opposition à la CJUE qui siège à Luxembourg.

[270]J.-S. BERGÉ et S. ROBIN-OLIVIER, *op. cit.*, n°80, p.56.

[271]Sur le pouvoir d'interprétation de la Cour EDH, voir Conv. EDH, art. 32.

[272]La France a été condamnée 23 fois en 2011 pour avoir enfreint la Conv. EDH. Depuis sa création en 1959, la Cour a prononcé environ un total de 600 condamnations. Les principaux domaines incriminés sont : les conditions de détention, la réglementation des étrangers, le domaine des mœurs et de la famille.

[273]J.-P. MARGUENAUD (dir.), *L'influence de la jurisprudence de la Cour européenne des droits de l'homme sur le droit privé français*, Rapport scientifique de la «Mission de recherche droit et justice» ; *CEDH et droit privé. L'influence de la jurisprudence de la Cour européenne des droits de l'homme sur le droit privé français*, Paris, La Documentation française, coll. Perspectives sur la justice, 2001, p.11.

[274]A. DEBET, *L'influence de la convention européenne des droits de l'homme sur le droit civil français*, Paris, *Dalloz*, coll. NBT, 2002, p.1.

63. Les juridictions nationales des Etats membres ont également largement contribué au rayonnement de cette Convention dans leur ordre juridique interne. En France, la Cour de cassation a, dans sa décision du 30 juin 1976, considéré que la Conv. EDH était directement applicable en droit français, et qu'elle doit être appliquée au même titre qu'une loi française. Dans plusieurs domaines du droit des contrats, précisément dans les contrats de bail ou d'assurance, les juges nationaux ont fait produire des effets horizontaux aux droits fondamentaux[275]. Il n'est donc pas logique, malgré l'absence de consécration expresse du civisme contractuel par la Cour EDH, de conclure à son inexistence devant cette juridiction. Son existence y est grandissante et découle de la prise en compte des droits et obligations civiques[276]. Au-delà de la consécration de l'effet horizontal de la Conv. EDH[277], le recours par la Cour EDH à la méthode téléologique lors de l'interprétation du droit issu de la Conv. EDH (A.) et à la technique des arrêts pilote (B.) constituent quelques voies à travers lesqueles la Cour EDH peut admettre le civisme contractuel.

A. Le recours à la méthode téléologique

64. Chargée d'assurer le respect de la Conv. EDH, la Cour EDH doit interpréter ses dispositions en application de l'article 32 dudit texte[278]. Parmi les nombreuses méthodes d'interprétation[279], la Cour EDH a dû élaborer une

---

[275]Sur les clauses d'occupation, voir : Cass. 3e civ., 6 mars 1996, *op. cit.*

[276]CEDH, 9 décembre 1994, Raffineries Grecques. Dans cet arrêt, la Cour EDH a posé le principe qu'un droit de créance d'origine contractuelle peut à certaines conditions être assimilé à un bien, dont la Cour a charge de sauvegarder. En droit interne français, plusieurs arrêts ont été rendus en matière contractuelle sur le fondement de l'article 8 de la Conv. EDH : Cass. soc., 12 janvier 1999, *op. cit.* ; Cass. 3e civ., 6 mars 1996, *op. cit.*

[277]Cf. supra.

[278]*«1. La compétence de la Cour s'étend à toutes les questions concernant l'interprétation et l'application de la Convention et de ses Protocoles qui lui seront soumises dans les conditions prévues par les articles 33, 34, 46 et 47.*
2. En cas de contestation sur le point de savoir si la Cour est compétente, la Cour décide».

[279]La méthode littérale ou exégétique en est une illustration parfaite. Si cette méthode participe sans aucun doute de la recherche de la sécurité juridique, elle a l'inconvénient majeur de reposer sur le postulat critiquable de la loi parfaite, sur l'impossibilité de correction des innombrables erreurs légales, et est contraire à la notion même de *«vie de droit»* développée par le doyen CARBONNIER, par laquelle le droit ne devait jamais s'éloigner de sa visée qui est de codifier des relations sociales, et qui, par là, l'oblige à un dynamisme de ses normes. Sur ces méthodes, v. O. JACOT-GUILLARMOD, «Règles, méthodes et principes d'interprétation dans la jurisprudence de la CEDH», in L. PETTITI, E. DECAUX, P.-H. IMBERT, *op. cit.* ; J. ANDRIANTSIMBAZOVINA, «Les méthodes

méthode particulière d'interprétation[280]: la méthode téléologique, encore désignée méthode finaliste ou déclarative[281]. Cette méthode n'est certes pas sans reproche puisqu'elle aboutirait à l'arbitraire du système communautaire de protection des droits. D'après Fréderic SUDRE, le juge européen procède à des *«interprétations évolutives et donc extensives de la Convention»*[282]. En réalité, cette méthode repose sur la recherche des objectifs poursuivis par la Convention, le but qu'elle souhaite atteindre, la *ratio legis*, la volonté déclarée ou présumée du législateur en faisant primer l'esprit de la Convention sur sa lettre. La Cour va s'attacher au contexte ayant entouré l'apparition de la Convention, reconnaitre aux droits en présence une vocation tournée vers la conciliation des intérêts particliers des contractants à l'intérêt général de la société. Elle va aussi, lors de la reddition de ses décisions, s'inspirer des textes étrangers ou internationaux, des travaux préparatoires à ces textes, etc... Bien connue dans les pays de tradition romano-germanique, cette méthode est désormais applicable dans les autres traditions juridiques en Europe, et précisement les pays de tradition d'inspiration *Common law*[283].

65. La méthode téléologique utilisée par la Cour EDH a surtout le grand mérite de rechercher l'effectivité des droits garantis par la Conv. EDH.

---

d'interprétations de la Cour EDH des droits de l'homme, instrument de dialogue ?», in F. LICHERE, L. POTVIN-SOLIS, A. RAYNOUARD (dir.), *Le dialogue entre les juges européens et nationaux: incantation ou réalité ?*, *Bruylant-Némésis*, coll. 2004, 242p, p. 167 ; F. OST, «Originalité des méthodes d'interprétation de la Cour européenne des droits de l'homme», in M. DELMAS-MARTY, *Raisonner la raison d'Etat, vers une Europe des droits de l'homme*, *PUF*, coll. Les voies du droit, 1989.

[280]En matière contractuelle, la méthode d'interprétation littérale des textes constitue une démarche purement théorique, éloignée des préoccupations réelles des bénéficiaires des droits garantis, et limite le pouvoir d'interprétation de la Cour.

[281]En ce sens, voir E. DUBOUT, «Interprétation téléologique et politique jurisprudentielle de la Cour européenne des droits de l'homme», *R.T.D.H.*, 2008, p.383 et s., spéc. Pp.392-393 ; S.-C. PREBENSEN, «Evolutive interpretation of the European Convention of Human Rights», in P. MAHONEY and al. (éds), Protecting Human Rights: The European Perspective. 11. ; F. SUDRE, «A propos du dynamisme interprétatif de la Cour européenne des droits de l'homme», *JCP* 2001, I, p.335 ; F. SUDRE (dir.), *L'interprétation de la Convention européenne des droits de l'homme*, Nemesis-Bruylant, coll. «Droit et justice», n°21, Bruxelles, 1998, p.23.

[282]F. SUDRE, «Droit international et européen des droits de l'homme», 1997, p. 342, n°242. Mais, ce juge n'a en l'état actuel de la Conv. EDH, jamais crée un droit, une liberté ou une obligation non inscrite dans la Conv. EDH: Cour EDH, Johnston et autres c/ Irlande, 18 décembre 1986, série A, n°112.

[283]En effet, la règle d'interprétation téléologique ne fait pas partie de la tradition interprétative des juges anglais. Le recours à cette méthode en droit européen a amené les juges anglais à s'adapter aux méthodes nouvelles adoptées par la Cour EDH et la CJUE.

En matière contractuelle, elle constitue la démarche la mieux indiquée tant pour la sauvegarde de tous les intérêts en présence, que pour leur nécessaire conciliation. En guise d'illustration, l'on constatera que la Cour EDH s'est déjà fondée sur les articles 31 et 32 de la Convention de Vienne sur le droit des traités[284]. Les dispositions préambulaires de la Conv. EDH prévoient que le but du Conseil de l'Europe étant de réaliser une union plus étroite entre ses membres, l'un des moyens les plus adéquats pour atteindre ce but est la sauvegarde et la défense des droits de l'homme et des libertés fondamentales. De ce fait, la Cour EDH doit non seulement veiller à ce que les droits et obligations énoncés dans les conventions demeurent effectifs lorsque les circonstances l'obligent, mais également autoriser un degré d'innovation et de créativité qui enrichit la portée des garanties de la Convention. Dans l'affaire Golder, la Cour s'est appuyée sur l'article 31 de la Convention de Vienne précitée, non encore entré en vigueur, pour donner la priorité à l'objet et au but de la Convention. Dans l'arrêt Tyrer, la Cour EDH a considéré que la Conv. EDH est *«un instrument vivant»*, appelé à croître et à se développer dans les limites qu'elle s'est fixée. Enfin, et c'est l'une des décisions les plus remarquables prises par la Cour EDH en matière d'interprétation du droit du Conseil de l'Europe, la Cour a eu recours à la méthode téléologique afin *«de protéger des droits non pas théoriques ou illusoires mais concrets et effectifs»*[285]. De la sorte, elle s'est totalement affranchie de l'interprétation littérale au profit d'une interprétation téléologique, plus efficace en terme de protection des droits des requérants. Depuis cet arrêt Airey, on observe dans l'interprétation de la Convention par la Cour EDH une *«prééminence de l'interprétation téléologique sur l'interprétation littérale des termes conventionnels»*[286]. Même s'ils ne concernent pas le contrat, les faits de la cause qu'il convient ici de présenter vont désormais guider l'action de la Cour EDH dans les autres domaines, y compris le domaine contractuel. Cet arrêt constitue également une illustration parfaite des combinaisons des méthodes d'interprétation que peut faire la Cour EDH, en vue d'assurer efficacement la protection des droits des requérants.

En l'espèce, dame Airey, ressortissante irlandaise, cherchait à obtenir un jugement de séparation de corps en invoquant la cruauté physique et mentale de son mari envers elle et leurs enfants. Mais, faute d'aide judiciaire pour les affaires relevant du droit de la famille et n'ayant pas les ressources financières suffisantes, dame Airey n'a pas pu engager cette

---

[284]Si l'article 31 §1 consacre la méthode téléologique, l'article 31 §2 fait du préambule d'un traité une partie à prendre en compte pour son interprétation.

[285]Cour EDH, 9 octobre 1979, Airey c/ Irlande, n°6289/73, A. 32, § 24.

[286]The Rt Hon. The Baroness Hale of Richmond, DBE, PC, in *Dialogue entre juges: «Quelles sont les limites à l'interprétation évolutive de la Convention?»*, *Cour EDH*, 2011.

procédure devant la *High Court*. Par requête du 14 juin 1973, elle saisit la commission en alléguant que l'État ne l'a pas protégé contre la cruauté physique et mentale d'un mari violent et alcoolique. Elle invoque ainsi la violation de l'article 6 §1 Conv. EDH car en l'absence d'aide judiciaire, elle ne pouvait obtenir une séparation de corps puisqu'on lui déniait en pratique le droit d'accès à un tribunal. Elle invoque par ailleurs l'article 8 Conv. EDH en arguant que l'État ne lui offrait pas une procédure judiciaire accessible pour les décisions relatives aux droits et obligations découlant en matière familiale. Elle estime en outre qu'au regard de l'article 13 Conv. EDH, elle ne disposait d'aucun recours effectif devant les juridictions nationales. Selon l'article 14 combiné à l'article 6§1, elle estime alors qu'il existe une discrimination fondé sur les ressources quant à l'accès aux tribunaux. Pour renforcer son argumentation, elle se réfère à l'arrêt Golder du 21 février 1975 dans lequel la Cour a consacré le droit d'accès à un tribunal en vue d'une décision sur des droits et obligations de caractère civil. Selon le Gouvernement irlandais, la requête de dame Airey était irrecevable pour défaut manifeste de fondement et non-épuisement des voies de recours internes. La commission retient la requête principalement sous l'angle de l'article 6 §1. Le problème mis en exergue dans cet arrêt est le suivant : Un État peut il se voir imposer des obligations positives inhérentes à un respect effectif des droits énoncés dans la Conv. EDH ?

La Cour va conclure à la violation de l'article 6 §1 de la Convention pour défaut d'un droit d'accès effectif à un tribunal. En l'espèce, le juge européen sanctionne la défaillance de l'État irlandais dans son obligation positive de *« fournir à la requérante une aide judiciaire gratuite dans le cadre d'une procédure civile»*. En effet, sans cette aide judiciaire, la requérante n'a pas pu se défendre utilement pour que son devoir de cohabitation soit relevé.

Dans cet arrêt, la Cour EDH affirme que l'essentiel des droits civils et politiques énoncés dans la Conv. EDH ont des prolongements d'ordre économique et social car « *il n'existe aucune cloison étanche entre les droits civils, politiques, économiques, sociaux et culturel»*. Le juge européen entend ainsi fournir les conditions matérielles à l'exercice effectif des droits garantis dans la Conv. EDH. L'obligation positive qui pèse sur les États est celle d'adopter des mesures raisonnables et adéquates pour protéger les droits détenus par l'individu, ou le contractant, en vertu de la Convention. Le recours à la méthode téléologique démontre à suffisance l'existence du civisme contractuel devant la Cour EDH. Quid du recours à la technique des arrêts pilote ?

B. <u>Le recours à la technique des arrêts pilote</u>

66. En l'absence de texte consacrant le civisme contractuel, le juge européen des droits de l'homme peut tirer profit de la technique dite de l'arrêt pilote pour affirmer l'existence de droits et obligations concourant à la conciliation des intérêts particuliers des contractants à l'intérêt général de la société. Que faut-il au préalable entendre par arrêt pilote ? Cette technique a-t-elle été mise en œuvre en matière contractuelle par la Cour EDH ? Si oui, en quoi peut-elle concourir à la reconnaissance des droits et obligations civiques ?

67. Dégagée par la jurisprudence de la Cour EDH[287], la technique dite de l'arrêt pilote consiste à faire appliquer la décision prise par le juge européen à toutes les situations similaires à celle déjà jugée. En fait, lorsque la Cour est saisie d'un nombre important de requêtes découlant de la même cause[288], elle peut décider d'en choisir une ou plusieurs afin de les traiter par priorité. Lorsqu'elle traite l'affaire ou les affaires sélectionnées, la Cour s'efforce de parvenir à une solution qui aille au-delà du ou des cas particuliers et qui s'applique à toutes les affaires similaires soulevant la même question. Cela lui permet non seulement de désengorger l'immense contentieux qu'elle est appelée à connaître, mais également d'aider les autorités nationales des Etats membres à éliminer le problème mis en évidence comme étant celui qui donne lieu à ces affaires répétitives.

68. L'application de la technique de l'arrêt pilote à la matière contractuelle, bien que contraire au caractère obligatoire des arrêts de la Cour EDH[289], garantit au juge européen une large expansion de son influence sur les normes internes des Etats membres[290]. Aux dires de M. SANTA-CROCE, *«Le juge des droits de l'homme a ainsi le pouvoir de s'ériger en législateur de l'équilibre contractuel objectif, obligeant le législateur national à réviser ses lois en cas de déséquilibre entre les droits et obligations des parties à un contrat de droit privé»*[291]. L'influence de ce juge européen s'est révélée progressivement à travers une multiplicité d'arrêts, en lien plus ou moins direct avec la matière contractuelle. C'est

[287]Cour EDH, 22 avril 1993, arrêt MODINOS c/ Chypre, § 20 et s.
[288]On parle dans ce cas d'affaires répétitives.
[289]Il convient toutefois de relever que les arrêts définitifs de la Cour EDH ont une portée obligatoire limitée. Premièrement, cette portée est limitée par la compétence supraétatique de la Cour. Deuxièmement, les arrêts de la Cour ne valent pas titre exécutoire en droit interne. Leur exécution est normalement contrôlée par le Comité des Ministres (Conv. EDH, art. 46 al. 2.), mais la Cour se reconnait la compétence de surveiller l'exécution de ses arrêts, à la demande d'un requérant individuel (Cour EDH, 4 octobre 2007, Verein Gegen Tierfabriken Schweiz c/ Suisse). Troisièmement enfin, la portée des arrêts de la Cour est limitée par l'autorité de chose jugée des sessions de droit interne.
[290]C. CAUMES, *L'interprétation du contrat au regard des droits fondamentaux,* thèse Université d'Avignon et des pays du Vaucluse, 2010, 333p., spéc. n°93, p.78.
[291]*J.-Cl Civil,* fascicule n°50, «contrats internationaux», 1er mars 2008, n°73 et s.

d'abord au travers d'une relation verticale que la technique de l'arrêt pilote s'est illustrée[292] avant que la Cour n'étende son champ d'intervention.

Contrairement à l'affaire Broniowski suscitée, qui n'est pas topique de la sphère contractuelle, la Cour EDH a de manière inédite eu recours à la technique de l'arrêt pilote dans une relation horizontale inédite. Dans cette affaire, dite «Hutten-Czapska », portant sur le contrôle des loyers, la Grande Chambre de la Cour EDH a conclu à l'existence d'une violation de l'article 1 du Protocole n°1 à la Conv. EDH relatif à la protection de la propriété, motif pris de ce que la requérante n'avait pas pu utiliser ses biens ou demander un loyer adéquat pour leur location. Finalement, la Grande chambre a rayé l'affaire du rôle le 28 avril 2008 à la suite d'un règlement amiable entre les parties après le constat du règlement des problèmes fondamentaux. Une telle décision aurait sans doute été inédite, et aurait confirmé la vocation protectrice des droits civiques par la Cour EDH à travers la technique des arrêts pilote.

A la suite de cet arrêt, la Pologne a adopté un système offrant aux propriétaires une possibilité raisonnable d'obtenir une compensation pour les violations de leurs droits de propriété et remplissant la même fonction que la satisfaction équitable prévue à l'article 41 Conv. EDH à titre d'indemnité. Puis, la Cour EDH a rayé les affaires ayant fait suite à l'arrêt «Hutten-

---

[292]Cour EDH, 23 septembre 2008 E.G. c/ Pologne et autres affaires «relatives à la rivière Boug», req. n°50425/99. Cf. Cour EDH, req. n°31443/96, *R.T.D.H.* 2005, p.203, note E. LAMBERT-ABDELGAWAD. Dans cette affaire Broniowski du 22 juin 2004 contre la Pologne, le requérant Jerzy Broniowski avait saisi la Comm. EDH le 12 mars 1996 en vertu de l'article 25 de la CEDH. Il alléguait en particulier la violation de l'article 1er du Protocole additionnel à la Conv. EDH relatif à la protection de la propriété par l'Etat polonais. Sa grand-mère, habitante des provinces orientales de la Pologne, avait - comme plusieurs autres personnes - abandonné ses biens immobiliers avant d'être rapatriée à l'issue de la guerre, après que les nouvelles frontières eurent été établies. L'Etat polonais s'était alors engagé à dédommager ces personnes qui se voyaient désormais privées de leurs maisons, en leur attribuant des terrains équivalents. Mais, pour des raisons économiques, la procédure n'eut plus finalement lieu. Face à cette situation, la Cour EDH a opéré un double constat : celui de la violation de l'article 1er du Protocole n° 1 au profit du requérant et celui de l'existence d'un problème structurel tenant à l'absence en droit polonais d'un mécanisme effectif de mise en œuvre du droit patrimonial à dédommagement. La Cour EDH a alors enjoint la Pologne de garantir *«par des mesures légales et des pratiques administratives appropriées, la mise en œuvre du droit patrimonial en question pour les autres demandeurs concernés (...) ou de fournir à ceux-ci, en lieu et place un redressement équivalent, conformément aux principes de la protection des droits patrimoniaux énoncés par l'article 1er du Protocole n°1»*. Cette technique a conduit à l'adoption en Pologne d'une nouvelle législation et a été suivie du règlement des nombreuses affaires pendantes : Cour EDH, 22 décembre 2005, arrêt Tekin Yildiz c/ Turquie ; Cour EDH, 29 mars 2006, arrêt Scordino c/ Italie.

Czapska». Il s'agit précisément de la requête intentée par l'Association des propriétaires des biens immobiliers de Łódź[293] et de 24 autres requêtes.

Dans cette affaire, les requérants alléguaient qu'ils n'avaient pas encore été satisfaits à l'un de leurs griefs, à savoir les restrictions imposées à la cessation des baux et aux expulsions s'agissant notamment de la libération des appartements occupés par des locataires protégés qui ne payaient pas leur loyer. Ils se plaignaient que les dispositions en vigueur ne leur permettaient pas de récupérer leurs biens pendant de très longues années, ni de toucher les loyers dus par les locataires défaillants. La Cour EDH a alors décidé que les propriétaires avaient désormais le droit d'augmenter les loyers en vue d'obtenir *«un profit correct»*. L'on voit bien dans cette affaire que la Cour recherche le juste équilibre entre les intérêts des locataires défaillants et celui des bailleurs insatisfaits et la société soucieuse du logement des citoyens. De plus, l'Etat polonais a hérité de la période communiste une pénurie aigue de logements à louer à un prix raisonnable et a dû, de ce fait, arbitrer les questions extraordinairement complexes et socialement sensibles que posait la conciliation des intérêts antagonistes des propriétaires et des locataires. En réalité, mettre ainsi fin à toutes les causes et en conséquence de la violation de la Conv. EDH constatée dans l'arrêt pilote suscité ne peut se faire que de façon graduelle. On ne saurait donc blâmer l'Etat polonais de continuer à appliquer, pour l'instant, les restrictions imposées à la cessation des baux. Il s'agit à n'en point douter d'un processus très complexe, qui implique des décisions politiques à grande échelle et d'importantes modifications de la législation dans des domaines aussi variés et sensibles que le logement, l'aide sociale, les subventions étatiques, la construction et l'administration foncière. En revanche, la Cour suprême polonaise a clairement confirmé dans sa jurisprudence que les propriétaires ont droit à être indemnisés intégralement pour tout dommage subi du fait qu'une municipalité n'a pas fourni de logement social à un locataire. Ce qui révèle la volonté de ces autorités de prendre en considération, de manière progressive, les décisions de la Cour EDH et d'arrimer son droit à celui issu de la Conv. EDH. En agissant de la sorte, il va de soi que la Cour suprême de Pologne participe à l'érection du civisme contractuel.

Conclusion du Chapitre

69. Le civisme contractuel souffre d'une reconnaissance expresse en droit européen et de l'OHADA. Aucun texte de droit primaire, ou de droit secondaire ne l'admet. L'on pourrait alors penser qu'en l'absence de textes le consacrant, les juges européens et de l'OHADA, dont les pouvoirs en

[293]Cour EDH, 8 mars 2011, Association des propriétaires de biens immobiliers à Łódź et autres c/Pologne, n°3485/02.

matière contractuelle s'amplifient au fil du temps[294], auraient fait œuvre créatrice en l'intégrant dans leur ordre juridique respectif. Tel n'est malheureusement pas le cas. Pourtant, sont en suspension dans ces ordres juridiques des droits et obigations qui participent du civisme contractuel, et induits de ces sources. Au-delà de ces sources légales et jurisprudentielles, émergent d'autres sources toutes aussi implicites du civisme contractuel qu'il convient maintenant d'examiner.

[294]S'agissant spécialement du juge de l'OHADA, voir DIALLO BAKARY, «Réflexions sur le pouvoir d'évocation de la CCJA dans le cadre du traité de l'OHADA», *Revue trimestrielle de droit et jurisprudence des affaires*, n°1, p.55 ; *Penant*, n°858, p.40 ; Ohadata D-07-23 ; M. DIAKHATE et I. SAMBE, «Regards croisés sur l'intervention du juge dans la vie des sociétés commerciales», *Revue sénégalaise du droit des affaires*, n°1, janvier-juin 2003, p.111, Ohadata D-04-34.

CHAPITRE II
L'EMERGENCE DE SOURCES IMPLICITES DU CIVISME CONTRACTUEL

70. Le civisme contractuel est un ensemble de droits et d'obligations permettant d'assurer la conciliation des intérêts particuliers des contractants à l'intérêt général de la société. En droit européen et de l'OHADA, il n'en existe pas de sources explicites. Elles sont essentiellement implicites. Est implicite ce *«qui est impliqué, en l'absence de toute volonté exprimée, par la nature d'un acte ou d'un comportement (et parfois, en vertu de la loi ou des usages) en sorte que l'on peut en admettre l'existence, en dépit de ce silence, du fait de l'acte ou du comportement»*[295] *;* ce qui, sans être énoncé expressément, est virtuellement contenu dans un raisonnement ou une conduite[296]. A côté de ces sources implicites proprement européennes et de l'OHADA, apparaissent d'autres sources implicites qui influencent ou sont susceptibles d'influencer le législateur ou le juge. Certaines ne rentrent pas das le droit primaire ou secondaire susdécrit, et peuvent soit être rangées dans une catégorie intermédiaire, soit y être rangées sans avoir valeur contraignante. D'autres en revanche ne relèvent pas des ordres juridiques européen et de l'OHADA, soit parce qu'elles leur sont totalement étrangères, soit encore parce qu'elles résultent des usages ou des pratiques établis entre contractants.

71. Ces sources inspirent le législateur ou le juge, et véhiculent des éléments qui sont communs à la totalité des Etats membres, ou à certains d'entre eux. Ainsi, dégager une solution *«acceptable par les différents ordres juridiques nationaux»*[297] ou puiser dans les ordres juridiques nationaux constitue un gage d'acceptabilité des Etats membres[298]. L'architecte peut trouver dans le sillage juridique national[299] ou

---

[295]G. CORNU (dir.), *Vocabulaire juridique, op. cit.*, p.520 et s.

[296]Sur la notion d' «implicite» en matière contractuel, voir A. ZARROUK, *L'implicite et le contenu contractuel. Étude de droit comparé: droit français et tunisien*, éd. *L'Harmattan*, 2012, coll. Logiques Juridiques, 654p.

[297]K. LENAERTS, «Le droit comparé dans le travail du juge communautaire», *R.T.D. eur.,* 2001, p.495. Adde J. MERTENS DE WILMARS, *loc. cit.*.

[298]*Ibid*, p.528.

[299]Le recours aux sources nationales ne semble pas nécessaire. L'étude étant en effet axée sur un plan régional ou communautaire, il serait peu indiqué de s'appuyer sur des règles, décisions et pratiques de droit interne. Cela risque également de ressusciter la question polémique des spécificités nationales des Etats membres, et ôterait par conséquent à l'étude quasiment tout son intérêt. Il est toutefois des questions d'ordre interne qui sont communes à la plupart, sinon à la totalité des Etats

international[300] de nombreuses sources d'inspiration nécessaires à l'érection du civisme contractuel. On trouve consacrés dans ces instruments de nombreux droits civiques. Pour ne parler que du droit européen, les sources d'inspiration d'ordre international traduisent une dépendance certaine du droit européen à d'autres droits. D'après Jean-Sylvestre BERGÉ et Sophie ROBIN-OLIVIER *«... le droit européen a emprunté la plupart de ses règles au droit international. Par exemple, les notions d' ''effet direct'', de ''primauté'' ou de ''subsidiarité'' ont existé en droit international avant de trouver leur place en droit européen»*[301]. Il en est de même du droit national. Selon eux, *«le droit national intervient aussi bien en amont qu'en aval du droit européen.* Il convient de s'appesantir sur les sources d'inspiration

---

membres de ces organisations, lesquelles se réclament en l'occurrence de l'Etat de droit. Ces questions généralement d'ordre moral et éthique sont issues du droit interne des Etats. Il va de soi que la référence à ces normes et décisions constitue pour les Etats membres un gage de légitimité. Leur évocation sera donc justifié, peu important leur nature et valeur juridique, au titre de droit comparé pour marquer leur rapprochement ou leur éloignement d'avec les sources régionales.

[300]Les sources internationales touchent à plusieurs domaines du droit : textes élaborés sous l'égide de la CNUDCI (la CVIM du 11 avril 1980, les règlements d'arbitrage et de conciliation, la Convention des Nations unies sur la cession de créance internationale, la Convention des Nations unies sur les garanties indépendantes et les lettres de crédit stand-by, la Convention des Nations unies sur le transport international effectué entièrement ou partiellement par mer ou «Règles de Rotterdam», la Convention des Nations unies sur le transport de marchandises par mer ou «Règles de Hambourg» du 31 mars 1978, la loi type de la CNUDCI sur le commerce électronique et la Convention des Nations unies sur l'utilisation des communications électroniques dans les contrats internationaux, etc...), la Convention de Bruxelles du 25 août 1924 (encore dénommée «Règles de la Haye», cette convention porte sur l'unification de certaines règles en matière de connaissement. Elle a été modifiée par les Protocoles du 23 février 1968 et du 21 février 1979), la Convention UNIDROIT sur le crédit-bail du 28 mai 1988 à Ottawa et les Principes UNIDROIT relatifs aux contrats du commerce international, les textes élaborés par la CCIP (Incoterms), la *Lex Mercatoria,* les accords multilatéraux conclus dans le domaine de l'environnement (Il existe à ce jour plus de 500 traités et accords internationaux relatifs à l'environnement. Parmi ces traités, 300 ont un caractère régional. Ces textes sont répartis sous les thèmes suivants : l'air, le vivant, le milieu marin, la désertification et la protection des écosystèmes, les déchets et substances dangereuses, les pollutions marines, et divers autres domaines bien spécifiés). L'approche évolutive retenue ne permet pas d'aborder les sources d'inspiration relevant de l'ordre juridique international. Celles-ci ont déjà fait l'objet de nombreuses études, et leur incidence en droit européen comme en droit de l'OHADA sont avérées. Cf. E. CASHIN RITAINE, «Nouvelles tendances en droit des obligations - Quel droit s'applique?», Rapport présenté au Colloque sur *L'harmonisation du droit OHADA des contrats*, tenu à Ouagadougou (Burkina Faso) du 15 au 17 novembre 2007, pp.66-99.

[301]*Op. cit.,* n°57, p.39.

proprement européenne et de l'OHADA, afin de constater l'existence du civisme contractuel. Ces sources sont tantôt conventionnelles (**Section I**), tantôt informelles (**Section II**).

SECTION I. L'EMERGENCE DE SOURCES CONVENTIONNELLES IMPLICITES

72. Les sources conventionnelles sont celles qui dérivent d'une convention, par opposition aux sources légales et jurisprudentielles. La convention doit s'entendre ici - à l'exception des contrats qui en constituent l'archétype et des conventions collectives - de tout accord de volonté entre deux ou plusieurs personnes destinés à produire un effet de droit quelconque. Les conventions, sources implicites du civisme contractuel, renvoient aux accords conclus entre plusieurs Etats par lesquels ces derniers s'engagent à reconnaitre ou à consacrer à leur profit ou à leur charge, ou à celui des personnes en présence, des droits et obligations. Les problèmes soulevés par ces conventions ne se posent pas de manière identique selon que l'on est en droit de l'OHADA (§1) ou en droit européen (§2).

§1. L'émergence de sources conventionnelles implicites dans l'espace OHADA

73. Les sources conventionnelles implicites du civisme contractuel sont multiples en droit de l'OHADA (A.). Cette multiplicité ne doit pas occulter leur nécessaire légitimité (B.).

A. La multiplicité des sources conventionnelles

74. Ces conventions couvrent plusieurs disciplines du droit des affaires en particulier, et du droit privé en général. Le domaine économique, bancaire et financier en l'occurrence offre une abondante réglementation, ainsi que des applications jurisprudentielles fortement révélatrices dont l'analyse semble peu utile tant en raison de leur segmentation géographique, que de l'absence de représentativité au niveau des Etats membres de l'OHADA[302]. Trois conventions retiendront notre attention : la convention

[302]Cette réglementation est prévue dans le cadre de plusieurs organisations sous régionales : l'Union Economique et Monétaire Ouest Africaine (UEMOA: elle regroupe huit Etats tous membres de l'OHADA), la Communauté Economique des Etats de l'Afrique de l'Ouest (CEDEAO: elle regroupe au total quinze Etats, mais, seulement neuf sont membres de l'OHADA), la Communauté Economique des Etats

de Nairobi portant Charte africaine des droits de l'homme et des peuples[303] (1.), le code des assurances adopté dans le cadre de la Conférence interafricaine des marchés de l'assurance (CIMA) (2.) et l'accord de Bangui régissant l'Organisation africaine de la propriété intellectuelle (OAPI) (3.).

1. La convention de Nairobi portant CADHP

75. La CADHP est une convention adoptée à Nairobi (Kenya) le 27 juin 1981 par des pays africains lors de la 18è conférence de l'Organisation de l'Unité Africaine (OUA). Entrée en vigueur le 21 octobre 1986 après ratification par vingt cinq Etats, la CADHP s'appuie sur la Charte de l'OUA, celle des Nations unies ainsi que sur la DUDH. A ce jour, cette Charte a été ratifiée par tous les Etats membres de l'OHADA. C'est ce qui fait sa particularité et son originalité dans le cadre de notre étude. Par ailleurs, dans la conception des droits de l'homme dont la promotion et la protection sont envisagées pour ces Etats membres, la CADHP tient compte *« des vertus de leurs traditions historiques et des valeurs de civilisation africaine »*[304]. Il n'y a donc point de doute que la CADHP véhicule des traditions communes à tous ces Etats. De la sorte, elle constitue une source d'inspiration idéale pour l'architecte de l'OHADA en matière de promotion et de protection des droits de l'homme, la plupart pouvant être des droits civiques.

---

de l'Afrique Centrale (CEEAC: elle regroupe dix Etats dont six seulement sont membres de l'OHADA), la Communauté Economique et Monétaire d'Afrique Centrale (CEMAC: elle regroupe six Etats, tous membres de l'OHADA). S'agissant spécialement de la CEMAC, pour avoir une idée de la réglementation et de la jurisprudence en matière économique, bancaire et financière, voir notamment B. PYM et al., *Recueil de textes relatifs aux établissements de crédit, aux établissements de microfinance et jurisprudence annotée de la Cour de Justice Communautaire de la CEMAC,* éd. *Juriafrica*, 2012, 888p. ; Cabinet NGASSAM NJIKE, *Recueil des textes relatifs aux établissements de crédit et aux établissements de microfinance (EMF)*, 2e éd., *Licemo*, 2009, 739p.

[303]En abrégé CADHP. On parle encore de Charte de Banjul (Gambie) car c'est à Banjul que fut adopté, en 1980, l'avant-projet de la CADHP par les ministres de la justice des Etats membres de l'OUA. En dépit de son caractère protecteur des droits de l'homme, nous excluons de l'étude l'examen des droits consacrés par le protocole de Maputo adopté en juillet 2003. Très contesté, ce protocole n'a pas été ratifié par tous les Etats membres de l'Union africaine à l'instar du Cameroun et, les droits qu'il consacre profitent en partie aux femmes.

[304]Cf. point n°5 du préambule de la CADHP.

76. Cette Charte comporte une série de droits et obligations[305] contenus essentiellement dans sa première partie[306]. Certains de ces droits et obligations permettent de concilier les intérêts particuliers des contractants à l'intérêt général de la société[307]. L'on cite notamment le droit de la personne en général - et du contractant en particulier - au respect de sa vie, de son intégrité physique et morale (art. 4), ainsi que de sa dignité (art. 5), le droit à un procès équitable (art. 7), le droit de propriété (art. 14), l'égalité des rémunérations (art. 15), l'interdiction de la discrimination (art. 28). D'après Guy LAGELÉE et Gilles MANCERON, *«la Charte constitue un apport fondamental au développement du droit africain»*[308]. Jean-Claude MAVILA observe également que *«le fait de créer un système régional de protection des droits de l'Homme est une révolution»*[309]. Malgré cet apport, la CADHP comporte de nombreuses lacunes[310]. Une qui mérite d'être évoquée concerne le mécanisme de contrôle des droits de l'homme et des peuples garantis par la Charte. A ce jour, ce mécanisme reste inefficace. Il n'est d'ailleurs pas impossible qu'il génère des tensions avec les nouveaux mécanismes envisagés dans le cadre de l'Union africaine[311]. Cette inefficacité tenait principalement à l'absence de pouvoir juridictionnel de la Commision

---

[305]La CADHP parle précisément des «droits et devoirs», avec une pointe d'insistance sur les devoirs à l'égard de la famille, de la société, de l'Etat et de la communauté internationale (CADHP, art. 27, al. 1).

[306]La deuxième partie de la CADHP crée une Commission africaine des droits de l'Homme et des peuples (chargée de promouvoir ces droits et d'assurer leur protection en Afrique) et précise son fonctionnement. Elle deviendra plus tard la Cour africaine des droits de l'homme et des peuples. La troisième partie quant à elle se compose de dispositions diverses, notamment les procédures de ratification et de modification.

[307]L'article 27 al. 2 de la CADHP prévoit notamment que: *«Les droits et libertés de chaque personne s'exercent dans le respect du droit d'autrui, de la sécurité collective, de la morale et de l'intérêt commun»*.

[308]*La conquête mondiale des droits de l'homme: présentation des textes fondamentaux*, éd. *Le Cherche-Midi*, Paris, 1998, 537p. Adde P.-G. POUGOUE, «Lecture de la Charte africaine des droits de l'homme et des peuples», in D. MAUGENEST et P.-G. POUGOUE (dir), *Droits de l'homme en Afrique centrale*, *op. cit.*, pp. 31-45 ; J.-C. MAVILA, «Plaidoyer pour le respect des droits de l'homme et des peuples pour l'Afrique de l'an 2000», in D. MAUGENEST et P.-G. POUGOUE (dir), *op. cit.*, pp. 111-126.

[309]*Loc. cit.*, p.116.

[310]*Ibid.*

[311]Sur les conflits de normes en droit de l'OHADA et de l'UA, voir J.J. MILINGO ELLONG, « Les conflits de normes en matière de droits fondamentaux : le cas de l'OHADA et de l'Union africaine », (2014), 2 B.D.E, .28.

africaine des droits de l'homme et des peuples (Comm. ADHP)[312] qui avait été créée pour assurer la protection de ces droits et obligations, en dépit de l'importance qui lui avait été accordée[313]. Et quand bien même elle aurait eu un tel pouvoir, les règles prévues pour sa composition, son organisation et son fonctionnement ne protègent pas suffisamment les droits et obligations garantis[314]. *«Elle porte en elle-même les insuffisances qui la bloquent. Il se trouve que la Commission ne jouit pas d'une entière liberté de fonctionnement, ensuite la saisine de la Commission revient en fait aux Etats, et enfin, elle ne dispose pas de moyens adéquats pour promouvoir les droits de l'Homme et des peuples»*[315].

77. Pour tenter d'assurer une meilleure protection des droits et obligations prévus par la CADHP, il a fallu attendre le 09 juin 1998, à la faveur de l'adoption du protocole de Ouagadougou (Burkina Faso) relatif à la CADHP, pour que soit créée une véritable Cour africaine des droits de l'homme et des peuples (Cour ADHP). L'article 34 précise que le protocole entrera en vigueur 30 jours après le dépôt de quinze instruments de ratification ou d'adhésion. Contrairement à la Commission, cette Cour dont le siège est à Arusha (Tanzanie) est dotée d'un véritable pouvoir juridictionnel[316]. Mais sa création n'a pas eu l'effet escompté, c'est-à-dire la garantie efficace des droits et obligations contenus dans la CADHP. Depuis son entrée en vigueur le 25 janvier 2004, soit plus de cinq ans après l'adoption du protocole, la Cour n'a pas encore commencé ses travaux. Le fait que la Cour soit difficilement saisie par les particuliers constitue un facteur de fragilisation de cette protection[317]. Celle-ci semble d'ailleurs se

---

[312]J.-C. MAVILA, «La protection des minorités en Afrique», *Revue congolaise de droit*, n°2, pp.37-59 ; M. KAMTO, J.-E. PONDI et L. ZANG (dir.), *L'OUA : rétrospective et perspectives africaines*, Paris, *Economica*, 1990, 338p.

[313]Les règles régissant sa composition, ses compétences, son organisation et son fonctionnement sont prévues aux articles 30 à 63, soit un total de 34 articles sur les 68 que comporte la CADHP.

[314]V. KEBA MBAYE, *Les droits de l'homme en Afrique*, Paris, 2e éd., *A. Pedone*, 1992, 312p. ; B. SAALIU NGOM, *Les droits de l'homme et l'Afrique*, 1984, 113p. ; J. MATRINGE, *Tradition et modernité dans la Charte africaine des droits de l'homme et des peuples : étude du contenu normatif de la Charte et de son apport à la théorie du droit international des droits de l'homme*, Bruylant, 1996, 137p.

[315]J.-C. MAVILA, «Plaidoyer pour le respect des droits de l'homme et des peuples pour l'Afrique de l'an 2000», in D. MAUGENEST et P.-G. POUGOUE (dir), *Droits de l'homme en Afrique centrale*, *op. cit.*

[316]P. KAMTOH, «La Cour africaine des droits de l'homme et des peuples», H:\CADHP\La Cour africaine des Droits de l'Homme et des peuples - AHJUCAF - Cours judiciaires suprêmes francophones.mht, lu en 2012.

[317]Le droit de recours individuel est subordonné à l'acceptation discrétionnaire de chaque Etat partie qui, *«à tout moment, à partir de la ratification du protocole, doit*

limiter au domaine pénal[318]. Il serait plus indiqué de l'étendre à tous les domaines où peuvent s'appliquer ces droits, y compris dans la sphère contractuelle.

78. La multiplication des mécanismes de contrôle des droits de l'homme et des peuples peut générer des tensions avec les nouveaux mécanismes envisagés dans le cadre de l'Union africaine. Pour éviter une telle situation, une certaine opinion a recommandé la fusion de la Cour ADHP avec la Cour de justice de l'Union africaine (CJUA), créée en juillet 2006 pour interpeller les Etats sur les violations des droits de l'Homme énoncés par la CADHP. Une telle fusion n'est point dépourvue d'intérêt puisqu'elle participe de la recherche de sécurité juridique et judiciaire. Si l'absence d'un mécanisme juridictionnel de contrôle de ces droits n'a pas permis d'assurer leur sauvegarde effective, ce n'est pas la multiplication des mécanismes juridictionnels non opérationnels qui le permettra. Il faut penser autrement le moyen d'assurer une telle protection. C'est ce qui sera envisagé dans la partie relative à la légitimité des sources conventionnelles dans l'espace OHADA.

2. Le Code des assurances adopté dans le cadre de la CIMA

79. La création de la Conférence Interafricaine des Marchés d'Assurances (CIMA) est le résultat d'un long processus d'uniformisation du secteur des assurances, destiné à rationaliser le marché des assurances. Il faut entendre par assurance l'opération par laquelle une personne (l'assureur) promet à une autre (l'assuré), moyennant paiement d'une prime, une prestation en cas de réalisation d'un risque[319]. En fait, la CIMA est un

---

faire une déclaration acceptant la compétence de la Cour pour recevoir les requêtes» des individus. Il en est de même des organisations non gouvernementales (ONG) dotées du statut d'observateur auprès de la Commission. Aucune requête des personnes physiques intéressant un Etat partie qui n'a pas fait cette déclaration ne sera reçue. En outre, la Cour statuera sur la recevabilité de ces requêtes en tenant compte des conditions énoncées à l'article 56 de la Charte et relatives à l'indication de l'identité requérant, à l'incompatibilité de la requête avec la CADHP, au contenu de la requête qui doit être expurgée des termes outrageants ou insultants, aux sources d'information du requérant etc…Conformément aux dispositions de l'article 50 de la Charte, la Cour à l'instar de la Commission, *«ne peut connaître d'une affaire qui lui est soumise qu'après s'être assurée que tous les recours internes, s'ils existent, ont été épuisés, à moins qu'il ne soit manifeste que la procédure de ces recours se prolonge d'une façon anormale»*. Cette lacune procédurale effacée en droit du Conseil de l'Europe mériterait également de l'être en droit de l'OHADA.

[318]J.-C. MAVILA, *loc. cit.*

[319]Le Code CIMA distingue les assurances de dommages, les assurances de responsabilité et les assurances de personnes. Ces assurances peuvent être

organisme communautaire du secteur des assurances, issu de l'évolution de la Conférence internationale des contrôles d'assurances (CICA)[320]. Le 10 juillet 1992, la CICA devient la CIMA. Le traité signé à Yaoundé (Cameroun) ce jour-là, entré en vigueur le 20 avril 1994, institue une organisation intégrée de l'industrie des assurances[321]. Seulement quatorze des dix-sept Etats actuellement membres de l'OHADA ont ratifié le traité instituant la CIMA[322]. Ce nombre est révélateur de la volonté de ces Etats d'uniformiser leur marché des assurances. Les textes adoptés dans ce cadre peuvent servir de modèle d'inspiration à l'architecte de l'OHADA, en ce qu'ils constituent des traditions communes à la majorité des Etats membres[323].

---

regroupées dans plusieurs grands ensembles: les assurances terrestres, fluviales, maritimes et aériennes. Ce Code ne régit que les assurances terrestres.

[320]La CICA est née le 17 juillet 1962 à Paris entre la France d'une part et quatorze États africains et Malgache d'autre part. Pour des développements doctrinaux sur la question, voir A.-M. ASSI-ESSO, J. ISSA-SAYEGH et J. LOHOUES-OBLE, *CIMA : Droit des assurances*, coll. *DUA*, AUF, Bruxelles, Bruylant, 2002, 506p.

[321]Cette organisation comprend trois principaux organes que sont : le Conseil des Ministres, la Commission Régionale de Contrôle des Assurances (CRCA) et le Secrétariat général. Sont maintenues comme institutions autonomes annexes: la Compagnie Commune de Réassurance des États membres (CICARE) et l'Institut International des Assurances (IIA) qui assure les formations diplômantes de haut niveau et coordonne l'action des centres nationaux chargés de la formation des techniciens du secteur. A ces organes il faut ajouter aujourd'hui le Comité des experts. Les Directions Nationales des Assurances des États membres quant à elles constituent des relais à l'action de la CIMA. Elles ont entre autres missions: la sauvegarde des intérêts des assurés et bénéficiaires des contrats d'assurance et de capitalisation ; la protection de l'épargne détenue par les compagnies d'assurances ; la surveillance générale du marché ; l'étude des contrats d'assurances destinés au public ; le suivi des litiges entre assureurs ou entre assureurs et assurés ou bénéficiaires de contrats ; etc.

[322]Bénin, Burkina Faso, Cameroun, Centrafrique, Comores, Côte d'Ivoire, Gabon, Guinée-Bissau, Guinée-Équatoriale, Mali, Niger, Sénégal, Tchad et Togo. Des quatorze États signataires de 1961, seule la République fédérale islamique des Comores n'a pas encore ratifié le Traité. La Guinée-Bissau ne l'a ratifié que le 14 avril 2002 à Yaoundé (Cameroun) et est le premier État non-francophone à adhérer à la CIMA. Ne l'ont pas ratifié la Guinée et la République démocratique du Congo, ce dernier nouvellement membre de l'OHADA.

[323]Il existe des textes législatifs et réglementaires qui sont les annexes au Traité: le Code unique des Assurances des Etats membres de la CIMA, le Règlement Intérieur du Conseil des Ministres des Assurances, le Règlement Intérieur du Comité des Experts des Assurances, les Statuts de la Commission Régionale de Contrôle des Assurances, les Statuts du Secrétariat Général de la CIMA, les Statuts du Personnel du Secrétaire Général de la CIMA, le Règlement Financier et Comptable de la CIMA, le Règlement du Concours de Recrutement des Commissaires Contrôleurs des Assurances. A côté de ces textes, il existe d'autres textes spécifiques aux

80. Le droit des assurances n'étant pas expressément prévu comme matière relevant du champ d'application du droit des affaires de l'OHADA, il n'est pas exclu que le Conseil des ministres de l'OHADA décide de l'inclure dans ce champ, en application de l'article 2 du traité. Ce droit relève pour partie du domaine des affaires, du moins toujours en ce qui concerne l'assureur[324]. Par ailleurs, la société d'assurances, qu'elle soit anonyme ou mutualiste, est régie tant par le Code CIMA que par les Actes uniformes. A titre d'exemple, le gouvernement d'une société anonyme d'assurances n'est pas véritablement défini par le Code CIMA. On y trouve certes quelques dispositions sur les dirigeants sociaux, le capital social, les missions du commissaire aux comptes, etc. Mais, ce Code ne fait mention ni des différents organes de la société, ni de leur mode de fonctionnement, encore moins de leur responsabilité. C'est au droit de l'OHADA que le législateur, le juge ou l'organe de contrôle de la CIMA se réfèrent. Par ailleurs, lorsque le juge national, juge régional de droit commun, est saisi d'une affaire en matière d'assurances, il applique les dispositions appropriées qui peuvent être prévues spécialement par le Code CIMA ou généralement par d'autres textes. L'interférence entre ces deux systèmes de droit est donc une réalité.

Concrètement, le programme de la CIMA met en place une loi unique, appelée «Code des assurances CIMA », applicable dans l'ensemble des pays de la zone, et en vigueur depuis le 15 février 1995. Cette loi se substitue aux lois nationales anciennes, éparses et inadaptées, résultant pour l'essentiel de la transposition des lois françaises d'avant 1960. Elle contient de nombreux droits et obligations permettant de concilier les intérêts particuliers des contractants à l'intérêt général de la société. Si la souscription d'une assurance par exemple permet à l'assuré de se prémunir contre certains risques de la vie courante, et à l'assureur de spéculer sur les aléas de la vie, il y a davantage de cohésion et d'harmonie sociale à ce que les dommages causés aux personnes comme aux biens soient réparés. Pour ce faire, le livre I relatif au contrat des assurances terrestres prévoit notamment une obligation d'information spécifique[325] à la charge de l'assureur (art. 6) et de l'assuré (art. 12-3), le droit de résiliation du contrat au profit de l'assuré et de l'assureur (art. 21), l'obligation pour les

---

institutions autonomes spécialisées de la CIMA. Il s'agit des textes organiques de la Compagnie Commune de Réassurance des Etats membres de la CICA, et des textes organiques de l'IIA. Seul le Code nous intéressera.

[324]Les contrats d'assurances sont rangés dans la catégorie des contrats mixtes.

[325]Dans la totalité des Etats francophones d'Afrique, cette information était régie par la loi française du 13 juillet 1930, annexée au Code civil. D'après ce texte, seul l'assureur avait droit, avant la conclusion du contrat, à une information préalable tenant à la nature du risque qu'on lui proposait de garantir. Cf. Civ. 26 janvier 1948, *RGAT* 1948, 45 ; D.1949. 442 ; Civ. 2 novembre 1954, *RGAT* 1955. 37.

entreprises d'assurance de faire participer les assurés aux bénéfices techniques et financiers (art. 81s). Le Livre II quant à lui prévoit l'obligation pour certaines personnes de souscrire une assurance[326]. Ces droits et obligations participent du civisme contractuel et embrassent également le domaine de la propriété intellectuelle.

3. L'accord de Bangui régissant l'OAPI

81. L'Organisation Africaine de la Propriété Intellectuelle (OAPI) est un organisme intergouvernemental chargé de protéger de manière uniforme les droits de propriété intellectuelle sur les territoires des États signataires de l'accord de Bangui du 2 mars 1977[327]. Ratifié par seize Etats dont quinze sont membres de l'OHADA[328], ce texte régit le fonctionnement de l'OAPI et précise le contenu de sa législation uniforme. Le nombre de ces Etats est suffisamment représentatif pour constituer dans l'ensemble leurs traditions communes en matière de propriété intellectuelle.

82. Cette organisation a un système original, propice à la conciliation des intérêts, fussent-ils contractuels ou sociaux. Comme le système de la CADHP et de la CIMA, le système de l'OAPI est commun à tous les Etats membres. Les brevets, les marques de produits ou de service, les dessins et modèles, les droits d'auteurs et les droits voisins délivrés par l'OAPI sont valables dans l'ensemble des pays membres. En outre, il n'existe pas de coexistence de systèmes nationaux avec le système régional, ce dernier étant uniforme pour tous les Etats membres. Les sanctions des atteintes aux droits de propriété intellectuelle ressortissent quant à elles de la compétence des juridictions de chaque Etat membre. Par ailleurs, les décisions rendues par ces juridictions sur la validité des titres de propriété

---

[326]Code CIMA, art. 200 et s. On parle encore d'assrances obligatoires, ce qui n'était pas le cas jusqu'à présent.

[327]L'accord de Bangui, qui a donné naissance à l'OAPI, est venu réviser l'accord du 13 septembre 1962 portant création de l'Office Africain et Malgache de la Propriété Intellectuelle (OAMPI). Cet accord a été à son tour révisé le 24 février 1999 dans le but de rendre ses dispositions compatibles avec les exigences des traités internationaux en matière de propriété intellectuelle auxquels les Etats membres sont parties ; simplifier les procédures de délivrance des titres ; élargir les missions de l'OAPI qui - au-delà de ses missions traditionnelles - doit promouvoir le développement des Etats membres au moyen notamment d'une protection efficace de la propriété intellectuelle et des droits connexes et assurer la formation en propriété intellectuelle ; élargir la protection à des objets nouveaux (obtentions végétales, schémas de configuration des circuits intégrés). Ce n'est que très récemment, le 28 février 2002, qu'est entré en vigueur ce nouvel accord.

[328]A l'exception des Comores et de la République démocratique du Congo, nouvellement membre de l'OHADA.

suscités dans l'un des Etats membres font autorité dans tous les autres Etats, à l'exception des décisions fondées sur l'ordre public et les bonnes mœurs. En l'absence d'un ordre juridique régional applicable aux droits de propriété intellectuelle en général, l'architecte de l'OHADA peut à raison s'inspirer du système de l'OAPI[329]. Carine BERNAULT et Jean-Pierre CLAVIER observent que *«Les deux jambes de la propriété intellectuelle sont : la propriété littéraire et artistique, la propriété industrielle »*[330]. Dans le cadre de ces droits, deux catégories de contrats peuvent être conclus. La première catégorie concerne les contrats de propriété industrielle tels les contrats de cession de brevet, les contrats de cession des droits d'auteur, les contrats de cession de marque, les contrats de licence ou de marque, les contrats de service conseil ou de prestations intellectuelles. La seconde catégorie a trait aux contrats de propriété littéraire et artistique. On cite parmi ces derniers les contrats de cession de droits, les contrats de conception et fourniture de

---

[329]En droit de l'OHADA, il n'existe aucune réglementation applicable au droit de la propriété intellectuelle. L'UNIDROIT a élaboré de nombreux instruments en la matière, lesquels pourrait inspirer l'architecte de l'OHADA. En ce sens, M. FONTAINE, «Apports des Principes d'UNIDROIT et d'autres instruments élaborés par UNIDROIT à la modernisation des contrats d'affaires», Communication faite lors du Colloque sur *Les pratiques contractuelles d'affaires et les processus d'harmonisation dans les espaces régionaux* tenu à Libreville (Gabon) du 26 au 28 Octobre 2011, inédit. En droit européen, La matérialité de la propriété intellectuelle a été discutée dans le cadre d'un colloque organisé par le réseau Trans Europe Experts (TEE) à l'occasion de son 3e forum, tenu le 30 mars 2012 à la Chambre de commerce de Paris, sur le thème *De l'Europe du droit au droit à l'Europe*. Adde Directive 2001/29/CE du Parlement européen et du Conseil du 22 mai 2001 sur l'harmonisation de certains aspects du droit d'auteur et des droits voisins dans la société de l'information. Sur quelques développements du droit de la propriété intellectuelle en France, et du droit d'auteur en particulier, voir Code français de la propriété intellectuelle, éd. Dalloz, 2012 ; Cons. Const. Décis. n°2006-540 DC, 27 juill. 2006, JO 3 août, p.11541: *«Parmi les droits de propriété garantis par la déclaration des droits de l'Homme figurent les droits de propriété intellectuelle et notamment le droit d'auteur et les droits voisins» ;* Cl. COLOMBET, *Propriété littéraire et artistique et droits voisins, Dalloz*, 9e éd. 1999 ; H. DESBOIS, *Le droit d'auteur en France, Dalloz*, 3e éd., 1978 ; P.-Y. GAUTIER, *Propriété littéraire et artistique, PUF*, coll. Droit fondamental, 8e éd., 2012, 903p ; A. Lucas et H.-J. LUCAS, *Traité de la propriété littéraire et artistique*, 3e éd., *Litec*, 2006, 1210p. ; M. VIVANT et J.-M. BRUGUIERE, *Droit d'auteur*, 2è éd. *Dalloz*, 2013, 1102p. Pour des décisions de justice en la matière, voir: A. POLLAUD-DULIAN, *Le Droit de destination. Le sort des exemplaires en droit d'auteur, LGDJ*, 1989.

[330]*Dictionnaire de droit de la propriété intellectuelle*, éd. *Ellipses*, 2008, 430p, spéc. p.348 et s. Le droit de la propriété littéraire et artistique comprend les droits d'auteur, les droits voisins du droit d'auteur et les droits des producteurs de base de données. Le droit de la propriété industrielle quant à lui comprend le droit des dessins et modèles, le droit des brevets, le droit des marques.

contenu web, les contrats d'édition[331]. Nous nous limiterons à l'examen des contrats d'exploitation des droits d'auteur.

83. Les droits d'auteur sont des droits applicables aux œuvres de l'esprit. En l'absence d'une définition légale[332] de la notion d' «œuvres de l'esprit», nous retiendrons celle proposée par Pierre-Yves GAUTHIER. Il s'agit de *«tout effort d'innovation de l'esprit humain, conduisant à une production intellectuelle, qui peut tendre vers un but pratique, mais doit comporter un minimum d'effet esthétique ou culturel, la rattachant d'une quelconque façon à l'ordre des beaux-arts»*[333]. Ce sont des droits conférés à l'auteur d'une œuvre littéraire et artistique. Ils comprennent le droit moral incessible[334], et le droit patrimonial ou droit d'exploitation[335] qui peut faire l'objet de spéculation[336]. D'après la haute juridiction communautaire européenne, *«La fonction essentielle du droit d'auteur est d'assurer la protection morale de l'œuvre et la rémunération de l'apport créateur de l'auteur»*[337]. Ces droits sont réglementés en droit européen[338], et non en droit

---

[331]Cf. M. ONDOA, *Les contrats relatifs aux droits d'auteur*, 1ère éd., *PUL*, 2008, 192p. ; J.-M. BRUGUIÈRE (dir.), *Les contrats de la propriété intellectuelle*, *D.* 2013, Thèmes et Commentaires, 132p.

[332]Avant sa prise en compte par la loi, le droit d'auteur avait été largement forgé par la jurisprudence.

[333]P.-Y. GAUTHIER, *op. cit.*, n°52.

[334]Le droit moral de l'auteur comprend le droit au nom, le droit au respect de son œuvre, le droit de divulguer son œuvre, le droit de retrait et de repentir. Ce droit dure indéfiniment, même après que l'œuvre soit tombé dans le domaine public.

[335]Le droit patrimonial ou droit d'exploitation de l'auteur est son droit d'autoriser ou d'interdire l'utilisation de son œuvre, et d'être rémunéré s'il donne son autorisation. En France, et dans la plupart des pays européens, ce droit dure toute sa vie et, selon un texte en étude, les 70 années qui suivent sa mort avant de tomber dans le domaine public. En Afrique par contre, les Etats qui sont membres de l'OHADA et bien d'autres encore accordent dans leur législation interne une durée de 50 ans *post mortem auctoris*.

[336]L'exploitation gratuite de l'œuvre n'est pas une hypothèse à exclure. En plus, le droit d'auteur ne protège que des formes originales, c'est-à-dire les créations ayant pris forme dans le monde réel et sensible (visible, audible, tangible, etc…), que l'œuvre soit achevée ou inachevée. Il ne protège ni les idées, ni les concepts.

[337]CJCE 20 oct. 1993, n° C-92/92, n° C-326/92, «Phil Collins», *D.* 1995, jur. 133, note EDELMAN; *RIDA* 1994, n°159, p.304. Sur une action en contrefaçon introduite pour violation des droits d'auteur sur les programmes d'ordinateur et sur les manuels relatifs à son système informatique de bases de données, voir CJUE, Grande ch., 2 mai 2012, affaire C-406/10, SAS Institute Inc. c/ World Programming Ltd. Adde A. DIETZ, «Principaux aspects de la législation et de la jurisprudence récentes du droit des contrats d'auteur en Allemagne», *RIDA* 4/2003, p.147-233 ; A. LUCAS-SCHLOETTER, «Le droit contractuel d'auteur allemand depuis la réforme du 22 mars 2002», *Prop. Intell.* 2005, p.403-413.

OHADA. Dans tous les cas, la réglementation applicable aux contrats d'exploitation des droits d'auteurs notamment confère aux contractants, et particulièrement aux auteurs, le droit moral au respect de leur œuvre, le droit de la divulguer, de la retirer, d'interdire ou d'autoriser son utilisation d'être rémunéré. Il ne s'agit véritablement pas de droits civiques, car n'ayant de contrepartie que celle issue du contrat. En revanche, l'examen des contrats d'exploitation des droits d'auteurs révèle deux principaux droits civiques. Ces droits que nous examinerons plus en détails sont inhérents aux principes

---

[338]En droit européen, contrairement au droit OHADA, le droit d'auteur est indirectement visé par l'article 151 du traité de l'union européenne (traité de Rome de 1957 révisé en 1992 par le traité de Maastricht. Ce texte vise en effet parmi les objectifs de l'union la protection de la «*culture*» en général. Concrètement, cette réglementation s'est opérée au moyen de la directive européenne sur l'harmonisation du droit d'auteur et des droits voisins dans la société de l'information a été adoptée le 22 mai 2001. Cette directive prévoit plusieurs règles que chaque Etat de l'Union européenne devait transposer dans son droit interne. En France, ce fut le cas de la loi DADVSI (sur le droit d'auteur et des droits voisins dans la société de l'information), votée le 1er août 2006. D'autres textes ont également été pris en ce sens par le Parlement français. C'est le cas de la loi Hadopi 1 du 12 juin 2009 (favorisant la diffusion et la protection de la création sur internet) et la loi Hadopi 2 du 28 octobre 2009 (relative à la protection pénale de la propriété littéraire et artistique sur internet). Un projet de directive européenne allongeant la durée du droit voisin de 50 ans à 70 ans est en Cours d'adoption. En revanche, comme nous l'avons observé ci-dessus, la majorité des Etats africains accordent une durée de 50 ans *post mortem auctoris*. En fait, les règles du droit d'auteur et des droits voisins applicables en France proviennent des lois du 11 mars 1957 et du 3 juillet 1985. Celles-ci se rassemblent dans le Code de la propriété intellectuelle (CPI). Le droit français comprend aussi des règles déCourlant de plusieurs accords internationaux sur la propriété intellectuelle, que la France a signés. Il s'agit notamment de la Convention de Berne du 9 septembre 1886 sur le droit d'auteur intégré en France le 12 sept. 1887 (seuls deux Etats africains, non membres de l'OHADA, ont signé ladite convention: la Tunisie et le Libéria. Ces Etats ont été rejoints par deux Etats membres de l'OHADA : le Niger et le Tchad), la convention universelle (ou convention de Genève) sur le droit d'auteur signée le 6 septembre en 1952 qui pose un cadre minimum aux Etats non signataires de la convention de Berne, la convention de Rome de 1961 sur les droits voisins des interprètes et des producteurs, les dispositions Unesco-OMPI de 1985 sur la protection des expressions du folklore, la déclaration de Mataatua sur les droits de propriété intellectuelle des peuples autochtones de 1993, l'Accord ADPIC (Accord sur les aspects des droits de propriété intellectuelle qui touchent au commerce, aussi appelé TRIPS-Trade related aspects on intellectual property rights) conclu en 1995 dans le cadre de l'OMC, le traité OMPI de 1996 sur le droit d'auteur et le traité OMPI sur les droits voisins des interprètes et des producteurs (entrés en vigueur en 2002). Selon M. BERTRAND, cet *«empilement des textes peu clairs et souvent contradictoires»*, peut engendrer d'innombrables incohérences. Cf. A.-R. BERTRAND, *Droit d'auteur*, 3e éd., *D.* 2010, 978p, *spéc.* n°101.45, p.30.

de la rémunération proportionnelle et à la prohibition des cessions globales d'œuvres futures. La multiplicité des sources conventionnelles du civisme contractuel ne fait donc l'ombre d'aucun doute. Seule reste problématique la question de leur légitimité.

B. De la légitimité des sources conventionnelles

84. Les sources conventionnelles du civisme contractuel en droit de l'OHADA sont en quête de légitimité. Cette dernière doit s'entendre de leur conformité aux aspirations voire aux traditions communes des Etats membres, ce qui leur vaudra l'assentiment général et l'obéissance spontanée. Cette légitimation peut se faire par la modification du traité constitutif de l'OHADA à travers notamment l'insertion d'une disposition matérielle par laquelle le droit de l'OHADA reconnaitrait ces sources comme faisant partie de son ordre juridique, ou par l'incorporation du texte de la convention dans le traité, ou encore comme annexe au traité.

D'autres solutions peuvent être trouvées selon le type de convention en présence. Le défaut d'utilisation d'un texte juridique n'étant pas synonyme de son abrogation, il y a fort à croire que le recours à la CADHP par l'architecte de l'OHADA constituera une œuvre de choix au soutien des droits civiques qu'elle véhicule[339]. En ce qui concerne les conventions de l'OAPI et de la CIMA, il suffira aux deux et trois Etats respectivement ne les ayant pas ratifié de le faire afin que le texte devienne une tradition commune à tous les Etats membres de l'OHADA, que le juge national ou régional peut ériger en principe général. Ces heureuses démarches sont néanmoins peu séduisantes. Parce qu'elles procèdent par contournement, elles ne sont pas toujours efficaces au plan régional et peuvent être sources d'insécurité juridique. Elles ne seront par conséquent pas retenues. Seules seront prises en considération la possibilité pour l'OHADA d'adhérer à ces sources conventionnelles (1.) et l'éventualité d'adoption d'un Acte uniforme dans chaque domaine concerné (2.).

1. L'adhésion de l'OHADA aux sources conventionnelles implicites

85. En l'état actuel de son droit, l'OHADA n'a pas reçu compétence pour adhérer aux conventions régionales et internationales, particulièrement

---

[339]D'après Jean Claude MAVILA : *«... même si la Charte africaine des Droits de l'Homme et des Peuples existe, elle n'est pas utilisée»*, in «Plaidoyer pour le respect des droits de l'homme et des peuples pour l'Afrique de l'an 2000», *op. cit.* L'UE a adhéré à la Conv. EDH. Adde J. J. MILINGO ELLONG, « Les conflits de normes en matière de droits fondamentaux : le cas de l'OHADA et de l'Union africaine », *op. cit.*

la CADHP, aux conventions de la CIMA et l'OAPI[340]. Mais, cette aptitude peut provenir de son statut. En tant qu'organisation dotée de la personnalité juridique internationale, l'OHADA peut conclure des contrats et adhérer aux conventions de son choix. En application de l'article 46 du traité de 1993 : *« L'OHADA a la pleine personnalité juridique internationale. Elle a en particulier capacité: a. de contracter ; b. d'acquérir des biens meubles et immeubles et d'en disposer ; c. d'ester en justice.».*

Les justifications en faveur d'une adhésion formelle de l'OHADA aux sources conventionnelles implicites précitées sont multiples. L'OHADA peut signer des conventions avec les organisations de tous ordres. Il n'est donc pas impossible, qu'au titre de ces conventions, elle soit encline voire subtilement contrainte d'adhérer à certaines conventions ou souscrire à certaines obligations qui relèveraient du civisme contractuel. En outre, il est clairement affirmé dans le traité de l'OHADA que les instruments de ratification du traité de l'OHADA ainsi que ses textes modificatifs doivent être enregistrés auprès de certaines organisations telles l'Union africaine (UA) et l'Organisation des Nations Unies (ONU)[341]. Ceci constitue un signal suffisamment persuasif pour marquer l'influence que les conventions adoptées par ces organisations peuvent avoir sur le droit issu de l'OHADA. Il est par ailleurs avéré que plusieurs droits civiques ont déjà été consacrées dans les constitutions des Etats membres de l'OHADA, soit par une référence au texte les contenant, soit par une énonciation directe du droit ou de l'obligation concerné. Une telle adhésion participerait de manière substantielle au comblement des lacunes observées.

86. Des contradictions peuvent toutefois naître de l'interprétation de ces conventions ou de leur articulation avec les textes existants. La question se pose relativement au domaine des droits de l'homme et des libertés fondamentales, à l'exception des assurances et de la propriété intellectuelle[342]. Pour résoudre cette question, il ne semble pas judicieux pour le juge de l'OHADA de subordonner sa position à celle de la CADHP ou à la Cour africaine de justice et des droits de l'homme (Cour AJDH). Il serait cependant plus harmonieux, pour ce juge, de tenir compte du sens que les deux juridictions suscitées donnent aux droits et obligations en cause, et du sens qu'il entend lui-même leur donner. Cela lui permettrait d'assurer une

---

[340]Cf. TUE, art. 6, §2.

[341]Cf. Traité de 1993, art. 59 ; traité révisé de 2008, article second.

[342]Il n'existe pas de textes OHADA applicables aux domaines des assurances et de la propriété intellectuelle. Le juge compétent pour connaitre des conflits susceptibles de naître dans les contrats d'assurance et des contrats de propriété intellectuelle est le juge national, juge de régional de droit commun. Dans de telles situations, les risques d'interprétations contradictoires ne sont pas impossibles, mais généralement très rares, puisqu'il reviendra à la juridiction suprême d'indiquer la voie à suivre.

conciliation nécessaire dans ces types de cas, et seule susceptible de limiter au maximum les inévitables conflits et divergences d'interprétation[343]. Cela créerait également un système intégré de protection des droits et obligations prévus par ces conventions ; toutes choses qui contribuent au renforcement du dialogue des juges entre la CCJA et la Cour AJDH.

2. L'adoption d'un Acte uniforme relatif aux domaines d'application des sources conventionnelles implicites

87. En droit de l'OHADA, contrairement au droit européen, particulièrement celui de l'Union européenne, un fondement juridique n'est pas nécessaire pour justifier de l'adoption d'un texte de droit secondaire ou dérivé. Les Actes uniformes peuvent être adoptés suivant un processus court, sauf blocage d'ordre politique, qui laisse intervenir les principaux organes de l'OHADA à savoir le Secrétariat permanent, la CCJA et le Conseil des Ministres[344]. Le Conseil des Ministres a également compétence, en application de l'article 2 du traité, par décision prise à l'unanimité, d'inclure des règles relatives à toutes matières qu'il estime nécessaire à l'harmonisation du droit des affaires. Il n'est donc pas exclu qu'il étende sa compétence à d'autres domaines tels les droits de l'homme, les assurances et la propriété intellectuelle. L'adoption d'un Acte uniforme dans ces domaines a l'avantage de créer un droit uniforme applicable à tous les Etats membres afin d'assurer la protection des intérêts contractuels et de rassurer les investisseurs. Cela éviterait les divergences possibles d'interprétation du droit relativement aux contrats.

88. Le principe de sécurité juridique peut également justifier l'adoption d'un Acte uniforme dans les domaines suscités ; ce qui faciliterait l'office du juge national et pallierait l'obstacle majeur de l'insécurité judiciaire. Les contrats bancaires, qu'un auteur peut conclure dans le cadre de l'exploitation de ses droits, qui généralement sont couverts par une assurance, et qui à un moment ou un autre peuvent faire l'objet d'une voie d'exécution ou d'une procédure de recouvrement, constituent une illustration de poids.

---

[343]Ces hypothèses ont déjà été observées dans d'autres ordres juridiques. En droit européen par exemple, voir D. SPIELMANN, «Jurisprudence des juridictions de Strasbourg et de Luxembourg dans le domaine des droits de l'Homme : conflits, incohérences et complémentarité», in Ph. ALSTON, *L'Union européenne et les droits de l'Homme*, Bruxelles, *Bruylant*, 2001, p. 789.

[344]D'après l'article 6 du traité: *«Les Actes uniformes sont préparés par le Secrétariat permanent en concertation avec les gouvernements des Etats Parties. Ils sont délibérés et adoptés par le Conseil des Ministres après avis de la Cour Commune de Justice et d'Arbitrage».*

§2. Emergence de sources conventionnelles implicites en droit européen

89. En droit européen, les sources conventionnelles implicites du civisme contractuel sont nombreuses. Certains principes peuvent fonder leur émergence. Il s'agit notamment des principes de précaution, de proportionnalité et de subsidiarité, sur lesquels il n'est pas utile d'insister[345]. Il n'est pas non plus question de s'interroger sur la valeur juridique de ces sources, mais de constater l'existence du civisme contractuel à travers leur diversité. L'exigence de clarté nous impose de parcourir ces sources selon qu'elles relèvent du droit du Conseil de l'Europe (A.) ou de celui de l'Union européenne (B.).

A. Les sources conventionnelles du Conseil de l'Europe

90. Le droit du Conseil de l'Europe laisse apparaître une pluralité de sources conventionnelles implicites tenant au civisme contractuel. A ce jour, on distingue en moyenne près de deux cent conventions à vocation régionale. Leur efficacité est moins grande que celle des directives sociales adoptées dans le cadre de la politique sociale de l'Union européenne[346], dont la transposition et la mise en œuvre s'imposent sous le contrôle des institutions de l'Union[347]. En réalité, ces conventions se présentent comme des traités internationaux ordinaires dont l'application n'est pas contrôlée avec la même rigueur que celle des dispositions du droit de l'Union européenne. Ici, les conventions sont des textes adoptés par l'Assemblée parlementaire du Conseil de l'Europe. Elles n'ont pas de caractère contraignant ou obligatoire pour tous les Etats membres. Elles restent par conséquent purement indicatives et peuvent servir de modèle de référence à l'architecte lors de l'élaboration de la norme ou de la décision. Si elles touchent à des domaines variés, certaines ont un lien plus étroit avec le domaine des contrats. Hormis la Conv. EDH, l'on peut retenir la charte sociale européenne de 1961, la convention pour la protection des personnes à l'égard du traitement automatisé des données à caractère personnel de 1981et la convention pour la protection des droits de l'homme et de la dignité de l'être humain à l'égard des applications de la biologie et de la médecine (dite convention des droits de l'homme et la biomédecine) de 1997.

---

[345]Les développements doctrinaux en la matière sont surabondants.

[346]Cette adoption s'opère notamment sur le fondement du titre XI du TCE, devenu titre X du TFUE.

[347]En ce sens, J.-S. BERGÉ et S. ROBIN-OLIVIER, *op. cit.*

***91.* La Charte sociale européenne ouverte à la signature le 18 Octobre 1961[348].** Signée a été signée en 1961 à Turin (Italie) et révisée le 3 mai 1996, cette convention énonce des droits et libertés, et établit un système de contrôle qui garantit leur respect par les États parties. La Charte révisée est entrée en vigueur en 1999, et remplace progressivement le traité initial de 1961. Par ailleurs, le protocole de 1995 prévoyant un système de réclamations collectives, entré en vigueur en 1998, permet de saisir le Comité européen des droits sociaux (CEDS)[349] de recours alléguant de violations de la Charte. Elle est dotée d'une dimension supranationale car les Etats signataires s'engagent à la respecter. Son efficacité en tant qu'instrument de promotion du civisme contractuel pourrait être relativisée à plusieurs égards. Dune part, lorsque les rapports sont présentés par les Etats au CEDS, celui-ci n'adresse qu'une simple recommandation à l'Etat concerné, s'il y a des modifications à apporter. D'autre part, les représentants de ce comité sont élus par les représentants du conseil des ministres[350], dont le travail prépare celui du comité gouvernemental représentant les chefs d'Etats. Tout ceci la dévalorise devant les partisans de la souveraineté nationale et les détracteurs du droit européen des contrats.

Au-delà de ces critiques surmontables, la Charte sociale européenne tend à améliorer la Conv. EDH. Les droits fondamentaux énoncés dans la Charte sont des droits sociaux, qui ne sont pas forcément aux antipodes du civisme contractuel. Ils s'appuient notamment sur la personne du travailleur [351], son logement[352], sa santé [353], son emploi[354], la grève, la circulation des personnes, la non-discrimination[355], la gouvernance[356]. Ainsi, la Charte apparait comme *«l'un des piliers du modèle européen des*

[348]Pour plus de détails sur cette Charte et textes dérivés, voir http://www.conventions.coe.int.

[349]Celui-ci a pour mission de déterminer si les législations et pratiques nationales sont conformes à la Charte.

[350]Il s'agit des représentants des ministres des affaires étrangères des Etats membres.

[351]Tous les travailleurs ont droit à la dignité dans le travail.

[352]Il constitue un droit pour le travailleur. Il en est de même de la liberté entrepreneuriale.

[353]Le droit du travailleur à l'assistance médicale en constitue une illustration parfaite.

[354]Le travail est un droit au sens de la Charte sociale européenne. Y figurent également le droit du travailleur à une rémunération équitable, son droit à la formation et à l'orientation professionnelle.

[355]Le droit des travailleurs à l'égalité des chances et de traitement en matière d'emploi et de profession.

[356]Au sein de l'entreprise, les travailleurs ont droit à l'information et à la consultation. Ils ont également le droit de prendre part à la détermination et à l'amélioration des conditions de travail, du milieu de travail.

Droits de l'Homme»[357] à travers laquelle le droit du Conseil de l'Europe participe à l'érection du civisme contractuel.

***92.* La convention pour la protection des personnes à l'égard du traitement automatisé des données à caractère personnel de 1981[358].** Conclue à Strasbourg le 28 janvier 1981, cette convention est entrée en vigueur le 1er octobre 1985. Elle est basée sur l'article 8 de la Conv. EDH de novembre 1950, laquelle établit que *«toute personne a droit au respect de sa vie privée et familiale, de son domicile et de sa correspondance »*[359]. Conformément à son article 1er, cette Convention a pour but de garantir, sur le territoire de chaque Etat membre, à toute personne physique[360], y compris le contractant, quelles que soient sa nationalité ou sa résidence, le respect de ses droits et de ses libertés fondamentales, à l'égard du traitement automatisé des données à caractère personnel la concernant, que ce soit dans le secteur public ou privé (art. 3). La protection des données à caractère personnel apparait aujourd'hui en droit européen[361] comme un droit fondamental de la personne dont le respect s'impose non seulement aux institutions régionales et nationales, mais également aux personnes physiques et morales de droit public et privé, agissant dans un cadre contractuel ou non. Par données à

---

357 In *Charte sociale européenne, Recueil des textes du Conseil de l'Eur*ope, 6e éd., 2008, 623p.

358 On parle encore de convention 108 du Conseil de l'Europe. En plus de cette Convention, le Conseil de l'Europe a également adopté d'autres instruments juridiques internationaux dans le domaine de la protection des personnes à l'égard du traitement automatisé des données à caractère personnel (on parle encore de «protection des données») que sont les amendements à la Convention 108, son protocole additionnel ainsi que de nombreuses recommandations sectorielles adoptées par le Comité des Ministres.

359 En France, plusieurs textes ont été élaborés aux fins de protection des données à caractère personnel : loi n°78-17 du 6 janvier 1978 relative à l'informatique, aux fichiers et aux libertés, modifiée par la loi n°2004-801 du 6 août 2004 relative à la protection des personnes physiques à l'égard des traitements de données à caractère personnel. Cette dernière loi incorpore au droit français les objectifs et les principes de la directive 95/46/CE du Parlement européen et du Conseil du 24 octobre 1995 relative à la protection des personnes physiques à l'égard des données à caractère personnels et à la libre circulation de ces données. La loi de 2004 est complétée par son décret d'application n°2005-1309 du 20 octobre 2005 modifié par le décret n° 2007-451 du 25 mars 2007. Au Cameroun en revanche, aucun texte n'a encore été adopté sur la protection des données. Les lois n°2010/021 du 21 décembre 2010 sur le commerce électronique au Cameroun et n°2010/012 du 21 décembre 2010 relative à la cybersécurité et à la cybercriminalité au Cameroun sont quelques pistes.

360 Ne sont donc pas concernées les personnes morales de droit public ou de droit privé.

361 Cf. TFUE, art. 16. Au-delà de la directive de 1995, ce droit fondamental a été consacré par la CDFUE.

caractère personnel, il faut entendre *«toute information concernant une personne physique identifiée ou identifiable»* (art. 2). Ces informations concernent entre autre la vie privée du contractant, et généralement sa vie personnelle, professionnelle, médicale ou sentimentale. Pour y parvenir, la convention 108 a établi un ensemble de «Principes de base pour la protection des données » (art. 4 et s) tenant tant à la qualité des données, à leur sécurité, qu'aux garanties complémentaires pour la personne concernée. La qualité des données suppose que leur collecte soit faite de manière licite et loyale. La sécurité des données quant à elle signifie par exemple qu'un gestionnaire d'un site web soit en mesure de prévenir tout risque de destruction, de perte ou d'accès à ces données par des personnes non autorisées. Enfin, les garanties complémentaires pour la personne concernée signifient que cette dernière ait la possibilité d'accéder, de modifier ou d'effacer sur une simple demande les données le concernant[362]. Toutes ces mesures visent à assurer une meilleure protection de la personne en général, du contractant et de sa dignité en particulier. Ce qui n'est pas étranger au civisme contractuel.

L'absence de protection de telles informations, ou leur diffusion abusive est susceptible d'entrainer des conséquences dommageables pour la personne concernée, les tiers ou la société toute entière. Il est donc nécessaire d'assurer leur protection[363]. Premier instrument juridique international contraignant dans le domaine de la protection des données à caractère personnel, cette Convention étend la protection de la personne physique concernée et de ses libertés fondamentales en prenant en considération l'augmentation des flux, nationaux et internationaux de ces données au travers de traitements automatisés. Elle a d'ailleurs largement inspiré les instruments législatifs de l'Union européenne en matière de protection des données[364].

---

[362]Cette personne peut d'ailleurs engager des poursuites contre le gestionnaire du site en cas de refus.

[363]V. M. VAN OVERSTRAETEN et S. DEPRÉ, «Le traitement automatisé de données à caractère personnel et le droit au respect de la vie privée en Belgique», *R.T.D.H.*, 54/2003, pp. 665-701.

[364]Il s'agit de: la directive 95/46/CE du Parlement européen et du Conseil relative à la protection des personnes physiques à l'égard du traitement des données à caractère personnel et à la libre circulation de ces données, adoptée le 24 octobre 1995 (applicable dans l'ancien premier pilier); la directive 2002/58/CE, modifiée en 2009 sur la vie privée et les communications électroniques ; la directive 2006/24/CE sur la conservation des données ; le règlement (CE) n° 45/2001 sur le traitement des données à caractère personnel par les institutions et organes communautaires ; la décision-cadre du Conseil de l'Union européenne 2008/977/JAI du 27 novembre 2008 relative à la protection des données à caractère personnel traitées dans le cadre de la coopération policière et judiciaire en matière pénale (ancien troisième pilier). Mieux encore, la convention 108 a été ratifiée par l'Union européenne. Cette

93. La convention pour la protection des droits de l'homme et de la dignité de l'être humain à l'égard des applications de la biologie et de la médecine et de la biomédecine de 1997. Sommairement désignée convention des droits de l'homme et de la biomédecine ou Convention d'Oviedo, cette convention a été signée à Oviedo (Espagne) le 4 avril 1997[365] et est entré en vigueur le 1er décembre 1999. Elle constitue le premier instrument juridique international contraignant en ce qui concerne la protection de la dignité, des droits et des libertés de l'être humain contre toute application abusive des progrès biologiques et médicaux. Bien avant elle, les actes internationaux ou européen d'ordre médical se limitaient à la forme non-contraignante de la déclaration ou de la recommandation. Elle règle pour la première fois au niveau international, et européen précisément, des questions qui sont soulevées par la biomédecine par rapport aux droits humains. Elle fixe un standard de protection international général au profit des personnes humaines en général, et des contractants en particulier. Elle part de l'idée que l'intérêt de l'être humain doit prévaloir sur l'intérêt de la science ou de la société[366]. Ce qui fait douter de l'admission même du civisme contractuel puisque ce dernier suppose non une primauté d'un intérêt sur un autre, mais leur nécessaire conciliation[367]. Pour preuve, l'information qu'elle édicte ne peut être prise en compte dans le cadre du civisme contractuel. Si elle profite à la partie qui en est titulaire, et encore plus à la société pour des raisons d'intérêt général, tenant notamment à la santé et à la sécurité publique, l'information peut ne pas forcément l'être

---

ratification fait d'elle un instrument non de référence, mais complémentaire en la matière à la directive y relative dans cet ordre juridique. Contrairement aux textes adoptés dans le cadre de l'Union européenne, cette convention est ouverte à l'adoption des Etats non membres du Conseil de l'Europe.

365 Ce n'est que le 1er avril 2012 que la Convention d'Oviedo est entrée en vigueur en France. Elle est opposable en droit interne depuis le 8 juillet 2012, après sa publication – le 7 juillet 2012 - au Journal Officiel de la République française. Elle prévoit des protocoles additionnels, destinés à clarifier, renforcer et compléter les dispositions générales de la Convention.

366 *«L'intérêt et le bien de l'être humain doivent prévaloir sur le seul intérêt de la société ou de la science»* (art. 2).

367 Les ONG suisses, comme Basler Appell gegen Gentechnologie ou le Komitee zum Schutz der Menschenwürde (liquidé), émettent de gros doutes contre la Convention, en particulier parce qu'elle contiendrait une certaine contradiction à l'article 7 du Pacte international relatifs aux droits civils et politiques, lequel affirme que personne ne peut être soumis à des expériences médicales ou scientifiques sans son consentement.

pour le cocontractant. Elle s'entend du consentement pour les interventions médicales, du droit à l'information ou de celui de ne pas être informé[368].

La Convention d'Oviedo énonce ainsi une série de principes[369] concernant la génétique, la recherche médicale, le consentement de la personne concernée, le droit au respect de la vie privée et le droit à l'information, la transplantation d'organes, l'organisation du débat public sur ces questions, etc. Elle interdit toute forme de discrimination à l'encontre d'une personne en raison de son patrimoine génétique et n'autorise des tests prédictifs de maladies génétiques qu'à des fins médicales. Les interventions sur le génome humain ne peuvent être entreprises que pour des raisons préventives, diagnostiques ou thérapeutiques et seulement si elles n'ont pas pour but d'introduire une modification dans le génome de la descendance. L'utilisation des techniques d'assistance médicale à la procréation quant à elle n'est pas admise pour choisir le sexe de l'enfant à naître, sauf en vue d'éviter une maladie héréditaire grave. La Convention fixe par ailleurs des règles relative à l'exercice de la recherche médicale en prévoyant des

---

[368]La Convention consacre le principe que la personne concernée doit donner son consentement éclairé préalablement à toute intervention dans le domaine de la santé, sauf dans les situations d'urgence, et qu'elle peut, à tout moment, retirer son consentement. Une intervention ne doit être effectuée sur une personne n'ayant pas la capacité de donner son consentement, par exemple sur un enfant ou sur une personne souffrant d'un trouble mental, que pour son bénéfice direct. La Convention prévoit également que tout patient a le droit de connaître toute information recueillie sur sa santé, notamment les résultats des tests génétiques prédictifs. Elle reconnait aussi que la volonté d'une personne de ne pas être informée sur son état de santé doit être respectée.

[369]Les domaines spécifiques devant être réglés dans le détail par des protocoles additionnels. A ce jour, plusieurs protocoles ont été adoptés dans le cadre de la Convention. Un premier Protocole additionnel du 12 Janvier 1998, qui interdit le clone de l'être humain, peut être signé et ratifié depuis le 12 janvier 1998. Il est entré en vigueur le 1er mars 2001 et jusqu'à maintenant 21 Etats l'ont ratifié (mise à jour: 4 août 2011; le nombre actuel se trouve dans la liste complète des traités du conseil de l'Europe sous le numéro 168). Un deuxième Protocole additionnel du 24 Janvier 2002, qui a pour objet la transplantation d'organes et de tissus d'origine humaine, est entré en vigueur le 1er mai 2006 et a été ratifié jusqu'à maintenant par 12 Etats. Un troisième Protocole additionnel du 25 Janvier 2005, qui concerne la recherche biomédicale, est entré en vigueur le 1er septembre 2007. Jusqu'à maintenant il a été ratifié par 6 Etats. Un quatrième Protocole additionnel, qui concerne les tests génétiques à des fins médicales, du 27 novembre 2008, n'est pas encore entré en vigueur. Le nombre des ratifications à ce jour se trouve dans la liste complète des traités du conseil de l'Europe sous le numéro 203.

modalités détaillées et précises, notamment pour les personnes qui n'ont pas la capacité de consentir à une recherche. Elle interdit la constitution d'embryons humains aux fins de recherche, et, dans les pays où la recherche sur les embryons *in vitro* est admise par la loi, celle-ci doit assurer une protection adéquate de l'embryon. Est également interdit le prélèvement d'organes ou de tissus non régénérables sur une personne n'ayant pas la capacité de consentir. La seule exception concerne, sous certaines conditions, le prélèvement de tissus régénérables entre frères et sœurs.

Ces principes, règles et interdictions participent du civisme contractuel en ce sens qu'ils permettent, par exemple dans le cadre d'un contrat médical conclu par le médecin et son patient lors d'une consultation ou en cours d'intervention médicale, à l'une et à l'autre partie d'assurer la conciliation de leurs intérêts particuliers à l'intérêt général de la société, précisément celui relatif à la santé publique, la sécurité publique ainsi qu'au bien-être de la population. Une telle recherche de consensus est aussi perceptible dans les conventions connues dans le cadre de l'Union européenne.

B. Les sources conventionnelles de l'Union européenne

94. L'Union européenne est dotée de la personnalité juridique internationale et a la capacité de conclure des conventions ou des accords[370]. S'agissant de ces derniers, il faut distinguer les accords externes des accords interétatiques. Ces derniers sont des accords auxquels l'Union européenne en tant que telle, à la différence de ses Etats membres, n'est pas partie. Ils ne retiendront pas notre attention parce qu'ils ne font pas partie des sources conventionnelles de l'Union. Seuls nous interpellent les accords externes.

95. Il s'agit d'accords que l'Union européenne conclut avec des pays tiers ou des organisations internationales, seule ou conjointement avec les Etats membres[371]. La CJUE les a défini comme *«tout engagement pris par*

---

[370]V. G. DE KERCHOVE et S. MARQUARDT, «Les accords internationaux conclus par l'Union européenne», *AFDI*, 2004, vol. 50, pp. 803-825. L'existence de la personnalité juridique de l'Union européenne peut également se déterminer à la lumière de ses pouvoirs, moyens d'action et objectifs. En ce sens, voir CIJ, Avis consultatif du 11 avril 1949, Réparation des dommages subis au service des Nations unies, *CIJ Rec 1949*, p. 174 ; P. DAILLIER, NGUYÊN QUÔC DINH et A. PELLET, *Droit international public : formation du droit, sujets, relations diplomatiques et consulaires, responsabilité, règlement des différends, maintien de la paix, espaces internationaux, relations économiques, environnement,* Paris, 7e éd. *L.G.D.J.*, 2002, 1510p.

[371]Les accords que l'Union conclut conjointement avec les Etats membres sont qualifiés d'«accords mixtes». Voir Conventions de Yaoundé, de Lomé et de

des sujets de droit international et ayant force obligatoire, quelle qu'en soit la qualification formelle»[372]. Cette définition appelle deux observations.

La première observation tient à la nature des accords externes. Il s'agit de sources du droit de l'Union européenne applicables aux Etats membres et aux personnes morales ou physiques de droit privé. Aux termes de l'ancien article 300 § 7 TCE, les accords conclus par l'Union *«lient les institutions et les Etats membres»*. L'article 24 § 6 du TUE prévoit que *«Les accords conclus selon les conditions fixées par le présent article lient les institutions de l'Union»*. Cette disposition avait déjà été confirmée par le juge de Luxembourg. D'après ce dernier, *«les dispositions de l'accord forment partie intégrante, à partir de l'entrée en vigueur de celui-ci, de l'ordre juridique communautaire»*[373]. Subordonnés au droit primaire, ces accords prévalent sur le droit secondaire, les accords entre Etats membres et les accords conclus par les Etats membres avec des pays tiers. Ils sont opposables aux justiciables à compter de leur publication[374]. En matière forestière, plusieurs Etats d'Afrique centrale, membres de l'OHADA, ont conclu des accords de partenariat volontaire avec l'Union européenne. Ce sont des accords commerciaux que l'Union européenne négocie au nom de l'ensemble des Etats Membres européens. Ils sont volontaires pour les pays exportateurs. Mais une fois conclus, ils deviennent contraignants pour les deux parties, qui s'engagent à ne commercialiser que du bois légal. L'idée est de concilier tous les intérêts en présence.

La seconde observation est relative au contenu des accords externes[375]. Ils confèrent des droits à ses destinataires et leur imposent certaines obligations, probablemet civiques. Contrairement au droit du Conseil de l'Europe qui laisse fleurir une pluralité de ces accords, ceux de l'Union sont peu nombreux. Ceux qui existent touchent à des domaines spécifiques comme l'environnement et le commerce, lesquels laissent peu de manœuvres à la dimension contractuelle. Récemment pourtant, le 26 avril 2012, le Conseil de l'Union européenne a adopté un nouvel accord Union européenne -Etats-Unis, sur les données à caractère personnel des voyageurs aériens, lequel est entré en vigueur le 1er juin 2012. Cet accord remplace celui appliqué à titre provisoire depuis 2007, et vise à mettre en place un cadre juridique régissant le transfert des données des dossiers passagers (PNR - *Passengers name record*) par les transporteurs assurant des services

Cotonou liant l'Union européenne et ses Etats membres à soixante dix pays ACP (Afrique, Caraïbes et Pacifique). C'est également le cas des accords OMC.

[372]CJCE, 11 novembre 1975, avis 1/75, 1375, point 2.

[373]CJCE, 30 avril 1974, Haegeman II, aff. 181/73, 449 ; CJCE, 30 septembre 1987, Demirel, aff. 12/86, 3719.

[374]CJCE, 25 janvier 1979, Racke, aff. 98/78, 69.

[375]On distingue trois types d'accords externes : les accords commerciaux, d'association et de coopération.

de transport des passagers entre l'Union européenne et les Etats-Unis au Ministère américain de la sécurité intérieure et l'utilisation qui en sera faite par celui-ci[376]. L'on peut douter de la licéité de cet accord eu égard à la prise de position incidente par la CJCE dans l'affaire Lindquist[377]. Ce qui laisse planer un doute sur l'existence du civisme contractuel. Cette situation n'est pas pour autant suffisamment convaincante, puisque le nombre d'accords et la multiplicité de leurs domaines d'application importent peu. Il suffit de s'assurer, même dans un seul accord, que les droits et obligations permettant aux parties de concilier leurs intérêts particuliers à l'intérêt général de la société sont effectifs, pour conclure à l'existence, même marginale, du civisme contractuel[378]. Il existe donc également des sources conventionnelles du civisme contractuel en droit européen, quand bien même elles ne seraient qu'implicites. A ces sources conventionnelles s'ajoutent une pléthore de sources informelles implicites.

SECTION II. L'EMERGENCE DE SOURCES INFORMELLES IMPLICITES

96. La notion de sources informelles n'est pas aisée à appréhender. On la définit généralement comme des sources non écrites rentrant soit dans des décisions de justice, soit dans des contrats. Pour décrire la coutume, Paul ROUBIER avait inventé la catégorie des sources non formelles, distinctes des sources formelles. A la différence de celles-ci, les précédentes sont généralement dépourvues de tout formalisme. Il est certain que des difficultés surgissent presque toujours lorsqu'il s'agit de faire des

[376]La Directive 2004/82/CE du Conseil du 29 avril 2004 concernant l'obligation pour les transporteurs de communiquer les données relatives aux passagers, adoptée sans l'avis du Parlement européen, qui se fonde sur l'accord de Schengen, règle aussi les échanges de données PNR, dans un but officiel de lutte contre le terrorisme d'une part, et d'autre part contre l'immigration illégale, en autorisant *«l'utilisation de ces données comme élément de preuve dans des procédures visant à l'application des lois et des règlements sur l'entrée et l'immigration, notamment des dispositions relatives à la protection de l'ordre public et de la sécurité nationale»* (art. 12)

[377]CJCE, 6 novembre 2003, B. Lindquist, Aff. C-101/01, Rec. CJCE, 2003 I-12971 : l'introduction de ces données sur internet n'entraîne pas leur envoi automatique, qui lui est contraire au respect de la vie privée.

[378]Il n'existe aucun accord commercial externe entre l'Union et l'OHADA. Pourtant, l'OHADA constitue au même titre que l'Union européenne une personne juridique à part entière, dotée de nombreuses compétences, opérant dans un nombre d'Etats presque comparable, et s'appliquant à une population de taille à peu près identique avec la récente adhésion de la République démocratique du Congo. De tels accords renforceraient sans aucun doute les liens commerciaux que les Etats en présence entretiennent déjà entre eux, et participerait de la stabilité et de la sécurité des échanges économiques entre ces deux regroupements régionaux.

classements dès que les sources sont en jeu, tant les phénomènes sont difficiles à prendre isolément. Dans la présente étude, les sources informelles doivent donc être comprises non pas exclusivement comme celles qui sont dégagées de tout formalisme quant à leur existence, mais également comme celles qui, en dépit de leur formalisation, n'ont pas un caractère contraignant. Elles ne dérivent ni d'un texte de loi au sens large du terme, ni d'une convention. Le père du civisme contractuel semble pourtant suggérer que le droit dur est le seul à devoir être pris au sérieux. D'après lui, *«La flexibilité est peut-être affaire de moment et de contexte : les adultes savent bien qu'il n'est qu'un temps pour jouer ; bientôt les dures obligations inhérentes aux métiers du droit positif»*[379]. En droit européen et de l'OHADA, les sources informelles sont issues de projets de textes, des documents incitatifs ou de la pratique courante des contrats, ainsi que des travaux doctrinaux[380]. Il ne faut pas pour autant les confondre avec le secteur informel[381]. La principale question soulevée lors de l'étude des sources informelles en droit repose sur la détermination de leur valeur juridique. Il est presque toujours question de savoir si ces sources du droit sont contraignantes ou non[382]. Axer notre

---

[379]J. CARBONNIER, *Droit civil. Introduction*, 27e éd., *PUF*, coll. "Thémis droit privé", 2002, n°12, p. 38.

[380]La doctrine est l'ensemble des écrits, des sujets de réflexion et de recherche des juristes. Elle est une source du droit, mais une source très faible. C'est pourquoi on l'assimile très souvent à une source informelle.

[381]Il concerne les activités qui se développent en marge du circuit formel. Sur le secteur informel, v. S. KWEMO, *L'OHADA et le secteur informel*, Paris, éd. *Larcier*, 2012, 432 p. Pour des applications spécifiques au droit du travail, voir F. LAGER, «Le projet d'Acte uniforme OHADA droit du travail du 24 novembre 2006 permettra t-il de faire rentrer l'économie informelle dans le secteur formel ?», *Penant*, 866, p. 92.

[382]A côté des sources rigides ou dures, généralement contraignantes, le droit européen se nourrit aussi de sources non contraignantes. Ces dernières sont destinées à encourager un comportement juridique donné de manière incitative. En droit européen, certaines sources en l'occurrence sont contraignantes par la forme. C'est le cas du règlement qui est formellement contraignant alors qu'une simple recommandation ne l'est pas. Mais comme l'observent Jean Sylvestre BERGÉ et Sophie ROBIN-OLIVIER, *«...la force juridique de la norme dépend souvent de son contenu plus que de son enveloppe formelle»* (*op. cit.*, n° 34, p. 26). Il est donc inutile de s'appesantir sur le caractère contraignant ou non de la source concernée, mais plus sur les droits et obligations qu'elle véhicule. L'analyse de ces derniers nous permettra de constater que ces divers instruments sont de véritables fils conducteurs du civisme contractuel. Sur le caractère normatif du droit souple, voir M. MEKKI, «Propos introductifs sur le droit souple», in *Le droit souple*, Travaux de l'Association Henri Capitant, Journées nationales, Tome XIII/Boulogne-sur-mer, éd. *D.* 2009, coll. Thèmes et commentaires, 179 p,.spéc. pp. 1-23.

démonstration sur ce critère semble inapproprié[383]. Si ces sources n'ont en principe aucune valeur contraignante, elles peuvent s'imposer aux parties à un contrat du moment que celles-ci se l'approprient ou parfois, lorsqu'elles ne la rejettent pas expressément. C'est le cas par exemple, pour faire référence à un exemple de source informelle qui ne sera pas abordé ici, des Principes UNIDROIT[384]. Qu'on les qualifie de « petites sources du droit »[385], droit souple[386], droit mou ou soft law[387], droit flexible[388], les sources

---

[383]Sur la valeur juridique des sources informelles du droit, v. S. GERRY-VERNIÈRES, *Les ''petites'' sources du droit : à propos des sources étatiques non contraignantes*, Paris, *Economica*, 2012, coll. Recherches juridiques, 536 p. Selon cet auteur, les petites sources du droit sont les seules à cumuler les qualités de réactivité et de technicité. Ce sont ces deux qualités qui constituent leurs caractères propres, les distinguant ainsi des autres sources du droit.

[384] D'après les motifs préambulaires de ces Principes : *«Les principes qui suivent énoncent des règles générales propres à régir les contrats du commerce international. Ils s'appliquent lorsque les parties acceptent d'y soumettre leur contrat. Ils peuvent s'appliquer lorsque les parties acceptent que leur contrat soit régi par les ''Principes généraux du droit'', la ''lex mercatoria'' ou autre formule similaire. Ils peuvent s'appliquer lorsque les parties n'ont pas choisi une loi particulière devant régir leur contrat. Ils peuvent être utilisés afin d'interpréter ou de compléter d'autres instruments du droit international uniforme. Ils peuvent être utilisés afin d'interpréter ou de compléter le droit national. Ils peuvent servir de modèle aux législateurs nationaux et internationaux».*

[385]Cf. S. GERRY-VERNIÈRES, thèse précitée.

[386]Le droit souple, en anglais *soft law*, est une notion doctrinale relative à des textes ou à des dispositions juridiques n'ayant pas par eux-mêmes d'effets contraignants mais susceptibles de contribuer, dans certaines conditions, à la formation de nouvelles règles juridiquement contraignantes. Ce terme est de plus en plus employé pour couvrir un ensemble de dispositifs très hétérogènes (directives, circulaires, avis, chartes, guides de déontologie, codes de conduite, recommandations d'autorités administratives indépendantes, lettres d'intention, déclarations internationales, résolutions...) ayant pour point commun de ne pas imposer d'obligations précises et qui semblent avoir, dans nos sociétés actuelles marquées par la complexité et l'incertitude de la réglementation, une fonction appréciée des destinataires de ces documents. Sur la question, v. «Le droit souple», Conseil d'Etat, Etude annuelle 2013 ; C. THIBIERGE, «Le droit souple. Réflexions sur les textures du droit», *RTD. civ.*, 2003, p. 599 s : le droit souple renverrait à la texture du droit et se composerait d'un droit flou, d'un droit doux et d'un droit mou. Plusieurs auteurs ont néanmoins critiqué l'essor de la soft law : P. WEIL, «Vers une normativité relative en droit international ?», *RGDDIP*, 1982. 5 s.

[387]Les auteurs parlent encore de «droit mou» ou «droit vert» (R. J. DUPUY, «La technique de l'accord mixte utilisée par les Communautés européennes», *Annuaire de l'Institut de droit international*, 1973, p. 259), «droit vague» (P. PESCATORE), «droit assourdi» ou «droit immature» (F. RIGAUX), «droit doux» (M. VIRALLY, «La distinction entre textes internationaux ayant une portée juridique entre leurs acteurs et textes qui en sont dépourvus», *Annuaire de l'Institut de droit*

informelles sont multiples et peuvent participer à l'érection du civisme contractuel. Il existe aujourd'hui, à côté des sources implicites proprement européennes et de l'OHADA (§1), quelques projets d'ordre académique (§2) ainsi que des pratiques et usages contractuels (§3).

§1. Les sources informelles proprement européennes et de l'OHADA

97. Elles sont élaborées directement ou indirectement[389] sous l'égide des institutions européennes ou de l'OHADA. L'examen des sources de l'OHADA (A.) précèdera celui de l'Union européenne (B.)[390].

A. Les sources informelles propres au droit de l'OHADA

98. Méritent d'être examinées l'avant-projet d'Acte uniforme relatif au droit du travail, et le projet OHADA d'Acte uniforme sur le droit de la consommation[391].

***99.* L'Avant-projet d'Acte uniforme relatif au droit du travail[392].** L'idée d'adopter un Acte uniforme relatif au droit du travail n'était pas une préoccupation première des artisans de l'OHADA. C'est en 1992, lors de la Conférence des Chefs d'Etats et de gouvernement tenue à Libreville (Gabon) les 5 et 6 octobre, que cette idée a été présentée et défendue, permettant ainsi l'inscription expresse du droit du travail au rang des matières à

---

international, vol. 60-I, II, 1983, p. 221-223). Adde E. CASHIN RITAINE, «Nouvelles tendances en droit des obligations - Quel droit s'applique ?», *op. cit : « les praticiens soutenus par les universitaires, et parfois par les pouvoirs publics ont développé de nouveaux instruments non contraignants, une ''soft law'' des obligations, en droit (interne et international) des obligations».*

[388]J. CARBONNIER, *Flexible droit. Pour une sociologie du droit sans rigueur*, 8è éd., *L.G.D.J.,* 1995, 445 p.

[389]Directes lorsqu'elle est l'œuvre des institutions européennes ou de l'OHADA ; indirectes lorsque la source est dressée à l'initiative ou à la demande de ces institutions par d'autres institutions ou personnes physiques.

[390]Les sources informelles sont rares ou iexistantes en droit du Conseil de l'Europe. Elles ne seront pas étudiées.

[391]L'avant-projet d'Acte uniforme sur les contrats pouvait également être examiné dans le cadre des sources informelles propres au droit de l'OHADA. Ce projet a été élaboré certes par un académicien, mais sur la demande des institutions de l'OHADA, qui plus est à une autre institution (l'UNIDROIT). Son étude dans la partie réservée aux projets d'ordre académique est justifiée plus par des raisons structurelles que matérielles.

[392]Le texte présenté est l'acte élaboré à Douala (Cameroun) le 24 novembre 2006. Cet avant projet d'Acte uniforme relatif au droit du travail n'exclut pas que le droit du travail trouve sa place dans l'application d'autres actes uniformes faisant partie du droit positif de l'OHADA tels l'AUPCAP et l'AUDS.

harmoniser[393]. En 1999, le Conseil des Ministres de l'OHADA à décidé d'ouvrir le chantier de l'harmonisation du droit du travail. Cette harmonisation est davantage apparue comme une nécessité impérieuse suite à la recommandation du sommet de l'Union africaine sur l'emploi de 2004, et par l'environnement mondial actuel marqué par l'expansion des initiatives privées et des lois du marché[394]. Depuis lors, des réunions des Commissions nationales OHADA se succèdent à l'effet de mettre sur pied un acte uniforme cohérent et adapté[395]. Lors de la réunion du Conseil des Ministres tenues les 30 et 31 janvier 2014, le Secrétaire Permanent a indiqué que l'on était dans l'attente de la convocation de la réunion sous régionale de concertation envisagée en zone CEMAC. Le Conseil des Ministres en a pris acte et invité le Secrétaire Permanent à poursuivre ses diligences à cet effet.

100. Le droit du travail fait donc partie intégrante des préoccupations de l'architecte de l'OHADA. L'Avant-projet d'Acte uniforme en circulation tente de traiter des relations de travail dans toutes leurs dimensions. Il contient des dispositions tenant aussi bien aux droits fondamentaux, au contrat de travail, aux conditions de travail, à la santé et sécurité au travail, à la représentation du personnel et au droit syndical, aux conventions et accords collectifs, aux différends du travail, aux organismes et moyens d'exécution du travail, qu'aux dispositions pénales, transitoires et finales. Toutes ces dispositions constituent un véritable berceau de droits civiques. D'après Patrice REIS, *«... la rédaction de cet Acte Uniforme s'est avérée beaucoup plus délicate que celle des autres Actes. Il convient, en effet, de trouver un compromis entre les positions des employeurs, des salariés et celles des Etats. L'élaboration de ce droit nécessite donc une collaboration tripartite Etats, organisations syndicales représentatives des salariés et organisations professionnelles ou syndicales représentatives des employeurs*

[393]Cf. Traité OHADA, art. 2.

[394]Sur les avantages de l'harmonisation du droit du travail en droit OHADA, v. BELLO AHMED, «Pourquoi il faut adopter le projet d'Acte uniforme de l'OHADA relatif au droit du travail ?», *RDUA*, n° 05, 2011, pp. 11-18.

[395]L'avant-projet en cause a été élaboré à Douala (Cameroun), le 24 novembre 2006. Sont généralement présents ou représentés à ces réunions le Secrétaire permanent de l'OHADA, les responsables des institutions de l'OHADA (CCJA, ERSUMA), les délégués des Commissions nationales de l'OHADA, les représentants de tous les Etats parties élargis aux représentants de l'Administration du travail et aux partenaires sociaux (employeurs et travailleurs), parfois, sont présents des observateurs et représentants d'Etats ou d'organisations internationales (CEDEAO, BEAC, CIPRES, Banque Mondiale, etc). Cette diversité d'acteurs sociaux traduit la volonté de l'architecte de l'OHADA de prendre en considérations la majorité des aspects concernés par la question.

sur le modèle adopté par l'Organisation Internationale du Travail. »[396]. La plupart des droits prévus dans cet avant-projet sont tournés vers la réalisation d'un meilleur équilibre entre les intérêts des différents partenaires sociaux. Une telle reconnaissance trouve sa justification dans la nécessaire protection des intérêts catégoriels en présence - à savoir ceux des employeurs, des travailleurs et de la collectivité -, dans la promotion accrue de la justice et de la morale dans le contrat de travail, mais aussi dans le respect de la dignité de la personne humaine dans les relations professionnelles[397].

101. Cet avant-projet est d'abord d'un texte révolutionnaire. A la différence des textes nationaux applicables en la matière, il consacre expressément une panoplie de droits fondamentaux au profit des acteurs sociaux. C'est le cas notamment des droit à l'égalité de traitement, droit de grève, droit à la vie privée et familiale. La violation de ces droits fondamentaux fait d'ailleurs l'objet d'incriminations pénales assez

---

[396]In «Le droit du travail dans le droit de l'OHADA », *Revue de l'ERSUMA : Droit des affaires - Pratique Professionnelle*, N° 1 - Juin 2012, *Etudes.*

[397]En droit communautaire européen, la CJCE a, dans une décision du 30 avril 1996 (aff C-13/94, Rec. CJCE, I, p. 2159, *JCP* 1997, éd. E, I, 659 ; n°2, obs. P.-H. ANTONMATTÉI), invoqué le «respect de la dignité» pour déclarer contraire à la directive 76-207 CE du 9 février 1976 relative à la mise en œuvre du principe de l'égalité de traitement entre hommes et femmes le licenciement d'un transsexuel pour un motif lié à sa conversion sexuelle. En France, le Conseil constitutionnel a reconnu, dans sa décision du 27 juillet 1997, la dignité comme un principe à valeur constitutionnelle (Décision 343-344 DC du 27 juillet 1994, *RJC*, I, p. 592 ; *RFDC*, 1994, 799, obs. L. FAVOREU et Th. RENOUX ; *RFDA* 1994, 1019, note B. MATHIEU). Adde Th. REVET, «La dignité de la personne humaine en droit du travail», pp. 137-157, in M.-L. PAVIA et Th. REVET (dir), La dignité de la personne humaine, *Economica*, 1999, 181 pages ; M.-L. PAVIA, «La découverte de la dignité de la personne humaine», pp. 3-24 ; L.-E. PETTITI, «La dignité de la personne humaine en droit européen», pp.53-66 ; N. MOLFESSIS, «La dignité de la personne humaine en droit civil », pp. 107-136 ; O. DE TISSOT, « Pour une analyse juridique du concept de ''dignité'' du salarié », *Dr. soc.* 1995, p. 972 et s. Dans une affaire dite Laskey-Royaume-Uni du 6 mar 1997, la Cour EDH a pris en compte la notion de dignité et de respect de la personne humaine pour protéger une victime adulte consentante à l'atteinte à sa propre dignité dans des séances sadomasochistes. Voir également les arrêts de la Cour EDH Muller et autres c. Suisse, Buckley c. Royaume-Uni. Comme le souligne néanmoins le juge Louis Edmond PETTITI, *«il faut se garder de deux déviations: la première serait d'accentuer la revendication subjective qui, par le biais de la dignité, aboutirait à une protection égoïste. La seconde serait d'imposer une conception extérieure de l'objectivité que requiert la notion de dignité, c'est-à-dire de projeter un modèle sur la personne», loc. cit., p. 65 et s.* Adde TGI Toulouse, 30 octobre 1995, *D.*, 1996.101, note D. Mayer et J.-F. Chassaing.

prononcées[398]. Ensuite, ce texte procède à l'encadrement de certaines obligations propices à la conciliation des intérêts catégoriels en présence. C'est le cas de l'obligation de reclassement et de l'obligation de non concurrence. Enfin, il instaure un certain nombre d'interdictions afin d'assurer une certaine harmonie dans la relation de travail. L'interdiction du travail forcé ou obligatoire, de toute violence et du harcèlement constituent des illustrations parfaites. Pour autant, l'avant-projet d'Acte uniforme relatif au droit du travail n'est pas parfait comme texte. On peut lui reprocher un certain nombre d'incohérences[399] d'ordre terminologique[400]. Pour certains auteurs par ailleurs, le droit du travail ne relève pas du domaine du droit des affaires[401]. Néanmoins, son adoption viendrait combler les lacunes des textes nationaux et poser un son corps de règles adaptées et sécurisantes[402], et précisément une base légale à la sauvegarde des droits civiques. Pour l'instant, ce texte peut servir de source d'inspiration aux législateurs nationaux dans l'élaboration des lois et aux juges de droit interne ou régional lors de la reddition de leurs décisions.

***102.* Le projet d'Acte uniforme de l'OHADA sur les contrats de consommation**. L'OHADA a fait élaborer un projet d'Acte uniforme relatif

---

[398]Cf. « La violation d'un droit fondamental », coll. Lamy droit civil – Lamy droit du contrat, 2012, Etude 245.

[399]V. J. ISSA-SAYEGH, «Questions impertinentes sur la création d'un droit social régional dans les Etats africains de la zone franc», *Bulletin de droit comparé du travail et de la sécurité sociale*, Université Montesquieu-Bordeaux IV, 1999, p. 170 et s; J.M. TCHAKOUA, «L'harmonisation du droit du travail dans le cadre de l'OHADA : la mesure d'un changement en perspective», *Ohadata* D-10-29.

[400]Le terme de salarié, commun au droit français du travail, est utilisé par l'AUPCAP et l'AUDS. L'avant projet quant à lui utilise le terme de travailleur sur le modèle retenu par les autorités européennes dans les dispositions de droit dérivé et sur le modèle utilisé par l'OIT. Ces divergences terminologiques peuvent engendrer un énorme contentieux au niveau des instances judiciaires et fausser par moment le jeu de protection des droits civiques.

[401]H. Temple, «Quel droit de la consommation pour l'Afrique? Une analyse critique du projet d'Acte uniforme sur le droit de la consommation », *Revue burkinabé de droit*, n° 43-44, 1er et 2è semestres 2003, Ohadata D-05-26. Pour cet auteur: *«Les doutes deviennent des réticences ou même des rejets catégoriques, lorsque d'autres domaines d'harmonisation sont envisagés. Ainsi, et même si le traité l'évoque en commettant un contresens flagrant, le droit du travail ne peut ni ne doit être assimilé au droit des affaires : il n'en a ni les mêmes finalités, ni les mêmes partenaires, ni les mêmes modes d'élaboration»*.

[402]P. REIS, *op. cit : «Son adoption serait en cela un vecteur de sécurité juridique notamment pour les investisseurs et serait ainsi conforme à l'objectif assigné par le traité OHADA»*.

aux contrats de consommation[403] devant faire office de droit commun de la vente aux consommateurs[404]. Son objectif est de mettre à la disposition des pays africains un texte simple, posant les bases de la protection du consommateur, tant par la suppression de tout formalisme contractuel que par l'accroissement des obligations précontractuelles protectrices. Après l'élaboration de ce projet d'Acte uniforme dont la circulation de la version de 2011 était proscrites[405], la Commission des Nations unies pour le droit commercial international (CNUDCI) avait organisé à Vienne les 28 et 29 avril 2003 un colloque y relatif. Le but du colloque était d'évaluer ce texte et d'y apporter toutes les modifications nécessaires, compte tenu des particularités de la vente aux consommateurs en Afrique et des avis[406]. Ce projet, qui a encore du mal à aboutir[407], a été vivement critiqué par une partie de la doctrine française, et la plus virulente fut celle de Henri TEMPLE [408]. Les raisons avancées par cet auteur sont de trois ordres. Elles tiennent à la méthode, à la stratégie et au projet lui-même. Selon le professeur TEMPLE, la méthode utilisée n'est conforme ni au cadre institutionnel de l'OHADA, ni aux méthodes habituelles en cette matière. En outre, la stratégie mise en œuvre est non seulement critiquable en ce qu'elle est déduite des choix techniques, mais également regrettable car induite des contextes nationaux et internationaux. Enfin, ce projet d'Acte uniforme comporterait de nombreux dangers tenant à son contenu. Certains dangers tournent autour de la régression de la protection des consommateurs, d'autres en revanche tiennent à l'inadaptation des dispositions de fond et à la rédaction de ces dispositions. Ces reproches, qu'il n'est sans doute pas question d'ignorer ici, ne doivent pas nous empêcher de relever en théorie l'originalité de ce projet inédit sur le plan régional africain, mais aussi en pratique son adaptabilité à la sauvegarde des droits civiques.

---

[403]Dans sa version de 2011, ce projet contenait 146 articles structurés autour de quatre livres, non compris les dispositions préliminaires et les dispositions finales: le livre I sur la formation du contrat de consommation, le livre II sur l'exécution du contrat de consommation, le livre III sur les sanctions, la preuve et la prescription, et le livre IV sur les organisations de consommateurs.

[404]L'AUDCG révisé ne régissant que la vente commerciale.

[405]Henri TEMPLE dans son article précité parle d'une élaboration *«assez avancée ... mais peu annoncée»* du projet d'Acte uniforme sur les contrats de consommation.

[406]Révisé le 15 juin 2003, ce projet a été soumis par l'Organisation internationale des consommateurs (Consumers International) à l'ensemble de ses membres pour avis.

[407] J. YADO TOÉ, «La problématique actuelle de l'harmonisation du droit des affaires par l'OHADA», Rapport présenté au Colloque sur *L'harmonisation du droit OHADA des contrats*, *op. cit.*, pp.23-36, spéc. n°2.

[408]V. H. Temple, «Quel droit de la consommation pour l'Afrique? Une analyse critique du projet d'Acte uniforme sur le droit de la consommation», *Revue burkinabé de droit*, n° 43-44, 2003, Ohadata D-05-26.

103. On trouve disséminés dans ce projet de nombreux droits civiques. La bonne foi, l'ordre public, l'obligation générale de loyauté figurent en bonne place. Au-delà de ces droits et obligations, l'on peut envisager l'interdiction du refus de vente, l'interdiction de l'abus par l'entreprise de la faiblesse du consommateur, l'encadrement des clauses contractuelles abusives, le droit de résolution, de réflexion ou de rétractation du consommateur, le droit du consommateur d'invoquer le bouleversement des circonstances, la sanction de réduction des obligations corrélatives ou l'octroi des indemnités exemplaires. L'effectivité du civisme contractuel dans ce projet est bien réelle. Quid du droit de l'Union européenne.

B. Les sources informelles propres au droit de l'Union européenne

104. Il existe de nombreuses sources informelles proprement européennes du civisme contractuel. Elles sont élaborées sous l'égide des institutions de l'Union européenne ou à leur initiative[409]. Nous aurions pu les analyser en les regroupant autour de deux principales méthodes : la méthode des listes et la méthode des livres[410]. Les listes peuvent être blanches, grises ou noires. La récente directive sur les droits des consommateurs a intégré ce dispositif de clauses «noires» et «grises»[411]. Il s'agit à travers l'interdiction

---

[409]Nous n'examinerons pas certains actes élaborés directement par les institutions de l'Union européenne. Bien qu'il ne s'agisse pas de véritables sources du droit européen des contrats, ces actes peuvent influer sur ce droit. Il s'agit pour l'essentiel des communications de la Commission européenne, les résolutions du Parlement européen et les positions du Conseil européen. La Communication de la Commission au Conseil et au Parlement européen concernant le droit européen des contrats [COM(2001) 398, juillet 2001] en est une illustration patente. Après cette consultation de 2001, la Commission européenne a présenté en 2003 un «plan d'action» qui prévoyait l'élaboration d'un règlement optionnel (Communication de la Commission au Parlement européen et au Conseil «un droit européen des contrats plus cohérent- plan d'action», COM (2003) 68 final du 12 février 2003 ; puis en 2004, un groupe d'experts a été constitué à l'effet d'élaborer un projet de cadre commun de référence (Communication de la Commission au Parlement européen et au Conseil «Droit européen des contrats et révision de l'acquis : la voie à suivre», COM (2004) 651 final du 11 octobre 2004.

[410]D'après Mustapha MEKKI, *« La construction de l'Union européenne a dû, par nécessité, emprunter la voie du droit souple au moyen de livres multicolores»*, «Propos introductifs sur le droit souple», in *Le droit souple*, Travaux de l'Association CAPITANT, *op. cit.*, n°2, spéc. p. 2.

[411]Directive 2011/83/UE du Parlement européen et du Conseil du 25 octobre 2011 relative aux droits des consommateurs, modifiant la directive 93/13/CEE du Conseil et la directive 1999/44/CE du Parlement européen et du Conseil et abrogeant la directive 85/577/CE du Parlement européen et du Conseil, JOUE 22 novembre 2011, L 304/65. Cette directive s'applique à la vente à distance et au démarchage.

des clauses abusives de sauvegarder les intérêts du consommateur, considéré parfois à tort comme une personne vulnérable ou irresponsable. Les livres quant à eux sont soit verts, soit blancs. La méthode des livres concourt aussi à la reconnaissance du civisme contractuel en droit de l'Union européenne[412]. Ces méthodes, bien que contenant des droits civiques en filigranes, ne seront pas étudiés. Il conviendra d'examiner la proposition de règlement relatif au droit commun européen de la vente, élément substantiel qui constitue une source d'inspiration à la disposition de l'architecte européen ou national.

105. Selon Mme FAUVARQUE-COSSON, la proposition de règlement relatif au droit commun européen de la vente constitue une étape importante vers l'élaboration d'un droit commun européen des contrats[413]. D'ailleurs, *« ... la théorie générale est incluse dans l'instrument lui-même et les dispositions sur la vente lui donnent à la fois corps et vie. Cet instrument contribue ainsi au développement d'un droit commun européen des contrats et non pas seulement de la vente. Il pourra servir de CCR, pour d'autres contrats, non couverts par son champ d'application »*[414]. Cette opinion rejoint celle de M. LEQUETTE pour qui 120 des 186 articles de ce projet ne traitent pas de la vente en particulier, mais du contrat en général[415]. Fondée

---

Adde A. ASTAIX, «Vente à distance et démarchage : publication de la directive, *D.* 2011. Actu 2926.

[412]L'Europe possède aujourd'hui une bibliothèque aux livres verts et blancs. Ce méli-mélo de couleurs a débuté en Grande-Bretagne, en 1967. Le gouvernement avait déposé à la Chambre des Lords un document renfermant un ensemble de propositions destinées à être discutées, en vue de l'élaboration d'une politique. Les journaux britanniques le nomment alors «livre vert», au vu de sa couverture. Le livre blanc apparaît quelques temps plus tard, pour désigner le texte né des discussions initiées par son prédécesseur. Ces deux appellations sont depuis lors devenues des termes génériques, utilisés par de nombreux pays de l'Europe, ainsi que la Commission européenne, pour désigner deux types de documents aux impacts divergents.

[413]In «Vers un droit commun européen de la vente», *Rec. Dalloz*, *Chr.* 5 janvier 2012, n° 1, p. 34 et s. voir également en ce sens, C. DE VINCELLES, «Premier regard sur la proposition d'un droit commun européen de la vente, Aperçu rapide», *JCP* 2011. 1376.

[414]B. FAUVARQUE-COSSON, *op. cit.*

[415]Propos introductif tenus à l'occasion du 6è Colloque annuel de l'association du Master 2 Droit Privé Général, Paris 2. Ce colloque s'est tenu le jeudi 10 mai 2012 et avait pour thème «Le projet de droit commun européen de la vente : menace ou opportunité pour le modèle contractuel français ?». Si tous les intervenants à ce colloque se sont accordés à l'idée que le projet de Règlement européen relatif à la vente ne concerne pas seulement la vente, mais tout le droit des contrats, les positions sont divergentes à l'idée que ce projet constitue une menace ou une

sur l'article 114 TFUE et inspirée des modèles européens et internationaux[416], cette proposition est la conséquence logique des travaux de la Commission européenne et du Conseil tendant à l'institution d'un droit unique des contrats.

106. Cette proposition de règlement révèle le civisme contractuel car elle tente de concilier tous les intérêts catégoriels en présence. D'une part, à l'image de la loi Hamon de 2014 sur la consommation, le texte proposé assure un haut niveau de protection des consommateurs[417]. Matérialisent cette protection l'impératif de bonne foi et de loyauté, le renouvellement de la théorie des vices de consentement, le bénéfice par les consommateurs du droit de rétractation, la réception des règles d'interprétation favorables aux consommateurs, l'interdiction des clauses contractuelles abusives, l'admission du principe de la réduction du préjudice. D'autre part, ce texte tente d'assurer la défense des intérêts des entreprises à travers la suppression ou la diminution des obstacles que celles-ci rencontrent sur le marché européen dans l'exercice de leurs activités. Cette opération passe tant par la réduction des coûts très élevés de ces transactions que par l'élimination des obstacles tenant à la diversité des législations[418]. Bénédicte FAUVARQUE-COSSON résume cette tendance à la conciliation des intérêts observée durant tout le processus d'élaboration de ce projet de règlement en ces termes : *« Pour les entreprises, la réduction des coûts et l'insécurité liés à la diversité des droits applicables devrait largement compenser le fait que le droit commun européen de la vente sera très protecteur des consommateurs »*[419].

107. Finalement, les sources proprement européennes et de l'OHADA traduisent une certaine vitalité de ces systèmes dans l'existence du civisme contractuel. Celle-ci est également manifeste dans les projets d'ordre académique.

---

opportunité pour le modèle contractuel français, qu'il s'agisse des principes directeurs, de la place de l'unilatéralisme, et de l'équilibre contractuel.

[416]Il s'agit essentiellement de la CVIM, des PDEC, des Principes Unidroit, du Projet de CCR, des travaux de l'Association Henri Capitant et de la Société de législation comparée.

[417]Pour une illustration de cette protection en droit allemand, voir F. GRAF von WESTPHALEN, Das Europäische Kaufrecht - eine Chance für Verbraucher und Unternehmer ?, ZIP, n° 42, 2011.

[418]Le Livre vert de la Commission relatif aux actions envisageables en vue de la création d'un droit européen des contrats pour les consommateurs et les entreprises prévoit que: *« ... les disparités entre les droits nationaux peuvent entraîner des frais de transactions supplémentaires et une insécurité juridique pour les entreprises, et affaiblir ainsi la confiance du consommateur à l'égard du marché intérieur».*

[419]*Loc. cit.*

§2. Les projets académiques en droit européen et de l'OHADA des contrats

108. Les projets académiques en vue de l'élaboration d'un droit commun des contrats dans l'espace européen ou de l'OHADA sont des sources informelles du civisme contractuel qui, dans l'attente de leur éventuelle prise en compte, peuvent inspirer l'architecte régional[420]. L'analyse de l'avant-projet d'Acte uniforme de l'OHADA rédigé par Marcel FONTAINE (A.) doit précéder celle des projets académiques élaborés en droit européen (B.).

A. <u>L'Avant-projet d'Acte uniforme de l'OHADA sur le droit des contrats</u>

109. Le droit des contrats ne figure pas dans la liste des matières juridiques à harmoniser régies par l'article 2 du traité constitutif de l'OHADA. C'est en mars 2001, lors de sa session tenue à Bangui (République Centrafricaine), que le Conseil des Ministres de l'OHADA a décidé d'inclure le droit des contrats dans le programme d'harmonisation du droit des affaires[421]. Malgré les virulentes critiques soulevées pour la détermination du champ d'application de cet avant-projet, le contrat reste un maillon essentiel de la vie des affaires. C'est l'une des raisons pour lesquelles, en février 2002, lors de sa réunion tenue à Brazzaville (République du Congo), le Conseil des Ministres a demandé au Secrétariat Permanent de se rapprocher d'UNIDROIT, qui a acquis une expérience affirmée en la matière avec les Principes d'UNIDROIT relatifs aux contrats du commerce international, à l'effet d'élaborer un projet de texte applicable au droit des contrats. Ce projet devant *« tenir compte de l'évolution internationale récente en matière de droit des contrats, et intégrer aussi bien les préoccupations des systèmes juridiques romano-germaniques que celles*

---

[420]Au-delà de ces projets académiques à vocation régionale, il existe également de nombreux projets académiques nationaux. Ces projets constituent des propositions de réforme du droit interne des contrats. En France par exemple, plusieurs projets ont été élaborés pour adapter le droit actuel des contrats aux évolutions de la société. Il s'agit pour l'essentiel du projet de la Chancellerie pour la reforme du droit des obligations ; du projet CATALA, encore désigné avant-projet du droit des obligations et du droit de la prescription, remis au Garde des Sceaux, Ministre de la Justice, le 22 septembre 2005 ; des propositions du groupe dirigé par M. François TERRÉ. Pour ce qui est du Cameroun, la relecture du Code civil en vue de l'élaboration d'un nouveau code moderne et adapté aux réalités contemporaines est en cours. Il remplacera le Code civil hérité de la période coloniale et encore malheureusement applicable.

[421]L'article 2 du traité confère au Conseil des Ministres le pouvoir d'inclure dans le domaine du droit des affaires de l'OHADA *«toute autre matière que le Conseil des Ministres déciderait, à l'unanimité, d'y inclure»*.

de la Common Law»[422]. Ceci montre d'ores et déjà la volonté des Etats membres de corriger les lacunes de leurs droits nationaux respectifs et de les adapter aux évoltions socio-économiqes à travers la prise en compte de mécanismes inexplorés. Après acceptation de cette mission, UNIDROIT a proposé que Marcel FONTAINE apporte son expertise à l'élaboration de cet avant-projet, dont la teneur a été remise au Secrétariat permanent de l'OHADA, puis transmis pour examen aux Commissions nationales de l'OHADA en septembre 2005. A ce jour, cet avant-projet est encore en cours d'étude. Pour réaliser cette œuvre, l'expert s'est principalement inspiré des Principes UNIDROIT dans leur version de 2004[423]. En raison des remouds que ce texte a soulevé, il y a fort à craindre qu'il ne soit plus adopté. Aujourd'hui, la tendance regrettable en droit OHADA est de s'orienter vers la spécialisation plutôt que vers la généralisation du droit des contrats[424]. Il en est d'ailleurs de même en droit européen des contrats[425].

110. Pourtant, l'analyse de cet avant-projet montre qu'il s'agit d'un texte novateur, et pas forcément provocateur. Il peut servir de référent à l'architecte régional et national. Certaines de ses dispositions participent du civisme contractuel puisqu'elles régorgent de droits et obligations permettant de concilier les intérêts particuliers des contractants à l'intérêt général de la société. En amont, le reproche fait à cet avant-projet de ne pas tenir compte des spécificités africaines[426] peut faire douter d'une telle affirmation. Mais,

---

[422]UNIDROIT n'est cependant pas la seule institution ayant préparé un avant-projet d'Acte uniforme de l'OHADA sur le droit des contrats. A la demande du Secrétaire permanent de l'OHADA, la Fondation pour le droit continental (FDC) a mandaté trois professeurs africains (MM. Joseph ISSA-SAYEGH, Paul-Gérard POUGOUE et Michel-Filiga SAWADOGO) pour réaliser le texte du futur acte uniforme du droit des obligations de l'OHADA, dont l'objectif est de moderniser la théorie des obligations, indispensable à la vie juridique, économique, civile et commerciale. Ce projet dont on attend de voir laquintessence a été livré et est en cours de validation par le Conseil scientifique de la Fondation. Il est, semble t-on dire, en accord avec les spécificités de la culture juridique et judiciaire des pays de l'OHADA.

[423]Marcel FONTAINE s'est largement inspiré du Code civil du Québec de 1991, accessoirement des PDEC et du nouveau Code civil néerlandais. Cf. P. MEYER, «L'Avant-projet d'Acte uniforme OHADA sur le droit des contrats: innovations et débats », *RDAI/IBLJ*, n° 3, 2008, p. 291 et s.

[424]C'est l'idée générale qui ressort des actes non publiés du colloque de Libreville (Gabon) du 26 au 28 octobre 2011, sur *Les pratiques contractuelles d'affaires et les processus d'harmonisation dans les espaces régionaux.*

[425]V. D. VOINOT et J. SÉNÉCHAL (dir.), *Vers un droit européen des contrats spéciaux*, préface de Ch. Von BAR, Bruxelles, éd. *Larcier*, 2012, 232p.

[426]Sur l'absence de prise en compte des spécificités africaines dans l'avant-projet, voir P.-G. POUGOUE, « L'Avant-projet d'Acte uniforme sur le droit des contrats: les tribulations d'un universitaire», www.ohada.org, Ohadata, D-07-41, p. 2 et ss. D'après cet auteur, *«L'Avant-projet fait l'objet de sérieuses difficultés quant à son*

en aval, il est avéré que la conciliation des intérêts catégoriels en présence dans le contrat constitue un élément fort dans la substance des droits et obligations prévus dans de ce texte. L'obligation de collaboration entre les parties (art. 5/3) est une innovation non négligeable. Ce devoir général en matière contractuelle participe de la volonté de moraliser et de fluidifier les relations contractuelles, en proie aujourd'hui aux déviances de tous ordres[427]. L'admission de la résolution du contrat par notification constitue également un signal fort dans la sanction de l'inexécution des obligations contractuelles. Elle est non seulement un instrument de poids au service de la recherche d'équilibre dans les contrats de droit privé, mais également un moyen propice à la vélocité des transactions. Il en est de même de la réception de la théorie de l'imprévision. En fait, l'admission du bouleversement des circonstances (art. 6/23), que certains auteurs reconnaissent comme étant un danger pour la théorie générale des contrats[428], a vocation à œuvrer pour le rétablissement de l'équilibre contractuel. Ce mécanisme engendre pour le contractant lésé le droit de demander l'ouverture des négociations afin d'adapter le contrat au changement des circonstances. L'interdiction des clauses abusives n'en n'est pas moins du reste. Ces droits et obligations, non exhaustifs seront développés dans la partie relative au contenu du civisme contractuel.

B. <u>Les projets académiques élaborés en droit européen des contrats</u>

111. Ces projets sont de plus en plus manifestes, et leur rôle n'est pas négligeable. Selon Eléanor CASHIN RITAINE, *«L'Europe dispose ainsi d'une série de dispositions non contraignantes de nature académique qui pourraient servir de boîte à outils pour le législateur communautaire ou national, d'étape préliminaire vers un Code civil, ou simplement permettre d'améliorer la qualité de la législation et la cohérence présente et future du droit européen des contrats»*[429]. Du point de vue de la jurisprudence, cet auteur observe en outre qu' *«il a été fréquemment relevé que les juges nationaux sont de plus en plus sensibles à l'équilibre entre contractant, au respect de l'économie du contrat et à une moralisation des rapports contractuels»*[430]. Cette finalité intègre non seulement les impératifs de

---

aboutissement. Les commissions nationales le dépouillent péniblement. Il faut rechercher les voies et moyens de sortir de l'impasse ».

[427]P. MEYER, *loc. cit.*

[428]V. A. D. EYANGO DJOMBI, *L'adaptation du contrat aux circonstances dans l'avant-projet d'Acte uniforme de l'OHADA sur le droit des contrats*, thèse, Université de Douala, 21 décembre 2012.

[429]In «Nouvelles tendances en droit des obligations- Quel droit s'applique ? », Rapport présenté au Colloque sur *L'harmonisation du droit OHADA des contrats*, *op. cit.*, pp. 66-99.

[430]*Ibid.*

liberté, de sécurité, de loyauté et de moralité contractuelles ; toutes choses qui participent du civisme contractuel. Ces projets sont principalement au nombre de trois : les Principes du droit européen des contrats (PDEC) élaborés par la Commission LANDO, le projet de cadre commun de référence élaboré par la commission Von BAR et les travaux de l'Académie des privatistes européens préparés sous l'égide de Giuseppe GANDOLFI[431]. Il s'agit de véritables mécanismes de régulation de la conduite sociale. La présete étude se limitera à l'analyse des deux premiers[432].

***112.* Les Principes du droit européen des contrats (PDEC)[433].** Les travaux de la Commission LANDO constituent une initiative privée lancée en 1975 par le professeur danois Ole LANDO[434]. Ce dernier avait décidé de

---

[431]A côté de ces projets, d'autres projets auraient pu être évoqués et examinés. Il s'agit du Research Group on the Existing EC Private Law présidé par le professeur Hans SCHULTE-NÖLKE et du Trento Common Core Group des professeurs BUSSANI et MATTEI. Ces deux groupes sont, avec le Study Group on European Civil Code présidé par le professeur Christian VON BAR, des sous groupes du réseau Joint Network on European Private Law (CoPECL). Le choix est plus justifié par le souci de démonstration que celui de description.

[432]Les raisons de ce choix résident ailleurs que dans la qualité des travaux de l'Académie des privatistes européens (ou Académie de Pavie). L'élaboration de ce projet a été menée par des universitaires venus des différents Etats de l'Union européenne. Il s'agit aussi d'un corps de règles simples et compréhensibles de tous, fondé sur une approche réaliste qui tente d'assurer un véritable équilibre entre la liberté et la justice contractuelle, marque incontestable du civisme contractuel. C'est ce qui justifie d'ailleurs les larges développements observés sur les devoirs généraux de bonne foi et de loyauté. Il concurrence directement le projet de cadre commun de référence de Von BAR. La principale raison de notre refus d'analyse, sans doute insuffisante, tient à ce que, étant soutenu par le Gouvernement italien et par des organismes privés, le projet du professeur Giuseppe GANDOLFI ne bénéficie d'aucun parrainage de l'Union européenne. De la sorte, et malgré la richesse et la pertinence de son contenu, il sera difficilement pris en compte, du moins dans son intégralité. Pour une présentation doctrinale dudit projet, voir notamment G. GANDOLFI, «Pour un Code européen des contrats», *RTD civ.*, 1992 (4), pp. 707-736 ; J.-P. GRIDEL, «Sur l'hypothèse d'un Code européen des contrats : les propositions de l'Académie des privatistes européens (Pavie)», *Gaz. Pal.*, 22 février 2003, p. 3 et s.

[433]Ce n'est pas le lieu de s'attarder sur les différences sémantiques observées dans la désignation du texte des principes. En effet, si la version française publiée en 1997 s'intitule «Les principes du droit européen du contrat», en abrégé PDEC, Denis TALLON, pourtant membre de la Commission LANDO, se plie fermement à l'appellation de «Principes européens du droit des contrats», en abrégé PEDC. Sur la question, voir E. TRUILHÉ, *Vers un droit communautaire des contrats*, thèse Aix-Marseille, 2002, 532 p., spéc. n°40, p. 63 et s.

[434]En ce sens, O. LANDO, « Why codify the European Law of Contract ? », *REDP*, 1997, vol. 5, pp. 525-535; I. DE LAMBERTERIE, G. ROUHETTE et D. TALLON,

rassembler un corps d'universitaires européens afin non seulement de « rajeunir » le droit des contrats, mais également d'élaborer des règles uniformes au regard de la complexité grandissante des droits nationaux des Etats membres de l'Union européenne. Dès 1989, cette Commission bénévole va recevoir le soutien de la Commission des Communautés européennes. Largement inspirés de la CVIM de 1980 et surtout des Principes UNIDROIT[435], les PDEC élaborés par la Commission LANDO n'ont aucune valeur normative ; il s'agit simplement d'un droit virtuel[436] constitué de principes d'origine doctrinale. Mais comme ont pu l'observer certains auteurs, ces principes sont *« adossés au droit communautaire »*[437]. C'est à partir de leur publication que l'idée d'un droit commun européen des contrats a pris de la consistance. La plupart des principes véhiculés par les PDEC ne sont pas nouveaux en droit des contrats des Etats membres. Il s'agit notamment da la bonne foi, l'information, la confidentialité, la sanction des clauses abusives. En revanche, d'autres principes contenus dans les PDEC constituent des innovations majeures, qui vont parfois en contradiction ou en nette amélioration de certains droits nationaux. Le devoir général de collaboration, le caractère raisonnable, les obligations implicites[438], la mise du coût de l'exécution des obligations à la charge de chacun des contractants, l'annulation et de la résolution du contrat par voie

---

Les principes du droit européen du contrat, L'exécution, l'inexécution et ses suites, La Documentation française, Paris, 1997, p. 15 ; D. MAZEAUD, «La Commission Lando : le point de vue d'un juriste français», in *L'harmonisation du droit des contrats en Europe*, Ch. JAMIN et D. MAZEAUD (dir.), *Economica*, Paris, 2001, pp. 139-158 ; H. BEALE, «La Commission Lando: le point de vue d'un common lawyer », in *L'harmonisation du droit des contrats en Europe, op. cit.* pp. 127-140 ; Ph. KAHN, «Droit européen des contrats, à propos des principes LANDO », in *Etudes européennes et internationales en hommage à C. J. BERR, Curei*, 1996, pp.179-188.

[435]A côté de ces sources internationales, les PDEC se sont également inspirés d'autres sources régionales. L'on cite notamment les compilations juridiques américaines connues sous la dénomination *Restatement of Law of Contract*, dépourvus certes de force obligatoire, *« constituent une codification doctrinale à très forte valeur persuasive »* (in B. FAUVARQUE-COSSON, « La confiance légitime et l'estoppel », www.ejcl.org/113/article113-8.pdf); le Uniform commercial code américain ; le projet franco-italien de code bilatéral des obligations qui, même s'il n'a pas été adopté, a aussi influencé les travaux de la Commission.

[436]En ce sens, voir D. MAZEAUD, «A propos du droit virtuel des contrats: réflexions sur les Principes d'UNIDROIT et de la Commission LANDO», in Mélanges M. CABRILLAC, *Litec*, Paris, 1999, pp.205-218.

[437]D. TALLON, «Les travaux de la Commission LANDO», in *L'harmonisation du droit des contrats en Europe*, *op. cit.*, p. 121.

[438]Il s'agit de clauses non expresses d'un contrat, découlant de l'intention des parties, de la nature et du but du contrat, et de la bonne foi. Cf. PDEC, art. 6 :102.

de notification, l'adaptation du contrat en cas de changement imprévu des circonstances, la sécurité contractuelle constituent par exemple des mutations que les droits nationaux gagneraient à intégrer.

113. Qu'il s'agisse des principes anciens ou nouveaux, la plupart tendent à la sauvegarde des intérêts catégoriels en présence. Le civisme contractuel ayant vocation à les préserver, l'admission de tels principes concourra implicitement à l'admission de son existence à toutes les phases du processus contractuel. Ces principes peuvent constituer une source d'inspiration non seulement pour le législateur régional et les législateurs nationaux souhaitant reformer leur droit des contrats, mais également pour les juges susceptibles de dégager de nouveaux principes nécessaires à la vie sociale en général et à la sphère contractuelle en particulier. Il peut par ailleurs influencer les rédacteurs des conventions en général, et les praticiens du droit des contrats en particulier. Ils ont inspiré la récente reforme du droit des obligations en Allemagne et aux Pays-Bas. Quant à la réforme en cours du droit français des contrats, qu'il s'agisse du projet élaboré par la Chancellerie, de l'avant-projet CATALA ou encore des propositions du groupe dirigé par M. TERRÉ, ces textes ont connu, à des degrés variables, l'influence des PDEC. Plus significatif encore, les PDEC ont été à l'origine des travaux de la Commission Von BAR.

***114.* Le Projet de cadre commun de référence (PCCR) de la Commission Von BAR.** C'est en 2004, à la suite de la consultation initiée par la Commission européenne en vue de l'élaboration d'un droit commun européen des contrats que le projet d'élaboration d'un cadre commun de référence a été décidé[439]. Pour ce faire, la Commission a, grâce à une subvention relevant du 6è programme-cadre de recherche, chargé un réseau universitaire international composé de praticiens et d'universitaires de préparer au départ un Code civil européen proclamant ainsi la *«fin future des Codes civils nationaux»*[440]. Les travaux de ce réseau se sont achevés à la fin de l'année 2008 et ont abouti à la publication du PCCR[441]. C'est en raison des vives réactions provoquées par ce projet, précisément en France, que la

[439]Décision de la Commission du 26 avril 2010 portant création du groupe d'experts pour un cadre commun de référence dans le domaine du droit européen des contrats (2010/233/UE), JO L105 du 27.4.2010, p.109.

[440]En ce sens, v. K. GARCIA, *Le droit civil européen, nouvelle matière, nouveau concept, op. cit.*

[441]C. Von BAR, E. CLIVE et H. SCHULTE-NÖLKE (dir.), *Principles, Definitions and Model Rules of European Private Law. Draft Common Frame of Reference (DCFR)*, New York, *Oxford University Press*, 2010, 6563p. Pour une traduction en français des trois premiers livres, voir J. GHESTIN, *RDC*, 2010. 213 ; *Projet de cadre commun de référence. Terminologie contractuelle commune, SLC*, coll. Droit privé européen et comparé, vol. 6 et 7, 2008.

Commission européenne a préconisé l'adoption, en lieu et place d'un code uniforme et obligatoire, un instrument optionnel, d'un cadre commun de référence en droit des contrats.

115. Entendu séparément des travaux d'évaluation, le PCCR comprend sept livres et deux annexes, qui sont essentiellement l'œuvre du Study Group et de l'Acquis Group. Le projet définit clairement les principes fondamentaux qu'il entend soutenir. Dans l'introduction du PCCR, sont mis en valeur les principes de justice, de liberté, de protection des droits de l'homme, de bien être économique, de solidarité ainsi que la responsabilité sociale. Il en est de même des objectifs spécifiques de promotion du marché intérieur et de conservation des diversités culturelles et linguistiques. Publié en janvier 2008, ce projet constitue une *« boîte à outils »* dont les principes, la terminologie et les règles communes seraient pris en compte par le législateur européen[442] ou national lors de l'adoption ou de la modification des textes législatifs, ainsi que par les juges régionaux ou nationaux lors de la reddition de leurs décisions. Cette boîte *« peut certes constituer un outil législatif non contraignant mais aussi préfigurer un instrument facultatif en matière de droit européen des contrats »*. Il est donc souhaitable qu'elle reste générale afin d'être applicable au plus grand nombre de situations. Le PCCR contient par ailleurs de nombreuses dispositions relatives aux contrats commerciaux et aux contrats de consommation. Comme pour les autres projets, ces dispositions contiennent au profit ou à la charge des contractants certains droits et obligations permettant de concilier les intérêts particuliers des contractants à l'intérêt général de la société. Elles participent de la sorte de l'existence du civisme contractuel. Que ce soit dans leur finalité ou dans leur contenu, le civisme contractuel est une réalité en droit européen. Les usages et les pratiques contractuelles traduisent la même réalité.

§3. Les usages et pratiques contractuelles en droit européen et de l'OHADA

116. Les notions d'usages et pratiques contractuelles méritent d'être examinées (A.) préalablement à la démonstration de leur institutionnalisation progressive (B.).

[442]Notamment à travers son intégration dans un livre blanc de la Commission sur un cadre commun de référence, ou dans tout autre instrument que la Commission jugera utile. C'est ce qui ressort de la résolution du Parlement européen du 3 septembre 2008 sur le cadre commun de référence pour le droit européen des contrats (2009/C 295 E/09). D'après ce texte, le PCCR est *«un outil pour mieux légiférer»* constituant *« un ensemble d'orientations non contraignantes que les législateurs au niveau communautaire utiliseraient»*.

A. La notion d'usages et pratiques contractuelles

117. Les termes « usages » et « pratiques » sont très interchangeables dans le langage courant. Ils peuvent prendre des dénominations diverses. On les désigne généralement usages, coutumes[443], contrats-types, clauses-types, code des usages, code de déontologie, chartes, accords professionnels, etc. Plus couramment, on assimile les usages aux pratiques. On définira ainsi les usages comme des pratiques très anciennes dont les destinataires ont acquis la certitude qu'elles étaient obligatoires ; ou encore, selon le *Vocabulaire juridique*, comme une *«espèce de source de droit parfois synonyme de coutume»,* ou encore *«une pratique particulière à une profession, à une région ou à une localité et dont la force obligatoire est variable».* Mais, bien que les usages et pratiques contractuelles relèvent d'un champ sémantique commun, ils n'en restent pas moins distincts. En fait, « usages » et « pratiques » relèvent tous deux de l'activité humaine, mais dans un sens différent. On parle d'usages lorsque l'on met l'accent sur l'objet, car c'est lui qui offre des fonctions et services permettant des usages. Elles regorgent de nombreuses confusions[444]. *«L'usage est un élément précieux, mais délicat à manier : précieux car il permet d'introduire dans le contrat ce que les parties pouvaient considérer comme allant de soi sans avoir à être précisé ; délicat car la connaissance et la preuve d'un usage, de sa portée, de son intensité, de son domaine, sont souvent sujets à discussion»*[445]. Selon Pierre MOUSSERON, *«la principale source de confusion liée aux usages résulte aujourd'hui de l'assimilation excessive des*

---

[443]La notion de coutume a tendance à disparaître au profit de celle d'usages et pratiques. En réalité, un usage est une pratique peu répandue et non inscrite dans le droit, contrairement à la coutume. La coutume est un usage qui s'est généralisé au point de devenir une règle. En générale, la coutume est extrêmement ancienne et comporte un adage latin («Le père donne son nom à son enfant : « Bonus pater legem», «La femme récupère le nom de son mari lors du mariage» ; «Nul ne peut se prévaloir de sa propre turpitude : Nemo auditur propriam turpitudinem allegans» ; «De minimis non curat preator » : le juge ne s'occupe pas des choses sans importance et des imbéciles). La coutume n'a de valeur que s'il n'existe pas de loi contraire. Elle s'impose lorsqu'il y a un vide juridique. Elleest pour le doyen CARBONNIERune véritable source du droit.

[444]Elles tiennent au caractère ambivalent de la notion d'usages (comportement et norme), à la profusion des termes utilisés pour les désigner (us, usances, usances uniformes, usages de fait, usages de droit, usages conventionnels, usages professionnels, usages de place, usages de marché, etc…), l'existence de documents ayant ou non la qualité d'usages (contrats-types, conditions générales de vente ou de services, …) et l'existence de notions voisines (standards, etc…). Cf. P. MOUSSERON, «Introduction terminologique: des comportements aux ''bonnes pratiques' '», *Journal des sociétés*, n°92, novembre 2011, pp.12-13.

[445]A. BENABENT, *op. cit.*, 202s, n°278 ; Cass., 17mai 1988, Bull. civ., IV, n°167.

pratiques aux usages»[446]. Comme les usages, les pratiques consistent en des comportements répétés, qui peuvent constituer des *«modèles de comportements»*[447], précisément pour les parties à un contrat. En revanche, on parle de pratiques lorsque l'on met l'accent sur l'homme. Par exemple, les usagers sont ceux qui ne font qu'utiliser les services offerts par les systèmes techniques tels les usagers de la RATP, alors que les praticiens sont dans une activité plus critique, et parfois détournée, de l'objet ou du système technique. L'amateur, le hacker ou le geek sont avant tout des praticiens plutôt que des usagers.

118. Il n'est pas question ici de rechercher une définition précise des notions d'usages et pratiques contractuelles, encore moins de rechercher leur valeur juridique[448]. Il s'agit de montrer que certains usages et pratiques contiennent des droits civiques. Ils fleurissent dans le domaine du commerce international[449]. Plusieurs domaines du droit interne sont également concernés. Le droit commun des contrats[450], le droit commercial classique[451],

---

[446]P. MOUSSERON, «Introduction terminologique : des comportements aux ''bonnes pratiques' '», *op. cit.*

[447]P. DEUMIER, «Les sources de l'éthique des affaires. Codes de bonne conduite, chartes et autres règles éthiques », Libre droit: Mélanges en l'honneur de Ph. LE TOURNEAU, *Dalloz*, 2008, n°109 ; N. MOLFESSIS, «Les pratiques juridiques, sources du droit des affaires», *LPA*, 27 novembre 2003.

[448]En France et au Cameroun, les usages et pratiques constituent des sources subsidiaires du droit.

[449]Contrats types, Incoterms de laCCIP, P. UNIDROIT. Cf. E. GAILLARD, «La distinction des principes généraux du droit et des usages du commerce international», in Etudes offertes à BELLET, Paris, *Litec*, 1991, p.203 ; F. GÉLINAS, «Codes, silence et harmonie - Réflexions sur les principes généraux et les usages du commerce dans le droit transnational des contrats», *Les Cahiers de droit*, vol. 46, n°4, 2005, pp.941-960.

[450]P. DEUMIER, *op. cit.* ; F. OSMAN, «Avis, directives, codes de bonne conduite, recommandations, déontologie, éthique, etc. : réflexion sur la dégradation des sources privées du droit», *RTD Civ.* 1995, p.509 ; N. MOLFESSIS, *op. cit.* ; B. OPPETIT, «Sur la coutume en droit privé », Revue de Droits n°3, 1986, p.39.

[451]A. KASSIS, *Théorie générale des usages du commerce*, *Litec*, 1984 ; E. CHEVRIER, *Le caractère commercial de la relation établie*, *D.* 2003 ; M. PÉDAMON, «Y a-t-il lieu de distinguer les usages de la coutume en droit commercial», *RTD civ.* 1959, p.335 ; J.-M. BAHANS, M. MENJUCQ, « La reconnaissance d'un usage commercial comme règle de droit (à propos du courtage en vins en bordelais) », *D.* 2004, p.414s ; S. BOSTANJI, *«De la promotion des usages du commerce international par la justice étatique. A propos de l'affaire Interco c/ North African International Bank»*, *J.D.I.*, Décembre 2005, 1067.

le droit bancaire[452], le droit du travail[453] en sont quelques exemples. D'autres domaines, au départ insoupçonnés, en sont aujourd'hui le reposoir. C'est le cas du droit du commerce électronique[454] et de la propriété intellectuelle[455]. L'arbitrage constitue aussi un cadre privilégié d'expression des usages et pratiques contractuelles du moment où les contractants peuvent s'en référer comme loi applicable. Le recours régulier aux usages et pratiques contractuelles dans ces divers domaines atteste de leur vivacité. Leur institutioalisation en droit européen et de l'OHADA des contrats est effective et progressive[456].

B. L'institutionnalisation progressive des usages et pratiques contractuelles

119. Usages et pratiques contractuelles constituent une source de droit importante en droit européen des contrats et de l'OHADA. Ils peuvent servir de modèle aux contractants et interprètes contractuels. Ils s'institutionnalisent progressivement en droit européen et de l'OHADA des contrats. Ils contribuent ainsi au comblement des lacunes et à la résolution

---

[452]J.-P. MATTOUT, «Les apports des règles et usances uniformes 500 au droit des crédits documentaires», Banque et Droit n° 35, juin 1994 ; P. REMY-CORLAY, «Applications des règles et usances uniformes relatives aux crédits documentaires ; pouvoirs respectifs du banquier et du donneur d'ordre», *RTD civ.*, 2005, p. 357.

[453]H. THILLIER, «L'usage en Droit du travail», *JCP* 1975, éd. C.I., II, 11619 ; A. CHIREZ et L. GASTALDI, *Droit du travail: tendances et pratiques*, *Le Moniteur*, coll. Actualité juridique, 1993, 308p ; P. MOUSSERON, *Les usages en droit de l'entreprise*, *LexisNexis*, 2010, sp. p. 81.

[454]I. DE LAMBERTERIE et M. VIVANT, «Commerce électronique : de nouvelles pratiques contractuelles ?», *Légipresse*, 2001, p. 369 ; K. BENYEKHLEF, «Les transactions dématérialisées sur les voies électroniques : panorama des questions juridiques», in D. POULIN, P. TRUDEL et E. MACKAAY (dir.), *Les autoroutes électroniques. Usages, droit et promesses*, Cowansville, éd. Yvon Blais, 1995, p. 115.

[455]A. GAYRAUD et M. ROBERT, «*Les usages en matière de propriété intellectuelle*», in P. MOUSSERON, *Les usages en droit de l'entreprise*, *op. cit.* ; X. PRÈS, *Les sources complémentaires du droit d'auteur français : le juge, l'Administration, les usages et le droit d'auteur*, *P.U.A.M.*, 2004 ; *Les usages et pratiques professionnelles en droit de la propriété intellectuelle*, Colloque organisé le 18 juin 2008 par le Master droit de propriété intellectuelle appliquée de Paris XII.

[456]Cf. O. BALLAL, «Le renouveau en droit OHADA: les usages contribuent-ils à l'harmonisation du droit des affaires en Afrique ?», *Journal des sociétés*, pp. 42-47. D'après cet auteur, en dépit de quelques réticences louables, «*les usages sont le moyen juridique de conserver les identités nationales ou régionales, nécessaires au développement des Etats et du continent africain*». Cf. Colloque tenu à Libreville (Gabon) les 26 au 28 octobre 2011 sur *Les pratiques contractuelles d'affaires et les processus d'harmonisation dans les espaces régionaux*.

des difficultés dues à l'absence d'harmonie entre les droits nationaux, à l'absence de textes régissant certains pans du droit des contrats, et au sens que les contractants souhaiteraient donner au contrat. Cette unification du droit des contrats passe notamment par la circulation des modèles contractuels.

120. En droit interne, les ordres professionnels s'organisent pour proposer des contrats types pouvant être repris par des contractants soit de manière intégrale, soit par intégration partielle de dispositions dans le contrat. Tel est notamment le cas des contrats d'assurance et des contrats maritimes. Parfois aussi, ce ne sont pas des ordres professionnels qui les mettent en œuvre, mais ils se créent tacitement entre les parties. Sur le plan international, communautaire ou régional, certains organismes tels la CCI de Paris[457], la CNUDCI, UNIDROIT ont mis au point des normes, des formules qui sont utilisées dans les contrats. Nous nous limiterons aux usages et pratiques instituées par UNIDROIT. Cette dernière institution a mis sur pied les Principes UNIDROIT relatifs aux contrats du commerce international, lesquels ont largement influencé les textes en vigueur ou les projets de textes en droit européen et de l'OHADA. L'ouverture à ces textes est justifiée non seulement par le souci de répondre aux attentes des praticiens du droit des contrats, prendre en compte les spécificités africaines[458]. De nombreux exemples inspirés des Principes UNIDROIT témoignent de la prise en compte par l'Avant-projet OHADA d'Acte uniforme sur le droit des contrats des usages et pratiques contractuelles. Inspiré de l'article 1.9 de ces Principes, l'article 1/8 de l'Avant-projet d'Acte uniforme OHADA sur le droit des contrats[459] prévoit en effet que : *«1) Les parties sont liées par les usages auxquels elles ont consenti, ainsi que par les pratiques qu'elles ont établies entre elles. 2) Elles sont liées par tout usage qui est largement connu et régulièrement observé par des parties à des contrats de même nature, à moins que son application ne soit déraisonnable»*[460].

Ce texte met en œuvre le principe général de la liberté contractuelle énoncé à l'article 1.1 du même texte. Les contractants peuvent soit négocier

---

[457]La clause de hardship, la clause de force majeure, la clause des risques, les Incoterms.

[458]V. M. FONTAINE, «L'Avant-projet d'Acte uniforme sur le droit des contrats: vue d'ensemble», Rapport présenté au Colloque sur *L'harmonisation du droit OHADA des contrats, op. cit.,* spéc. p. 207.

[459]Il en est de même des dispositions sur la monnaie de paiement (article 6/13), le hardship (article 6/22 à 6/24), la force majeure (article 7/7), les clauses d'incessibilité des créances (article 11/9).

[460]Adde articles 2/6 (mode d'acceptation de l'offre), 4/3 (circonstances pertinentes), 5/2 (obligations implicites).

toutes les clauses de leur contrat, soit, pour certaines questions, se référer simplement à d'autres sources, y compris les usages. C'est ce qui ressort de l'article 239 alinéa 2 de l'AUDCG révisé dans le cadre de la vente commerciale car *« (1) Les parties sont liées par les usages auxquels elles ont consenti et par les pratiques qui se sont établies dans leurs relations commerciales. (2) Sauf convention contraire des parties, celles-ci sont réputées avoir adhéré aux usages professionnels dont elles avaient connaissance et qui, dans le commerce, sont largement connus et régulièrement observés par les parties à des contrats de même nature dans la branche d'activité concernée».* Cette disposition parle désormais de pratiques, et non plus d'«habitudes», tel qu'initialement prévu à l'article 207 de l'AUDCG de 1997. Ce qui traduit la prise en compte de la notion de «pratique» en matière de vente commerciale de l'OHADA. Les contractants peuvent en outre prévoir l'application de tout usage, y compris un usage développé dans une branche commerciale à laquelle aucune partie n'appartient ou un usage relatif à un autre type de contrat. Parfois, le juge peut se référer à un usage ou à une pratique non consentie pour résoudre le problème qui oppose les contractants. En matière de vente commerciale par exemple, à défaut d'accord entre les parties sur le nouveau montant du loyer, la juridiction compétente saisie peut, pour fixer ce nouveau montant du loyer, tenir compte du *« prix des loyers commerciaux couramment pratiqués dans le voisinage pour des locaux similaires »* (art. 117). Dans le contrat de transport de marchandises par route, l'expéditeur doit emballer la marchandise de manière adéquate, à moins que le contrat ou les usages ne prévoient le contraire (art. 7 AUCTMR). Une pratique établie entre les parties à un contrat donné les lie automatiquement, sauf lorsqu'elles ont exclu son application de façon expresse.

La question de savoir si une pratique particulière peut être considérée comme « établie » entre les parties dépendra des circonstances de l'espèce. Le comportement lors d'une seule opération contractuelle précédente entre ces parties ne suffit pas. X est par exemple fournisseur de lait qui a accepté à plusieurs reprises des réclamations de son client Y, pour des défauts quantitatifs et qualitatifs des marchandises même deux semaines après la livraison. Lorsque Y dénonce un autre défaut après deux semaines, X ne peut pas objecter qu'il est trop tard puisque cela correspond à une pratique établie et contraignante entre eux.

121. Usages et pratiques doivent pourtant remplir certaines conditions. A l'analyse, ces conditions confortent leur caractère civique. Le paragraphe 2 pose les critères pour identifier les usages applicables en l'absence d'un accord spécifique entre les contractants. Le fait que l'usage doive être largement connu et régulièrement observé par les contractants dans la branche commerciale considérée est une condition *sine qua non* permettant à chaque intervenant au contrat d'assurer au mieux la sauvegarde de son intérêt, et partant de tous ceux en présence. Par ailleurs, les usages et pratiques contractuels ne doivent pas être déraisonnables. Bien que susceptible d'être régulièrement observée par l'ensemble des parties prenantes à une branche commerciale donnée, l'application d'un usage à un cas donné peut être déraisonnable. L'on peut trouver des raisons à cela dans les conditions particulières dans lesquelles l'une ou les parties travaillent et/ou dans la nature atypique de la transaction. Dans ces cas, l'usage ne sera pas appliqué. Pour reprendre notre exemple précédent, il existe un usage ou une pratique dans le secteur laitier selon lequel l'acquéreur ne peut se prévaloir des défauts des marchandises s'ils ne sont pas dûment certifiés par une agence d'inspection reconnue sur le plan international. Lorsque Y, le client acheteur prend livraison des marchandises au port de destination, la seule agence d'inspection reconnue sur le plan international opérant dans ce port est en grève, et faire appel à une autre agence la plus proche du port serait excessivement coûteux. L'application de cet usage dans ce cas serait déraisonnable et, de la sorte, le client peut évidemment se prévaloir des défauts qu'il a découverts même s'ils n'ont pas été certifiés par une agence d'inspection reconnue sur le plan international. S'ils sont applicables dans ce cas, les usages et pratiques contractuelles l'emportent sur les dispositions contradictoires figurant dans l'Avant-projet précité parce qu'ils lient les parties en tant que clauses implicites du contrat dans son ensemble ou de simples déclarations, ou tout autre acte de la part d'un des contractants. En tant que tels, ils sont remplacés par toute clause expressément prévue, mais de la même façon qu'auparavant, ils l'emportent sur l'Avant-projet à la seule exception des dispositions qui sont spécifiquement déclarées impératives. Il faut le constater pour s'en convaincre, les usages et pratiques contractuelles constituent des illustrations parfaites de ce mouvement d'institutionnalisation observé dans les espaces juridiques européen et de l'OHADA. Il s'agit également en droit de l'OHADA de prendre en compte des spécificités africaines nationales ou régionales.

Conclusion du Chapitre

122. L'absence de reconnaissance explicite du civisme contractuel ne peut masquer son admission implicite en droit européen et de l'OHADA des contrats. Cette admission s'observe à l'analyse des sources conventionnelles et informelles. Parmi les sources conventionnelles, la CADHP de 1981, le Code CIMA de 1992, l'accord régissant l'OAPI de 1977 révisé en 1999 occupent une place de choix. Leur légitimité passera soit par l'adhésion de l'OHADA à chacune d'elles, soit par l'adoption d'un Acte uniforme dans chaque domaine concerné. Les sources conventionnelles européennes émanent du Conseil de l'Europe ou de l'Union européenne. La Charte sociale européenne du 18 octobre 1961, la Convention pour la protection des données de 1981 et la Convention de 1997 sur la biomédecine en sont quelques exemples pour le Conseil d'Europe. L'on cite en droit de l'Union européenne des accords externes que l'Union conclut avec des pays tiers ou des organisations internationales. Les sources informelles sont aussi nombreuses. Certaines sont propres au droit européen ou au droit de l'OHADA. C'est le cas des listes et livres élaborés sous l'égide de la Commission européenne, la proposition de règlement sur la vente, l'Avant-projet d'Acte uniforme relatif au droit du travail et le projet d'Acte uniforme sur les contrats de consommation. A ces sources, il convient d'ajouter les projets académiques tels l'APAUDC rédigé par Marcel FONTAINE, les PDEC, le PCCR. Enfin, dans cette série de sources, l'institutionnalisation progressive des usages et pratiques contractuels a donné l'occasion de remarquer leur vivacité en général, et spécialement celle du civisme contractuel. Cette analyse a donc permis de déceler le rôle moteur qu'elles jouent dans la réception du civisme contractuel.

CONCLUSION DU TITRE 1 DE LA PREMIERE PARTIE

123. Actuellement, l'implicite est le cadre privilégié d'érection du civisme contractuel. Les traités constitutifs et modificatifs, les directives, les règlements, les actes uniformes, la Conv. EDH, et la jurisprudence contiennent de nombreuses dispositions qui participent du civisme contractuel. Il en est de même, en droit européen, de plusieurs conventions et méthodes relevant du droit européen ; d'autres ne relevent pas directement du droit de l'OHADA mais, en raison de leur application dans plusieurs États membres, laissent présager la possibilité d'y recourir, particulièrement lorsque les contractants ressortissent tous des États les ayant intégré. S'agissant du droit prospectif, l'Avant-projet d'Acte uniforme de l'OHADA sur le droit des contrats, l'avant-projet d'Acte uniforme relatif au droit du travail, le projet d'Acte uniforme de l'OHADA sur les contrats de consommation, les PDEC, le PCCR, la proposition de règlement relatif au droit commun européen de la vente constituent quelques illustrations parfaites. Les usages et pratiques contractuelles ne sont pas non plus à négliger. Bref, l'existence du civisme contractuel se déduit de l'analyse de ces nombreuses sources. Cette situation augure d'ores et déjà de la variété de son contenu, qu'il convient dès à présent de déterminer pour éviter les éventuelles confusions avec les notions voisines.

TITRE II – LE CONTENU DU CIVISME CONTRACTUEL

124. Rechercher le contenu du civisme contractuel c'est déterminer sa substance, ses éléments constitutifs, autrement dit les droits et obligations qu'il véhicule. A cette exigence, le doyen CARBONNIER rattachait l'ordre public, les bonnes mœurs et la théorie de la fraude à la loi. Il s'agissait d'un minimum d'observations auxquelles étaient assujettis les contractants pour éviter l'invalidation de leur accord. Or, ces notions ont vocation à englober d'innombrables applications. Aujourd'hui encore, la substance de l'ordre public, des bonnes mœurs et de la fraude à la loi a évolué ; leurs sources se sont considérablement diversifiées. Vu sous cet angle, l'étude des éléments constitutifs du civisme contractuel ne semble ni possible, ni utile. En réalité, le civisme contractuel est un ensemble de droits et obligations permettant de concilier les intérêts particuliers des contractants à l'intérêt général de la société. Son contenu n'est pour autant pas illimité. Il comprend, certes, un ensemble d'obligations que doivent respecter les contractants. Mais, il comporte également à leur profit tout un faisceau de droits. Dans la présente étude, l'expression *droits civiques* substtituera le groupe de mots *« droits et obligations permettant de concilier les intérêts particuliers des contractants à l'intérêt général de la société »*, tant il est vrai que les droits civiques dont bénéficient le contractant constituent des obligations pour le cocontractant, et vice versa.

125. En dépit de la multiplicité des droits civiques, quelques points communs se dégagent de leur analyse. Il s'agit de droits et obligations attachés directement à la personne du contractant ou à certains attributs de sa personnalité, qui peuvent s'imposer à lui indépendamment de sa volonté. Ces droits et obligations ne sont ni forcément absolus, ni absolument généraux. Leur relativité avérée justifie la marge d'appréciation laissée à l'architecte régional pour concilier les intérêts catégoriels en présence ; à condition que cette appréciation ne soit ni arbitraire ni abusive, et qu'elle ne dénature pas la substance du droit en cause. Ce sont en outre des droits individuels ou collectifs. Les droits civiques ne sont pas des droits processuels, mais substantiels. Ceci exclut du champ d'étude certains droits tels le droit au procès équitable, le droit au recours, et la question encore plus large de la justiciabilité des droits[461]. Les droits civiques ne sont pas réservés à une catégorie spécifique de contractants, débiteur ou créancier, consommateur ou professionnel, faible ou fort, etc. Ils sont essentiels tant pour les contractants que pour la société. Avec le civisme contractuel, le contrat s'inscrit dans un environnement qui intègre de nombreuses

[461]C'est la possibilité pour les contractants bénéficiaires de ces droits d'en réclamer en justice le respect par leurs cocontractants.

considérations. Au-delà des considérations purement juridiques et économiques, individuelles et collectives, personnelles et professionnelles, le contrat prend également prendre en compte les aspects sociaux et environnementaux. Ces derniers sont aujourd'hui inséparables du contrat, qu'il soit civil, mixte ou commercial. C'est tout ceci qui justifie la nécessité constante d'assurer leur sauvegarde.

126. Les droits civiques ne sont pas des droits statiques, mais dynamiques. Ils peuvent se transformer au de l'évolution de la société. Suivant les époques, ils peuvent au sein d'une même société être soit pris en compte, soit ignorés. La disponibilité du corps humain est une illustration saisissante. Ces droits peuvent également se transformer par degré. De simple droit, ils peuvent devenir des droits fondamentaux[462]. Tel est le cas du droit au logement. Ils peuvent enfin se muer d'un volet du droit des contrats à un autre. D'abord limité à la personne humaine, le droit à la dignité tend désormais à s'appliquer aux aspects sociaux, économiques et environnementaux du contrat. Ces droits sont reconnus à des intensités variables dans l'ordre juridique de plusieurs Etats européens et de l'OHADA. Il ne sera pas question de s'attarder sur leur nature processuelle ou substantielle, sur le degré de leur protection, sur leur force contraignante ou sur les critères de leur classification. Il conviendra de constater leur affirmation dans les espaces européens et de l'OHADA, fusse t-elle implicite.

125. Certains de ces droits demeurent présents dans les contrats en dépit des évolutions. Ils sont durables car ils portent sur des éléments essentiels à toute société humaine. C'est ce qui justifie la tendance de la société à maintenir leur protection. Il s'agit de ce que nous qualifions droits civiques permanents (**Chapitre 1**). D'autres en revanche n'ont pas toujours été présents, surtout dans la sphère contractuelle. Il s'agit de droits éventuels ou épisodiques dont la prise en compte est progressive. Ces droits sont pourtant essentiels, non pas à une communauté donnée, mais à l'humanité toute entière. Ils ont vocation à durer tant que restent irrésolus les questions à l'origine de leur émergence ; mais peuvent disparaitre aussitôt que ces questions sont résolues. Il s'agit de ce qu'il convient de qualifier les droits civiques contingents (**Chapitre 2**).

Chapitre 1. Les droits civiques permanents
Chapitre 2. Les droits civiques contingents

[462]Sur les rapports entre le contrat et les droits fondamentaux, v. L. MAURIN, *Contrats et droits fondamentaux*, *op. cit.* ; A. PELISSIER et D. COSTA (dir), *Contrats et droits fondamentaux*, *op. cit.* ; A. DEBET, *op. cit.*

CHAPITRE I LES DROITS CIVIQUES PERMANENTS

126. Les droits civiques sont des droits et obligations par lesquels les contractants et les interprètes du contrat peuvent concilier les intérêts particuliers des contractants à l'intérêt général de la société. Ces droits sont permanents parce qu'ils peuvent durer, sans modification ni interruption. Stables et évolutifs, ils sont une émanation de la personne, et seule celle-ci, physique ou morale, peut les exercer. Ces droits restent alors liés à cette personne aussi longtemps que dure sa personnalité juridique.

1*27.* Les droits civiques permanents sont attachés à la personne du contractant et à certains attributs de sa personnalité. Leur protection s'avère ainsi justifiée à tout point de vue. En dresser un inventaire constitue cependant une entreprise dangereuse et périlleuse, à laquelle nous n'entendons pas nous livrer. Il sera plutôt question de les regrouper, du moins les plus représentatifs, autour de la personne ou de ses attributs qui témoignent de leur permanence en matière contractuelle. Concrètement, les droits civiques permanents sont attachés à la personne (**Section 1**), au domicile (**Section 2**) et à la profession (**Section 3**).

SECTION I. LA PERSONNE

128. La personne, physique ou morale, est au cœur des préoccupations du droit européen et de l'OHADA. Le droit européen semble plus avancé car il intègre des considérations à la fois politique, économique, sociale et culturelle. Dans le cadre du droit du Conseil de l'Europe par exemple, la Conv. EDH donne une plus grande impulsion aux droits fondamentaux de la personne[463]. Le droit de l'Union européenne quant à lui est un droit communautaire qui embrasse des questions d'ordre divers. En revanche, le droit de l'OHADA n'a vocation qu'à s'appliquer au droit des affaires ou au droit des activités économiques. Il serait alors indifférent aux droits fondamentaux de la personne. Même si le caractère communautaire du

[463]Encore fortement débattues, les questions de la reconnaissnce des droits fondamentaux des personnes morales laissent croire que celles-ci peuvent en bénéficier. Cf. R. PIERRE, *Les droits fondamentaux des personnes morales de droit privé*, thèse Limoges, 22 novembre 2010, 628 p ; X. DUPRÉ DE BOULOIS, «Les droits fondamentaux des personnes morales», *RDLF*, in http://webu2.umpf-grenoble.fr/rdlf/?p=1248, 17 octobre 2012.

droit de l'OHADA peut être raisonnablement contesté[464], l'idée des droits fondamentaux n'y est pas totalement absente[465]. Ces préoccupations sont d'autant plus fortes que la personne considérée est partie à un contrat. Il faut donc la protéger non seulement en assurant le respect de sa dignité (§1), mais aussi en garantissant sa sécurité (§2)[466].

§1. Le respect de la dignité du contractant

129. Il est dans l'intérêt de la société que le respect de la dignité des contractants soit assuré en tout temps et en toute circonstance. Concept apparemment nouveau[467], *«la dignité est un mot saturé de sens et fortement connoté »*[468]. Dans son expression juridique la plus simple, elle renvoie à la valeur éminente qui est de l'essence de la personne humaine[469]. Cette notion polysémique a vocation à s'étendre non seulement aux activités professionnelles en ce qu'elle impose à ses assujettis des obligations tendant au respect de la profession, mais aussi aux corporatistes car soumet leurs membres au respect des règles tenant à leur organisation. Elle s'applique aux

---

464Cf. E. VIGNON, «Peut-on qualifier le droit de l'OHADA de droit communautaire ?», www.ohada.com, Ohadata D-10-51. Adde J. ISSA, «Conflits entre droit communautaire et droit régional dans l'espace OHADA», www.ohada.com, Ohadata D-06-05. En revanche, certains auteurs lui attribuent la qualité de droit communautaire : C. MOORE DICKERSON, « Le droit de l'OHADA », Rec. *Dalloz*, 2007, p. 560 et s.

465V. J.-B. ESSOH, «L'OHADA et les droits de l'homme : état des lieux et perspectives d'une cohabitation», Communication présentée lors de la formation des formateurs de l'ESUMA, formation tenue du 03 au 07 septembre 2012 sur les thèmes Ingénierie pédagogique, Droit commercial général, Droit des sociétés coopératives et Droits de l'Homme ; J.-J. MILINGO ELLONG, « Les conflits de normes en matière de droits fondamentaux : le cas de l'OHADA et de l'Union africaine », *op. cit.*

466Nous aurions pu ajouter le droit à l'égalité. Mais, l'égalité est une notion carrefour dont les applications sont désormais sans limite. En droit des contrats, l'égalité est un principe général du droit. Il est nécessaire de l'examiner à travers ses multiples composantes que de tenter de les regrouper dans une partie de notre étude.

467B. EDELMAN, «La dignité de la personne humaine, un concept nouveau», in M.-L. PAVIA et Th. REVET, *La dignité de la personne humaine*, *op. cit.*, pp. 25-34. Adde N. MOLFESSIS, «La dignité de la personne humaine en droit civil», in M.-L. PAVIA et Th. REVET, *op. cit.*, pp. 107-136. Pour un inventaire des textes internationaux ayant consacré le respect de la dignité de la personne humaine, voir B. JORION, «La dignité de la personne humaine ou la difficile insertion d'une règle morale dans le droit positif», *RDP*, 1999, p. 197s.

468L. WEIL, «La dignité de la personne humaine en droit administratif», in M.-L. PAVIA et Th. REVET, *op. cit.*, pp. 85-106. Sur les définitions de la notion de dignité, voir L.-E. PETTITI, «La dignité de la personne humaine en droit européen», in M.-L. PAVIA et Th. REVET, *op. cit.*, pp. 53-66.

469N. MOLFESSIS, «La dignité de la personne humaine en droit civil», *op. cit.*

personnes physiques et morales, contractante ou non[470]. A l'évidence, la personne physique ou morale peut faire l'objet de contrat. Sa dignité doit à ce titre être sauvegardée[471]. Ce respect a déjà fait partie intégrante de l'ordre juridique interne des Etats européens et de l'OHADA, en raison de l'influence des textes à valeur constitutionnelle[472].

130. En droit européen et de l'OHADA, la dignité de la personne en général, et celle du contractant en particulier est une réalité. Les contractants ont le droit de vivre dignement, c'est-à-dire de satisfaire les besoins essentiels qui leurs permettront de s'accomplir en tant que personne. Cette affirmation dérive de la jurisprudence de la Cour EDH[473], de la Charte des

---

[470]En réalité, la dignité a une portée qui dépasse la seule sphère juridique.

[471]Cf. M. BOURGEOIS, *La personne objet du contrat*, 1ère éd. *Larcier*, 2005, 554 p. ; R. DIJOUX, *La contractualisation des droits fondamentaux*, éd. *L'Harmattan*, 2012 ; D. COSTA et A. PELISSIER (dir.), Contrats et droits fondamentaux, Actes du colloque qui s'est déroulé le 12 janvier 2007 à l'Université d'Avignon, *PUAM*, 2011 ; P. NGUIHE-KANTE, *Entreprises commerciales et droits fondamentaux : essai de systématisation à l'étude des particularismes au regard des droits français et camerounais*, *PUAM*, 2012, 527p. ; V. ALLEGART, *Le droit des sociétés et les droits et libertés fondamentaux*, *PUAM*, 2005, 428p. ; A. DECOCQ, *Essai d'une théorie générale des droits sur la personne*, *LGDJ*, 1960.

[472]La décision du Conseil constitutionnel du 27 juillet 1994 (343-344 DC, *Bioéthique*, GD n°47) fait émerger ce droit du Préambule de la Constitution de 1946. Adde article 16 C.civ. français. Certains auteurs contestent la juridicité de la dignité, que ce soit en tant que droit ou en tant que principe. Selon eux, *«il n'existe pas, en droit positif, de droit à la dignité de le personne humaine»* (N. MOLFESSIS, «La dignité de la personne humaine en droit civil», *op. cit.*). En outre, *«Le principe de la dignité de la personne n'est certainement pas un principe juridique mais philosophique et plus encore spirituel. Il n'existe pas un principe juridique de la dignité de la personne mais des effets juridiques de ce principe»* (B. BEIGNIER, «L'ordre public et les personnes», in *L'ordre public à la fin du XXe siècle*, *Dalloz*, 1996, p.13 s). En fait, les objections avancées contre l'érection du droit au respect de la dignité en droit fondamental ne sont pas déterminantes (en ce sens, D. CHAGNOLLAUD et G. DRAGO (dir.), *Dictionnaire des droits fondamentaux*, *Dalloz*, 2006, 751p., spéc. p.255).

[473]Aucune disposition de la Conv. EDH n'ayant imposé formellement le respect de la dignité humaine, c'est la Cour de Strasbourg qui lui a marqué son attachement. Cette Cour a jugé que: «L'essence même [de la Convention] est le respect de la dignité et de la liberté humaines» (Cour EDH, 22 septembre 1995, S.W. c/ RU, § 44) ; «la Convention européenne des droits de l'homme doit se comprendre et s'interpréter comme un tout. Les droits de l'homme constituent un système intégré visant à protéger la dignité de l'être humain» (Cour EDH, 31 juillet 2001, Parti de la Prospérité c/ Turquie, § 43). De l'arrêt Goodwin c/ RU, elle a déduit «le droit pour chacun d'établir les détails de son identité d'être humain» (Cour EDH, 11 juillet 2002, § 90). La Cour est allée jusqu'à juger que «la faculté pour chacun de mener sa vie comme il l'entend peut également inclure la possibilité de s'adonner à des activités perçues comme étant d'une nature physiquement ou moralement

droits fondamentaux de l'Union européenne[474], de certaines directives et règlements de l'Union européenne, des actes originaires ou dérivés de l'OHADA. D'abord limitées à la personne humaine, les applications de la dignité envahissent progressivement les aspects sociaux, économiques et environnementaux du contrat. Une fois présentée l'affirmation du droit du contractant au respect de sa dignité (A.), seront abordées quelques unes de ses applications contractuelles (B.).

A. L'affirmation du droit du contractant au respect de sa dignité

131. La situation varie selon qu'il s'agit du droit européen ou de l'OHADA[475]. Si en droit de l'OHADA cette affirmation est souhaitée (1.), en droit européen elle est avérée (2.).

1. Une affirmation souhaitée en droit de l'OHADA

132. En droit positif de l'OHADA, aucune disposition textuelle n'évoque formellement le droit du contractant au respect de sa dignité. Il en est de même de son droit prospectif. L'analyse de l'Avant-projet d'Acte uniforme relatif au droit du travail, qui consacre pourtant de nombreux droits fondamentaux au profit des travailleurs et des employeurs l'illustre suffisamment. L'Avant-projet d'Acte uniforme sur le droit des contrats est également muet sur la question. Il en est de même des décisions de justice et sentences arbitrales rendues dans cet espace juridique. Il ne serait pas surprenant de conclure à l'absence d'une reconnaissance expresse du droit du contractant au respect de sa dignité. Pourtant, ce droit n'est pas étranger aux préoccupations du droit de l'OHADA.

133. L'OHADA se préoccupe de l'unité africaine. Elle s'est engagée dès sa création à accomplir de nouveaux progrès dans cette voie, et a

---

dommageable ou dangereuse pour sa personne» (Cour EDH, 29 avril 2002, Pretty c/ RU, § 62). Malgré l'étendue de la notion de dignité humaine, l'ordre public doit toujours s'imposer. La Cour l'a rappelé il y a quelques années s'agissant de mutilations résultant de pratiques sadomasochistes (Cour EDH, 19 février 1997, Laskey, Jaggard et Brown c/ RU, § 50 ; Cour EDH, 17 février 2005, A. et D. c/ Belgique, § 85). Adde Y. LECUYER, *Mémento de la jurisprudence de la CEDH*, *Hachette Supérieur*, 2012, 159p; R. DUMAS et E. GARAUD, *op. cit.*

[474]Dans son préambule, la CDFUE évoque formellement la dignité humaine comme une valeur indivisible et universelle. Son article 1er rappelle que *«La dignité humaine est inviolable. Elle doit être respectée et protégée»*.

[475]L'exigence du SMIC/SMIG est une exigence commune à l'ordre juridique européen et de l'OHADA. Elle permet de préserver la dignité du travailleur, mais aussi celle des acteurs économiques et de la société toute entière, chargée de veiller à sa réalisation.

réaffirmé cet engagement dans le préambule du traité révisé à Québec en 2008. L'un de ces nouveaux progrès consisterait pour l'OHADA à envisager une meilleure prise en compte des droits fondamentaux, aucune organisation n'étant viable lorsque les droits essentiels des acteurs ne sont ni consacrés ni protégés. Le droit au respect de la dignité n'étant pas reconnu en droit de l'OHADA, sa consécration pourrait s'opérer de plusieurs manières. D'une part, le législateur régional peut soit insérer ce droit dans le corps du traité révisé, un Acte uniforme révisé, un des projets d'Actes uniformes en gestation, soit adopter un Acte uniforme spécifique aux droits fondamentaux de l'OHADA[476]. D'autre part, le juge régional ou national peut consacrer la dignité du contractant comme un droit faisant partie intégrante des principes généraux de droit uniforme dont il assure le respect.

134. Dans la quête de l'unité africaine, l'OHADA pourrait en outre s'inspirer des textes de l'Union africaine, pour reconnaître le droit du contractant au respect de sa dignité. Elle est l'un des objectifs essentiels de l'Union africaine à côté de la liberté, l'égalité et de la justice[477]. Aux termes de l'article 5 de la CADHP : *«Tout individu a droit au respect de la dignité inhérente à la personne humaine et à la reconnaissance de sa personnalité juridique. Toutes formes d'exploitation et d'avilissement de l'homme notamment l'esclavage, la traite des personnes, la torture physique ou morale, et les peines ou les traitements cruels inhumains ou dégradants sont interdits »*[478]. En adhérant à la CADHP de l'Union africaine, elle intègrerait directement ce droit dans son ordre juridique.

2. Une affirmation avérée en droit européen

135. En droit européen, le droit de la personne en général et du contractant en particulier au respect de sa dignité est une réalité[479]. Celle-ci s'est faite de façon progressive. Aucune disposition ne prévoyait expressément ce droit. C'est à force de la construction des droits conventionnel et communautaire européens qu'il s'est enraciné.

136. Dans le cadre du droit du Conseil de l'Europe, la proclamation du droit du contractant au respect de sa dignité s'est d'abord faite de manière implicite. C'est à travers ses nombreuses applications que l'on a pu déduire son existence dans la Conv. EDH. Les formules *«interdictions des*

---

[476]*Ibid. Adde* notre article relatif aux conflits de normes en matière de droits fondamentaux précité.

[477]Cf. Préambule de la Charte de l'OUA et de l'Acte constitutif de l'Union africaine.

[478]En son article 19, la CADHP reconnait le droit des peuples africains à la jouissance égalitaire de la dignité.

[479]L.-E. PETTITI, «La dignité de la personne humaine en droit européen», *op. cit.*

traitements inhumains ou dégradants», *«droit au respect de la vie privée et familiale»* en l'occurrence permettent de protéger la dignité du contractant. S'en est suivie ensuite une proclamation expresse du droit du contractant au respect de sa dignité. Elle est d'une part tirée du protocole n°13 à la Conv. EDH. Cette proclamation expresse s'est néanmoins faite de manière indirecte. En effet, le protocole n° 13 a pour objet l'abolition totale de la peine de mort. Il ne s'agissait donc pas d'introduire dans la Conv. EDH le droit du contractant au respect de sa dignité. Mais, les Etats parties à ce protocole ont été *«Convaincus que le droit de toute personne a la vie est une valeur fondamentale dans une société démocratique, et que l'abolition de la peine de mort est essentielle à la protection de ce droit et à la pleine reconnaissance de la dignité inhérente à tous les êtres humains»*. Ce qui révèle leur attachement à la sauvegarde de la dignité humaine. Aujourd'hui, il n'est plus contestable que la dignité du contractant constitue un droit essentiel garanti par la Conv. EDH. La Convention européenne de Bioéthique du 4 octobre 1997 (Préambule et art. 1er) et ses multiples protocoles additionnels poursuivent la même finalité[480].

137. En droit de l'Union européenne, l'enracinement textuel de ce droit ne s'est pas fait au départ de la construction européenne, même s'il est vrai que depuis l'origine, cette construction s'est bâtie en réaction contre toutes les formes les plus odieuses d'atteinte à la dignité de la personne[481]. L'adhésion de l'Union européenne à la Conv. EDH a constitué la première étape de la prise en compte de la dignité du contractant dans l'ordre juridique de l'Union européenne. Avec la CDFUE, la dignité de la personne du contractant va intégrer le droit positif de l'Union. D'après son article 1er *«La dignité humaine est inviolable. Elle doit être respectée et protégée»*. Selon certains auteurs, *«la dignité humaine est la première des valeurs de l'Union aux côtés de la liberté, de la démocratie, de l'égalité, de l'Etat de droit et du respect des droits de l'homme»*[482]. Ces affirmations font de la dignité du contractant un droit fondamental porteur d'exigences à l'égard de toutes les personnes physiques et morales. Dans une affaire opposant un transsexuel à son employeur, la CJCE a élargi le champ de compétence du droit de ne pas être discriminé en raison de son sexe aux discriminations qui trouvent leur origine dans la conversion sexuelle d'un individu. Pour y parvenir, elle s'est inspirée du principe de dignité en précisant que *«tolérer une telle discrimination* (en l'occurrence le licenciement pour cause de conversion sexuelle), *reviendrait à méconnaître à l'égard d'une personne le respect de*

---

[480]Notamment en son article 1er alinéa 1.
[481]Cf. L. FAVOREU et al., *Droits et libertés fondamentales*, 3e éd., *Dalloz*, 2005, 576p., spéc. n°644-1, p.501.
[482]*Ibid.*

la dignité et de la liberté auquel elle a droit et que la Cour de justice doit protéger»[483].

B. Applications contractuelles du droit du contractant au respect de sa dignité

138. Le contrat de travail, le contrat médical et le cautionnement sont des domaines par excellence d'application du droit du contractant au respect de sa dignité. L'illustrent à suffisance le souci de préserver l'intégrité physique ou morale du contractant (1.) et de respecter certaines exigences inhérentes à sa vie privée (2.).

1. Le droit du contractant au respect de son intégrité

139. Ce droit recouvre toutes les hypothèses où une atteinte est portée au physique ou au psychique du contractant personne physique, ainsi qu'à la réputation ou à l'image du contractant personne morale[484]. C'est une exigence fondamentale garantie par les articles 3 de la Conv. EDH, 3 de la CDFUE, 1er de la Convention européenne de biomédecine, et 147 de l'Avant-projet d'Acte uniforme de l'OHADA relatif au droit du travail[485]. Il entraine vis-à-vis de ses destinataires toute une série de droit et d'obligations, qui participent de la conciliation des intérêts particuliers des contractants à l'intérêt général de la société.

140. En application de ces textes, toute personne a droit au respect de son intégrité. Cette disposition a servi de référent au juge français, juge européen de droit commun, pour protéger l'intégrité du contractant. Bien que recoupant également des domaines autres que contractuels, l'arrêt du Conseil d'Etat relatif au *« lancer de nain »* est à fort révélateur[486]. Il s'agissait des spectacles consistant à inviter les spectateurs à lancer un nain vêtu d'un costume de protection le plus loin possible au-dessus d'un tapis de protection. Une circulaire du Ministère de l'Intérieur du 27 novembre 1991 avait prescrit aux préfets de conseiller aux maires d'interdire les *«championnats de nains* (pour leur) *intolérable atteinte à la dignité humaine,*

---

[483]CJCE, 30 avril 1996, P c/ S et Cornwall Courndy Courncil, Aff. C-13/94, Rec. CJCE p. I-2143, concl. Tesauro.

[484]Cf. J.-M. TCHAKOUA, « Droits fondamentaux, corps et intégrité physiques du salarié », *AFSJP/UDs*, t.1, vol. 1, 1997, pp.30-48.

[485]Elle est prévue sur la partie relative à la sécurité et santé au travail, et non aux droits fondamentaux.

[486]CE, ass., 27 octobre 1995. Ville d'Aix-en-Provence, *RFD adm*. 1995. 1204. Concl. Frydman ; *D*. 1996. 177 note Lebreton ; *JCP* 1996. II. 22630, note F. Hamon. (Commune de Morsang-sur-Orge).

au sens de l'article 3 de la CEDH». Le nain requérant avait alors fait valoir que ce spectacle lui avait permis de s'intégrer dans un milieu professionnel et lui assurait un revenu mensuel confortable, alors que par le passé il était seul et au chômage. Cette affaire mettait en présence une diversité d'intérêts et une pluralité de droits. La société invoquait le respect dû à la dignité du nain en dépit de son consentement, tandisque ce dernier clamait son droit au travail. Or, dès lors que la dignité de la personne est en jeu, les maires ne doivent pas tenir compte des circonstances locales, mais se conformer aux idées morales de la conscience collective nationale. Pour rejeter la demande du nain, le commissaire du gouvernement va retenir avec raison que *« le respect de la dignité humaine, concept absolu s'il en est, ne saurait s'accommoder de quelconques concessions en fonction des appréciations subjectives que chacun peut porter à son sujet»*, et que, *«de par sa nature même, la dignité de la personne est hors commerce».*

Par la suite, la Cour EDH s'est prononcée sur la question. Par son arrêt Laskey et autres c/ Royaume-Uni du 16 mars 1997[487], elle a pris en compte le respect de la dignité de la personne dans une situation particulière pour protéger une victime adulte consentante à l'atteinte à son intégrité corporelle. Ces actes consistaient en de mauvais traitements infligés sur les parties génitales (à l'aide de cire chaude, de papier de verre, d'hameçons et d'aiguilles par exemple) et en rituels de flagellation soit à mains nues soit au moyen de divers objets tels que des orties, des ceintures à pointes ou des martinets. Dans certains cas, le marquage au fer rouge ou les lésions infligées provoquèrent des saignements et laissèrent des cicatrices. Des poursuites pénales ont été intentées en Grande-Bretagne contre ces sadomasochistes dont les plus jeunes se trouvent dans un champ de dépendance, même s'ils étaient pleinement consentants à subir ces humiliations[488]. Des exemples du genre peuvent être multipliés.

Malgré la rareté de cas jurisprudentiels, le respect de l'intégrité du contractant peut également se traduire par l'interdiction de certaines pratiques : l'interdiction du travail forcé ou obligatoire[489], l'interdiction des

---

[487]Etudié généralement sous son volet repressif, l'arrêt Laskey a aussi une dimmension contractuelle, les pratiques sadomasochistes résultant d'un accord de volonté.

[488]Pour des cas d'une particulière gravité, v. Cour EDH, 17 février 2005, K.A. et A.D. c/ Belgique, requête n°42758/98 et 45558/99.

[489]Cf. article 4 CEDH ; article 3 AP AUDT. Dans une espèce, la Cour EDH a fait application de cette disposition dans son arrêt C.N. et V. c/ France du 11 octobre 2012 (n°67724/09) : La Cour a conclu que C.N. avait été soumise à un travail forcé ou obligatoire ayant dû fournir, sous la menace d'un renvoi au Burundi, un travail tel qu'il aurait appelé une personne professionnelle rémunérée. La Cour avait également estimé que C.N. avait été tenue en servitude puisqu'elle avait le sentiment que sa condition était immuable et non susceptible d'évoluer. Dans un sens quasi-similaire, voir l'arrêt Silliadin c/ France du 26 juillet 2005 (Rec. 2005-VII). Dans

pratiques commerciales ayant pour objet le corps humain, la prohibition des engagements perpétuels pour éviter au travailleur de s'aliéner, l'exigence de certification testimoniale de l'identité de la caution analphabète (art. 14 al. 2 AUDS révisé), l'interdiction des traitements inhumains et dégradants[490]. Dans les contrats internationaux, les firmes multinationales insérent de plus en plus dans leur contrat des clauses par lesquelles elles s'engagent à respecter les droits fondamentaux et les intérêts de leurs cocontractants. Elles s'engagent en l'occurrence à ne pas exploiter les enfants en bas âge, à imposer aux salariés des traitements inhumains et dégradants, ou encore à éviter les trafics de tous ordres. Les accords de partenariat volontaire par lesquels plusieurs Etats d'Afrique centrale, membres de l'OHADA, et l'Union européenne s'interdisent de tout trafic de bois les contraignent à ne commercialiser que du bois légal. Tous ces accords permettent à ces grandes firmes d'éviter de s'exposer aux critiques et de préserver leur image commerciale.

141. En droit prospectif de l'OHADA, *«est interdite toute violence résultant de la situation de fait où un travailleur est persécuté, menacé ou agressé moralement ou physiquement à l'occasion de l'exécution du contrat de travail»* (art. 11 APAUDT). Ils se concrétisent par l'enchaînement, sur une assez longue période, de propos et d'agissements hostiles exprimés ou manifestés par une ou plusieurs personnes envers une ou plusieurs autres, employeurs ou travailleurs. Rentrent dans cette catégorie les confrontations, intimidations, brimades, sévices, dédain de la personnalité, répétition des agressions sur une durée assez longue. Le contractant reste pourtant libre de jouir de son corps, de le manipuler ou le faire manipuler à sa guise, à la seule condition que ces actes ne portent atteinte ni à ses propres intérêts, ni à ceux de son cocontractant, ni à ceux de la société. Le harcèlement physique ou

---

cette affaire, la requérante, jeune fille d'origine togolaise amenée en France avec la complicité de sa famille avait été hébergée chez un couple en contrepartie de quelques menues tâches : quinze heures de travail quotidien, aucun jour de repos, aucune rémunération, pas de scolarisation. Malgré ces détails et la confiscation du passeport, symptôme par excellence de l'esclavage moderne, les juridictions nationales n'avaient pas décelé d'état de dépendance ou de vulnérabilité. La Cour a conclu que dame Silliadin n'avait pas été réduite à l'esclavage, mais tenue en état de servitude. Pour la définition du travail forcé, voir la Convention n°29 de l'OIT du 28 juin 1930.

[490]Article 3 Conv. EDH. Le champ d'application privilégiée de l'article 3 ne se limite plus au secteur répressif, mais s'étend à d'autres secteurs, non exclusifs du domaine contractuel. La Cour se sert parfois de la technique dite de «protection par ricochet» pour appliquer l'article 3 dans des secteurs qui n'entrent pas dans son champ.

moral constitue également une atteinte à l'intégrité de la personne[491]. Le droit positif du Conseil de l'Europe, de l'Union européenne ainsi que le droit prospectif de l'OHADA sanctionnent de telles atteintes[492]. La difficulté réside dans la preuve de ces agissements. L'inversion de la charge de la preuve au détriment du contractant agresseur serait une solution raisonnable.

2. Le droit du contractant au respect de sa vie privée

142. La détermination des contours de la notion de vie privée n'est pas aisée. La Cour EDH l'a confirmé dans un de ses arrêts en décidant qu'il n'est *« ni possible ni nécessaire de chercher à définir de manière exhaustive la notion de vie privée »*[493]. En se référant à l'article 8 de la Conv. EDH et aux traditions constitutionnelles communes aux Etats membres, la CJCE a consacré le droit au respect de la vie privée[494] sans toutefois définir celle-ci. Le juge français a par la suite, dans le domaine social, posé au double visa des articles 9 du Code civil et 8 de la Conv. EDH le principe que *« le salarié a droit, même au temps et lieu de travail, au respect de sa vie privée »*[495]. Il s'agit donc de l'appréhender le plus simplement possible, c'est-à-dire comme l'un des droits fondamentaux reconnus par l'ordre juridique

---

[491]Le harcèlement est une « souffrance » infligée sur le lieu de travail de façon durable, répétitive et/ou systématique par une ou des personnes à une autre personne, par tous moyens relatifs aux relations, à l'organisation, aux contenus ou aux conditions de travail, en les détournant de leur finalité, manifestant ainsi une intention consciente ou inconsciente de nuire voire de détruire. Cf. Ph. AUVERGNON, «Corps et contrat de travail: Quels droits fondamentaux ? », in *AFSJP/UDs*, tome 1, vol. 1, 1997, pp. 49-63.

[492]Une recommandation de la Commission européenne du 27 novembre 1991 avait exhorté à des mesures permettant *«une prise de conscience du fait que tout comportement à connotation sexuelle et tout autre comportement fondé sur le sexe, qui affecte la dignité des hommes et des femmes au travail, que ce comportement soit le fait de supérieurs hiérarchiques ou de collègues, est inacceptable»*.

[493]Cour EDH, 16 décembre 1992, Niemetz c/ Allemagne, série A n° 251-B. Adde B. BEIGNIER, « Vie privée et vie publique », *Arch. ph. dr.*, 1997, n°41, pp. 163-180.

[494]CJCE, 26 juin 1980, National Panasonic c/ Commission, Aff. C-136/79, Rec. CJCE, p.2033.

[495]Cass. soc. 2 octobre 2001, arrêt Nikon,:RJS 12/01 n°1394 ; Bull. civ. 2001, V, n°291, D. 2001, JP p.3148, note P. Y. Gautier. Sur la distinction entre les fichiers personnels stockés dans un ordinateur professionnel, protégés, et les fichiers professionnels non protégés, voir Cass. soc., 17 mai 2005, n°03-40.017, Société NAMS: RIJ 8-9/05 n°799 ; Bull. civ. 2005, V, n°165 ; CCE 2005, comm. n°121, obs. A. Lepage. En revanche, dans son arrêt du 21 mars 1988, la Cour d'appel de Paris avait refusé d'envisager l'application de l'article 9 du Code civil en faveur des personnes morales en relevant que cet article *«concerne la vie privée des personnes physiques»* (CA Paris, 21 mars 1988: Juris-Data, n°021125.

communautaire permettant à toute personne de jouir d'un espace d'intimité au sein duquel ni les autorités étatiques, ni les particuliers ne peuvent en principe s'immiscer[496]. Le droit du contractant au respect de la vie privée doit englober les actes en rapport à sa vie personnelle, à ceux dans ses relations avec ses semblables[497], plus précisément dans ses activités professionnelles ou commerciales[498]. A travers la protection de la vie privée du contractant, c'est d'abord la liberté contractuelle qu'il s'agit de sauvegarder[499]. Il est ensuite question de *«prendre en compte le juste équilibre à ménager entre l'intérêt général et les limites de l'individu»*, ce quand bien même l'Etat jouirait d'une marge d'appréciation considérable[500].

143. Le droit du contractant au respect de sa vie privée est opposable à tous[501]. C'est un droit de portée générale susceptible d'application aussi bien verticale[502] qu'horizontale[503]. Au plan interne, ce droit est garanti. En

---

[496]Cf. R. DUMAS et E. GARAUD, *op. cit.*, p.81 ; CJCE, 8 avril 1992, Commission c/ Allemagne, Aff. C-62/90, Rec. CJCE, p. I-2575.
[497]Cour EDH, 6 février 2001, Bensaid c/ Royaume-Uni, § 47.
[498]Cour EDH, 16 décembre 1992, Niemietz c/ Allemagne, § 29.
[499]P. KAYSER, *La protection de la vie privée par le droit, Economica/PU Aix-Marseille*, 3e éd., 1995, 605p.
[500]Cour EDH, 24 février 1998, Botta c/ Italie, § 33. Dans l'arrêt Odièvre, la Cour s'est montrée plus réservée en rappelant les intérêts contradictoires qu'il doit concilier (Cour EDH, 13 février 2003, Odièvre c/ France, § 44).
[501]Sur l'obligation générale de respect par l'employeur du corps et de la vie privée du salarié, voir F. PETIT, «Droits fondamentaux, corps et vie privée du salarié », in *AFSJP/UDs*, tome 1, vol. 1, 1997, pp 21-29.
[502]Les exemples d'application verticale abondent dans la jurisprudence de la Cour EDH. V. Cour EDH, 2 août 1984, Malone c/ Royaume-Uni, série A, n° 82, § 67 (danger d'arbitraire) ; Cour EDH , 24 avril 1990, Kruslin, § 33 (éCourtes téléphoniques) ; Cour EDH, 25 février 1993, Funke c/ France, § 55 (nécessité d'une ingérence établie de manière convaincante) ; Cour EDH, 25 mars 1983, Silver et a. c/ Royaume-Uni, § 97 (nécessité d'une ingérence correspondant à un besoin social impérieux et proportionnée au but légitime poursuivi) ; Cour EDH, 24 octobre 1996, Guillot c/ France, § 22 (le choix du prénom des enfants relève de la vie privée sans pour autant que les autorités publique perdent tout pouvoir de contrôle) ; Cour EDH, 25 mars 1992, B. c/ France (détermination de la nouvelle identité d'un transsexuel); Cour EDH, 20 septembre 1994, Otto-Preminger-Institut c/ Autriche, § 47 (cet arrêt précise pour la première fois en quoi peut consister une obligation positive mise à la charge d'un Etat afin de garantir le respect de la vie privée dans les relations des individus entre eux).
[503]C'est dans son arrêt X. et Y. c/ Pays-Bas que la Cour a laissé entendre que l'article 8 de la Conv. EDH est susceptible de produire un effet horizontal car les obligations positives des Etats *«peuvent impliquer l'adoption de mesures visant au respect de la vie privée jusque dans les relations des individus entre eux»* (Cour EDH, 26 mars 1985, § 3). Cette décision consacre l'idée selon laquelle le respect de

droit européen[504], toute personne physique ou morale a droit au respect de sa vie privée, ainsi qu'à ses corollaires que sont la vie familiale, le domicile, la correspondance, la santé. En effet, *« Si le droit au respect de la vie privée compte les personnes physiques parmi ses titulaires naturels, ce droit fondamental apparaît également applicable aux personnes morales »*[505]. La Cour EDH n'a pas encore consacré cette prérogative au profit des personnes morales, alors qu'elle les a déjà promus au rang de titulaire du droit au respect du domicile[506]. Mais, l'idée que *« toute personne »* a droit au respect de sa vie privée, sans distinguer s'il s'agit d'une personne physique ou morale, d'un contractant ou non, n'empêche pas de conclure à une telle reconnaissance[507].

144. Sous réserve de certaines ingérences des autorités publiques[508], la vie privée bénéficie d'une protection absolue contre les divulgations. C'est dire que le respect dû à la vie privée du contractant impose de s'abstenir de toute diffusion des informations la concernant sans son accord. Le contractant doit conserver la maîtrise des informations le concernant. L'arrêt Leandre c/ Suède du 26 mars 1987 (Rec. A116) est une des décisions les plus retentissantes du droit du contractant au respect des données à caractère personnel. Charpentier de son Etat, M. Leandre se plaignait d'avoir été renvoyé d'un emploi situé à proximité d'une zone militaire interdite à cause d'informations secrètes le classifiant dans le registre de la sûreté comme dangereux pour la sécurité. D'après lui, la mémorisation des données liées à

---

la vie privée n'est pas uniquement exigible des Etats, mais s'impose également dans les relations interindividuelles, contractuelles ou non.

[504]Cf. Conv. EDH, art. 8 § 1 ; CDFUE, art. 7. Adde F. SUDRE, «Les aléas de la notion de vie privée dans la jurisprudence de la Cour EDH», in Mélanges PETTITI, Bruylant, 1998, pp.687-705.

[505]F. Lefebvre, CEDH et Droit des affaires, *éd. F. Lefebvre*, *op. cit.*, spéc. p.82.

[506]CA Aix-en-Provence, 10 mai 2001: *D.* 2002, Somm. P.2299, obs. A. Lepage (responsabilité civile des personnes morales) ; CA Limoges, 4 mars 1988.

[507]Dans son arrêt du 25 mars 1985, la Cour EDH retient que la vie privée déborde le domaine de l'intégrité physique ou morale de la personne pour inclure également la vie sexuelle.

[508]Cf. article 8 § 2 Conv. EDH. L'affaire Edward SNOWDEN, bien que ne relevant pas de la sphère contractuelle, est révélatrice des violations graves qui peuvent être portées à la vie privée en général, mais aussi aux données à caractère personnel en particulier. Elle suscite une grande méfiance sur l'espionnage américain dans les pays européens et de l'OHADA. Si l'Union européenne a mis sur pied des commissions d'enquête pour voir plus clair dans cette crise de confiance informatique, les pays africains en général, et en particulier ceux de l'OHADA, sont restés muets sur des questions aussi préoccupantes et contraires aux idéaux de la démocratie qu'ils entendent mettre en œuvre, ainsi que du respect non négociable des droits et libertés fondamentales.

ses activités syndicales passées constituait une atteinte à sa réputation sans qu'il ait l'occasion de se défendre devant un tribunal. La Cour EDH décide à bon escient que la mémorisation dans un registre secret et la communication de données relatives à la vie privée d'un individu entrent dans le champ d'application de l'article 8 § 1er. L'existence de services de renseignements et la conservation des informations ne saurait donc s'avérer légitimes et prévaloir sur les intérêts des requérants qu'à la condition de poursuivre des buts légitimes tels la défense de l'ordre, la prévention des infractions pénales ou la protection de la sécurité nationale[509]. Ce qui n'était point le cas en l'espèce. D'autres arrêts de la Cour EDH ont confirmé cette jurisprudence[510]. Plus édifiant encore est l'arrêt rendu le 6 mars 1996 par la Cour de cassation française sur le fondement de l'article 8 § 1er de la Conv. EDH[511].

145. La CJCE a rendu un arrêt[512] dans lequel elle dit clairement que selon les directives existantes, les Etats membres de l'Union n'ont pas à obliger les fournisseurs d'accès internet à livrer l'identité d'internautes suspectés de piratage sur internet[513]. Cet arrêt intervient dans le cadre d'une procédure opposant une association espagnole de producteurs de musique à un fournisseur d'accès à internet, la première souhaitant que le fournisseur d'accès internet lui révèle identités et coordonnées d'internautes suspectés de piratage. L'association des producteurs de musique alléguait que l'opérateur avait l'obligation de divulguer l'identité des internautes dans le cadre de la protection des droits d'auteur. La juridiction espagnole avait alors saisi la CJCE d'une question préjudicielle qui visait la conciliation nécessaire des exigences liées à la protection de différents droits fondamentaux, à savoir,

---

[509]Cour EDH, 06 juin 2006, Segerstedt-Wiberg et al.

[510]Elle ne relève pas forcément du domaine contractuel. L'article 2 du texte vise toute information concernant une personne physique identifiée ou identifiable. D'ailleurs, les données de nature publique peuvent être concernées si elles sont également recueillies et mémorisées de manière systématique dans les fichiers tenus par les pouvoirs publics, peu importe que ces informations concernent le passé lointain d'une personne (Cour EDH, Rotaru, 4 mai 2000) ou que leur utilisation se fasse ultérieurement (Cour EDH, Kopp, 25 mars 1998).

[511]Civ. 3, 6 mars 1996, *Bull. civ. III*, n° 60 ; D. 1996, som., p.379. La Cour a jugé que l'hébergement de proches est un droit fondamental dont l'occupant ne peut se voir priver. Pour concilier le droit de chacun à la jouissance paisible et entière de son domicile et la recherche d'harmonie sociale, une clause de destination du bail ne saurait interdire au locataire d'héberger ses proches, même de manière prolongée, ni davantage une disposition du règlement de copropriété.

[512]CJCE 29 janvier 2008, affaire C-275/06.

[513]D'après elle, « (...) *les directives 2000/31, 2001/29, 2004/48 et 2002/58 n'imposent pas aux États membres de prévoir (...) l'obligation de communiquer des données à caractère personnel en vue d'assurer la protection effective du droit d'auteur dans le cadre d'une procédure civile*».

d'une part, le droit au respect de la vie privée et, d'autre part, les droits à la protection de la propriété et à un recours effectif. La réponse de la CJCE est ambiguë, puisque selon l'arrêt rendu, si le droit communautaire n'impose pas aux fournisseurs d'accès l'obligation de livrer l'identité d'internautes suspectés de piratage sur internet, il n'exclut pas non plus, pour les Etats membres de prévoir l'obligation de divulguer, dans le cadre d'une procédure civile, des données à caractère personnel. Il a néanmoins l'avantage de permettre à la Cour de rappeler que les États doivent veiller à se fonder sur une interprétation des directives qui assure un juste équilibre entre les différents droits fondamentaux protégés par l'ordre juridique communautaire, c'est-à-dire le droit à la protection de la propriété et le droit au respect de la vie privée. Le patient bénéficie également de la protection de ses données médicales, à caractère hautement personnel, contre des divulgations. Le respect de ces informations constitue un principe essentiel du système juridique européen. Dans une affaire[514] non moins édifiante, la Cour a profité de la violation de ces données pour préciser les principes directeurs en matière de protection de la vie privée en général, et du secret médical en particulier. Les faits parlent d'eux-même : Le tribunal d'Helsinki avait obligé - par ordonnance et à plusieurs reprises - des médecins de témoigner de la séropositivité de l'épouse d'un prévenu avant de saisir directement le dossier médical de cette dernière. Plus tard, la Cour suprême condamnait le prévenu dans un arrêt mentionnant en toutes lettres le nom marital de la requérante et constatant sa contamination au VIH. A travers cette affaire, la Cour a tenu compte du rôle fondamental que joue la protection des informations relatives à la santé pour retenir l'applicabilité de l'article 8 § 1. Une telle protection, sous réserve de certaines hypothèses limitativement énumérées et encadrées[515], participe de la sauvegarde non seulement de la vie privée des patients, mais également de leur confiance dans le corps médical et des services de santé. S'agissant particulièrement de la séropositivité, la divulgation de telles informations peut avoir des conséquences dévastatrices tant sur la vie privée et familiale du patient concerné que sur sa vie socio-professionnelle, l'exposant à l'opprobre, à la stigmatisation et au risque d'exclusion[516].

---

[514]Cour EDH, 25 février 1997, Z. c/ Finlande, Rec. 1997-II.

[515]Telles la nécessité d'enquêter sur des infractions pénales, la protection de la publicité des procédures judiciaires, l'ordre public, etc. D'après la CJCE, les autorités nationales peuvent, au nom de la protection de la santé, contrôler l'importation personnelle de médicaments dès lors qu'est sauvegardé le secret médical, (CJCE, 8 avril 1992, Commission c/ RFA, Aff. C-62/90, Rec. CJCE, p.I-2575).

[516]Pour la CJCE, le droit au respect de la vie privée comporte le droit de tenir son état de santé secret. Un candidat au poste d'agent de la fonction publique communautaire ne peut être soumis sans son consentement au test du dépistage du

146. En droit de l'OHADA, il n'existe en l'état actuel ni disposition textuelle, ni arrêt consacrant le droit du contractant au respect de sa vie privée. Cette admission s'induit de certaines dispositions légales et applications jurisprudentielles, que le contractant soit commerçant ou non. D'après l'article 109 de l'AUDCG révisé, *« Le bailleur est responsable envers le preneur du trouble de jouissance survenu de son fait, ou du fait de ses ayants-droit ou de ses préposés »*. En outre, le vendeur d'un fonds de commerce doit s'abstenir de tout comportement qui serait de nature à gêner l'acquéreur dans l'exploitation du fonds vendu (art. 155 al.1 AUDCG révisé). En revanche, le droit de tout être humain, contractant compris, au respect de sa vie est prévu à l'article 4 de la CADHP. Il n'est donc pas impossible pour la CCJA ou pour le juge national de s'y référer afin de le consacrer dans l'espace de l'OHADA. Toutes ces mesures visent non seulement à assurer au contractant la préservation de son intimité, de son espace de vie personnelle et professionnelle, mais également à sécuriser le lien contractuel. Au-delà de sa dignité, c'est la sécurité du contractant qui est ainsi recherchée.

§2. La garantie de la sécurité du contractant

147. La sécurité désigne la situation dans laquelle le contractant ou les biens lui appartenant ne sont exposés à aucun risque, en particulier d'agression physique, d'accident, de vol ou de détérioration. C'est également la situation du contractant qui se sent à l'abri du danger ou qui en est rassuré. Il ne s'agit pas d'appréhender ici la question sécuritaire dans son ensemble[517]. Il est plutôt question de saisir la sécurité telle que perçue en droit des contrats. Le droit européen et le droit de l'OHADA ont misé sur la sécurité, en tant que droit fondamental. Tout le droit de l'OHADA en l'occurrence repose sur l'impératif de sécurité : sécurité juridique, sécurité judiciaire et sécurité des investissements. Plusieurs exemples ont été des révélateurs de cette tendance à la sécurisation. Par ailleurs, la sécurité ne s'applique pas qu'aux contractants ; elle concerne aussi les biens lui appartenant ou qu'il met en œuvre dans le contrat. En fait, les biens sont au contractant ce que le patrimoine est à la personne, c'est-à-dire la condition même de son existence. En sauvegardant ses biens, c'est sa personne même qu'on préserve. *«La protection de l'intégrité de la personne se conjugue avec la protection des intérêts économiques de tous les opérateurs sur le marché. La sécurité des produits et des services est en effet considérée, universellement, comme une qualité de la prestation que le professionnel*

sida (CJCE, 5 octobre 1994, X c/ Commission, Aff. C-404/92 P, Rec. CJCE, p.I-4737).

[517] Ce qui renverrait aux règles de sécurité nationale, routière, syndicale, ou sociale.

accomplit et dont la valeur est appréciée par le marché»[518]. Il s'agit de concilier les intérêts particuliers des contractants à l'intérêt général de la société à travers la sécurité de la personne du contractant (A.), et celle de ses biens (B.).

A. La sécurité de la personne du contractant

148. L'exigence de sécurité du contractant est une réalité en droit européen et de l'OHADA. Elle découle de l'admission généralisée de l'obligation de sécurité (1.). La sécurité du transporté reste néanmoins son domaine de prédilection (2.).

1. Une admission généralisée de l'obligation de sécurité

149. L'obligation de sécurité dans les contrats, pour quoi faire ? Cette interrogation s'était posée avant 1911, tant il était notoirement admis que les codes civils des Etats regorgent de mécanismes efficaces et prompts à assurer cette fonction classique de l'Etat qu'est la sécurité des personnes et des biens. Les contractants peuvent aussi, directement ou indirectement, assurer la sécurité de tout ce qui les intéresse dans le cadre de leurs activités quotidiennes ou de leurs contrats. C'est pourtant en droit interne des Etats européens qu'a été découverte et développée l'obligation de sécurité. Cette création jurisprudentielle a par la suite été légalement étendue à plusieurs domaines. Qu'elle soit accessoire ou principale, implicite ou explicite, l'obligation de sécurité est celle en vertu de laquelle, dans l'exécution de certains contrats (transport, hôtellerie, jeux forains, etc…) supposant l'utilisation de certaines installations (voitures, ascenseurs, manège, etc…) le contractant professionnel (transporteur, hôtelier, tenancier) est tenu envers son client (voyageur, etc…) de garantir son intégrité corporelle ou de faire tout son possible pour l'assurer. Ses manifestations sont nombreuses. En droit de l'Union européenne, l'on s'est surtout préoccupé de la sécurité du consommateur et la jurisprudence de la CJUE tend autant que faire se peut à la préserver. La loi Hamon (France) n°2014-344 du 17 mars 2014 relative à la consommation contient des dispositions tendant au rééquilibrage des pouvoirs entre consommateurs et professionnels[519]. La directive européenne

[518]G. ALPA, Rapport Général sur la sécurité du consommateur, in *Le consommateur*, Travaux de l'Association Henri Capitant, Journées colombiennes, Tome LVII/2007, *Bruylant* et *LB2V*, 2010, 794p., spéc. p.275 et s.

[519]Possibilité de changer d'assurance à tout moment ; obligation pour les commerçants d'afficher la durée pendant laquelle ils s'engagent à assurer la disponibilité des pieèces détachées de chaque machine, comme de tout autre bien durable avec la machine ; le droit de réflexion ou de rétractation de 14 jours ;

de 1985 sur la responsabilité du fait des produits défectueux, la directive n° 2001/95/CE du Parlement européen et du Conseil du 3 décembre 2001 relative à la sécurité générale des produits, entrée en vigueur le 15 janvier 2004, sont quelques exemples forts illustratifs, mais non exhaustifs[520], de la recherche d'une plus grande sécurité du contractant[521]. Cette dernière directive a consacré une obligation générale de sécurité des produits[522]. Jusqu'en 2001, il manquait en droit de l'Union un principe communautaire de portée générale qui impose aux opérateurs, producteurs et distributeurs, de ne pas émettre sur le marché des produits qui ne soient pas sûrs, ou qui présentent des risques pour les contractants. Outre cette obligation désormais, la directive de 2001 prévoit des obligations supplémentaires imposées aux producteurs et distributeurs, notamment celles d'adopter des mesures proportionnées aux caractéristiques des produits leur permettant d'être informés des risques que ces produits peuvent présenter, de fournir aux consommateurs des informations grâce auxquelles ils pourront évaluer et prévenir les risques, d'avertir les consommateurs des risques que présentent des produits dangereux qui leur ont été déjà fournis, de retirer ces produits du marché et, en dernier recours, de les rappeler en cas de nécessité, ce qui permettrait d'apporter une forme de compensation, par exemple leur échange ou leur remboursement.

150. S'agissant de la sécurité médicale, les affaires du sang contaminé en France et en Lybie par l'inoculation du virus du SIDA aux

---

l'action de groupe permettant de saisir une association de consommateurs et bénéficier de son expertise pour introduire cetteaction ; la suppression de la clause abusive d'un contrat type dans tous les contrats identiques, etc.

520Le Parlement européen et le Conseil ont par exemple adopté, le 12 décembre 2006, la directive n°2006/123/CE relative aux services dans le marché intérieur. Elle fait obligation pour les prestataires dont les services présentent un risque direct et particulier pour la santé ou la sécurité des destinataires de souscrire une assurance responsabilité professionnelle appropriée au regard de la nature et de l'étendue du risque. La notion de «santé et sécurité» utilisée par la directive est cependant circonscrite puisqu'elle concerne «la prévention du décès ou d'un dommage corporel grave». Voir également le règlement n°1071/2009 du Parlement et du Conseil du 21 octobre 2009 « établissant des règles communes sur les conditions à respecter pour exercer la profession de transporteur par route, et abrogeant la directive 96/26/CE du Conseil régissant l'accès à la profession de transporteur routier» (JOCE L 300 du 14 nov. 2009) qui concerne à la fois les conditions pour exercer les professions de transporteur de marchandises ou de voyageurs par route.

521Cf. A. BATTEUR, «L'application de la loi du 19 mai 1988 relative à la responsabilité du fait des produits dans les rapports entre professionnels», *LPA*, n°200, 08/10/2001, pp.5-17.

522Cf. Directive n°2001/95/CE citée. Il s'agit d'une directive horizontale.

patients, parmi lesquels des enfants, sont très édifiantes[523]. Sur la sécurité alimentaire en outre, après la retentissante et sulfureuse affaire de la « *vache folle* »[524], ont ressurgi en Europe le scandale alimentaire de la viande chevaline dans les plats cuisinés. Ce scandale est la matérialisation d'une fraude manifeste dans les contrats de distribution et de consommation ; or *fraus omnia corrumpit*[525]. Dans ces cas là, il ne s'agit donc pas seulement d'une affaire contractuelle, mais également d'une préoccupation sociale qui exige que soit conciliés tous les intérêts en présence. Ces différentes crises contractuelles doivent justifier le renforcement de l'obligation de sécurité, et son extension à tous les contrats de droit privé tels la vente des produits aux consommateurs, malgré les critiques formulées à ce sujet par le doyen CARBONNIER[526]. Dans un contrat de consommation par exemple, sont préservés la santé du consommateur, les risques réputationnels et financiers encourus par le professionnel du fait du produit mis en circulation sur le marché, et la prérogative régalienne de sécurité générale des personnes et des biens. C'est la même logique qui prévaut devant les institutions du Conseil de l'Europe, comme nous l'avons démontré s'agissant de la dignité du contractant. Dans le domaine des transports, l'Accord européen relatif au transport international des marchandises Dangereuses par Route (ADR), fait à Genève le 30 septembre 1957 sous l'égide de la Commission économique pour l'Europe, et entré en vigueur le 29 janvier 1968[527], prévoit qu'à

[523]Cf. W. J. NGOUE, *L'obligation de sécurité en droit médical*, thèse Paris 13, 1999, 345p.

[524]Prise de mesures d'embargo sur la viande de bœuf en Grande Bretagne d'abord, puis dans toute l'Europe.

[525]Les lasagnes au cheval ont été retirées des rayons de plusieurs enseignes commerciales.

[526]Le doyen CARBONNIER a émis des réserves sur l'obligation de sécurité, notamment quant à son fondement. Selon lui, *«il serait rationnel de limiter l'obligation de sécurité aux contrats dont l'objet direct est une prestation de vitesse, de dynamisme dangereuse. Ailleurs, la sécurité des personnes serait placée sous les ailes de la responsabilité du fait des choses»* (Cité par J.-P. CHAZAL, «Les nouveaux devoirs des contractants. Est-on allé trop loin?», in *La nouvelle crise du contrat*, Actes du Colloque organisé le 14 mai 2003 par le Centre René DÉMOGUE de l'Université de Lille II, sous la direction de Ch. JAMIN et D. MAZEAUD). En outre, *«l'obligation de procurer au créancier l'équivalent de l'intérêt (pécuniaire) qu'il attendait du contrat ; c'est artifice que de faire entrer là-dedans (*dans la responsabilité contractuelle*) des bras cassés et des morts d'hommes ; les tragédies sont de la compétence des articles 1382 et suivants. Joint à cela que, comme toujours, l'innovation jurisprudentielle, par ses contours inévitablement très fluides, a fait pulluler le contentieux»* (J. CARBONNIER, *Droit civil. 4- Les obligations, op. cit.*, n°295, .517).

[527]Cet accord a été modifié par le protocole portant amendement de l'article 14, paragraphe 3, fait à New York le 21 août 1975, entré en vigueur le 19 avril 1985. À ce jour, plus d'une quarantaine de pays ont ratifié l'ADR.

l'exception de certaines marchandises excessivement dangereuses, les autres marchandises dangereuses peuvent faire l'objet d'un transport international dans des véhicules routiers aux conditions imposées par ses annexes A et B, c'est-à-dire respectivement l'emballage et l'étiquetage conforme des marchandises en cause, et la construction, l'équipement et la circulation du véhicule transportant les marchandises en cause. De telles mesures permettent d'assurer la sécurité du contractant salarié, ou du contractant utilisateur de ces marchandises dangereuses et mêmes des tiers.

151. En droit de l'OHADA, des exemples de cette nature peuvent être multipliés. L'on peut évoquer la sécurité du patient[528] ou la sécurité du travailleur[529]. La question de la sécurité de la personne est prévue par l'article 6 de la CADHP en vertu duquel, *« Tout individu a droit à la liberté et à la sécurité de sa personne. Nul ne peut être privé de sa liberté sauf pour des motifs et dans des conditions préalablement déterminés par la loi ; en particulier nul ne peut être arrêté ou détenu arbitrairement »*. Le projet d'Acte uniforme sur les contrats de consommation rédigé pour le compte de l'OHADA par Thierry BOURGOIGNIE prévoit une foultitude de dispositions sécuritaires[530]. Mais, ces hypothèses restent de droit prospectif. Au-delà des références sécuritaires formulées dans le préambule des traités de l'OHADA, l'AUCTMR demeure le plus prolifique, sinon le seul texte en l'état actuel du droit de l'OHADA à poser les bases d'une obligation générale de sécurité.

2. Une application spéciale de l'obligation de sécurité : la sécurité du passager

152. L'obligation de sécurité est une obligation contractuelle. En droit interne des Etats européens et de l'OHADA, cette obligation a une origine jurisprudentielle puisqu'elle a été découverte en 1911 par les juges français notamment dans le cadre du contrat de transport maritime de personnes. La révolution industrielle et l'avènement du machinisme ont eu

---

[528]Un ensemble de mesures variées sont susceptibles d'en améliorer le fonctionnement, notamment celles touchant à l'hygiène et la gestion du risque, à la lutte contre les infections, à l'usage rationnel des médicaments, la sécurité du matériel, les pratiques cliniques.

[529]Sont prises de nombreuses mesures de lutte contre les accidents et les maladies professionnelles, le développement des règles d'hygiène et de sécurité au travail ; etc.

[530]Celles-ci concernent la garantie légale de l'entreprise sur le produit vendu ou le service fourni (art. 73 et s.); la responsabilité de l'entreprise du fait du produit qu'elle a mis sur le marché ou dont elle permet l'utilisation dans le cadre des services qu'elle y met (art. 118 et s.).

des répercussions inoubliables sur la personne humaine et sur ses activités. Dès 1860, les juges du fond avaient toujours retenu la responsabilité de plein droit du transporteur en application de l'article 1784 du Code civil. Or, cette disposition légale ne concerne que les marchandises transportées. L'interprétation analogique des faits par les juges du fond masque alors en réalité le vide juridique en la matière en ce qui concerne les personnes transportées. Pourtant, il était impérieux de voler au secours des passagers, très souvent victimes des risques liés au transport sans bénéficier à l'opposé d'une indemnisation adéquate. Ceci a longtemps justifié la rétention de la faute quasi-délictuelle du transporteur comme condition d'indemnisation des victimes. Cette position a été combattue par plusieurs auteurs. D'après le magistrat Louis SARRUT en l'occurrence, il est contraire au droit de mieux traiter l'avance des marchandises que la mort ou les blessures des voyageurs. Fort de ces critiques, la Haute juridiction française va, par le visa de l'article 1147 du Code civil, introduire dans le contrat de transport maritime une obligation dite de « sécurité ». Pour Jean-Pascal CHAZAL en effet, *«alors que les parties n'ont rien stipulé s'agissant de la sécurité des voyageurs, le juge découvre à la charge du voiturier une obligation contractuelle le rendant responsable de dommages causés aux voyageurs en cours de transport»*[531].

153. En droit de l'OHADA, l'obligation de sécurité a été implicitement prévue dans l'AUCTMR[532]. L'on peut se demander si l'obligation d'emballer la marchandise de manière adéquate prévue à l'article 7 n'est pas une manifestation de l'obligation de sécurité dans le contrat de transport. Tel n'est pas le cas en réalité car au-delà du fait qu'il s'agit d'une obligation précontractuelle, l'établissement d'un rapport avec la sécurité des contractants est difficile. Cette obligation pourrait aussi se manifester par l'interdiction de transporter des marchandises dangereuses[533]. Une telle interdiction participe d'une meilleure protection de la personne. A première vue, l'obligation de sécurité ne devrait s'appliquer qu'au contrat de transport de marchandises et non au transport des personnes[534]. Enfin, cette obligation pourrait se traduire par une obligation de sincérité de

---

[531] *Loc. cit.*

[532] V. Ibrahima KHALIL DIALLO, «Etude de l'acte uniforme relatif aux contrats de transport de marchandises par route », Communication dite à l'ERSUMA, Porto-Novo, session de formation du 23 au 27 août 2004.

[533] Est dangereuse une *«marchandise qui, de façon générale, par sa composition ou son état, présente un risque pour l'environnement, la sécurité ou l'intégrité des personnes ou des biens».* Cf. art. 2 AUCTMR.

[534] Cf. Art. 1 AUCTMR.

l'expéditeur[535]. Il doit déclarer de manière sincère l'état, la nature et la valeur réels de la marchandise expédiée. Le défaut de sincérité de l'un des contractants peut avoir des répercussions graves sur les intérêts du cocontractant ou de l'intérêt général de la société, tourné autour de la sécurité des personnes transportées. Peut donc engager sa responsabilité l'expéditeur qui remet au transporteur une marchandise dangereuse sans lui avoir fait connaitre au préalable sa nature exacte[536]. Il en va de même des documents, des espèces ou des marchandises de grande valeur (art. 8-4). Lorsqu'elle est mensongère, la déclaration sur l'état, la nature et la valeur de la marchandise exonère le transporteur de toute responsabilité. En revanche, la fausse déclaration qui résulte d'une erreur ne doit donner lieu à aucune sanction[537]. Pour les marchandises dangereuses par exemple, le transporteur peut à tout moment les décharger, les détruire ou les rendre inoffensives sans indemniser l'expéditeur. Cette obligation de sincérité ne dispense pas le transporteur de son obligation de vérification, qu'il peut mettre en œuvre aux frais de l'expéditeur (art. 10). Il faut donc le constater, l'AUCTMR est silencieux sur le transport des voyageurs. Néanmoins, la lecture de l'article 7 précité permet de conclure que la recherche de la sécurité des marchandises transportées peut avoir des incidences sur la sécurité des voyageurs.

154. En l'absence d'une jurisprudence connue en la matière en droit de l'OHADA, l'affaire Zbidi Hamida Ben Mahmoud peut constituer un exemple de choix. Il ne s'agit plus pour le transporteur de déplacer les marchandises ou de conduire le voyageur à destination, il devait aussi s'assurer que celui-ci arrive sain et sauf. L'on comprend bien que, dans cette recherche d'une meilleure sécurité dans le contrat de transport, la Haute juridiction française ait étendu aux passagers une protection qui ne

---

[535]Cf. Art. 8 AUCTMR. Certains auteurs qualifient celle-ci d'«obligation de renseignement». V. V.-E. BOKALLI et D. COSSI SOSSA, *Droit des contrats de transport de marchandises par route*, éd. *Bruylant/Juriscope*, 2008, 169 p., spéc. n°237, p. 66 s.

[536]Cf.au CTMR, art. 8-3. Il existe ici une contradiction sérieuse de l'AUCTMR entre le principe de l'inapplicabilité de l'AUCTMR aux marchandises dangereuses posé à l'article 1 (2) et son applicabilité prévu aux articles 4 et 8 (3) du même Acte. L'AUCTMR n'est applicable qu'à défaut de texte spécifique en la matière. Ainsi, pour les Etats de l'OHADA, membres de la CEMAC, c'est le Règlement du 25 juin 1999 portant Réglementation du transport de marchandises dangereuses par route qui doit s'appliquer.

[537]Cf. T. com. Le Havre, 9 mars 1948 : DMF 1949. 514 ; T. com. Marseille, 14 juin 1950, Revue Scapel, 1950. 48 ; T. com. Marseille, 4 mars 1969, DMF. 755. Adde L. BRUNAT, «Sanctions applicables en cas de fausse déclaration de la nature ou du poids des marchandises», *B.T.* 1978, 166 ; E. KENGUEP, *Droit des transports terrestres, aériens et maritimes*, éd. *CRAF*, 2010, n° 61 s, p. 44 s.

concernait jusqu'alors que les marchandises transportées. Il n'est donc pas impossible pour le droit de l'OHADA d'en faire autant.

La technique des transports superposés[538] constitue une manifestation des incidences que le transport de marchandises peut avoir sur le transport des personnes. C'est une véritable porte ouverte à l'admission de l'obligation de sécurité du contractant dans les autres modes de transport. L'Acte uniforme a défini le véhicule comme *« tout véhicule routier à moteur ou toute remorque ou semi-remorque sur essieu arrière dont l'avant repose sur le véhicule tracteur, conçue pour être attelée à un tel véhicule».* Il ne dit pas ce qu'il faut entendre par véhicule non routier. Il pourrait s'agir des transports qui ne se font pas par route, c'est-à-dire ceux qui s'effectuent par le biais des navires, des aéronefs et des trains; et qui sont aussi susceptibles d'effectuer le déplacement de personnes. En cours du transport, il n'est pas impossible qu'une atteinte soit portée à l'intégrité corporelle du voyageur. Le juge national ou régional peut étendre cette obligation aux domaines ferroviaire, aérien et maritime[539].

Par ailleurs, le juge de l'OHADA peut étendre l'obligation de sécurité dans le prolongement contractuel. Le transport ferroviaire regorge de nombreux exemples[540]. Dans un arrêt du 21 novembre 2006, la Cour de

---

[538]Par transport superposé, il faut entendre *«le transport dans lequel, en vue de l'exécution d'un unique contrat de transport routier, un véhicule routier contenant des marchandises est transporté, sans rupture de charge, sur ou dans un véhicule non routier sur une partie du parcours»* (art. 7j). A côté du transport superposé, l'OHADA prévoit la possibilité du transport successif. C'est un transport dans lequel plusieurs transporteurs routiers se succèdent pour exécuter un unique contrat de transport par route. Cf. Art. 2 i). Adde Ph. DELEBECQUE, «Le transport multimodal», *R.I.D.C.*, 2-1998, pp.527-537 ; P. BONASSIES, «Le transport multimodal trans-maritime : approche juridique», *Annales de l'Institut Méditerranéen des Transports Maritimes*, 1988, p. 93 et s.

[539]Sur le transport en Afrique, voir M. NDENDÉ, «La construction du droit des transports maritimes en Afrique», *Revue Congolaise des Transports et des Affaires Maritimes*, n°1, août-décembre 2004, p.87 et s.

[540]Cf. Ph. DELEBECQUE, «Transport ferroviaire : l'étendue de l'obligation de sécurité du transporteur ; quelles limites?», note sous Cass. civ. 1re, 21 novembre 2006, pourvoi no 05-10783, RDC, 01 avril 2007 n°2, p.392 ; « Les droits des passagers s'affirment», note sous CA Paris, 17e ch., 14 mars 2005, D. 2005, p.1304, RDC, 01 octobre 2005 n° 4, P. 1101 ; F. RONGET, «L'obligation de sécurité de la S.N.C.F. en cas d'agression d'un voyageur», note sous Trib. gr. inst. Cambrai, 23 janvier 2003, *LPA*, 13 mai 2004 n° 96, p. 14 ; R. ROLLAND, «L'obligation de sécurité de l'agence de voyages : entre responsabilité contractuelle du fait d'autrui et responsabilité personnelle», note sous Cass. civ. 1ère, 3 mai 2000, *LPA*, 16 octobre 2001, n°206, p.16 ; G. PILLET, « La faute de la victime ne peut exonérer partiellement le transporteur tenu d'une obligation de sécurité de résultat, note sous Cass. civ. 1ère, 13 mars 2008, pourvoi n° 05-12551, *EDC*, 01 juin 2008 n°1, p. 3 ; F.

cassation française a conféré une très large portée à cette obligation de sécurité en décidant que : *« Le transporteur ferroviaire de voyageurs, tenu d'une obligation de sécurité de résultat envers ceux-ci, ne se libère de sa responsabilité que par la démonstration d'un événement de force majeure, ce que n'est pas une agression commise dans un train de nuit par un individu ayant réussi à ouvrir les portes des voitures couchettes ».* Encore que la Cour de cassation a tendance à ne pas appliquer ces hypothèses de force majeure pendant qu'un projet de règlement européen tente de la consacrer.

Il n'est pas non plus exclu de penser que la recherche de sécurité de la personne vise également la personne physique qui assure effectivement le transport des marchandises. Cette dernière n'est pas liée au transporteur par un contrat de transport, mais généralement par un contrat de services ou un contrat de travail conclu avec son employeur, le transporteur. Sa protection peut être envisagée lors de l'exécution du contrat de transport, sur le fondement de l'obligation de sécurité.

155. Cette exigence de sécurité présente dans les transports terrestres, et susceptible d'être étendue aux transports aériens[541], peut être envisagée dans d'autres secteurs d'activités, comme c'est le cas en droit français. Il s'agit en l'occurrence des exploitants de laverie automatique[542], du contrat de travail[543], des activités hôtelières, des exploitants de manège

---

GAUVIN, «L'obligation de sécurité de l'exploitant d'un télésiège : la valse à trois temps de la Cour de cassation», note sous Cass. civ. 1ère, 10 mars 1998, *LPA*, 02 octobre 1998 n°118, p.23 ; D. COCHET, «Tempête sur l'obligation de sécurité de l'exploitant de télésiège», note sous Cass. civ. 1ère, 11 juin 2002, *LPA*, 30 mai 2003 n°108, p.12. Adde Cass. civ. 2e, 22 octobre 2009, M. X c/ RATP, pourvoi no 08-20166.

[541]Cass. civ. 8 octobre 1968, D. 1969. 157, note J. Mazeaud (remonte-pentes); Cass. civ. 28 octobre 1991, *RTD.civ.* 1992-397 (toboggans aquatiques).

[542]Civ. 1ère, 16 novembre 1976, Bull. civ. I, n°350.

[543]Il s'était agi des matières premières utilisées par le travailleur pour l'exécution de son contrat : Cass. civ. 17 janvier 1995, Bull. civ. I, n°43 ; Cass. civ. 1ère, 15juillet 1999, Bull. civ. I, n°238 ; Cass. civ. 1ère, 14 mars 1995, Bull. civ. I, n°129 ; Cass. soc, 28 février 2002, Bull. civ. V, n°81. Il y a d'abord eu l'arrêt Eternit rendu dans le cadre des affaires de l'amiante : *« en vertu du contrat de travail le liant à son salarié, l'employeur est tenu envers celui-ci d'une obligation de sécurité de résultat, notamment en ce qui concerne les maladies professionnelles contractées par ce salarié du fait des produits fabriqués ou utilisés par l'entreprise».* Cette solution a été confirmée - pour ce qui est des accidents de travail - dans l'arrêt Hachidi rendu le 11 avril 2002 (Dr Soc.2002, 676, obs. P. Chaumette). La Cour a également établi un lien entre l'obligation de sécurité de l'employeur et le harcèlement du salarié. Tenu d'une obligation de sécurité de résultat en matière de protection de la santé et de la sécurité des travailleurs, l'employeur manque à cette obligation lorsqu'un salarié est victime sur le lieu de travail d'agissements de harcèlement moral ou sexuel (arrêt n°1), ou de violences physiques ou morales (arrêt n°2), exercés par l'un ou l'autre de

foraine[544], des fabricants et vendeurs[545], de l'activité médicale[546]. L'arrêt rendu par la Cour de cassation le 12 juillet 2012 (n°11-17.510) est particulièrement intéressant à un double titre. Il pose non seulement les conséquences du manquement au devoir d'information du patient, mais surtout, et c'est ce dernier volet qui nous intéresse, fixe le régime de l'obligation de sécurité du médecin et des centres hospitaliers publics et privés. Dans un considérant de principe, la Cour rappelle qu'en considération des objectifs et de l'économie de la Directive et l'interprétation donnée par la CJUE, la responsabilité des prestataires de services de soins ne relève pas, hormis le cas où ils sont eux même producteurs, du champ d'application de la directive *«et ne peut dès lors être recherchée* que pour faute *lorsqu'ils ont recours aux produits, matériels et dispositifs médicaux nécessaires à l'exercice de leur art ou à l'accomplissement d'un acte médical, pourvu que soit préservée leur faculté et/ou celle de la victime de mettre en cause la responsabilité du producteur sur le fondement de ladite directive lorsque se trouvent remplies les conditions prévues par celle-ci»*. La Cour fait ainsi expressément référence à ce qu'a pu décider la CJUE dans son arrêt du 21 décembre 2011[547] mais exclut toute application d'une obligation de sécurité-résultat qu'avait retenue par la Cour d'appel dans l'arrêt dont pourvoi, en rappelant que doit s'appliquer le régime de responsabilité pour faute de l'article 1147 du code civil.

La Cour de cassation française vient en outre de rendre un arrêt important en matière de civisme contractuel sous le prisme de la sécurité des contractants. La question était de savoir si l'employeur pouvait légitimement licencier un travailleur qui avait consommé de la drogue *« hors de son temps de travail »*. Le principe en la matière n'était pas encore acquis. Dans un

---

ses salariés, quand bien même il aurait pris des mesures en vue de faire cesser ces agissements (Cass.soc. 3 février 2010). En outre, l'absence de faute de l'employeur ne peut l'exonérer d'un manquement à l'obligation de sécurité de résultat à l'égard d'un salarié victime de harcèlement.

[544]Cass. 1ère Civ., 28 avril 1969, RTD.civ., 1970. 186, Obs. Durry.

[545]Civ. 1ère ; 22 janvier 1991, Bull. civ. I, n° 30. Aujourd'hui, la question soulevée par cet arrêt est réglée par la directive de 1985 transposée en France par la loi du 18 mai 1998 relative à la responsabilité du fait des produits défectueux, et introduite aux articles 1386-1 à 1386-18 du Code civil.

[546]Paris, 15 janvier 1999, JCP 1999, II, 10068, note Laurence Boy. Se fondant sur la loi du 19 mai 1998, et les articles 1386-1 à 1386-18 du Code civil, comme sur la Directive communautaire 85/374/C.E.E. du 25 juillet 1985, la jurisprudence évolue vers une obligation de sécurité de résultat quant au personnel fourni et l'utilisation d'un matériel et une prestation conforme aux données acquises de la science (Cass. 1ère Civ., 9 novembre 1999).

[547]CJUE, 21 déc. 2011 – C-495/10 CHU de Besançon/Thomas Dutrueux, CPAM du Jura - JCP A 2012, act.27.

précédent arrêt du 19 mars 2008[548] en matière de conduite automobile en état d'ébriété, la Cour avait admis qu'un motif tiré de la vie personnelle du travailleur pouvait justifier un licenciement disciplinaire, s'il constituait un manquement de l'intéressé à une obligation découlant de son contrat de travail. Cette solution avait déjà été envisagée par la Cour dans un arrêt du 2 décembre 2003, au sujet d'un chauffeur de poids lourd qui avait perdu son permis pour conduite en état d'ébriété[549]. En 2011, la Cour est revenue sur sa position de principe en admettant qu'*«un motif tiré de la vie personnelle du salarié ne peut, en principe, justifier un licenciement disciplinaire»*[550]. Dans ce cas, le travailleur s'était vu retirer son permis de conduire à la suite d'une série d'infractions au Code de la route, commises en dehors de l'exécution de son contrat de travail[551]. Comme par enchantement, la Cour est non seulement revenue sur sa position précédente, mais est largement allée au-delà. Dans un récent arrêt du 27 mars 2012[552], elle a validé le licenciement pour faute grave d'un travailleur qui avait consommé de la drogue hors de son temps de travail. L'employeur n'a d'ailleurs eu connaissance des faits que deux ans plus tard, dans le cadre d'une procédure pénale. La Cour a relevé qu'une telle solution se justifie parce que le travailleur appartenait au personnel critique pour la société, qu'il s'était nécessairement retrouvé sous l'emprise de stupéfiants pendant l'exercice de ses fonctions, qu'il n'avait pas respecté les obligations prévues par son contrat et qu'il avait fait courir un risque aux passagers de la compagnie. La sécurité ici concernait non seulement les passagers de l'employeur, mais également l'employé du contractant transporteur. Une telle décision est aussi justifiée par l'impératif social de lutte contre la consommation des drogues et des stupéfiants, lorsque cela remet en cause la sécurité des personnes transportées. Il n'est pas besoin pour les parties au contrat de prévoir l'interdiction de consommer des stupéfiants; c'est une mesure à laquelle on ne peut déroger sans porter ateinte aux intérêts du cocontractant ou de la société[553].

[548]Cass. soc. 2 décembre 2003, n°01-43227.

[549]Cass. soc. 19 mars 2008.

[550]Cass. soc. 3 mai 2011, n°09-67464.

[551]D'après la Cour, *«le fait pour un salarié qui utilise un véhicule dans l'exercice de ses fonctions de commettre, dans le cadre de sa vie personnelle, une infraction entrainant la suspension ou le retrait de son permis de conduire ne saurait être regardé comme une méconnaissance par l'intéressé de ses obligations découlant de son contrat de travail »*.

[552]Cass. soc. 27 mars 2012, n°10-19915.

[553]En l'occurrence, l'article L. 4122-1 du Code du travail français impose aux travailleurs une obligation de *«prendre soin en fonction de sa formation et selon ses possibilités, de sa santé et de sa sécurité ainsi que de celles des autres personnes concernées par ses actes ou ses omissions au travail»*.

B. La sécurité des biens du contractant

156. La sécurité des biens est nécessaire pour la sécurité de leur titulaire. Comme nous l'avons observé, les biens sont au contractant ce que le patrimoine est à la personne. En sécurisant les biens du contractant, c'est ce dernier que l'on sécurise. En droit interne des Etats européens et de l'OHADA, plusieurs mécanismes assurent cette mission. De tels mécanismes sont également présents en droit européen et de l'OHADA. Dans une perspective large, la prohibition des cessions globales d'œuvres futures aurait constitué un exemple de choix. D'après l'article L. 131-1 du Code français de la propriété intellectuelle (CPI), *«La cession globale des œuvres futures est nulle»*. En fait, la cession des œuvres n'est pas interdite, encore moins celle des œuvres futures[554]. Seuls étaient jusqu'alors prohibés les pactes sur succession future. L'interdiction est moralement fondée puisque le contraire aurait été d'autoriser la spéculation au titre de succession sur les biens d'une personne vivante. Au-delà du caractère incivique qu'il y a à vendre la chose d'autrui, il y a également celui qui consiste à spéculer sur une succession non encore ouverte. C'est une prédisposition à la mort du propriétaire de cette chose. Agir de la sorte constitue aussi une forme d'ingratitude, cause de révocabilité des donations lorsque le gratifié a attenté à la vie du disposant.

C'est la *«cession globale»* des droits portant sur les œuvres futures qui est interdite. L'auteur d'une œuvre littéraire et artistique ne peut pas céder l'ensemble des droits qu'il créera sur plusieurs œuvres à réaliser. A été annulé un contrat par lequel un nègre s'engageait à réécrire toutes les autobiographies que lui soumettait l'éditeur[555]. Il s'agit de protéger l'auteur contre lui-même et contre son cocontractant[556]. La jurisprudence a tout de même assoupli cette mesure en admettant que l'article L. 131-1 CPI ne fait pas échec aux contrats portant sur plusieurs œuvres futures dès lors qu'elles sont précisément individualisées[557]. Le droit du contractant au respect de ses biens constitue une illustration flagrante de cette tendance sécuritaire. Après l'avoir présenté (1.), il conviendra de faire une appréciation critique d'un mécanisme spécifique susceptible de relativiser l'efficacité de la protection des biens du contractant : il s'agit du pacte commissoire (2.).

---

[554]D'après l'alinéa 1er de l'article 1130 du Code civil, *«Les choses futures peuvent être l'objet d'une obligation»*.

[555]CA Paris, 10 juin 1986, *RIDA*, juill. 1987, n° CXXXIII, p.157.

[556]Pour contourner cette mesure protectrice des intérêts de l'auteur, les éditeurs insèrent au contrat d'édition un droit licite de préférence sur les ouvrages futurs de l'auteur, les seules limites étant d'en déterminer le genre.

[557]Cass. 1ère civ., 6 nov. 1979, *RIDA*, juill. 1980, p. 167 ; *JCP* 1980, IV, p.25.

1. Le droit du contractant au respect de ses biens

157. Respecter les biens du contractant signifie ne pas leur porter atteinte ou se conformer à l'usage qui leur est destiné. Le respect dû aux biens du contractant ou à sa propriété mobilière ou immobilière constitue un droit fondamental qui nécessite une efficace protection[558]. Ce droit a fait l'objet d'une consécration timorée dans la Conv. EDH, et expresse dans la CDFUE. Il n'apparait pas dans le corps de la Conv. EDH, mais est relégué à l'article 1 du 1er protocole additionnel à cette Convention[559]. Ce droit apparait expressément à l'article 17 de la CDFUE, certes avec quelques nuances tenant à l'acquisition et à l'usage de ces biens[560]. Contrairement aux autres articles de la Conv. EDH, et à ceux de la CDFUE, l'article 1 du 1er protocole suscité est la seule disposition ayant expressément envisagé les personnes morales parmi les titulaires du droit au respect des biens. D'après cette disposition, *«toute personne physique ou morale a droit au respect de ses biens»*[561]. Elle fait donc aussi des personnes morales des bénéficiaires de la protection due aux biens. Va dans le même sens la CDFUE lorsqu'ellle prévoit sans précision que *« toute personne à le droit ... »*.

158. En droit de l'OHADA, aucun texte ne consacre expressément le droit au respect des biens ou le droit de propriété. Pourtant, l'OHADA n'est pas indifférent à la protection des biens du contractant. Ce n'est qu'indirectement qu'on retrouve les manifestations d'une telle protection. Qu'il s'agisse de l'AUDS (art. 78, 170, 195), l'AUPSRVE (art. 140, 141), l'AUDSCGIE (41, 46, 47, 585), l'AUOHCE (art. 107), les références du droit du contractant au respect de ses biens ou de son droit de propriété sont

---

[558]Traditionnellement, le droit de propriété est constitué lorsque le contractant dispose à la fois de l'usus, du fructus et de l'abusus sur une chose.

[559]Ce texte intitulé ''Protection de la propriété' prévoit que: *«Toute personne physique ou morale a droit au respect de ses biens. Nul ne peut être privé de sa propriété que pour cause d'utilité publique et dans les conditions prévues par la loi et les principes généraux du droit international.*
Les dispositions précédentes ne portent pas atteinte au droit que possèdent les Etats de mettre en vigueur les lois qu'ils jugent nécessaire pour réglementer l'usage des biens conformément à l'intérêt général ou pour assurer le paiement des impôts ou d'autres contributions ou des amendes».

[560]Egalement intitulé ''Protection de la propriété'', ce texte prévoit que: *«1. Toute personne a le droit de jouir de la propriété des biens qu'elle a acquis légalement, de les utiliser, d'en disposer et de les léguer. Nul ne peut être privé de sa propriété, si ce n'est pour cause d'utilité publique, dans des cas et conditions prévus par une loi et moyennant en temps utile une juste indemnité pour sa perte. L'usage des biens peut être réglementé par la loi dans la mesure nécessaire à l'intérêt général.*
2.La propriété intellectuelle est protégée».

[561]R. DUMAS et E. GARAUD, *op. cit.*, p. 126 et s.

nombreuses. Tout le droit de l'OHADA repose sur la sécurité des biens du contractant. Les procédures simplifiées de recouvrement ne peuvent être mises en œuvre que pour une créance de nature contractuelle. Des saisies mobilières et immobilières peuvent aussi être pratiquées pour ces créances. Les sûretés quant à elles sont consenties pour garantir l'exécution d'une obligation, contractuelle à la base. Pour assurer également cette protection, certains biens du contractant sont, pour des raisons de décence, d'humanité, de dignité et même d'intérêt général déclarés insaisissables par les textes[562]. L'article 51 de l'AUDS prévoit que les biens et droits insaisissables sont définis par chacun des Etats parties[563]. Le droit au respect des biens ou droit de propriété est cependant reconnu par la CADHP. L'article 14 de ce texte prévoit que *«Le droit de propriété est garanti. Il ne peut y être porté atteinte que par nécessité publique ou dans l'intérêt général de la collectivité, ce, conformément aux dispositions des lois appropriées»*. L'analyse de ces différents textes montre bien la volonté de concilier les intérêts des contractants et l'intérêt général de la société.

159. Les garanties juridictionnelles de protection du droit au respect des biens sont multiples. Les juridictions européennes et de l'OHADA entendent protéger le droit du contractant au respect de ses biens. Leurs décisions l'illustrent à souhait. Pour éviter les difficultés d'interprétation pouvant naître de l'analyse de ces textes, la Cour EDH a adopté une

---

[562]Cf. AUPSRVE, art. 50 et 51.

[563]Dans la législation camerounaise particulièrement, il s'agit principalement de l'article 315 du CPCC qui dispose que: *«Seront insaisissables: 1. les choses déclarées insaisissables par la loi ; 2. les provisions alimentaires adjugées par justice ; 3. les sommes et objets disponibles déclarées insaisissables par le testateur ou donateur ; 4. les sommes et pensions pour aliments encore que le testament ou l'acte de donation ne les déclarent pas insaisissables»*. De cette énumération, il en ressort qu'hormis les provisions alimentaires adjugées par justice, et les sommes et pensions pour aliments, l'insaisissabilité peut résulter soit de la loi, soit de la volonté de l'homme. Sont ainsi concernés par cette catégorie de biens insaisissables les biens et objets mobiliers corporels nécessaires à la vie quotidienne et au travail du débiteur et de sa famille. Le CPCC en son article 327 nous en fournit une liste. Il s'agit entre autres du coucher nécessaire du saisi et de ses enfants, des vêtements, des effets appartenant à la femme lorsqu'elle n'est pas commune en biens, des farines et menus denrées nécessaires à la consommation du saisi et de sa famille pendant un mois au moins ainsi que les ustensiles indispensables à la préparation des aliments et aux repas, d'une vache ou trois brebis ou deux chèvres avec des pailles, fourrages et grains nécessaires pour la laitière et la nourriture desdits animaux pendant un mois. Rentrent également dans cette catégorie les livres et objets nécessaires à la poursuite des études, ainsi que les instruments de travail du débiteur, fût-il un syndicat. Il s'agit de biens et objets insaisissables parce qu'indispensables à l'exercice de son activité professionnelle par le saisi, livres, meubles et immeubles nécessaires au fonctionnement des syndicats.

conception propre en faisant de la notion de *«bien»* une notion autonome et originale. Elle interprète l'article 1 du protocole n°1 de la Conv. EDH avec une vision particulière. C'est à partir de son arrêt du 23 septembre 1982, Sporrong et Lonroth c/ Suède, que la Cour EDH a pleinement consacré le droit au respect des biens ou le droit de propriété. Depuis lors, la Cour EDH interprète ce droit comme la réunion de trois normes : le principe du respect du droit de propriété ou des biens (alinéa 1), l'hypothèse de la privatisation tolérée de la propriété (alinéa 1), le pouvoir des Etats de réglementer l'usage des biens conformément à l'intérêt général (alinéa 2). La CJCE l'a également consacré, parfois sous le couvert de la Conv. EDH[564]. Cette protection s'étend à tous les biens de la personne, meubles et immeubles[565]. Appliquée d'abord à la propriété *stricto sensu*, c'est-à-dire à la propriété immobilière, la Cour EDH va, sur le fondement de l'article 1 du protocole n°1, progressivement l'étendre à la propriété mobilière corporelle, aux droits afférents à la propriété mobilière corporelle[566], et désormais à la propriété mobilière incorporelle telle la clientèle civile[567], la clientèle commerciale[568], les créances[569], les marques commerciales[570], les brevets d'invention[571], les droits d'auteurs[572].

---

[564]Plusieurs arrêts le confirment : CJCE, 14 mai 1974, J. Nold, Kholen-und Baustoffgro Bhandlung c/ Commission, Aff. 4/73, Rec. CJCE, p.491 ; CJCE, 13 décembre 1979, Liselotte Hauer c/ Land Rheinland-Pfalz, Aff. 44/79, Rec. CJCE, p. 3727 ; CJCE, du 12 novembre 1969, Erich Stauder contre Ville d'Ulm – Sozialamt, Aff. 29/69 ; CJCE, 17 décembre 1970, Internationale Handelsgesellschaft mbH contre Einfuhr- und Vorratsstelle für Getreide und Futtermittel, Aff. 11/70 ; CJCE, 28 octobre 1975, Ruttili c/ Ministre de l'Intérieur, Aff. 36/75.

[565]Comm. EDH, 8 février 1978, n°7456/76, Wiggins c/ Royaume-Uni : DR 13/40 ; Cour EDH, 29 avril 1999, Chassagnou et autres c/ France : Rec. 1999, III (démembrements de la propriété immobilière), Comm. EDH, 13 décembre 1984, n°10741/84, S. c/ Royaume-Uni (servitude sur un terrain) ; Cour EDH, 21 février 1986, James et autres c/ Royaume-Uni, Série A, n°98 (bail emphytéotique).

[566]Cour EDH, 23 février 1995, Gasus Dosier und Fodertechnik GmbH c/ Pays-Bas, Série A, n°306-B: Dans une clause de propriété accompagnant la vente d'une bétonnière est un bien dont la Cour assure le respect.

[567]Cour EDH, 24 mai 2005, n°61302/00, Buzescu c/ Roumaine ; Cour EDH, 9 novembre 1999, Doring c/ Allemagne: Rec. 1999, VIII.

[568]Cour EDH, 26 juin 1986, Van Marle et autres c/ Pays-Bas, Série A, n° 101, § 41-42.

[569]Cour EDH, 7 février 2008, n°32299/03, SC Plastik Abc SA c/ Roumaine ; Cour EDH, 16 avril 2002, n°36677/97, SA Dangeville c/ France : RJF 7/02 n°889.

[570]Cour EDH, 11 octobre 2005, n°73049/01, Anheuser-Busch Inc. c/ Portugal.

[571]Cour EDH, 20 novembre 2005, British American Tobacco Company Limited c/ Pays-Bas, Série A, n°331, avis de la commission, p.37.

[572]Cour EDH, 5 juillet 2005, n°28743/03, Melnitchouk c/ Ukraine.

Pour bénéficier de cette protection, le bien doit présenter trois caractéristiques cumulatives. Il doit être quantifiable[573], actuel[574] et existant[575]. Se prononçant dans une affaire relative au droit de propriété, la CCJA a dans son arrêt du 30 décembre 2008 décidé que *« le fait que Monsieur Berthoz n'ait pas la qualité de pharmacien ne peut suffire à lui retirer la propriété du fonds de commerce qu'il a hérité même si la loi relative à la législation pharmaceutique ne lui permet pas d'exploiter personnellement ledit fonds de commerce»*[576]. En veillant à ce qu'aucune atteinte ne soit portée aux biens du contractant, c'est la sécurité de la personne du contractant qui est assurée. Cette tendance mérite cependant d'être relativisée à l'analyse du pacte compromissoire.

2. La problématique du pacte commissoire dans le respect des biens du contractant

160. Le pacte commissoire est une clause résolutoire expresse insérée dans un contrat de vente[577] qui attache à l'inexécution de l'obligation garantie l'effet radical de rendre le créancier propriétaire du bien engagé sans avoir à le demander en justice. Il ne s'agit ni d'une vente à réméré, d'une cession de dettes, d'une dation en paiement, d'une clause de voie parée, d'une fiducie, ni d'un crédit-bail, et encore moins d'une clause de réserve de propriété. Il s'agit d'un *«mode alternatif de réalisation des sûretés réelles»*[578]. Il apparaît ainsi comme un mécanisme efficace de

---

[573]C'est-à-dire apparaitre suffisamment déterminé et évaluable en argent pour pouvoir être transmise à autrui. Un permis de conduire, délivré à un individu en particulier ne peut être assimilé à un bien (Comm. EDH, 6 octobre 1981, n°9177/80, RFA : DR 26/255).

[574]C'est-à-dire qu'elle ne soit pas future ou potentielle au moment où elle fait l'objet d'une atteinte. Ainsi, les honoraires qui devaient être versés à un avocat commis d'office mais qui n'avait pu l'être du fait de la pauvreté de son client ne pouvaient être assimilés à des biens (Cour EDH, 23 novembre 1983, Van der Mussele c/ Belgique, série A, n°70).

[575]Une chose est inexistante si elle n'a pas disparu au moment d'introduire une requête devant les instances européennes. Ne pourra donc pas être qualifié de bien *«l'espoir de faire reconnaître la survivance d'un ancien droit de propriété qui n'est plus susceptible d'exercice effectif depuis longtemps»* (Comm. EDH, 4 mars 1996, n°18890/91, Meyer c/ RFA : DR 85/65).

[576]CCJA, arrêt n°059/2008 du 30 décembre 2008, Mme Roufai Fatoumata c/ M. Fréderic Jean Berthoz. Adde CCJA, arrêt n°048/2008 du 20 novembre 2008, Kheir Ali c/ SCP BM et Mme Diby Irène.

[577]Cf. C. civ. français, art. 1656. C'est ce que les romains qualifiaient de *lex commissoria*.

[578]D. BAZIN-BEUST, «Une analyse du pacte commissoire...ou prudence est mère de sûreté chez les financeurs?», *LPA*, 19 mai 2011 n° 99, P.50.

réalisation des sûretés, et partant de protection des intérêts du créancier. Il a l'avantage d'opérer sans l'observation des formalités requises pour ce type de sûretés. Point besoin alors pour le créancier, victime de l'inexécution par le débiteur de son obligation, de saisir les juridictions, ou de procéder à une vente aux enchères. Toutes choses qui contribueraient à alourdir et à retarder la procédure. C'est en quelque sorte une sanction de l'inexécution d'une obligation garantie par une sûreté réelle. Cette sanction peut être convenue lors de la constitution du gage (avec ou sans dépossession) ou postérieurement[579], ou dans la convention d'hypothèque[580]. Dans ce cas, elle débouche sur l'estimation par expert de la valeur du bien lors du transfert, et, si cette valeur excède le montant de la dette garantie, sur le versement de la différence au débiteur ou, selon le cas, sa consignation.

161. Longtemps interdit dans les Etats européens et de l'OHADA, le pacte commissoire y est désormais admis, y compris dans ces regroupements étatiques. L'interdiction bicentenaire[581] du pacte commissoire étant ainsi textuellement levée[582], le créancier peut devenir, à défaut d'exécution des engagements pris vis-à-vis de lui par le débiteur, et sous réserve d'expertise, propriétaire du bien donné en garantie. En France, c'est la récente réforme des sûretés introduite par l'ordonnance n°2006-346 du 23 mars 2006 qui a généralisé le pacte commissoire[583]. Cela n'avait pas manqué de susciter des critiques de la part de la doctrine[584]. Pour certains auteurs, cette généralisation constitue une amélioration technique qui rend le pacte commissoire plus efficace en réglant certaines difficultés révélées par la

---

[579]C. civ., a. 2348; C. com, a. L. 521-3.

[580]Sauf si l'immeuble grevé est la résidence principale du débiteur. Cf. C. civ. français, a. 2459.

[581]Cf. C. civ., art. 2078, al. 2; C. com., art. 93, al. 4). Adde G. WIEDERKER, «Pacte commissoire et sûretés conventionnelles », études Jauffret, *L.G.D.J.,* 1974, pp.662-674 ; Ph. DELEBECQUE, «L'attribution du bien, l'originalité du gage commercial», in Colloque de Deauville sur *Le gage commercial,* du 10 au 11 juin 1994, R. jur. Com., n° spécial, novembre 1994.

[582]La jurisprudence avait déjà entamé ce processus d'assouplissement des modes de réalisation des sûretés réelles en accueillant de nombreuses dérogations à cette interdiction de principe.

[583]Même si, à la réalité, seules les sûretés réelles ont été modernisées et actualisées. Cette ordonnance a été ratifiée par la loi n°2007-212 du 20 février 2007.

[584]V. Ph. DELEBECQUE, «Le régimes des hypothèques», in *Commentaire de l'Ordonnance du 23 mars 2006 relative aux sûretés*, *JCP* éd. G. 2006, suppl. n°20, I n°23 et s ; J.-M. HOQUART, «Le pacte commissoire, une fausse bonne idée ?», in *Réformer l'hypothèque, Droit & Patrimoine*, novembre 2005, comm. 142, pp.80 et s ; Ph. MALAURIE, L. AYNES et P. CROCQ, *Les sûretés : la publicité foncière*, 6e éd., *Defrénois*, 2012 ; Ph. DUPICHOT, Le *pouvoir des volontés individuelles en droit des sûretés*, *LGDJ*, 2005.

pratique[585]. Elle *« s'inscrit ainsi dans un mouvement plus vaste de recherche d'attractivité et d'efficience des sûretés réelles »*[586] et concourt ainsi à l'assouplissement des modes de réalisation des sûretés réelles mobilières et immobilières[587]. Une telle démarche devrait s'accomoder du civisme contractuel ; l'idée étant comme nous le verrons, de maintenir le contrat tant que les intérêts en présence peuvent être préservés, ou d'en faciliter la disparition lorsque son maintien risque de porter préjudice aux intérêts particuliers des contractants et à l'intérêt général de la société.

162. En droit de l'OHADA, le pacte commissoire tire désormais[588] son existence directement de l'article 53, et indirectement des articles 104 alinéa 3 (gage), 134 alinéa 2 (nantissement), 144 (nantissement des droits d'associés et des valeurs mobilières), 161 (nantissement des droits de propriété intellectuelle), 199 alinéa 1 (hypothèque d'immeuble à usage professionnelle) de l'Acte uniforme révisé portant droit des sûretés[589]. Deux conditions cumulatives sont exigées pour sa validité. Il doit s'agir d'une part d'une stipulation contractuelle; laquelle stipulation doit d'autre part porter sur les modalités de réalisation d'une sûreté. En réalité, le pacte commissoire n'est pas absolument un mécanisme à l'odeur de sainteté. En droit de l'OHADA, le pacte commissoire est un danger pour la propriété du contractant et partant pour sa personne. La principale crainte repose sur le risque de spoliation de la fortune du débiteur. Delphine BAZIN-BEUST résume cette situation en termes simples : *«Pendant des siècles, et dès*

---

[585]L. AYNES, «Présentation générale de la réforme», *D.* 2006, n°19, p.1289.

[586]D. BAZIN-BEUST, *loc. cit.*

[587]Mme BAZIN-BEUST parle d'accélération et de déjudiciarisation des procédures de réalisation des sûretés réelles.

[588]L'AUDS du 17 avril 1997 n'avait consacré aucune disposition relative au pacte commissoire. Sa prohibition découlait de l'article 56 alinéa 3 dudit Acte. En effet, *«Toute clause du contrat autorisant la vente ou l'attribution du gage sans les formalités ci-dessus* (vente forcée ou attribution judiciaire) *est réputée non écrite».*

[589]Cette disposition prévoit qu'«Aux fins d'inscription, le créancier, l'agent des sûretés, le constituant ou le cas échéant le comptable public, présente au Greffe chargé de la tenue du Registre du Commerce et du Crédit Mobilier, ou à l'organe compétent dans l'Etat Partie, un formulaire d'inscription portant mention : … d) du montant maximum de la créance garantie comprenant le principal, les intérêts et autres accessoires, de la date de son exigibilité et **de l'existence d'un pacte commissoire».** En France, en dehors du code de commerce et du code de la consommation, aucun texte n'a consacré le pacte commissoire. Idem pour l'ordonnance de 2006. Ses rédacteurs ont préféré utilisé la formulation selon laquelle le créancier convient de l'appropriation du bien affecté en garantie. L'Acte uniforme, par un détour sur le formulaire d'inscription, a utilisé cette expression. Cf. A. FENEON, « Le pacte commissoire : une innovation importante du nouvel Acte uniforme sur les sûretés », *Penant*, n° 877, octobre-décembre 2011, p. 429, Ohadata D-12-82.

l'époque romaine, le pacte commissoire consenti à l'occasion d'un gage fut prohibé. La justification était la protection du constituant, exposé à un risque de spoliation en cédant à son créancier la propriété d'un de ses biens pour une créance sans commune mesure avec la valeur de ce bien. Seule la vente aux enchères publiques était censée préserver les intérêts du débiteur. Il était possible d'y voir aussi une mesure plus générale de moralisation des relations du crédit, notamment de lutte contre les méthodes usuraires utilisées par certains créanciers»[590]. C'est donc la célérité et l'efficacité tant vantées par certains[591] qui sont ici blâmées. La condition tenant à la personne morale n'est pas suffisante pour justifier la protection des biens du contractant. Il est des personnes morales qui, comme la SNC et la SP, peuvent en cas de responsabilité, engager indéfiniment et solidairement leur patrimoine propre et celui des associés personnes physiques. Les biens de la personne morale ou physique méritent d'être respectés pour être détournés avec autant de facilité, surtout lorsque le bien en cause est un immeuble. La condition tenant à l'immatriculation de la personne physique est tout aussi contestable. Elle n'est en aucun cas le gage d'une connaissance parfaite des risques encourus par la stipulation d'un pacte commissoire. Enfin, pour ne retenir que ces quelques exemples, l'argument tenant à l'exclusion des immeubles à usage d'habitation du domaine d'application du pacte commissoire n'est point convaincant. Par exemple, un bailleur non professionnel peut louer à un professionnel, personne physique ou morale, un de ses immeubles qui ne lui sert pas d'habitation. Dans ce cas, il n'est pas impossible que la stipulation d'un pacte commissoire porte atteinte au bien du bailleur, et par extension à sa personne.

163. Une autre des craintes que présente le pacte commissoire est, pour le créancier, d'être contraint d'accepter un bien qui ne lui est d'aucune utilité ; et, pour le débiteur, de se voir imposer cette attribution parce qu'il est sous l'emprise d'un pressant besoin d'argent. S'il a donc mis du temps à être admis dans le système français, et aujourd'hui dans celui de l'OHADA, c'est sans doute parce qu'il n'offrait pas toutes les garanties matérielles, financières et morales suffisantes à la sécurisation des transactions et à la sauvegarde des intérêts contractuels. D'ailleurs, cette généralisation du pacte commissoire n'est pas absolue, puisque sa conclusion est exclue dans de

---

[590]«Une analyse du pacte commissoire... ou prudence est mère de sûreté chez les financeurs?», *op. cit.*

[591]Pour Alain FENEON, *«Ce choix se justifie par le besoin d'impulser une plus grande célérité au dénouement des relations d'affaires, en contournant la lenteur de la machine judiciaire. Tous les opérateurs économiques ne pourront que s'en féliciter, car chacun sait que toute entrave portée au reCourvrement des créances est aussi une entrave portée au crédit. Par cette disposition innovante, l'attractivité de l'OHADA se trouve fortement renforcée», loc. cit.*

nombreuses hypothèses. En matière commerciale notamment, le pacte commissoire est interdit en matière de gage de stock[592]; seule étant autorisées la vente aux enchères publiques et l'attribution judiciaire du bien. En outre, l'ouverture d'une procédure de sauvegarde ou de redressement judiciaire fait obstacle à la conclusion et à la réalisation d'un pacte commissoire (C. com., art. L. 622-7). En droit de la consommation par ailleurs, le pacte commissoire est prohibé en matière de crédit mobilier à la consommation (art. L. 311-32). Bref, le débiteur était mieux protégé par l'interdiction du pacte commissoire (C. civ. français, art. 2078) que par son autorisation.

164. Au regard de tout ceci et de l'enracinement progressif souhaité – mais non encore effectif - du pacte commissoire dans la pratique française des sûretés, il n'est pas aisé, en l'état actuel des choses, de dresser un bilan positif tiré de cette consécration. Cette attribution conventionnelle légalisée du bien donné en garantie devant servir exclusivement les intérêts des contractants les plus avertis au détriment des autres, le législateur régional de l'OHADA a, pour plusieurs raisons, eu tort de suivre le législateur français[593].

165. La première raison tient au caractère immoral du pacte commissoire dans cet espace juridique. Les propensions à l'immoralité contractuelle sont monnaie courante chez la plupart des contractants et praticiens et constituent un véritable danger pour les transactions. Consacrer le pacte commissoire c'est donner en pâture au créancier les biens du débiteur. Cela concourt à la dilapidation et à la spoliation des biens de ce dernier. L'exigence de souplesse, de simplicité ou de célérité dans les transactions civiles et commerciales qu'elle vise n'est pas forcément synonyme d'efficacité. Dans la pratique, cette consécration va entraîner, de la part de certains contractants, une totale dénaturation de la lettre et de l'esprit des dispositions qui le consacrent. Contrairement aux dires de M.

[592]C. com., art. 527-2. En droit de l'OHADA, comme en droit français, le pacte commissoire n'est pas interdit en matière de gage de somme d'argent. D'après l'article 104 alinéa de l'Acte uniforme révisé portant organisation des sûretés: *«Si le bien gagé est une somme d'argent ou un bien dont la valeur fait l'objet d'une cotation officielle, les parties peuvent convenir que la propriété du bine gagé sera attribuée au créancier gagiste en cas de défaut de paiement. Il en va de même pour les autres meubles corporels lorsque le débiteur de la dette garantie est un débiteur professionnel. En ce cas, le bien gagé doit être estimé au jour du transfert par un expert désigné à l'amiable ou judiciairement, toute clause contraire étant réputée nulle».*

[593]S'agissant spécialement des sûretés mobilières, certains auteurs estiment que la réforme de 2006 opérée n'a pas remédié à la complexité et à l'incohérence des textes mais qu'elle a méconnu les enjeux internationaux. V. R. DAMMANN, *«La réforme des sûretés mobilières:une occasion manquée»*, *D.* 2006, n°19, p.1298.

WIEDERKER[594], la présence d'un officier ministériel à l'hypothèque, en l'occurrence un notaire, ne suffit pas à moraliser le pacte commissoire. Est révélatrice la pratique de la clause de voie parée consacrée par l'article 25 de l'Ordonnance n°85/002 du 31 août 1985 relative à l'exercice des établissements de crédit[595]. C'était à une époque où l'on ne se souciait guère de la règle morale dans les obligations civiles, où la sécurité judiciaire était un mythe aussi vieux que le monde, et où la pratique des affaires était abandonnée à la loi de la jungle. La pratique des clauses de voie parée instituée par l'exécutif camerounais a été détournée de sa finalité pour servir de pacte commissoire déguisé. Si, cependant, dans l'hypothèse de l'article 25 il est question de faire vendre un immeuble hypothéqué aux enchères afin de désintéresser le créancier, dans celle de l'article 53 de l'AUDS, il s'agit de rendre le bénéficiaire de la sûreté immédiatement propriétaire du bien meuble ou immeuble au cas où le débiteur n'exécuterait pas son obligation[596]. Pour le pacte commissoire en outre, il n'est nullement besoin de l'inscription de l'acte ou, de la présence d'un notaire commis par la justice pour le transfert de propriété comme c'est le cas dans l'article 25 suscité. Ce transfert se fait automatiquement à l'échéance fixée dans le contrat. C'est tout ceci qui rend encore cette pratique très dangereuse en raison non seulement des rapports de force existant très souvent entre les contractants, mais aussi des enjeux habituellement colossaux pour l'un au détriment de l'autre.

En consacrant le pacte commissoire, et contrairement à ce qu'affirment certains auteurs[597], le législateur africain a créé un énorme

---

[594]G. WIEDERKER, «Pacte commissoire et sûretés conventionnelles», *loc. cit.*, spéc. p.665.

[595]Ce texte a été modifié et complété par la loi n°88/06 du 15 juillet 1988, la loi n°90/019 du 10 août 1990 et la loi n°97/014 du 18 juillet 1997 portant loi des finances pour l'exercice 1997/1998. Aucun de ces deux textes modificatifs n'a abordé la question régie par l'article 25 de l'Ordonnance de 1985. En France désormais, la clause de voie parée est strictement interdite. Cf. C. pr. civ., anc. a. 742 ; C. civ. a. 2458. Par contre, cette clause reste parfaitement autorisée en droit allemand et en droit anglais.

[596]Dans la pratique camerounaise, le sort de cette opération était déjà scellé avant même la conclusion du contrat.

[597]Selon Philippe DUPICHOT, l'attribution judiciaire ou conventionnelle d'un bien donné en garantie constitue en droit français *«l'innovation la plus emblématique de cette réforme»*, in «La réforme du régime hypothécaire, D. 2006, n°19, p.1291. D'après cet auteur en outre, et *«contrairement à une idée assez largement répandue, cette consécration du pacte commissoire en matière hypothécaire s'inscrit dans le droit-fil d'une jurisprudence bien assise»*. Voir dans ce sens : Cass. civ., 1er juillet 1844, S. 1845, 1, p.17 ; Cass. 1ère civ., 25 mars 1957, Bull. civ. I, n°149 ; Cass. 1ère civ., 5 février 1958, Bull. civ. I, n°78 ; Cass. 1ère civ., 26 décembre 1961, Bull. civ. I, n°622.

risque socio-économique, celui de réveiller les vieux démons de l'avidité, de la cupidité et de l'immoralité propres au monde des affaires sous le fallacieux prétexte de faciliter et de simplifier les transactions civiles et commerciales. L'on nous rétorquera sans doute qu'en cas de différend, les juges restent toujours compétents pour apporter des solutions appropriées ; certes. Néanmoins, il convient de remarquer que, ces juges sont au bout de la chaîne. Ils ne pourront que constater ce qui a été fait par les contractants, en application de la loi et de la volonté des contractants. Il ne faut pas non plus oublier que la sécurité judiciaire reste l'un des objectifs majeurs de l'institution de l'OHADA. Ce qui est décrié ici n'est donc pas l'acte passé entre les parties pour rendre leur transaction plus efficace, mais la totale dénaturation de l'esprit et de la lettre du texte qui s'ensuivra dans le but de détourner les biens du contractant. Ce détournement ôte à ce mécanisme toute sa raison d'être, puisqu'il lui substitue un égoïsme destructeur joint d'une volonté manifeste de nuire ; toutes choses contraires aux idéaux du civisme contractuel.

165. La seconde raison tient au caractère inadapté du pacte commissoire dans l'espace régional de l'OHADA[598]. Le droit de l'OHADA est un droit applicable dans de jeunes Etats[599]. La tendance actuelle à la modernisation, à la mondialisation ou à la globalisation, ne doit pas occulter l'existence de spécificités africaines. Tout processus d'amélioration et d'adaptation textuelle devrait se faire de manière progressive et complète[600]. En voulant s'arrimer à la modernité, par une copie aveugle des textes « venus d'ailleurs », le législateur de l'OHADA risque de sacrifier - plutôt que de favoriser - les intérêts des contractants et de la société. La consécration du pacte commissoire va en droite ligne avec une vision détournée de la réalité. C'est un instrument au service des investisseurs étrangers, plus soucieux de réaliser des milliers de fois des bénéfices par rapport au volume de leurs investissements, et de liquider le plus rapidement possible l'actif disponible du débiteur, que de l'accompagner notamment par

---

[598]En fait, le contexte juridique africain est différent du contexte européen. Plusieurs pans du droit et de la société méritent d'être revus afin d'arrimer aisément ce droit à la modernité et aux permanentes mutations sociales.

[599]Ces Etats viennent à peine de célébrer leur cinquantenaire, contrairement aux Etats de l'Europe.

[600]S. MANUSCO, «Le droit OHADA vers sa population. Y-a-t'il une place pour les droits originellement africains dans le processus d'harmonisation du droit des contrats en Afrique?», Colloque sur *Les pratiques contractuelles d'affaires et les processus d'harmonisation dans les espaces régionaux*, *op. cit.* ; G. KENFACK-DOUAJNI, «La coordination de l'Avant-projet d'Acte uniforme sur le droit des contrats avec les autres Actes uniformes de l'OHADA», Rapport présenté au Colloque sur *L'harmonisation du droit OHADA des contrats*, pp.367-377, spéc. p.369-373.

l'élaboration d'un processus de surrendettement fiable. C'est un secret de polichinelle. En effet, *« les acteurs économiques localisent leurs actifs et leurs activités en fonction de l'efficacité des règles matérielles nationales qui sont les mieux adaptées à leurs besoins »*[601]. En droit français, la consécration du pacte commissoire n'a pas reçu l'assentiment de toute la doctrine[602] ; et, la jurisprudence sur la question reste imprécise. Selon Delphine BAZIN-BEUST, même si « *La banalisation du pacte commissoire ne rime pas avec expropriation et dépouillement du constituant »,* il faut relever que «*l'ordonnance s'est principalement cantonnée à proclamer des principes de validité ou de prohibition du pacte commissoire, à le promouvoir sans en organiser spécifiquement et uniformément le régime. Loin d'avoir apporté des simplifications par rapport aux autres modes de réalisation, elle a engendré des questions et des incertitudes pouvant générer une méfiance à l'égard du pacte commissoire en dépit des avantages traditionnellement présentés. De ce point de vue, la quasi-absence de décision de justice récente sur le sujet ne serait-elle pas de nature à corroborer cette prudence de la pratique pour l'attribution conventionnelle ? Le contraste avec l'abondance de la jurisprudence rendue sous l'empire du droit antérieur à la réforme de 2006 est saisissant mais la libéralisation du pacte commissoire est encore récente et des clés de lecture pourront être distribuées à l'avenir.»*[603]. En droit de l'OHADA, il est certain que l'idée d'une telle consécration n'a pas eu le temps d'arriver à maturité, auquel cas, celle-ci n'aurait pas été actuellement acceptée. PORTALIS n'enseignait-il pas dans son discours préliminaire que *« Les lois ne sont pas de purs actes de puissance ; ce sont des actes de sagesse, de justice et de raison. Le législateur exerce moins une autorité qu'un sacerdoce. Il ne doit pas perdre*

---

[601]R. DAMMANN, *«La réforme des sûretés mobilières : une occasion manquée»*, *D.* 2006, n°19, p.1298 ; *«Mobilité des sociétés et localisation des actifs»*, *Cah. dr. entr.*, mars-avr. 2006, p.41. D'après M. Zhang SHAOHUI, c'est la même situation qui s'est posée à la Chine pour la promotion de son commerce extérieur. Comme il l'observe, *«il fallait une loi* (loi du 21 mars 1985 sur les contrats économiques avec l'étranger) *qui prévoie des règles conformes au droit uniforme et à la pratique internationale, pour sécuriser les transactions et protéger non seulement les intérêts nationaux, mais surtout ceux des étrangers dans le commerce international»*, in « Les Principes d'Unidroit et la réforme du droit chinois des obligations», Rapport présenté au Colloque sur *L'harmonisation du droit OHADA des contrats*, *op. cit.*, pp.153-177, spéc. p.155.

[602]Dans le rapport soumis au Garde des sceaux par le Groupe de travail relatif à la réforme du droit des sûretés, il est précisé à la partie relative à l'assouplissement des modes de réalisation que: *«Sur cette dernière* (levée de l'interdiction du pacte commissoire), *une opinion dissidente, favorable au maintien de la prohibition du pacte commissoire, a été émise par le représentant des avocats, qui a fait valoir la protection due au débiteur».*

[603]*Loc. cit.*

de vue que les lois sont faites pour les hommes et non les hommes pour les lois ;qu'elles doivent être adaptées aux caractères, aux habitudes, à la situation du peuple pour lequel elles sont faites ; qu'il faut être sobre de nouveautés en matière de législation, parce que s'il est possible dans une institution nouvelle de calculer les avantages que la théorie nous offre, il ne l'est pas de connaitre tous les inconvénients que la pratique seule peut découvrir... ». La recherche de plus de souplesse et de simplicité prônée dans la quasi-totalité des réformes envisagées et des projets en cours dans l'espace OHADA, gage dit-on d'efficacité et de célérité des transactions civiles et commerciales, risque plutôt à la longue de constituer un facteur de complication de ces dernières. Au-delà de la personne du contractant, son domicile constitue aussi un véritable levier de droits civiques nécessitant protection.

SECTION II. LE DOMICILE

166. Le domicile est le lieu où la personne a son principal établissement[604]. Cet attribut de la personnalité peut faire l'objet d'un contrat. Toute personne, physique ou morale, contractante ou non, a droit à un domicile, soit pour y vivre, soit pour y exercer une activité professionnelle[605]. Dans le premier cas, on parle de domicile personnel, résidence, lieu d'habitation ou de logement[606]. Dans le second cas, il s'agit du domicile professionnel, du siège social ou du lieu d'exercice de l'activité professionnelle. Le domicile apparait ainsi comme un droit fondamental du contractant. Il a vocation à concilier les intérêts des contractants à ceux de la société. De la sorte, sa protection s'avère nécessaire[607]. Cette approche varie

[604]Domicile et résidence se rapprochent souvent, mais sont distincts. La résidence est en fait le lieu où une personne physique demeure effectivement d'une façon assez stable, qui peut n'être pas son domicile, mais auquel la loi attache principalement, subsidiairement ou concurremment avec le domicile divers effets de droit.

[605]Les juridictions nationales protègent depuis longtemps le domicile des personnes physiques et morales.

[606]Le logement est un immeuble bâti servant à l'habitation principale ou secondaire d'une personne ou d'une famille qui l'occupe à titre de propriétaire, de locataire ou d'occupant. Cf. notamment M. BARRE-PEPIN et C. COUTANT-LAPALUS (dir.), *Logement et famille: des droits en question*, Thèmes et commentaires, Actes du colloque organisé en décembre 2004 à l'Université de Bourgogne, éd. *Dalloz*, 2005, 354p.

[607]La nature du droit fondamental au domicile ou au logement est fort discutée. L'on s'est demandé s'il s'agit d'un droit subjectif ou d'un droit objectif. En l'état actuel des législations européennes et de l'OHADA, le droit au domicile ou au logement reste un objectif à valeur constitutionnel (En ce sens, voir notamment B. MATHIEU, «Le droit au logement : un droit subjectif ?», in *Logement et famille :*

selon que l'on se trouve en droit européen ou en droit de l'OHADA. En droit européen, c'est le domicile personnel qui a d'abord fait l'objet d'une protection avant que celle-ci ne soit étendue au domicile professionnel. Le domicile professionnel des personnes morales a par la suite été assimilé au domicile des personnes physiques[608]. En droit de l'OHADA, c'est le domicile professionnel qui a retenu l'attention. Si cela permet aux contractants de jouir d'un droit intimement lié à leur personne, la protection du domicile traduit aussi pour la société l'atteinte d'un de ses objectifs à valeur constitutionnelle[609]. L'analyse du domicile personnel (§1) précèdera celle du domicile professionnel (§2).

§1- Le domicile personnel du contractant

167. C'est le lieu où le contractant est appelé à vivre. L'analyse de la notion de domicile personnel (A.) précèdera celle de sa nécessaire protection (B.).

A. **La notion de domicile personnel**

168. La notion de domicile connait des variantes assez importantes dans les différents Etats européens et de l'OHADA. En droit européen, le domicile bénéficie de la protection conférée par les articles 8 § 1 de la Conv. EDH et 7 de la CDFUE[610]. C'est la Cour EDH qui s'est le plus penchée sur la notion de domicile personnel[611]. Elle a d'abord défini le

---

des droits en question, op. cit., pp. 19-36). Mais là n'est pas la préoccupation. La question étant de savoir, sur le plan contractuel, comment assurer la protection de ce droit fondamental.

[608]Cf. TCE, art. 48 (ex-article 58).

[609]C. const., n°95-359 DC, 19 janvier 1995, *Rec.* p.176 : *«La possibilité pour toute personne de disposer d'un logement décent est un objectif de valeur constitutionnelle».* L'idée d'un logement décent semble un bon début.

[610]Cf. article 31 de la Charte sociale européenne. Contrairement à la Conv. EDH et à a Cour EDH, la CDFUE reconnait le droit au respect du domicile comme un droit subjectif, c'est-à-dire qu'il met à la charge de l'Etat l'obligation de fournir un logement. En ce sens, voir Cour EDH, 18 janvier 2011, Chapman c/ Royaume-Uni ; Cour EDH, 27 août 2004, Connors c/ Royaume-Uni ; Cour EDH, 21 novembre 1995, Velosa Barreto c/ Portugal.

[611]Elle s'est prononcée dans des domaines extracontractuels. Sont protégés sur le fondement du droit au respect du domicile, une maison face aux nuisances sonores dues au trafic aérien se déroulant à proximité de celle-ci (Cour EDH, 21 février 1990, Powell et Rayner c/ Royaume-Uni, Série A, n°172) ; un appartement contre les nuisances environnementales occasionnées par l'implantation d'une station d'épuration à côté de celui-ci (Cour EDH, 9 décembre 1994, Lopez Ostra c/ Espagne, série A, n°303-C, JCP éd. G, 1995, I, p.205, chron. F. Sudre).

domicile comme *«le lieu, l'espace physiquement déterminé où se développe la vie privée et familiale»*[612]. Ensuite, afin de lui donner le plus large rayonnement possible, la Cour EDH a rangé la notion de domicile dans la catégorie des notions autonomes, c'est-à-dire de façon large et différente des Etats membres[613]. Cela l'a conduit à conférer le bénéfice de la protection attachée au domicile à des lieux qui correspondent plus ou moins bien à une habitation au sens strict du terme. Le domicile visé désigne alors le lieu de vie effectif de la personne[614], ou une résidence secondaire dès lors que la personne y séjourne régulièrement et qu'elle y est particulièrement attachée[615]. La Cour EDH va encore plus loin en assimilant au domicile le terrain acquis en vue d'installer sa caravane[616], ou encore le taudis ou bidonville construit par le requérant sur une décharge dès lors qu'il en avait fait son lieu de vie, son environnement social et familial[617]. Il n'est pas de doute que sur cette base, la Cour EDH tente au mieux de protéger le domicile du contractant dans tous ses aspects. Saisie par un locataire expulsé, la Cour a qualifié la décision d'expulsion d'ingérence dans le droit au respect du domicile, permettant ainsi de considérer que ce droit peut être fondé sur un bail et non pas uniquement sur le droit de propriété[618]. La Cour a également analysé comme une ingérence à la vie privée la décision de justice refusant d'accueillir la demande du requérant, propriétaire du bien loué, de résilier le bail d'une maison afin de pouvoir y habiter[619]. Ici, la protection sociale du locataire justifie l'impossibilité faite au propriétaire de le priver de son domicile.

169. Pour assurer un meilleur rayonnement du droit au domicile, la Cour lui a conféré un effet horizontal[620]. Par référence à l'article 8 de la Conv. EDH, la troisième Chambre sociale de la Cour de cassation française avait jugé qu'un bail d'habitation ne peut *« avoir pour effet de priver le preneur de la possibilité d'héberger ses proches»*[621]. Elle a par la suite limité la portée d'une clause de mobilité en jugeant que le libre choix par un salarié

---

[612]Cour EDH, 16 novembre 2004, arrêt Moreno c/ Espagne, *JCP* 2005, I, 103, obs. F. SUDRE.

[613]Cf. Cour EDH, 18 novembre 2004, arrêt Prokopovich c/ Russie, JCP 2005, I, 103, obs. F. SUDRE.

[614]*Ibid.*

[615]Cour EDH, 31 août/octobre 2003, arrêt Demades c/ Turquie.

[616]Cour EDH, 25 septembre 1996, arrêt Buckley c/ Royaume-Uni, RTDH 1997, p.47, obs. O. de SCHUTTER.

[617]Cour EDH, 18 juin 2002, Öneryildiz c/ Turquie, *JCP* 2002, I, 157, obs. F. SUDRE.

[618]Cour EDH, 18 février 1999, arrêt Larkos c/ Chypre.

[619]Cour EDH, 21 novembre 1995, arrêt Velosa Barreto c/ Portugal, série A no 334.

[620]Cour EDH, 20 avril 2004, arrêt Surugiu c/ Croatie.

[621]Civ. 3e, 6 mars 1996.

de son domicile personnel et familial ne peut être restreint par son employeur *«qu'à la seule condition d'être indispensable à la protection des intérêts légitimes de l'entreprise et proportionnée, compte tenu de l'emploi occupé et du travail demandé, au but recherché»*[622]. La Cour EDH tend donc à protéger, en les conciliant, tous les intérêts catégoriels en présence.

170. En droit de l'OHADA, la notion de domicile personnel n'est pas expressément reconnue en tant que droit fondamental du contractant. Pourtant, elle n'y est pas moins présente. L'article 44 de l'AUDCG révisé fait obligation à *«toute personne physique»* dont l'immatriculation est requise par la loi d'indiquer *«son domicile personnel»* dans le formulaire prévu à l'article 39 du même texte. A l'appui de sa demande, cette personne doit fournir «un certificat de résidence» (art. 45). Les personnes morales soumises ou non à l'immatriculation doivent également, selon le cas, indiquer l'adresse de leur siège social, celle de leur principal établissement, ou des autres établissements, ainsi que *«le domicile personnel des associés tenus indéfiniment et personnellement responsables des dettes sociales ...»* dans ce formulaire (art. 46). Il n'est pas non plus impossible de déduire indirectement la notion de domicile personnel des textes ou des décisions de justice. La référence aux locaux d'habitation accessoires des locaux ou immeubles principaux à usage commercial, artisanal, industriel ou tout autre usage professionnel, justifiant le refus du renouvellement du bail à usage professionnel sans versement d'une indemnité d'éviction est une parfaite illustration (art. 128). L'idée d'une protection du domicile personnel, sous la forme de résidence, est en outre expressément formulée dans la CADHP, source conventionnelle implicite du civisme contractuel. D'après l'article 12 alinéa 1 de ce texte: *«Toute personne a le droit de circuler librement et de choisir sa résidence à l'intérieur d'un Etat, sous réserve de se conformer aux règles édictées par la loi»*. Le choix de la résidence ici peut se faire à titre de propriétaire ou de locataire. Quoi qu'il en soit, le recours à la notion de domicile personnel est une réalité en droit européen et de l'OHADA. Il en est de même de sa protection.

B. La protection du domicile personnel

171. Le domicile est une nécessité aussi importante que le pain[623]. Toute personne, contractant y compris, a droit au respect de son domicile car ce dernier est pour lui une sphère d'intimité source d'épanouissement.

---

[622] Soc. 12 janvier 1999.

[623] L'on se souvient de l'affaire Ménard dans laquelle le *«bon juge»*, en se fondant sur l'état de nécessité, avait relaxé une femme qui avait volé un pain pour se nourrir. Cf. CA Amiens, 22 avril 1898, Affaire Louise Ménard.

Malgré les difficultés qu'il y a à la réaliser, la protection du domicile personnel du contractant est nécessaire. Ses manifestations ne sont pas l'apanage du droit interne[624]. En droit européen et de l'OHADA, l'architecte procède par punctation et exige que le domicile soit déjà acquis et décent[625]. Deux approches retiendront notre attention, peu importe que le domicile soit assimilé à un bien ou à un espace d'affirmation de la personnalité juridique, d'intimité personnelle ou familiale du contractant.

172. Dans la première approche, deux techniques peuvent être mises au service de la protection du domicile : l'indisponibilité et l'insaisissabilité[626]. Si l'indisponibilité a pour rôle d'empêcher le contractant de disposer librement de son domicile, l'insaisissabilité exclut ce dernier du gage général des créanciers. Pour certains auteurs, *«ces deux techniques utilisées ensemble aboutiraient à une protection extrêmement efficace de ce bien»*[627] qu'est le domicile. Établies en droit interne des Etats européens et de l'OHADA, ces techniques sont aussi présentes, mais utilisées séparément, en droit européen et de l'OHADA proprement dit. Dans ces ordres juridiques, l'architecte a laissé le soin aux Etats de déterminer les biens et droits qu'ils souhaitent rendre indisponibles ou insaisissables. S'agissant de l'insaisissabilité des biens, l'article 51 de l'AUPSRVE prévoit que *«Les biens et droits insaisissables sont définis par chacun des Etats parties»*. Parmi ces biens figurent en bonne place le domicile personnel. C'est pourtant l'indisponibilité du domicile personnel qui est plus manifeste, surtout lorsque ce dernier sert à abriter la famille. Dans ce cas, dans le souci non seulement de protéger l'un des époux contre les initiatives individuelles de l'autre, mais aussi celui d'assurer plus de cohésion sociale à travers une meilleure protection du logement familial, législateur et juge exigent le consentement du conjoint du vendeur du logement[628]. Cette mesure fixe alors le droit sur la nécessaire cogestion du domicile personnel des époux.

---

[624]La garantie du parfait achèvement est fort révélatrice de l'amplitude de cette protection. Sa mise en œuvre est facilitée, ses formes de réparation diversifiées. Sommes toutes, elle est cumulable avec d'autres garanties.

[625]Le bailleur d'un local d'habitation doit remettre au preneur un local décent, c'est-à-dire un local ne laissant apparaître de risques manifestes susceptibles de porter atteinte à la sécurité physique ou à la santé du contractant.

[626]Sur l'étude des combinaisons possibles entre ces deux techniques en matière de protection du logement, voir V. BONNET, «Indisponibilité ou insaisissabilité du logement de la famille», in *Logement et famille : des droits en question*, sous la direction de M. BARRÉ-PÉPIN et C. COUTANT-LAPALUS, Actes du colloque organisé en décembre 2004 à l'Université de Bourgogne, éd. *Dalloz*, 2005, 354p, spéc. pp.175-190.

[627]V. BONNET, *op. cit.*

[628]Cf. C. civ., art. 215 et s; 1400 et s. Cf. C. civ., art. 1421. Adde CS, arrêt n°78/Civ du 12 août 2010, aff. Dame Nkemla née Pessonka Alice c/ Nkemla Albert.

En effet, nul ne peut ignorer l'importance capitale que revêt le logement familial dans la vie d'un couple. Cette importance n'est pas qu'essentiel pour le couple, elle l'est également pour la société toute entière. Au-delà de l'idée d'égalité matrimoniale véhiculée par cette mesure, il est également question d'assurer la sauvegarde des intérêts de l'acquéreur puisque l'épouse peut, pour empêcher une telle vente, faire jouer l'hypothèque légale dont elle bénéficie. En droit français, chacun des époux dispose d'une hypothèque légale sur les biens de l'autre. La règle d'indisponibilité décrite n'interdit donc pas seulement d'accomplir seul des actes de disposition sur le logement familial, mais prohibe aussi des actes qui comme la donation, la constitution d'usufruit sur le logement, le bail, la promesse synallagmatique de vente, font perdre à la famille la jouissance du local. Dans son arrêt du 16 mai 2000, la Cour de cassation française est venue renforcer cette protection en donnant au verbe «disposer» un sens beaucoup plus large. Selon la Cour, l'acte de disposition vise *«les actes qui anéantissent ou réduisent les droits réels ou les droits personnels de l'un des conjoints sur le logement de famille»*[629].

173. Dans la seconde approche, le souci de conciliation des intérêts a amené le législateur de l'OHADA à faire prévaloir le domicile personnel sur le domicile professionnel. C'est le cas du contentieux du droit au renouvellement du bail, où le rejet de la demande de ce renouvellement soulève parfois de sérieuses difficultés juridiques. Au-delà du motif grave pouvant justifier le refus de renouvellement sans indemnité, le législateur accorde au bailleur d'immeuble un droit de reprise sur les locaux accessoires aux locaux commerciaux sans versement de l'indemnité d'éviction, à condition cependant que la privation de jouissance de ces locaux ne soit de nature à apporter un trouble grave à l'exploitation, ou que l'ensemble des locaux ne constitue un tout indivisible (art. 128). C'est une idée similaire, mais dans un contexte différent, qui a été retenue par la Cour EDH dans son arrêt Velosa Barreto du 21 novembre 1995. Pour dégager le droit au logement d'un locataire, cette Cour va juger que l'article 8 de la Conv. EDH n'impose pas à l'Etat portugais de garantir au propriétaire, à sa seule demande et en toute circonstance, le droit de reprendre son bien loué, dès lors qu'il n'établit pas suffisamment le besoin qu'il a pour se loger. La consécration du droit au respect du domicile peut également être tirée de l'article 12-1 de la CADHP. Cette tendance protectionniste s'étend aussi au domicile professionnel.

---

629 Bull. civ. I, n°144, précité. Cf. M. GRIMALDI, «Le logement de la famille», *Defrénois* 1983, 1025 et 1105.

§2. Le domicile professionnel du contractant

174. Le droit européen et de l'OHADA ne sont pas indifférents à la notion de domicile professionnel (A.). On ne la trouve nulle part consacrée dans les textes. Pourtant, la jurisprudence l'admet, explicitement ou implicitement, et tente d'assurer sa protection[630] (B.).

A. La notion de domicile professionnel

175. Le domicile professionnel est le lieu où une personne physique ou morale exerce son activité, de manière indépendante ou dans les groupements. Il renvoie également au local ou immeuble servant de bureau à la personne physique, au lieu d'exercice de l'activité, au siège social, à l'adresse de l'établissement principal ou des autres établissements lorsqu'il s'agit d'une personne morale. Son admission en droit européen et de l'OHADA ne s'est pas faite de manière linéaire. La Cour EDH par exemple a octroyé au domicile professionnel la protection conférée par l'article 8 § 1. Dans certaines décisions, elle n'avait pas opéré de distinction entre les activités professionnelles et les activités non-professionnelles[631]. Pendant longtemps, la consécration d'un droit au respect des locaux professionnels s'était limitée aux personnes physiques. Il a fallu attendre l'arrêt Niemietz pour que la Cour étende la notion de domicile aux locaux professionnels[632]. De manière progressive, elle a ainsi assuré la protection conférée aux locaux professionnels des personnes physiques par l'article 8 Conv. EDH. Dans un premier temps, elle a appliqué ce texte aux locaux mixtes[633]. Dans l'arrêt Chappell c/ Royaume-Uni du 30 mars 1989, la Cour avait accordé sa protection au domicile d'une personne physique qui se trouvait être également le bureau d'une société contrôlée par elle. Dans un second temps, cette protection a pu être octroyée au seul local professionnel, précisément un cabinet d'avocat[634]. Dans son arrêt Société Colas et al. c/ France du 16 avril 2002, la Cour est encore allée plus loin en consacrant l'existence du droit des personnes morales au respect de leurs locaux professionnels[635].

---

[630]A.-C. MANKOU-NGUILA, «La notion de siège social en droit OHADA : brève analyse comparative de la jurisprudence de la CCJA et de la CJCE», *Revue congolaise de droit des affaires* n°4, jan-fév-mars 2010, p.23, Ohadata D-11-90.

[631]Cour EDH, 30 mars 1989, Chappell c/ Royaume-Uni, Série A. 152-A. ; Cour EDH, 24 avril 1990, Huvig.

[632]Cour EDH, 16 décembre 1992, Niemietz c/ Allemagne, Rec. A251-B.

[633]C'est-à-dire un domicile à la fois personnel et professionnel.

[634]Cour EDH, 16 décembre 1992, Niemietz c/ Allemagne, *op. cit.*

[635]Cour EDH, 30 mars 1989, Chapell c/ Royaume-Uni, Série A, n°152-B points 25 et 63. Adde Cour EDH, 16 décembre 1992, Niemietz c/ Allemagne, Série A, n°25-B, points 30 et s, Grands arrêts Cour EDH, n°40 ; Cour EDH, 25 février 1993,

Dans cet arrêt, elle a reconnu que le droit au respect du domicile devait également concerner les personnes morales. Rappelant le caractère évolutif de sa jurisprudence, la Cour EDH a alors estimé *« qu'il est temps de reconnaitre dans certaines circonstances, que les droits garantis sous l'angle de l'article 8 de la Convention peuvent être interprétés comme incluant pour une société, le droit au respect de son siège social, son agence ou ses locaux professionnels»*[636]. Contrairement à la Cour EDH, la CJUE avait dans un premier temps exclu que la garantie de l'article 8 Conv. EDH puisse s'appliquer aux locaux d'une société commerciale[637]. Mais par la suite, la Cour de Luxembourg est revenue sur sa position, en introduisant quelques nuances[638].

176. En droit de l'OHADA, l'exigence du domicile transparait dans certains textes. Ces textes ne se réfèrent pas à la notion de domicile professionnel, mais à celles de siège social, lieu d'exercice de l'activité, adresse de l'établissement principal et autres établissement. Le siège social par exemple constitue le critère *sine qua non* d'application du droit de l'OHADA. Ce droit n'est applicable que si l'un des contractants a son domicile dans l'un des Etats membres de l'OHADA. Par ailleurs, en application de l'article 21 du traité de 1993, le domicile ou la résidence habituelle est considéré comme l'une des conditions essentielles de soumission du différend contractuel à la procédure arbitrale. Enfin, pour se limiter à ces quelques cas, les Actes uniformes portant sur les sociétés commerciales et les sociétés coopératives font du siège social une mention obligatoire de leurs statuts.

Sur un plan juridictionnel, la CCJA procède, en application des articles 23, 24, 25, 26 et 27 de l'AUDSCGIE, à la multiplication des critères de détermination du siège social. Dans un arrêt du 21 mars 2002 (n°009/2002), elle a retenu deux critères alternatifs de détermination du siège social : il s'agit d'une part du siège statutaire et d'autre part du siège réel[639].

Funke c/ France, Série A, n°256 A ; Cour EDH, 16 avril 2002, Société Colas Est et al. c/ France, Rec. CEDH, n°37971/97, 2002-III.

[636]Cour EDH, 16 avril 2002, Société Colas Est c/ France : AJDA 2002, p.502, obs. J.-F. Flauss.

[637]CJCE, 21 septembre 1989, Hoechst c/ Commission CE, Aff. Jointes 46/87 et 227/88, Rec. CJCE, points 17 et 18 ; CJCE, 17 octobre 1989, Dow Bénélux c/ Commission CE, Aff. 85/87, Rec. CJCE, p.3137, points 28 et 29.

[638]CJCE, 22 octobre 2002, Roquete Frères SA, Aff. C-94/00, Rec. CJCE, p.I-9001 ; comp. CJCE, 15 octobre 2002, LMV.

[639]Adde, CCJA, arrêt n°011/2002 du 28 mars 2002, ManuTech c/ DDCI. Dans cette affaire, le conseil du requérant Gazike Juliette avait obtenu du TPI d'Abidjan une ordonnance portant injonction de payer contre la société Ivoire coton. Cette ordonnance a été faite au siège de la société Ivoire coton à Abidjan. Celle-ci forma opposition, motif pris de ce que la signification aurait dû être faite à Bouaké, lieu de

Cette multiplication de critères n'est pas seulement bénéfique au contractant (société Ivoire coton), mais également aux tiers qui disposent ainsi d'une *«double possibilité débouchant in fine sur une protection efficace de leurs intérêts»*[640]. Au-delà de son identification, la protection du domicile du contractant s'avère aussi nécessaire.

B. La protection du domicile professionnel

177. Tiré du principe constitutionnel de la liberté entrepreneuriale, le droit d'établissement suppose pour toute personne, physique ou morale, contractante ou non, la liberté de s'installer économiquement. Parlant du logement, le professeur GRIMALDI a observé que celui-ci peut se scinder en trois composantes : l'accès au logement, la liberté de choisir son logement et le droit au maintien dans le logement[641]. Ce raisonnement est également valable pour le domicile professionnel. Dans l'un ou l'autre cas, les deux premières composantes ne sont pas absolument d'ordre contractuel, ce qui justifie leur exclusion de notre étude. C'est la troisième composante, à savoir le droit au maintien au domicile professionnel, qu'il conviendra d'aborder. En plus de relever de la sphère contractuelle, elle laisse apparaitre en la matière un véritable contentieux, alors pourtant que sa protection est impérieuse. Dans l'impossibilité de présenter tous les mécanismes régionaux de protection y afférents[642], il convient de retenir ceux qui semblent les plus pertinents : il s'agit du droit au renouvellement du bail professionnel et de la faculté de stipulation des clauses de non-rétablissement. Ces mécanismes étant absents du droit européen, nous centrerons notre démonstration sur le droit de l'OHADA.

178. D'une part, lorsque le bail à usage professionnel[643] du commerçant locataire arrive à expiration, le droit de l'OHADA reconnait à

---

transfert du siège social de la société. Saisie, la CCJA fit droit à la demande de la société Ivoire coton, la requérante n'ayant pas réussi à prouver que l'adresse d'Abidjan est au siège réel de la société. En décidant ainsi, la CCJA admet qu'au-delà du siège statutaire, le siège réel, lorsqu'il existe, constitue un critère non négligeable de domiciliation de la société.

[640]En ce sens, voir A.-C. MANKOU-NGUILA, *loc. cit.*

[641]M. GRIMALDI, «Le logement et la famille», *Defrénois* 1983, art. 33120, p. 1025 et s.

[642]Un de ces mécanismes tient à la cessation des droits du bailleur sur les locaux donnés à bail. Cela ne met pas fin au bail puisque, dans ce cas, le nouveau bailleur est substitué de plein droit dans les obligations de l'ancien bailleur et doit poursuivre l'exécution du bail. Ceci permet au locataire de conserver son domicile professionnel.

[643]D'après l'article 103 dudit Acte, le bail à usage professionnel est «toute convention, écrite ou non, entre une personne investie par la loi ou une convention

ce dernier une prérogative essentielle lui permettant de se maintenir dans son domicile professionnel : c'est le droit au renouvellement du bail professionnel[644]. Le bénéfice de ce droit est subordonné à l'accomplissement de certaines conditions de fond[645] et de forme[646] favorable à la conciliation des intérêts en présence. Pour renforcer la protection dudit droit, le législateur de l'OHADA lui a attaché le caractère d'ordre public (art. 102 AUDCG révisé). Ce caractère a été réaffirmé lors de la révision du 10 décembre 2010 (art. 123, 134). L'alinéa 2 de l'article 123 prévoit e effet qu'*«Aucune stipulation du contrat ne peut faire échec au droit au renouvellement»*[647]. Dans une espèce, la CCJA a d'ailleurs décidé *«qu'il suit qu'en considérant que ladite clause de résiliation insérée dans le bail ... ne peut prévaloir sur les dispositions d'ordre public de l'article 92 susvisé, la Cour d'appel de Dakar n'a en rien violé l'article 97 de l'Acte uniforme susvisé».* De telles mesures participent du civisme contractuel puisqu'en dépit d'une telle rigueur, l'architecte africain marque sa volonté d'assurer la sauvegarde des intérêts du commerçant locataire au détriment du bailleur propriétaire. *«Ce droit peut également présenter un intérêt économique pour les tiers»*[648], l'idée étant de préserver les intérêts de la société.

---

du droit de donner en location tout ou partie d'un immeuble compris dans le champ d'application du présent Titre, et une autre personne physique ou morale, permettant à celle-ci, le preneur, d'exercer dans les lieux avec l'accord de celle-là, le bailleur, une activité commerciale, industrielle, artisanale ou toute autre activité professionnelle». L'expression bail à usage professionnel a remplacé celle de bail commercial suite à la révision de cet Acte uniforme intervenue le 15 décembre 2010.

[644]Cf. H.-D. MODI KOKO BEBEY, *Droit communautaire des affaires (OHADA-CEMAC), Tome 1- Droit commercial général et droit de la concurrence*, éd. *Dianoïa*, 2008, 207p.

[645]Le commerçant doit avoir exercé son activité professionnelle dans le local ou immeuble depuis au moins deux ans, et exécuté ses obligations contractuelles essentielles au cours de la période échue, telles le paiement des loyers, l'entretien des locaux, le respect de l'affectation convenue des locaux.

[646]Lorsque le bail est à durée indéterminée, toute partie envisageant sa résiliation doit donner congé à l'autre par acte extrajudiciaire au moins six mois à l'avance. Lorsque le bail est à durée déterminée, le preneur peut formuler sa demande de renouvellement du bail à peine de déchéance du droit au renouvellement. Le bailleur ne peut donner sa réponse qu'à réception de ladite demande. La CCJA est encore allée plus loin en décidant que la déchéance du droit au renouvellement ne joue pas en faveur du bailleur qui a omis de donner congé au locataire, et contre lequel est retenue une tacite reconduction du bail pour une nouvelle période. Cf. CCJA, arrêt n°014/2002 du 18 avril 2002, affaire Halaoui Issam c/ CIDE Sarl.

[647]Ce droit ne profite cependant pas à l'entreprenant. Cf. art. 134 alinéa 2 de l'AUDCG révisé.

[648]H.-D. MODI KOKO BEBEY, *op. cit.*

179. D'autre part, en cas de cession du fonds de commerce, le droit de l'OHADA reconnait aux contractants la possibilité de stipuler des clauses de non rétablissement. Il s'agit de clauses en vertu desquelles celui qui cède un fonds de commerce prend envers celui qui l'acquiert l'engagement de ne pas reprendre une activité de nature à le concurrencer, au moins dans un périmètre et pour un temps déterminé. D'après l'article 155 alinéa 2 de l'AUDCG révisé, *«Les clauses de non-rétablissement ne sont valables que si elles sont limitées soit dans le temps, soit dans l'espace ; une seule de ces limitations suffit pour rendre la clause valable».* Elles sont à la cession de fonds de commerce ce que la clause de non-concurrence est au contrat de travail[649]. Mais contrairement aux clauses de non-concurrence, ces deux restrictions sont en fait alternatives et non cumulatives. Ce qui renforce davantage leur efficacité. Elles permettent alors au cessionnaire de l'invoquer lorsque l'une de ces deux exigences est remplie. Elles visent à protéger l'acquéreur d'un fonds de commerce contre la déloyauté du vendeur du fonds. Elles permettent également au locataire commerçant de valoriser son fonds de commerce ; et de s'assurer une certaine stabilité dans les locaux loués. Le droit au renouvellement du bail et les clauses de non rétablissement stipulées dans les cessions de fonds de commerce sont donc des mécanismes efficaces au service de la protection du domicile. Cette protection s'étend en outre à la profession du contractant.

SECTION III. LA PROFESSION

180. La profession est une activité habituellement exercée par une personne pour se procurer les ressources nécessaires à son existence. Elément essentiel à la vie du contractant, la profession est vectrice de droits et d'obligations nécessaires à la conciliation des intérêts de ceux qui l'exercent à celui de la société qui la promeut. Sa protection semble alors indispensable. Si elle permet au contractant de s'épanouir tout en se donnant les moyens de subsistance, à la société elle ajoute de la cohésion à l'harmonie sans lesquelles celle-ci n'est point concevable. Le droit européen et le droit de l'OHADA ne sont pas indifférents à l'exercice et à la protection de la profession. D'après l'article 8 de la CADHP en l'occurrence, *«La liberté de conscience, la profession et la pratique libre de la religion sont*

[649]A ces différences que: la clause de non-concurrence profite à l'employeur tandis que la clause de non-rétablissement profite au cessionnaire du fonds ; la clause de non-concurrence suppose le paiement d'une contrepartie financière, ce qui n'est pas le cas de la clause de non-rétablissement ; la clause de non-concurrence n'existe que si elle est stipulée dans le contrat et est légale dans la cession de fonds de commerce. Il suffit juste que l'une des limites prévues à cet effet se réalise pour qu'elle soit valable.

garanties. Sous réserve de l'ordre public, nul ne peut être l'objet de mesures de contrainte visant à restreindre la manifestation de ces libertés». Ces ordres juridiques encadrent la profession de manière à assurer la sauvegarde de tous les intérêts en présence. Plusieurs types de profession sont réglementés. Pour ce qui est de l'OHADA, l'on cite peut les professions de commerçant[650] et d'intermédiaire de commerce ou mandataire (commissionnaire, courtier, agent commercial), d'entreprenant, de transporteur, d'arbitre, d'agent des sûretés[651], de dirigeants de société associés ou non, de commissaire aux comptes, d'expert de gestion. Ces mécanismes de protection ne sont pas toujours identiques et varient selon que la profession exercée est salariée (§1) ou non salariée (§2).

§1. La profession salariée

181. Toute personne a le droit de travailler et d'exercer une profession librement choisie ou acceptée. Cette définition du droit au travail, consacrée dans les législations nationales652, internationales et aujourd'hui régionales653, permet de voir une de ses composantes essentielles : la profession salariée. C'est celle qui s'établit entre plusieurs personnes sur la base d'un contrat de travail, c'est-à-dire sur la base d'une profession librement acceptée. Ce contrat met l'employé sous la dépendance de l'employeur. Il arrive souvent das la pratique que l'employé ne soit pas sous

[650]Le locataire-gérant a la qualité de commerçant (AUDCG révisé, art. 139). Mais, l'entreprenant ne peut être partie à un contrat de location-gérance (AUDCG révisé, art. 138). Cette interdiction vise à protéger la personne et la profession d'entreprenant. En vue d'exploiter le fonds de commerce à ses risques et périls, ce dernier peut engager ses biens personnels car, à la différence du droit français et de certains droits européens, le droit de l'OHADA et les droits de ses Etats membres n'ont pas généralisé la théorie d'affectation du patrimoine. Celle-ci n'est prévue en effet que pour l'agent des sûretés (AUDS révisé, art. 9).

[651]La responsabilité de l'agent des sûretés s'apprécie comme celle du mandataire salarié (AUDS révisé, art. 11).

[652]*«Le droit au travail est reconnu à chaque citoyen comme un droit fondamental. L'Etat doit tout mettre en œuvre pour l'aider à trouver un emploi et à le conserver lorsqu'il l'a obtenu»* (C.T., art. 2-1).

[653]*«1.Toute personne a le droit de travailler et d'exercer une profession librement choisie ou acceptée. 2. Tout citoyen ou toute citoyenne a la liberté de chercher un emploi, de travailler, de s'établir ou de fournir des services dans tout Etat membre. 3. Les ressortissants des pays tiers qui sont autorisés à travailler sur le territoire des Etats membres ont droit à des conditions équivalentes à celles dont bénéficient les citoyens ou citoyennes de l'Union»)* (CDFUE, art. 15). L'article 15 de la CADHP prévoit aussi que : *«Toute personne a le droit de travailler dans des conditions équitables et satisfaisantes et de percevoir un salaire égal pour un travail égal».*

la subordination de l'employeur654. C'est donc un jeu d'influence réciproque qui se crée nécessitant des mesures de protection réciproques. Le civisme contractuel, à travers la profession salariée, permet d'assurer cette réciprocité en réalisant une meilleure conciliation des intérêts en présence. L'absence d'un droit commun du contrat de travail655 ne devrait pas masquer l'important rôle joué par le droit spécial des contrats de travail en droit européen656 comme en droit de l'OHADA657. Les droits civiques qu'il convient d'examiner dans le cadre de la profession salariée confèrent des droits aux parties au contrat de travail, et les soumet également au respect de certaines obligations. La parité (A.) et la non concurrence (B.) constituent deux illustrations majeures.

A. La parité

182. La parité est une notion à contenu variable que l'on retrouve dans plusieurs domaines tels les mathématiques, la physique, l'informatique, la politique, l'économie, la sociologie. Cette notion fait généralement référence à l'égalité. En droit national et international, elle est admise sous le prisme du principe d'égalité ou de non discrimination. Le droit européen et le droit de l'OHADA ont également misé sur la parité[658]. En droit de

---

[654]Cf. O. RIVOAL, «La dépendance économique en droit du travail», *D.* 2006, n°13, chron., pp. 891-896. La faiblesse du travailleur n'est plus absolument avérée. Il est des cas où c'est le travailleur qui, en raison de ses aptitudes et potentialités, met l'employeur sous sa dépendance, malgré son statut de chef d'entreprise.

[655]D'après Thierry REVET, *«il n'est ... pas possible d'affirmer l'existence actuelle d'un droit européen du travail, ni même la certitude de son avènement»* («Un droit européen du travail ?», in P. DE VAREILLES-SOMMIÈRES (dir), *Le droit privé européen*, *Economica*, 1998, pp.108-121, spéc. n°5, p.110. Adde R. BLANPAIN et J.-C. JAVILLIER, *Droit du travail communautaire*, 2e éd., Paris, *LGDJ*, 1995, 447p.

[656]V. Directive n°89/391/CEE Conseil du 12 juin 1989 concernant la mise en œuvre de mesures visant à promouvoir l'amélioration de la sécurité et de la santé des travailleurs au travail ; la Directive n°92/58/CEE du Conseil, du 24 juin 1992, concernant les prescriptions minimales pour la signalisation de sécurité et/ou de santé au travail (neuvième directive particulière de la directive n°89/391/CEE), modifié par la Directive n°2007/20/CE du 28 juin 2007 ; la Directive du CE et du PE du 10 décembre 2011 relative à l'application des droits des patients en matière de soins de santé transfrontaliers.

[657]Le droit du travail figure parmi les matières à harmoniser. Un APAUDT est en cours d'étude. Lors de sa réunion tenue à Ouagadougou (Burkina Faso) les 30 et 31 janvier 2014, le Conseil des Ministres a invité le Secrétaire permanent à poursuivre les diligences dans l'attente de la convocation de la réunion sous-régionale entreprise dans la zone CEMAC.

[658]La Communauté dispose depuis le traité d'Amsterdam d'une compétence expresse. Selon l'article 13 CE, la Communauté *«peut prendre des mesures nécessaires en vue de combattre toute discrimination fondée sur le sexe, la race ou*

l'OHADA par exemple, la parité se manifeste par la reconnaissance de la capacité juridique à la femme et par l'égalité des associés[659]. C'est surtout dans les relations de travail que la parité, encore désignée égalité professionnelle entre les femmes et les hommes, a fait couler le plus d'encre ces dernières années. On la retrouve dans tout le processus contractuel c'est-à-dire lors de l'embauche, la formation, la promotion, la qualification, la classification, la rémunération, l'articulation entre l'activité professionnelle et l'exercice de la responsabilité familiale.

183. Les hommes étant libres et égaux, les droits européens et de l'OHADA ont reconnu aux femmes le droit d'être traitées à l'égal des hommes dans le domaine du travail. Si ce principe est clairement énoncé dans les textes, il reste beaucoup à faire dans la pratique. Ses manifestations les plus pertinentes tiennent à l'égalité des rémunérations entre les femmes et les hommes (1.), et à l'égalité du déroulement de leur carrière (2.).

1. L'égalité des rémunérations entre les femmes et les hommes

184. Elle n'est pas véritablement contractuelle puisqu'elle suppose que l'employeur assure pour un même travail, ou un travail de valeur égale, l'égalité de rémunération entre les femmes et les hommes[660] qu'il emploie. Elle n'est contractuelle que parce que l'employeur est tenu de s'y conformer dans les contrats qu'il conclut avec ses salariés. Cette obligation interdit toute différenciation de salaire fondée sur le sexe. Affirmée comme une des priorités en droit européen[661], la mise en œuvre effective de l'égalité salariale entre les sexes demeure encore difficile[662]. Cette affirmation s'inscrit dans la

---

l'origine ethnique, la religion ou les convictions, un handicap, l'âge ou l'orientation sexuelle». Voir également l'article 141 du TCE (ex. article 119 du Traité CEE ou traité de Rome).

[659]Cf.M. AFANA BIDOUNGA, *L'égalité des associés dans l'Acte uniforme de l'OHADA relatif au droit des sociétés commerciales et du groupement d'intérêt économique*, thèse, Nantes, 2010.

[660]C'est le principe *«à travail égal, salaire égal».*

[661]En droit français, l'arrêt Ponsolle du 29 octobre 1996 a ouvert les vannes d'une série dé décisions qui ne cessent depuis lors de couler. Dans cette affaire, la Cour de cassation a décidé que *«l'employeur est tenu d'assurer l'égalité de rémunération entre tous les salariés»* (Cass. soc., 29 octobre 1996, Ponsolle, *Dr. soc.* 1996, 1013). Elle est allée plus loin en décidant que l'employeur est tenu de s'expliquer sur sa politique salariale (Cass. soc., 15 décembre 1998, *Dr. soc.* 1999, 187, obs. M. Bonnechére). D'après l'article L. 3321-2 CT : *«Tout employeur assure, pour un même travail ou pour un travail de valeur égale, l'égalité de rémunération entre les femmes et les hommes».*

[662]V. P. BATTISTINI, «L'égalité des rémunérations au regard de la jurisprudence de la CJCE», in *RRJ*, *PUAM*, 2001-1, pp.301-320.

volonté de lutter contre les inégalités profondes observées dans le traitement salarial entre les femmes et les hommes, et d'assurer au mieux l'égalité des sexes au travail.

185. En droit européen, un dispositif normatif de lutte contre les inégalités ou les discriminations a d'ores et déjà été édicté sur le fondement du principe d'égalité reconnu à l'article 13 du TCE[663]. La CDFUE n'est pas

---

[663]Il s'agit pour l'essentiel de la directive 2000/43/CE du Conseil du 29 juin 2000 relative à la mise en œuvre du principe de l'égalité de traitement entre les personnes sans distinction de race ou d'origine ethnique ; la directive 2000/78/CE du Conseil du 27 novembre 2000 portant création d'un cadre général en faveur de l'égalité en matière d'emploi et de travail ; la directive 2002/73/CE du Parlement européen et du Conseil du 23 septembre 2002 modifiant la directive 76/207/CEE du Conseil relative à la mise en œuvre du principe de l'égalité de traitement entre hommes et femmes en ce qui concerne l'accès à l'emploi, à la formation et à la promotion professionnelles, et les conditions de travail ; la directive 2004/113/CE du Conseil du 13 décembre 2004 mettant en œuvre le principe d'égalité de traitement entre les femmes et les hommes dans l'accès à des biens et des services et à la fourniture de biens et services ; la directive 2006/54/CE du Parlement européen et du Conseil du 5 juillet 2006 relative à la mise en œuvre du principe de l'égalité de traitement entre hommes et femmes en matière d'emploi et de travail (refonte). Ces directives sont venues parachever la lutte contre les discriminations entamées par des textes précédents à savoir : la Directive 75/117/CEE du Conseil, du 10 février 1975, concernant le rapprochement des législations des États membres relatives à l'application du principe de l'égalité des rémunérations entre les travailleurs masculins et les travailleurs féminins; la Directive 76/207/CEE du Conseil, du 9 février 1976, relative à la mise en œuvre du principe de l'égalité de traitement entre hommes et femmes en ce qui concerne l'accès à l'emploi, à la formation et à la promotion professionnelles, et les conditions de travail; la Directive 79/7/CEE du Conseil, du 19 décembre 1978, relative à la mise n œuvre progressive du principe de l'égalité de traitement entre hommes et femmes en matière de sécurité sociale ; la Directive 86/378/CEE du Conseil du 24 juillet 1986 relative à la mise en œuvre du principe de l'égalité de traitement entre hommes et femmes dans les régimes professionnels de sécurité sociale ; Directive 86/613/CEE du Conseil du 11 décembre 1986 sur l'application du principe de l'égalité de traitement entre hommes et femmes exerçant une activité indépendante, y compris une activité agricole, ainsi que sur la protection de la maternité ; la Directive 92/85/CEE du Conseil, du 19 octobre 1992, concernant la mise en œuvre de mesures visant à promouvoir l'amélioration de la sécurité et de la santé des travailleuses enceintes, accouchées ou allaitantes au travail ; Directive 96/34/CE du Conseil du 13 juin 1996 concernant l'accord-cadre sur le congé parental conclu par l'UNICE, le CEEP et la CES; la Directive 96/97/CE du Conseil, du 20 décembre 1996, modifiant la directive 86/378/CEE relative à la mise en œuvre du principe de l'égalité de traitement entre hommes et femmes dans les régimes professionnels de sécurité sociale ; la Directive 97/75/CE du Conseil du 15 décembre 1997 modifiant et étendant au Royaume-Uni la directive 96/34/CE du Conseil du 13 juin 1996 concernant l'accord-cadre sur le

restée silencieuse sur la question[664]. Mais, c'est à la CJUE, gardienne de l'interprétation et de l'application du droit de l'Union qu'il est revenu de préciser le contenu de l'égalité sexuelle des rémunérations. D'une part, elle a étendu le domaine d'application de cette égalité. Peuvent ainsi en bénéficier les salariés titulaires d'un contrat de droit privé et de droit public[665], d'un contrat à durée déterminée et à durée indéterminée[666]. Elle est allée encore plus loin en admettant que l'égalité des rémunérations doit jouer lorsqu'il n'existe plus de relations contractuelles. Il s'agissait en l'espèce des indemnités de licenciements[667]. Par ailleurs, elle a précisé que le bénéfice de cette égalité ne profite pas seulement aux femmes[668], mais également aux hommes[669]. D'autre part, elle a donné une interprétation large à la notion de rémunération, afin de la soumettre à de nombreuses applications et de protéger tous les intérêts en présence. Il ne s'agit donc pas seulement de la notion limitée de salaire, entendu comme *«toute rémunération d'un travailleur en état de subordination»*[670], mais celle plus large de rémunération renvoyant au *«salaire ou traitement ordinaire de base ou minimum et tous autres avantages et accessoires payés, directement ou indirectement, en espèces ou en nature, par l'employeur au travailleur en raison de l'emploi de ce dernier»*[671].

---

congé parental conclu par l'UNICE, le CEEP et la CES ; la Directive 97/80/CE du Conseil du 15 décembre 1997 relative à la charge de la preuve dans les cas de discrimination fondée sur le sexe ; Directive 98/52/CE du Conseil du 13 juillet 1998 étendant au Royaume-Uni de Grande-Bretagne et d'Irlande du Nord la directive 97/80/CE relative à la charge de la preuve dans les cas de discrimination fondée sur le sexe. Adde H. MASSE-DESSEN, «L'application du droit européen sur l'égalité hommes-femmes», *Liaisons soc. mens.* décembre 1998, 54 ; K. BERTHOU et A. MASSELOT, «Egalité de traitement et maternité», *Dr. soc.* 1999, 942.

[664]Selon l'article 23: «(1) L'égalité entre les femmes et les hommes doit être assurée dans tous les domaines, y compris en matière d'emploi, de travail et de rémunération. (2) Le principe de l'égalité n'empêche pas le maintien ou l'adoption de mesures prévoyant des avantages spécifiques en faveur du sexe sous-représenté».

[665]CJCE, 8 avril 1976, aff. 43.75 RTDE, 1976, 521, obs. C. PHILIP. Contra CJCE, 21 mai 1985 aff. 248/83.

[666]CJCE 31 mars 1981 aff. 96.80, Juri-social, 1981 S.J. 84 ; CJCE, 27 juin 1990 aff. 33-89, RTDE, 1991, 429, obs. E. TRAVERSA ; CJCE, 7 février 1991, aff. 184-89, RTDE, 1993, 82, obs. E. TRAVERSA.

[667]CJCE, 17 mai 1990, aff. 262/88, Rec. 1990, p.I-1889.

[668]C'était l'hypothèse de départ, particulièrement en ce qui concerne la grossesse et la maternité. Cf. CJCE, 7 février 1990 aff. C. 268-88, Rec. 1990, I, p.I-1889.

[669]La Cour de cassation a fait jouer l'égalité en faveur des hommes en matière de prime de crèche (Soc., 27 février 1991, JCP, 1991, Ed. E., I, 53, n°7, obs. TEYSSIE ; Soc. 3 octobre 1991, Juris-Data, n°002542), de prime de naissance ou d'adoption (Soc., 8 octobre 1996, RJS, 11/96, n°1178).

[670]Soc. 10 Octobre 1979, B.C., V. n°704.

[671]Cf. C.T. français art. L. 140-2 al. 2.

186. L'égalité sexuelle des rémunérations est également au cœur des préoccupations du droit de l'OHADA. Malgré l'absence de décisions de la CCJA sur la question, l'égalité des rémunérations entre femmes et hommes est souhaitée dans cet espace juridique. Elle est prévue dans les articles 8, 9, et 31 alinéa 1 de l'APAUDT[672]. Un justiciable victime d'une inégalité professionnelle peut donc saisir le juge national, juge régional de droit commun, à l'effet de faire respecter son droit à une égale rémunération. Comme en droit de l'Union européenne, ce droit ne doit pas être interprété de manière restrictive, mais plutôt extensive afin que soient prises en compte toutes les situations injustifiées qui mettraient le travailleur dans une situation d'inégalité salariale en raison de son sexe.

187. Lorsque des différences de traitement salarial existent, les juges exigent qu'elles soient fondées sur des raisons objectives et qu'elles soient matériellement vérifiables[673]. Le législateur communautaire européen a assoupli le régime de preuve des actions contre ces inégalités pour en faciliter la mise en oeuvre. Le travailleur demandeur doit faire état devant le tribunal de faits permettant de présumer l'existence d'une discrimination. C'est à l'employeur défendeur qu'il revient donc d'apporter la preuve qu'il n'y a pas eu de violation de l'égalité de traitement quant au sexe ou au salaire. Pour ces deux cas, le législateur de l'OHADA souhaite instituer à la charge des entreprises une obligation de produire un rapport annuel sur la situation comparée des femmes et des hommes dans l'entreprise[674]. L'objet

---

[672]Les articles 2, 3, et surtout 15 de la CADHP constituent également une référence textuelle indubitable. Aux termes de cette dernière, *«Toute personne a le droit de travailler dans des conditions équitables et satisfaisantes et de percevoir un salaire égal pour un travail égal»*. Le Code du travail camerounais est encore plus précis. Il prévoit en son article 61-1 qu' *«A conditions égales de travail, d'aptitude professionnelle, le salaire est égal pour tous les travailleurs quels que soient leur origine, leur sexe, leur âge, leur statut et leur confession religieuse, dans les conditions prévues au présent article»*.

[673]Cf. Cass. soc., 21 juin 2005, Sem. Soc. Lamy 4 juillet 2005, n°1222, p. 11 (recrutement d'urgence d'une directrice qualifiée pour recruter la directrice d'une crèche en congé-maladie) ; Cass. soc., 3 mai 2006, *JCP S* 2006, n°25, obs. J.-F. Cesaro (prise en compte par un accord collectif des spécificités des parcours professionnels). Adde E. LAHERRE, «Le juge et le principe ''à travail égal, salaire égal''», Sem. Soc. Lamy, 4 juillet 2005 ; K. BERTHOU, «La CJCE, et l'égalité de traitement : quelles orientations», CJCE, 7 juillet 2000, Julia Schnorbus, *Dr. soc.* 01, 879 ; Th. AUBERT-MONPEYSSEN, « Principe ''à travail égal, salaire égal'' et politiques de gestion des rémunérations», *Dr. soc.* 2005, 18 ; Cass. soc., 25 mai 2005, *JCP S* 2005, 1174, p.23, note Bousez.

[674]Article 56 APAUDT ; la loi française du 13 juillet 1983 portant modification du code du travail et du code pénal en ce qui concerne l'égalité professionnelle entre les

du «rapport de situation comparée» (RSC) est de formaliser et quantifier les inégalités professionnelles[675]. Ce rapport, ainsi que l'avis des délégués du personnel y relatif, peuvent être mis à la disposition de l'Inspecteur du travail du ressort et de toutes organisations syndicales auxquelles sont affiliés les travailleurs de l'entreprise s'ils le demandent[676]. Intégré au bilan social[677], il constitue une source d'information fiable sur les éventuelles inégalités de traitement salarial entre femmes et hommes.

2. L'égalité du déroulement de carrière entre les femmes et les hommes

188. Pour concourir à la réalisation de l'égalité du déroulement de la carrière, l'architecte européen et de l'OHADA énonce des mesures que l'employeur doit s'interdire de prendre en compte dans certaines de ses décisions et qui rompraient avec l'idée d'égalité. Le règlement intérieur ne doit par exemple pas comporter de dispositions qui lèsent les salariés dans leur emploi en raison de leur sexe. En outre, le sexe ne doit pas être mentionné pour muter ou refuser de renouveler un contrat de travail, ou pour prendre des mesures en matière de promotion professionnelle, de formation, ou d'affectation. Aucun salarié ne peut par ailleurs être licencié en considération de son sexe[678]. Serait donc nul tout licenciement faisant suite à une action en justice tendant au respect de l'égalité professionnelle. L'interdiction du harcèlement quant à elle est essentielle à la réalisation de l'égalité dans le déroulement de la carrière entre les femmes et les hommes. C'est une souffrance infligée sur le lieu de travail de façon durable, répétitive et/ou systématique par une ou plusieurs personnes à une autre personne, par tous moyens relatifs aux relations, à l'organisation, aux contenus ou aux conditions de travail, en les détournant de leur finalité, manifestant ainsi une intention consciente ou inconsciente de nuire, voire de détruire. Concrètement ici, il s'agira de la souffrance infligée à l'employé

---

femmes et les hommes. Cette loi, encore appelée Loi Roudy, a transposé la directive du 9 février 1976 ayant institué la notion d'égalité de traitement.

[675]Elaboré par le chef d'entreprise et transmis pour avis au comité d'entreprise ou soumis à l'avis des délégués du personnel, ce rapport constitue un outil de diagnostic devant non seulement permettre d'analyser la situation des femmes et des hommes dans l'entreprise, mais aussi de définir les actions susceptibles de supprimer les écarts de situation. Il est affiché dans l'entreprise et mis à disposition de tout salarié qui le demande.

[676]Cf. Article 56 alinéa 4 APAUDT.

[677]*Ibid.* Adde article 401 s APAUDT.

[678]Dans un tout autre contexte, la Cour EDH vient de donner un véto face aux licenciements fondés sur les convictions politiques : Cour EDH, 4e Sect., 6 novembre 2012, Redfearn c. Royaume-Uni.

par l'employeur, personne physique ou ses représentants. Comme pour l'égalité sexuelle des rémunérations, l'interdiction du harcèlement doit être interprétée de manière extensive. La directive européenne n° 2000-78 du Conseil du 27 novembre 2000 considère le harcèlement comme une forme de discrimination portant atteinte au principe d'égalité de traitement en matière d'emploi et de travail (article 2 alinéa 3). Cette interdiction est également affirmée à l'article 26 de la Charte sociale européenne[679]. Ses applications sont manifestes devant la CJUE et la Cour EDH. L'adoption de l'APAUDT (art. 12) soulèvera inéluctablement un énorme contentieux car cette pratique délétère s'institutionnalise progressivement. Elle donnera une assise textuelle aux victimes de ces agissements inciviques.

B. La non concurrence

189. La non concurrence est l'interdiction donnée à une personne de faire concurrence à une autre dans l'exercice d'une activité professionnelle. En droit européen, elle est prise en compte dans le domaine de la concurrence et repose sur l'interdiction faite aux opérateurs économiques de mener des actions qui iraient à l'encontre du bon fonctionnement du marché. En droit de l'OHADA, plusieurs domaines sont également concernés. L'intermédiaire de commerce ou le dirigeant social ne peut pas exercer une activité économique similaire à celle de son mandant ou de sa société. On retrouve également la non concurrence dans la cession de fonds de commerce, la location-gérance ou dans les baux commerciaux. Dans ce dernier cas, on parle encore de clauses de non rétablissement. C'est surtout dans la profession salariée que la non concurrence soulève le plus de difficultés. Elle prend la forme soit d'une obligation légale, soit d'une clause insérée dans le contrat. Il ne faut pourtant pas confondre l'obligation de non concurrence et la clause de non concurrence.

190. L'obligation de non concurrence est l'interdiction faite au salarié d'exercer une activité concurrente à celle de son employeur, pour son propre compte ou pour un autre employeur. Cette obligation est inhérente au contrat de travail et s'applique pendant toute la durée d'exécution de ce contrat. Elle ne retiendra pas notre attention ici puisqu'elle ne donne lieu à aucune indemnisation particulière. Dans un arrêt récent, la Cour de cassation française a affirmé au profit de l'associé le principe de la liberté de concurrencer la société, sous réserve de quelques limitations tenant à des

---

[679]Elle est publiée en France par le décret n°2000-110 du 4 février 2000 (sous le couvert du droit à la dignité au travail). Le harcèlement sexuel est désormais régi en France par la loi n° 2012-954 du 6 août 2012.

stipulations particulières et à des cumuls de qualité d'administrateur, de directeur ou de gestionnaire[680].

191. La clause de non concurrence est la clause intégrée dans un contrat de travail par laquelle l'employé s'interdit dans certaines limites d'exercer une activité professionnelle déterminée qui serait de nature à faire concurrence à son employeur. Encore appelée *« clause de non réembauchage »*, cette clause interdit au salarié, lors de son départ de l'entreprise, de s'engager chez un concurrent ou de s'établir à son compte dans un même domaine d'activités. Elle peut être civique à deux points de vue.

D'une part, le caractère civique de la clause de non concurrence se dessine à travers ses conditions de validité et de mise en œuvre. Tout d'abord, cette clause doit être limitée dans le temps et dans l'espace car elle ne doit pas constituer pour l'employé une interdiction générale, laquelle serait contraire à sa liberté d'entreprendre. Ensuite, elle doit être limitée quant à l'activité interdite, toute interdiction générale d'activité étant nulle. Elle doit en outre être indispensable à la protection des intérêts légitimes du créancier. Il s'agit de savoir si la clause n'est pas disproportionnée au regard de l'objet du contrat. Enfin, et ce n'est pas la moindre des conditions, la clause de non concurrence doit avoir pour contrepartie une compensation financière au profit du salarié[681]. L'on perçoit donc en filigrane cette volonté de concilier les intérêts de l'employeur à ceux du salarié sans remettre en cause l'intérêt général de la société tourné vers la sauvegarde des entreprises.

D'autre part, le caractère civique de la clause de non concurrence est perceptible à travers sa finalité ou son utilité. Il ne s'agit pas seulement de protéger les intérêts de l'employeur, comme cela a longtemps laissé croire ; il s'agit aussi de préserver ceux du salarié. La clause de non concurrence peut ainsi se révéler utile pour l'employeur soucieux de conserver la clientèle créée ou gérée par le salarié licencié ou démissionnaire. Parallèlement, l'employé se retrouve handicapé de l'exercice d'une activité

[680]B. SAINTOURENS, «Associé de SAS et activité concurrente à celle de la société», note sous C. com., 10 septembre 2013, F-P+B, n°12-23.888, Sté EGT environnement c/ Sté LBDI, *Rev. soc.*, nov. 2013, n°11, p.625 s.

[681]En droit français en l'occurrence, c'est la jurisprudence qui l'a consacré (Cass. soc., 10 juillet 2002, n°99-43334, *Bull. civ.* V, n°239). La Cour de cassation française est encore allée plus loin en accordant des dommages-intérêts à un salarié qui a respecté la clause de non concurrence alors qu'il n'avait droit à aucune contrepartie financière (Cass. soc., 18 mars 2003, n°00-46358, *Bull. civ.* V, n°98).

professionnelle[682]. Son droit fondamental au travail s'amenuise et sa liberté professionnelle se restreint[683]. De tels griefs nécessitent qu'une meilleure protection de ses intérêts soit assurée. Au-delà du caractère très restrictif des conditions légales de validité de la clause de non concurrence figure la condition supplémentaire tenant à l'octroi d'une contrepartie financière. Seule cette contrepartie financière, versée durant la relation contractuelle ou à son échéance, justifie jusqu'alors que le salarié n'exerce pas la même activité qu'il a exercé au sein de l'entreprise pendant une période donnée. D'après l'article 219 alinéa 2 AUDCG révisé : *«Lorsqu'une interdiction de concurrence a été convenue entre l'agent commercial et son mandant, l'agent a droit à l'expiration du contrat à une indemnité spéciale»*. D'ailleurs, si le salarié déroge à cette obligation, la contrepartie dont il a pu disposer s'éteint et il devra rembourser toutes sommes versées en échange de la clause, réserve faite. La protection salariée fait également l'objet d'une protection.

§2. La profession non salariée

192. La profession non salariée doit être entendue comme celle qui ne s'établit pas sur la base d'un contrat de travail, mais plutôt dans le cadre de l'exercice d'une activité professionnelle. Les exemples de contrats liés aux activités professionnelles sont nombreux en droit européen et en droit de l'OHADA[684]. L'on pense notamment à l'entreprenant ou à l'entrepreneur individuel, l'agent commercial, le courtier, le commissionnaire, ou l'associé. C'est ce dernier, qu'il soit dirigeant ou non, qui retiendra notre attention. L'exercice de cette profession en tant qu'associé est vital pour ceux qui l'exercent et pour la société qui la promeut. Elle mérite à ce titre protection.

---

[682]Selon Antoine MAZEAUD, *«la clause de non-concurrence est particulièrement redoutable, puisqu'elle réduit les chances de retrouver un emploi dans le même secteur d'activité »,* in *Droit du travail*, 5e éd., *Montchrestien* 2006, .302, n°418.

[683]D'après Josette NGUEBOU TOUKAM, *«une telle clause peut restreindre une activité salariée, libérale ou commerciale»* (*Cours de droit commercial général*, CAMUP, Septembre 2004, .78, n°112). Grégoire JIOGUE, reprenant les dires de G. CAS et R. BOUT, est encore plus catégorique. D'après lui, *«la clause de non-concurrence ainsi définie constitue une entrave sérieuse à deux principes fondamentaux de notre système juridique consacrés par la loi n°90/031 du 10 août 1990 régissant l'activité commerciale au Cameroun: le principe de la liberté du commerce et de l'industrie et son corollaire, le principe de la liberté de la concurrence» (*«La clause de non-concurrence en droit du travail camerounais», Annales de Faculté des sciences juridiques et politiques de l'Université de Dschang (A/FSJP/Ds), Tome 1, volume 2, *PUA* 1997, .137-151).

[684]Le droit de l'OHADA sera la référence parce qu'il offre des applications plus concrètes sur la question.

Celle-ci se manifeste tantôt par un renforcement des droits des associés (A.), tantôt par un encadrement de leurs abus (B.).

A. Le renforcement des droits civiques des associés

193. Les droits civiques des associés se renforcent. Ils ont par exemple le droit de participer à la vie sociale (1.) et le devoir de loyauté envers les autres s'ils sont dirigeants (2.).

1. Le droit des associés de participer à la vie sociale

194. Tous les associés ont le droit de participer à la vie de la société. Cette participation s'entend non seulement de la participation aux assemblées générales, mais aussi de l'exercice du droit de vote lors de ces assemblées[685], et du bénéfice d'information suffisante à la bonne marche des affaires sociales. La participation aux décisions collectives constitue ainsi un critère *sine qua non* de l'existence même d'une société. Elle est au contrat de société ce que le vote citoyen est dans un Etat. Comme l'observe Paul DIDIER, *«il n'y a de société que là où les contractants ont le droit de participer aux décisions collectives»*[686]. Or, la participation à la prise des décisions dans une société n'est effective que dans la mesure où elle se solde par l'expression d'une opinion, d'un choix à travers le vote. Cette participation et le vote des résolutions sont donc deux mécanismes intimement liés. Autant les associés participent afin de prendre des décisions qui concernent la vie de la société, autant le vote atteste de la participation effective de l'associé aux assemblées générales ainsi que de la direction qu'ils entendent donner à la société[687]. Ils respectent ainsi les volontés

---

[685]Les décisions collectives des associés sont prises lors des assemblées générales annuelles, qu'elles soient ordinaires ou extraordinaires. Néanmoins, s'agissant de la SNC (Cf. Art. 284 et s AUDSCGIE) et de la SARL (Cf. Art. 340 et s AUDSCGIE), ces décisions peuvent être prises soit en assemblée, soit par consultation écrite (Cf. Art. 134 alinéa 2 AUDSCGIE) si la réunion d'une assemblée n'est pas demandée par l'un des associés. Cf. R. KADDOUCH, *Le droit de vote de l'associé*, thèse de doctorat en droit, Université d'Aix-Marseille, 14 décembre 2001. ; P. LEDOUX, *Le droit de vote des actionnaires*, thèse dactyl. Paris II, 2000 ; J.-P. VALUET, « Droit de vote en assemblée générale d'actionnaires : régime actuel et perspectives d'évolution », *Dr. et patr.*, nov. 1997, p.28.

[686]P. DIDIER, «Brèves notes sur le contrat-organisation», in Mélanges en l'honneur de François Terré, *D.* 1999, p. 635 et s.

[687]D'après Philippe MERLE, *«le droit de vote est l'un des droits individuels les plus importants de l'actionnaire, qui lui permet de participer aux décisions collectives»*, in *Droit commercial. Sociétés commerciales*, 8è éd. *Dalloz*, 2001, spéc. n°306, p.331.

contractuelles, protégent les intérêts des propriétaires de la société ainsi que l'intérêt général de la société.

195. L'AUDSCGIE consacre dans plusieurs de ses dispositions le droit de tout associé de participer aux décisions collectives et de voter[688]. A s'en tenir aux dispositions générales de ce texte, la participation et le vote des associés sont des droits attachés aux titres sociaux (art. 53-4). Tout titulaire de titres sociaux conférant la qualité d'associé a le droit de participer aux décisions collectives dans les sociétés commerciales de l'OHADA. Il s'agit d'une mesure d'ordre public ; le législateur répute non écrite toute clause statutaire par laquelle l'associé en serait privé. L'associé peut ainsi se prévaloir d'une absence de convocation ou d'une irrégularité dans la convocation de l'assemblée pour en demander la nullité (art. 339 pour la Sarl et 519 pour la SA). La situation est presque similaire en ce qui concerne le droit de voter. Il s'agit d'un attribut essentiel de l'associé[689] ; un droit tellement important que sa suspension ou sa suppression ne peut intervenir que dans les cas limitativement énumérés[690].

En dehors de ces hypothèses, d'ailleurs très rares dans la pratique, le droit des associés de participer aux décisions collectives et de voter ne peut nullement être suspendu, encore moins supprimé[691]. C'est ce qui ressort clairement du célèbre arrêt Château d'Yquem. Dans cette affaire, les juges ont affirmé de manière péremptoire que *«tout associé a le droit de participer aux décisions collectives et de voter, les statuts ne peuvent déroger à ces dispositions»*[692]. C'est un droit sacré[693] régi par le principe de la liberté de vote. En application de ce principe, il est interdit aux associés, dans leurs rapports entre eux, ou ceux avec les dirigeants sociaux, de stipuler des clauses ayant pour objet ou pour effet de limiter le libre exercice du droit de vote dans les assemblées générales. Sur le fondement de la loi française de 1867, la jurisprudence condamnait les conventions sur le droit de vote,

---

[688]Cf. articles 53, 54, 55, 125 et s pour ce qui est du droit de participation et de vote en général ; les articles 283 et s (SNC), 302 et s (SCS), 333 et s (SARL), 516 et s (SA).

[689]Cass. civ., 7 avril 1932 Kopr c/ Société de filature et de tissage de Ligugé, DP 1933, 1, p.153, note P. Cordonnier ; Cass. Req., 23 juin 1941, Succession P. Cornet, Journal des sociétés, 1943, p.209, note R.B.

[690]Cf. articles 55, 177, 178, 542, 639, 640, 775 pour la suspesion ; et les articles 178 al. 3, 542, 639 et s, 354 alinéa 2, 440 alinéa 5 pour la suppression.

[691]Cass. civ., 7 avril 1932, *op. cit.*

[692]Com., 9 février 1999, Dalloz Aff., 1999, n°155, p. 563 ; JCP éd. E 1999, p. 724, Y. GUYON ; Bull. Joly 1999, p.566, n°122, J. J. DAIGRE ; Rev. Sociétés 1999, p.81, P. Le CANNU ; Dr. Sociétés 1999, n°67, Th. BONNEAU.

[693]H. HOVASSE, « Coup d'arrêt à la ''désacralisation'' du droit de vote », *Dr. Sociétés*, mai 1999, p.3 et s ; S. CASTAGNE, « Vote en faveur du droit de vote», *Dr. Sociétés*, oct. 2000, p.6. Contra J.-J. DAIGRE, «Le droit de vote est-il encore un attribut essentiel de l'associé ? », *JCP* éd. E 1996, I, 575.

notamment lorsqu'elles portaient gravement atteinte à l'exercice de ce droit. Par la suite, un décret-loi français du 31 août 1937 considérait alors comme nul et de nul effet dans toutes leurs dispositions, qu'elles soient principales ou accessoires, les clauses portant atteinte à la liberté de vote dans les assemblées générales. La loi française du 26 juillet 1966 et l'AUDSCGIE n'ont pas repris la mesure – pourtant protectrice - prévue par le décret-loi de 1937. Malgré ce mutisme, le législateur a strictement encadré les conventions de vote des associés entre eux, ou entre eux et les tiers. Toutes les conventions de vote ne sont donc pas autorisées[694]. Elles ne sont valides que si elles sont limitées dans le temps, et si elles ne privent pas l'associé de tout droit d'intervenir dans la vie sociale. De la sorte, les associés ne peuvent, sous le prétexte d'exprimer leur liberté de voter, spéculer sur leurs droits politiques, inhérents à leur qualité d'associé, à leur personne. Leur participation à la vie sociale constitue alors un instrument au service de la défense des inérêts catégoriels en présence.

2. Le devoir de loyauté du dirigeant social associé à l'égard des autres associés

196. Le dirigeant social associé a le devoir de se comporter de façon loyale envers les autres associés et la société[695]. Expression du civisme contractuel et manifestation de la bonne foi renforcée, le devoir de loyauté du dirigeant social associé envers les associés s'inscrit dans la volonté de contribuer à l'enracinement d'une éthique professionnelle tournée vers le renforcement de la protection des intérêts contractuels. Absente des textes, cette notion ne cesse de s'étendre dans la jurisprudence des Etats européens et de l'OHADA. En effet, le bénéfice du devoir de loyauté du dirigeant

---

[694]Com., 14 mars 1950, Ruffier des Aimes c/ Bernard, JCP.1950.II.5694, note D. Bastian. Voir également M. JEANTIN, « Observations sur les conventions de vote », JCP éd. E 1986, 15405 ; A. VIANDIER, «Après l'article de Michel Jeantin sur les Conventions de vote», in *Mélanges Jeantin*, Dalloz 1999, p. 311 ; A. CONSTANTIN, «Réflexions sur la validité des conventions de vote», in *Mélanges J. Ghestin*, LGDJ, 2001, p. 253 ; J. PENNEAU, «De l'irrégularité des conventions de vote dans le droit des sociétés commerciales, *JCP éd. Cl* 1975, II, 11776 ; B. MERCADAL, «Pour la validité des conventions de vote entre actionnaires», RJDA 1992, p.727 ; P. DIDIER, «Les conventions de vote», in Mélanges J. Foyer, PUF 1997, p.341 ; R. STORP, «La convention de vote dans la GmbH et l'AG», *Rev. soc.* 1980, p. 73 ; M.-E. ANCÈZE, «Un exemple de société fermée: la close corporation aux Etats-Unis», *Rev. soc.* 1979, p. 289.

[695]En ce sens, K. GREVAIN-LEMERCIER, «Le devoir de loyauté des dirigeants sociaux : le retour», *Gaz. Pal.* 2012, n°41-42, .7 ; B. DONDERO, «La captation des opportunités d'affaires: regards vers l'Etranger», *Gaz. Pal.* 2012, .13 ; B. SAINTOURENS, «L'obligation de loyauté du gérant et de l'associé de la SARL», note sous Cass. com., 15 novembre 2011, Gaz. Pal. 2012, 19.

social s'étend aussi bien aux associés[696], à la société[697], qu'au repreneur d'une société en difficulté[698]. Pareillement, le devoir de loyauté étant inhérent à la qualité de dirigeant, il s'impose à tous les dirigeants sociaux, administrateurs, gérants, membres du conseil d'administration ou du directoire, etc. Par un arrêt du 18 décembre 2012, la Cour de cassation a sanctionné un dirigeant indélicat d'une SAS qui, manquant à son devoir de loyauté, s'est rendu coupable de la captation d'opportunité d'affaires au détriment de la société[699]. Cet arrêt, qui s'inscrit dans un courant jurisprudentiel bien établi[700], est à rapprocher de celui du 15 novembre 2011

---

[696]Cf. Cass. com. 27 février 1996. Dans une autre espèce, la Cour de cassation française a décidé que, lorsque les opérations portent atteinte aux droits fondamentaux des actionnaires, ces derniers peuvent en demander la nullité (Cass. com., 24 janvier 1995).

[697]Cf. Cass. com. 24 février 1998 ; Cass. com. 7 juin 1999.

[698]CA Paris, 25 septembre 1996, Bouteiller et a. c/ SA Nouvelle hydro-technique.

[699]Com., 18 décembre 2012, n°11-24.305, D. 2013, note T. Favario ; *Rev. soc.* 2013. 362, note T. Massart ; *RTD com.* 2013.90, obs. B. Dondero et P. Le Cannu ; G. HELLERINGER, «Le dirigeant face aux opportunités d'affaires», *D.* 2012. 1560 ; J.-J. MILINGO ELLONG, « De la responsabilité pénale des dirigeants sociaux dans l'espace communautaire de l'OHADA », http://www.ohada.com/content/newsletters/643/Dossier-Pedagogique.pdf

[700]Le principe avait été avancé par la Cour de cassation en 1964 que le simple associé non-gérant (ni salarié) «*était, à défaut d'une interdiction formulée aux statuts ou résultant d'un engagement particulier souscrit par lui* [telle une clause de non-concurrence] *libre de s'intéresser à une nouvelle entreprise, même susceptible d'entrer en concurrence avec* [la sienne]», sauf manœuvres déloyales de sa part constitutives d'actes de concurrence illicites (Com., 11 février 1964: Bull. Civ. 1964, n°67). En 1969, la Cour réaffirmait le principe en retenant que le gérant d'une société qui continuait « *à percevoir son traitement tout en s'occupant des intérêts d'une entreprise concurrente*» avait commis une faute au préjudice de la société qu'il gérait (Com., 4 mars 1969: Bull. Civ. 1969, n° 81). Le cogérant d'une société ne pouvait, avant d'avoir quitté cette fonction, exercer des activités pour le compte d'une société concurrente sans engager sa responsabilité sur le fondement de l'article 1382 du Code civil (CA Paris, 4e Ch. A, 10 novembre 1992). Un tournant a été pris par un arrêt *Dallest c./ SARL Provence sidérurgie exportation* rendu en 1994 (Com., 7 juin 1994, n°92-13.935). Dans cette espèce, il était reproché au dirigeant d'avoir non seulement commis des actes de concurrence déloyale, mais encore d'avoir manqué à son obligation de non-concurrence. Mais ici, la Cour de cassation distingue les moyens et y apporte une réponse différente: à propos singulièrement du devoir du dirigeant, elle retient que les juges du fond ont sanctionné celui-ci «*pour manquement à son devoir de loyauté envers la société*», après avoir retenu à l'attendu qu'il n'avait pu créer la société concurrente dont l'objet était identique que «*pendant qu'il était encore gérant*» de la première. On revenait ainsi à la position élaborée par la Cour dans son arrêt de 1964. Dans un arrêt de 1998, la Cour de cassation a décidé que le gérant a bien un devoir de loyauté vis-à-vis de la société qu'il dirige et qui lui interdit de participer à la création d'une société concurrente

s'agissant d'un gérant de SARL. Dans l'arrêt de 2012, six médecins associés avaient constitué une SAS ayant pour objet l'exploitation d'une clinique. En 2003, deux médecins dont le gérant ont cédé leurs actions à leurs confrères. Ces derniers les ont par la suite cédées à une société tierce en 2005. Plus tard, l'ex-dirigeant, du temps de ses fonctions avait acquis en son nom propre l'immeuble dans lequel était exploitée la clinique, alors qu'il savait que les autres associés projetaient d'acquérir le même immeuble en leur nom propre pour y poursuivre l'exploitation de l'entreprise. Ces derniers l'ont alors assigné en paiement de dommages et intérêts. Les juges du fond n'ont pas fait droit à la demande des associés puisque, selon eux, aucune faute, délictuelle ou contractuelle, ne saurait se caractériser du seul fait de l'absence de transparence du dirigeant lors de l'acquisition, ni par l'indélicatesse dans son comportement, ni par la recherche à son seul profit d'une opération financièrement avantageuse. Saisie, la Haute Cour a cassé l'arrêt d'appel au visa des articles L. 227-8 et L. 225-251 alinéa 1er du Code de commerce et a qualifié l'action du dirigeant de manquement à son obligation de loyauté envers ses co-associés. Elle justifie sa décision au motif que le dirigeant avait laissé les associés dans une situation d'ignorance de l'opération d'acquisition pour son compte personnel d'un immeuble, alors que ces derniers entendaient l'acheter ensembles pour y exercer leur activité. La Cour a conforté sa position dans un arrêt rendu le 10 septembre 2013[701]. Commentant cette décision, M. SAINTOURENS observe que: *«Lorsque l'associé est titulaire d'une fonction de gérant ou plus largement de dirigeant de la société, c'est en cette qualité particulière qu'il peut se trouver soumis à une obligation d'abstention d'actes constituant une concurrence à l'égard de la société. Cette restriction se trouve rattachée à l'obligation de loyauté que la jurisprudence retient à la charge du dirigeant et qui doit le conduire à s'abstenir de réaliser à son seul profit, et au détriment de la société, des opportunités d'affaires auxquelles il peut accéder grâce aux fonctions que les associés lui ont confiées»*[702]. Le

---

sous peine de voir sa responsabilité civile engagée (Com., 24 février 1998, n°96-12.638). Plus clairement encore, la Cour a confirmé en 2002 que le gérant démissionnaire qui avait créé une société concurrente avant l'expiration du délai de préavis qui lui était imposé par les statuts «*avait manqué à son obligation de loyauté et de fidélité à l'égard des sociétés dont il était le gérant*», ce qui justifiait sa condamnation au versement de dommages-intérêts (Com., 12 février 2002, n°00-11.602). L'arrêt de 2011 a Couronné en apothéose le devoir fe loyauté du dirigeant social. En effet, «*l'obligation de loyauté pesant sur [le gérant] en [cette] qualité lui interdisa[it] de négocier, en qualité de gérant d'une autre société, un marché dans le même domaine d'activité*».

[701]Cass. com., 10 septembre 2013, F-P+B, n°12-23.888.

[702]B. SAINTOURENS, «Associé de SAS et activité concurrente à celle de la société», note sous C. com., 10 septembre 2013, *op. cit.*

dirigeant non associé ne peut donc être soumis à une clause de non concurrence insérée dans les statuts, sauf s'il l'a volontairement consenti[703].

197. Le devoir de loyauté du dirigeant social se traduit par les obligations de non concurrence, de fidélité, d'information et de transparence, proches tant du civisme contractuel que du solidarisme contractuel. Ce devoir impose au dirigeant de n'utiliser son pouvoir qu'au profit de la société et des associés, comme il doit gérer dans l'intérêt exclusif de la société. Une partie de la doctrine française a observé qu'en application de ces décisions de la Cour de cassation, «*il appartient désormais aux tribunaux et aux autorités de marché de déduire du devoir de loyauté, ainsi affirmé toutes ces applications*»[704]. Néanmoins, les opérations commerciales ou financières que les dirigeants entreprennent doivent présenter un intérêt pour la société ; et le dirigeant doit être en mesure d'en apporter la justification et révéler spontanément tout conflit d'intérêts. L'absence de révélation spontanée des causes de conflits d'intérêts peut d'ailleurs être source d'abus ; d'où la nécessité de les encadrer.

B. L'encadrement des abus des associés

198. Le droit de l'OHADA est hostile aux abus. Ces derniers sont néfastes au bon exercice de l'activité professionnelle. Leur encadrement se présente alors comme une nécessité absolue. En droit des sociétés, les abus sont nombreux et variés. Ils interviennent à tous les stades du processus social, de la constitution de la société à sa dissolution, en passant par son fonctionnement, et/ou sa restructuration. Les abus retenus sot ceux qui surviennent en cours de vie de la société, précisément au moment de la tenue des assemblées générales annuelles[705]. Il s'agit des abus du droit de vote. Ces abus traduisent une violation certaine du droit de participation aux décisions collectives et de vote des associés, et amenuisent la protection de l'intérêt

---

[703]Com., 10 juillet 2012, n°11-20.268, *Rev. soc.* 2012. 630, obs. S. Prévost ; Rev. soc. 2013. 219, note M. Roussille.

[704]D. SCHMIDT et N DION, note sous Cass. Com, 27.02.1996 JCP E II 838.

[705]Au-delà de ces abus, plusieurs autres remèdes à une situation grave et durable de conflit d'intérêts entre les associés peuvent être envisagés. L'un d'eux consiste, comme en matière d'abus de majorité, en la dissolution anticipée de la société pour justes motifs. Les associés minoritaires lésés par la décision des associés majoritaires ont la possibilité de sortir de la société. D'autres en revanche, qui ne sont pas des moindres, consistent pour le juge saisi non seulement de vaincre l'obstruction des associés minoritaires en rendant exécutoire la résolution litigieuse, mais également de désigner un mandataire ad hoc chargé de concilier les intérêts extrêmes et de faire prévaloir l'intérêt de tous. En ce sens, Cass. com, arrêt du 14 janvier 1992, Vitama.

des associés ainsi que l'intérêt social. Par leur encadrement, le juge tend à assurer une certaine loyauté des délibérations lors des assemblées générales[706], et partant, à admettre le civisme dans le contrat de société. Toute clause statutaire qui priverait l'associé de ce droit pourrait être réputée non écrite[707]. L'AUDSCGIE a encadré les abus de majorité (1.), de minorité (2.) et d'égalité (3.).

1. L'encadrement des abus de majorité

199. Aux termes de l'article 130 alinéa 2 de l'AUDSCGIE, *«il y a abus de majorité lorsque les associés majoritaires ont voté une décision dans leur seul intérêt, contrairement aux intérêts des associés minoritaires, sans que cette décision ne puisse être justifiée par l'intérêt de la société».* L'abus des majoritaires met donc en péril les intérêts des minoritaires et l'intérêt de la société. Pour certains auteurs, il s'agit de la transposition en droit des sociétés de la théorie civiliste de l'abus de droit[708]. Commettent ainsi un abus de majorité et encourent sanction les associés majoritaires qui, à défaut de rechercher la protection des intérêts catégoriels en présence, tendent plutôt à les nuire au détriment de leurs intérêts personnels exclusifs. Ils prennent une décision contraire à l'intérêt général, et aux intérêts particuliers des associés minoritaires, dans l'unique dessein de protéger les leurs. En pratique, les associés majoritaires votent une décision qui ne concourt qu'à la sauvegarde de leurs intérêts personnels. Ceci n'est pas contractuellement incivique en soi. Cette décision devient incivique dès lors que les associés, conscients de ce que celle-ci est contraire aux intérêts des associés minoritaires et à ceux de la société, agissent néanmoins dans ce sens. Ce comportement constitutif d'abus encourt sanction.

200. Le droit de l'OHADA a prévu deux sanctions pour la commission d'un abus de majorité. Dans un premier temps, les décisions collectives entachées d'abus encourent nullité. Dans un second temps, ces décisions peuvent donner lieu à la mise en œuvre, par les associés minoritaires victimes de l'abus, de la responsabilité des associés qui ont votés la décision en cause. La Haute juridiction française a envisagé comme sanction de l'abus de majorité la dissolution de la société pour

---

[706]P. DIDIER, «Brèves notes sur le contrat-organisation», op. cit., p.639.

[707]Com., 9 fév. 1999, Revue sociétés, 1999, p. 81, note P. Le Cannu ; 9 oct. 2007, RJDA 2008, n°5, p.543 ; 23 oct. 2007, RJ com 2008, n°1, chron., p.39, obs. M.-H. Monsérie-Bon.

[708]J. ISSA-SAYEGH, P.-G. POUGOUE et F.-M. SAWADOGO (dir.), *OHADA. Traité et Actes uniformes commentés et annotés*, *Juriscope*, 2002, 958p, spéc. p.340. En vertu de la théorie de l'abus de droit, l'associé profite de sa position sociale pour nuire aux intérêts des autres associés et éventuellement ceux de la société.

mésintelligence entre associés lorsqu'il en résulte un dysfonctionnement grave[709]. L'article 200-5° de l'AUDSCGIE est venu entériner cette décision en retenant comme cause de dissolution de la société, susceptible de constituer la sanction d'un abus de majorité, la dissolution anticipée de la société lorsque la mésentente entre les associés empêche le fonctionnement normal de la société. Le juge saisi à cet effet doit alors rechercher à la fois si l'acte incriminé a réalisé une rupture d'égalité entre les associés, et si cette rupture n'est pas justifiée par la poursuite de l'intérêt social. Constitue ainsi un abus de majorité une décision octroyant de très fortes rémunérations aux dirigeants sociaux[710], ou une décision de prise en charge par une société de la totalité du passif de sa filiale dans le seul but de couvrir la gestion d'un actionnaire majoritaire, gérant de la filiale[711].

2. La sanction des abus de minorité

201. L'abus de minorité est également encadré par le législateur de l'OHADA. Aux termes de l'article 131 alinéa 2 de l'AUDSCGIE, *«il y a abus de minorité [...] lorsque, en exerçant leur vote, les associés minoritaires [...] s'opposent à ce que des décisions soient prises, alors qu'elles sont nécessitées par l'intérêt de la société et qu'ils ne peuvent justifier d'un intérêt légitime»*[712]. En réalité, c'est l'arrêt rendu le 15 juillet 1992 par la Cour de cassation française qui définit la notion d'abus de minorité pour la première fois. Il y est perçu comme une attitude des minoritaires contraire à l'intérêt général de la société, et motivée par l'unique dessein de favoriser leurs propres intérêts au détriment de ceux des autres associés. En principe, en tant que partie au pacte social, les associés minoritaires disposent d'un pouvoir de contrôle de la gestion sociale. Aussi, le fait pour un associé minoritaire de voter contre une mesure n'est pas illégitime en soi. Seule une opposition entêtée, excessive et injustifiée sur la réalisation d'une opération essentielle pour la société dans l'unique but de

---

[709]Cass. com., 18 mai 1982, *Rev. sociétés*, 1982, p. 804, note Paul Le Cannu.

[710]CA Grenoble, 6 mai 1964, Dalloz, 1964, p.783.

[711]Cass. com., 29 mai 1972, JCP 73.II.17337, note Yves Guyon.

[712]Selon la doctrine, l'abus de minorité aurait été consacré par la Cour d'appel de Paris, le 26 juin 1990, dans l'arrêt S.A. Fromageries Bel (*Rev. soc.,* 1990, p.613, note M. Boizard ; *JCP éd. E*, 1990.II. n°21589, note M. Germain), et par la Chambre commerciale de la Cour de cassation française, le 14 janvier 1992, dans l'arrêt Vitama (*D.* 1992, 337, note J.-Cl. Bousquet ; *RTD com,* 1992, p.636, obs. Y. Reinhard ; *JCP éd. E*, 1992.II.302, note A. Viandier). Toutefois, la construction de cette théorie ne s'est pas fait sans heurt. V. M. CABRILLAC, «De quelques handicaps dans la construction de la théorie de l'abus de minorité», *Mélanges offerts à A. Colomer*, *Litec*, 1993, 111, n°6 ; P. Le CANNU, «L'abus de minorité», *Bull. Joly sociétés,* 1986, p.429 et s.

favoriser leurs intérêts personnels, au mépris de l'intérêt des associés majoritaires et de l'intérêt social est constitutive d'abus[713]. D'après M. KUATE TAMEGHE en effet, *«la responsabilité civile de l'associé ne pourrait être mise en jeu à ce titre que dans l'éventualité où ce dernier s'est opposé à l'adoption d'une délibération dont dépend le devenir de la société, et à la condition supplémentaire qu'il ne puisse se prévaloir d'aucun motif légitime»*[714]. Deux conditions sont nécessaires pour que soit retenu l'abus de minorité.

D'une part, il faut que les associés soient appelées à se prononcer sur une opération essentielle pour la société, qu'il s'agisse de son développement ou de la continuation de l'exploitation. Il arrive généralement qu'un ou plusieurs associés minoritaires, détenteurs d'une minorité de blocage, s'en servent comme une arme contre la société, en s'opposant à une décision jugée essentielle pour celle-ci. Il s'agit notamment d'une opposition à la prorogation de la société arrivée à terme, à une augmentation de capital essentielle pour la survie de la société, à une réduction du capital social, au transfert du siège social de la société notamment d'un lieu vers un autre où son activité pourrait davantage prospérer. Or, lorsque le vote d'une mesure est estimé salutaire pour la société, ses répercutions seront aussi favorables pour les associés et les tiers. En revanche, lorsque l'opposition des associés minoritaires a été sanctionnée par l'allocation des dommages et intérêts, il reste évident, et regrettable surtout, qu'elle a contribué à la neutralisation d'une décision indispensable à la société. Le législateur de l'OHADA n'avait prévu aucune mesure permettant de vaincre le blocage résultant de la résistance des associés minoritaires. A la faveur de la révision de 2014, il s'est inspiré de la solution admise par la jurisprudence Flandin[715] afin de combler ce vide juridique (art. 131al.3). Dans cette affaire, la Cour de cassation française a décidé qu'en présence d'un blocage résultant d'un abus de minorité, le juge ne peut pas prendre une décision valant vote, mais il peut désigner un mandataire *ad hoc* chargé de voter à la place et au nom des minoritaires, dans le strict respect de l'intérêt social et des intérêts légitimes des associés.

D'autre part, il faut que l'opposition des associés minoritaires soit non seulement contraire à l'intérêt social, mais aussi illégitime comme uniquement fondée sur la sauvegarde de leurs intérêts personnels. Dans cette hypothèse, les associés s'opposent à une décision tournée vers la sauvegarde

---

[713]Cf. S.-S. KUATE TAMEGHE, «Interrogations sur l'abus de minorité dans l'Acte uniforme relatif au droit des sociétés commerciales et du groupement d'intérêt économique», http://afrilex.u-bordeaux4.fr/sites/afrilex/IMG/pdf/kuate_interrogations.pdf; D. SCHMIDT, *Les droits de la minorité dans la société anonyme*, thèse de doctorat, Paris, 1970.

[714]*Ibid*, p.1.

[715]Cass. com., 9 mars 1993.

de l'intérêt de la société et celui des autres associés. Une telle initiative, centrée autour de la défense exclusive des intérêts des associés minoritaires, n'est pas incivique en soi. Elle le devient lorsque, conscients que l'attitude de ces associés lors du vote est égoïste et contraire à la protection des autres intérêts en présence, ils s'entêtent à poursuivre cette entreprise périlleuse pour la société et pour les associés majoritaires.

202. Le droit de l'OHADA n'a retenu qu'une sanction en cas de commission d'abus de minorité. Si l'abus de majorité est sanctionné par l'annulation de la décision concernée et par la mise en œuvre de la responsabilité des associés ayant voté cette décision, seule cette dernière sanction est retenue en cas d'abus de minorité. Cette position est logique car, contrairement à l'hypothèse d'abus de majorité dans laquelle une décision est votée par les associés majoritaires, les associés minoritaires ne peuvent pas imposer leurs voix aux autres associés ; ils n'ont que la faculté de bloquer la prise de la décision[716]. C'est le cas lorsque les statuts ou la loi requièrent, pour la validité d'une décision, soit l'unanimité[717], soit encore une majorité ou un quorum minimum[718]. En s'opposant ainsi à ce qu'une décision essentielle pour la sauvegarde de l'intérêt social soit prise, les associés minoritaires peuvent engager leur responsabilité.

---

[716]L'abus serait justifié par la volonté de ces associés d'assurer la sauvegarder d'un «intérêt légitime» (Art. 131 al. 2). Il reviendra au juge, à défaut d'une précision légale, de préciser ce qu'il faut entendre par intérêt légitime.

[717]Cf. articles 72 alinéa 2 (augmentation des engagements d'un associé) ; Art. 181 alinéa 3 (transformation d'une société dans laquelle la responsabilité des associés est limitée à leurs apports en vue d'une société dans laquelle la responsabilité des associés est illimitée) ; 197 alinéa 2 (augmentation des engagements des associés lors des opérations de fusion, de scission et d'apport partiel d'actif) ; 206-1°-2° (nomination du ou des liquidateurs dans les SNC et en pour les commandités dans les SCS en cas de liquidation) ; 215-1°-2° (autorisation de la cession globale de l'actif social ou de l'apport de l'actif à une autre société dans les SNC et par les commandités dans les SCS) ; 359 (augmentations des engagements des associés des SARL, transformation de la SARL en SNC, transfert du siège social dans un Etat autre qu'un Etat partie) ; 409 alinéa 2 (réduction de la valeur des apports en nature ou des avantages particuliers), etc.

[718]Cf. Articles 206-2°-3°-4° (nomination du ou des liquidateurs dans les SCS pour les commanditaires, pour les SARL et pour les SA) ; 215-2°-3°-4° (autorisation de la cession globale de l'actif social ou de l'apport de l'actif à une autre société pour les commanditaires dans les SCS, pour les SARL et pour les SA) ; 405 (validité des délibérations de l'assemblée générale constitutive des SA). Adde R. NJEUFACK TEMGWA, «La règle de la majorité dans le droit des sociétés commerciales OHADA», *AFSJP/UDs*, tome 10, 2006, pp. 81-96.

3. L'encadrement de l'abus d'égalité

203. L'abus d'égalité n'a pas été prévu par l'AUDSCGIE. Il a été consacré à l'occasion de sa révision en 2014. Désormais, en vertu de l'article 131 alinéa 2: *«il y a abus de minorité ou d'égalité lorsque, en exerçant leur vote, les associés minoritaires ou égalitaires s'opposent à ce que des décisions soient prises, alors qu'elles sont nécessitées par l'intérêt de la société et qu'ils ne peuvent justifier d'un intérêt légitime».* Concrètement, l'abus d'égalité consiste pour un associé détenant la moitié du capital social de s'opposer à l'adoption d'une délibération au cours d'une assemblée générale. Toute opposition d'un associé à la prise de décision n'est pas forcément constitutive d'abus. L'abus n'est constitué que si cette opposition est contraire à l'intérêt de la société et à l'intérêt du co-associé égalitaire. La CCJA est encore muette sur la question[719]. Mais, la Cour de cassation a sanctionné de tels abus[720]. Dans une espèce récente relative à la rémunération du gérant d'une SARL, elle a repositionné sa jurisprudence en déterminant le rôle du juge en cas d'abus d'égalité. En principe, la rémunération du gérant de SARL est fixée par les associés réunis en assemblée générale. Le problème se pose lorsqu'un associé refuse de voter la délibération concernant la rémunération de son co-associé gérant, surtout si ce refus s'inscrit dans une logique d'abus. Depuis un arrêt de 1972[721], la Cour jugeait que dans un tel cas, le juge pouvait substituer sa décision à celle des associés, et donc fixer la rémunération. Sa chambre commerciale est revenue sur cette possition. Le 31 mars 2009, elle a jugé qu'il n'appartient pas au juge de fixer la rémunération du gérant de SARL, quand bien même il y aurait eu un abus d'égalité ayant empêché sa fixation par les associés. Une telle démarche consisterait à substituer la volonté du juge à celle des contractants ; ce qui ne devrait intervenir que face à des circonstances d'une extrême gravité telle l'annulation du contrat de société. Concrètement, si la rémunération du gérant de SARL ne peut être fixée par l'assemblée générale en raison d'un abus, le juge ne doit pas la fixer et doit se cantonner à désigner un mandataire, lequel procédera à la convocation d'une nouvelle assemblée. Cette dernière devra voter à la place et au nom des associés ayant agi abusivement. Le vote du mandataire doit être conforme à l'intérêt social tout en préservant les intérêts légitimes des associés, y compris ceux des auteurs de l'abus. Une telle solution, consacrée à l'article 131 alinéa 3 de l'AUDSCGIE révisé, est conforme à l'exigence du civisme contractuel. Pour

---

[719]Depuis la mise sur pied de cette Cour jusqu'à l'année 2012, aucune décision n'a été rendue sur l'abus d'égalité. Il serait insensé de déduire la similarité de l'abus d'égalité et de minorité. Reste à espérer que la Cour se prononcera sur la question, tôt ou tard.

[720]Cf. Cass. Com., 8 juillet 1997, *Bull. Joly*, 1997, p.980; Cass. Com., 16 juin 1998, *Rev. soc.*, 1999, p.103; Com., 20 octobre 1998, *Bull. Joly*, 1999, p.66.

[721]Com, 11 janv. 1972, n°69-11.682.

prévenir ces situations d'abus d'égalité, le législateur français de 1966[722], et à sa suite celui de l'OHADA[723], a autorisé dans certaines hypothèses, par dérogation à la règle de la majorité, l'adoption des délibérations à la simple moitié des parts sociales. Il suffira par exemple, pour que soit adoptée la décision d'augmenter le capital social par incorporation de bénéfices ou de réserves, que les associés représentant 50% des parts sociales soient favorables.

Conclusion du Chapitre

204. Les droits civiques analysés sont permanents car ils peuvent durer sans modification ni interruption. Le droit européen et le droit de l'OHADA reconnaissent implicitement le civisme contractuel et consacrent explicitement les droits civiques. Ces derniers s'adossent sur la personne et certains de ses attributs, éléments essentiels de la société. Ils ont vocation à s'appliquer à tous les contrats de droit privé ; d'où la nécessité de les protéger. Ceci permet de préserver les intérêts des contractants et ceux de la société. Mais, les droits civiques ne sont pas uniquement permanents. Aujourd'hui, émergent de nouveaux impératifs sociaux, vecteurs de droits civiques dans des domaines auparavant insoupçonnés, comme le domaine contractuel. Ce sont ces droits qu'il convient désormais de présenter.

[722]Cf. C. com., art. L.223-30, alinéa 30 alinéa 3.
[723]Cf. AUDSCGIE, art. 360 (pour la SARL) et 565 (pour la SA).

CHAPITRE II
LES DROITS CIVIQUES CONTINGENTS

205. Les droits civiques sont des droits et obligations permettant de concilier les intérêts particuliers des contractants à l'intérêt général de la société. La permanence n'est pas leur caractéristique exclusive. Ils sont également contingents. En effet, s'ils ont vocation à durer tant que restent irrésolus les questions à l'origine de leur émergence, ils peuvent disparaitre aussitôt que ces questions sont résolues. Nombreux et variés, les droits civiques dits contingents innervent de plus en plus la sphère contractuelle dans les espaces juridiques européen et de l'OHADA au point de devenir presqu'envahissants. Malgré leur nombre sans cesse croissant, leur analyse permet de les regrouper autour d'une thématique centrale : celle du développement durable[724]. Concrètement, la mutation du droit des contrats favorise l'émergence de nouveaux droits subjectifs tournés vers la protection de l'environnement tel que le droit à l'information, le droit à la participation, le droit d'accès à la justice. De la sorte, le contrat s'inscrit dans un environnement qui reconnait aux contractants des droits et obligations permettant de concilier leurs intérêts particuliers à l'intérêt général de la société.

206. L'étude des manifestations civiques du développement durable en matière contractuelle peut néanmoins surprendre. En effet, la thématique du développement durable est beaucoup plus au cœur des préoccupations des institutions publiques nationales et internationales, plus soucieuses à bien d'égard du bien-être collectif. L'on observe pourtant une nette progression de la prise en considération de ces préoccupations dans les rapports privés, essentiellement basés sur le contrat. Cette évolution est justifiée par plusieurs

[724]Il est peu productif de s'attarder sur la contestation sémantique ayant existé depuis l'apparition du terme dans le rapport Brundtland. Certains auteurs préfèrent recourir au terme «durable» plutôt qu'au terme «soutenable». Les tenants du terme « durable » insistent sur la notion de durabilité définie comme cohérence entre les besoins et les ressources globales de la Terre à long terme, plutôt que sur l'idée d'une recherche de la limite jusqu'à laquelle la Terre sera capable de nourrir l'humanité. Toutefois, la notion de soutenabilité peut s'expliquer par de vieilles traces du mot en langue française. Dès 1936, le mot est en effet employé dans une optique environnementale dans l'ordonnance de Brunoy, prise par Philippe VI de Valois, sur l'administration des forêts. Ainsi, en matière forestière, l'expression forêt cultivée soumise à une exigence de soutenabilité, un renouvellement perpétuel de la ressource, capable d'approvisionner une flotte navale, existe depuis plus de six siècles. Cf. F.-G. TREBULLE, «Le développement durable, un enjeu global», *Cahiers de droit de l'entreprise*, mai-juin, 2010, n°3, p. 22.

facteurs au nombre desquels figurent les crises financières, économiques, culturelles, mais désormais aussi écologiques[725]. Ce regain d'intérêt pour le développement durable est né dans les grandes entreprises, en particulier chez celles qui ont dû affronter de graves crises dont elles sont sorties traumatisées et affaiblies : scandales débilitants, procès retentissants, peines spectaculaires, perte durable de crédibilité, coûts exceptionnels, voire faillite. Puis, à la suite des chocs pétroliers et des catastrophes industrielles qu'a connus le monde ces dernières années[726], la nécessité de prendre en compte les exigences du développement durable en matière contractuelle s'est accentuée. Les petites et moyennes entreprises (PME) et les petites et moyennes industries (PMI), qui sont au cœur de l'activité économique, puisqu'elles constituent l'essentiel des entreprises en droit européen et de l'OHADA, ne sont pas moins concernées. Avec le phénomène de la mondialisation enfin, on en vient à reconnaître que l'étude du développement durable dans la sphère contractuelle participe sinon de la moralisation des relations d'affaires puisqu'il impose à ses destinataires l'observation de certaines normes comportementales, du moins une nécessaire protection des intérêts catégoriels en présence de sorte qu'en agissant effectivement local, l'on pense également global[727]. Comment les parties à un contrat peuvent protéger leurs intérêts en se conformant également aux exigences du développement durable ?

207. Imposé ou négocié, le développement durable apparait aujourd'hui comme une nécessité à laquelle le contrat, de droit public comme de droit privé, ne saurait déroger. Il s'agit en réalité d'un impératif sur lequel s'adossent de nombreux droits et obligations à travers lesquels la conciliation des intérêts particuliers des contractants à l'intérêt général de la société s'opère avec plus de facilité. Cet impératif n'est pas l'apanage des

---

[725]D'après la Commission européenne notamment, «cette crise doit être l'occasion de poursuivre un développement économique et écologique durable et de construire une société dynamique fondée sur de faibles émissions de carbone, une utilisation rationnelle des ressources, la connaissance et l'inclusion sociale, et cette stratégie doit être défendue à l'échelle mondiale», (Communication du 24 juil. 2009, Intégrer le développement durable dans les politiques de l'UE : rapport de situation 2009 sur la stratégie de l'Union européenne en faveur du développement durable : COM/2009/0400 final). En matière environnementale par exemple, voir F.-G. TRÉBULLE, «L'influence de la crise sur le Grenelle de l'environnement», *RD imm.*, 2010, p. 15.

[726]Seveso (1976), Bhopal (1984), Tchernobyl (1986), Exxon Valdez (1989), Erika (1999), etc…

[727]C'est René DUBOS qui pour la première fois, et dans la période couvrant le sommet de la Terre de Stockholm de 1972, a utilisé la formule *« penser global, agir local».* *Cf.* http://www.plate-forme21.fr/le-developpement-durable/article/penser-global-agir-local.

droits nationaux et internationaux, il est de plus en plus présent - implicitement ou explicitement - dans les ordres juridiques à vocation régionale tels que le droit européen et le droit de l'OHADA, même si son enracinement véritable n'y a pas encore atteint sa vitesse de croisière. Ivan TCHOTOURIAN l'a dit, pour ce qui est du droit européen, quand bien même sa place sur l'échiquier européen se révélerait incertaine, *«il ne peut être nié que le développement durable imprègne tant le droit européen que français»*[728]. Compte tenu de la nouveauté et de l'originalité du phénomène, l'on attardera d'abaord à présenter le caractère unitaire de la notion de développement durable (**Section 1**) avant de rélever la multiplicité de ses applications (**Section 2**).

SECTION I. LA NOTION UNITAIRE DE DEVELOPPEMENT DURABLE

208. L'expression « développement durable » devient de plus en plus récurrente dans les espaces européen et de l'OHADA. Pourtant, le sens exact de cette expression est méconnu du grand public, et parfois même des juristes. C'est une notion à contenu variable dont tous les contours restent difficiles à cerner[729]. Il s'agit d'après BALTHAZARD d'*«(...) un fourre-tout intellectuel dont il est difficile de s'extraire»*[730]. Aussi, pour essayer de s'en approcher le plus près possible, il convient de revenir sur chacun des vocables qui la composent. Le développement est un processus conduisant à l'amélioration du bien-être des personnes, physiques ou morales. Si l'activité économique et le bien-être matériel demeurent essentiels, la santé, l'éducation, la préservation de l'environnement, l'intégrité culturelle en l'occurrence le sont tout autant. L'adjectif durable quant à lui s'appuie sur la notion de temps. Il s'agit d'assurer l'amélioration du bien-être de tous sur le long terme. Le développement durable constitue ainsi une rupture avec d'autres modes de développement qui ont conduit, et qui conduisent encore à

[728]In «La responsabilité sociale des entreprises vue sous l'angle du développement durable ou quand le monde des entreprises change », *Lex Electronica*, vol. 13 n°3 (Hiver / Winter 2009), http://www.lex-electronica.org/docs/articles_213.pdf. Du même auteur «Ethique, responsabilité sociale, audit social et développement durable ... Quel bilan et quelles perspectives d'avenir ?», http://ias2005.free.fr/Actes/Pdf/tchotourian.pdf, 25 juin 2013.

[729]J.-P. MARECHAL et B. QUENAULT (dir.), *Le développement durable : Une perspective pour le XXIe siècle*, *P.U.R.*, 2005, 422p.

[730]B. L. BALTHAZARD, «Le développement durable face à la puissance publique», *L'Harmattan*, 2006, p.11.

des dégâts sociaux et écologiques considérables, tant au niveau local que mondial.

209. Les idées ont évolué et ont conduit, malgré l'absence d'unanimité sur la définition de cette expression, à l'acception actuelle du développement durable telle que définit par le rapport de la Commission mondiale sur l'environnement et le développement de l'ONU de 1997 dite *«Commission Brundtland»*. Il faut y voir un *«développement qui répond aux besoins des générations actuelles sans compromettre ceux des générations futures»*[731]. En d'autres termes, il s'agit d'un mode de vie et de développement qui garantit la vitalité économique tout en veillant à la réduction des inégalités sociales et à la préservation des ressources naturelles de la planète. Cette définition consensuelle et centripète confirme certes le caractère unitaire de la notion de développement durable, mais cache ses nombreuses divergences apparentes. Son histoire a été largement marquée par des conflits d'intérêts entre deux exigences qui sont longtemps apparues comme contradictoires: le développement économique et la protection de l'environnement. Ces divergences sont loin de retenir notre attention car l'unité de cette notion est réelle. Elle transparait, peut être paradoxalement, à travers la nature potentiellement plurielle de la notion de développement durable (§2) et sa genèse diachroniquement multidimensionnelle (§1).

§1. La genèse évolutive de la notion de développement durable

210. L'étude de la genèse d'une notion devrait normalement conduire à la présentation de son évolution, de sa conception à son appréhension à un moment donné. Le développement durable est, comme bien d'autres, une de ces notions qui s'offre aisément à ce type de démarche, conduisant ainsi à leur meilleure compréhension à travers la maîtrise de la diversité de ses usages et l'accord qu'il peut susciter auprès de toutes les parties prenantes. Il ne suffira pas uniquement de ressortir l'historique de cette notion (A.), il faudra également montrer ses divers fondements possibles (B.). A travers ces analyses, il s'agit de montrer que la notion de développement durable a vocation à s'appliquer dans une pluralité de situations contractuelles qui concourent à la conciliation des intérêts particuliers des contractants à l'intérêt général de la société.

A. Historique de la notion de développement durable

211. Le développement durable est une conception de l'intérêt public qui n'a été développée que depuis la fin du XXè siècle. Appliquée à la

[731]En anglais, on parle de *«sustainable development»*, parfois traduit en développement soutenable.

croissance économique et reconsidérée à l'échelle mondiale, cette notion vise à prendre en considération les aspects économiques, sociaux et environnementaux de la mondialisation. Ambition planétaire partagée par plusieurs, le développement durable implique la mobilisation d'une chaîne de responsabilité reliant toutes les parties prenantes. Ces dernières peuvent être des contractants. Il faut y voir un ensemble d'acteurs économiques comprenant notamment les entreprises, les salariés, les ménages, les actionnaires, les clients, les fournisseurs, les syndicats, les pouvoirs publics, la société civile, etc. Faire l'historique du développement durable revient, malgré le caractère apparemment descriptif d'une telle approche, justifiée par la nouveauté de la notion, à présenter les grandes dates ayant marqué son évolution. Il s'agit aussi de relever que ce développement a toujours épousé les caractéristiques du civisme contractuel, celles tendant à la conciliation de tous les intérêts catégoriels en présence.

212. Jusqu'aux années 1970, les considérations pour le développement durable étaient perçues comme marginales[732]. Tout part de la Conférence des Nations Unies sur l'homme et l'environnement tenue en 1972 à Stockholm (Suède) qui a permis d'exposer sur les interactions entre l'écologie et l'économie, le développement des pays du Sud et celui des pays du Nord[733]. Cette conférence qualifiée de premier sommet de la Terre n'a

---

[732]Avant 1970, plusieurs évènements ont favorisé l'émergence de la notion de développement durable. En 1909, émerge en Europe centrale le concept de géonomie. C'est la science des rapports entre les sociétés humaines et leur environnement naturel. Apparu en France en 1942, ce concept reste très peu utilisé parce qu'on lui préfère pour la partie générale les locutions «*approche systémique*», «*éco-citoyenneté* », «*éco-géographie*», «*ethno-écologie*» et/ou « *éco-anthropologie*», et pour la partie appliquée les dénominations de «*gestion intégrée* » et de « *développement durable* », ou encore des acronymes comme « *STI-2D*» ("Sciences et Technologies de l'Industrie et du Développement durable"). Plus tard en 1949, le président américain Harry TRUMAN dans son discours sur l'état de l'Union, popularise le mot «développement» en prônant une politique d'aide aux pays «sous-développés», grâce à l'apport de la connaissance technique des pays industrialisés. En 1965, l'Unesco va organiser une conférence sur la biosphère. A cette occasion, Michel BATISSE initie le programme international Man & Biosphère (MAB), précurseur du concept de développement durable. En 1968, est créé le Club de Rome, lequel regroupe quelques personnalités occupant des postes relativement importants dans leurs pays respectifs et souhaitant que la recherche s'empare du problème de l'évolution du monde pris dans sa globalité pour tenter de cerner les limites de la croissance économique suite à la croissance effrénée des Trente Glorieuses. C'est en 1971 que sera créé en France le Ministère de la protection de la nature et de l'environnement.

[733]S. DOUMBE-BILLÉ, «Droit international et développement durable», in *Les hommes et l'environnement*, en hommage à A. Kiss, Paris, éd. Frisson Roche, 1998,

abouti à aucun compromis précis, mais a permis de considérer l'environnement comme un patrimoine mondial essentiel à transmettre aux générations futures. L'idée de conciliation des intérêts en présence, c'est-à-dire de l'association de toutes les parties prenantes et de tous les secteurs d'activité était donc déjà sous-jacente à la genèse de la notion de développement durable.

213. Ce n'est qu'en 1987, selon le rapport « Our Commun Future »[734] de la Commission de Brundtland, que la prise de conscience pour le développement durable en général, et la protection de l'environnement en particulier, s'est démocratisée. A partir de ce rapport apparaît pour la première fois la notion de développement durable. Comme ci-dessus mentionnée, elle y est définie comme étant ce développement qui répond aux besoins des générations actuelles sans compromettre ceux des générations futures. L'idée originelle de préserver les intérêts des uns sans porter atteinte à ceux des autres transparait dans le maintien, par la Commission Brundtland, de la définition du développement durable. Il s'agit, même si cela n'est pas clairement exprimé, d'adopter ou d'imposer certaines obligations comportementales aux parties prenantes, y compris les contractants, dans le but d'assurer la protection de leurs intérêts, et ceux des autres membres de la société, actuels et futurs.

214. La notion de développement durable a par la suite fait l'objet d'approfondissement au fur et à mesure du temps, notamment lors des sommets mondiaux de la Terre. A chaque étape, la recherche de conciliation des intérêts catégoriels en présence a toujours prévalu. En 1992, ce fût d'abord le Sommet de la Terre à Rio sur l'environnement et le développement durable. Ce Sommet a posé les premiers droits et devoirs dans le domaine de la préservation de l'environnement. Le principe 1 de la déclaration de Stockholm énonce par exemple que : *«L'homme a un droit fondamental à la liberté, à l'égalité et à des conditions de vie satisfaisantes, dans un environnement dont la qualité lui permette de vivre dans la dignité et le bien-être. Il a le devoir solennel de protéger et d'améliorer l'environnement pour les générations présentes et futures».* Plusieurs documents sont issus de ce sommet: le programme Action 21[735], la déclaration de Rio sur l'environnement et le développement, la déclaration

pp. 230- 259 ; S. DOUMBE-BILLÉ et A. KISS, «La Conférence des Nations unies sur l'environnement et le développement (Rio de Janeiro, 3- 14 juin 1992)», *A.F.D.I.*, XXXVIII, 1992, pp.823- 843.

[734]En français *«Notre avenir à tous».*

[735]Souvent désigné improprement par son intitulé anglais: Agenda 21.

de principes concernant les forêts[736], la convention-cadre des Nations Unies sur les changements climatiques, la convention des Nations Unies sur la diversité biologique, la convention des Nations Unies sur la lutte contre la désertification.

L'Agenda 21 spécialement est un texte non contraignant qui met en avant la nécessité de lutter contre la pauvreté, de développer une économie solidaire et fixer les enjeux environnementaux. Adopté par 173 gouvernements, parmi lesquels de nombreux Etats européens et ceux de l'OHADA, il contient quelques deux mille cinq cent (2.500) recommandations pour s'orienter vers un développement durable pour toute la planète. Le déroulement de ce sommet a été l'occasion de la consécration du groupe de mot «développement durable». Il s'est également agi d'apprécier l'évolution de la notion de développement durable telle que proposée par le rapport Brundtland. Cette notion a été prioritairement axée sur la préservation de l'environnement et la consommation prudente des ressources naturelles non renouvelables. Mais, le sommet va permettre de le modifier et de retenir la définition des « trois piliers », lesquels doivent être conciliés dans une perspective de développement durable : le progrès économique, la justice sociale, et la préservation de l'environnement. On le voit bien, il n'est point question de sauvegarder un volet de la vie en société, mais plutôt de défendre les multiples intérêts en cause en s'appuyant sur la triptyque économie-social-environnement. En 1995, le Sommet mondial pour le développement social de Copenhague a été l'occasion pour les 118 chefs d'État ou de gouvernement présents de s'engager à faire de la lutte contre la pauvreté, de la réalisation du plein-emploi et de l'instauration d'une société où régneront la stabilité, la sécurité et la justice leur objectif suprême. Ils ont adopté une Déclaration et un Programme d'action qui témoignent de leur volonté concertée de placer l'être humain au cœur du développement. Le 11 décembre 1997, lors de la Conférence de Kyoto au Japon (ONU), le Protocole de Kyoto a été ratifié par 164 Etats. Parmi les signataires, il faut compter plusieurs Etats européens[737] ; l'Union européenne et tous les Etats membres de l'OHADA. Sa mise en œuvre est récente car il n'est entré en vigueur que le 16 février 2005, date significative en termes de développement durable. A travers ce protocole, les Etats signataires se sont engagés, entre 2008 et 2012, à réduire de 5,2% par rapport au niveau de

[736] Pour ce qui est de certains Etats membres de l'OHADA, tel le Cameroun, et l'Union européenne en matière forestière, voir les accords de partenariat volontaire FLEGT (Plan d'action sur l'Application des règlementations forestières, gouvernance et les échanges commerciaux).

[737] Il s'agit de : Belgique, Bulgarie, République tchèque, Danemark, France, Allemagne, Grèce, Hongrie, Italie, Pays-Bas, Norvège, Pologne, Portugal, Espagne, Roumanie, Turquie, Grande Bretagne, Irlande du Nord, etc…

1990 les émissions de gaz à effet de serre (dioxyde de carbone, méthane, protoxyde d'azote et trois substituts des chlorofluorocarbones[738]). Au 14 janvier 2009, 184 États sur les 193 Etats membres de l'ONU avaient déposé leurs instruments de ratification, d'accession, d'approbation ou d'acceptation. Même si aujourd'hui cet objectif n'est pas véritablement satisfaisant, il est évident que les émissions de gaz à effet de serre sont en légère diminution. Courant l'année 2000, le Pacte mondial des Nations Unies adopté par le Forum économique mondial a affirmé la responsabilité sociale des entreprises relative à la corruption, aux conditions de travail et aux droits de l'homme. Or, comme nous l'évoquerons plus loin, la responsabilité sociale ou sociétale de l'entreprise est une application du développement durable aux entreprises qui vise à sauvegarder les intérêts de toutes les parties prenantes.

Le Sommet de la Terre de Johannesburg de 2002 n'est pas resté indifférent aux préoccupations tenant au développement durable. Il a permis de conforter la dimension d'abord tripartite du développement durable. En effet, en plus de la dimension environnementale, on y intègre la dimension économique et sociale, comme le précise le dossier d'information de Johannesburg. D'après ce dossier *«C'est un processus de développement qui concilie l'écologique, l'économique et le social, et établit un cercle vertueux entre ces trois pôles: c'est un développement économiquement efficace, socialement équitable et écologiquement soutenable»*. Désormais, le développement durable intègre une dimension quadripartite, avec l'intégration de la dimension culturelle.

215. Deux années plus tard, la France va adopter une charte de l'environnement qui insiste sur le principe de précaution, et un code de l'environnement qui n'est autre que la transposition en droit français de la directive européenne du 15 juillet 1975 relative aux déchets[739]. Dans le cadre de l'affaire Erika, la Cour de cassation française avait saisi la CJCE à l'effet de donner un éclairage sur la notion de «déchet». La CJCE va profiter pour marquer son intérêt pour le développement durable, notamment dans son pilier relatif à l'environnement. Elle va ainsi casser l'arrêt de la Cour d'appel de Rennes du 13 février 2002, qui déboutait la Commune de Mesquer de sa requête à Total visant à faire rembourser les opérations de dépollution engagées par la commune. L'affaire sera alors renvoyée, sur le fond, devant

[738]Les émissions de gaz à effet de serre sont à l'origine du changement climatique observé dans le monde, et dont les répercussions négatives dans les activités civiles et commerciales sont patentes.

[739]Il ne faut pas confondre charte de l'environnement et code de l'environnement. C'est l'ordonnance n°2000-914 du 18 septembre 2000 relative à la partie législative du code de l'environnement qui est à l'origine du code de l'environnement. Il comprend sept livres divisés en titres, chapitre, sections, sous-sections et paragraphes.

la Cour d'appel de Rennes. Mais de manière tout à fait surprenante, l'avocat général va demander en avril 2012 l'annulation de l'ensemble de la procédure judiciaire, estimant que la justice française n'est pas compétente sur ce dossier. Fort heureusement, la Cour de cassation ne suivra pas ces conclusions et confirmera la responsabilité de l'affréteur.

216. Au Cameroun, il existe également des textes en matière de développement durable, précisément dans son volet environnemental. Par la révision constitutionnelle du 18 janvier 1996 modifiée en 2008, le constituant a fait de l'environnement un droit fondamental de l'homme. La mise en œuvre de ce droit suppose une action concertée de tous les acteurs économiques et sociaux. A côté de ce texte suprême, oscille d'autres textes tendant à la protection de l'environnement, et par conséquent à la promotion du développement durable. Il s'agit pour l'essentiel de la loi n°96/12 du 5 août 1996 portant loi-cadre relative à la gestion de l'environnement, la loi n°2002/004 du 19 avril 2002 portant charte des investissements au Cameroun. Adossés à la constitution, ces textes attestent de l'importance qui est accordée à l'environnement en particulier, et au développement durable en général.

Plusieurs autres évènements de cette nature, peuvent être convoqués. Ils confirment l'idée selon laquelle l'enracinement progressif du développement durable dans les ordres juridiques européen et de l'OHADA est une réalité, mais surtout une nécessité qu'il est aujourd'hui difficile d'éluder. L'institution contractuelle en sort largement imbibée. Bien que peu manifeste dans certains contrats comme le contrat de location-gérance, d'assurance, de commission, d'agence, de courtage, de production, de coopération industrielle, d'intégration agricole, de concession, de franchise, de distribution sélective, de crédit-bail, cette idée est également manifeste dans d'autres contrats tels que les contrats de construction, de vente, de transport, de travail et de société. Au-delà de cette évolution présentée de manière sommaire, descriptive et sans doute caricaturale, c'est la recherche des fondements possibles du développement durable qui semblent pertinente.

B. Les fondements possibles du développement durable

217. Le développement durable est un nouveau mode de développement. Ses fondements sont multiples et diversifiés en droit international. Ce sont les Nations Unies qui ont organisé en 1972 la Conférence de Stockholm (Suède) sur l'environnement humain, première étape d'une négociation internationale qui cherchera pendant près de vingt ans à réconcilier les intérêts économiques, sociaux et écologiques. L'idée de conciliation des intérêts est donc manifeste dès le départ. Ce cycle de négociation sera abandonné une première fois lors du premier choc pétrolier[740], avant d'être relancé en 1983 à travers la création de la Commission Mondiale sur l'Environnement et le Développement (CMED). Présidée par Gro Harlem BRUNDTLAND, la CMED va dès lors mener pendant trois années un travail d'écoute des différentes parties en présence, réalisant au final une synthèse des points de vue en 1987 dans son rapport intitulé *«Notre avenir à tous»* (CMED, 1989). A la recherche d'un consensus entre des intérêts très divergents, la CMED va finalement proposer un concept conciliateur afin de rapprocher les points de vue de chacun : c'est le développement soutenable, devenu plus tard en français développement durable.

Certains droits nationaux également, à l'instar des droits camerounais et français[741], intègrent le développement durable dans nombres

---

[740]Il débute en 1971 suite au pic de production de pétrole des États-Unis et l'abandon du système de Bretton Woods.

[741]Pour les applications du développement durable aux marchés publics, v. par exemple le Code des marchés publics (articles 5 I, 14). S'agissant des réponses ministérielles concernant l'intégration des préoccupations sociales dans les marchés publics, v. *Contrats et marchés publics*, Octobre 2005, Com., p.265. En droit public maritime, la Cour EDH a, dans son arrêt du 29 mars 2010, décidé que la démolition sans indemnisation de maisons édifiées sur le domaine public maritime n'est pas contraire au droit au respect des biens protégé par l'article 1er du protocole n°1 de la Conv. EDH. En matière professionnelle (bureau ou bail commercial), voir B. WERTENSCHLAG, «Le bail vert », *AJDI*, 2010, p.693. Pour ce qui est du droit européen en ce sens, voir notamment COM (2008) 400/2 - Communication de la commission au parlement européen, au conseil, au comité économique et social européen et au comité des régions relative à des marchés publics pour un environnement meilleur ; Protection de l'environnement et à la promotion du développement durable de le directive 2004/18/CE du Parlement européen et du Conseil, du 31 mars 2004, relative à la coordination des procédures de passation des marchés publics de travaux, de fournitures et de services ; Règlement (CE) n°1980/2000 du parlement européen et du conseil du 17 juillet 2000 établissant un système communautaire révisé d'attribution du label écologique ; directive 2005/32/CE du Parlement européen et du Conseil du 6 juillet 2005 (cette directive établit un cadre pour la fixation d'exigences en matière d'éco-conception applicables aux produits consommateurs d'énergie et modifiant la directive 92/42/CEE du Conseil et les directives 96/57/CE et 2000/55/CE du Parlement européen et du Conseil). Pour la jurisprudence, voir CJCE, 4 déc. 2003, aff. C-448/01, Evn AG et autres c/ Autriche, point 68 et suivants ; CJCE, 10 avr. 2003, aff. C-20/01, Commission c/ Allemagne, point. 60 ; CJCE, 17 septembre 2002, C-513/99, Concordia Bus Finland Oy Ab c/ Helsingin kaupunki et autres, points 55 et 57 (Marchés publics de services. Critères à caractère environnemental. Le choix des offres ne peut porter que sur des critères visant à identifier l'offre économiquement la plus avantageuse) ; CJCE, 26 sept. 2000, aff. C-225/98, Commission c/ France, points 50, 51 et 52 ; CJCE, 20 septembre 1988, Beentjes, affaire 31/87 (Critères à caractère social. La vérification de l'aptitude des entrepreneurs à exécuter les

d'aspects. Au Cameroun, il existe une pléthore de textes applicables au développement durable indirectement ou implicitement, dans ses quatre piliers. Pour l'essentiel, nous avons la Constitution, la loi n°96/12 du 5 août 1996 portant loi-cadre relative à la gestion de l'environnement[742]. La France s'est quant à elle dotée de deux textes fondamentaux de portée nationale : la Stratégie nationale du développement durable du 3 juin 2003, qui insiste notamment sur l'exemplarité de l'État, et la Charte de l'environnement du 25 juin 2003, adossée à la Constitution.

218. Cette multiplicité de textes nationaux et internationaux en matière de développement durable peut laisser penser que ses sources sont exclusivement d'ordre national et international, et partant faire planer le doute sur son existence en droit européen et de l'OHADA. Une telle vision n'emporte pas conviction, qu'il s'agisse du droit de l'OHADA (1.) ou du droit européen (2.).

1. En droit de l'OHADA

219. Le développement durable n'est pas inscrit dans le traité constitutif de l'OHADA de 1993. Pourtant, il est l'expression du civisme contractuel puisqu'il regorge de droits et obligations permettant de concilier les intérêts particuliers des contractants à l'intérêt général de la société. L'on retrouve quelques bases légales qui attestent implicitement de son existence. Dans une disposition préambulaire, les Etats membres de l'OHADA affirment qu'ils sont *«déterminés à accomplir de nouveaux progrès sur la voie de l'unité africaine et à établir un climat de confiance en faveur des économies de leur pays en vue de créer un nouveau pôle de développement en Afrique»*. Cette volonté de créer un nouveau pôle de développement peut sembler anodine, mais elle renvoit d'une manière ou d'une autre à celle d'innover, et surtout de prendre en compte de nouveaux phénomènes sociaux, économiques et environnementaux pour les introduire dans les aspects de la vie quotidienne. La prise en compte du développement durable par ces pays constitue ainsi l'un de ces progrès vers la réalisation de l'unité africaine et un moyen nécessaire à l'établissement d'un climat de confiance

---

travaux à adjuger et l'attribution du marché sont deux opérations différentes dans le cadre de la passation d'un marché public).

[742]A côté de ces textes, l'on peut également citer : la loi n°2001-1 du 16 avril 2001 portant code minier ; loi n°2012/006 du 19 avril 2012 portant code gazier ; loi n°2011/025 du 14 décembre 2011 portant valorisation des gaz associés ; décret n°2005/0577/PM du 23 février 2005 fixant les modalités de réalisation des études d'impact environnemental ; arrêté n°0069/MINEP du 09 mars 2006 fixant les différentes catégories d'opération dont la réalisation est soumise à une étude d'impact environnemental.

en faveur de leurs économies. La révision du traité de l'OHADA de 2008 a permis de conforter ces bases textuelles[743].

En exprimant en outre leur détermination *«à intensifier les efforts entrepris dans le cadre de l'OHADA pour rendre l'environnement des affaires propices à l'essor des investissements et à une meilleure performance des entreprises»*[744], les Etats membres de l'OHADA entendent mettre en œuvre une politique tournée vers la promotion du développement durable dans le cadre des activités économiques. En fait, la recherche d'un environnement propice aux affaires constitue une tendance à la sécurisation des activités commerciales et à la promotion du développement durable dans les entreprises, puisqu'il est question de trouver des moyens par lesquels les parties à un contrat de société peuvent satisfaire leurs besoins essentiels sans porter atteinte aux besoins des futures parties prenantes. Cette recherche se matérialise par une prise en compte de plus en plus accrue des exigences de bonne gouvernance des entreprises, et de transparence dans l'exercice de leurs activités[745].

220. Le droit dérivé et le droit prospectif[746] de l'OHADA offrent quelques cadres favorables à l'émergence du développement durable. La question de la responsabilité sociale ou sociétale des entreprises (RSE) constitue l'une des illustrations privilégiées. En effet, il existe des cadres juridiques qui favorisent l'émergence d'une RSE. Cette dernière innerve plusieurs pans du droit : droit des sociétés, droit du travail, droit bancaire et financier, droit comptable, droit de l'environnement, droit des procédures collectives. Aucune branche du droit n'est aujourd'hui insensible aux

---

[743]Ces Etats ont réaffirmé *«leur détermination à accomplir de nouveaux progrès sur la voie de l'unité africaine et leur volonté de renforcer la sécurité juridique et judiciaire dans l'espace de l'Organisation pour l'Harmonisation en Afrique du Droit des Affaires (OHADA), de nature à garantir un climat de confiance concourant à faire de l'Afrique un pôle de développement»*.

[744]Préambule de la Déclaration de Québec sur les «arrangements de N'djamena» et sur le «mécanisme de financement autonome» du 17 octobre 2008.

[745]V. G.-R. MPONDO MBOKA, «Le gouvernement d'entreprise dans le droit OHADA», *JALA*, 2011, vol. 15, pp.155-182 ; M. MENDY, «Les pratiques de gouvernement des entreprises africaines, entre africanisation et occidentalisation: le cas des pays membres de l'OHADA», www.ifge-online.org/docftp/meyliancige2008.pdf; F. K. A. JOHNSON, *Les principes de gouvernement d'entreprise* (L'OCDE).

[746]C'est le cas du droit du travail, qui offre des développements intéressants en matière l'implication accrue des salariés à la gestion de l'entreprise, la prise en compte des règles de sauvegarde de l'entreprise et des salariés, l'imprégnation progressive des droits fondamentaux des salariés, etc… Mais, ces points ayant d'ores et déjà fait l'objet de plusieurs développements, il n'est pas question pour nous d'y revenir.

préoccupations d'ordre économique, social et environnemental. L'OHADA oblige par exemple les entreprises et l'entreprenant à tenir une comptabilité. Mais, surtout, elle les oblige à rendre compte de leurs comptes financiers[747].

221. L'obligation de reddition des comptes financiers, il faut observer qu'elle est consacrée par l'article 15 de l'AUDCG révisé[748]. En vertu de cette disposition, *«Toute personne morale commerçante doit également établir tous les ans ses états financiers de synthèse conformément aux dispositions de l'Acte uniforme portant organisation et harmonisation des comptabilités des entreprises et de l'Acte uniforme relatif au droit des sociétés commerciales et du groupement d'intérêt économique»*. A l'analyse, ce texte n'oblige ni ne recommande aux entreprises d'intégrer des considérations d'ordre social ou environnemental dans leurs rapports ou dans leur comptabilité. En termes de prévisibilité néanmoins, dans la pratique, cela peut permettre aux entreprises de faire des projections sur l'avenir, et partant de rester compétitive et viable sur le marché dans lequel elles opèrent. De plus en plus en outre, de telles considérations semblent introduites dans les reporting financiers des sociétés concernées. La plupart des législations nationales vient également au secours du droit de ces regroupements étatiques en exigeant la conduite d'étude d'impact environnemental pour l'exécution de projets à grand impact environnemental ou l'établissement de notice, ou encore de mini-notice d'impact environnemental pour les projets de moindre ampleur. Ces études peuvent permettre aux différents acteurs sociaux d'évaluer l'efficacité de la mesure envisagée, et surtout d'orienter leur action.

222. Lors de la deuxième édition du forum international des pionniers de la RSE en Afrique, Blaise TCHIKAYA[749] a indiqué que l'Union travaille sur une réglementation sur la RSE[750]. En novembre 2011, un forum s'est tenu à Douala à l'initiative du groupement inter-patronal du Cameroun (GICAM) pour affirmer *«la co-construction par l'Afrique et pour l'Afrique»* d'une RSE adaptée au contexte africain. Quelques temps après, à Douala par exemple, pendant les Journées nationales de la PME organisées

---

[747]Sur le plan économique, l'UEMOA vise, à travers son programme qualité, une plus grande normalisation des pratiques dans l'entreprise.

[748]S'agissant en outre des Etats membres de l'OHADA, également membre de l'UEMOA, il convient de se référer à l'article 19 du règlement relatif au droit comptable dans les Etats de l'UEMOA.

[749]Ancien Président et membre de la Commission de l'Union Africaine (UA) pour le droit international.

[750]Cf. U. K. YAMEOGO, *L'émergence de la responsabilité sociale des entreprises en Afrique: état des lieux, enjeux et perspectives*, Mémoire de Master 2 professionnel Management de la RSE 2007, Université Paris 12 (Créteil), 2007.

par le Ministère des PME, de l'économie sociale et de l'artisanat, s'est tenue en mai 2013 une intervention sur la RSE dans la sous-traitance. Le colloque international tenu à Brazzaville les 26 au 28 octobre 2011 sur «Les pratiques contractuelles d'affaires et les processus d'harmonisation dans les espaces régionaux» ont été l'occasion de constater aussi que le droit de l'OHADA a réglementé certains contrats spéciaux[751], mais que de nouveaux contrats sont en perspective dans le cadre de l'OHADA[752]. Dans son intervention sur le contrat de sous-traitance, Robert NEMEDEU a exprimé le vœu que ce contrat soit pris en considération par le droit de l'OHADA. D'après cet auteur, *«La sous-traitance revêt un intérêt stratégique pour les pays. Elle peut servir de techniques de protection et de développement des PMI-PME»*[753]. La réglementation de ce contrat par l'OHADA permettra de poser les bases d'une prise en compte effective des considérations tenant au développement durable en matière contractuelle.

223. La RSE n'est donc plus une inconnue en droit des contrats de l'OHADA. Son enracinement facilitera la prise en compte des considérations économiques, sociales et environnementales, marque indélébile du développement durable[754]. L'entreprise n'est donc pas dissociable du sociétal. En prenant en considération tous ces aspects les contractants ne font qu'assurer la sauvegarde de tous les itérêts e présence.

---

[751]Il s'agit notamment de la vente commerciale, du bail à usage professionnel, des contrats portant sur le fonds de commerce (cession, nantissement, location-gérance, apport en société), du contrat de transport de marchandise par route, des contrats d'intermédiation commerciale.

[752]Il s'agit du crédit-bail, l'affacturage, les contrats de distribution reposant sur une exclusivité (concession commerciale, exclusivité d'achat), les contrats de distribution ne reposant pas sur une exclusivité (franchise, distribution sélective), et surtout la sous-traitance.

[753] In «La sous-traitance», Colloque de Brazzaville des 28 au 30 octobre 2011.

[754]En ce sens, v. A. WONG et U.K.S. YAMEOGO, *Les responsabilités sociétales des entreprises en Afrique francophone* (livre blanc), éd. *Charles Léopold Mayer*, 2011 ; J. AYANGMA AYANGMA, *Le dirigeant sociétal*, thèse de doctorat en droit, Université de Douala, 2010, 737p. ; D. De la GRANDERIE, *La longue marche : entreprises, droits de l'homme, mondialisation*, Paris, éd. F.X. de Guibert, 2008, 180p ; P. WIDLOECHER et I. QUERNE, *Le guide du développement durable en entreprise, Paris,* éd. d'Organisation, 2009, 301p. Sur le plan international, voir Les Principes directeurs à l'intention des entreprises multinationales émis par l'OCDE ; La déclaration de principes tripartites de l'O.I.T sur les entreprises multinationales et la politique sociale (204e session, Genève, novembre 1977) ; *Le Pacte Mondial des Nations Unies (United Nations Global Compact).* La thèse de M. AYANGMA AYANGMA aurait été l'occasion de relever la prise en compte des considérations économiques, sociales et environnementales par les dirigeants sociaux en droit OHADA ; mais l'auteur a opté pour une étude axée sur le détenteur du pouvoir dans les sociétés de l'OHADA.

224. C'est beaucoup plus vers les sources conventionnelles implicites du civisme contractuel qu'il faut se retourner pour constater la consécration, même indirecte, du développement durable. La CADHP en l'occurrence contient de nombreuses dispositions indiquant son existence en droit en général, et en droit des contrats en particulier. Les Etats membres de l'OHADA, tous membres de l'Union africaine, sont en effet *«convaincus qu'il est essentiel d'accorder désormais une attention particulière au droit au développement»*[755]. Or, qui dit droit au développement dit droit inaliénable de l'homme en vertu duquel toute personne humaine (contractant personne physique) et tous les peuples (la société) ont le droit de participer et de contribuer à un développement politique, économique, social et culturel dans lequel tous les droits de l'homme et toutes les libertés fondamentales peuvent être pleinement réalisés, et partant de bénéficier de ce développement[756]. Cette participation, caractéristique du développement durable, constitue en elle-même une manifestation du civisme contractuel. Ces Etats se sont reconnus un *«droit à leur développement économique et culturel, dans le respect strict de leur liberté et de leur identité, et à la jouissance égale du patrimoine commun de l'humanité»* (art. 22-1), et pour devoir, *«d'assurer l'exercice du droit au développement», séparméent ou en coopération »* (art. 22-2). Une lecture rapide de ces dispositions permet de constater la consécration régionale du droit au développement[757].

225. Ceci laisse d'abord entendre que le droit au développement est une préoccupation nouvelle, contingente ; et sa prise en compte s'impose avec acuité. Ensuite, la définition du droit au développement est plus évocatrice. Consacré à l'origine par la Déclaration des Nations Unies sur le développement du 4 décembre 1986 (Résolution 41/128), le droit au développement est un droit inaliénable de l'homme en vertu duquel toute personne humaine, contractante ou non, et tous les peuples ont le droit de participer et de contribuer à un développement économique, social, culturel et politique dans lequel tous les droits de l'homme et toutes les libertés fondamentales peuvent être pleinement réalisés. Il est question de mettre en œuvre tous les moyens susceptibles de donner satisfaction et plein épanouissement à la personne humaine et aux peuples. De la sorte, la frontière entre le droit au développement et le développement durable s'en trouve tellement amoindrie qu'il serait négligent de réfuter la thèse de l'existence du développement durable en droit de l'OHADA. Enfin, tout comme le droit au développement, le développement durable vise la

[755]Cf. Préambule, point 8.

[756]Sur le droit au développement comme véritable droit de l'homme en Afrique, v. K. MBAYE, «Le droit au développement, comme un droit de l'homme», *RDH*, 1972, pp.503-534.

[757]J.-J. ISRAËL, «Le droit au développement », *RGDIP*, 1983, vol. 87, n°1, pp.5-41.

satisfaction des besoins des contractants présents ou à venir, toutes choses qui n'est pas totalement éloignée de la finalité ci-dessus décrite, c'est-à-dire la participation active au développement économique, social, culturel et politique de la société.

226. Le droit de l'OHADA étant un droit originellement axé sur les activités économiques, les opérateurs de cet espace peuvent en outre s'appuyer sur un faisceau de règles contenues dans la CADHP, tournées vers la protection des échanges. Il s'agit en réalité de l'application du développement durable aux échanges commerciaux internes et internationaux. C'est ce qu'on a qualifié de commerce équitable, qu'il conviendra de présenter dans la partie relative aux applications du développement durable. Il en est de même des questions tenant aux obligations environnementales. Le développement durable n'est donc plus ce *«leurre»* réservé à une certaine catégorie de personnes ou de contractants. Il s'agit d'un devoir commun aux contractants pour la sauvegarde de leurs intérêts particuliers et de l'intérêt général de la société. L'absence de jurisprudence sur la question ne doit pas surprendre, le développement durable étant un droit en pleine expansion[758]. Il est appelé à prendre progressivement ses marques et à innerver plusieurs domaines du droit, y compris le domaine contractuel, quitte à disparaire par la suite après que les préoccupations posées aient été satisfaites.

2. En droit européen

227. Contrairement au droit de l'OHADA, le développement durable est inscrit en bonne place dans le traité de Maastricht[759]. Au-delà des préoccupations économiques et sociales classiques, de nouvelles préoccupations, d'ordre environnemental cette fois, ont retenu l'attention de l'architecte européen. En fait, l'environnement apparaît dans le septième considérant du traité de Maastricht. D'après ce texte, les Etats membres de l'Union européenne marquent leur détermination à *«promouvoir le progrès*

[758]Encore, faut-il le noter, la première décision rendue par la Cour ADHP remonte au 15 mars 2009 et ne faisait en rien allusion à l'environnement. Dans cette affaire à caractère essentiellement politique, l'instance a été introduite par Michelot YOGOGOM BAYE contre la République du Sénégal en vue du retrait de la procédure diligentée contre HISSEIN HABRÉ, ex-chef d'Etat tchadien actuellement réfugié à Dakar.

[759]En Europe, les préoccupations environnementales, notamment, remontent aux années 1970, avec les deux chocs pétroliers de 1973 et de 1979. Avec l'Acte unique européen de 1986, les Communautés européennes vont prendre des décisions qui impacteront profondément sur la politique environnementale de l'Europe. Mais, cette situation sera redressée par le traité de Maastricht.

économique et social de leurs peuples, dans le cadre de l'achèvement du marché intérieur et du renforcement de la cohésion et de la protection de l'environnement, et à mettre en œuvre des politiques assurant des progrès parallèles dans l'intégration économique et dans les autres domaines». Une telle détermination participe du civisme contractuel puisqu'elle vise la conciliation des intérêts particuliers des contractants à celui général de la société. La politique européenne de développement durable ainsi affirmée repose sur une série de principes: la prévention, l'économie et la bonne gestion, la responsabilité de tous, la solidarité, la subsidiarité[760] et la précaution[761]. A s'en tenir au principe de précaution, il convient de rappeler que ce dernier est un principe initialement philosophique, mais dorénavant juridique, qui a pour but de mettre en place des mesures appropriées pour prévenir des risques, lorsque la science et les connaissances techniques ne sont pas à même de fournir des certitudes, principalement dans le domaine de l'environnement et de la santé. Directive de politique juridique, ce principe recommande de prendre, à titre préventif et pour la sauvegarde d'intérêts essentiels[762], des mesures conservatoires propres à empêcher la réalisation d'un risque éventuel, avant même de savoir avec certitude si le danger contre lequel on se prémunit constitue une menace effective. Le principe de précaution a été introduit dans le Traité de Maastricht[763], lequel donne à l'Union européenne l'objectif de promouvoir une croissance soutenable en respectant l'environnement, et qui précise que ce principe s'applique également à la *«protection de la santé des personnes».* Dans sa

---

[760]Le traité de Maastricht inclut un article 3 B mentionnant le principe de subsidiarité. Le traité instituant la Communauté européenne (traité CE) inclut ce même principe à l'article 5. Un protocole plus détaillé sur ce principe a été annexé au traité CE, au moment de la signature du traité d'Amsterdam en 1997.

[761]Le principe de précaution existait déjà dans des chartes et conventions internationales, ou encore dans certaines lois nationales. Mais c'est en 1992, lors de la Déclaration de Rio, qu'il a été entériné, à l'issue de la deuxième Conférence des Nations Unies sur l'environnement et le développement. En ce sens, cf. Principe 15 de la Déclaration de Rio sur l'environnement et le développement de 1992. Cf. L. BOISSON DE CHAZOURNES, «Le principe de précaution: nature, contenu et limites», in C. LEBEN, J. VERHOVEN, (dir.), *Le principe de précaution, aspects de droit international et communautaire*, éd., Panthéon-Assas, LGDJ, Paris, 2002, p.85.

[762]Parmi ces intérêts essentiels, le *Vocabulaire juridique* cite la protection de la santé publique, la protection de l'environnement. Cette dernière est l'un des quatre piliers du développement durable (économie, social, environnemental et culturel).

[763]Cf. art. 130R devenu 174 avec le Traité d'Amsterdam. En effet, *«La politique de la Communauté [...] vise un niveau de protection élevé [...]. Elle est fondée sur le principe de précaution et d'action préventive, sur le principe de correction, par priorité à la source, des atteintes à l'environnement et sur le principe du pollueur-payeur».*

communication du 2 février 2009, sur le recours au principe de précaution, la Commission européenne en a profité pour définir ses lignes directrices. Cette directive est bien réelle en droit européen en général, et en droit européen des contrats en particulier. Elle mériterait d'être également étendue au droit de l'OHADA.

228. En dépit de toutes ces mesures, aucun texte n'avait jusqu'à lors introduit de manière explicite la notion de développement durable, qui pourtant était d'ores et déjà manifeste. Il a fallu attendre le traité d'Amsterdam, signé le 2 octobre 1997 et entré en vigueur le 1er mai 1999, pour voir apparaitre pour la première fois dans un traité européen l'expression *«développement durable»*. Son septième considérant montre clairement que les Etats membres de l'Union européenne sont *«Déterminés à promouvoir le progrès économique et social de leurs peuples, compte tenu du principe du développement durable et dans le cadre de l'achèvement du marché intérieur, et du renforcement de la cohésion et de la protection de l'environnement, et à mettre en œuvre des politiques assurant des progrès parallèles dans l'intégration économique et dans les autres domaines»*. Tous les domaines du premier pilier de l'Union européenne étaient ainsi concernés par les objectifs de développement durable. En 2001, l'union européenne a alors adopté une stratégie en faveur du développement durable. Il s'agissait pour l'essentiel d'intégrer les objectifs de développement durable dans les politiques des États membres. Révisée en 2005, cette stratégie a porté sur les composantes économique, sociale et environnementale. Il n'est donc pas possible aujourd'hui de détachher l'impératif du développement durable au domaine contractuel.

229. La CDFUE, qui a désormais valeur contraignante en droit de l'UE, mentionne en termes de principe l'idée de développement durable. D'après son article 37 relatif à la protection de l'environnement, il ressort clairement qu'*«Un niveau élevé de protection de l'environnement et l'amélioration de sa qualité doivent être intégrés dans les politiques de l'Union et assurés conformément au principe du développement durable»*. Le développement durable n'est donc plus simplement un droit, il s'agit désormais, comme nous le montrerons, d'un véritable principe juridique. Tout ceci place le développement durable au cœur des préoccupations tenant au bon fonctionnement du marché européen et à la satisfaction des opérateurs dudit marché.

Contrairement à la CCJA, dont le mutisme en matière de promotion et de protection du développement durable est reprochable, la CJUE a contribué à sa manière à l'émergence de la notion de développement durable dans l'ordre juridique contractuel européen. Son arrêt du 14 juin 2007 sur le loup en Finlande constitue la première décision explicite sur l'application de la directive «habitats, faune, flore» à la protection du loup. Dans cette affaire, qui ne relève pas du domaine contractuel, mais qui marque la volonté de ladite Cour de sortir des sentiers battus et d'innover, la CJCE a rejeté en partie un recours de la Commission européenne contre la pratique d'autorisation de la chasse au loup en Finlande.

Dans un arrêt du 9 juin 2011 en revanche, avec des incidences significatives en matière contractuelle, la CJUE a condamné la France pour manquement aux obligations qui lui incombent en matière de conservation du Grand Hamster d'Alsace. Selon cette Cour, à la date du manquement (5 août 2008), la France n'avait pas mis en œuvre de manière suffisante les actions nécessaires à la bonne conservation de cette espèce en vertu de l'article 12 de la directive « habitats, faune, flore», notamment dans les domaines de l'agriculture et de l'urbanisation. Depuis janvier 2011, et grâce à la mobilisation des agriculteurs, près de 825 hectares situés dans les zones d'actions prioritaires et sur l'ensemble des sites abritant un terrier ont fait l'objet d'un contrat agro-environnemental. Ces contrats visent à une conduite d'exploitation plus favorable à l'espèce, notamment par la diversification des cultures pratiquées. Ils permettent aussi aux agriculteurs, contractants par nature, de réorienter leur politique agricole vers la prise en compte des attentes de l'espace régional auquel ils relèvent, à travers l'intégration de mesures économiques, sociales et environnementales dans les contrats qu'ils sont appelés à conclure.

Au vue de ces avancées, le législateur de l'OHADA a été conduit depuis l'AUDCG révisé, comme par enchantement, mais superbément, à intégrer les activités agricoles dans son champ de compétences. Contrairement à l'AUDCG initial de 1997, l'AUDCG révisé permet à l'entreprenant d'exercer une activité professionnelle agricole (art. 30). L'entreprenant est ainsi appelé à conclure de nombreux contrats nécessitant la prise de mesures tournées vers le développement durable dans l'optique de sauvegarder tous les intérêts catégoriels en présence, qu'ils soient actuels ou à venir. L'agriculture est en fait un domaine éminemment important pour la vie de la personne et de la société. Il n'y a point de vie ni de développement possible sans agriculture. D'où la nécessité d'adopter dans la durée, des comportements qui assurent la pérennité de l'espèce, et des activités qui s'y rapportent.

Dans un arrêt rendu le 7 mars 2013 (affaire C-358/11), la CJUE a contribué à la mise en œuvre de la société européenne du recyclage. Elle s'est prononcée suite à une demande préjudicielle qui portait sur l'interprétation de la directive 2008/98/CE du Parlement européen et du Conseil du 19 novembre 2008, relative aux déchets et du règlement (CE) n°1907/2006 du Parlement européen et du Conseil, du 18 décembre 2006, concernant l'enregistrement, l'évaluation et l'autorisation des substances chimiques, ainsi que les restrictions applicables à ces substances (REACH) et instituant une agence européenne des produits chimiques. Cette demande avait été présentée dans le cadre d'un litige opposant le secteur «transport et infrastructure» du centre des affaires économiques, environnementales et de transport de Laponie à une association de protection de la nature de Laponie, au sujet de la réalisation de travaux de remise en état d'un sentier comprenant des passerelles dont l'infrastructure est composée d'anciens poteaux de télécommunications en bois traités au moyen d'une solution dite «CCA» (cuivre, chrome, arsenic). S'écartant d'une interprétation stricte de la directive préférée jusqu'alors par les institutions françaises et européennes, la CJUE a estimé que *«le droit de l'Union n'exclut pas par principe qu'un déchet considéré comme dangereux puisse cesser d'être un déchet au sens de la directive 2008/98 si une opération de valorisation permet de le rendre utilisable sans mettre en danger la santé humaine et sans nuire à l'environnement et si, par ailleurs, il n'est pas constaté que le détenteur de l'objet en cause s'en défait ou a l'intention ou l'obligation de s'en défaire au sens de l'article 3, point 1, de la même directive, ce qu'il appartient à la juridiction de renvoi de vérifier»* (§60 de l'arrêt). La promotion du développement durable ne repose donc pas seulement sur des sanctions, elle s'appuie aussi sur des mesures d'incitation. L'arrêt dont s'agit apporte des éclairages importants non seulement pour le droit européen des déchets, mais aussi, plus largement, pour le droit de l'environnement, sans exclusion des hypothèses contractuelles. De la sorte, le développement durable est devenu l'un des objectifs majeurs de la politique environnementale européenne. L'arrêt Beentjes rendu le 20 septembre 1988 (affaire 31/87, *Jur.* 1988) par la CJCE sur les marchés publics l'a montré il y a assez longtemps. Profitant de ces situations, la Cour de cassation française a consacré dans son ordre juridique un droit au développement durable, parfois sur le fondement du droit au respect de la vie privée en particulier ou de la vie en général. Cet arrêt est certes isolé, mais il pose d'ores et déjà les jalons d'une prise en compte du droit subjectif au développement durable. L'on peut alors raisonnablement s'interroger sur la véritable nature du développement durable.

§2. La nature juridique du développement durable en question

230. Déterminer la nature juridique d'une notion revient à donner la catégorie juridique à laquelle elle se rattache. En ce qui concerne la notion de développement durable, il sera question de préciser s'il s'agit d'un objectif juridique, d'un principe juridique ou d'un droit civique ? La question mérite d'être posée, précisément lorsqu'on analyse les textes qui la mentionnent intégralement ou en partie. Tantôt, la notion de développement durable apparait comme un objectif juridique, tantôt comme un principe juridique, selon que l'on se trouve en droit européen ou en droit de l'OHADA. Un constat s'impose cependant : celui de la migration de l'objectif du développement durable vers le principe juridique du développement durable (A.). En réalité, le développement durable devrait également s'analyser comme un droit civique car il concourt autant que faire se peut à la conciliation des intérêts particuliers des contractants à celui général de la société (B.).

A. De l'objectif au principe juridique de développement durable

231. En droit européen et de l'OHADA, le développement durable apparait clairement comme un objectif juridique. La plupart des textes analysés sont clairs sur la question. Le préambule de la Déclaration du Québec du 17 octobre 2008 sur «Les arrangements de N'djamena» et sur «Le mécanisme de financement autonome», pour ce qui est du droit de l'OHADA, constituent une illustration frappante. En affirmant notamment leur détermination *«à intensifier les efforts entrepris dans le cadre de l'OHADA pour rendre l'environnement des affaires propices à l'essor des investissements et à une meilleure performance des entreprises»*, les Etats membres de l'OHADA se sont implicitement donnés pour objectif de promouvoir le développement durable. C'est la même vision qui transparait lorsque ces Etats reconnaissent *«... qu'il est essentiel d'accorder désormais une attention particulière au droit au développement»*[764]. La même tendance est perceptible en droit européen, surtout lorsqu'on se place sous l'angle de la jurisprudence. L'arrêt Beentjes sus-évoqué vient effectivement la confirmer. Même si cet arrêt a été rendu dans le domaine des marchés publics, rien n'empêche au juge régional ou national d'étendre ces considérations aux contrats de droit privé.

232. C'est l'admission du développement durable comme principe juridique qui soulève quelques difficultés. Elle mérite d'être nuancée selon que l'on se trouve en droit européen ou en droit de l'OHADA.

En droit de l'OHADA, la position du législateur est claire : le développement durable n'est qu'un objectif juridique. Conscients de la nécessité de promouvoir les questions tenants au développement durable dans toutes les sphères de la vie sociale, y les Etats membres se sont implicitement donnés pour objectif de réaliser le développement durable. S'il n'a pas nié la nature de principe du développement durable, elle ne l'a pas non plus abordée, encore moins consacrée. Ce défaut de prise en compte du principe juridique du développement durable en droit de l'OHADA n'est pas manifeste en droit européen.

---

[764]Cf. CADHP, préambule, point 8. Sur le droit au développement, voir également KEBA M'BAYE, «Le droit au développement», *Ethiopiques*, n°21, revue sociale de culture négro-africaine, janvier 1980.

En droit européen, le développement durable n'est plus considéré comme un objectif juridique qu'il convient d'inciter les Etats à mettre en œuvre. Il s'agit, comme l'atteste l'article 37 de la CDFUE, d'un véritable principe juridique. En vertu de ce texte, *«Un niveau élevé de protection de l'environnement et l'amélioration de sa qualité doivent être intégrés dans les politiques de l'Union et assurés conformément au principe du développement durable».* Il serait souhaitable que le législateur de l'OHADA s'en inspire afin de l'intégrer dans son environnement juridique. Ceci n'avait jusqu'alors été affirmé par aucun texte national, régional ou international. En droit européen, le développement durable ne se limite donc plus à un simple objectif, mais constitue désormais un véritable principe juridique. Il aura vocation non seulement à s'appliquer à plusieurs situations contractuelles, même les plus insoupçonnées, mais aussi à s'imposer aux acteurs et interprètes contractuels. Il parait idoine, dans le souci de renforcer la mise en œuvre des objectifs liés au développement durable, que le droit de l'OHADA consacre expressément la notion de développement durable et l'agrée comme principe du droit des contrats, au besoin comme un droit subjectif afin de ressortir sa justiciabilité ; ce qui est expressément consacré ayant l'avantage de servir de référent textuel au juge chargé d'en assurer la protection.

B. Le développement durable, un droit civique

233. Les droits civiques sont des droits et d'obligations concourant à la conciliation des intérêts particuliers des contractants à celui général de la société. L'une de leurs caractéristiques fondamentales est d'être composite, et applicable à une multiplicité de cas. Mais, le développement durable remplit-il les exigences tenant au civisme contractuel? Autrement dit, le développement durable est-il un droit civique[765]. La réponse ne mérite pas

[765]C'est la question du droit au développement durable, et non celle d'un droit du développement durable. Cette dernière est fortement discutée en doctrine. Pour certains auteurs, l'affirmation de l'existence du droit du développement durable est dangereuse (A ce sujet, voir J.-Y. FABERON, Avant-propos, dans L. GRAMMATICO, *Les moyens juridiques du développement énergétique dans le respect de l'environnement en droit français (Recherches sur le droit du développement durable)*, PUAM, 2003, 319p. A l'opposé, d'autres auteurs tels que BALTHAZARD affirment l'existence d'un droit du développement durable. D'après ce dernier, le droit du développement durable est régi par deux principes fondamentaux: le changement des mentalités et l'application des principes issus du sommet de la Terre (B. L. BALTHAZARD, *Le développement durable face à la puissance publique, L'Harmattan*, 2006, spéc. p.27 et s.). En droit international, les interrogations sont aussi nombreuses. D'après Stéphane DOUMBE-BILLE: *«Bien que l'expression [droit du développement durable] ne figure pas telle quelle dans la*

d'être tranchée, mais plutôt nuancée. En effet, rien ne prête en principe le développement durable au civisme, qui plus est lorsqu'il est appliqué au contrat. Deux objections tenant à la nature et à la finalité du développement durable peuvent retenir l'attention. D'une part, le développement durable est d'abord et avant tout un développement. En rien *a priori*, il ne constitue ni un droit, ni une obligation. D'autre part, ce développement tente de répondre aux besoins des générations actuelles tout en évitant de compromettre ceux des générations futures. Cette ambition apparemment idyllique n'est pas nécessairement la traduction de la conciliation des intérêts particuliers des contractants à l'intérêt général de la société. L'étendue des besoins est un véritable serpent de mer qu'il est difficile de quantifier en pratique. Et, le fossé entre les générations actuelles et les générations futures n'est pas aussi large que cela laisse supposer. Bref, le développement durable contiendrait en son sein des éléments qui l'éloignent du civisme contractuel.

234. En réalité, ces observations non exhaustives n'emportent pas notre adhésion. Le développement est un véritable droit civique, tant du point de vue de ses composantes que de sa finalité.

S'agissant de ses composantes, le développement durable est une notion plurielle qui intègre des considérations sociales, économiques, écologiques, et désormais culturelles. Les générations à venir, comme les générations actuelles, ont droit à un environnement sécurisé. Mais, ce développement ne tient pas uniquement à la protection de l'environnement. La prospérité économique, la solidarité sociale, la diversité culturelle et, bien entendu, la protection des bases naturelles de la vie, sont indispensables à la satisfaction des besoins matériels et immatériels des contractants. Le développement durable suppose donc, en fin de compte, une égalité de traitement des quatre volets du développement durable que sont l'environnement, la culture, l'économie et le social. Ainsi entendu, le développement durable s'applique comme nous l'avons observé à une pléthore de domaines, qui ne peuvent que très rarement se départir de la sphère contractuelle.

Déclaration de Rio, un tel droit peut-il être déduit du concept ? S'agit-il alors, selon une interrogation déjà formulée ailleurs, d'un «nouveau droit international» ? Dans ce cas, quelles en seraient la nature et la portée ? Ne s'agit-il pas au contraire d'un « monstre juridique» que des esprits malins auraient créé dans le but d'affaiblir la positivité du droit international de l'environnement, alors que celle-ci constitue toujours un enjeu pour le droit international classique ? La notion elle-même a-t-elle, au-delà des mots, une réelle signification juridique ? Si oui, quelle est-elle ? Au contraire, le développement durable peut-il être autre chose que l'appendice des politiques d'environnement ?» («Droit international et développement durable », in Mélanges A. KISS, 1998, éd. Frison-Roche, p.245, spéc. p.247).

En ce qui concerne sa finalité, le développement durable apparait comme une ambition planétaire, qui ne se limite pas aux intérêts de la société, encore moins à ceux des contractants. Cette ambition a vocation à assurer la sauvegarde tant des intérêts des générations actuelles, qui ne sauraient se limiter aux intérêts des parties contractantes, qu'aux intérêts des générations futures. Dans les contrats de prestations de services par exemple, les entreprises participent à l'enracinement des règles de développement durable du moment où, après avoir souscrit à un texte de droit mou (charte, code de bonne conduite, règlement intérieur, notamment), l'imposent par la suite aux personnes physiques ou morales avec lesquelles elles entrent en relation. Elles peuvent ainsi préserver ses intérêts vis-à-vis de ses propres fournisseurs. En outre, la loi peut imposer à l'entreprise individuelle ou sociétaire l'observation de certaines obligations tenant au développement durable. Celle-ci va, pour rester en conformité avec les dispositions légales, les répercuter dans ses rapports avec les parties prenantes à son activité, c'est-à-dire ses salariés, ses clients, ses fournisseurs, etc. A ce niveau, il n'est plus simplement question de sauvegarder les intérêts de ladite société ou ceux de ses cocontractants ; il s'agit également de préserver les intérêts des tiers en particuliers, et de la société toute entière en général. De manière sibylline, il s'agit d'agir local en pensant global afin de placer son cocontractant au centre des préoccupations d'ordre culturel, économique, social et environnemental.

235. C'est donc à raison qu'il convient de relever que le développement durable est un droit civique véritable. L'analyse théorique de cette notion ne peut être satisfaisante que si, au-delà de son caractère unitaire, l'on la confrontait à la réalité contractuelle à laquelle elle est appelée à faire face. C'est la question des applications plurielles du développement durable qu'il convient désormais d'examiner.

SECTION II. DES APPLICATIONS CONTRACTUELLES PLURIELLES DU DEVELOPPEMENT DURABLE

236. Les champs disciplinaires couverts par la notion de développement durable sont très vastes. Le contrat, aujourd'hui incontournable dans toute société humaine, ne saurait faire l'exception. Les contrats d'affaires sont les cadres privilégiés de son application. Il s'agit par exemple du contrat de société, du contrat de travail et du contrat de prestation de service. Les contrats de production, de distribution ou de consommation, ne sont pas exclus.

237. La gouvernance d'entreprise, mode émergent de gestion des intérêts catégoriels dans l'entreprise, constitue une illustration de poids en termes de développement durable. L'entreprise est en fait un acteur social qui ne peut prospérer que si son comportement est ancré dans les intérêts, les normes, les valeurs et les idéaux des sociétés de rattachement. Les concepts de développement durable et de gouvernance sont ainsi étroitement imbriqués car ils incarnent une nécessité sociale contemporaine. Leur complémentarité tient avant tout au fait qu'ils correspondent à des facettes différentes de la question du rôle de l'entreprise dans la société. Avec le phénomène de la mondialisation des marchés, se pose désormais celui de la gouvernance mondiale des entreprises: qui peut contrôler le comportement des entreprises en général, et des multinationales en particulier? En définissant les fondements d'une gestion socialement responsable, il invite les multinationales à agir pour leur bien et pour le bien de tous. Toutefois, ses incidences contractuelles étant trop larges, la question de la gouvernance d'entreprise ne retiendra pas notre attention dans le cadre de la présente démonstration[766].

238. Le droit de l'OHADA et le droit européen ont également vocation à régir les activités économiques. L'entreprise commerciale, coopérative ou industrielle étant au cœur de l'activité économique, elle nous semble concernée par les exigences du développement durable. Lorsqu'il s'applique au contrat de société, le développement durable prend la forme de ce qu'il convient d'appeler aujourd'hui la responsabilité sociale et environnementale (RSE). C'est un enjeu majeur au sein des entreprises[767].

---

[766]Sur la question en droit de l'OHADA, voir G.R. MPONDO MBOKA, « Le gouvernement d'entreprise dans le droit OHADA», *Journal of African Law*, 2011, vol. 14, pp. 155-182. Spécialement sur l'implication des salariés dans la gouvernance de l'entreprise en droit européen, voir notamment B. TEYSSIE, «Les accords relatifs à l'implication des salariés dans les sociétés européennes», Semaine Juridique Entreprise, 2005 ; G. GNAZALE, I. TCHOTOURIAN et L. VIOLAY, «Implication des salariés dans la vie de l'entreprise : lorsque le droit pose les fondements d'une nouvelle gouvernance», https://papyrus.bib.umontreal.ca/xmlui/handle/1866/2595 ; Directive 94/95/CE du Conseil du 22 septembre 1994 (ce texte a obligé la création d'un comité d'entreprise européen disposant de droits à l'information et la consultation dans les entreprises comptant plus de 1000 salariés dont un minimum de 150 dans au moins deux Etats membres) ; Directive 2001/86/CE du 8 octobre 2001 (en créant Société Européenne par , cette directive a donné l'occasion de régler la question de l'implication des travailleurs et de leur participation au conseil d'administration et de surveillance et d'affermir les droits des salariés dans la gouvernance ; Directive 2002/14/CE du 23 mars 2002 (ce texte consolide les droits à l'information et à la consultation dont jouissent les travailleurs de la communauté européenne) ; Directive du 22 juillet 2003 2003/72/CE relative à l'implication des travailleurs dans la société coopérative européenne (elle envisage également un mécanisme d'information et de consultation).

[767]En tant que vecteur du développement durable, la RSE repose notamment sur la défense des droits fondamentaux de l'Homme, la protection des droits sociaux

Celles-ci peuvent s'y engager de deux manières: d'une part à travers la profession salariée, car l'entreprise tente de l'appliquer dans ses rapports avec ses employés ou ses collaborateurs ; d'autre part par le biais de la profession non salariée, consistant pour l'entreprise à mettre un certain nombre de pratiques dans ses rapports avec ses clients, ses fournisseurs, ses actionnaires, ses concurrents, et avec elle-même. Cette mesure vise à responsabiliser davantage les entreprises afin de protéger au mieux les intérêts des partenaires sociaux. Internationalement consacrée le 13 septembre 2010 par l'adoption de la norme ISO 26000 intitulée *«lignes directrices relatives à la responsabilité sociale»*, la notion de RSE relève avant tout du «droit mou». Elle ne peut en principe engager directement la responsabilité juridique de l'entreprise puisqu'elle s'affirme dans une démarche volontaire. Cependant, par le biais de références accrues à des obligations résultant de normes internationales ou de lois en vigueur, la RSE acquiert progressivement une force contraignante dont les procédures contentieuses engagées au niveau national, régional et international assurent la consécration, et la rendent par conséquent obligatoire.

239. C'est principalement dans les entreprises que le rapport entre le développement durable et le contrat présente le plus d'intérêt. Il n'existe pas de définition officielle de la notion de RSE. Celle retenue par le Ministère français du développement durable peut servir de référent. Brièvement, la RSE constitue une contribution des entreprises aux enjeux du développement durable[768]. La démarche consiste pour les entreprises à prendre en considération les impacts économiques, sociaux, et environnementaux de leur activité pour adopter les meilleures pratiques possibles et contribuer ainsi à l'amélioration de la société ainsi qu'à celle de la protection de l'environnement[769]. Elle se traduit par des pratiques fondées sur des valeurs éthiques de respect de toutes les parties prenantes de l'activité de l'entreprise (employés, fournisseurs, clients, actionnaires, concurrents), de la

---

fondamentaux, la préservation de l'environnement, le respect de l'hygiène et de la sécurité, ainsi que la lutte contre la corruption.

[768]Lancé par le Secrétaire général des Nations unies, Mr Koffi Annan, en 2000, le Pacte Mondial des Nations Unies suscité définit la RSE comme la volonté pour les entreprises d'*«adopter, soutenir et appliquer dans leur sphère d'influence un ensemble de valeurs fondamentales, dans les domaines des droits de l'homme, des normes de travail et de l'environnement, et de lutte contre la corruption. »*. De telles considérations sont des marques du développement durable dans les sociétés.

[769]Lorsqu'il l'applique aux entreprises, Henri FORD illustre fort bien cette situation en ces termes: *«L'entreprise doit faire des profits, sinon elle mourra. Mais si l'on tente de faire fonctionner une entreprise uniquement sur le profit, alors elle mourra aussi car elle n'aura plus de raison d'être»*. Les aspects sociaux et environnementaux sont donc, en plus des aspects économiques, un complément indispensable à la vie de l'entreprise.

communauté (collectivités locales, associations de consommateurs, ONG), de l'environnement. De la sorte, la RSE permet d'associer logique économique, responsabilité sociale et écoresponsabilité[770], comme le civisme contractuel.

240. Le droit européen n'est pas indifférent aux préoccupations tenant à la RSE. Comme nous l'avons observé, le développement durable est inscrit dans le traité de Maastricht. Ce n'est en revanche qu'en 1995 que la RSE a été portée à l'agenda communautaire par un groupe de sociétés[771] ayant participé au lancement du manifeste des entreprises contre l'exclusion sociale. Ce manifeste a mené à la création d'un réseau d'entreprises européennes[772], destiné à promouvoir le dialogue et l'échange de bonnes pratiques en matière de RSE entre les différents secteurs d'activité. Par la suite, le CSR a crée la *«boite à outil pour une Europe compétitive et responsable»*. En mars 2000, le sommet de Lisbonne a inscrit la RSE dans les priorités de l'Union européenne. En Mars 2006, l'alliance européenne pour la RSE, un partenariat ouvert aux entreprises en vue de participer à l'intégration de la RSE au coeur de leurs pratiques et de leurs stratégies, a été lancée par la communauté européenne des affaires[773]. Sur le site de la Commission euuropéenne en outre, la rubrique «Corporate Social Responsability» est entièrement consacrée à la notion de RSE. Il est également possible d'y trouver des publications de l'institution sur la question : Le Livre Vert «Promouvoir un cadre européen pour la responsabilité sociale des entreprises» (2001) ; «The ABC of the Main Instruments of Corporate Social Responsability», (2004).

241. A l'analyse, la RSE regroupe quatre éléments essentiels : les données sociales, les données économiques, les données culturelles et les données environnementales. En dehors des aspects d'ordre éconimiques que nous aborderons uniquement sous l'angle du commerce équitable (§1),

---

[770]L'article 116 de la loi de Régulation Economique du 15 mai 2001, qui concerne exclusivement les entreprises du CAC 40, encadre la manière dont les entreprises doivent prendre en compte les conséquences sociales et environnementales de leurs activités et en rendre compte dans leur rapport annuel d'activité. Adde article 53 La loi du 3 Aout 2009 de programmation relative au Grenelle de l'environnement ; norme ISO 26000.

[771]Ce groupe de sociétés était mené par le français Jacques Delors, alors Président de la Commission européenne.

[772]L'«European Business Network for CSR».

[773]Cf. I. TCHOTOURIAN, La responsabilité sociale des entreprises vue sous l'angle du développement durable ou quand le monde des entreprises change», *Lex Electronica*, vol. 13, n°3 (Hiver/Winter 2009), www.lex-electronica.org/docs/articles_213.pdf, du 01er juin 2013.

l'aspect environnemental mérite également qu'on lui accorde de l'attention, compte tenu de son expansion croissante (§2)

§1. Un développement significatif du commerce équitable

242. Les activités commerciales se réalisent dans la quasi-totalité des cas par le biais de contrats. Elles occupent une place importante en droit européen et de l'OHADA. D'aucuns ont observé, s'agissant du droit de l'OHADA, qu'il est un droit centré sur les activités économiques[774]. Ces activités ne sont plus uniquement classiques, traditionnelles ou conventionnelles. Dans celles-ci, c'est la loi du marché qui prévaut. Ce commerce se concentre sur le produit, la recherche du profit, la fluctuation des coûts des matières premières ; et le prix est supporté par le consommateur. Les activités économiques concernent en outre les activités tournées vers le commerce équitable[775]. Il s'agit d'un *«partenariat commercial fondé sur le dialogue, la transparence et le respect»*[776]. Soutenant avant tout l'artisan, producteur ou acheteur, son objectif est de parvenir à une plus grande équité dans le commerce mondial. En réalité, c'est un partenariat entre les distributeurs des pays riches (ou pays du Nord) et les producteurs des pays pauvres (ou pays du Sud)[777] pour garantir à ceux-ci une rémunération minimale indépendamment des fluctuations du marché. L'idée est donc d'associer sur le marché des positions divergentes afin que chaque intervenant y trouve son compte. Comme l'observe un auteur, *«le commerce équitable est une tentative d'envisager le commerce international autrement que les pratiques conventionnelles»*[778].

Aujourd'hui, les activités commerciales décrites peuvent être ouvertes au monde et aux personnes non membres des espaces juridiques

---

[774]Se référer aux débats sur la détermination du domaine d'application du droit des affaires de l'OHADA sur le choix entre les contrats commerciaux d'une part, et les contrats civils et commerciaux d'autre part.

[775]En réalité, le commerce équitable ne déroge pas au commerce traditionnel auquel il est assujetti.

[776]C'est la définition retenue depuis 2001 par le réseau FINE (regroupement des principales fédérations internationales et européennes de commerce équitable réunissant la majorité des acteurs au niveau international.

[777]Il faut entendre par *«pays du Sud»* les pays considérés par l'OMC comme *«pays en développement»* et «pays les moins avancés». Il s'agit des pays d'Asie, d'Amérique du sud, et surtout des pays d'Afrique, qui regroupent les pays membres de l'OHADA. Par opposition, les *«pays du Nord»* comprennent les pays occidentaux tels que les Etats-Unis, le Canada, l'Australie, et pour ce qi nous concerne les pays membres de l'Union européenne et du Conseil de l'Europe.

[778]I. TCHOTOURIAN, «Aspects environnementaux et sociaux de la R.S.E. et management des entreprises: une éthique au centre et autour de l'entreprise», *Revue Management et avenir*, 2006/4, n°10, pp.57-77.

européen et de l'OHADA. Au-delà de la possibilité d'adhésion au traité laissée aux Etats membres de l'UA et non signataire du traité, ainsi que tout Etat non membre de l'UA invité à y adhérer du commun accord de tous les Etats parties, le droit de l'OHADA prévoit la possibilité pour toute personne, physique ou morale, de droit public ou privé, d'être partie à un contrat de droit privé[779]. Il en est de même du droit européen où les échanges sont menés dans toutes les directions du globe. Dans le déroulement de ces échanges de par le monde, et plus exactement entre les pays du Sud, dont font partie les Etats membres de l'OHADA, et les pays du Nord comprenant les Etats européens, de nombreuses inégalités ont vu le jour. Ces inégalités ont consisté en une exploitation abusive des ressources naturelles, des produits, biens et services des seconds par les premiers, que ce soit au plan social, économique ou désormais écologique. Dans cette situation, aucun développement durable n'est envisageable ni pour les pays du Sud, ni pour la stabilité socio-économique et écologique du monde. Le fonctionnement actuel de l'économie mondiale souffre de déséquilibres de plus en plus flagrants, qui affectent les producteurs, les distributeurs et les consommateurs. Les prix et les conditions d'achat sont imposés à ces acteurs contractuels sans négociation, et, généralement, ces prix ne peuvent couvrir ni les coûts de production, ni les coûts de distribution. Ce sont ces déséquilibres qu'il était question de combattre, ce qui a justifié l'émergence du *«commerce équitable»*.

243. Comme nous l'avons souligné, il s'agit d'un système d'échange dont l'objectif est de parvenir à une plus grande équité dans le commerce mondial, c'est-à-dire de concilier tous les intérêts catégoriels en présence, comme l'exige le civisme contractuel. C'est un commerce conçu pour

---

[779]Dans l'AUDSCGIE par exemple, la qualité d'associé n'est pas fonction de la nationalité, ou du lieu de résidence de la personne physique ou morale associée, elle tient principalement compte du siège social, lequel doit être dans l'un des Etats membres de l'OHADA. C'est reconnaitre que peuvent être partie à un contrat de société une ou plusieurs personnes résidant ou non dans l'espace géographique de l'OHADA. Autrement dit, une personne physique ou morale résidant dans un pays du Nord peut être associée dans une société relevant du droit de l'OHADA. L'AUDA a vocation à s'appliquer à tout arbitrage, y compris celui opposant un contractant du Sud et celui du Nord, lorsque le siège du tribunal arbitral se trouve dans l'un des Etats membres de l'OHADA. L'AUCTMR peut aussi être appliqué lorsque les sûretés personnelles ou réelles peuvent être accordées à un créancier par un débiteur relevant alternativement de l'OHADA et de l'Europe. Par ailleurs, l'AUPSRVE prévoit notamment que la procédure d'injonction de payer peut être introduite lorsque la créance a une cause contractuelle, sans précision que le contrat est d'ordre purement interne, régional ou concerne un contractant membre de l'OHADA et un autre relevant du droit européen, un contractant sudiste et un contractant nordiste.

assurer une meilleure rémunération à des producteurs des pays pauvres afin qu'ils puissent développer leur activité à long terme et améliorer ainsi leur niveau de vie. De la sorte, il contribue inéluctablement au développement durable car il offre de meilleures conditions commerciales et garantit les droits des producteurs et travailleurs marginalisés. Sa démarche consiste à utiliser le commerce comme un levier de développement et de réduction des inégalités, en veillant à une juste rétribution des producteurs. En matière contractuelle, le commerce équitable pose de nombreux principes que les parties s'engagent à promouvoir et à respecter. Ce sont ces principes qu'il convient au préalable de présenter (A.). Au-delà de ces principes, c'est l'effectivité du commerce équitable qui semble problématique. Loin d'être une apparence en droit européen, le commerce équitable est une réalité qui s'inscrit dans la stratégie européenne du développement durable. C'est en droit de l'OHADA que cette exigence est encore moins perceptible, et mériterait d'être clarifiée à travers la détermination de ses bases (B.).

A. Les principes contractuels du commerce équitable

244. Le commerce équitable prescrit dix normes que les contractants tant au Nord qu'au Sud doivent appliquer quotidiennement dans leur travail ou dans leur activité. Les organisations issues du commerce équitable mettent sur pied des mécanismes de contrôle permettant d'assurer le respect de ces principes. Certains de ces principes ne seront pas analysés. Il s'agit notamment de la capacité individuelle[780], la parité ou égalité entre les sexes[781], les conditions de travail[782], le travail des enfants[783], les relations de

[780]Le commerce équitable est un moyen qui tend à développer l'autonomie des professionnels salariés ou des professionnels non salariés. Les différentes organisations du commerce équitable procurent de la continuité durant laquelle les producteurs et les organisations de marché peuvent améliorer leurs capacités de gestion ainsi que leur accès aux nouveaux marchés.

[781]Les organisations issues du commerce équitable valorisent le travail des femmes. Celles-ci doivent toujours être payées pour leurs contributions dans le processus de production. Ce qui n'est pas très souvent le cas dans la pratique professionnelle au sein des Etats membres de l'OHADA, notamment lorsqu'il s'agit d'organisations familiales. La présence des femmes dans la gouvernance de ces organisations est également encouragée. En effet, le pourcentage des femmes au sein des organisations professionnelles ordinaires ainsi que celles issues du commerce équitable est très faible, qu'il s'agisse du droit de l'OHADA et du droit européen. C'est l'une des raisons pour lesquelles cette présence est assurée au sein de ces organisations afin d'y réaliser la parité.

[782]L'une des finalités du commerce équitable est d'assurer aux contractants qui participent à la production des produits un environnement de travail sain et sûr.

[783]Le travail des enfants est en principe interdit. Mais, il est très courant pour les organisations issues du commerce équitable de recourir au travail des enfants. Les

commerce[784], l'environnement[785]. Trois principes devraient retenir notre ttention.

245. D'abord, deux de ces principes peuvent être analysés conjointement. L'un engendre l'autre ou le justifie. Il s'agit de la promotion du commerce équitable et de la création des opportunités pour les producteurs qui sont économiquement en situation de désavantage.

Dans le premier cas, les organisations du commerce équitable se sont données pour objectif de promouvoir le commerce équitable. Elles sensibilisent alors leur clientèle et le grand public aux injustices du système commercial actuel. Il s'agit là d'une approche stratégique tenant à la métamorphose des relations commerciales entre les pays du Sud et les pays du Nord. Les organisations du commerce équitable doivent également fournir l'information sur l'origine de leurs produits, les conditions de travail des producteurs, etc. Ceci participe du principe de transparence et de crédibilité sur le marché. Il s'agit donc de stabiliser et pérenniser les échanges commerciaux.

Dans le second cas, le commerce équitable apparaît non seulement comme une stratégie de lutte contre la pauvreté, mais également comme une mesure favorable au commerce soutenable. Son but ici est de créer des opportunités pour les producteurs désavantagés ou marginalisés par le système du commerce conventionnel. Cela passe notamment par la suppression des intermédiaires et spéculateurs sur la chaine de distribution, ainsi que par la gestion transparente des relations commerciales entre ces

---

organisations qui travaillent directement avec des organisations informelles révèlent la participation des enfants dans la production. Mais, il ne faut point se leurrer car cette participation n'affecte pas forcément négativement leur bien-être, leur sécurité, leurs conditions éducatives, et leur besoin de jouer. Leur emploi se fait dans ce cadre en conformité avec la convention des Nations-Unies sur les droits des enfants ainsi qu'aux textes nationaux et régionaux y afférents. Ces textes sont appliqués de manière à s'assurer que la participation des enfants dans les processus de production des produits équitables ne va pas à l'encontre de leur bien-être, leur sécurité, leurs conditions éducatives et besoin de jouer. Il est question de sauvegarder l'intérêt supérieur des enfants et l'intérêt de la société.

[784]Les organisations de commerce équitable font du commerce en tenant compte du bien-être social, économique et environnemental des petits producteurs marginalisés et ne font pas de profit à leur détriment. Elles maintiennent de longues relations reposant sur la confiance et le respect mutuel, qui contribuent à la promotion du commerce équitable. Parfois les producteurs sont soutenus par des crédits avant la récolte ou la production.

[785]Le commerce équitable encourage activement l'adoption et la mise en œuvre de meilleures pratiques environnementales et l'application de méthodes responsables de production. L'aspect environnemental sera abordé dans le cadre des obligations environnementales.

différents partenaires. Cette démarche est nécessaire pour l'équilibre contractuel.

246. Ensuite, nous avons la transparence et la crédibilité. Le droit de l'OHADA et le droit européen ont fait de ces exigences des vecteurs indispensables au bon fonctionnement du marché et des activités commerciales. En effet, l'établissement d'un courant de confiance en faveur de leurs économies constitue un objectif majeur qui permettra aux pays membres de l'OHADA de créer un nouveau pôle de développement en Afrique, fondé sur des idéaux nouveaux tels que la transparence et la crédibilité, gage certes du commerce équitable, mais surtout de la réalisation du développement durable. A travers ces idéaux, il est plus facile pour les contractants de cet espace juridique de faire des affaires avec leurs partenaires commerciaux du Nord.

247. Enfin, le paiement d'un prix juste constitue le dernier principe du commerce équitable que nous présenterons ici. Un prix juste dans le contexte européen ou de l'OHADA est accepté après dialogue et concertation. Ce prix couvre non seulement le coût de la matière première, des moyens de production et du temps de travail, mais également les coûts sociaux et environnementaux. Contrairement au commerce classique, le prix issu du commerce équitable prend en considération plusieurs aspects orientés vers la sauvegarde de tous les intérêts en présence. Cela fournit par ailleurs un prix juste aux producteurs. Ici, le prix proposé pour un produit est toujours plus élevé que le prix du commerce traditionnel. Cette démarche vise à garantir au producteur un prix minimum, et un niveau de vie qui puisse lui assurer une certaine stabilité et longévité sur le marché. Le commerce équitable tient également compte du principe de l'égalité salariale entre hommes et femmes, pour éviter les conflits de genre en matière contractuelle. Il s'agit en outre de permettre au producteur et à sa famille de vivre dignement tout en l'amenant à effectuer des investissements voués au développement de sa communauté. Une telle approche participe donc du civisme minimum requis pour ces transactions puisqu'elle concilie autant que faire se peut les intérêts particuliers des producteurs et consommateurs (généralement des pays du Nord)[786] à ceux de la société. Pour conforter cette finalité dans le cadre de leurs échanges, les organisations de commerce équitable assurent un paiement immédiat à leurs partenaires et parfois aident leurs producteurs avec le financement d'un crédit avant la récolte ou avant la production. A cette présentation des principes gouvernant le commerce équitable doit suivre la recherche de ses bases textuelles.

---

[786]Des propositions sont de plus en plus avancées afin que le commerce équitable ne se limite pas aux échanges entre pays du Sud et pays du Nord, mais qu'il s'applique également aux échanges Sud-Sud ou Nord-Nord.

B. Les bases textuelles du commerce équitable

248. Le commerce équitable vise les rapports concernant les échanges effectués entre les pays du sud et les pays du nord. Le droit national des Etats européens et ceux de l'OHADA prévoient de nombreuses dispositions pouvant servir de base légale au commerce équitable. Les plus pertinentes, pour ce qui est des droits français et camerounais, sont les articles 1134 alinéa 3 et 1135 du Code civil, lesquels consacrent implicitement et explicitement l'équité en matière contractuelle[787]. En droit prospectif de l'OHADA, certains textes peuvent tendre vers cette finalité. Parmi eux figurent les articles 5/1 et 5/2 de l'APAUDC relatifs aux obligations implicites (P.U., art. 5.1.2). Si l'APAUDC est adopté, ces dispositions pourront constituer une référence textuelle de choix aux échanges ayant cours dans cet espace régional. Existe-t-il en droit originaire, dérivé ou convetionnel de l'OHADA des fondements textuels possibles au commerce équitable ?

249. L'intérêt de l'analyse est indéniable. Le commerce équitable étant une exigence en pleine expansion, profitable aux pays du sud, il importe à ces derniers d'appréhender les bases juridiques susceptibles de favoriser sa mise en œuvre. Il est également question pour les contractants de trouver dans leur propre droit des règles au service du commerce équitable.

250. L'exigence du commerce équitable n'a pas de base juridique véritable en droit de l'OHADA. C'est surtout en droit conventionnel de l'OHADA, dans la CADHP essentiellement, que l'on a repéré quelques dispositions favorables à la justification du commerce équitable. Trois principales dispositions, présentées par ordre d'importance décroissant, nous permettrons de le confirmer.

La première disposition est prévue à l'article 15 de la CADHP. D'après cette disposition: *«Toute personne a le droit de travailler dans des conditions équitables et satisfaisantes et de percevoir un salaire égal pour un travail égal»*. Ce texte reconnait pour toute personne – physique ou morale - contractante, un droit fondamental au travail. Pris en ces termes, l'on peut se demander en quoi le droit au travail de la personne favoriserait le commerce équitable, et partant concourrait au développement durable. Là

---

[787] D'après l'article 1135 notamment, *«Les conventions obligent non seulement à ce qui y est convenu, mais encore à toutes les suites que l'équité, l'usage ou la loi donnent à l'obligation d'après sa nature»*. Au-delà de sa fonction classique correctrice et adoucissante de la rigueur du contenu contractuelle, l'équité proclamée par ce texte tend également à compléter le contenu contractuel. En ce sens, voir Ch. ALBIGES, *De l'équité en droit privé*, éd. L.G.D.J. 2000, p.197, n°300 ; A. ZARROUK, *L'implicite et le contenu contractuel. Etude de droit comparé: droit français et droit tunisien*, éd. L'Harmattan, 2012, 654p.

n'est sans doute pas notre propos, même si, à force de réflexion, l'on peut constater que l'exercice par une personne de son droit au travail est une garantie non négligeable de l'accomplissement des échanges commerciaux, et partant de la satisfaction des besoins actuels des générations présentes sans compromettre ceux des générations futures.

251. Au-delà du droit au travail, l'article 15 de la CADHP met également au bénéfice des travailleurs issus des pays du Sud une prérogative essentielle. Elle consiste à accorder des conditions équitables et satisfaisantes au travailleur. Il s'agit de conditions qui ne mettent pas en cause sa dignité, encore moins sa sécurité. L'une de ces conditions consiste, comme nous l'avons relevé plus haut, à fournir une rémunération égale pour un travail égal. Cela n'est pas anodin dans les pays en développement en général, et en Afrique en particulier ; surtout lorsqu'on sait que la rémunération d'un expatrié européen, pris en tant que tel en droit de l'OHADA, n'est jamais identique à celle d'un travailleur sudiste ; que la réciproque n'est pas toujours évidente ; et qu'au delà du statut d'expatrié, cette rémunération est parfois troublante puisqu'elle crée un énorme fossé entre les deux travailleurs ayant parfois des compétences similaires. Il arrive même que le travail accompli par le salarié sudiste soit plus exigeant ou que ce salarié soit plus compétent que celui du Nord. L'article 15 devrait donc participer de la réduction ou de la suppression des injustices criardes relevées dans les milieux professionnels entre travailleurs. Cela satisfait inéluctablement les besoins des travailleurs actuels et ne compromet en rien ceux des futurs travailleurs. Au contraire, cela facilite non seulement la sauvegarde de leurs intérêts, mais préserve en outre ceux de l'entreprise qui les emploie ainsi que ceux de la société toute entière. Mais, le commerce équitable contient d'autres bases textuelles que celles d'odre social.

252. La deuxième disposition est prévue à l'article 21-3 de la CADHP. En vertu de ce texte, *«La libre disposition des richesses et des ressources naturelles s'exerce sans préjudice de l'obligation de promouvoir une coopération économique internationale fondée sur le respect mutuel, l'échange équitable et les principes du droit international»*. Ce texte consacre de manière claire le droit des peuples, et par diminution celui des contractants, à disposer de leurs richesses et ressources naturelles. *«Ce droit s'exerce dans l'intérêt exclusif des populations. En aucun cas, un peuple ne peut en être privé»*. L'on comprend la volonté manifeste du législateur africain d'assurer cette protection car cela permettrait d'éradiquer les ventes frauduleuses de bois, ou celles d'ivoire des pays de l'OHADA vers ceux de l'Europe. Une telle protection n'est pas contraire à la promotion de la coopération économique internationale. Au contraire, elle la renforce en la basant sur des impératifs pérennes de développement durable. Il arrive notamment que, dans le cadre des concessions léonines qui sont accordées par un Etat à une personne physique ou morale de droit privé pour l'exploitation de ses ressources pendant une certaine période, cette dernière les spolie copieusement ces ressources. Dans ce cas, tout peuple membre de l'Union africaine spolié de ces richesses et ressources naturelles est en droit de saisir la Cour ADHP pour son droit à la récupération de ses biens ainsi qu'à une adéquate indemnisation. Une telle démarche est également possible, que les biens soient entre les mains de personnes morales de droit public ou de personnes physiques ou morales de droit privé. Il serait aussi judicieux d'étendre l'exercice de ce droit aux personnes physiques et morales de droit privé, comme dans le cas de l'action sociale, lorsque les intérêts de la société sont menacés.

253. La troisième et dernière disposition retenue est prévue à l'article 21-5 de la CADHP. D'après ce texte, *«Les Etats, parties à la présente Charte, s'engagent à éliminer toutes les formes d'exploitation économique étrangère, notamment celles pratiquées par des monopoles internationaux, afin de permettre à la population de chaque pays de bénéficier pleinement des avantages provenant de ses ressources nationales»*. En l'état actuel du droit de l'OHADA, l'article 21-5 constitue la base textuelle du commerce équitable la mieux élaborée. L'engagement ainsi pris par les Etats parties est une expression du développement durable. Il s'agit d'abord de procéder à l'élimination de toutes les formes d'exploitation économique étrangère, notamment l'exploitation pratiquée par des monopoles internationaux. Il est ensuite question de permettre à la population de chaque pays, spécialement à tout contractant, de bénéficier pleinement des avantages provenant de ses ressources nationales. Les contractants du Sud doivent donc pouvoir, dans leurs échanges avec les contractants du Nord, jouir effectivement et pleinement de leurs ressources nationales. Cela est loin d'être le cas dans les pays membres de l'OHADA, surtout s'agissant de l'exploitation pétrolière, énergétique, mais aussi agricole. La mise en œuvre de cette disposition devrait permettre de contourner ce déséquilibre et de restaurer l'équilibre ainsi rompu. Cela devrait en outre permettre de satisfaire leurs besoins actuels sans compromettre ceux des générations à venir. Une chose est certaine : le commerce équitable est un indicateur du développement durable. Il aide les producteurs des pays du Sud à se développer de façon durable. S'il était expressément consacré en droit de l'OHADA, il devrait davantage participer de l'objectif tenant à l'émergence d'un pole de développement. L'atteinte d'un tel objectif passe également par la prise en compte progressive des données à caractère environnemental.

§2. La prise en compte progressive des données environnementales

254. Le développement durable n'a pas uniquement vocation à s'appliquer aux données économiques, sociales ou culturelles. Il joue également un rôle de premier plan dans la promotion et la protection de l'environnement. En droit de l'Union européenne par exemple, la protection de l'environnement constitue un objectif majeur des Etats membres[788]. La question semble plus délicate en droit de l'OHADA, considéré comme un droit essentiellement tourné vers la promotion des investissements et la sécurisation des activités économiques. Pour autant, les préoccupations environnementales ne lui sont pas étrangères. D'après YAFRADOU ADAM TAIROU, même si l'espace OHADA a été prévu *«pour promouvoir les investissements en Afrique à travers la sécurisation juridique et judiciaire des activités économiques, et non pour protéger l'environnement, l'analyse des instruments que le droit de l'OHADA développe fait ressortir qu'ils peuvent favoriser la protection de l'environnement tant par l'entreprise in bonis que par l'entreprise en redressement puis en liquidation judiciaires»*[789]. En effet, la prise en considération des données environnementales constitue un maillon essentiel du développement durable. Elle doit être appréhendée aussi bien dans l'intérêt des contractants que dans l'intérêt de la société. Au-delà de la préservation des hommes et des biens, le civisme contractuel postule à travers le droit au développement durable en général, et la prise en considération des données environnementales en particulier, la conservation de la nature. De la sorte, l'application du droit de l'environnement au contrat peut être négociée ou imposée[790].

255. La timidité des rapports du contrat et du droit de l'environnement laisse planer un doute sur les manifestations des données environnementales en matière contractuelle. Cependant, celles-ci sont bien réelles, nombreuses et variées. L'érection des obligations environnementales en droit des contrats constitue le premier de ces phénomènes (A.), la reconnaissance du droit à un environnement sain en constitue le deuxième (B.), et l'institution d'une responsabilité environnementale le troisième (C.).

---

[788]Cf. article 37 CDFUE.

[789]In *Préoccupations environnementales et droit de l'entreprise dans l'espace OHADA*, Harmattan, 2013, 432p.

[790]M. BOUTONNET, «Des obligations environnementales spéciales à l'obligation environnementale générale en droit des contrats», *D.* 2012, p.377.

A. L'émergence des obligations environnementales

256. Les obligations environnementales touchent à de nombreux domaines[791] et sont contenues dans de nombreux textes nationaux des Etats européens et ceux de l'OHADA[792]. Pour ce qui est du Cameroun, l'on retrouve ces obligations dans un faisceau de textes, dont les plus représentatifs sont la constitution de 1996 telle que modifiée en 2008 qui fait de l'environnement un droit fondamental de l'homme, et la loi-cadre de 1996 précitées. En France, la loi NRE (Nouvelles Régulations Economiques), votée en 2001, oblige les entreprises cotées en bourse à prendre en compte dans leur rapport annuel *« les conséquences sociales et environnementales de leur activité. »*. Les principes fondamentaux de l'environnement tels que la précaution, l'action préventive et corrective, pollueur-payeur, responsabilité, participation, subsidiarité peuvent également servir de base de référence au juge régional ou au juge national. Les obligations environnementales trouvent notamment leur légitimation dans le principe de précaution. C'est la mise en œuvre de ce principe qui justifie l'insertion de certaines obligations environnementales dans la sphère contractuelle. Le droit international n'est pas également étranger à la promotion du développement durable en général, et aux préoccupations d'ordre environnemental en particulier[793]. Mais, les droits nationaux européens et de l'OHADA, ainsi que le droit international ne sont pas le reposoir exclusif des obligations environnementales. Longtemps restées dans les profondeurs des sources nationales et internationales, les obligations environnementales remontent de plus en plus à la surface des textes à vocation régionale, qu'il s'agisse du droit européen ou du droit de l'OHADA. L'obligation d'information environnementale constitue l'une des

---

[791]La prise en compte du passif environnemental par exemple a pu se faire par le biais de clauses contractuelles et par la croissance des accords environnementaux. L'on a assisté, à côté de la démultiplication des contrats industriels, ainsi que des contrats environnementaux, nouveaux types de contrats favorables à l'environnement, à l'extension de l'obligation d'information environnementale dans les contrats classiques tels que la vente et le bail. En ce sens, voir M. BOUTONNET, «Des obligations environnementales spéciales à l'obligation environnementale générale en droit des contrats», *op. cit.*

[792]A titre préventif, et en harmonie avec les textes nationaux, régionaux, ainsi que les conventions internationales et les textes nationaux des Etats européens et de l'OHADA imposent à certaines entreprises de respecter les normes environnementales, et de se soumettre, dans certains cas, à une étude d'impact environnemental de leur projet.

[793]Le droit international de l'environnement comprend à ce jour plus de 300 conventions ou traités multilatéraux, sans compter les accords bilatéraux. Il est le fruit d'une longue histoire. Cf. C. DOMMEN et Ph. CULLET, *Droit international de l'environnement : textes de base et références*, Kulwer Law International, 1998, 814p.

illustrations majeures sur lesquelles nous pouvons orienter notre démonstration. Il en est de même du domaine de la lutte contre les émissions de gaz à effet de serre.

257. L'obligation d'information environnementale est saisie par le droit international[794] et par les droits nationaux des Etats européens[795] et ceux des Etats membres de l'OHADA. Le non respect de cette obligation peut entrainer la responsabilité de son débiteur[796]. La reconnaissance de ces obligations environnementales participent non seulement de la sauvegarde des intérêts des contractants et de la société, mais également de la nécessaire transparence requise dans de telles transactions. Lorsque les contractants disposent en effet des informations concernant les contours de l'opération contractuelle qu'ils effectuent, ils sont plus à même d'assurer la protection de leurs intérêts particuliers. Par la même occasion, ils peuvent sauvegarder les intérêts de la société toute entière. Cette oligation varie selon qu'en droit européen ou en droit de l'OHADA.

---

[794]Cf. Article 2§3 de la Convention d'Aarhus, qui institue internationalement un droit d'accès à l'information environnementale. Adde Protocole de Kiev CEE-ONU sur les registres des déchets et transferts de polluants signé le 21 mai 2003.

[795]Depuis 2004, la Grande-Bretagne a mis en place une régulation publique de l'information environnementale. Les sources des obligations d'information environnementale sont nombreuses. L'on cite notamment la constitution, la charte de l'environnement, le code de l'environnement, la loi Grenelle I (ou loi n°2009-967 du 3 août 2009 de programmation relative à la mise en œuvre du Grenelle de l'environnement. Cette loi française de programmation a formalisé les 268 engagements du Grenelle de l'environnement), la loi Grenelle II (ou loi française du 12 juillet 2010 portant engagement national pour l'environnement. Elle décline les objectifs en dispositions plus précises). Les décisions du Conseil constitutionnel confortent ce vaste mouvement de reconnaissance légale. Cf. art. L. 110-1, L. 124-1 à L. 124-8 et R. 124-1 à R. 124-5 du Code de l'environnement ; art. 7 de la Charte de l'environnement ; art. 35 de la loi du 30 juillet 2003 relative à la prévention des risques technologiques et naturels et à la réparation des dommages (JO du 31 juillet 2003).

[796]Le juge peut s'appuyer sur les textes nationaux spéciaux, à l'instar de l'article L. 514-20 du Code de l'environnement, ou sur le droit commun. Le droit commun des Etats peut servir de fondement à l'obligation d'information, par référence notamment au dol ou à la garantie de vice caché. En ce sens, voir Cass. 7 novembre 2007, (n°06-18.617 ; Cass. 08 juin 2006 (Société Total Solvants, n°04-19.069). Pour retenir la responsabilité du vendeur, ladite Cour a étendu cette obligation d'information à l'obligation de délivrance. Dans son arrêt du 29 février 2012 (Société La Plazza c/ X), la Cour de cassation française s'est appuyée sur le droit commun de la vente avec l'article 1603 du Code civil pour sanctionner un manquement à l'obligation de délivrance.

258. En droit européen, et dans le sillage de la Convention d'Aarhus[797], la Communauté européenne a adopté la directive 2003/4/CE du Parlement européen et du Conseil du 28 janvier 2003 concernant l'accès du public à l'information en matière d'environnement[798], transposée en droit français par la loi n° 2005-1319 du 26 octobre 2005 portant diverses dispositions d'adaptation au droit communautaire dans le domaine de l'environnement[799]. Le dispositif est complété par la loi n°2006-686 du 13 juin 2006 relative à la transparence et à la sécurité en matière nucléaire. L'obligation d'information environnementale y est définie sous la forme d'une liste. Il s'agit de toute information disponible, quel qu'en soit le support (sous forme écrite, visuelle, sonore, électronique ou sous toute autre forme matérielle), ayant pour objet : l'état des éléments de l'environnement ainsi que les interactions entre ces éléments (air, atmosphère, eau, sol, terres, paysages et sites naturels, zones côtières et marines, diversité biologique et ses composantes...) ; les facteurs (substances, énergie, bruit, rayonnements, déchets, émissions, déversements et autres rejets dans l'environnement...),

---

[797]Cette convention porte sur l'accès à l'information, la participation du public au processus décisionnel et l'accès à la justice en matière d'environnement. Signée le 25 juin 1998 par 39 États relevant de la Commission Economique pour l'Europe des Nations Unies (CEE-NU), et entré en vigueur le 30 octobre 2001, elle est un accord international visant à améliorer l'information environnementale délivrée par les autorités publiques, vis-à-vis des principales données environnementales, favoriser la participation du public à la prise de décisions ayant des incidences sur l'environnement (par exemple, sous la forme d'enquêtes publiques), et étendre les conditions d'accès à la justice en matière de législation environnementale et d'accès à l'information. Son article 1er lui donne pour objectif de contribuer à «protéger le droit de chacun, dans les générations présentes et futures, à vivre dans un environnement propre à assurer sa santé et son bien-être». La France a ratifié la Convention d'Aarhus le 8 juillet 2002. Elle est entrée en vigueur le 6 octobre 2002 (voir loi n°2002-285 du 28 février 2002 autorisant l'approbation de la Convention d'Aarhus et décret n°2002-1187 du 12 septembre 2002 portant publication de la Convention d'Aarhus). Elle a été complétée par un amendement sur les organismes génétiquement modifiés (OGM), et par un autre sur les émissions de polluants (protocole sur les registres des rejets et transferts de polluants (protocole PRTR) de 2003, entré en vigueur le 8 octobre 2009 et transposé en droit européen par le règlement n°166/2006).

[798]Cf. M. PRIEUR, «Le droit à l'information en matière d'environnement, présentation de la directive 90/313/CEE du 7 juin 1990», in M. PRIEUR (dir.), *Le droit à l'information en matière d'environnement dans les pays de l'Union européenne*, *PULM*, Limoges, 1997, p.11.

[799]Pour aider les pays entrants et ceux de l'Europe centrale et orientale à renforcer leur législation environnementale, le Conseil de l'Europe avait déjà en 1994 produit un document type, qui est un modèle législatif national, pouvant être adapté au niveau régional pour les pays fédéraux, dit «loi-modèle sur la protection de l'environnement.

les décisions et les activités qui ont ou peuvent avoir des incidences sur les éléments de l'environnement ; l'état de la santé humaine, la sécurité et les conditions de vie des personnes, les constructions et le patrimoine culturel, qui sont ou peuvent être altérés par les éléments de l'environnement, les décisions, les activités ou les facteurs précédemment cités ayant une incidence sur l'environnement ; les analyses et hypothèses économiques utilisées pour prendre les décisions ou conduire les activités visées dans la deuxième rubrique ci-dessus ; les rapports établis par les autorités publiques ou pour leur compte sur l'application de la réglementation relative à l'environnement. Il faut le constater, le champ d'application de l'information environnementale est très vaste. En principe, il s'agit d'une information publique, à la charge des organismes publics. Hormis les hypothèses de secret de fabrication et de défense nationale, l'information environnementale doit être tenue à la disposition de tous. Mais, les personnes physiques ou morales de droit privé, dans le cadre de leurs activités, et sous le prisme des mécanismes contractuels en particulier, sont également concernées par cette information. Le contractant débiteur de l'obligation d'information environnementale est ainsi tenu de déclarer les émissions polluantes et les déchets. Il doit également déclarer les accidents et incidents survenus dans une installation classée pour la protection de l'environnement (ICPE). Dans la vente immobilière par exemple, le vendeur d'immeuble doit informer par écrit son acquéreur de l'existence passée d'une ICPE soumise à autorisation ou à enregistrement, des dangers et inconvénients importants en résultant et dont il a connaissance, et s'il est l'exploitant, indiquer si son activité a entraîné la manipulation ou le stockage de substances chimiques ou radioactives. Le non respect de l'obligation d'information environnementale peut entrainer la résolution de la vente, la réfaction du prix diminué des coûts de dépollution[800], la remise en état du site aux frais du vendeur, sauf coût disproportionné par rapport au prix de vente[801], l'invalidité d'une clause exonératoire de la garantie des vices cachés[802]. Le créancier de l'obligation d'information environnementale quant à lui doit agir dans le délai de droit commun de cinq (5) ans, à compter du jour où sont connus ou auraient dû être connus les faits reprochés[803]. Faute de quoi il sera déchu de son droit d'ester en justice.

259. En droit de l'OHADA, la situation est quelque peu différente. L'obligation générale d'information y est bien présente, et ses applications nombreuses. L'information des associés ou de la caution constituent

---

[800]CA Grenoble, 30 oct. 2008, n°06/419.

[801]CA Orléans, 16 janv. 2006: expertise pour déterminer les travaux nécessaires et leur coût.

[802]CA Montpellier, 8 août 2007.

[803]Cf. C. civ., art. 2224.

quelques illustrations parfaites. Mais, comme nous l'avons observé, aucun texte de droit originaire ou dérivé ne consacre l'obligation d'information environnementale en droit de l'OHADA. En droit prospectif du travail de l'OHADA en revanche, l'on retrouve quelques dispositions qui, si jamais le texte est adopté en l'état, pourraient servir de base légale à l'obligation d'information environnementale. Il s'agit des articles 142 alinéa 2 et 254 de l'APAUDC. D'après l'article 142 alinéa 2, *«L'employeur doit porter une attention particulière aux risques encourus par les travailleurs sous contrat de travail à durée déterminée et sous contrat d'intérim. Ces derniers doivent recevoir une information sur les risques spécifiques à l'entreprise dans laquelle ils interviennent temporairement».* Cette exigence légale d'information des travailleurs par l'employeur concourt non seulement à la facilitation de la prévention des risques inhérents à l'environnement professionnel, quel qu'ils soient, mais également à la nécessaire conciliation des intérêts particuliers du travailleur et de l'employeur à l'intérêt général de la société, précisément la santé et la sécurité. L'article 254 du même texte, tourné vers la satisfaction des mêmes intérêts, impose aux entreprises d'insérer les considérations environnementales dans leur bilan annuel. Ce texte prévoit que *«Le bilan social doit permettre d'apprécier la situation de l'entreprise dans le domaine social, comporter les informations sur l'emploi, la rémunération des travailleurs, les conditions de sécurité et de santé au travail, les actions de formation ainsi que les informations nécessaires à l'appréciation des changements intervenus et, s'il y a lieu, les conditions de vie des travailleurs et celles de leur famille».* Au cas où cet avant projet d'Acte uniforme n'est pas adopté, l'architecte de l'OHADA pourra néanmoins prendre l'initiative de consacrer cette obligation d'information environnementale dans un autre acte, en s'inspirant notamment de la législation et de la jurisprudence européennes en la matière.

260. En réalité, qu'il s'agisse du droit européen ou du droit de l'OHADA, c'est le domaine de la lutte contre les émissions de gaz à effet de serre qui a connu à ce jour plus de succès dans la sphère environnementale. En fait, le seul texte contraignant pour les Etats en la matière reste le protocole de Kyoto (Japon), encore appelé Protocole à la Convention-cadre des Nations-Unies sur les changements climatiques. Adopté le 11 décembre 1997, ce protocole a été signé tant par chacun des dix sept Etats membres de l'OHADA, que par l'Union européenne et plusieurs Etats membres du Conseil de l'Europe[804]. Première manifestation de l'intérêt mondial pour l'environnement, le Protocole de Kyoto constitue une tradition commune à ces Etats, près de 84 d'entre eux l'ayant signé. Dans la plupart des Etats et organisations signataires, le Protocole de Kyoto est récemment entré en

[804] A l'exception de l'Albanie, Andorre et Macédoine, le Protocole de Kyoto a été signé par tous les 44 autres Etats membres du Conseil d'Europe.

vigueur, le 16 février 2005, c'est-à-dire au 90ème jour après la date à laquelle au moins 55 Parties à la Convention, inclut les Parties annexes I qui comptaient en 1990 un total d'au moins 55% d'émission de CO2 de ce groupe, avaient déposé leurs instruments de ratification, d'acceptation, d'approbation ou d'accession. Par conséquent, il n'est pas impossible que, dans le cadre d'une relation contractuelle relevant de la compétence du juge régional ou national, ceux-ci soient appelés à interpréter ce texte, ou à l'appliquer purement et simplement. L'office du juge de l'OHADA par exemple s'en trouverait renforcée ; ce qui diversifiera son domaine de compétence et lui assurera un plus grand rayonnement. Ce mouvement de renforcement des compétences du juge participe de la nécessaire protection des intérêts particuliers des contractants et celui général de la société. Le paragraphe 1 de l'article 2 du protocole de Kyoto est assez évocateur à ce sujet, et se passe de tout commentaire. D'après ce texte en effet : *«1. Chacune des Parties visées à l'annexe I, pour s'acquitter de ses engagements chiffrés en matière de limitation et de réduction prévus à l'article 3, de façon à promouvoir le développement durable: a) Applique et/ou élabore plus avant des politiques et des mesures, en fonction de sa situation nationale, par exemple les suivantes: i) Accroissement de l'efficacité énergétique dans les secteurs pertinents de l'économie nationale; ii) Protection et renforcement des puits et des réservoirs des gaz à effet de serre non réglementés par le Protocole de Montréal, compte tenu de ses engagements au titre des accords internationaux pertinents relatifs à l'environnement; promotion de méthodes durables de gestion forestière, de boisement et de reboisement; iii) Promotion de formes d'agriculture durables tenant compte des considérations relatives aux changements climatiques; iv) Recherche, promotion, mise en valeur et utilisation accrue de sources d'énergie renouvelables, de technologies de piégeage du dioxyde de carbone et de technologies écologiquement rationnelles et innovantes; v) Réduction progressive ou suppression graduelle des imperfections du marché, des incitations fiscales, des exonérations d'impôt et de droits et des subventions qui vont à l'encontre de l'objectif de la Convention, dans tous les secteurs émettant des gaz à effet de serre et application d'instruments du marché; vi) Encouragement de réformes appropriées dans les secteurs pertinents en vue de promouvoir les politiques et mesures ayant pour effet de limiter ou de réduire les émissions de gaz à effet de serre qui ne sont pas réglementés par le Protocole de Montréal; vii) Adoption de mesures visant à limiter ou à réduire les émissions de gaz à effet de serre non réglementés par le Protocole de Montréal dans le secteur des transports; viii) Limitation et/ou réduction des émissions de méthane grâce à la récupération et à l'utilisation dans le secteur de la gestion des déchets ainsi que dans la production, le transport et la distribution de l'énergie;*

b) Coopère avec les autres Parties visées pour renforcer l'efficacité individuelle et globale des politiques et mesures adoptées au titre du présent article, conformément au sous-alinéa i) de l'alinéa e) du paragraphe 2 de l'article 4 de la Convention. A cette fin, ces Parties prennent des dispositions en vue de partager le fruit de leur expérience et d'échanger des informations sur ces politiques et mesures, notamment en mettant au point des moyens d'améliorer leur comparabilité, leur transparence et leur efficacité. A sa première session ou dès qu'elle le peut par la suite, la Conférence des Parties agissant comme réunion des Parties au présent Protocole étudie les moyens de faciliter cette coopération en tenant compte de toutes les informations pertinentes».

En droit européen ou de l'OHADA, le développement existe effectivement. Mais, ce qui a été graduellement admis, c'est le droit à un environnement sain.

B. La reconnaissance graduelle du droit à un environnement sain[805]

261. L'environnement est une notion à contenu variable, une *«notion caméléon»* selon Michel PRIEUR, difficile à définir[806]. Littéralement, il s'agit de ce qui nous entoure, constitue notre voisinage. Il s'agit également d'un ensemble d'éléments physiques, chimiques ou biologiques, naturels et artificiels, qui entourent un être humain, un animal ou un végétal, ou encore une espèce. Il peut également s'agir d'un ensemble d'éléments objectifs et subjectifs qui constituent le cadre de vie d'une personne. Juridiquement, l'environnement est un ensemble de composantes d'un milieu déterminé que la législation de protection désigne *a contrario* par référence à la commodité du voisinage, à la santé, la sécurité et la salubrité publiques, à l'agriculture et à la nature, enfin à la conservation des sites et monuments[807]. Il constitue le patrimoine commun de l'humanité[808]. D'où la nécessité de le préserver de manière durable. Ainsi, nul n'a le droit d'utiliser l'environnement au

---

[805]Il ne faut pas confondre le droit à un environnement du droit de l'environnement. Ce dernier concerne l'étude ou l'élaboration de règles juridiques visant la compréhension, la protection, l'utilisation, la gestion ou la restauration de l'environnement sous toutes ses formes (terrestres, aquatiques et marines, naturelles et culturelles, spatiales, etc).

[806]In *Droit de l'environnement*, Paris, 5e éd., *Dalloz* (coll. Précis), 2004, 1001 p, spéc. p.1

[807]V. A. KISS, «Peut-on définir le droit de l'homme à l'environnement?», Revue juridique de l'environnent, 1976, p.16 ; A. KISS, «Définition et nature juridique du droit de l'homme à l'environnement ?», in P. KROMAREK (dir.) Environnement et droits de l'homme, éd. Unesco, 1987, pp.16-19.

[808]A. KISS, «La notion de patrimoine commun de l'humanité», *R.C.A.D.I.,* 1982, t.II, volume 175, pp.321-232.

détriment de l'autre, qu'il s'agisse des rapports des Etats entre eux, des particuliers à l'Etat, ou des rapports des personnes physiques ou morales de droit privé entre elles.

262. En droit international, le droit de la personne à un environnement sain est consacré par une pluralité de textes ou de conventions[809]. La plus fameuse est la déclaration de Stockholm de 1972 selon laquelle: *«l'homme a un droit fondamental à la liberté, à l'égalité et à des conditions de vie satisfaisantes, dans un environnement dont la qualité lui permette de vivre dans la dignité et le bien être. Il a le devoir solennel de protéger et d'améliorer l'environnement pour les générations présentes et futures»* (principe 1)[810]. C'est donc à l'occasion de cette déclaration que le droit à un environnement sain a été consacré[811].

263. En droit interne des Etats européens[812] et de l'OHADA[813], l'environnement est également admis comme un droit fondamental de la personne[814], au même titre que la liberté d'aller et de venir, le droit de

---

[809]Voir J. DHOMMEAUX, «Le droit de l'homme à un environnement sain dans les principaux instruments des Nations unies relatifs aux droits de l'homme», *AIDH*, vol. I/ 2006, Bruylant, pp.71 ; A. KISS, «Les origines du droit à l'environnement: le droit international», *RJE*, n° spécial 2003, pp.13-16.

[810]V. également l'article 11-1 du protocole de San Salvador du 17 novembre 1988, additionnel à la convention américaine des droits de l'homme qui fait du droit à l'environnement un droit individuel: *«Toute personne a le droit de vivre dans un environnement salubre».*

[811]La Conférence a adopté ce qui est connu sous le nom de Déclaration de Stockholm, se composant de trois instruments non-obligatoires: une résolution sur les arrangements institutionnels et financiers; une déclaration contenant 26 principes; et un plan d'action contenant 109 recommandations. Il s'agit d'un point de départ important pour le développement du droit de l'environnement tant au niveau mondial que national.

[812]Quelques exemples de pays européens ayant consacrés le droit fondamental à un environnement sain: Allemagne, Espagne, Belgique, Grèce, Portugal, Roumanie, Finlande, France, etc… Cf. M. VERDUSSEN, «Le droit à un environnement sain dans les constitutions des Etats européens», *AIDH*, vol.I/ 2006, *Bruylant*, p.328 et s ; L. TURPIASSU-MERLIN, «En quête de la pleine effectivité du droit à l'environnement», http://www.droitconstitutionnel.org/congresParis/comC8/TupiassuTXT.pdf.

[813]En ce sens, voir M. MANKOU, «Environnement et renouveau des droits de l'homme. Expérience comparées de mise en œuvre : expérience de l'Afrique», in Environnement et renouveau des droits de l'homme, La Documentation française, Paris, 2006, pp.163- 171.

[814]TA Châlons-en-Champagne, Ord. du 29 avril 2005, Conservatoire du patrimoine naturel et autres, req. n°0500828, 05008829 et 0500830, *JCP* A, 23 mai 2005. En France par exemple, la consécration constitutionnelle du droit à l'environnement en

propriété. Dans ces Etats, ce droit est consacré comme un droit à valeur constitutionnelle. Ce qui traduit l'importante place qui lui est accordée. En réalité, il ne s'agit pas du droit à l'environnement proprement dit, mais plutôt du droit à un environnement sain[815]. Ce droit ne s'applique pas seulement aux personnes physiques, il concerne également les personnes morales, de droit public comme de droit privé. Il est ainsi reconnu à tous, aux générations présentes et aux générations futures. Ce droit n'est pas limité à la préservation des intérêts particuliers des contractants, mais concerne également les intérêts de la société. Toute personne a donc un droit subjectif de défendre l'environnement, aussi bien en cas d'atteinte personnelle que collective. Au Cameroun par exemple, ce droit est clairement exprimé dans le préambule de la Constitution de 1996 telle que modifiée et complétée par la loi n°2008/001 du 14 avril 2008 en ces termes: *«Toute personne a droit à un environnement sain. La protection de l'environnement est un devoir pour tous. L'Etat veille à la défense et la promotion de l'environnement»*. En France, le droit à un environnement sain est prévu par la Charte de l'environnement, incluse dans le préambule de la constitution de 1958. En vertu de l'article 1er de cette charte: *«Chacun a le droit de vivre dans un environnement équilibré et respectueux de la santé»*.

L'architecte européen[816] et de l'OHADA ont également reconnu, chacun à sa manière, le droit de la personne à un environnement sain. Cette reconnaissance n'est pas directe, mais indirecte. Elle contribue à la préservation de l'environnement et à la promotion d'une meilleure qualité de la vie des personnes physiques et morales[817]. L'article 37 de la CDFUE relatif à la protection de l'environnement prévoit notamment qu' *«Un niveau élevé de protection de l'environnement et l'amélioration de sa qualité doivent être intégrés dans les politiques de l'Union et assurés conformément au principe du développement durable»*. Cette disposition constitue donc un référent textuel de base à la prise en compte du droit subjectif à un environnement sain.

2004 est intervenue après la loi du 2 février 1995, laquelle admet le droit de chacun à un environnement sain. De nombreuses critiques ont néanmoins été soulevées contre cette constitutionnalisation. Pour l'essentiel, ces critiques portent sur la difficile mise en œuvre de ce droit. Cf. A. KISS, Préface du rapport rédigé par H. SMETS sur «Un droit à l'environnement, un droit fondamental dans l'Union européenne», *REDE* n°4, 2001.

[815] Sur le droit à l'environnement, voir F.-Z. KSENTINI, «Droit de l'homme à l'environnement», E/CN.4/Sub.2/1994/9, 26 juillet 1994, pp.3-12.

[816] Cf. M. DÉJEANT-PONS, «Le droit à l'environnement, droit fondamental au niveau européen dans le cadre du Conseil de l'Europe, et la Convention européenne de sauvegarde des droits de l'homme et des libertés fondamentales», *R.J.E*, 1994, n°4.

[817] Cf. M. PRIEUR, «Droit de l'homme à l'environnement et développement durable», www.francophonie-durable.org/documents/colloque-ouaga-a5-prieur.pdf .

264. Par ailleurs, alors que la Conv EDH ne reconnait pas expressément *«le droit à un environnement sain et calme»*, la Cour EDH a reconnu dans plusieurs décisions une atteinte à un droit indirectement lié à la protection de l'environnement[818]. Elle a récemment reconnu le droit à un environnement sain comme pouvant se rattacher aux libertés fondamentales protégées par la Conv EDH. Elle l'a fait à l'occasion de nuisances graves portant atteinte à l'habitation, en faisant dériver ce droit à un environnement sain du droit à la protection du domicile et de la vie privée. Par exemple, la Cour juge de façon assez spectaculaire que *«des atteintes graves à l'environnement peuvent affecter le bien-être d'une personne et la priver de la jouissance de son domicile de manière à nuire à sa vie privée et familiale, sans pour autant mettre en grave danger la personne de l'intéressé»*[819]. Il n'est pas impossible qu'elle le fasse également à l'occasion d'un contrat de droit public ou de droit privé. C'est donc en référence au droit au respect de la vie privée que la Cour EDH affirme le droit à un environnement sain. Mais d'autres fondements ont été avancés par la Cour EDH[820]. Toutes choses qui rendent illusoire la nécessaire autonomie de ce droit. Il convient sans doute d'ériger ce droit en un véritable droit subjectif. Des idées convergent aujourd'hui pour que le droit à un environnement sain soit intégré à la Conv

[818]Cf. M. DE SALVIA, «Principes généraux du droit de l'homme à un environnement sain selon la Convention européenne des droits de l'homme», *AIDH*, vol. I/ 2006, *Bruylant*, p. 57 et s ; M. DÉJEANT-PONS, «Le droit de l'homme à l'environnement et la Convention européenne de sauvegarde des droits l'homme et des libertés fondamentales», in Liber amicorum M. A. EISSEN, Bruylant, LGDJ, 1995, p.79 ; J.-P. MARGUENAUD, «L'incidence de la CEDH sur le droit de l'environnement», *Journal des tribunaux-Droit européen*, 12/1998, n°54, pp.217-222 ; F. SUDRE, «La protection du droit à l'environnement par la CEDH», in Commission européenne et environnement (dir. J- C. MASCLET), *La documentation française*, Paris, 1997, pp.209- 222..

[819]Cour EDH, 9 décembre 1994, Lopez Ostra c/ Espagne, § 51. Adde Cour EDH, Tătar c. Roumanie, 27 janvier 2009, 3e Sect., req. n°67021/01: cet arrêt précise une nouvelle fois les prolongements environnementaux des droits garantis par la Convention.

[820]En 1991, la Cour a déclaré que la protection de l'environnement est manifestement un dessein légitime conforme à l'intérêt général (Cour EDH, Pine Valley developments, 29 nov. 1991, A, n° 222). Dans l'arrêt Zander, la Cour qualifie le droit de jouir d'une eau non polluée comme un droit de caractère civil auquel s'applique l'article 6-1 reconnaissant ainsi à un propriétaire un droit subjectif à un environnement sain (Cour EDH, 25 nov. 1993, A, n° 279 B). Une nuisance grave constitue une ingérence dans la vie privée qui viole l'article 8 de la Conv EDH (Cour EDH, Lopez-Ostra c/ Espagne, 9 déc. 1994, A, n° 303-C). Depuis l'arrêt Oneryildiz, une atteinte à l'environnement peut violer le droit à la vie de l'article 2 de la Conv EDH.

EDH[821]. Une telle approche mérite d'être soutenue pour permettre à ce droit de troisième génération d'intégrer l'ordre juridique normatif européen, compte tenu de l'adhésion de l'Union européenne à la Conv EDH. Si ce droit est donc consacré, il entrainera des effets juridiques qui s'imposeront aux comportements des personnes publiques ou privées, contractantes ou non, et serviront inéluctablement de norme générale de référence aux juges[822]. Cela constituera inéluctablement une avancée notable en matière de conciliation des intérêts à travers la prise en compte du développement durable. En accord avec le préambule de la Conv EDH, *«la jouissance de ces droits entraine des responsabilités et des devoirs tant à l'égard d'autrui qu'à l'égard de la communauté humaine et des générations futures»*.

265. Le droit de l'OHADA ne reconnait pas expressément le droit à un environnement sain. Aucune décision de justice ne fait pas non plus allusion au droit de la personne à un environnement sain. Mais, comme nous l'avons mentionné ci-dessus, les données environnementales en général, et le droit à un environnement sain en particulier ne sont pas pour autant

---

[821]La Conférence européenne sur la conservation de la nature organisée à Strasbourg en 1970 par le Conseil de l'Europe avait proposé l'élaboration d'un protocole à la Conv EDH garantissant à chacun le droit de jouir d'un environnement sain, et non dégradé. Ce protocole devait consacrer le droit de respirer un air et boire une eau raisonnablement exempts de pollution, le droit de se protéger contre les bruits excessifs et les autres nuisances, ainsi que le droit à un accès raisonnable au littoral, à la campagne et à la montagne. Cette proposition fut reprise sans aucun résultat par une recommandation de 1973 de l'Assemblée parlementaire du Conseil de l'Europe. Par ailleurs, un projet précis avait été préparé par le professeur STEIGER sous forme d'un protocole additionnel à la Conv EDH. En outre, dans une étude réalisée en 1977 pour la Société française pour le droit de l'environnement, le professeur J.-P. JACQUÉ avait également proposé l'insertion du droit à un environnement qui ne mette pas en péril la santé humaine, soit en l'intégrant dans la charte sociale européenne, soit en renforçant le droit à la santé dans la Conv EDH. Lluis Maria DE PUIG (président de l'Assemblée Parlementaire du Conseil de l'Europe - APCE), s'est prononcé le 28 mars 2008 à Athènes devant l'Assemblée parlementaire euro-méditerranéenne en appelant de ses vœux que la Conv EDH puisse inclure le droit à un environnement sain. Pour plus de détails, voir M. DEJEANT-PONS, « L'insertion du droit de l'homme à l'environnement dans les systèmes régionaux de protection des droits de l'homme », *RUDH*, 1991, p. 461 ; F. SUDRE, *La protection du droit à l'environnement par la Convention européenne des droits de l'homme*, Colloque CEDECE, Angers, 1994, La Documentation française, 1997, p. 209 ; J.-P. MARGUENAUD, « Inventaire raisonné des arrêts de la Cour européenne des droits de l'homme relatifs à l'environnement », Revue européenne de droit de l'environnement, 1998-1, p. 5.

[822] Cf. J. F. FLAUSS, « Le droit de l'homme à un environnement sain, entre juridicisation et justiciabilisation », Annuaire international des droits de l'homme, vol. I/ 2006, Bruylant, pp. 531-534.

extérieurs aux préoccupations du droit de l'OHADA. La volonté des Etats membres de *« créer un nouveau pôle de développement en Afrique »*, telle que mentionnée dans le préambule du traité de 1993, passe certes par l'instauration d'un climat de confiance, et peut constituer un référent de taille à la prise en compte des données à caractère environnemental. Les sources de droit conventionnel du civisme contractuel nous semblent plus explicites. D'après l'article 24 de la CADHP, *« Tous les peuples ont droit à un environnement satisfaisant et global, propice à leur développement »*[823]. La santé, la sécurité et l'hygiène au travail sont aussi des objectifs que se fixe le législateur de l'OHADA aux articles 135 et suivants de l'APAUDT. Les préoccupations environnementales peuvent assez aisément s'infiltrer ces différents objectifs. La Cour de cassation française a tracé la voie en la matière. Au regard de la directive du 12 juin 1986[824], et au-delà de l'obligation générale de sécurité de résultat, l'obligation de préserver la santé des salariés apparait comme une nécessité exigeant que soient refaite une analyse des risques encourus par les salariés à partir de l'environnement de travail et de l'organisation collective de l'entreprise[825]. La CCJA gagnerait à suivre cette démarche qui concourt au renforcement du climat de confiance dans l'environnement de travail. En fin de compte, le droit à un environnement sain est une réalité en droit européen et de l'OHADA dont la prise en compte progressive mériterait d'être renforcée, par le biais notamment de l'institution d'une responsabilité environnementale en matière contractuelle.

C. L'institution de la responsabilité environnementale

266. Etre responsable, c'est assumer les conséquences de ses actes. En droit, la responsabilité est l'obligation de répondre d'un dommage causé par soi-même, par les personnes dont on doit répondre ou par les choses dont on a la charge. Elle peut s'appliquer à plusieurs domaines. On parle par exemple de responsabilité civile, de responsabilité administrative, de responsabilité pénale, ou désormais de responsabilité environnementale,

[823]Cf. M. A. MEKOUAR, «Le droit à l'environnement dans la Charte africaine des droits de l'homme et des peuples, étude juridique de la FAO», en ligne FAO, Rome, 2001. Du même auteur, «La Convention africaine: petite histoire d'une grande rénovation», Environmental policy and law, vol. 34, n°1, février 2004, p.43.

[824]Il s'agit de la Directive européenne n°86-278 du 12 juin 1986 n°86/278 relative à la protection de l'environnement et notamment des sols lors de l'utilisation des boues d'épuration en agriculture.

[825]En ce sens, M.-A. MOREAU, «L'obligation générale de préserver la santé des travailleurs (ou ne pas oublier l'ancrage communautaire de certains textes)», *Revue droit social*, 2013, p.410.

écologique ou écoresponsabilité. C'est cette dernière notion qu'il convient de présenter.

Sommairement, la responsabilité environnementale est ce principe en vertu duquel toute personne, contractante ou non, qui provoque une atteinte à l'environnement doit être amené à réparer les dommages qu'elle a causés. Traduite par la formule *«pollueur-payeur»*[826], et conforme au principe du développement durable[827], la responsabilité environnementale résulte de la prise de conscience des conséquences des actes présents à la fois dans le temps et dans l'espace et de l'obligation pour tous de protéger l'environnement de manière préventive et de réparer les dommages causés. L'idée d'une durabilité et d'une nécessaire protection de tous les intérêts en présence est d'ores et déjà perceptible au travers de cette approche.

Par ailleurs, les composantes de la responsabilité environnementale, à l'image du développement durable dont il est une traduction, sont nombreuses et variées. Cette responsabilité concerne toutes les formes d'activité humaine, économique, culturelle, sociale, etc. Elle peut être appliquée non seulement à des individus (responsabilité individuelle), à des groupes (familles, quartiers, associations), à des établissements publics, à des entreprises, à des institutions, à des formes de gouvernance[828]. L'application du principe de responsabilité environnementale rencontre cependant des limites. Ces dernières peuvent êtres liées à la difficulté d'imputer par exemple la pollution à un ou plusieurs responsables (cas de pollutions diffuses issues de multiples sources), ainsi qu'à celle de quantifier les dommages, à la non-solvabilité des pollueurs et engager par conséquent leur responsabilité. Il est en effet difficile d'identifier les véritables pollueurs lors de dommages environnementaux. Ces derniers ont des effets très diffus. Dans certaines situations, les effets de la pollution ne se constatent que bien des années après que la cause se soit produite. Il apparait alors doublement difficile d'identifier le responsable et d'engager sa responsabilité environnementale.

---

[826]Le principe pollueur-payeur (PPP) a été dégagé en 1972 par l'OCDE. Ce principe avait pour fonction de prévenir et de réparer les pollutions. C'est une trentaine d'années plus tard que la responsabilité environnementale s'est inscrite directement dans le sillage de ce principe.

[827]Cf. Préambule de la directive de 2004 sur la responsabilité environnementale.

[828]La directive prévoit un certain nombre de cas d'exclusion de la responsabilité environnementale. Ainsi, le régime de responsabilité ne s'applique pas en cas de dommage ou de menace imminente de dommage qui résulte d'un conflit armé, d'une catastrophe naturelle, d'une activité relevant du traité instituant la Communauté européenne de l'énergie atomique, d'une activité de défense nationale ou de sécurité internationale, ainsi que d'une activité relevant de certaines conventions internationales énumérées dans l'annexe IV.

267. Apparue dans les années 1970, la question de la responsabilité environnementale n'est devenue centrale que lors du Sommet de la Terre de Rio en 1992. Avec la multiplication des chocs pétroliers, des accidents de mer, de la destruction progressive de l'environnement, le droit de l'Union européenne et le droit de l'OHADA ne pouvaient rester longtemps encore indifférents. En matière de responsabilité, des évolutions notables ont alors vu le jour, notamment au plan jurisprudentiel. Cette évolution s'est caractérisée d'une part par la prise en compte du préjudice écologique, et d'autre part par la consécration de la notion de responsabilité environnementale. La prise en compte du préjudice écologique s'est faite de manière progressive, à la suite de nombreux évènements de terre, de ciel et surtout de mer. En matière environnementale, c'est l'affaire ERIKA qui fut la plus spectaculaire. C'est elle qui a permis de prendre en compte le préjudice écologique.

268. Au niveau de l'Union européenne, le principe de responsabilité environnementale a fait l'objet d'une directive du 21 avril 2004[829], relative aux dommages affectant les espèces et habitats naturels protégés, les eaux et les sols. Cette directive a été transposée en France par la loi n° 2008-757 du 1er août 2008 (ou LRE)[830] qui crée le titre VI, Prévention et réparation de certains dommages causés à l'environnement, de la partie réglementaire du Code de l'Environnement. Conscients de l'existence dans l'espace européen de nombreux sites pollués présentant des risques graves pour la santé, de la récente accélération des pertes de biodiversité, et que l'absence d'action pourrait aboutir à une pollution accrue des sites et à des pertes encore plus graves de biodiversité à l'avenir, les Etats membres de l'Union européenne ont pris la directive suscitée de 2004 à l'effet de prévenir et de réparer, dans toute la mesure du possible, les dommages environnementaux car cela contribuerait à la réalisation des objectifs et à l'application des principes de la politique de la Communauté dans le domaine de l'environnement, tels qu'énoncés dans le traité. Particulièrement novatrice, la directive de 2004 suscitée est le premier acte législatif européen spécifiquement fondé sur le «principe du pollueur payeur» établi dans le traité CE. Cette directive devrait permettre désormais non seulement d'éviter les atteintes à l'environnement dans l'Union européenne ou d'y remédier, mais également de mettre en cause la responsabilité des auteurs. La LRE a apporté des avancées significatives

---

[829]Directive 2004/35/CE DU Parlement européen et du Conseil du 21 avril 2004 sur la responsabilité environnementale en ce qui concerne la prévention et la réparation des dommages environnementaux. Avant cette directive, la Commission avait déjà publié un livre vert (1993) et un livre blanc (2000).

[830]Cette loi est relative à la responsabilité environnementale et à diverses dispositions d'adaptation au droit communautaire. Elle est entrée en vigueur par le décret du 23 avril 2009.

en matière de protection de l'environnement puisqu'elle légalise le principe du "pollueur/payeur", obligeant l'auteur de la pollution *«à prendre les mesures de réparation appropriées»*.

269. Dans tous les cas, la responsabilité environnementale ne peut être mise en œuvre que si certaines conditions son remplies. A l'instar de tout régime de responsabilité, pour qu'elle soit établie, il faut qu'il y ait une activité professionnelle ou un investissement. Il faut également qu'il y ait un dommage, ou une menace imminente sur l'environnement. L'établissement du dommage peut s'avérer moins complexe en raison de la longue liste dressée par les textes en vigueur. Enfin, il faut qu'il y ait un lien de causalité entre l'activité professionnelle ou l'investissement et le dommage causé ; autrement dit que le dommage causé soit la résultante de l'activité professionnelle ou l'investissement. Généralement, la réception de ce lien est simplifiée dès lors que le dommage et le préjudice sont établis. Lorsque le lien de causalité entre l'activité professionnelle ou l'investissement et le dommage causé est donc établi, les parties prenantes ont un droit d'action légal pour que l'auteur du dommage répare le dégât causé. Pour les entreprises, cette approche renvoie un peu plus celles-ci face à la responsabilité qui est la leur et les oblige à tenir compte des conséquences que leur activité peut avoir sur l'environnement, entendue comme un bien commun. Le 11 juillet 2012, la troisième chambre civile de la Cour de cassation française, juge régional de droit commun, a rendu un important arrêt qui se situe au confluent du droit des baux et du droit de l'environnement[831]. Dans cette affaire, la Haute juridiction a statué sur une question nouvelle : celle relative aux conditions de l'engagement de la responsabilité du propriétaire-bailleur d'un site sur lequel des déchets ont été abandonnés par son ancien locataire (l'exploitant). La Cour a décidé que le propriétaire-bailleur n'était pas responsable des déchets abandonnés sur le site. Mais, cet arrêt fait peser une présomption de responsabilité sur le propriétaire-bailleur, laquelle ne peut être écartée que par la preuve contraire, difficile à rapporter. Il convient donc au propriétaire-bailleur, pour éviter d'engager sa responsabilité en cas de dommage écologique, de stipuler des clauses protectrices dans son contrat. Cet arrêt illustre aussi la prise en compte croissante des données environnementales dans les baux[832].

---

[831]Cass. civ. 3e, 11 juillet 2012, n°11-10.478, arrêt n°860 FS-P+B+R+I, Agence de l'environnement et de la maîtrise de l'énergie c/ Mmes X… et Y…, *AJDA* 2012. 1436.

[832]Cf. F. G. TREBULLE, «Environnement et baux», *in* Dossier L'immeuble et le droit de l'environnement, *Dr. et patr.* juin 2010. 77 ; A. REYGROBELLET, «La problématique environnementale en droit des baux commerciaux», *JCP N* 2011. 1279.

270. A travers ces exigences, la responsabilité environnementale se rapproche de la responsabilité civile de droit commun. En plus des textes nationaux, la responsabilité de droit commun peut servir de référence à la réparation du préjudice environnemental. Mais, aucun de ces régimes n'est à proprement parler satisfaisant. Depuis son entrée en vigueur en 2008, la loi sur la responsabilité environnementale de 2008 n'a donné lieu à aucun cas d'application. Le droit civil de la responsabilité environnementale quant à lui souffre de nombreuses ambiguïtés qu'une jurisprudence dispersée peut difficilement lever. Le préjudice environnemental ou écologique étant un préjudice spécifique, il requiert un régime spécifique de responsabilité. Seule la responsabilité environnementale offre en l'état actuel du droit européen et de l'OHADA un tel régime. Ce régime de responsabilité ne tient pas compte de la nature contractuelle ou non de la relation entre l'auteur du dommage et la victime. Seul importe le préjudice subi. Et, à la différence de la responsabilité civile de droit commun qui peut entrainer une réparation en nature et en argent, la responsabilité environnementale telle qu'issue de la loi du 1er août 2008 suppose nécessairement une réparation en nature. Trois formes de réparation sont alors prévues: la «réparation primaire» qui vise à remettre en l'état initial les ressources naturelles du site endommagé ; la «réparation complémentaire» qui permet de fournir un niveau de ressource naturelle ou de service comparable à celui de l'état initial ; la «réparation compensatoire» qui doit réparer les pertes provisoires de ressources naturelles et de services en attendant le retour à l'état initial[833]. Les modalités de mise en œuvre de cette responsabilité sont également multiples. Celle-ci peut être en effet mise en œuvre soit pour faute, soit sans faute, soit encore pour négligence. La mise en œuvre de la responsabilité environnementale est également facilitée par l'appréciation abstraite qui est faite des parties dans le domaine environnemental. Il n'est pas question, pour assurer la conciliation des intérêts catégoriels en présence, de distinguer selon que le contractant est la partie forte ou faible, professionnel ou non professionnel, personne physique ou morale. A l'évidence, la prise en compte des préoccupations environnementales n'est pas un luxe réservé à une catégorie donnée de personnes[834]. Il s'agit d'une exigence qui s'applique à toute personne, contractante ou non. Aucune des considérations reposant sur la qualité de la personne ne valent et ne peuvent être prises en compte ni pour écarter la responsabilité de l'auteur du préjudice écologique, ni pour faciliter la mise en œuvre de la responsabilité découlant de ce préjudice au détriment de son auteur, encore moins pour déterminer l'étendue de la réparation. La responsabilité confère ainsi la qualité de personne. Pour paraphraser Antoine de SAINT-EXUPÉRY, être une personne ne serait donc ni plus ni moins

---

[833]Les réparations complémentaires et compensatoires ne s'appliquent qu'aux eaux et aux espèces et habitats naturels protégés.

[834]M. BOUTONNET, *loc. cit.*

qu'être responsable[835]. C'est sentir, en posant sa pierre, que l'on contribue à bâtir son environnement.

271. A l'image de plusieurs entreprises de droit européen, celles régies par le droit de l'OHADA doivent également mener certaines actions internes et externes afin de faire de l'OHADA un pôle de développement et d'attractivité pour les investisseurs. Il s'agit par exemple de la signature d'une charte d'engagement territorial avec la ville où est situé le siège social de cette entreprise. Cela favorisera l'insertion locale des entreprises et leur contribution au développement durable à travers une amélioration de leur cadre de vie. La mise en œuvre d'éco-gestes dans le fonctionnement interne de l'entreprise et la construction d'un tableau de bord RSE constituent d'autres hypothèses d'actions tendant à la promotion du respect de l'environnement en entreprise. Par ailleurs, pour les sociétés spécifiques, notamment les sociétés industrielles ou extractives, la définition d'objectifs de réduction d'émission de gaz à effet de serre, la réalisation d'un bilan carbone, la mise en place d'un projet d'étiquette carbone dans le cadre des contrats qu'ils concluent constituent des actions non négligeables.

Conclusion du Chapitre

272. Les droits civiques, nous venons encore de le montrer, sont ces droits et obligations qui permettent de concilier les intérêts particuliers des contractants à l'intérêt général de la société. Au-delà des droits civiques permanents, il existe également des droits civiques contingents, qui ont vocation à durer tant que restent irrésolus les questions à l'origine de leur émergence, ou disparaitre aussitôt que ces questions sont résolues. Les questions tenant au développement durable sont de cet ordre là. Autour de cette notion, nous avons regroupé pour les besoins de la démonstration les questions de développement durable proprement dit, celles du commerce équitable et celle de l'environnement. Il est aujourd'hui indéniable que le développement durable est, vectrice de droits civiques Il concourt sinon à la manifestation du civisme contractuel du moins à la reconnaissance du droit civique au développement durable. De telles observations confirment irréversiblement l'existence du civisme contractuel en droit européen et de l'OHADA.

---

[835] A. De SAINT-EXUPERY, *Terre des hommes*, 1939, éd. Gallimard, 224p.

- CONCLUSION DU TITRE II DE LA PREMIERE PARTIE –

273. La recherche du contenu du civisme contractuel s'est avérée nécessaire. Au-delà de la détermination des droits et obligations qu'il véhicule, cette distinction a permis de déceler la singularité du civisme contractuel vis-à-vis des autres droits et obligations existants. Pour y parvenir, nous avons choisi comme critère la permanence et la contingence des droits et obligations. Les droits civiques permanents s'appuient directement sur la personne du contractant ou sur certains de ses attributsles tels le domicile et la profession. Ils existent autant que dure la personnalité, et ne s'éteignent pas forcément avec sa fin. En revanche, les droits civiques contingents sont regroupés autour de l'impératif de développement durable. Il s'agit de droits relatifs au développement durable, au commerce équitable et à l'environnement. Ces droits ont vocation à durer tant que restent irrésolus les questions qui les ont engendrées, ou disparaitre aussitôt que ces questions sont résolues. Bien qu'imparfaits, ces critères montrent la dimension évolutive et dynamique du civisme contractuel. Tout ceci témoigne de son existence en droit européen ou de l'OHADA des contrats.

CONCLUSION DE LA PREMIÈRE PARTIE

274. Le civisme contractuel existe en droit européen et de l'OHADA des contrats. Ce constat procède non seulement de l'identification de ses sources, mais également de son contenu. Comme nous l'avons montré, les sources du civisme contractuel sont nombreuses. Il s'agit essentiellement du droit primaire comme du droit secondaire européen et de l'OHADA, de la jurisprudence de la CCJA, de la CJUE et de la Cour EDH, sans oublier les conventions, les usages et pratiques, ainsi que les travaux doctrinaux et institutionnels. L'analyse du contenu du civisme contractuel a permis de voir que cette notion est vectrice de droit permanents, mais aussi de droit contingents. Mais, comme nous l'avons observé, l'existence d'une notion ne présage pas de son appréhension par le droit ; encore faut-il qu'elle ait une essence singulière permettant de la distinguer des autres notions et principes existants. C'est ce à quoi il convient désormais de s'atteler.

DEUXIÈME PARTIE

L'ESSENCE DU CIVISME CONTRACTUEL

275. Le vocable essence n'est pas couramment utilisé en droit. C'est une notion beaucoup plus philosophique qui traduit ce qu'est un être, le caractère ou la qualité propre à une personne, ou encore l'ensemble des caractères constitutifs de quelque chose. Par extension, ce vocable renvoie à ce qu'il y a de plus important ou de plus original en quelqu'un ou en quelque chose ; ce qui au-delà de l'existence de la personne ou de la chose la caractérise fondamentalement. L'analyse des sources et du contenu du civisme contractuel a permis de révéler son existence en droit européen et de l'OHADA. Elle ne permet néanmoins pas de déterminer sa nature véritable. En réalité, c'est à partir de cette révélation que l'on détermine son essence. Cette révélation est perceptible sur deux plans : au niveau de la notion et au niveau des sanctions de la violation des droits qu'elle contient. Si la notion tend à se généraliser, les sanctions ont vocation à se spécialiser.

276. Sur le plan conceptuel, l'on observe une expansion du civisme contractuel. Les droits et obligations qu'il véhicule envahissent progressivement la sphère contractuelle. Aucun contrat spécial, aucune étape du processus contractuel et aucune partie au contrat ne semble y échapper. Vu l'ampleur de ce phénomène, l'on peut conclure qu'un contrat n'est valable et exécutable que s'il est conforme au civisme contractuel. Ceci est la traduction de la généralisation de la notion de civisme contractuel (**Titre 1**).

277. Sur le plan de sa mise en œuvre, le civisme contractuel affiche des spécificités au niveau des sanctions de sa violation. L'objectif qui le sous-tend n'est pas aisé à atteindre car il met en présence des intérêts particuliers généralement divergents et un intérêt général protéiforme. Il serait inefficace d'appliquer une sanction unique selon que l'intérêt violé est particulier ou général. Il semble plus approprié de déceler dans chaque situation la sanction qui concourt à la conciliation de ces intérêts. Cette tendance au niveau des sanctions marque la singularité du civisme contractuel vis-à-vis des principes voisins (**Titre 2**).

Titre 1 – La généralisation de la notion de civisme contractuel

Titre 2 – La spécialisation des sanctions du civisme contractuel

TITRE I - LA GÉNÉRALISATION DE LA NOTION DE CIVISME CONTRACTUEL

278. Le civisme contractuel se généralise. Cette tendance à la généralisation est l'un de ses traits caractéristiques. Elle met l'accent sur la transversalité de la notion. Cette transversalité s'est déjà observée à travers ses multiples sources et la protéiformité de son contenu. Elle se manifeste également par la vocation du civisme contractuel à s'appliquer non seulement à tous les contrats de droit privé, à toutes les phases du processus contractuel et à tous les intervenants de la scène contractuelle. L'analyse de ces manifestations conduit à rechercher la qualification qui lui sied le mieux, et qui est nécessaire à sa légitimation en droit européen et de l'OHADA. Plus qu'une condition de validité extrinsèque tenant au contenu du contrat, le civisme contractuel s'apparenterait mieux à un principe du droit des contrats[836].

279. Le vocable principe est essentiellement polysémique. L'évidence de sa signification n'est qu'une illusion en droit[837]. Aussi, toute volonté d'érection d'un concept en principe peut être perçue comme la face cachée d'un désir profond d'aspirer à la reconnaissance par ses pairs. Philippe JESTAZ relève cette perception en ces termes: *«quand on baptise une norme du nom de principe, c'est afin de lui donner de l'importance, voire de s'en donner à soi-même au passage ! Or l'instrument est trop beau pour qu'on ne l'utilise pas à tout propos et hors de tout propos : il arrive que par inadvertance, grandiloquence ou désir de convaincre à tout prix, le juge ou le législateur parlent de principe pour dire des choses qui n'ont qu'une importance toute relative»*[838]. Loin de nous pourtant l'idée de se donner de l'importance, ou d'utiliser cette expression à tout propos et hors de tout propos. Comme l'observe si bien Patrick MORVAN, le principe existe en droit privé puisqu'il y représente *«une réalité vivante, un phénomène original»*[839].

Généralement, il existe deux acceptions du terme principe. La première concerne le principe normatif, considéré comme une règle juridique établie par un texte en termes assez généraux destinée à inspirer

[836]Sur la notion de principe en droit privé, voir P. MORVAN, *Le principe de droit privé*, Paris, thèse Paris 2, préface J.-L. SOURIOUX, éd. *Panthéon-Assas*, 1999, 788p.
[837]Cf. M. KAMTO, «Les nouveaux principes du droit international de l'environnement», *RJE*, 1993-1, p.12.
[838]«Principes généraux, adages et sources du droit en droit français», http://www.cedroma.usj.edu.lb/pdf/dencom/jestaz.pdf, 19/09/2012.
[839]P. MORVAN, *Le principe de droit privé*, *op. cit.*

diverses applications et s'imposant avec une autorité supérieure. Tel n'est pas le cas du civisme contractuel, en panne de reconnaissance expresse aussi bien dans l'ordre juridique interne, régional que communautaire. La seconde est relative au principe démonstratif. Ce dernier s'analyse en une règle ou une norme générale de caractère non juridique d'où peuvent être déduites des normes juridiques. Comme nous le verrons, le civisme contractuel est une norme générale. Mais, le civisme contractuel est juridique ; même si sa juridicité n'est qu'implicite. Il ne s'agit par conséquent pas d'un principe démonstratif. Ce n'est pas le lieu de s'interroger sur la catégorisation des principes en droit privé en général, et particulièrement en droit des contrats. Il est plutôt question de démontrer la nature juridique de principe du civisme contractuel.

280. Le civisme contractuel est une notion qui gagne en expansion. D'abord limité à la théorie de l'ordre public au sens large, tel que décrite par le doyen CARBONNIER, le civisme touche aujourd'hui des domaines qui ne relèvent pas fondamentalement de l'ordre public. Tel est le cas notamment des droits fondamentaux, qui pulvérisent aujourd'hui la matière des contrats au point qu'on peut raisonnablement se demander si le contrat n'est valablement formé que s'il ne porte pas atteinte aux droits fondamentaux. Cette opinion, sans doute excessive, vise à montrer l'étendue et l'importance que revêt aujourd'hui la notion de civisme contractuel. A travers cette analyse, c'est la qualification du civisme contractuel qu'il est question de relever. Il ne s'agit plus d'une simple condition extrinsèque de validité du contrat relative aux exigences sociales tenant à son contenu, mais d'un véritable principe général du droit des contrats (**Chapitre 1**).

281. La recherche de la qualification de principe du civisme contractuel devrait permettre de ressortir les caractéristiques qui lui sont propres, et qui le différencient des autres règles et principes du droit des contrats. Il apparait ainsi comme un principe autonome. Il n'est pour autant pas besoin d'y revenir, son existence le révélant à suffisance. Cette singularité s'observe également au niveau du rôle qu'est appelé à jouer le civisme contractuel. Il n'est pas non plus besoin de ressortir sa nature axiologique ou rationnalisatrice car le civisme met en musique aussi bien des valeurs fondamentales ayant pour but de moraliser, d'humaniser ou de civiliser, que des normes tendant à ordonner le droit des contrats sur un plan technique tout en lui conférant une apparence de rationalité formelle. Cette ambivalence conceptuelle lui donne une ambivalence fonctionnelle apparemment contradictoire. L'analyse de ces fonctions montrera plus une complémentarité qu'une contrariété (**Chapitre 2**).

Chapitre 1- La qualification du civisme contractuel
Chapitre 2- Les fonctions plurielles du civisme contractuel

CHAPITRE I
LA QUALIFICATION DU CIVISME CONTRACTUEL

282. La qualification est une notion à contenu variable. Dans la théorie générale du droit, elle est l'opération qui consiste à revêtir une donnée concrète de la qualité qui détermine son régime et ses conséquences juridiques, en la rattachant, par nature, à la catégorie abstraite dont elle possède les critères distinctifs. Ainsi entendu, qualifier le civisme contractuel revient à le prendre en considération et à le faire entrer dans une catégorie préexistante en lui reconnaissant les caractéristiques essentielles de la catégorie de rattachement. Expression non conventionnelle, le civisme contractuel semble alors très difficile à catégoriser. L'analyse de son contenu a permis de constater son étendue et son expansion, qu'il semble désormais inapproprié de limiter, comme l'entrevoyait son géniteur, le doyen Jean CARBONNIER, à une condition extrinsèque de validité du contrat relative aux exigences sociales tenant à son contenu. Ensemble de droits et obligations permettant de concilier les intérêts particuliers des contractants à l'intérêt général de la société, le civisme contractuel apparait plus comme un contenant qu'un contenu. Plusieurs orientations s'avèrent alors possibles. En dehors d'être une condition de validité du contrat, il peut être une condition probatoire du lien contractuel, une modalité du contrat, un effet attaché au contrat, ou un principe du droit des contrats.

283. Au-delà de ces catégories essentielles et non exclusives, le civisme contractuel s'apparente mieux à un principe du droit des contrats. Une telle qualification s'avère complexe, la notion de principe étant assez vague et très composite[840]. En matière contractuelle, s'agit-il par exemple d'un principe, d'un principe directeur, d'un principe général du droit, d'un principe à valeur constitutionnelle, d'un principe fondamental reconnu par les lois de la République, etc. Les exemples de cette nature sont multiples. Mais cette approche est extérieure à notre démonstration. Nous retiendrons la qualification de principe général du droit des contrats. Il en présente tous les caractères et l'autorité reconnus aux principes généraux du droit. C'est ce qu'il convient d'abord de montrer (**Section 1**). Le civisme contractuel ne sort cependant pas du néant. Il s'insère dans un environnement à la limite concurrentiel en termes de principes. Ce qui soulève la question de sa place véritable. L'analyse de ses manifestations devrait montrer qu'il s'agit également d'un principe complémentaire du droit des contrats. C'est ce qu'il conviendrait de démontrer ensuite (**Section 2**).

---

[840]Cf. P. MORVAN, *Le principe* de *droit privé*, L.G.D.J., éd. Panthéon-Assas, 1999, 788p.

SECTION I. LE CIVISME CONTRACTUEL: UN PRINCIPE GENERAL DU DROIT DES CONTRATS

284. Le civisme contractuel est-il un principe général du droit des contrats. L'appréhension de cette notion-caméléon ne fait pas l'objet d'unanimité en droit. Par principe général du droit des contrats, il faut entendre ici une règle plus ou moins écrite qui apparaît comme obligatoire en raison tant de sa qualité que des valeurs morales ou d'équité qu'elle met en œuvre. L'analyse du civisme contractuel contractuel permet de constater que, comme tous les autres principes généraux du droit, il a vocation à s'appliquer à une pluralité de cas. Ses multiples caractères (§1) ainsi que son autorité certaine (§2) sont fortement révélateurs de sa nature de principe général du droit des contrats.

§1. La multiplicité des caractères du civisme contractuel

285. Le caractère est ce à quoi on identifie une chose ou une personne ; ce qui fait sa particularité par rapport à une autre. Ressortir les caractères du civisme contractuel revient à déterminer les critères qui le rapprochent ou le distinguent des autres concepts, notions, catégories et mécanismes applicables en droit des contrats. C'est également montrer ce qui fait de lui un véritable principe général du droit des contrats. Les principes généraux du droit sont généraux, abstraits, impersonnels, permanents, constants, plus ou moins écrits et jurisprudentiels. Le civisme contractuel présente t-il tous ces caractères ? C'est ce qu'il convient de ressortir. Certains de ces caractères sont d'ordre substantiel. A ce titre, nous examinerons les rapports du civisme contractuel aux caractères de généralité, d'abstraction et d'impersonnalité (A.), avant d'aborder les caractères de permanence et de constance (B.). D'autres caractères en revanche sont d'ordre purement formel. Il s'agit des caractères plus ou moins écrit et jurisprudentiel (C.).

A. Le caractère général, abstrait et impersonnel du civisme contractuel

286. Le civisme contractuel est-il un principe général, abstrait et impersonnel ? Il est courant d'assimiler les termes généralité, abstraction, et impersonnalité[841]. Cette assimilation n'est pas toujours erronée, même si chacune de ces notions revêt une signification propre.

---

[841] J. COMBACAU et S. SUR lient l'abstraction à la généralité. Selon eux, *«la généralité renvoie au mécanisme d'abstraction et non à sa portée»,* (in *Droit international privé, Montchrestien,* op.cit., 109). Pour M. P. VINAS, *«au sens*

287. Littéralement, est général tout ce qui s'applique, se réfère à un ensemble de cas ou d'individus[842]; ce qui intéresse ou réunit sans exception tous les individus, tous les éléments d'un ensemble. Il faut donc entendre par «généralité» ce qui a vocation à s'étendre ou a être appliqué à un ensemble de cas ou d'individus donnés. En revanche, l'adjectif abstrait tire son origine du latin *abstractus*, qui signifie «enlever en tirant». Il s'agirait d'une notion qui opère sur des qualités et des relations, mais non sur la réalité. Cette notion renvoie aux idées, à l'imagination ou à l'imaginaire[843]. L'abstraction serait alors une action qui consiste à séparer quelque chose de la réalité pour l'élever dans le monde de l'imagination, ce serait le fait de se détacher de la réalité, *«une distance par rapport à la réalité matérielle»*, affirme Marielle DE BÉCHILLON[844]. Enfin, une chose est impersonnelle lorsqu'elle ne s'adresse pas à une personne en particulier, qu'elle exprime une action sans sujet réel ou dont le sujet ne peut être déterminé, ou encore qu'elle est indépendante de toutes particularités individuelles[845]. L'impersonnalité serait par conséquent le caractère de ce qui n'est pas personnel, propre à un cas déterminé. La différence de ces vocables est aussi bien de nature que de degré. Elle est perceptible lorsqu'on les relie à une notion donnée. La généralité (1.), l'abstraction (2.) et l'impersonnalité (3.) constituent quelques caractères des principes généraux du droit qu'il convient respectivement de reconnaitre au civisme contractuel.

1. **Le civisme contractuel, un principe général**

288. Les principes généraux du droit en général, et le principe du civisme contractuel en particulier, sont généraux par essence[846]. Selon Jean-

---

courant, (l'abstraction est le) caractère de ce qui est général, et sans rapport apparent avec l'expérience quotidienne. Plus précisément, caractère de ce qui est séparé du réel par une opération de l'entendement ou qui existe en dehors du monde sensible», in *Dictionnaire de philosophie*, .12.

[842]Il s'oppose alors à particulier, individuel, singulier, spécial, exceptionnel, inhabituel, local, partiel, rare.

[843]Ainsi perçu, cet adjectif qualificatif est contraire à concret, positif, réel, figuratif.

[844]*La notion de principe général en droit privé*, préf B. Saintourens, *PUAM* 1998, 298p, spéc. p. 272.

[845]Cet adjectif est contraire à personnel, original, subjectif.

[846]Certaines juridictions ont édicté des principes généraux à vocation sectorielle, dont le degré de généralité n'est pas suffisamment élevé pour être appliqué à un ensemble de situations données, mais plutôt à un cas spécifiquement déterminé. En droit public, on cite notamment le principe général du droit de l'extradition, alors qu'en droit privé on a le principe de la dignité de la personne humaine. Cf. V. SAINT-JAMES, «Réflexions sur la dignité de l'être humain en tant que concept juridique du droit français», *Rec. Dalloz*, 1997, p.61. Jean BOULANGER a établi le parallélisme entre les principes généraux du droit et les règles de droit en ces

Louis BERGEL, *«c'est la généralité des principes généraux du droit qui marque le mieux leur définition et les distingue des simples règles de droit»*[847]. Néanmoins, le degré de généralité des principes varie également d'un principe à un autre, certains principes étant plus généraux que d'autres[848].

289. Le civisme contractuel est un principe général parce qu'il a vocation à s'appliquer à une multiplicité de situations contractuelles, que ce soit lors de la formation du contrat, de son exécution ou de son inexécution, ou encore qu'il s'agisse des parties ou des tiers au contrat. Dans un espace régional donné comme l'espace européen ou de l'OHADA, ce principe a vocation à s'appliquer à tous les contrats donnés ou à un ensemble de contrats déterminés. Il *«traverse plusieurs branches ou rameaux du droit»*[849]. Lorsqu'un tel principe est admis dans une branche ou un secteur déterminé du droit du droit. Qu'il s'agisse par conséquent du droit des contrats civils, commerciaux, mixtes ou *sui generis*, des contrats spéciaux ou des contrats de droit commun, le civisme contractuel mérite d'être pris en compte par l'architecte en raison de sa généralité. Qu'il soit européen ou de l'OHADA, l'architecte doit toujours, à toutes les phases du contrat, et au nom du civisme contractuel, se rassurer que les droits et obligations permettant de concilier les intérêts particuliers des contractants à l'intérêt général de la société sont respectés.

De par son pouvoir d'interprétation, le juge régional ou national est tenu de se rassurer que cette règle est effective dans tous les contrats qu'elle concerne, sans aucune forme de discrimination. Le civisme s'applique donc aux sûretés, aux baux commerciaux, aux ventes commerciales, aux contrats de transport. Il s'appliquera également, en cas d'adoption de l'avant-projet d'Acte uniforme sur le droit des contrats, aux contrats de consommation.

---

termes: *«c'est la généralité des principes généraux du droit qui marque le mieux leur définition et les distingue des simples règles de droit. Il existe entre un principe et une règle juridique, non seulement une inégalité d'importance, mais aussi, une différence de nature. La généralité de la règle est différente de celle du principe. La règle juridique est générale en ce qu'elle est établie par un nombre indéterminé d'actes ou de faits. Cela ne l'empêche pas d'être, d'un autre point de vue, spéciale en ne régissant que tel ou tel fait correspondant à son objet. Elle est édictée en vue d'une situation juridique déterminée. Un principe au contraire, est général en ce qu'il comporte une série indéfinie d'applications»* («Principes généraux du droit et droit positif», in *Le droit privé au milieu du XXe siècle*, Etudes offertes à G. Ripert, *LGDJ*, 1950, T1, .51s.).

[847] J.-L. BERGEL, *Théorie générale du droit*, 3è éd. *Dalloz*, 1999, 346 p., spéc. p.91 et s, n°75.

[848] M. DE BÉCHILLON, *op. cit.*

[849] Ph. JESTAZ, «Principes généraux, adages et sources du droit en droit français», *op. cit.*

Au-delà du contrat proprement dit, la généralité du civisme contractuel doit conduire le juge à l'appliquer à tout contractant, créancier ou débiteur de l'obligation. Les règles qu'il édicte sont les mêmes pour tous les contractants ou pour une catégorie déterminée de contractants. C'est ce qui justifie le recours constant à des termes généraux et abstraits tels que «tout»[850], «celui»[851], «chacun»[852], «on»[853], «nul», «aucun». La généralité du civisme contractuel apparait comme un gage de l'égalité des contractants et de la sécurité des transactions. Mais ce principe n'est pas que général, il est également abstrait.

2. **Le civisme contractuel, un principe abstrait**

290. Le civisme contractuel est un principe abstrait. La règle selon laquelle les intérêts particuliers des contractants et l'intérêt général de la société doivent être conciliés est une règle objective édictée pour toutes les hypothèses contractuelles dans lesquelles l'exigence de conciliation est requise. Cette règle est privée de la réalité concrète puisqu'elle ne s'adresse pas exclusivement à un contrat précis ou à un intérêt déterminé. Elle opère plutôt sur des valeurs individuelles ou collectives à satisfaire, sur un idéal vers lequel elles doivent tendre chaque fois qu'elles sont requises pour ce type de contrat.

Contrairement au caractère de généralité qui fait du civisme contractuel une *«propriété quantitative»*, l'abstraction fait de ce principe une *«propriété qualitative»*[854], tournée vers les conceptions que les parties peuvent se faire du contrat, ou vers un idéal qu'elles se sont fixées. Il s'agit

---

[850]Art. 1598 C. civ. (« Tout ce qui est dans le commerce, peut être vendu lorsque des lois particulières n'en ont pas prohibé l'aliénation ») ; art. 1126 C. civ. («tout contrat a pour objet une chose qu'une partie s'oblige à donner, ou qu'une partie s'oblige à faire ou à ne pas faire»). Adde APAUDC, art. 3/1 (Illicéité) ; 3/12 (Sanction des conditions de formation) ; 3/13 (Nullité absolue).

[851]Art. 1315 C. civ. («Celui qui réclame l'exécution d'une obligation, doit la prouver»). Adde APAUDC, art. 4/6 (Règle contra preferentem) ; 7/31 (Indemnité établie au contrat) ; 13/3 (Moyens de défense).

[852]Art. 1222 C. civ. («Chacun de ceux qui ont contracté conjointement une dette indivisible, en est tenu pour le total, encore que l'obligation n'ait pas été contractée solidairement»). Adde APAUDC, art. 5/8 (Contrat à durée indéterminée).

[853]Art. 1156 C. civ. («On doit dans les conventions rechercher quelle a été la commune intention des parties contractantes, plutôt que de s'arrêter au sens littéral des termes») ; art. 1600 C. civ. («On ne peut vendre la succession d'une personne vivante, même de son consentement»). Adde APAUDC, art. 5/18 (Promesse de porte-fort).

[854]M. DE BÉCHILLON, *op.cit.*, .245s, spéc. p. 247: *«le nombre et la quantité ne rentrent pas en ligne de compte pour évaluer le degré d'abstraction de la norme».*

en fait d'un modèle[855] de comportement que chacun des contractants doit adopter envers lui-même, envers son cocontractant et envers la société. Il relève plus des connaissances spéculatives et indépendantes que des applications concrètes. Les intérêts des contractants et l'intérêt de la société doivent être sauvegardés dans tout le processus contractuel. Il s'agit de faire de la conciliation des intérêts contractuels une référence qui doit inspirer tout contractant se trouvant dans des situations similaires. L'article 1134 du code civil, autour duquel tournicotent de nombreuses autres applications légales, est la preuve manifeste du caractère abstrait du principe du civisme contractuel. Le texte parle des *«conventions légalement formées»*, qu'elles soient civiles ou commerciales, synallagmatiques ou unilatérales, cumulatives ou aléatoires, gratuites ou onéreuses, nommées ou innommées. Le degré d'abstraction se laisse aussi percevoir vis-à-vis des destinataires de cette injonction de l'article 1134 du code. Ces conventions s'imposent à *«ceux qui les ont faites»*, sans précision aucune de la personne concrètement tenue, débitrice ou créancière. A côté, les concepts d'équité, d'éthique, de fraternité, de bon père de famille, de bonne foi, de loyauté, de sincérité, d'égalité ou encore de fidélité constituent aussi quelques illustrations parfaites du caractère abstrait du civisme contractuel. Au-delà de sa généralité et de son abstraction, le civisme contractuel apparait en outre comme un principe impersonnel.

3. **Le civisme contractuel, un principe impersonnel**

291. Impersonnel, le civisme contractuel l'est à plus d'un titre. Le civisme contractuel est commun à tous les contractants et à tous les contrats de droit privé. Il ne s'agit pas d'un principe applicable à un cas spécifique, encore moins en faveur ou en défaveur d'un contractant donné, créancier ou débiteur, fort ou faible. Il n'est pas non plus propre à un type de contrat précis de droit privé. Il s'applique à tous les contrats de droit privé, peu important leur qualification ou classification. Le civisme contractuel constitue ainsi une véritable garantie contre l'arbitraire. Cette bataille menée contre l'arbitraire est rendue possible grâce à l'impératif d'égalité des contractants et de sécurité juridique des transactions. Elle assure la sauvegarde des intérêts catégoriels en présence à toutes les phases du processus contractuel.

292. Le cvisme proscrit à l'un des contractants de faire prévaloir ses intérêts sur ceux de son cocontractant ou sur ceux de la société. Pour rétablir une inégalité contractuelle, le juge peut se référer à des modèles de comportements que la volonté des contractants n'a pu prévoir. L'article 1135

---

[855]Le modèle étant ce qui est donné pour servir de référence, pour être reproduit.

du Code civil en l'occurrence permet au juge de statuer en équité ou selon les usages. Le degré d'abstraction du civisme contractuel transparait aussi à la lecture de l'article 1137 du Code civil. Ce texte exige de celui qui est chargé de conserver une chose d'apporter à cette conservation tous les soins d'un bon père de famille.

Généralité, abstraction et impersonnalité constituent donc des caractéristiques essentielles du principe du civisme contractuel. C'est pourtant ce que semble remettre en cause Marielle DE BÉCHILLON, les principes n'étant pour elle ni plus généraux[856], ni plus abstrait[857] que les autres règles ou normes régissant la matière des contractants[858]. Dans tous les cas, le principe du civisme contractuel épouse tous ces caractères. Il est également permanent et constant.

B. <u>Le caractère permanent et constant du civisme contractuel</u>

293. La permanence et la constance sont des attributs du civisme contractuel. Etymologiquement, l'adjectif constant procède du latin *constans*, ou de *constare* qui signifie s'arrêter. Littéralement, il renvoie à ce qui est persévérant, qui persiste dans l'état où il se trouve, qui ne s'interrompt pas. Ainsi entendu, cet adjectif qualificatif est synonyme d'assidu, obstiné, opiniâtre, persévérant, continu, durable, immuable, invariable, «*permanent*». Il apparait comme l'opposé d'inconstant, changeant, instable et variable. L'adjectif qualificatif permanent en revanche, dérivé du latin *permanens*, lui-même étant le participe présent de *permanere*, signifie «demeurer jusqu'au bout». Littéralement, il signifie ce qui dure, ce qui demeure sans discontinuité ni changement, qui ne cesse pas, qui ne relâche pas. Ainsi appréhendé, cet adjectif a pour synonymes les adjectifs pérenne, stable, continu et surtout «*constant*». Par contre, il est l'opposé des adjectifs éphémère, fugace, passager, fugitif, transitoire, intermittent. Si la constance est donc la qualité de ce qui ne cesse d'être le même, la persévérance dans ce que l'on entreprend, la permanence renvoie quant à elle à ce qui est durable et sans interruption. Sans être complètement

---

[856]Soit parce qu'ils peuvent être rattachés à plusieurs ordres juridiques ; soit parce qu'ils *«ne peuvent recevoir application qu'à l'intérieur d'un domaine restreint», op. cit.*, .252 ; soit encore parce qu'il existe des règles dont le degré de généralité est supérieur à celui d'un principe, quand bien même tous deux auront vocation à s'appliquer à la même situation

[857]Soit parce que certains principes ont plutôt tendance à régir des *« situations proches de la réalité matérielle des choses»*, op.cit, 274 ; soit parce qu'il existe à n'en point douter des principes dotés d'un très faible degré d'abstraction.

[858]D'après elle, *«généralité et abstraction ne constituent pas des traits caractéristiques susceptibles de fonder la spécificité des principes généraux par rapport aux autres normes», op. cit.*, .276.

identiques, ces deux termes renvoient, contrairement aux précédents, à une réalité quasi-similaire. Leur différence étant plus une différence phonétique que sémantique, nous les utiliserons indifféremment.

294. Ainsi, dire du civisme contractuel qu'il est un principe permanent et/ou constant c'est admettre que ce principe a vocation à persister continuellement dans l'état où il se trouve, à être stable et invariable. Plus simplement, la permanence du civisme contractuel suppose que ce principe s'applique chaque fois que ses conditions sont remplies et subsiste jusqu'à ce qu'elles soient abrogées ; du jour où il a été découvert et consacré jusqu'au jour où il sera retiré du système normatif. Son application est donc plausible pour la pluralité de cas non encore déterminés ou à venir. L'architecte européen et de l'OHADA peut donc y recourir chaque fois que cela est nécessaire. D'après le professeur JESTAZ, *«Le principe est censé traverser les siècles ou à tout le moins résister aux modes et convulsions législatives. Chacun songe tout de suite aux immortels principes de 1789, mais il y en a de plus anciens, tandis que d'autres, à vrai dire, tombent de la dernière pluie, mais se voient promettre un grand destin»*[859]. En tant que nouveau principe général du droit des contrats, le civisme contractuel a non seulement vocation à traverser les siècles, mais est promu à un grand destin. Le civisme contractuel est donc un principe permanent. Implicitement manifeste depuis - sinon bien avant - la naissance du système juridique de 1804, le civisme contractuel demeure présent dans les systèmes nationaux ou régionaux, européens et de l'OHADA. Le doyen CARBONNIER en parle déjà dans les années 1956. L'on ne saurait non plus limiter son application à un espace-temps bien défini. Et, sa suspension dans l'air, signe de son non usage, n'est pas synonyme de son inexistence. Il s'applique aussi bien en période normale qu'en période de crise contractuelle.

295. L'examen des droits civiques permanents et contingents a révélé que le principe du civisme contractuel n'est nouveau que dans l'ordre juridique régional ou communautaire. Aujourd'hui encore, et malgré les nombreuses propositions de réformes du Code civil en France et au Cameroun, son contenu reste toujours d'actualité, surtout la partie réservée à la matière des obligations ou des contrats. On ne saurait sans risque de se tromper vociférer l'instabilité et l'inconstance du principe du civisme contractuel. Au Cameroun, le principe de l'immutabilité des conventions matrimoniales reste une illustration vivante de la permanence du principe du civisme contractuel[860]. La France a atténué la vigueur de ce principe. Il serait

---

[859]«Principes Généraux, adages et sources du droit en droit français », in *Autour du droit civil. Ecrits dispersés-Idées convergentes, Dalloz*, 2005, .224.

[860]L'article 1395 du Code civil prévoit en effet qu'*«elles* (les conventions matrimoniales) *ne peuvent recevoir aucun changement après la célébration du*

souhaitable que le législateur camerounais prenne la mesure des mutations socio-économiques pour adapter au mieux son système législatif, du moins sur ce point[861]. La permanence n'est donc pas opposée au changement, ni à l'évolution. Les droits civiques contingents constituent une illustration patente du caractère évolutif du civisme contractuel[862]. A côté de ces caractères substantiels, le principe du civisme contractuel se distingue aussi par ses caractères formels.

C. Le caractère plus ou moins écrit et jurisprudentiel du civisme contractuel

296. Le civisme contractuel est-il formulé dans un texte ou crée par le juge ? A travers cette interrogation, il est question de rechercher le processus d'élaboration du civisme contractuel. La détermination du caractère formel d'une règle étant un trait essentiel de détermination de son régime juridique, l'analyse du civisme contractuel révèle qu'il s'agit d'un principe plus ou moins écrit (1.), implicitement érigé par le juge (2.).

1. Le civisme contractuel, un principe plus ou moins écrit

297. Le principe du civisme contractuel est, comme la plupart des principes généraux du droit, un principe implicite, c'est-à-dire un principe sous-entendu, contenu dans un texte ou dans une décision sans être exprimé en termes précis. Plusieurs arguments le confirment.

---

mariage ». Pour certains auteurs, il faut rompre avec la rigueur de cette disposition car le principe de l'immutabilité des conventions matrimoniales est *«devenu quasi anachroniques». Cf* R. M. NDJOCKÈ, « Le régime matrimonial des camerounais : L'immutabilité des conventions matrimoniales en cause », AFSJP/UD/N°2/2002, .161.

[861]Cette situation préalablement régie par l'article 1395 du Code civil des français relève aujourd'hui de l'article 1396 alinéa 3 en vertu duquel, *«le mariage célébré, il ne peut être apporté de changement au régime matrimonial que par l'effet d'un jugement soit à la demande de l'un des époux, dans le cas de la séparation de biens ou des autres mesures judiciaires de protection, soit à la requête conjointe des deux époux, dans le cas de l'article suivant (l'intérêt de la famille)».*

[862]Un bémol cependant. Ces caractères ne sont pas des notions juridiques conventionnelles. Elles sont par conséquent susceptibles de plusieurs interprétations. Et, les appréhender suppose parfois de se référer à des sources autres que juridiques. Si elles ont en commun d'être des caractères du principe du civisme contractuel en particulier, et ceux des principes généraux du droit en général, elles n'en sont pas moins exclusives et exhaustives.

298. Aucune disposition textuelle depuis l'avènement du Code civil jusqu'aux projets actuels de réforme du droit des contrats, aucun projet d'Acte uniforme, de directives ou de principes en matière contractuelle n'a expressément évoqué la notion de civisme contractuel[863]. C'est l'apanage de la plupart des principes applicables en matière contractuelle. L'autonomie de la volonté constitue la plus ancienne illustration de ce mutisme textuel. La doctrine s'y est essayée sans grand succès. Le terme civisme contractuel est en effet apparu pour la première fois en 1956 sous la plume du doyen CARBONNIER[864]. Pour ce dernier, le civisme contractuel est l'une des exigences sociales indispensables pour la formation du contrat. *«A cette exigence se rattache la théorie de l'ordre public et des bonnes mœurs, dont le principe est dans le code, mais aussi la théorie de la fraude à la loi, que les interprètes ont élevée, comme une sorte de protection avancée de l'ordre public»*[865]. Le civisme contractuel n'est donc pas explicitement une émanation du Code. Parmi ses deux principales applications que sont la théorie de la fraude à la loi d'une part, l'ordre public et les bonnes mœurs d'autre part, seule cette dernière y est prévue, précisément à l'article 6. Le doyen CARBONNIER ne range pas non plus cette notion dans la catégorie des principes généraux du droit. Il s'agit pour lui d'une *«exigence»*, c'est-à-dire un impératif commandé par la société pour la formation du contrat. Depuis sa formulation, le civisme contractuel n'a pas encore fait l'objet d'une véritable systématisation.

299. Qu'il s'agisse donc des dispositions textuelles ou des constructions doctrinales, le principe du civisme contractuel n'a en l'état actuel du droit européen ou de l'OHADA des contrats aucune trace écrite. Il s'agit d'un principe non écrit, déductible du construit juridique. Pierre SARGOS assimile le principe général du droit privé à une *«norme non écrite qui s'impose par sa généralité, sa rationalité et son équité et qui est en principe distincte des normes issues du bloc de constitutionnalité»*[866]. N'est-ce pas ce que retient également Pierre JOXE lorsqu'il observe qu'*«en droit positif, qu'est-ce qu'un principe général de droit, sinon une norme non écrite dégagée et appliquée par un juge?»*[867]. C'est parce qu'il est non écrit

[863]En ce sens, voir R. GUASTINI, «Les principes de droit en tant que sources de perplexité théorique», in *Les principes en droit, Economica*, 2005, .113.
[864]Droit Civil, 4/ Les obligations, PUF, 1956.
[865]*Ibid*, n°68,139.
[866]P. SARGOS, «Les principes généraux du droit privé dans la jurisprudence de la Cour de cassation. Les garde-fous des excès du droit», *La semaine juridique, JCP*, n°12, 21 mars 2001, .590.
[867]P. JOXE, «Les principes généraux de droit ayant valeur constitutionnelle, in Les dénominateurs communs entre les principes généraux du droit musulman et des droits arabes et les principes généraux du droit français», Colloque organisé par le Centre d'études des droits du monde arabe de la Faculté de droit et des sciences

que le civisme contractuel peut-être classé au rang des principes généraux du droit des contrats. Dès qu'ils sont consacrés par un texte de loi, ceux-ci perdent leur autonomie pour se voir rattacher au régime de la règle de droit qui les prévoit désormais[868]. D'après le doyen CARBONNIER, *«quelques-uns (les principes généraux du droit) sont passés dans le Code civil, et ne font, dès lors, plus de difficulté, car la loi est devenue leur support formel»*[869]. Tout comme l'eau prend la coloration du vase qui la contient, les principes généraux du droit épousent la valeur du texte qui les consacre dans la hiérarchie des normes juridiques. Le principe du civisme contractuel aura donc valeur constitutionnelle s'il est consacré comme tel par la constitution ou par le juge constitutionnel ; il aura valeur législative s'il est reconnu comme tel par la loi, ou si cette valeur lui est attribuée par le juge. La quasi-totalité des dispositions du projet du code européen des contrats, des principes européens du droit des contrats, de l'avant-projet d'acte uniforme sur le droit des contrats pour ne citer que ceux là, constituent pour le juge un abreuvoir de droits civiques. Le juge, national ou régional, peut déduire le principe du civisme contractuel de ces différentes sources du droit des contrats, bien que non encore en vigueur, mais parce que reflétant une aspiration de la société. La Conv. EDH par exemple met en œuvre le principe de proportionnalité, lequel a été consacré par l'arrêt Scollo rendu en matière de bail par la Cour de Strasbourg. Le juge peut également déduire le principe du civisme contractuel des sources autonomes telles les principes UNIDROIT relatif aux contrats du commerce international[870].

300. La thèse du principe du civisme contractuel – principe écrit n'est pas pour autant à exclure, tant sur le plan textuel, doctrinal que sur le plan jurisprudentiel. Selon Hervé LECUYER, *« les principes sont consignés dans les Codes. ... Il n'y a pas à livrer un travail d'induction pour déceler les principes généraux ; l'affirmation selon laquelle le principe est rebelle au droit écrit doit, ainsi, être relativisée »*[871]. Pour d'autres auteurs, il est des

---

politiques de l'Université Saint-Joseph de Beyrouth, tenu en octobre 2001, www.fsedu.usj.edu.lb/unte-usj., .2

[868]P. SARGOS, *op. cit.*, .590. Cette position n'est pas unanimement partagée. Bruno GENEVOIS retient par exemple que, *«sa reprise (celle de la jurisprudence consacrant un principe) par la loi n'affecte pas l'existence du principe général. Il ne disparaît pas en tant que tel de l'ordonnancement juridique. Mais il lui faut coexister avec une norme»*, «Le Conseil d'Etat et les principes», in *Les principes en droit*, *op. cit.*, p.335.

[869]J. CARBONNIER, *Droit civil. Introduction*, 27e édition refondue, *PUF*, 2002, .263, n°137.

[870]Ils sont autonomes parce qu'ils ne sont pas imposées aux contractants, mais sont laissés à leur choix.

[871]H. LECUEYER, «Les principes généraux dans les droits des contrats français et libanais», in *Les dénominateurs communs entre les principes généraux du droit*

principes généraux du droit qui tirent leur source des œuvres doctrinales. M. JESTAZ procède à une classification bipartite des principes généraux du droit[872]: Les principes axiologiques[873] et les principes rationalisateurs. Ces derniers ont un caractère doctrinal. En effet, *«Le principe rationalisateur est fondamentalement l'œuvre de la doctrine»*, que celle-ci soit ancienne et anonyme, ou récente et identifiée[874]. D'après Sylvie CAUDAL, *«lorsque ces principes sont implicites, c'est en général la doctrine qui permet de les faire émerger»*[875]. C'est le même sentiment qui anime Frédéric ZENATI-CASTAING pour qui la doctrine a un rôle éminent à jouer dans *«l'accouchement des principes»*[876]. Le fait que le géniteur de l'expression civisme contractuel soit un auteur n'a donc rien de surprenant. C'est également le cas du consensualisme dont les implications en droit des contrats sont encore perceptibles[877]. Le civisme contractuel est donc un véritable principe non écrit[878] permettant au juge de le consacrer en tant que tel.

---

musulman et des droits arabes et les principes généraux du droit français, *op. cit.*, p.4

[872]In «Principes Généraux, adages et sources du droit français», *op.cit.*, 226s.

[873]Du genre droits de l'homme, liberté du mariage, intangibilité de la personne humaine. Selon cet auteur, ces principes *«n'ont aucune fonction technique et ne font qu'exprimer une valeur fondamentale, ils ont donc un aspect moralisateur, humanitaire civilisateur»*. Ce principe *«crée des règles d'application au-dessous de lui»* et n'a *«rien de doctrinal»*. Sa consécration doctrinale n'est pas nécessaire puisqu'il provient d'une source extérieure au droit comme la morale, la religion, la sociologie, la psychologie et bien d'autres sources encore.

[874]Ph. JESTAZ, *loc. cit*, .230s ; contra, v. J. CARBONNIER, *Droit Civil, Introduction*, *op. cit.*

[875]In *Rapport introductif*, Colloque sur Les principes en droit, *op. cit.*, .6.

[876]In *Les principes généraux en droit privé*, Colloque sur Les principes en droit, *op. cit.*, .264.

[877]Longtemps construit par les canonistes dans l'Europe médiévale, ce n'est qu'entre le 17e et le 18e siècle, sous la plume de DOMAT et POTHIER, que ce principe est passé dans le Code civil ; *«on ne peut donc l'attribuer sans autre forme de procès au législateur napoléonien»* .Cf. Ph. JESTAZ, *op.cit*, .229.

[878]Par ailleurs, il est des principes généraux du droit écrit qui peuvent inspirer la décision du juge. Ce dernier s'appuiera alors sur une disposition légale existante, une opinion doctrinale ou une autre source de droit écrite pour reconnaitre ou confirmer un principe. C'est dire que le juge reconnait le principe comme une règle de droit déjà existante, et la consacre en tant que tel. C'est le cas du principe du droit de rétention ou de l'égalité entre les créanciers d'un débiteur en redressement ou en liquidation judiciaires.

2. Le civisme contractuel, un principe prétorien[879]

301. Dans les systèmes juridiques de tradition romano-germanique, le juge détient le monopole de la création des principes généraux du droit[880]. Ce monopole remonte aux périodes marquées par des mutations socio-politiques et économiques profondes. De nos jours, la défiance du peuple à la montée des pouvoirs du juge est en plein décrépitude. En droit français spécialement, c'est d'abord le droit public qui s'est prononcé en la matière[881]. En réalité, c'est à partir de l'année 1945 que le Conseil d'Etat a construit une théorie plus explicite des principes généraux. Dans son célèbre arrêt Aramu et autres du 26 octobre 1945[882] relatif à l'application des droits de la défense, le Conseil d'Etat s'est reconnu le pouvoir de créer les principes généraux du droit, *« même en l'absence de texte »*. Pendant longtemps, ce Conseil s'est en quelque sorte accaparé de ce pouvoir et a découvert une multiplicité de principes. Il a cependant fallu attendre plus d'une dizaine d'années pour constater l'éclatement du monopole du Conseil dans l'édiction des principes généraux du droit. Avec l'avènement de la cinquième République, d'autres acteurs judiciaires l'ont ainsi secondé dans cette œuvre. Le Conseil constitutionnel en l'occurrence se sert désormais de la théorie des principes généraux du droit pour assurer le contrôle de constitutionnalité des lois. Le nombre des principes créés est aujourd'hui insoupçonnable.

302. La situation est nettement différente en droit privé. Ici, l'admission des principes généraux du droit n'a pas été aisée en raison du foisonnement des textes écrits, et de l'exclusion du droit privé par le célèbre arrêt Blanco du 8 février 1873[883]. Néanmoins, la Cour de cassation a invoqué depuis le 19ème siècle des principes tels que l'égalité, l'enrichissement sans cause[884], l'erreur commune et la bonne foi[885]. Mais, ce n'est qu'à partir de la

---

[879]Un principe prétorien est un principe qui émane du juge, décourvert ou crée en tant que tel par ce dernier.

[880]D'après M. ZENATI-CASTAING, que *«les principes ne sont pas produits par le juge en général mais par les Cours suprêmes»*, in *Les principes généraux en droit privé*, Colloque sur *Les principes en droit*, op. cit., .269. L'emploi du terme juge en tant que formulateur des principes généraux du droit renvoie ici aux Cours suprêmes, aux hautes juridictions d'un Etat.

[881]CE, Couitéas, 30 novembre 1923. Cet arrêt avait consacré le principe d'égalité devant les charges publiques. Le principe de la liberté syndicale a été consacré par décision du 7 juillet 1939.

[882]CE, Ass., 26 octobre 1945, .213, D. 1946, .158, note G. Morange, EDCE, 1947, n°1, .48, concl. R. Odent.

[883]La décision Blanco est l'acte fondateur de la reconnaissance de la responsabilité administrative en France.

[884]L'arrêt Patureau-Miran du 15 juin 1892 a affirmé que l'action de *in rem verso* dérive du *«principe d'équité qui défend de s'enrichir au détriment d'autrui»*.

décision Aramu suscitée que la Cour de cassation s'est aussi arogée le droit d'invoquer non plus les principes, mais les principes généraux du droit applicables même en l'absence de texte. Depuis lors, ces trois juridictions se discutent le monopole de création des principes généraux du droit, lesquels ne cessent d'envahir le domaine du droit, allant d'une branche à l'autre sans réserve.

303. Le droit européen et le droit de l'OHADA des contrats connaissent aussi cette inflation des principes généraux du droit. Faire leur énumération serait vain et inutile. Le principe du civisme contractuel n'échappe pas à la règle. En l'absence d'une consécration textuelle expresse, son insertion dans ces ordres juridiques devrait rélever de l'office du juge[886]. Il s'inspirera tantôt de la loi, tantôt de la doctrine, et tantôt des aspirations sociales du moment. Le doyen CARBONNIER n'a-t-il pas dit que *«la doctrine et la jurisprudence ont formulé ces principes. Mais elles ne les ont pas créés. Elles les ont trouvés en suspension dans l'esprit de notre droit, tel que semblaient le leur révéler certains textes fragmentaires»*[887]. *«En se plaçant sous le couvert des principes généraux, le juge affiche son légalisme et l'orthodoxie de son comportement. Même s'il excède les limites qui s'imposent théoriquement à lui»*[888]. Il lui importe donc de trouver une technique appropriée.

304. Le juge peut ériger le principe du civisme contractuel de deux manières.

---

[885]Dans l'arrêt Rueff du 18 janvier 1830, la Cour affirme que l'erreur commune et la bonne foi sont suffisant pour couvrir tous les actes des irrégularités que les parties n'avaient pu ni prévoir, ni empêcher. Adde arrêt de la Boussinière du 26 janvier 1897.

[886]Georges MORANGE a réfuté cette conception. Il refuse toute paternité des principes généraux du droit au juge. D'après lui en effet, *« c'est à dessein que nous écrivons que le Conseil d'Etat avait ''dégagé''- et non pas ''créé''- la notion de principes généraux du droit. Si grand, en effet, qu'ait été et demeure- du fait, notamment, de la non-codification du droit administratif - le rôle du juge dans la formulation de la règle de droit, nous ne saurions admettre qu'il puisse être, de quelque manière que ce soit, le créateur de cette règle. En d'autres termes, il n'existe pas, selon nous, un véritable pouvoir normatif de la jurisprudence. Nous nous placerons donc, pour cette étude, dans une perspective radicalement différente de celle qui fut retenue par le Professeur Chapus », in* «Une catégorie juridique ambiguë: les principes généraux du droit», *RDP, 1977, tome n°4, .763.* Adde M. WALINE, «Le pouvoir normatif de la jurisprudence», in Mélanges Georges Scelle, 1950, pp. 613-632 ; J. ROCHE, «Réflexions sur le pouvoir normatif de la jurisprudence», in *Actualité juridique, 1962*, .532s.

[887]J. CARBONNIER, *Droit civil. Introduction*, *op. cit.*, n°137, .264.

[888]M. DE BÉCHILLON, *op.cit.*, .137.

D'une part, il peut se dissimuler derrière d'autres règles indéterminées pour édicter un principe qu'il ne déclare pas expressément comme tel. Cela a été le cas de la liberté contractuelle, manifestation du civisme contractuel. Dans une espèce, les juges de la Cour d'appel de Bastia ont reconnu que *«la liberté d'association est régie par la loi de 1901 qui renvoie elle-même aux ''principes généraux du droit applicable aux contrats et obligations'' ; que l'un de ces principes est celui de la liberté contractuelle, selon lequel nul ne peut être contraint de s'obliger. Que ce principe ne reçoit exception, que dans les cas strictement déterminés par la loi ; qu'aucun texte n'oblige les fondateurs de l'association défenseuse à accepter tout nouvel adhérent ; que de plus le fait d'inscrire dans un encart publicitaire la mention ''admet de nouveaux adhérents'' ne saurait être considéré comme une offre obligeant l'association à admettre tout nouvel adhérent ; qu'en décider autrement serait la priver de la liberté de choisir son cocontractant, liberté garantie par les principes généraux du droit des contrats, que par conséquent, c'est à bon droit que le Tir Club a pu refuser la candidature de Jeanne P.»*[889]. En se prononçant ainsi, le juge se dissimule derrière les principes généraux du droit des contrats pour édicter le principe de la liberté contractuelle sans le déclarer expressément.

D'autre part, le juge peut formuler le principe dont il ne déclare pas vertement l'existence d'une ou plusieurs règles déterminées. D'après Marielle DE BÉCHILLON, il *«laisse le lecteur dans un état d'indécision absolu»*[890]. Il lui revient de sonder sa pensée pour y découvrir les principes que véhiculent implicitement sa décision. Les conventions de mères porteuses, encore appelées maternité de substitution ou maternité pour autrui, en sont une illustration parfaite. L'affaire démonstrative ici concerne l'association «Alma-Mater», créée pour faciliter la solution des problèmes posés aux couples dont la femme est stérile et qui désirent malgré tout un enfant. La Cour d'appel d'Aix-en-Provence dans son arrêt du 29 Avril 1988[891] avait annulé la convention sur le fondement de l'article 1128 du Code civil. Décision approuvée par la haute juridiction lorsqu'elle décide qu'*«Il résulte des constatations des juges du fond que l'objet même de l'association est de favoriser la conclusion et l'exécution des conventions qui, fussent-elles verbales, portent toutes à la fois sur la mise à disposition des demandeurs des fonctions reproductrices de la mère et sur l'enfant à naitre et sont donc nulles en application de l'article 1128 du Code civil ; que ces conventions contreviennent au principe d'ordre public de l'indisponibilité de l'état en ce qu'elles ont pour but de faire venir au monde un enfant dont l'état ne correspondra pas à sa filiation réelle au moyen d'une renonciation et d'une cession également prohibées, des droits*

[889]Civ., 1ère, 7 avril 1987, Bull. civ., 1987, I, n°119, .31.
[890]*Op.cit.*, p.90.
[891]J.C.P., 1999, 21191, note P. Pedrot.

reconnus par la loi à la future mère, que c'est à bon droit que l'arrêt attaqué a décidé, sur le fondement de l'article 3 de la loi du 1er Juillet 1901, que cette association était nulle en raison de la nullité de son objet»[892].

Cette décision montre que par endroit, les juges n'ont pas pris la peine de déterminer le contenu des principes généraux qui fondent les conventions de mères porteuses. Est alors significatif un extrait de la décision suscitée selon lequel: *«la reconnaissance du caractère illicite de la maternité pour autrui et des associations qui s'efforcent de la promouvoir, qui se déduit des principes généraux du Code civil et des règles qui sont communes à toutes les filiations, n'est pas de nature à instaurer une discrimination fondée sur la naissance»*. Par ailleurs, et même si le principe de l'indisponibilité de l'état des personnes apparait distinctement dans l'arrêt, son corollaire, le principe de l'indisponibilité du corps humain dont les caractéristiques ressortent pourtant clairement de l'arrêt n'est apparu qu'après une lecture entre les lignes. En la matière, et pour aller au-delà de cette invocation implicite des principes généraux suscités, il a fallu attendre la décision du 31 mai 1991, prise par l'assemblée plénière de la Cour de cassation en ces termes, *«la convention par laquelle une femme s'engage, fut-ce à titre gratuit, à concevoir et à porter un enfant pour l'abandonner à sa naissance contrevient tant au principe d'ordre public de l'indisponibilité du corps humain qu'à celui de l'indisponibilité de l'état des personnes»*[893]. Cette dernière solution a été reprise ou a inspiré les décisions qui l'ont suivie.

305. Quelle que soit la technique retenue, l'intervention du juge s'avère nécessaire. Elle est justifiée, comme le souligne si bien Mme DE BÉCHILLON, soit par ses nombreuses hésitations, soit par le mutisme total du législateur. Dans la première hypothèse, elle affirme que *«l'intégration de ces principes dans le droit positif a systématiquement été précédée de phases de rejet, suivie de période d'hésitations. Et ce sont ces tergiversations des juges qui prouvent d'une manière ou d'une autre l'absence de texte à l'origine des principes invoquée par le juge»*[894]. Dans d'autres situations marquées par des hésitations multiples, le juge pourra directement se prononcer car le législateur est resté complètement silencieux. En effet, *«le juge ne pouvant trouver toutes les solutions dans le code, il a été invité par le code, en cas de lacune, à les (les principes) déduire non seulement des principes qui s'y trouvent formulés mais aussi de principes qu'il reste à formuler»*[895].

---

[892]Civ., 1e, 13 Décembre 1989, Bull. civ., 1989, I, n°387, .260.
[893]Ass. plén., 31 mai 1991, Bull. civ., 1991, n°4, .5.
[894]*Op. cit.*, .100.
[895]F. ZENATI-CASTAING, «Les principes généraux en droit privé», in *Les principes en droit, op. cit.*, .266.

§2. L'autorité certaine du civisme contractuel

306. Le principe du civisme contractuel revêt une autorité certaine. C'est un principe contraignant et obligatoire parce qu'il prime certaines sources du droit des contrats. Il a vocation à s'imposer non seulement à certaines règles contractuelles, et à certains intervenants en matière contractuelle. C'est cette primauté qui confère au civisme contractuel toute son autorité. Celle-ci tire sa source de la notion même de principe, laquelle peut revêtir plusieurs acceptions. Le mot vient d'abord du terme latin *primus* qui signifie premier. Dans un sens large en revanche, la primauté renvoie à ce qui est plus important, ce qui joue un rôle moteur et ce qui précède[896]. Dans un sens restreint, la primauté renvoie à la *prééminence, à la supériorité, à ce qui est fondamental et essentiel.* Etymologiquement, le mot principe signifie *principium,* lui-même dérivé de *princeps,* c'est-à-dire *«qui occupe la première place»*[897]. Le principe du civisme contractuel a donc vocation à occuper le premier rang[898]. L'analyse de son autorité doit permettre de mesurer sa vigueur dans l'ordre juridique contractuel, et d'appréhender le rôle qu'il y est censé jouer, ainsi que son effectivité. Nous examinerons d'une part l'autorité du civisme contractuel à l'égard des contractants (A.), et d'autre part celle du civisme contractuel vis-à-vis des tiers (B.).

A. <u>L'autorité du civisme contractuel à l'égard des contractants</u>

307. Le contrat est l'affaire des parties, certes. Il est également l'affaire de la société. L'on peut s'engager à ses propres dépens, mais l'on ne saurait contracter au détriment de l'autre ou de la société[899]. Le fait pour chaque contractant de préserver ses intérêts dans la relation contractuelle n'est pas le propre du civisme contractuel : la caractéristique essentielle du civisme contractuel étant sa vocation à concilier tous les intérêts en présence.

---

[896]M. DE BÉCHILLON, *op. cit.*, .221.

[897]S. CAUDAL, *Rapport introductif,* in *Les principes en droit*, *op. cit.*, .2 ; D. DEROUSSIN, «Le droit romain a-t-il connu des principes ? Sur les significations (possibles) de principia, praecepta et regulae iuris», in *Les principes en droit*, *op. cit.*, .127s. V. également P. MORVAN, *Le principe de droit privé*, *op. cit.*, .3s.

[898]*Dictionnaire historique de la langue française*, Le Robert, 1993, .1633, cité par J.-L. SOURIOUX, «Le concept de principe général», in *Les dénominateurs communs entre les principes généraux du droit musulman et des droits arabes et les principes généraux du droit français*, *op. cit.*

[899]P. CHAZAL, «Les nouveaux devoirs des contractants. Est-on allé trop loin?», in Ch. JAMIN et D. MAZEAUD (dir.), *La nouvelle crise du contrat*, Actes du Colloque organisé le 14 mai 2003 par le Centre René DÉMOGUE de l'Université de Lille II, .112, *op. cit.,* .112.

Les manifestations de cette autorité sont nombreuses et peuvent varier selon que le contractant est créancier (1.) ou débiteur (2.).

1. L'autorité du principe du civisme contractuel à l'égard du créancier

308. Le principe du civisme contractuel a autorité sur le créancier de l'obligation. Cette hypothèse est à première vue incompréhensible et inexplicable. En effet, comment expliquer que celui qui est dans l'attente d'une prestation, qui est titulaire d'un droit personnel à l'égard de son cocontractant, soit tenu au même titre que ce dernier d'exécuter une obligation. En fait, incompréhension et inexplication ne signifient pas impossibilité. Le débiteur cocontractant étant un partenaire qu'il a librement choisi, la position dont jouit le créancier en tant que tel ne doit pas l'empêcher de concilier ses propres intérêts avec ceux du cocontractant ainsi que ceux de la société. Il ne s'agit pas de voler au secours de l'autre au détriment de soi. Il doit exister entre ces divers intérêts une certaine symbiose qui amène le créancier à agir positivement ou à se soumettre à certaines obligations. Ainsi perçu, le civisme contractuel peut imposer au créancier un comportement négatif au sens d'interdiction, ou un comportement positif au sens d'assistance.

309. Les applications de l'autorité du principe du civisme contractuel sur le créancier sont plurielles. Deux retiendront notre attention. Le civisme contractuel impose au créancier de respecter les volontés contractuelles, entendues comme la volonté de chacun des contractants. Il le contraint également de respecter le délai de grâce accordé au débiteur par le juge.

310. Premièrement, le créancier a l'obligation de respecter les volontés contractuelles.

311. D'une part, le créancier doit respecter sa propre volonté. Autrement dit, il doit se conformer à ce pourquoi il s'est engagé. D'après Jean Pascal CHAZAL, *«la règle contractuelle, une fois fixée, crée un devoir de respecter sa parole, ce qui a donné naissance, sur un plan moral, à l'adage pacta sunt servanda»*[900]. Dans la vente par exemple, le créancier a l'obligation de payer. Dans le contrat de transport, il doit honorer le prix du transport convenu. S'agissant des transports aérien, ferroviaire et maritime, ce prix est généralement payé avant même que le transport ne se fasse. En

[900] J.-P. CHAZAL, «De la signification du mot loi dans l'article 1134 alinéa 1er du code civil», *RTD. civ.*, avril-juin 2001, .265-283.

revanche, dans les transports routiers, le créancier s'acquitte de son obligation «à destination», c'est-à-dire après que le débiteur se soit libéré de la sienne. En ce qui concerne le contrat de transport de marchandises par route[901], l'Acte uniforme y relatif prévoit en son article 15-1 que le donneur d'ordre est tenu de payer le montant des créances résultant de la lettre de voiture *avant* la livraison de la marchandise, et *sauf stipulation contraire sur la lettre de voiture*. Quelle que soit l'hypothèse retenue par ces contractants, chacune (le créancier en l'occurrence) est tenue respecter sa volonté. En aucun cas, le contractant ne doit se contredire au détriment de son cocontractant. La cohérence contractuelle apparait ainsi comme une manifestation du civisme contractuel[902] qui impose à tous les contractants dont le créancier d'éviter toute contradiction entre les termes de l'engagement, ou que cette contradiction affecte son attitude. Selon Mme MUIR WATT, *«la contradiction affectant les termes de l'engagement ou l'attitude du contractant est effacée afin de restituer la cohérence à la convention elle-même, ou au comportement de celui qui s'engage»*[903].

Contrairement au contrat synallagmatique, il n'y a pas de réciprocité dans le contrat unilatéral. Dans ces contrats, chacune des parties n'est pas respectivement créancière et débitrice de l'autre ; mais, une des parties est débitrice et l'autre créancière[904]. Le créancier bien que n'étant pas tenu à une obligation générale, n'en est pas moins obligé. Dans le cautionnement par exemple, le créancier a l'obligation d'informer la caution de la défaillance du débiteur principal en lui indiquant le montant restant dû par ce dernier en principal, intérêts et autres accessoires à la date de cet incident de paiement. A défaut, la caution ne saurait être tenue au paiement des pénalités ou intérêts de retard échus entre la date de cet incident et la date à laquelle elle

---

[901]C'est *«le contrat par lequel une personne physique ou morale, le transporteur, s'engage principalement et moyennant rémunération, à déplacer par route, d'un lieu à un autre et par moyen d'un véhicule, la marchandise qui lui est remise par une autre personne appelée expéditeur»* (art. 2b AUCTMR).

[902]Sur la cohérence contractuelle, voir D. HOUTCIEFF, *Le principe de cohérence en matière contractuelle*, préf. Horatia MUIR WATT, *PUAM* 2001, t.1 et t.2, 1134p. Adde H. MUIR WATT, «Pour l'accueil de l'estoppel en droit français», in Mélanges Y. Loussouarn, D. 1994, p. 303 et s; D. MAZEAUD, « La confiance légitime et l'estoppel », *RIDC*, 2006, vol. 2, p. 362 et s.

[903]In Préface de la thèse de Dimitri HOUTCIEFF précitée.

[904]Néanmoins, il peut arriver que dans un contrat unilatéral apparaissent des obligations réciproques. Cela peut résulter de la loi ; c'est le cas du droit du dépositaire à être indemnisé des frais de conservation de la chose laissée au dépôt quand bien même aucune rémunération n'aurait été convenue. On parle souvent dans ce cas de contrat synallagmatique imparfait. Cela peut également résulter de la volonté même des parties. Dans cette dernière hypothèse, et très souvent en matière commerciale, les parties décident notamment qu'un contrat de dépôt fera l'objet d'une rémunération (on parle dans ce cas de dépôt de salaire).

en a été informée. Toute clause contraire étant réputée non écrite (AUDS révisé, art. 24). Dans une de ses décisions, le juge européen a pris position en faveur du renforcement de l'obligation d'information ; ce que certains auteurs ont assimilée à une forme d'admission du solidarisme contractuel[905]. Dans les contrats commutatifs, la prestation que doit accomplir chacune des parties est clairement déterminée. Elle est invariable et équivalente. Dans le bail, le bailleur est tenu de mettre le local à la disposition du preneur, lequel est tenu d'en payer le prix. Chacune des prestations est considérée comme l'équivalente de l'autre. Et, pour ce qui est du créancier, le non respect de ses obligations peut être lourd de conséquences.

312. D'autre part, le principe du civisme contractuel oblige le créancier à respecter la volonté de son cocontractant débiteur. Ce dernier s'est engagé parce qu'il attendait du créancier une prestation : donner, faire ou ne pas faire quelque chose. Il serait alors contractuellement incivique que le créancier n'honore pas les engagements qu'il a souscrits au profit du débiteur. Le respect de la volonté du cocontractant participe ainsi de la nécessaire sauvegarde de ses intérêts. En réalité, défendre ses intérêts ou faire ses affaires ne signifie pas anéantir ceux de son cocontractant. Ce penchant pour la défense des intérêts du cocontractant n'a rien à voir avec de l'angélisme, la fraternité ou l'amitié contractuel. *«L'important n'est d'ailleurs pas qu'ils* (les contractants) *s'aiment, mais que les intérêts égoïstes de l'un d'entre eux ne provoquent pas une injustice aux dépens de l'autre»*[906]. Dans tous les cas, il s'agit d'un comportement positif qu'impose le civisme contractuel au créancier.

Le civisme contractuel peut aussi mettre à la charge du créancier un comportement négatif en lui interdisant de poser des actes qui empêcheraient le débiteur d'accomplir sa prestation. Les cas de mise en œuvre de ce comportement ne sont pas monnaie courante en droit européen ou de l'OHADA. Le créancier ne doit pas aller jusqu'à exécuter les obligations qui incombent au débiteur ; il doit raisonnablement s'interdire tout comportement qui empêcherait ce dernier de s'exécuter. En droit des sûretés de l'OHADA par exemple, en plus de l'article 23[907], l'article 25 AUDS révisé contraint le créancier, dans le mois qui suit le terme de chaque

[905]Cf. J. ROCHFELD, « Le solidarisme à la mode européenne : vers une obligation d'information sur les risques d'atteintes graves à un droit fondamental en raison de la conclusion ou l'exécution d'un contrat », note sous Cour. EDH, 29 janvier 2013, n°66610/09, Zolotas c/ Grèce : RTD. civ. 2013, obs. J.P. Marguénaud.
[906]J.-P. CHAZAL, «Les nouveaux devoirs des contractants. Est-on allé trop loin?», *op. cit.*
[907]Ce texte oblige le créancier à aviser la caution de toute défaillance du débiteur principal et n'entreprendre des poursuites contre elle qu'après mise en demeure de payer adressée au débiteur et restée sans effet.

semestre civil à compter de la signature du contrat de cautionnement, de communiquer à la caution un état des dettes du débiteur principal précisant leurs causes, leurs échéances et leurs montants en principal, intérêts, et autres accessoires restant dus à la fin du semestre écoulé, en lui rappelant la faculté de révocation par reproduction littérale des dispositions de l'article 19 dudit texte. Le non accomplissement de ces formalités entraine la déchéance du créancier, vis-à-vis de la caution, des intérêts contractuels échus depuis la date de la précédente information jusqu'à la date de communication de la nouvelle information, sans préjudice des dispositions de l'article 29 de cet Acte. Toute clause contraire à ces dispositions est réputée non écrite. En refusant d'aviser la caution, le créancier peut l'empêcher de prendre les mesures nécessaires pour amener le débiteur principal à s'exécuter ou pour exécuter au mieux ses propres obligations. Toutes choses qui sont contraires au respect de la volonté du débiteur-caution. Ces exigences participent inéluctablement de l'obligation contemporaine de minimiser le dommage[908], expression du civisme contractuel à l'égard du créancier.

313. Deuxièmement, le principe du civisme contractuel impose au créancier le respect du délai de grâce octroyé au débiteur par le juge[909]. Le délai de grâce s'entend du délai supplémentaire raisonnable que le juge peut, par un adoucissement de la rigueur du terme, accorder au débiteur pour s'exécuter, compte tenu de la situation économique et de la position personnelle du débiteur. L'article 1244 du Code civil donne au juge la possibilité d'octroyer des délais de grâce. Cette disposition a été reprise par l'article 39 de l'AUPSRVE en vertu duquel *«Le débiteur ne peut forcer le créancier à recevoir en partie le paiement d'une dette, même indivisible. Toutefois, compte tenu de la situation du débiteur et en considération des besoins du créancier, la juridiction compétente peut, sauf pour les dettes d'aliments et les dettes cambiaires, reporter ou échelonner le paiement des sommes dues dans la limite d'une année. Elle peut également décider que les*

---

[908]Sur la question, voir S. REIFEGERSTE, *Pour une obligation de minimiser le dommage*, préf. H. MUIR-WATT, PUAM, 2002 ; A. LAUDE, «L'obligation de minimiser son propre dommage existe-t-elle en droit privé français?», in M. BEHAR-TOUCHAIS (dir.), *Faut-il moraliser le droit français de la réparation du dommage?, LPA,* n°232, 20 novembre 2002 ; C. WITZ, «L'obligation de minimiser son propre dommage dans les conventions internationales: l'exemple de la Convention de Vienne sur la vente internationale», in Actes du colloque sur *Faut-il moraliser le droit français de la réparation du dommage*, *op. cit.* ; D. MAZEAUD, «La réduction des obligations contractuelles», in *Que reste-t-il de l'intangibilité du contrat ?,* Colloque organisé le 28/11/1997 par le Centre de droit de la consommation et des contrats de l'Université de Chambéry, *Dr. et Patr.*, mars 1998, n°58s, .58-68.

[909]Cf. A. SÉRIAUX, «Réflexions sur les délais de grâce», *RTD. civ.* 1993 ; Ph. SOUSTELLE, *Les délais judiciaires différant l'exécution de l'obligation*, thèse Saint-Etienne, 1996.

paiements s'imputeront d'abord sur le capital. Elle peut en outre subordonner ces mesures à l'accomplissement, par le débiteur, d'actes propres à faciliter ou à garantir le paiement de la dette».

Ces délais sont accordés au débiteur compte tenu de sa situation personnelle. Ils lui permettent de respecter sa volonté, autrement dit d'exécuter l'obligation pour laquelle il s'est engagé. Mais, à y voir de plus près, il est également question de préserver les intérêts du créancier face à un débiteur indélicat. En lui accordant un délai de grâce, généralement contre la volonté du créancier, le juge procède à la conciliation de tous les intérêts catégoriels en présence. Ce n'est pas le débiteur qui impose à son créancier une certaine flexibilité dans l'exécution de ses obligations mais le juge[910]. Il s'agit en fait et exclusivement pour lui de reporter ou de rééchelonner le paiement des dettes contractées par le débiteur, le reste demeurant en l'état. Le juge ne doit pas mettre en œuvre cette mesure de manière abusive et discrétionnaire puisqu'il doit user de ce pouvoir, comme le précise le Code civil, *«avec une grande réserve».*

314. Conformément à ces textes, le juge doit prendre en considération la position du débiteur. Le législateur n'ayant pas précisé ce qu'il faut entendre par *position du débiteur*, il revient encore au juge de le faire. Généralement, il s'agira pour le juge d'apprécier la situation psychologique et morale du débiteur afin de sonder ses prédispositions à exécuter ou non ses obligations. Il s'agira aussi et surtout de sa situation matérielle et financière afin d'examiner ses capacités de remboursement. Cette position traduit la situation dans laquelle se trouve le débiteur, une situation économique particulièrement désavantageuse. Plus le débiteur est disposé psychologiquement et financièrement à respecter ses engagements à l'égard du créancier, plus le juge lui accordera le bénéfice du délai de grâce.

Mais, le juge ne doit plus se limiter à la position du débiteur. Il doit également prendre en considération les besoins du créancier lorsqu'il accorde ces délais de grâce au débiteur ; toutes choses qui semblent raisonnables. Il ne faut surtout pas qu'en essayant de faciliter l'exécution des obligations au débiteur, le juge crée d'autres inégalités en négligeant les intérêts du créancier. En agissant ainsi, il n'aura pas fait bonne application du principe du civisme contractuel. C'est pourquoi, tout en tenant compte de la situation du débiteur, il doit autant que faire se peut satisfaire les attentes du créancier. La Cour d'appel d'Abidjan avait décidé que c'est de bonne foi que la société débitrice n'avait pas pu s'acquitter de ses dettes parce qu'elle-même n'était pas payée pour les travaux effectués pour le compte de l'Etat[911]. Ainsi, la symbiose qui doit exister entre les intérêts du débiteur et ceux du créancier sera effective. Elle sera d'ailleurs parfaite si le juge tient

---

[910] Cass. 2e civ., 10 Juin 1970, JCP 70, IV, 204.Bull. II, n°22, 17.

[911] Abidjan, Civ. n°683, 30 mai 2000.

compte de l'autre facteur à caractère beaucoup plus social : le temps de l'exécution.

315. Dans deux espèces quasi-similaires, le juge avait refusé l'octroi de nouveaux délais, et décidé la reprise des poursuites car le débiteur avait déjà bénéficié d'un délai suffisamment raisonnable[912]. Lui accorder de nouveaux délais aurait compromis les intérêts du créancier. Pour se prémunir des aléas éventuels, le législateur français a prévu la limite de deux années pour le report ou le rééchelonnement du paiement des sommes dues. En effet, lorsque le juge accorde les délais de paiement, il doit en fixer la durée[913], fixée à deux ans. Des délais plus longs seraient peu conformes à l'idée qui a prévalu à l'octroi des délais de grâce, c'est-à-dire au souci de permettre au débiteur de payer ses dettes et de satisfaire par la même occasion les besoins du créancier. Il ne s'agira plus de soutenir une partie en position de faiblesse, mais d'aménager de manière substantielle le contenu des obligations contractuelles dans le sens de la préservation de tous les intérêts en présence. Volontairement, le créancier peut décider soit d'alléger la dette de son débiteur, soit de l'éteindre complètement. Les contractants peuvent de leur consentement mutuel modifier ou supprimer leurs engagements[914]. En outre, par le mécanisme de la remise de dettes prévues aux articles 1282 et suivants du Code civil, le créancier peut accorder à son débiteur une réduction totale ou partielle de sa dette. Par ailleurs, en application du principe du civisme contractuel, le juge peut procéder à la réduction des obligations contractuelles du débiteur vis à vis de son créancier. Cette opération ne doit pas être confondue avec la réfaction ou la révision du contrat. Il s'agit pour le juge de faciliter au débiteur l'exécution de ses obligations en les rendant financièrement moins contraignantes qu'elles ne l'étaient[915]. La réduction ainsi opérée par le juge ne touche pas le contrat proprement dit[916], elle tient plutôt compte de la situation personnelle du débiteur. Cette situation est confirmée en matière de prêt de consommation par l'article 1900 du Code civil[917]. Ces circonstances peuvent varier selon que l'emprunteur est une personne morale ou physique, ou que

---

[912]CA Bouaké, n°85-2000, 24 mai 2000 ; Ouagadougou, ord. Réf. n°79, 27 septembre 2001.

[913]Cass. 2e civ.,7 janvier 1998 : JCP 98, I.129, n°12, obs. Loiseau; Bull. II, n°4, 2, *RTD civ.* 1998, 369, obs. Mestre; *Defrénois* 1998,737, obs. D. Mazeaud.

[914]Cf. C. civ., art. 1134 al. 2. Adde Ph. DELEBECQUE, *Les clauses allégeant les obligations dans les contrats*, thèse Aix-Marseille 3, 1981, 663p.

[915]Cf. F. BRUNET, *Le pouvoir modérateur du juge en droit civil français*, thèse Paris II, 1973, 471p.

[916]Sinon, il s'agira du révisitage des délais d'exécution, de la lésion ou de l'imprévision.

[917] En vertu de ce texte, *«s'il n'a pas été fixé de terme pour la restitution, le juge peut accorder à l'emprunteur un délai suivant les circonstances»*.

cette personne est solvable ou insolvable, *in bonis* ou en crise. Après avoir reconnu dans une espèce que l'indélicatesse financière du débiteur vient du ralentissement généralisé de l'activité économique, le juge a quand même décidé de réduire les délais préalablement octroyés au débiteur motifs pris de ce que, non seulement ces délais d'une durée de huit mois étaient excessifs en raison de l'ancienneté de la créance, mais aussi du risque de non recouvrement de la créance lié à l'expatriation volontaire du débiteur[918].

316. Le nouveau droit français est plus précis sur la question. Ce droit prévoit la possibilité pour le juge de réviser le prix en cas de surendettement[919] des particuliers. C'est une sorte de procédure collective civile organisée par la loi française du 31 décembre 1985, modifiée par deux lois du 06 février 1995 et 23 janvier 1998. Cette mesure ne vise pas principalement à protéger les intérêts du créancier auquel elle s'impose ; elle tend plutôt à protéger le débiteur de bonne foi pour ses dettes extraprofessionnelles[920]. C'est une procédure à deux étapes. La première, est axée sur la tentative de conciliation des contractants et peut comporter entre autres mesures le report ou le rééchelonnement des paiements des dettes, la réduction ou la suppression du taux d'intérêt[921] que le créancier n'est pas obligé d'accepter. Dans ce cas, *«la décision finale appartiendra alors au juge de l'exécution[922], qui est donc libre de modifier les obligations contractuelles initialement souscrites»*[923]. Il ne s'agit pas d'une reconnaissance du droit de ne pas payer ses dettes[924]. De telles mesures contribuent sinon à la pérennisation du lien contractuel, du moins à la lutte contre l'exclusion sociale[925], et surtout au respect des volontés contractuelles. Ce n'est pas un mécanisme nocif en soi, même si certains auteurs estiment qu'il ruinerait les relations contractuelles[926]. En réalité, le

---

[918]Bouaké, Civ. n°117/2001 du 18 juillet 2001.

[919]Selon l'article L331-2 du C. consom., il y a surendettement en cas d'*«impossibilité manifeste pour le débiteur de bonne foi de faire à l'ensemble de ses dettes non professionnelles exigibles et à échoir»*.

[920]C. consom., article L 331-2.

[921]C. consom., article L331-6.

[922]Elle constitue la seconde étape.

[923]Ph. MALINVAUD, *Droit des obligations*, 8e éd. *Litec*, 2003, .350, n°488 ; L. GRYNBAUM, «La mutation du droit des contrats sous l'effet du traitement du surendettement», *CCC*. 2002, *chron*. n°16.

[924]G. RIPERT, «Le droit de ne pas payer ses dettes», *DH* 1936, 57 ; E. PUTMAN, «Retour sur le droit de ne pas payer ses dettes», in memoriam G. Ripert, *RRJ* 1994.

[925]D. MAZEAUD, «La réduction des obligations contractuelles», *op. cit*.

[926]Selon Richard MARTY, pour qui, *«une telle institution est contraire à la sécurité juridique, à la prévisibilité contractuelle et renforce sensiblement le pouvoir et l'office des juges »*.

principe du civisme contractuel ne s'impose pas qu'au créancier de l'obligation, il oblige également le débiteur.

2. L'autorité du principe du civisme contractuel à l'égard du débiteur

317. Le débiteur est tenu d'exécuter son obligation, et il doit bien le faire. Cette attitude attendue du débiteur pendant l'accomplissement de sa prestation peut être tantôt active, tantôt passive. Elle est active lorsque l'exécution de l'obligation commande au débiteur d'agir en bon père de famille. En revanche, elle est passive quand le débiteur se voit contraint de ne pas compromettre – par ses faits et actes- le créancier dans la jouissance de ses droits. Parfois, d'autorité, la loi soumet le débiteur au respect de certaines obligations.

318. D'abord, le civisme contractuel commande le débiteur d'agir en bon père de famille. Le bon père de famille est un standard juridique. Comme tout standard[927], cette expression n'est pas aisée à cerner. Ses caractères souple, large, ambigu et flou laissent au juge une marge assez importante d'appréciation dans les cas qui lui sont soumis[928].

Le standard de bon père de famille est très souvent utilisé comme une référence à l'attitude qu'aurait une personne moralement prudente et avisée, un modèle social abstrait de comportement. Il ne s'agira pas pour le juge de faire une appréciation *in concreto* du comportement de la personne donnée, c'est-à-dire d'apprécier le comportement de cette personne en prenant en considération ses aptitudes propres, il fera plutôt une appréciation *in abstracto,* c'est-à-dire par comparaison au comportement moyen qu'aurait une personne raisonnable placée dans les mêmes circonstances. Comme l'observe Mme FABRE-MAGNAN, *«le bonus paterfamilias représente traditionnellement l'homme normalement prudent et diligent, celui qui n'est ni extrêmement vigilant ni anormalement négligent, ni un héros, ni un lâche, ni un pur égoïste ni un exceptionnel altruiste, mais entre les deux :un homme*

[927]Celui de bonne foi, de faute, d'homme raisonnable, d'obligation de moyens, d'excès manifeste, etc..

[928]D'après Philippe JESTAZ, *«on est en présence d'un standard lorsque le système juridique invite le législateur ou le juge : à émettre un jugement de valeur, portant directement sur des comportements sociaux, par référence à un autre système normatif, juridique ou non, existant ou en formation, afin de rendre une décision ou de poser une norme générale, cette décision ou norme devant s'intégrer au système juridique», in* «Les standards dans les divers systèmes juridiques», Rapport de synthèse, in *Autour du droit civil. Ecrits dispersés - Idées convergentes, Dalloz*, 2005, .19-29 ; *RRJ*, Droit prospectif, 1988-4, .1182s.

ordinaire»[929]. Agir en bon père de famille participe ainsi du souci permanent de moralisation des rapports contractuels, et plus concrètement de l'impérieuse nécessité de canaliser l'action du contractant vers l'intérêt du cocontractant, celui du contrat et celui de la société. Cette obligation légale n'est autre qu'une des manifestations du civisme contractuel, précisément à l'égard du débiteur. Même si le Code civil de 1804 n'a pas prévu une disposition générale régissant le standard de bon père de famille, ce dernier est applicable quel que soit l'obligation en présence. Le Code civil a prévu une pluralité de ses applications tantôt selon l'obligation que le débiteur est tenu d'exécuter, tantôt selon l'opération contractuelle conclue. L'obligation de donner est un refuge de l'obligation d'agir en bon père de famille. D'après l'article 1137 alinéa 1er du Code civil, *«l'obligation de veiller à la conservation de la chose, soit que la convention n'ait pour objet que l'utilité de l'une des parties, soit qu'elle ait pour objet leur utilité commune, soumet celui qui en est chargé à y apporter tous les soins d'un bon père de famille».* Ici, le débiteur ne doit pas conserver la chose d'autrui comme il conserverait la sienne, il doit la conserver comme tout homme raisonnable, prudent et avisé le ferait, c'est-à-dire avec le plus grand soin. Cette obligation pèse également sur le preneur d'un local. Dans l'usage quotidien du local, le preneur doit l'entretenir, le conserver et l'exploiter de manière soigneuse et méticuleuse. Il doit éviter de dégrader le local plus qu'il ne l'était au moment de son entrée en possession. C'est ce qui ressort des articles 1728 du Code civil et 113 et suivants de l'AUDCG révisé. Le constituant du gage resté en possession du bien gagé doit également le conserver en bon père de famille, notamment en l'assurant contre les risques de perte et de détérioration totale ou partielle[930]. Doivent en outre agir en bon père de famille les voituriers par terre[931] et par eau[932], le preneur du bail à cheptel[933], l'emprunteur[934], le dépositaire[935].

L'obligation d'agir en bon père de famille n'est pas une faculté pour le débiteur de l'obligation, mais un impératif car son manquement est juridiquement sanctionné. Le preneur du bail à cheptel par exemple sera responsable de la perte ou du dommage subi de son fait par le cheptel. Cette obligation irradie la grande majorité des contrats de droit commun. Il serait alors indiqué que le juge œuvre à sa généralisation, en tant que norme de comportement indispensable à la bonne exécution des obligations contractuelles et concourant à la conciliation des intérêts contractuels. Il

---

[929]M. FABRE-MAGNAN, *Les obligations*, *op.cit.,* n°278, .755.
[930]AUDS révisé, art. 108.
[931]Transporteur terrestre c'est-à-dire routier et ferroviaire.
[932]Transporteur maritime et fluvial.
[933]Cf. C. civ., art. 1806.
[934]Cf. C. civ., art. 1875.
[935]Cf. C. civ., art. 1928, 1931, 1932, 1933, 1934, 1936.

suffira alors de la reconnaitre comme une des multiples applications du principe du civisme contractuel pour éviter *«l'insécurité juridique engendrée par la pratique du standard juridique»*[936].

319. Ensuite, l'autorité du principe du civisme contractuel contraint le débiteur de ne pas compromettre le créancier dans la jouissance de ses droits. Par ses faits et actes, le débiteur ne doit pas empêcher le créancier de jouir paisiblement des droits qu'il tient du contrat qui les lie. Il doit s'abstenir d'adopter une attitude susceptible de priver le créancier de la jouissance effective de ces droits, ou encore de les diminuer. Ici également, son attitude doit être exemplaire. Le Code civil, dans plusieurs de ses dispositions, régit ce comportement passif attendu du débiteur dans l'exécution de ses obligations. Il se trouve principalement dans les obligations à terme. Il s'agit de ces obligations dont l'exécution est suspendue ou arrêtée par un terme ; ce qui est dû à terme ne pouvant être exigé avant l'échéance. Toutefois, lorsque par son fait le débiteur qui bénéficie du terme fixé diminue la sûreté qu'il avait consentie au créancier, il perd le bénéfice de ce terme et l'obligation devient immédiatement exigible ou éteinte (C. civ., art. 1188). La déchéance du terme est la sanction du comportement du débiteur. En diminuant volontairement les sûretés qu'il a consenties au créancier, le débiteur empêche ce dernier de jouir convenablement des droits qu'il tient du contrat. Dans la grande majorité des cas, le terme est stipulé dans l'intérêt du débiteur[937]. Il s'agit d'une mesure de faveur qui lui permet d'exécuter ultérieurement son obligation. Il apparait donc incompréhensible que le débiteur soit lui-même à l'origine de sa propre déconvenue. Rien ne l'empêche de renoncer au bénéfice du terme s'il l'estime trop pesant. Une lecture *a contrario* de l'article 1186 *in fine* du Code civil donne au débiteur la possibilité de renoncer unilatéralement au terme stipulé sans que cela ne lui soit préjudiciable puisque *«ce qui a été payé d'avance, ne peut être répété»*. Or, en agissant ainsi, au mépris de ses propres intérêts, le débiteur manque au principe du civisme contractuel. Il arrive souvent que le terme soit stipulé à la fois dans l'intérêt du débiteur et dans celui du créancier. C'est le cas des crédits que la banque octroie à la clientèle. L'intérêt du client ici est de rembourser sa dette de manière différée et échelonnée, sans engager d'une traite toute sa fortune. Celle de la banque est de toucher des intérêts sur la somme prêtée. Plus la période de remboursement est longue, plus les intérêts à percevoir sont importants. C'est reconnaitre dans toutes ces hypothèses qu'il n'est pas permis au

---

[936]Ph. JESTAZ, «Les standards dans les divers systèmes juridiques», *op. cit.*, .28.
[937]Selon l'article 1187 du Code civil, *«le terme est toujours présumé stipulé en faveur du débiteur, à moins qu'il ne résulte de la stipulation, ou des circonstances, qu'il a été aussi convenu en faveur du créancier»*.

débiteur, que la mesure de faveur lui profite ou pas, de diminuer les garanties dont est en droit de s'attendre le créancier en vertu du contrat.

320. Dans le silence du Code civil et de ses multiples textes modificatifs, le législateur de l'OHADA a apporté une précision importante dans l'opération de cautionnement. L'AUDS révisé dispose en son article 17 alinéa 4 que *«le débiteur principal ne peut aggraver l'engagement de la caution par une convention postérieure au cautionnement»*. Si par extraordinaire, cela arrivait, sa mauvaise foi manifeste sera certes avérée, mais cela n'entrainera pas forcément la nullité du contrat. Pour permettre ainsi aux créanciers du débiteur (créancier principal et caution) de rentrer dans leurs droits, l'AUDS révisé prévoit la réduction de l'engagement de la caution à ce qui est dû par le débiteur en vertu du contrat initial. Le débiteur ne doit par conséquent pas empêcher le créancier de jouir aisément de ses droits. Il arrive dans d'autres hypothèses qu'il ait à supporter les frais générés par l'opération passée avec son créancier.

321. En droit interne des États membres européens et spécialement en France, les frais de l'opération contractuelle sont généralement supportés par le débiteur[938]. Il s'agit de dépenses occasionnées par l'accomplissement d'une procédure, d'un acte ou d'une formalité. En plus de ce qu'il doit, le débiteur est tenu de supporter les dépenses nécessaires pour l'accomplissement de son obligation ou du contrat le liant au créancier. Le droit de l'OHADA n'est pas indifférent à cette exigence. Le débteur est celui qui généralement supporte les frais de l'opération. C'est le cas du débiteur dans certains contrats comme le cautionnement[939], l'avance des frais de discussion[940], des frais de l'exécution forcée[941] ; les frais de réalisation du nantissement[942] ; les frais de publication du contrat de location-gérance[943] ; les frais engagés par l'intermédiaire pour l'exécution régulière du mandat[944].

322. En réalité, l'autorité du principe du civisme contractuel commande que ces frais soient supportés par les différents contractants. Cette exigence est absente du droit positif européen et de l'OHADA. Seuls

---

[938]En ce sens, voir les articles 1248 C. civ. (*«les frais du paiement sont à la charge du débiteur»*).
[939]AUDS révisé, art. 18.Cf. également l'article 32 sur le recouvrement par la caution des frais qu'elle a engagé depuis la dénonciation au débiteur des poursuites dirigées contre elle.
[940]AUDS révisé, art. 27.
[941]Sauf s'il est manifeste qu'ils n'étaient pas nécessaires au moment où ils ont été exposés (AUPSRVE, art. 47).
[942]AUDS révisé, art. 154 al. 2.
[943]AUDCG révisé, art. 138 al. 2.
[944]AUDCG révisé, art. 186.

sont évocateurs le droit prospectif de ces espaces juridiques. En faisant supporter les frais de l'opération à chacun des contractants, l'idée est d'assurer au mieux la conciliation des intérêts catégoriels en présence. L'APAUDC par exemple semble plus conciliant. Il met les frais occasionnés pour l'exécution de l'obligation tantôt à la charge du débiteur, tantôt à la charge du créancier; le principe étant que *«chaque partie supporte les frais de l'exécution de ses obligations»*[945]. Toute chose qui est juste et qui concourt.

B. L'autorité du civisme contractuel à l'égard des tiers

323. Le principe du civisme contractuel s'impose aux tiers. La notion de tiers au contrat n'est pas aisée à cerner[946]. Comme tiers nous retiendrons toutes les personnes qui n'ont pas la qualité de parties au

---

[945]Cf. APAUDC, Art. 6/15 (Coût de l'exécution) ; Pr. U., art. 6.1.11.

[946]La tentative de distinction des notions de parties et de tiers au contrat a fait couler beaucoup d'encre dans la doctrine juridique classique et contemporaine. En ce sens, voir notamment J. GHESTIN, «La distinction des parties et des tiers au contrat», *JCP* 1992.I.3628 ; J.-L. AUBERT, «A propos d'une distinction renouvelée des parties et des tiers», *RTD. civ.* 1993. 263s ; C. THIBIERGE-GUELFUCCI, «De l'élargissement de la notion de partie au contrat...à l'élargissement de la portée du principe de l'effet relatif», *RTD. civ.* 1994 (2). 275-285 ; J. GHESTIN, «Nouvelles propositions pour un renouvellement de la distinction des parties et des tiers », *RTD. civ.* 1994 (4), 777-800, n°27s ; C. THIBIERGE-GUELFUCCI, «Libres propos sur la transformation du droit des contrats», *RTD. civ.* 1997 (2), 369 ; M. FABRE-MAGNAN, *Les obligations*, *op.cit.*, .4495, n°172s ; R. SAVATIER, «Du prétendu effet relatif des contrats», *RTD. civ.* 1934, 525-545 ; A. WEIL, *La relativité des conventions en droit privé français,* thèse Strasbourg 1938 ; J.-L. GOUTAL, *Essai sur le principe de l'effet relatif des contrats*, thèse Paris II, éd. 1981 ; J. GHESTIN, *Traité de droit civil, Les Obligations. Le contrat, Formation*, 2e éd. *LGDJ*, 1988, 912s, n°768s ; J. GHESTIN, Ch. JAMIN et M. BILLIAU, *Traité de droit civil. Les obligations. Le contrat : Les effets*, 3e éd., L.G.D.J., 2001 ; J. FLOUR et J.-L. AUBERT, *Les obligations. Le contrat, formation, effets, actes unilatéraux, actes collectifs. 1. L'acte juridique*, 8e éd. *Armand Colin*, 1998, 394p, p.308s, n°430s ; J. FLOUR, J.-L. AUBERT et E. SAVAUX, *Les obligations. Le contrat, formation, effets, actes unilatéraux, actes collectifs. 1. L'acte juridique*, 14è éd. *Sirey/Dalloz*, 2010, 499p ; A. BENABENT, *Droit civil. Les obligations*, 9e éd. *Montchrestien*, 2003, 175s, 242s ; F. TERRÉ, Ph. SIMLER et Y. LEQUETTE, *Droit civil. Les obligations*, 9e éd. *Dalloz*, 2005, 486s, n°482s ; L. GRYNBAUM et J.-C. RICCI, *Droit civil. Les obligations*, *Hachette Supérieur*, 2005, 111s, n°267s. Cette prolifération d'écrits tantôt convergents tantôt divergents marque l'absence d'unanimité sur la question. Pas question d'épiloguer sur ces concepts tant controversés, mais plutôt de montrer en quoi le principe du civisme contractuel s'impose aux tiers. Cette démonstration suppose néanmoins que soit préalablement fixée la qualité de tiers au contrat.

contrat[947]. Concrètement, n'est pas tiers celui qui a exprimé son consentement à être lié par le contrat, que ce soit lors de sa formation (parties contractantes, qu'elle soit présente ou représentée) ou postérieurement à cette formation (parties liées à savoir les ayant cause universel, ayant cause à titre universel, cessionnaire du contrat, bénéficiaire ayant ratifié une promesse de porte-fort ou une stipulation pour autrui). En revanche, est tiers au contrat celui qui n'est tenu par aucun lien avec les contractants, encore appelé tiers absolu ou *penitus extranei.* Est également tiers celui qui sans avoir émis son consentement ou exprimé sa volonté à être lié par le contrat, se voit transmettre par un contrat des droits ou des biens déterminés (ayant cause à titre particulier, membre d'un groupe contractuel). Enfin, est tiers celui qui, tout en étant lié à une des parties au contrat, est dépourvu de toute sûreté réelle ou personnelle susceptible de garantir sa créance à l'encontre de ce contractant (créancier chirographaire). Ainsi, qu'il s'agisse de tiers absolus ou de tiers relatifs, le tiers reste tiers. On ne peut être à la fois tiers et partie. Un tiers peut néanmoins devenir partie au contrat. C'est cette conception large de la notion de tiers que nous retiendros.

324. En vertu de l'effet relatif des conventions, le principe du civisme contractuel s'impose implacablement aux tiers. Il arrive néanmoins que les parties saisissent volontairement certaines tierces personnes, à l'effet généralement de régler un litige né ou à naître entre les parties au contrat. Il s'agit du juge ou de l'arbitre[948]. Il convient alors de montrer en quoi le principe du civisme contractuel s'impose au juge (1.) et à l'arbitre (2.).

---

[947]Il faut distinguer la notion de partie au contrat à celle de parties contractantes. C'est cette dernière expression qui est utilisée dans le Code civil, et qui traduit les personnes qui sont intervenues à la relation contractuelle uniquement au moment de sa conclusion. La partie au contrat englobe non seulement ceux qui *ont pris part* au contrat, mais aussi ceux qui sont intervenus en cours d'exécution du contrat, on parle de *parties liées* au contrat.

[948]L'on aurait pu également nous interroger sur l'autorité du civisme contractuel à l'égard du législateur. Mais de tels développements s'avèrent stériles puisqu'en raison de sa nature de principe général du droit, qui n'ont pas valeur constitutionnelle, mais plutôt *«valeur supra-décrétale et infra-législative»* (R. CHAPUS, «De la valeur juridique des principes généraux du droit et des autres règles jurisprudentielles du droit administratif», *D.* 1966, chr., .99 ; P. DE MONTALIVET, «Les principes généraux du droit», *Juris-classeur administratif*, fasc. 38). les principes généraux du droit en général, et le principe du civisme contractuel en particulier ne sauraient s'imposer au législateur. Pour Jean-Louis BERGEL, il existe trois types de principes: les principes fondamentaux, plus précisément les *«principes fondamentaux reconnus par les lois de la République», les principes à valeur constitutionnelles et les principes généraux simples. Selon cet auteur, «Il parait cependant difficile maintenant, devant la jurisprudence du Conseil constitutionnel, de contester qu'il existe bien deux, voire trois catégories de*

1. L'autorité du civisme contractuel à l'égard du juge

325. Le principe du civisme contractuel s'impose au juge. D'après M. FLECHEUX, *«c'est un fait contemporain que le principe général intégré au droit positif est sanctionné par le juge. C'est le juge qui le constate»*[949], *«c'est leur consécration par la jurisprudence qui fonde l'autorité des principes généraux comme source de droit»*[950]. N'empêche que ces principes s'imposent également à lui[951]. Deux aspects sont importants à relever. Dune part, le principe met en exergue le contrat en tant qu'acte juridique. Cet acte ne peut être valable sans la volonté des contractants. Or, celle-ci s'impose au juge. Plusieurs dispositions générales (C. civ., art. 4 et 5) et principes directeurs du droit des contrats l'attestent[952]. Analyser cet aspect permettra

---

principes généraux dont les uns à valeur constitutionnelle ou même à caractère fondamental s'imposent au législateur lui-même et, a fortiori, au pouvoir réglementaire, tandis que les autres, principes généraux, simples si l'on veut, ne s'imposent qu'au pouvoir règlementaire, mais non au législateur» (in *Théorie générale du droit*, 3e éd. coll. Méthodes du droit, 1999, .94, n°79). Les « principes généraux simples » correspondent en réalité aux principes généraux du droit. Ces principes ont valeur législative et se situent par conséquent au dessus des actes administratifs du degré le plus élevé. Concrètement, ces principes ont valeur infra-législative et supra-décrétale. Ils s'imposent aux pouvoirs réglementaire et judiciaire. Le civisme contractuel n'est donc pas un principe fondamental reconnu par les lois de la République, encore moins un principe à valeur constitutionnelle. C'est un principe général du droit que le juge peut mettre en œuvre en s'inspirant des sources légales, doctrinales, jurisprudentielles ou coutumières. Les applications des principes déduits de l'autonomie de la volonté en sont une illustration. il lui est toujours subordonné (Contra P. JOXE, *op. cit.*, .11 : les principes généraux du droit sont des principes de valeur législative, que seul le législateur peut déroger. PORTALIS refuse d'admettre la légalité de tels principes au regard de la place qu'ils accordent à la loi. Il concevait mal que la raison particulière des hommes, contractants ou juge, puisse prévaloir sur la raison publique qu'est la loi (in J.-E.-M. DE PORTALIS, *Ecrits et discours juridiques et politiques*, coll. Centre de Philosophie du Droit, *PUAM*, 1988, .33).

[949]G. FLECHEUX, «L'avocat et les principes généraux du droit», in *Les dénominateurs communs entre les principes généraux du droit musulman et des droits arabes et les principes généraux du droit français*, octobre 2001, www.fsedu.usj.edu.lb/unte-usj., .3

[950]J. EL KARIM, « Les principes généraux de droit en matière pénale», in *Les dénominateurs communs entre les principes généraux du droit musulman et des droits arabes et les principes généraux du droit français*, *op. cit.*, .5.

[951]J.-L. SOURIOUX, «Le concept de principe général», in *Les dénominateurs communs entre les principes généraux du droit musulman et des droits arabes et les principes généraux du droit français*, *op. cit.*, 4

[952]Citons la liberté contractuelle, la force obligatoire du contrat, la relativité des conventions, la sécurité juridique, l'utile et le juste, le solidarisme contractuel, la croyance légitime.

d'épiloguer sur le rôle ou la place du juge en matière contractuelle. D'autre part, le principe du civisme contractuel met en exergue le contrat en tant qu'acte social. La validité de cet acte n'est pas limitée à la volonté des contractants. Elle suppose que cet acte soit conforme aux exigences de la société. S'il existe entre la loi et le contrat des rapprochements certains[953], le contrat n'est pas une norme[954]. Pourtant, le juge doit respecter l'impératif de conciliation des intérêts contractuels.

326. Peu importe donc que ces principes soient découverts par le juge ou consacrés par le législateur, le juge doit en assurer le respect tant par les contractats que par lui-même lorsque leur substance s'en trouve menacée ou atteinte. Il doit respecter ce principe parce qu'il est celui qui l'intègre dans l'ordre juridique. Aller à l'encontre de ses propres œuvres n'est pas bienvenu et source d'insécurité juridique. Le juge est soumis au respect de ce principe parce qu'il y a des intérêts essentiels à préserver. Il ne saurait ni suppléer sa volonté à celle des parties, ni défier la volonté sociale, ou encore s'arroger du pouvoir de créer la loi, fut-ce-t-elle contractuelle. Il doit la respecter et la faire respecter. Dans cette perspective, le rôle du juge se limiterait à la recherche de la conformité entre les intérêts des contractants et l'intérêt général de la société. Il ne lui revient pas de faire passer sa volonté propre en lieu et place de la volonté des contractants et celle de la société. Comme l'observe le doyen VEDEL, *«les principes généraux sont dans une certaine mesure l'œuvre du juge qui les dégage de la gangue du milieu juridique ; ils ne sont pas arbitraires car ils sont extraits du droit positif existant à un moment donné»*[955]. Même si le juge se prononce sur la base de l'équité, de la justice, de l'éthique ou même de la morale, ce n'est pas de sa volonté que résultent ces impératifs. Ceux-ci sont le reflet des exigences profondes de la société dans laquelle il se trouve. Juger selon sa propre volonté serait allé à l'encontre des volontés contractuelles et des intérêts catégoriels en présence.

---

[953]Ph. JESTAZ, «La loi et le contrat», Rapport de synthèse présenté au colloque sur *La loi et le contrat* organisé à Toulouse le 16 mars 2001 sous la direction de Thierry REVET, in *Autour du droit civil. Ecrits dispersés- Idées convergentes*, *Dalloz*, 2005, .397-410.

[954]N. MOLFESSIS, «Les sources constitutionnelles du droit des obligations», in *Le renouvellement des sources du droit des obligations*, Actes du colloque, Association Henri Capitant, Tome I, Lille, 1996, .94, n°34.

[955]G. VEDEL, note sous CE, Ass., 4 avril 1952, Syndicat régional des quotidiens d'Algérie, JCP 1952.II.7138.

2. L'autorité du civisme contractuel à l'égard de l'arbitre : l'obligation de révéler les causes de conflits d'intérêts

327. Le principe du civisme contractuel s'impose à l'arbitre. Ce dernier ne détient son pouvoir que de la volonté des contractants[956]. Par le biais d'une clause compromissoire lorsque le différent n'est pas encore né, ou d'un compromis lorsque le litige est déjà né, les contractants peuvent convenir de régler leur différend en recourant à l'arbitre, qui statuera conformément à la loi ou par amiable composition. Dans ce dernier cas notamment, le juge a l'obligation de statuer en équité ; autrement dit, de régler le litige contractuel en préservant tous les intérêts catégoriels en présence. De la sorte, il n'est pas question pour l'arbitre de rechercher absolument un gagnant ou un perdant, mais de rendre une sentence qui satisfasse les intérêts de tous. Actuellement, il existe un fléau qui mine l'arbitrage: celui des conflits d'intérêts entre l'arbitre et l'un des contractants ou son conseil[957]. Pour éradiquer ce fléau, la loi et le juge soumettent l'arbitre au respect d'une obligation qui participe du civisme contractuel : l'obligation de révéler les causes des conflits d'intérêts. En révélant les causes des intérêts dans le cadre du litige qu'il est appelé à trancher, l'arbitre concourt inéluctablement à la conciliation des intérêts catégoriels en présence. Il s'agit dans un premier volet de trouver une solution satisfaisante pour les contractants, et dans un second d'assainir la fonction arbitrale reconnue dans les ordres juridique nationaux, régionaux et internationaux afin de garantir la sécurité juridique et la promotion des investissements.

328. L'expression «conflit d'intérêts» désigne une situation avérée ou apparente dans laquelle un individu ou une organisation est soumise à des intérêts multiples du fait des fonctions ou des responsabilités occupées dans des institutions publiques, dans une entreprise, une association, une fondation, etc. Ces intérêts multiples peuvent entrer en opposition et corrompre les décisions ou la façon d'agir. En laissant faire, il est certain que tous les intérêts catégoriels en présence ne seraient pas préservés, du moins comme il se doit. Le droit européen et le droit de l'OHADA ne sont pas indifférents à cette situation.

Le droit européen, du moins celui issu du Conseil de l'Europe, prend en considération cette expression dans sa Recommandation n°R (2000)10 du

---

[956] S'agissant des personnes publiques, voir notamment R. NEMEDEU, «La recherche du critère d'arbitralité des litiges concernant les personnes morales de droit public en droit OHADA», vol. 6, n°1, *RASJ*, 2009, pp. 45-73.

[957] En droit de l'OHADA spécialement, l'immunité diplomatique conférée par l'article 49 du Traité aux arbitres désignés par la CCJA devrait être supprimé puisqu'elle est contraire au principe d'égalité entre les parties. En ce sens, voir Ph. LEBOULANGER, «L'arbitrage et l'harmonisation du droit des affaires en Afrique», *Rev. Arb.*, 1999, n°3, pp.541-591.

Comité des ministres sur les codes de conduite pour les agents publics du 11 mai 2000. D'après cette dernière, *«un conflit d'intérêts naît d'une situation dans laquelle un agent public a un intérêt personnel de nature à influer ou paraître influer sur l'exercice impartial et objectif de ses fonctions officielles. L'intérêt personnel de l'agent public englobe tout avantage pour lui-même ou elle-même ou en faveur de sa famille, de parents, d'amis ou de personnes proches, ou de personnes ou organisations avec lesquelles il ou elle a ou a eu des relations d'affaires ou politiques. Il englobe également toute obligation financière ou civile à laquelle l'agent public est assujetti».* Cette définition peut être étendue à toutes les sphères d'activités, y compris la sphère contractuelle.

Le droit de l'OHADA va encore plus loin puisqu'il consacre dans ses articles 6[958] et 7[959] de l'AUDA l'obligation d'indépendance, d'impartialité et de neutralité de l'arbitre[960]. Cette obligation se traduit aujourd'hui par l'obligation qu'ont les arbitres de révéler toute circonstance susceptible d'être regardée comme affectant son impartialité ou son objectivité. Il ne s'agit point d'une faculté, mais d'une obligation justifiée par la nécessité de concilier tous les intérêts en présence.

329. Les exemples de manifestations de conflit d'intérêts sont nombreux et variés. L'on cite notamment les opérations entre apparentés[961], le délit d'initié[962], le népotisme et le favoritisme politique[963], l'acceptation de la part d'un décideur de cadeaux ayant une valeur plus que symbolique ou de pots-de-vin offerts par des personnes pouvant être concernées par une décision ou un jugement, le conflit de mission lorsque deux responsabilités sont exercées simultanément alors qu'elles peuvent entrer en conflit. Les exemples dans ce dernier cas sont monnaie courante. Un cabinet d'avocat qui défend simultanément le plaignant et le défenseur dans une même action en

---

[958]D'après ce texte, *«La mission d'arbitre ne peut être confiée qu'à une personne physique. L'arbitre doit avoir le plein exercice de ses droits civils, demeurer indépendant et impartial vis-à-vis des parties».*

[959]Cf. alinéas 1 et 2: *« (1) L'arbitre qui accepte sa mission doit porter cette acceptation à la connaissance des parties par tout moyen laissant trace écrite. (2) Si l'arbitre suppose en sa personne une cause de récusation, il doit en informer les parties, et ne peut accepter sa mission qu'avec leur accord unanime et écrit».*

[960]Règlement d'arbitrage de la CCJA, art. 4 ; Règlement d'arbitrage du centre d'arbitrage du GICAM, art. 10 s.

[961]Décision affectant ses propres intérêts financiers ou ceux d'un membre de sa propre famille. Le fait par exemple de choisir un fournisseur avec lequel on a soit même un intérêt, en tant que gérant ou actionnaire.

[962]Le fait pour l'employé d'une entreprise d'effectuer des transactions boursières au détriment des actionnaires.

[963]L'octroi de contrats ou nominations à des postes de responsabilité.

justice. Il en est de même pour un expert nommé par un ministère et rémunéré par une entreprise pouvant être concernée par son rapport.

Le conflit d'intérêts apparaît ainsi chez une personne qui doit accomplir une fonction d'intérêt général et dont les intérêts personnels sont en concurrence avec sa mission. La fonction d'intérêt général ici peut consister en la fonction quasi-juridictionnelle d'arbitrage, tandis que l'intérêt personnel de l'arbitre résulte de la mission qu'il tient des contractants ainsi que des relations que ce dernier entretiendrait avec l'un des contractants ou son conseil sans tenir l'autre contractant informé. Il est plus fréquent dans certaines professions réglementées qui mettent alors en place une charte de déontologie afin de faire respecter les règles de neutralité ou d'impartialité. Ces critères de neutralité, d'impartialité et d'indépendance sont le gage d'une bonne justice et d'une meilleure conciliation des intérêts en présence. Il est donc nécessaire que ces circonstances soient révélées aux contractants soit lors du choix de l'arbitre, soit lors de la mise en place du tribunal arbitral, soit encore en cours d'instance arbitrale afin de leur permettre d'exercer, le cas échéant, leur droit de récusation. Faute de se conformer à cette obligation, l'arbitre peut être sanctionné.

330. La sanction de la violation de l'obligation de révélation des causes de conflits d'intérêts et d'autres règles éthiques dans les contentieux d'affaires est garantie par la CCJA, les juges nationaux européens et les juges régionaux de droit commun. L'annulation de la sentence rendue, l'exposition de l'arbitre aux actions en responsabilité contractuelle, indépendamment des actions de nature pénale sont autant de sanctions qui peuvent être retenues contre l'arbitre par le juge. Il est en effet admis de longue date que *«l'indépendance et l'impartialité de l'arbitre... sont de l'essence même de la fonction arbitrale»*[964]. En vérité, la mission d'arbitre exige la plus grande neutralité. Il lui appartient alors, avant d'accepter sa mission, de révéler toute circonstance susceptible d'affecter son indépendance ou son impartialité. Il doit également révéler sans délai toute circonstance de même nature qui pourrait naître après l'acceptation de sa mission. Un courant d'affaires entre l'arbitre et l'avocat[965] ou le constat de relations d'intérêt ni occasionnelles, ni éloignées dans le temps[966] doivent être considérés comme des circonstances

---

[964]Civ. 1ère, 16 mars 1999, D. 1999. Jur. 497, note P. Courbe.

[965]Paris, 10 mars 2011, arrêt Tecso, RG 09/28537, D. 2011. Pan. 3023, obs. T. Clay. La première chambre civile vient de casser cet arrêt en considérant que, sans expliquer en quoi ces éléments étaient de nature à provoquer dans l'esprit des parties un doute raisonnable quant à l'impartialité de l'arbitre, la Cour d'appel n'avait pas mis la Cour de cassation en mesure d'exercer son contrôle sur la décision.

[966]Paris, 9 septembre 2010, RG n°09/16182, Cts Allaire: *«le défaut d'indépendance peut résulter des rapports qu'un arbitre entretient non seulement avec l'une des parties à l'instance, mais également avec son conseil, dès lors qu'il s'agit de*

de nature à faire raisonnablement douter de l'indépendance de l'arbitre. Dans un arrêt du 2 novembre 2011, rendu sur renvoi après cassation, les juges ont annulé la sentence CCI du 10 décembre 2007, en considérant qu'il revient à l'arbitre, à tout moment de la procédure arbitrale, de révéler toute circonstance pouvant faire naître un doute raisonnable quant aux qualités impératives d'impartialité et d'indépendance. Dans un arrêt récent, la Cour de cassation française a cassé et annulé l'arrêt de la Cour d'appel de Bordeaux au motif *«qu'il appartenait à l'arbitre, avant d'accepter sa mission, de révéler toute circonstance susceptible d'être regardée comme affectant son impartialité afin de permettre à la partie d'exercer, à bref délai, s'il y a lieu, son droit de récusation»*[967]. La Cour d'appel de Paris a aussi fait droit à la demande du Cameroun de voir une sentence intermédiaire conflictée rendue par un tribunal arbitral annulée parce que - postérieurement à la sentence intermédiaire - il s'est révélé que des liens préexistaient entre un arbitre et le conseil d'une partie[968]. Cette Cour d'appel dont la jurisprudence jouit d'une forte autorité en droit de l'arbitrage, érige ainsi l'exigence d'impartialité objective de l'arbitre en un véritable droit fondamental qui garantit les contractants, même après l'expiration du délai de recours ouvert contre la sentence. Aujourd'hui, plusieurs affaires sont révélatrices de cette exigence. L'on cite notamment le très célèbre arbitrage TAPIE qui constitue une actualité brûlante en France.

331. Toujours dans le but de concilier les intérêts de toutes les parties prenantes à l'arbitrage, les juges semblent plus exigeants sur la question de la preuve et des circonstances de la violation de l'obligation de révéler les causes de conflit d'intérêts. Par un arrêt du 4 juillet 2012, la haute juridiction française a décidé que si l'arbitre est tenu de *«révéler aux parties toute circonstance de nature à affecter son jugement et à provoquer dans l'esprit des parties un doute raisonnable sur ses qualités d'impartialité et d'indépendance»*, il n'est pas tenu de révéler dans sa déclaration d'indépendance qu'il *«a assisté en tant qu'avocat, sans intervenir comme orateur, à un colloque»* organisé par un tiers auquel a participé une partie à l'arbitrage[969]. Dans une autre espèce, elle a décidé que le simple fait pour un arbitre de ne pas révéler un fait n'ouvre pas automatiquement droit à l'annulation de la sentence arbitrale[970]. Selon cette Cour, il faut encore établir en quoi la non révélation de *«ces éléments étaient de nature à provoquer*

---

relations d'intérêts et qu'elles ne revêtent pas un caractère purement occasionnel», note P. Pinsolle, Bull. ASA 2011. 197, 29(1) ; D. 2010. 2933, spéc. 2939, obs. T. Clay.

[967] Cass. civ 1, 1er février 2012.

[968] CA Paris, 21 février 2012, RG : 10/06953.

[969] Cass. civ., 4 juillet 2012, pourvoi n°11-19.624, arrêt n°811.

[970] Arrêt n°1072 du 10 octobre 2012.

dans l'esprit des parties un doute raisonnable quant à l'impartialité et à son indépendance». Ces solutions heureuses, qui précisent les contours de cette obligation, mériteraient d'être prises en compte par le juge de l'OHADA, lorsqu'il est saisi d'un tel litige.

Le civisme contractuel fait de ce dernier un véritable principe général du droit des contrats. Mais, loin d'être exclusivement un principe général du droit des contrats, le civisme contractuel serait davantage un principe complémentaire des contrats.

SECTION II. LE CIVISME CONTRACTUEL: UN PRINCIPE COMPLEMENTAIRE EN DROIT DES CONTRATS

332. Est complémentaire ce qui complète, ce qui vient s'ajouter à d'autres choses de même nature pour les compléter. Dire du civisme contractuel qu'il est un principe complémentaire revient à montrer qu'il ne se substitue pas aux principes existants, mais s'ajoute à eux dans le but, non de les effacer ou de les concurrencer, mais plutôt de les compléter. Cette situation peut soulever quelques interrogations tenant à la reconnaissance de ce principe en droit des contrats. Il conviendra d'aborder la complémentarité du civisme contractuel d'avec les autres principes actuels en droit des contrats (§1) avant d'envisager la question de sa consécration textuelle (§2).

§1. La complémentarité du civisme contractuel vis-à-vis des principes actuels

333. *«Il est rare (...) qu'une situation juridique soit entièrement dominée par un seul principe. La vie juridique est toujours soumise à l'influence conjuguée de plusieurs principes différents qui ont, les uns par rapport aux autres, des rôles techniques déterminés pour la solution juridique qui doit en résulter»*[971]. Pendant très longtemps, le droit des contrats a été entièrement régi par le principe de l'autonomie de la volonté. Avec l'avènement du machinisme et du développement à outrance des techniques modernes de la fin du 19e siècle et du début du 20e siècle, ce principe s'est émoussé en faveur d'une conception beaucoup plus sociale et utilitariste du contrat. Impulsé par la volonté du législateur d'intervenir un peu plus dans les relations privées, les thèses utilitaristes, de justice et de solidarité ont envahi le contrat, atténuant ainsi de manière significative le monopole de la volonté des parties au contrat. D'autres principes se sont

---

[971] J.-L. BERGEL, *op. cit.*

ainsi ajoutés dans le but de régir le contrat en marge du principe de l'autonomie de la volonté[972]. Il s'agit pour l'essentiel du volontarisme social (Jean-Luc AUBERT et Eric SAVAUX)[973], du positivisme contractuel (Hans KELSEN et Georges ROUHETTE)[974], de l'utile et du juste (Jacques GHESTIN)[975], de la confiance légitime[976] et du solidarisme contractuel.

---

[972]Cette doctrine est abondante et ses applications jurisprudentielles innombrables. Ce n'est pas le lieu ici de la présenter. Pour plus de développements, voir notamment E. GOUNOT, *Le principe de l'autonomie de la volonté en droit privé. Contribution à l'étude critique de l'individualisme juridique*, éd. *Arthur Rousseau*, Paris, 1912, 470p ; V. RANOUIL, *L'autonomie de la volonté : naissance et évolution d'un concept*, *PUF*, 1980, 165p.

[973]Défendue par Jean Luc AUBERT et surtout Eric SAVAUX, la théorie du volontarisme social a un fondement mixte. Elle est à la fois volontariste, et légale. D'après ces auteurs, la volonté n'a pas un pouvoir égal à celui de la loi, mais elle a un pouvoir délégué par la loi et réglementé par elle. Cf. E. SAVAUX, *La théorie générale du contrat, mythe ou réalité ?,* sous la direction de Jean Luc AUBERT, thèse, Paris 1, 1993, 424p ; J. FLOUR, J.-L. AUBERT et E. SAVAUX, *Les obligations, 1. L'acte juridique*, Paris, *A. Colin*, coll. U, 11è éd., 2004.

[974]D'après ce principe développé par Georges ROUHETTE en 1965, la loi est le régulateur des centres d'intérêts que représentent les parties. Cette conception voit dans l'échange des consentements le critère du contrat. Cf. G. ROUHETTE, *Contribution à l'étude critique de la notion de contrat*, thèse dactyl., Paris, 1965, 381 p.

[975]Cette théorie a été ébauchée au début du XXè siècle, puis approfondie par Jacques GHESTIN dès 1982. D'après ce dernier, ce n'est pas l'autonomie de la volonté qui rend le contrat obligatoire, la loi ne donne cette force obligatoire au contrat que parce qu'il est utile et juste. Il s'agit d'une sorte de compromis entre l'autonomie de la volonté et le positivisme contractuel. Pour plus de détails, voir J. GHESTIN, « L'utile et le juste dans les contrats », *D.* 1982, *Chron.* p. 1 ; du même auteur, « L'utile et le juste », *Arch. phil. droit*, 1981.

[976]Sur ce phénomène, voir notamment X. DIEUX, *Le respect dû aux anticipations légitimes d'autrui. Essai sur la genèse d'un principe général de droit*, *Bruylant*, 1995 ; C. CALMES, *Du principe de la protection de la confiance légitime en droits allemand, communautaire et français*, *D.* 2001 ; D. HOUTCIEFF, *Le principe de cohérence en matière contractuelle*, *PUAM* 2001 ; J. CALAIS-AULOY, «L'attente légitime, une nouvelle source de droit subjectif?» Mélanges Y. Guyon, *D.* 2003, p.171 ; B. FAUVARQUE-COSSON (dir.), *La confiance légitime et l'Estoppel*, *SLC* 2007 ; du même auteur «L'estoppel du droit anglais », in M. BEHAR-TOUCHAIS (dir.) *L'interdiction de se contredire au détriment d'autrui*, *Economica*, 2001, p. 15 ; P. LOKIEC, «Le droit des contrats et la protection des attentes», *D.* 2007, Chr., p.321 ; P. S. ATIYAH, «L'évolution du droit anglais de l'accord vers la reliance et l'exclusion de la responsabilité pour vices dans la vente de marchandises», in D. Tallon et D. HARRIS (dir.), Le contrat aujourd'hui: comparaisons franco-anglaises, LGDJ, 1987, p.57 ; H. MUIR-WATT, « Reliance et définition du contrat», Dialogues avec M. Jeantin, *D.* 1999, p.57 ; du même auteur «Pour l'accueil de l' «estoppel»

Mais, ces principes ont l'inconvénient majeur de mettre essentiellement l'accent sur la volonté sociale au détriment de la volonté individuelle, source des obligations contractuelles. Leur efficacité en matière contractuelle était donc à repenser. C'est sans doute cette situation d'incertitude et d'hésitation qui a justifié l'érection de droits et obligations tournés vers la satisfaction de tous les intérêts en présence dans un contrat, laquelle suppose une prise en compte des volontés individuelles et de la volonté sociale. Ces droits et obligations, expression du civisme contractuel, sont effectifs en droit européen et de l'OHADA. Deux principes semblent aujourd'hui dominer la scène contractuelle, du moins sur le plan doctrinal. Il s'agit d'une part de l'ancien principe de l'autonomie de la volonté, encore désigné libéralisme contractuel (A.) ; et d'autre part du récent principe du solidarisme contractuel (B.). L'examen de la complémentarité du civisme contractuel par rapport à ces principes s'impose donc inexorablement.

A. Civisme contractuel et autonomie de la volonté, deux principes complémentaires

334. Le mot « autonomie » est formé de deux mots grecs : *autos* (soi-même) et *nomos* (loi). L'autonomie de la volonté apparait ainsi comme un principe tiré de la philosophie individualiste et de la doctrine économique libérale du 18è siècle selon lequel l'autonomie naturelle des individus les empêche de se soumettre à une volonté autre que la leur[977]. L'origine directe de l'autonomie de la volonté est rattachée à GROTIUS au début du 17è siècle. Pourtant, l'expression d'autonomie est apparue en 1899 sous la plume du doyen GÉNY. Son application à la théorie générale du contrat revient à admettre qu'il existe une loi que la volonté individuelle se fait elle-même, c'est-à-dire un domaine réservé à l'individu, non soumis à la souveraineté de la loi générale. Cela se traduit autrement par l'idée que le contrat, accord des volontés, est la source de droit par excellence, se suffisant à elle-même. De nombreuses règles du droit contractuel ont été déduites du principe de l'autonomie de la volonté. La volonté est alors considérée non seulement comme le fondement de la validité du contrat, à travers la liberté contractuelle et le consensualisme, mais également comme le fondement des effets du contrat par le biais de la force obligatoire du contrat et son effet relatif. L'idée d'autonomie de la volonté a été poussée à ses plus extrêmes conséquences par certains auteurs comme Alfred FOUILLÉE à travers sa formule célèbre *«qui dit contractuel dit juste»*. Le civisme contractuel en

---

en droit privé français», Mélanges en l'honneur d'Y. Loussouarn, *D.* 1994, p.303 ; A. MEINERTZHAGEN-LIMPENS, «La reliance dans le droit de la common law des contrats», Mélanges P. Van Ommeslaghe, *Bruylant*, 2001.

[977]Emmanuel KANT et Jean-Jacques ROUSSEAU ont été les principaux artisans de cette philosophie.

revanche, comme nous l'avons montré, est un ensemble de droits et d'obligations permettant de concilier les intérêts particuliers des contractants à l'intérêt général de la société. Ainsi présenté, il parait difficile de trouver un rapport entre l'autonomie de la volonté, qui fait prévaloir la volonté individuelle du contractant, et le civisme contractuel, axé sur la recherche d'une conciliation des intérêts contractuels. En réalité, que ce soit en droit européen ou en droit de l'OHADA des contrats, le civisme contractuel est un principe complémentaire de l'autonomie de la volonté en ce sens qu'il vient s'ajouter à ce dernier dans le but de le compléter. Aucun des principes régissant jusqu'alors le droit des contrats n'étant unanimement satisfaisant, plusieurs éléments permettent de s'en convaincre.

335. D'une part, l'autonomie de la volonté met exclusivement l'accent sur la volonté du contractant, que ce soit pendant ou après la formation du contrat. Le civisme contractuel n'est pas insensible à cette volonté. Elle y occupe d'ailleurs une place de choix. Le civisme suppose en effet le respect de la parole donnée. Pourtant, contrairement à l'autonomie de la volonté, le civisme contractuel ne se limite pas à la volonté du contractant, il prend également les autres volontés contractuelles en considération. Il s'agit de la volonté du cocontractant et celle de la société. La volonté du cocontractant n'est pas celle du contractant. Ces dernières peuvent se rapprocher, mais elles ne sont pas identiques. Chaque contractant exprime sa volonté dans l'idée de satisfaire son intérêt. Celui-ci devient la raison d'être de sa volonté. Il ne s'agit pas nécessairement de voler au secours du cocontractant ou de la société au détriment de soi, mais surtout d'éviter de porter atteinte à l'intérêt du cocontractant et de la société à travers ses faits et actes. Le principe de la révocation conventionelle du contrat en est une illustration majeure.

Ce qu'il faut constater, pour s'en réjouir, c'est que la volonté contractuelle détermine l'intérêt contractuel. Et l'intérêt contractuel garantit la volonté contractuelle. Le lien entre la volonté des contractants et leurs intérêts respectifs n'est donc pas un lien d'exclusion, mais plutôt d'inclusion, car le premier participe du second, et vice versa. Le civisme contractuel apparait donc comme un principe complémentaire de l'autonomie de la volonté. Il ne se limite d'ailleurs pas à la volonté des contractants car au-delà de cette volonté, le civisme postule davantage une conformité des volontés particulières à la volonté sociale.

336. D'autre part en effet, l'autonomie de la volonté ne saurait se départir de la volonté sociale, expression inextricable du civisme contractuel. Il ne s'agit pas à proprement parler d'une démarcation majeure entre ces deux principes. Longtemps, on a voulu faire croire que la volonté contractuelle était la source de l'obligation par excellence, se suffisant à elle-même. En réalité, l'idée de la volonté sociale transparaissait déjà dans le

Code civil de 1804 car d'après son article 1134 alinéa 1er, *«les conventions légalement formées tiennent lieu de loi à ceux qui les ont faites»*. Jean Pascal CHAZAL l'a bien constaté, *«la clé se trouve dans la signification du mot loi»*[978]. Le recours à l'adverbe «*légalement*» n'est donc pas anodin. Il traduit cette impérieuse nécessité d'assurer la conformité de la volonté des contractants à la volonté de la société dans laquelle opère le contrat. La réalité sociale a également démontré, dès le XIXè siècle, que la volonté individuelle n'était pas suffisante pour la protection des intérêts contractuels, la volonté sociale constituant également un levier essentiel. Comme le souligne le doyen CARBONNIER, l'exigence sociale conditionne la validité du contrat. Il ne suffit pas pour les contractants de préserver leurs intérêts respectifs à travers l'expression de leur volonté, mais d'assurer également leur sauvegarde en les conciliant à l'intérêt général de la société. A travers le civisme contractuel, il est question de protéger tout contractant dont les intérêts seraient en détresse, et non pas de protéger les intérêts d'un contractant supposé faible, comme le postule le solidarisme contractuel.

B. Civisme contractuel et solidarisme contractuel, deux principes complémentaires

337. Le civisme contractuel regroupe à tous les stades du processus contractuel des droits et obligations permettant de concilier les intérêts particuliers des contractants à l'intérêt général de la société. La doctrine du solidarisme contractuel en revanche est entendue comme l'union des contractants en vue de l'atteindre d'un but commun[979]. C'est ce que soulignait son précurseur, René DÉMOGUE, lorsqu'il observe que *«les contrats forment une sorte de microcosme»*, c'est-à-dire *«une petite société où chacun doit travailler dans un but commun, qui est la somme des buts individuels, poursuivis par chacun, absolument comme dans la société civile ou commerciale. Alors, à l'opposition entre le droit du créancier et l'intérêt du débiteur, tend à se substituer une certaine union»*[980]. Le solidarisme contractuel a fait couler beaucoup d'encre ces dernières décennies. Si ses partisans sont rares et teigneux, ses opposants sont farouches et nombreux.

---

[978]J.-P. CHAZAL, «De la signification du mot loi dans l'article 1134 alinéa 1er du code civil», *RTD. civ.*, avril-juin 2001, . 265-283.

[979]A.-S. COURDIER-CUISINIER, *Le solidarisme contractuel*, éd. *Litec*, 2006, 741p.

[980]*Traité des obligations*, tome VI, 1931, n°3.

338. Pour les premiers, le solidarisme contractuel n'est pas une utopie en droit des contrats ; il est une réalité[981]. Ses manifestations légales et jurisprudentielles sont diverses et variées[982]. Il s'agit notamment de la vigueur de l'ordre public de protection, l'ampleur de l'exigence de bonne foi, l'entraide dans la formation et l'exécution du contrat, l'enracinement progressif de l'obligation de coopération ou de collaboration, la mise à l'écart des clauses abusives, la bonne foi dans l'invocation de la clause résolutoire, l'obligation de renégocier en présence d'un déséquilibre économique imprévisible ou ruineux, etc… Les partisans de cette doctrine l'ont opposé à la toute puissance de la volonté afin de retrouver l'équilibre contractuel rompu, de satisfaire les intérêts des contractants et ceux de la société. En tant qu'être humain, l'homme ou le contractant en particulier aurait une « dette sociale » envers la collectivité. Les nombreuses manifestations du solidarisme contractuel n'ont cependant pas occulté les innombrables critiques dont il a été l'objet.

339. Pour les seconds, les hommes étant libres et égaux, ils sont seuls responsables de leurs engagements. En revanche, le solidarisme contractuel multiplie des interventions législative et judiciaire dans la sphère

---

[981]Sur ce phénomène, voir Ch. JAMIN, note sous Civ. 1ère, 31 janvier 1995, D. 1995, p. 390, 1ère col. ; du même auteur: «Réseaux intégrés de distribution : de l'abus dans la détermination du prix au contrôle des pratiques abusives», *JCP* 1996.I. 3959, n°7 ; «Révision et intangibilité du contrat ou la double philosophie de l'article 1134 du Code civil», *Dr. et Patr.*, mars 1998, n°58, p. 46 et s, p.55-57 ; «Plaidoyer pour un solidarisme contractuel», in *Le contrat au début du XXIe siècle*, Mélanges J. GHESTIN, *LGDJ*, 2001 ; A.-S. COURDIER-CUISINIER, *Le solidarisme contractuel*, *Litec*, 2006, 741p ; L. GRYNBAUM et M. NICOD (dir), *Le solidarisme contractuel*, *Economica*, 2004, 206 p. ; D. MAZEAUD, «Loyauté, solidarité, fraternité: la nouvelle devise contractuelle ? In L'avenir du droit », Mélanges en hommage à F. Terré, *Dalloz* 1999 (2000), .603-634 ; du même auteur «Les nouveaux instruments de l'équilibre contractuel. Ne risque-t-on pas d'aller trop loin?», in *La nouvelle crise du contrat*, Actes du colloque organisé le 14 mai 2001 par le Centre René Démogue de l'Université de Lille II, Dalloz, 2003 ; «La réduction des obligations contractuelles», in *Que reste-t-il de l'intangibilité du contrat ?,* Colloque organisé le 28/11/1997 par le Centre de droit de la consommation et des contrats de l'Université de Chambéry, Rev. Droit et Patrimoine, mars 1998, n°58s, .58-68 ; «Le principe de proportionnalité et la formation du contrat», in *Existe-t-il un principe de proportionnalité en droit privé ?* P.A., n°117, 30/09/1998 ; «La loi du 1er Février 1995 relative aux clauses abusives : véritable reforme ou simple reformette?», *Dr. et patr.*, juin 1995, .42s ; C. THIBIERGE, «Libres propos sur la transformation du droit des contrats», *RTD. civ.* 1997, p.357 et s.

[982]Pour les manifestations du solidarisme contractuel dans les contrats d'intégration, voir F. De BOÜARD, *La dépendance économique née d'un contrat*, *LGDJ* 2007, Bibl. de l'Institut André Tunc, préf. G. Viney.

contractuelle en mettant l'accent sur la protection de la partie faible. De la sorte, il apparait comme une doctrine n'ayant pas une grande vision de l'homme, qui mêle la morale et le droit, manque d'autonomie, et *«sape la force obligatoire du contrat et donc la sécurité des transactions»*[983]. Il est source d'arbitraire car il fait du juge le ministre d'équité[984]. La fraternité et la solidarité qui la caractérisent sont sujettes à caution.

Pourtant, le doyen RIPERT avait déjà souhaité la prise en compte par le droit de l'idée de fraternité. Il déplorait que *«l'assistance fraternelle»*[985], l'un des préceptes de la morale chrétienne, n'ait pas encore pu réussir à devenir une règle de droit. Même Alfred FOUILLÉE avait fait de la fraternité la source première de la justice contractuelle. D'après ce dernier, *«nous sommes tous frères... qui dit contractuel dit juste»*[986]. Pour certains auteurs, *«Il n'y a pas une disposition du code civil qui ne tende à rapprocher les citoyens (dont le contractant) les uns des autres»*[987]. Par exemple, *«La bonne foi de l'article 1134, c'est, répétons-le, la bonne volonté, la loyauté, le souci de se dépenser au profit de son cocontractant,*

---

[983]J. CEDRAS, «Le solidarisme contractuel en doctrine et devant la Cour de cassation», file://E:\2-etude-M-Cedras.htm, 16 octobre 2006.

[984]Pourtant, aux dires de l'un des chefs de file du courant solidariste, *« le projet solidariste n'a jamais consisté, ... à livrer le contrat, pieds et poings liés au juge. On a beau lire et relire les écrits solidaristes ..., on n'y découvre aucun appel à une immixtion généralisée du juge dans le contrat. Certes, via l'extension du devoir de bonne foi qu'ils préconisent, les auteurs solidaristes concèdent que l'intervention du juge sera mécaniquement accrue, mais pour autant ils ne militent pas pour une judiciarisation systématique du contrat, loin s'en faut, ne serait-ce que parce que le devoir de bonne foi ne se substitue pas aux principes de liberté, d'irrévocabilité et d'intangibilité contractuelles, mais qu'il s'y ajoute simplement. ... Si les solidaristes réclament un rôle accru du juge, c'est, d'abord, pour tempérer les abus et les excès engendrés par la liberté unilatérale qui préside à certaines relations contractuelles, ensuite, pour encadrer des relations contractuelles spécifiques qui ne correspondent pas à la structure à partir de laquelle a été édifiée la théorie générale du contrat, enfin pour résoudre des crises contractuelles par hypothèse exceptionnelles. Pas d'appel donc à l'invasion judiciaire du contrat, simplement une ingérence exceptionnelle du juge quand les circonstances l'exigent»* (D. MAZEAUD, «La bataille du solidarisme contractuel: du feu, des cendres, des braises...», *op. cit.*).

[985]*La règle morale dans les obligations civiles*, *op. cit.*, .29, n°18.

[986]Dans d'autres domaines, Martin LUTHER KING l'a également observé en ces termes: *«nous devons apprendre à vivre ensemble comme des frères et sœurs, sinon nous mourons ensemble comme des idiots».*

[987]Tribun SEDILLEZ, cité par Marie-Hélène MALEVILLE-COSTEDOAT, «L'interprétation des contrats mal rédigés et la formation actualité des règles d'interprétation du code civil», www.institut-idef.com.

de collaborer avec lui, de lui faciliter la tâche, en un mot de l'aimer comme un frère»[988].

Plusieurs auteurs en revanche rejettent très amèrement l'idée d'angélisme ou de fraternité contractuelle[989]. Le doyen CARBONNIER, MM. LEQUETTE, TERRÉ et SIMLER par exemple reprochent au solidarisme contractuel de reposer sur une appréhension angélique et irénique du contrat[990]. Pour Jean-Pascal CHAZAL, *«parler d'amour, d'amitié ou de fraternité à propos de rapports contractuels, c'est, d'une part, galvauder des sentiments nobles et élevés et, d'autre part, se méprendre sur la nature réelle des liens qui se nouent entre contractants. [...] La fraternité entre contractants, de par son irréalité, est à la fois inutile et perverse, au sens étymologique du mot [...]. Plutôt que de se bercer d'illusions en espérant, ou en tentant d'imposer, que les contractants se traitent comme des frères, mieux vaut tenir compte de cette réalité brutale qu'ils n'en sont pas et n'en seront jamais ; intérêts et maximiser son avantage»*[991]. Encore que *«contracter ce n'est pas entré en religion, ni même communier dans l'amour de l'humanité, c'est essayer de faire ses affaires»*[992]. Sur l'opportunité de parler de contrat, Mme FRISON-ROCHE observe que *«lorsque les volontés ne se croisent pas comme deux lames mais s'écoulent ainsi angéliquement vers le même horizon d'un intérêt commun»*[993]. Très récemment, d'autres auteurs ont martelé que l'idée d'un solidarisme contractuel instillerait dans le droit des contrats le venin de l'imprévisibilité et de l'insécurité[994].

---

[988]A. SÉRIAUX, *Droit des obligations*, 2e éd. *PUF*, 1998, n°55 ; voir également C. THIBIERGE-GUELFUCCI, «Libres propos sur la transformation des contrats », *RTD. civ.*, 1997, .357, et spéc, .382.

[989]A ces auteurs, il faut ajouter d'autres qui évoquent le solidarisme contractuel de manière critique: O. PENIN, *La distinction de la formation et de l'exécution du contrat*, *L.G.D.J./Lextenso*, 2012, 474p ; L. THIBIERGE, *Le contrat face à l'imprévu*, *Economica*, 2011.

[990]J. CARBONNIER, *Droit civil, Les obligations*, t.4, *P.U.F.*, 2000, n°114 ; F. TERRÉ, Ph. SIMLER, Y. LEQUETTE, *Droit civil, Les Obligations*, *D.* 2009, spéc. n°42.

[991]*Op. cit.*, .121s.

[992]F. TERRÉ, Ph. SIMLER et Y. LEQUETTE, *op. cit.*

[993]M.-A. FRISON-ROCHE, « Volonté et obligation », APD, t.44, 2000, p. 135.

[994]Cf. J. FLOUR, J.-L. AUBERT, E. SAVAUX, *Les obligations*, *op. cit.* ; L. LEVENEUR, «Le solidarisme contractuel : un mythe ? », in *Le solidarisme contractuel*, *op. cit.*, spéc. n°18 ; D. MAINGUY et J.-L. RESPAUD, *Droit des obligations*, *Ellipses*, 2008, 429p ; Ph. MALAURIE, L. AYNÈS, Ph. STOFFEL-MUNCK, *Les obligations*, 6è éd. L.G.D.J./Lextenso, 2013, 848p

Pour M. LEVENEUR, le solidarisme contractuel est un mythe[995]. Ceci pour plusieurs raisons. Tout d'abord, la fraternité contractuelle qui la sous-tend est une vue de l'esprit. Ensuite, la solidarité qui la justifie n'existe pas davantage dans la réalité[996]. Enfin, les solutions qui se rattachent au solidarisme sont rares en droit positif. Mais, rareté est-elle synonyme d'impossibilité. Après qu'il ait reçu du plomb dans l'aile, MM. COLLART-DUTILLEUL et DELEBECQUE ont dénoncé la marque d'un prétendu solidarisme contractuel car *«Le solidarisme contractuel demeure un vœu pieu et s'est du reste récemment (et définitivement ?) éloigné des rivages contractuels»*[997].

340. Face à ces critiques portées sur un principe certes implicite, mais dont les manifestations sont bien réelles en droit des contrats, d'autres voix se revendiquant d'un solidarisme modéré se sont faites entendre afin de concilier ou de réconcilier toutes les thèses en présence. M. CHAZAL a apporté une forme de réponse à cette interrogation puisque selon lui, *«l'important n'est d'ailleurs pas qu'ils (les contractants) s'aiment, mais que les intérêts égoïstes de l'un d'entre eux ne provoquent pas une injustice aux dépens de l'autre»*. M. DELEBECQUE, ardent défenseur de l'école de l'autonomie de la volonté, semble également favorable à cette idée de modération. Le contrat d'après lui *«n'est pas et ne doit pas être une œuvre de charité. Il repose avant tout, comme l'a écrit et dit le doyen CARBONNIER, sur un antagonisme d intérêts et doit permettre tout simplement de faire de bonnes affaires. S'il faut réprimer les manœuvres déloyales, il n'est pas nécessaire d'encourager le sentimentalisme»*[998]. Il faut également comprendre par là que la préservation par le contractant de ses intérêts particuliers ne signifie pas la violation de ceux de son cocontractant. L'idée de modération a également vu le jour dans les contrats de distribution. Partant de deux arrêts complémentaires rendus par la Cour de cassation française, Mme BEHAR-TOUCHAIS a observé que *«l'on peut imposer un solidarisme qui ne serait que modéré parce que finalisé, en ce sens qu'ils reconnaissent qu'on peut être contractuellement égoïste si et seulement si ce n'est pas trop antiéconomique pour son cocontractant. En d'autres*

---

[995]L. LEVENEUR, «Le solidarisme contractuel : un mythe», in Actes du colloque organisé les 03 et 04 mai 2002 à la Rochelle sur le thème : *Le solidarisme contractuel: mythe ou réalité ?*, pp.173-191.

[996]Contra : M. MIGNOT, «De la solidarité et du solidarisme contractuel en particulier ou le solidarisme a-t-il un rapport avec la solidarité», *RRJ-DP*, 2004 ; P. DUBOIS, *Le solidarisme*, Thèse Lille, 1985 ; C. BOUGLE, *Le solidarisme*, Paris, Marcel Giard, 1924 ; N. ARNAUD et A.-J. ARNAUD, «Une doctrine de l'état (sic) tranquilisante: le solidarisme juridique», *Archives de philosophie du droit*, 1976.

[997]F. COLLART-DUTILLEUL et Ph. DELEBECQUE, *Contrats civils et commerciaux*, 9e éd. *D.* 2011, 1028p, n°948, p.967.

[998]Ph. DELEBECQUE, *Rép. Défrenois* 1996, p.1374.

termes, seul l'égoïsme contractuel antiéconomique pourrait être abusif»[999]. Cette exigence de modération s'est aussi fait jour dans la famille solidariste. L'un des fervents partisans du solidarisme contractuel reconnait en effet que, et cela participe du civisme contractuel, *«même au nom du solidarisme contractuel, il n'est pas opportun de venir en aide aux contractants qui pèchent uniquement par incurie ou incompétence»*[1000]. En fin de compte, le problème du solidarisme n'est ni son existence ni son essence en droit des contrats, mais sans doute celui de l'étendue de la bonne foi qui en constitue le fondement. On ne saurait, au nom de la bonne foi, faire du contrat une chapelle où tous les frères vivraient en communion.

341. En réalité, il n'est pas question de faire le procès du solidarisme contractuel, encore moins son apologie. Il s'agira, comme pour l'autonomie de la volonté, de montrer que le civisme contractuel n'est pas l'opposé du solidarisme contractuel, mais qu'il lui est complémentaire. Plusieurs éléments attestent de cette complémentarité.

342. Premièrement, civisme et solidarisme contractuels ont un domaine d'application identique. Dans les contrats de droit privé, ils opèrent aussi bien lors de la formation du contrat que pendant son exécution ou sa cessation. Leurs manifestations sont nettement perceptibles à tous les stades de la procédure, même si certains auteurs estiment que ces dernières relèvent essentiellement de l'exécution du contrat[1001]. L'obligation d'information de l'assureur constitue un parfait exemple de la manifestation du solidarisme lors de la formation du contrat[1002]. Par ailleurs, dans les contrats de concession, le solidarisme contractuel à travers l'exigence de cohérence dans les comportements impose à celui qui, pendant longtemps, a profité des services du concessionnaire, engagé à lui fournir exclusivement ses services, de tenir compte au moment de la rupture du contrat, des possibilités de

---

[999]Cf. M. BEHAR-TOUCHAIS, «Solidarisme contractuel et contrat de distribution», note sous Cass. com., 15 janvier 2002, Sté France Motors c/ Nodée, pourvoi n°99-21.172. Adde Cass. com., 6 mai 2002, SA Fiat auto France c/ SA Sofisud, pourvoi n°99-14.093.

[1000]D. MAZEAUD, «Du nouveau sur l'obligation de renégocier», *D.* 2004 p.1754.

[1001]Selon Anne Sylvie COURDIER-CUISINIER, c'est lors de la phase d'exécution du contrat que les effets du solidarisme contractuel décrivent et justifient largement les devoirs comportementaux que le droit positif impose aux contractants. Cela n'ôte rien à la valeur du solidarisme lors de la formation du contrat. Pour des développements sur le solidarisme contractuel durant tout le processus contractuel, voir notamment G. RAYMOND, «Solidarisme contractuel en droit de la consommation», in L. GRYNBAUM et M. NICOD, *Le solidarisme contractuel*, *op. cit.*, pp.107-124.

[1002]G. DURRY, «Solidarisme contractuel en droit des assurances», in L. GRYNBAUM et M. NICOD, *Le solidarisme contractuel*, *op. cit.*, pp. 125-132.

reconversion de son cocontractant. Selon M. MAZEAUD, l'hypothèse est envisageable puisqu' *«il semble qu'il faille désormais raisonner en termes de projets qui se succèdent les uns aux autres, il faut néanmoins que chacun des contractants ait les moyens concrets de passer d'un projet à un autre. Ne pas l'admettre revient à sacrifier une catégorie de contractants à une autre en légitimant les comportements opportunistes de la part des plus puissants, tout en niant la dette qu'ils ont à l'égard de ceux qui leur ont permis d'agir»*[1003]. Ces deux principes du droit des contrats se rapprochent donc puisqu'ils s'appliquent à tous les stades du processus contractuel. Une nuance mérite tout de même d'être relevée s'agissant du domaine respectif de ces deux doctrines. Pour les solidaristes, ce mouvement a vocation à ne s'appliquer, d'ailleurs de manière exceptionnelle, que *«dans le seul domaine des contrats caractérisés par la situation de dépendance d'un contractant par rapport à l'autre»*[1004] tels les contrats de distribution (franchise, concession, etc…). Ce qui est loin d'être le cas du civisme contractuel. Ce dernier étant consusbtantiel à tout contrat de droit privé[1005].

343. Deuxièmement, le civisme contractuel complète le solidarisme contractuel par rapport à son fondement. Si pour certains auteurs la bonne foi est le fondement du solidarisme contractuel[1006], pour d'autres, il s'agirait plutôt de la solidarité[1007]. La bonne foi, pour se limiter à elle, constitue aussi un fondement du civisme contractuel. Selon Denis MAZEAUD notamment, l'un des rares auteurs à avoir essayé de le systématiser après le doyen CARBONNIER, le civisme contractuel serait une manifestation de la bonne foi dans sa conception classique et traditionnelle, c'est-à-dire un devoir

---

[1003]D. MAZEAUD, «Loyauté, solidarité, fraternité: la nouvelle devise contractuelle?», *op. cit.*, .613.

[1004]D. MAZEAUD, «La bataille du solidarisme contractuel: du feu, des cendres, des braises …», *op. cit.*

[1005]Mais, l'idée d'une extension du solidarisme contractuel à d'autres types de contrats n'est pas absente de la pensée solidariste. En effet, *«l'esprit solidariste souffle déjà sur certains types de relations contractuelles spécifiques, sans qu'il en résulte une onde de choc fatale pour notre droit commun des contrats. C'est dans ce même esprit qu'il convient de réfléchir aux nouveaux champs contractuels qui pourraient, à l'avenir, être investis par cette pensée. »* (D. MAZEAUD, «La bataille du solidarisme contractuel : du feu, des cendres, des braises …», *op. cit.*).

[1006]D. MAZEAUD, «Encore la bonne foi, mais une dernière fois …», *Defrénois*, 15 décembre 2000 n°23, p.1379, note sous Cass. civ. 3e, 15 février 2000 (rejet), *RTD civ.* 2000, 565. Adde Y. PICOD, Le devoir de loyauté dans l'exécution du contrat, *LGDJ* 1989 ; du même auteur «L'obligation de coopération dans l'exécution du contrat», *JCP* 1998, I, 3318. En sens contraire, voir Y. LEQUETTE, «Bilan des solidarismes contractuels», *op. cit.*, spéc. p.275 et s.

[1007]Cf. A.-S. COURDIER-CUISINIER, *Le solidarisme contractuel*, thèse Université de Bourgogne, éd. *Litec*, 2006, vol. 27, 741p.

minimum d'honnêteté et de moralité requis de tout contractant[1008], *«une règle de conduite qui exige des sujets de droit une loyauté et une honnêteté exclusives de toute intention malveillante»[1009],* qui justifie la prise en compte par chacun des contractants des intérêts de l'autre. La bonne foi apparait donc pour cet auteur comme le fondement même du civisme contractuel. *«Au nom de ce civisme contractuel, fondé sur la bonne foi, le contractant qui est investi d'un pouvoir unilatéral qui lui donne droit de vie ou de mort sur le contrat, doit user de ses prérogatives avec mesure et sans mépriser les intérêts légitimes de son partenaire. Précisément, lorsqu'un des contractants détient, grâce à une clause de dédit, le pouvoir d'anéantir unilatéralement le contrat et de faire ainsi échec à sa perfection, l'efficacité de son droit de repentir est subordonnée à la loyauté avec laquelle son titulaire l'exerce»[1010]*. Par ailleurs, *«outre ce civisme contractuel qu'elle impose, la bonne foi est appréhendée de façon autrement plus dynamique, concrètement elle constitue le support d'un devoir de coopération qui oblige les contractants à adopter un comportement altruiste»[1011]*. Selon Denis MAZEAUD, le civisme contractuel constituerait par conséquent une manifestation du solidarisme contractuel. *«Au fond*, observe t-il, *la théorie du solidarisme contractuel rime avec l'exigence d'un certain civisme contractuel, au nom duquel le contrat peut aussi être envisagé comme une union d'intérêts relativement équilibrés, un instrument de coopération loyale, une œuvre de mutuelle confiance»[1012]*.

344. Pour autant, contrairement à ce que souligne M. MAZEAUD, civisme contractuel et solidarisme contractuel ne sont pas toujours l'expression d'une même réalité. Le civisme contractuel n'a pas non plus une importance subsidiaire, comme le laisse entendre cet auteur. Cette importance subsidiaire se traduisant par le recours récurrent à connotation péjorative du pronom indéfini *«ce»* et du groupe de mots *«un certain»* devant cette expression. Utilisés dans ce sens, le civisme traduirait cette chose incertaine et indéfinie à laquelle on ne peut véritablement donner un contenu. C'est sous cette dimension qu'il faut accueillir les interrogations de Jean HAUSER. Poussé à son extrême, le civisme contractuel, ou plutôt le

---

[1008]D. MAZEAUD, «La commission Lando: le point de vue d'un juriste français », *op. cit.*

[1009]Y. LOUSSOUARN, «Rapport de synthèse», in La Bonne foi, Trav. Ass. H. Capitant, 1992, p.7s., spéc. p.21.

[1010]D. MAZEAUD, «Encore la bonne foi, mais une dernière fois ...», *Defrénois*, 15 décembre 2000, n°23, p.1379, *op. cit.*

[1011]D. MAZEAUD, «Regards positifs et prospectifs sur ''Le nouveau monde contractuel''», *LPA*, 07 mai 2004 n°92, p.47.

[1012]D. MAZEAUD, «Le nouvel ordre contractuel», *RDC*, 01 décembre 2003 n°1, p.295.

civisme social constituerait comme nous l'avons déjà observé *«une évolution copernicienne du droit des contrats»*[1013].

Le constat est clair: civisme contractuel et solidarisme contractuel sont deux principes distincts, mais complémentaires. A travers les multiples droits qui la composent, ses caractères divergents et son autorité certaine, la bonne foi ne saurait fonder de manière satisfaisante le principe du civisme contractuel. A côté de la bonne foi, d'autres fondements du civisme contractuel peuvent être envisagés. Il s'agit notamment de la fraude à la loi, des bonnes mœurs et de l'intérêt général. L'ordre public n'est pas du reste et constitue un exemple de choix. Pour autant, il ne s'agit pas de l'ordre public de direction, orienté pour l'essentiel vers la protection de l'intérêt général de la société, encore moins de l'ordre public de protection, axé exclusivement sur la protection des intérêts de la partie estimée faible au contrat. Il s'agit de l'ordre public civique qui, pour paraphraser Muriel FABRE-MAGNAN au sujet de l'ordre public social[1014], se définit comme un ensemble de droits et obligations du contractant qu'il est impossible de supprimer ou de diminuer. Il ne s'agit plus de protéger les intérêts d'un contractant, mais de toutes les parties en présence. Le seul bémol est qu'ainsi perçu, il n'est nullement question de concilier les intérêts en présence, ce qui éloigne l'ordre public civique comme fondement exclusif du civisme contractuel, et ferme ainsi la voie à une unicité de fondement. Le civisme offre ainsi d'autres fondements possibles au contrat.

345. Troisièmement, le civisme contractuel complète le solidarisme contractuel par rapport à sa finalité. Le solidarisme contractuel recherche la protection des intérêts du contractant faible. A travers cet idéal, la doctrine solidariste propose non seulement le rétablissement d'un certain équilibre de droits entre les contractants inégaux de fait, mais également une nouvelle vision du contrat adaptée aux relations contractuelles inégalitaires[1015]. Le contrat étant inégalitaire, il s'est agi de protéger le contractant faible. Ce

---

[1013]*Op. cit.* Contra, M. VIVANT, «Le contrat plongé dans l''économie numérique''», *RDC*, 01 avril 2005 n°2, P.533. Selon Denis MAZEAUD, s'ils ont en commun de ne pas *« substituer, de façon générale, les idées d'altruisme et de fraternité aux principes de liberté et de prévisibilité contractuelles»*, le solidarisme contractuel, sur fond d'éthique contractuelle, *«n'a pas pour ambition de révolutionner la théorie générale du contrat, mais simplement de l'adapter, de l'enrichir, pour qu'elle appréhende la réalité contractuelle contemporaine»* (in «La bataille du solidarisme contractuel : du feu, des cendres, des braises ...», *op. cit.*

[1014]Pour Mme FABRE-MAGNAN en effet, si *«l'ordre public se définit de façon générale comme l'état de la société jugé essentiel à un moment donné dans un Etat donné»* (.332, n°130), la notion d'ordre public social concerne *«les droits minimum des salariés qu'il est impossible de supprimer ou même de diminuer»*, in *Les obligations*, *PUF*, 2004.

[1015]Cf. J. CEDRAS, *op. cit.*

dernier est d'ores et déjà identifié. Il s'agit du consommateur dans les contrats de consommation, de l'assuré dans les contrats d'assurance, du transporté dans les contrats de transport de personnes, du salarié dans les contrats de travail, etc.

Comme le solidarisme, le civisme contractuel vise également la protection des intérêts du contractant faible. Mais, ce n'est pas sa vocation exclusive. Au-delà de la défense des intérêts du contractant faible, le civisme contractuel tend aussi à protéger les intérêts du contractant supposé fort. A l'image de la dialectique philosophique du maître et de l'esclave de HEGEL, la réalité contractuelle a permis de constater que la partie supposée forte n'est jamais assez forte pour rester toujours le maître du contrat[1016]. A vouloir par conséquent corriger une injustice, l'on risque d'en créer une autre, ou de transformer en incapable des personnes aptes à se défendre[1017].

Plus encore, le civisme contractuel ne fait aucune identification figée du contractant faible. Tout contractant peut, à un moment donné de la vie du contrat, se trouver en position de faiblesse. Au lieu de rechercher une protection parcellaire d'un contractant faible, qu'il s'agisse alors du débiteur ou du créancier, il serait plus juste de poser en règle de principe la protection de ses intérêts, sans toutefois méconnaitre ceux de l'autre. Parce qu'il vise la protection des intérêts de tous les contractants, le civisme contractuel complète sans l'anéantir ni le méconnaitre cette finalité du solidarisme contractuel, en s'appuyant sur des mécanismes qui ne sont pas forcément identiques. Si la minimisation du risque par le créancier est une illustration commune à ces principes, les questions de développement durable en revanche sont spécifiques au civisme contractuel.

346. Quatrièmement enfin, solidarisme contractuel et civisme contractuel visent la conciliation des intérêts contractuels. Seulement, en matière solidariste, les intérêts à concilier sont ceux des contractants. D'où la prévalence de l'ordre public de protection. En matière civique en revanche, il ne s'agit pas seulement de concilier les intérêts des contractants, encore faut-il que ces derniers intérêts soient conformes à l'intérêt général de la société. D'où une permanente alternance des ordres publics de protection et de direction, qui laisse apparaitre l'opportunité d'un ordre public civique. Le civisme contractuel vient s'ajouter au solidarisme contractuel pour le compléter. De nombreuses interrogations peuvent se dégager. L'une des plus pertinentes tient à la consécration textuelle du civisme contractuel[1018].

[1016]Selon HEGEL, *« Le plus fort n'est jamais assez fort pour être toujours le maître, s'il ne transforme sa force en droit et l'obéissance en devoir »*, in *La phéoménologie de l'Esprit*, 1807.

[1017]Le consommateur serait alors une sorte d'incapable majeur qui mériterait d'être permanemment protégé.

[1018]Sa consécration jurisprudentielle étant lassée à la volonté délibérée du juge.

§2. De la consécration textuelle du civisme contractuel

347. Le civisme contractuel est un principe général du droit des contrats. Comme tout principe général de droit, le civisme contractuel soulève la question de sa consécration. Est-il opportun de procéder à une consécration textuelle du principe du civisme contractuel ? Si l'opportunité de cette consécration est envisageable (A.), sa nécessité demeure en réalité relativisable (B.).

A. <u>Une opportunité envisageable</u>

348. L'opportunité de reconnaître expressément le civisme contractuel dans l'ordre juridique européen et de l'OHADA est envisageable. Les nombreuses réformes du droit des contrats pourraient servir de tribune à cette consécration. Plusieurs raisons peuvent la justifier. Certes, une telle reconnaissance a l'inconvénient majeur de faire perdre au civisme contractuel sa nature de principe général du droit des contrats. En effet, sauf s'il est reconnu par le juge comme principe général du droit des contrats, la réception du civisme contractuel lui confère la valeur du texte qui le consacre. Son admission expresse a l'avantage de le hisser à un certain niveau de la hiérarchie juridique et de le rendre opposable à tous. Il pourrait même, lorsque le juge constitutionnel en décide ainsi, avoir valeur constitutionnelle. Dans ce cas, il s'impose au législateur. En réalité, la consécration du civisme contractuel participe de l'impératif de sécurité juridique et judiciaire, recherché aussi bien en droit européen qu'en droit de l'OHADA. La sécurité juridique étant *«une notion difficile à cerner avec précision. Elle est plus facile à comprendre qu'à définir»*[1019], le *Vocabulaire juridique* y voit *«toute garantie, tout système juridique de protection tendant à assurer, sans surprise, la bonne exécution des obligations, à exclure ou au moins réduire l'incertitude dans la réalisation du droit»*. Par ailleurs, la sécurité juridique suppose non seulement que les règles applicables aient un caractère général, abstrait et permanent, mais également que ce droit soit prévisible[1020]. Elle postule, comme l'observait déjà M. MEYER, que les règles juridiques applicables à une situation donnée soient complètes, précises et cohérentes[1021]. Le civisme contractuel remplit toutes ces exigences.

[1019]MONCEF KDHIR, «Vers la fin de la sécurité juridique en droit français?», *LPA*, 18 août 1993, n°98.

[1020]Les acteurs du droit doivent connaître à l'avance les règles juridiques applicables aux situations auxquelles ils sont confrontés. Il est contraire à la sécurité des transactions que les normes applicables soient constamment ou indéfiniment remises en cause.

[1021]P. MEYER, «La sécurité juridique et judiciaire dans l'espace OHADA», *loc. cit.*

349. Le droit européen et le droit de l'OHADA ont misé sur la sécurité, certes juridique et judiciaire, mais également celle des investissements[1022]. En droit de l'OHADA par exemple, cet objectif est clairement affirmé dans le préambule du traité constitutif de cette organisation : *«conscients qu'il est essentiel que ce droit soit appliqué avec diligence, dans les conditions propres à garantir la sécurité juridique des activités économiques, afin de favoriser l'essor de celles-ci et d'encourager l'investissement»*, et *«décidés à accomplir en commun de nouveaux efforts en vue d'améliorer la formation des magistrats et des auxiliaires de justice»*[1023]. Mais, la limitation de l'Avant-projet d'Acte uniforme aux contrats commerciaux et le manque de volonté de l'architecte de l'OHADA de l'étendre aux contrats civils ne favorisent pas la réalisation d'une véritable sécurité. *«L'inflation, le morcellement et la fragmentation des textes ne peuvent qu'obscurcir la communication juridique»*[1024], et partant la sécurité des transactions.

Pour autant, la volonté de réaliser l'impératif de sécurité juridique n'est pas récente. D'après M. ROUBIER, *«la première valeur sociale à atteindre, c'est la sécurité juridique»*[1025]. Elle est un *«Principe fondamental de tout système juridique»*[1026]. La CJUE[1027] et la Cour EDH[1028] l'ont érigé en

---

[1022]H.-D. MODI KOKO BEBEY, *Le régime des investissements privés au Cameroun*, thèse Paris I, 1989, 580p.

[1023]V. KEBA M'BAYE, «Historique de l'Organisation pour l'Harmonisation en Afrique du Droit des Affaires», Avant propos de la Revue *Penant* n°827, 1998, spécial OHADA, p.126; P. MEYER, «La sécurité juridique et judiciaire dans l'espace OHADA», *loc. cit.* ; H.-D. MODI KOKO BEBEY, *La reforme du droit des affaires de l'OHADA au regard de la mondialisation de l'économie*, Conférence donnée à la Maison des Sciences de l'Homme Ange Guépin de Nantes, le 16 mai 2002, avec comme thème général *La Mondialisation vue d'Afrique* ; F. ONANA ETOUNDI, «Les Principes d'UNUIDROIT et la sécurité juridique des transactions commerciales dans l'avant-projet d'Acte uniforme OHADA sur le droit des contrats», *Rev. dr. unif.* 2005-4, p.683 et s ; Y. GUYON, «Conclusion», in *L'Organisation pour l'Harmonisation en Afrique du droit des affaires*, Association Henri Capitant, *LPA*, 13 octobre 2004 n°205, p.59. En sens contraire, voir A.-M. CARTRON et B. COUSIN, «La fiabilisation des systèmes judiciaires nationaux: un effet secondaire méconnu de l'OHADA», www.ohada.com, Ohadata, D-07-30. Pour ces derniers auteurs, la sécurité juridique et judiciaire n'est pas encore véritablement acquise dans l'espace régional de l'OHADA.

[1024]MONCEF KDHIR, *loc. cit.* Dans le même sens, TACITE avait déjà observé que *«la plus mauvaise république est celle qui a le plus de lois»*. Adde L. BENKEMOUN, «Sécurité juridique et investissements internationaux», Communication faite dans le cadre du colloque de Niamey sur La sécurité juridique et judiciaire dans l'espace UEMOA tenu les 17 au 24 mars 2006.

[1025]P. ROUBIER, *Théorie générale du droit*, éd. *Sirey*, 1946, p.269. Selon le doyen CARBONNIER, la sécurité juridique est un besoin élémentaire et « animal ».

[1026]*Ibid.*

principe général du droit. En droit de l'OHADA, elle constitue un véritable droit fondamental du contractant qui concourt à la protection des intérêts catégoriels en présence. La promotion de la sécurité juridique et judiciaire est également nécessaire pour le renouvellement de la confiance des investisseurs, ainsi que l'assainissement du climat des affaires.

350. La sécurité judiciaire, complément indispensable de la sécurité juridique[1029], est tout aussi peu aisée à cerner que la sécurité juridique[1030]. Elle est l'état d'esprit de confiance et de tranquillité dans lequel se trouve le justiciable, conscient de ce que l'institution de la justice va le mettre à l'abri d'une mauvaise interprétation ou d'une application malsaine de la règle de droit. C'est un *«sentiment profond basé sur la quiétude et la confiance dans l'institution judiciaire»* qui *«nécessite un environnement judiciaire sain, où*

[1027]Cf. Recueil des arrêts de la CJCE, arrêt Deutsche Milkkofor, Gmbit et autres contre République fédérale d'Allemagne, p.2669. D'après cet arrêt, *«il y a lieu de souligner que les principes du respect de la confiance légitime et de la sécurité juridique font partie de l'ordre juridique communautaire»;* J. MERTENS DE WILMARS et J. STEENBERGEN, «La notion sécurité juridique dans la jurisprudence de la Cour de justice des communautés européennes», in Mélanges R. Legros, Bruxelles, *ULB* 1985, p. 449 et s; J. BOULOUIS, «Quelques observations à propos de la sécurité juridique», Mélanges Pescatore, Nomo Verlag, 1987, p. 3. Sur la sécurité juridique en droit administratif, voir B. PACTEAU, «La sécurité juridique: un principe qui nous manque?», *AJDA* 1995, n° spécial, p.151. En droit constitutionnel, voir B. MATHIEU, «La sécurité juridique: un principe constitutionnel clandestin mais efficient», Mélanges Gélard, *Montchrestien*, 1999, p.301; A.-L. VALEMBOIS, «La sécurité juridique: une constitutionnalisation en marche mais non aboutie (Bilan de la jurisprudence constitutionnelle de 2005)», PA, 13 juin 2006, n°117, p.7. En droit fiscal, voir F. DOUET, Contribution à l'étude de la sécurité juridique le droit fiscal interne, *LGDJ*, 1997 p. En droit civil, voir N. MOLFESSIS, «Les ''avancées'' de la sécurité juridique», *RTD. civ.* 2000.660 et s. Pour une étude générale du principe de la sécurité juridique, voir F. POLLAUD-DULLIAN, «A propos de la sécurité juridique», *RTD civ.* 2001.487; P.-G. POUGOUE, «Les figures de la sécurité juridique», *RASJ (Revue africaine des sciences juridiques)*, Université de Yaoundé II – FSJP, Vol. 4, n°1, 2007, pp.1-8.

[1028]Cf. M. DE SALVIA, «La place de la notion de sécurité juridique dans la jurisprudence de la Cour européenne des droits de l'homme», *Cahiers du Conseil constitutionnel* n°11 (Dossier: Le principe de sécurité juridique)- décembre 2001, http://www.conseil-constitutionnel.fr/conseil-constitutionnel/francais/documentation-publications/cahiers-du-conseil/cahier-n-11/la-place-de-la-notion-de-securite-juridique-dans-la-jurisprudence-de-la-Cour-europeenne-des-droits-de-l-homme.52122.html, 15 avril 2011.

[1029]Selon MONCEF KDHIR, *«il n'y a pas de sécurité juridique s'il n'y a pas unité et cohérence de la jurisprudence», loc. cit.*

[1030]Il faut tout de même reconnaître que rares sont les auteurs qui se sont prononcés sur la sécurité judiciaire. Très souvent, cette dernière est assimilée à tort à la sécurité juridique.

il n'y a pas de favoritisme, ni de corruption, où l'accès à la justice est garanti pour tous les citoyens»[1031]. On le voit bien, les jalons d'une conciliation des intérêts catégoriels en présence sont manifestes. Sur le plan économique, la sécurité judiciaire constitue un gage incontournable de la dynamique des économies modernes. Dans l'espace de l'OHADA, elle est réalisée par *«la mise en œuvre des procédures judiciaires appropriées»*[1032]. Au nombre de ces mesures figurent la création de la CCJA - chargée d'interpréter le traité et d'appliquer les actes uniformes de manière unitaire[1033] et la promotion de l'arbitrage comme mode alternatif de règlement des différends contractuels.

La consécration du civisme contractuel constitue donc une opportunité envisageable parce qu'elle concourt, sans exclusive, à la réalisation de l'un des impératifs majeurs des ordres juridiques européens et de l'OHADA : la sécurité juridique, judiciaire et des investissements. La disposition qui le consacrerait peut être formulée de manière suivante: *«Les contrats se forment et s'exécutent conformément au principe général du civisme»*. Cette disposition laconique et riche de sens mériterait d'être introduite à la partie relative aux dispositions générales ou préliminaires. Elle ne nécessite pas de développements supplémentaires, puisqu'elle constitue la matrice angulaire de notre démonstration. Mais la la nécessité de consacrer le civisme contractuel dans un texte peut être relativisée.

B. Une nécessité relativisable

351. La nécessité de consacrer le principe général du civisme contractuel en droit européen et de l'OHADA est relativisable. Sans que cela ne soit la raison exclusive, on peut s'en tenir à ce qu'aucun des principes généraux actuels du droit des contrats n'a jusqu'à ce jour été expressément consacré. Leur consécration, si on peut le dire ainsi, s'est faite de manière indirecte ou implicite par l'intervention du juge.

[1031]Cf. Mohamed AUJJAR, interview du 11 août 2008 publié par "Aujourd'hui. Le Maroc", www.aujourd'hui.ma.

[1032]Cf. traité OHADA, art. 1er. Voir également le premier considérant du préambule du Traité révisé qui réaffirme la volonté des Etats Parties de renforcer la « *sécurité juridique et judiciaire* » sur leurs territoires.

[1033]Cf. A.-M. CARTRON, loc. *cit.*; B. BYBI BAYO, *Le rôle de la CCJA dans la sécurisation de l'espace OHADA*, thèse, Caen, 16 novembre 2009, 378p. Selon Pierre MEYER, *«l'efficience du droit commun serait, en effet, gravement compromise si son interprétation était intégralement abandonnée au pouvoir d'interprétation des organes juridictionnels nationaux»*, In «La sécurité juridique et judiciaire dans l'espace OHADA», *loc. cit.* La saisine de cette Cour pour avis peut constituer un moyen efficace au service de l'uniformisation de la jurisprudence.

352. L'admission du principe d'autonomie de la volonté en droit des contrats, ainsi que celle des quatre principes qui en sont déduits ne s'est pas faite par le biais d'un texte. C'est le juge et la doctrine qui ont déduit des textes existants leur nature de principe du droit des contrats. Le doyen CARBONNIER l'a dit : *«la doctrine et la jurisprudence ont formulé ces principes. Mais elles ne les ont pas créés. Elles les ont trouvés en suspension dans l'esprit de notre droit, tel que semblaient le leur révéler certains textes fragmentaires»*[1034]. Contrairement à l'autonomie de la volonté, qui est une œuvre doctrinale, la mise en pratique des principes qui en découlent tels que la liberté contractuelle, la force obligatoire, l'effet relatif des conventions et le consensualisme est l'œuvre du juge. La thèse de la constitutionnalité de ces principes semblait encore discutée. Mais, ni l'autonomie de la volonté[1035], ni ses principes d'application n'ont à ce jour reçu l'onction de constitutionnalité. Le principe de la liberté contractuelle en l'occurrence *«n'apparait pas en toutes lettres dans un article du code civil parce que ses rédacteurs ont refusé de le proclamer explicitement»*[1036], contrairement aux autres principes déduits comme lui de la théorie de l'autonomie de la volonté. C'est le juge qui, inspiré par la doctrine et les aspirations sociales, a œuvré à sa reconnaissance et à sa mise en œuvre. L'article 1/1 de l'APAUDC reconnait désormais ce principe de manière claire et précise puisqu'il prévoit que *«Sous réserve de l'article 3/1, les parties sont libres de conclure un contrat et d'en fixer le contenu»*[1037]. Il en est de même des PDEC qui disposent à l'article 1 :102 (1) (Liberté contractuelle) quant à eux que *«Les parties sont libres de conclure un contrat et d'en déterminer le contenu, sous réserve des exigences de la bonne foi et des règles impératives posées par les présents Principes »*.

S'agissant de la liberté contractuelle, le Conseil constitutionnel français a décidé le 3 août 1994 qu' *«aucune norme de valeur constitutionnelle ne garantit le principe de la liberté contractuelle»*[1038]. C'est admettre que la liberté contractuelle n'a pas valeur constitutionnelle[1039].

[1034]J. CARBONNIER, *Droit civil. Introduction*, *op. cit.*, .264, n°137.
[1035]N. MOLFESSIS, *op. cit.*, .71.
[1036]M. DE BÉCHILLON, *op.cit.*, .99.
[1037]Article 1/1.
[1038]94-348 DC du 3 août 1994, JCP, 1995. II. 22404, note Y. Broussolle ; D. 1995, somm., .351, obs. P. Gaïa ; *RFDC*, 1994. 832, note P. Gaïa.
[1039]Le Professeur Nicolas MOLFESSIS pense tout de même que *«certaines de ses manifestations pourraient bien être constitutionnellement protégés sur le fondement de la liberté d'entreprendre»*, laquelle a valeur constitutionnelle, in « Les sources constitutionnelles du droit des obligations, op. cit. », .76, n°15. ; v. DC du 20 juillet 1988, 4 juillet 1989, 8 janvier 1991, 20 janvier 1993. Or le problème est que, le régime de cette liberté d'entreprendre auquel pourrait dans ce cas obéir la liberté contractuelle n'est pas contraignant ; c'est dire que le législateur peut y déroger sans que cela soit contraire à la Constitution.

C'est également le cas de la force obligatoire, de l'effet relatif des conventions, de la théorie de l'utile et du juste énoncée par Emmanuel GOUNOT sous le terme *«bien commun»,* et développée plus tard par Jacques GHESTIN[1040]. Le principe du solidarisme contractuel n'en n'est pas du reste. Si ses applications ne cessent de se multiplier, la voie de sa consécration semble de plus en plus abandonnée car, a-t-on dit, il a du plomb dans l'aile. Le civisme contractuel, complément essentiel des principes actuels, n'échappe pas à cette réalité.

353. L'absence de reconnaissance textuelle expresse du civisme contractuel n'est pourtant pas mauvaise en soi. A l'image des principes actuels, elle lui confère un plus large rayonnement. Ceci facilite l'application du principe aux contrats de droit privé et à toutes les phases du processus contractuel. Elle confère en outre de larges pouvoirs au juge pour lui permettre de faciliter l'application dudit principe aux cas d'espèce et de l'adapter aux évolutions de la société. De la sorte, et sous le couvert du civisme, le juge pourra intervenir de plus en plus en matière contractuelle. Si de telles interventions peuvent laisser croire à la résurgence du gouvernement des juges, il n'est pas impossible qu'elle sape également la confiance que les justiciables, personnes physique ou morale, de droit privé comme de droit public, peuvent placer en la personne du juge, connu comme le meilleur défenseur des libertés et droits fondamentaux des contractants.

Conclusion du Chapitre

354. Ce chapitre se donnait l'ambition de ressortir la généralisation de la notion de civisme contractuel. Nous avons montré que le civisme contractuel est un véritable principe unitaire du droit des contrats. A l'image des principes généraux du droit dont il constitue une illustration, le civisme contractuel révèle de nombreux caractères. Il est général, abstrait, impersonnel, permanent, constant et non écrit. A travers ces caractères, il acquiert une certaine autorité qui, si elle ne s'impose pas au législateur, contraint tout de même les contractants, le juge et l'arbitre à concilier les intérêts catégoriels des contractants à l'intérêt général de la société.

355. En réalité, et c'est là qu'il convient de nuancer, le civisme contractuel n'est pas qu'un principe général du droit des contrats, il s'agit également d'un principe complémentaire. Il est une solution à la

[1040]Cette dernière théorie a du mal à s'insérer dans le sillage juridique comme principe directeur du droit des contrats, mieux comme le fondement de la force obligatoire du contrat.

«congélation du droit autour de certains principes»[1041]. Loin de nier ou de contrarier les principes juridiques existants en la matière, le civisme contractuel vient plutôt les compléter. A l'autonomie de la volonté, source des obligations, il ajoute la sauvegarde des intérêts du cocontractant et de la société. Au solidarisme contractuel, tourné vers la protection des intérêts du contractant faible, il ajoute la préservation des intérêts du contractant supposé fort ainsi que ceux de la société. L'analyse de cette complémentarité laisse émerger une question principale : celle de la consécration textuelle du civisme contractuel. En fait, si la consécration du civisme contractuel est opportune, elle n'est pas pour autant absolue, aucun des principes actuels en la matière n'étant consacré par les textes. De telles constatations sont à n'en point douter symptomatiques des fonctions plurielles du civisme contractuel, qu'il n'est pas aisé de cerner, mais qu'il convient désormais de présenter.

[1041]Cf. R. DEMOGUE, *Les notions fondamentales du droit privé*, 1911, rééd. *La mémoire du droit*, 2001, p.236.

CHAPITRE II
LES FONCTIONS PLURIELLES DU CIVISME CONTRACTUEL

356. Le civisme contractuel est un principe général du droit des contrats permettant d'assurer la conciliation des intérêts particuliers des contractants à l'intérêt général de la société. Comme tout principe général, le civisme contractuel a un rôle à jouer dans l'ordre juridique européen et de l'OHADA. Techniquement, il peut commander la règle de droit applicable à une situation donnée, ou corriger les excès ou les anomalies des solutions légales. En plus de ses finalités d'ordre moral et philosophique, le civisme contractuel concourt à l'enrichissement du contenu de la légalité, œuvre à la réduction du pouvoir discrétionnaire des intervenants au contrat, facilite l'interprétation de la loi contractuelle, et permet l'évolution des systèmes juridiques précités car, comme l'observe M. BERGEL, il s'agit de *«l'un des meilleurs ferments de l'évolution du droit»*[1042].

357. Cette pluralité de fonctions va de pair avec la multiplication des intervenants au contrat. Ce dernier est devenu une scène sur laquelle opèrent plusieurs acteurs, juridictionnels et non juridictionnels, directs et indirects. Le contrat n'est plus la chose des contractants, il s'agit désormais d'un phénomène social qui interpelle plusieurs des autres que celles qui l'ont conclues[1043]. Il s'agit pour l'essentiel du juge, de l'arbitre, du médiateur, du législateur, les praticiens, les auteurs, les autorités administratives indépendantes, des tiers en général. Face à ces intervenants, le principe du civisme contractuel joue un rôle non négligeable. Dans un premier temps, le civisme contractuel accroît de manière considérable le rôle que les contractants et les interprètes sont appelés à jouer (**SECTION I**). Dans un second temps, il sécurise le lien contractuel (**SECTION II**).

[1042]J.-L. BERGEL, *op. cit.*, n°85, p.98 et s. Adde J. BOULANGER, «Principes généraux du droit et droit positif», in Etudes offertes à G. RIPERT, *L.G.D.J.,* 1950, t.1, pp.51 et s, n°15 et s.

[1043]B. FAGES, «Nouveaux pouvoirs. Le contrat est-il encore la ''chose'' des parties», in Ch. JAMIN et D. MAZEAUD (dir.). *La nouvelle crise du contrat*, Actes du colloque organisé le 14 mai 2003, Lille II, *D.* 2003.

SECTION I. L'ACCROISSEMENT DU RÔLE DES CONTRACTANTS ET DES INTERPRETES CONTRACTUELS

358. La multiplication des obligations contractuelles qualifiée par certains de *« forçage du contrat »*[1044] va de pair avec l'accroissement des pouvoirs des contractants et des interprètes contractuels. Ce déploiement d'intervenants contractuels est justifié par la quête permanente de justice, de sécurité, d'égalité, d'utilité et de moralité contractuelles. Pour pallier les lacunes du contrat et les éventuels effets pervers de la justice étatique, il s'est développé à côté de cette dernière d'autres formes de justice estimées plus aptes à répondre aux attentes des contractants. L'on peut se demander si une telle floraison d'intervenants ne risque pas de porter atteinte aux principes directeurs du droit des contrats, particulièrement à la force obligatoire et à l'effet relatif des conventions[1045]. Celle-ci semble certaine puisque la volonté des parties est la mesure et la source de leurs obligations. Elle ne peut s'avérer nécessaire que si elle permet aux parties au contrat de préserver leurs intérêts.

359. A côté des contractants proprement dits, le juge apparait comme un des intervenants clés. *«Le contrat n'est donc pas le fruit de la volonté des contractants, il constitue une œuvre collective dont le juge peut légitimement revendiquer le statut de coauteur»*[1046]. A mesure que s'accroit le rôle des contractants (§1), se développe concommittament celui des juges (§2).

[1044]Louis JOSSERAND est l'inventeur de l'expression de forçage du contrat. C'est l'hypothèse dans laquelle le juge en se livrant à l'interprétation d'un contrat déduit un élément auquel les parties n'avaient pas pensé. Cf. L. JOSSERAND, «Le contrat dirigé », *DH* 1933. 89 ; L. LEVENEUR, «Le forçage du contrat», in *Que reste-t-il de l'intangibilité du contrat* ?, *Dr. & patr*. 1998. Sur les critiques formulées par L. JOSSERAND à l'égard du «forçage du contrat», V. J.-P. CHAZAL, L. JOSSERAND et le nouvel ordre contractuel, *RDC* 2003. 325. Phénomène d'amplification du contenu du contrat, la technique du forçage du contrat ne se limite plus aujourd'hui au domaine contractuel ; elle a vocation à s'étendre dans la théorie générale du droit. En ce sens, voir R. BLOUGH, *Le forçage, du contrat à la théorie générale*, P.U.A.M., 556p.

[1045]En ce sens, voir D. MAZEAUD, «Les nouveaux instruments de l'équilibre contractuel. Ne risque-t-on pas d'aller trop loin?», in Ch. JAMIN et D. MAZEAUD (dir.), *La nouvelle crise du contrat*, *op. cit.*

[1046]A ce propos, D. MAZEAUD, «A propos du droit virtuel des contrats : Réflexions sur les Principes d'UNIDROIT et de la Commission LANDO», in Mélanges M. Cabrillac, *Litec* 1999, p.205 et s, spéc. p.218.

§1. L'accroissement du rôle des contractants

360. Le contrat est la chose des parties. Tant que tout va bien, les contractants sont maîtres absolus du contrat, qu'ils administrent généralement sans concession. Quand tout va mal, ils en restent les juges incontestés, se réservant la faculté de le maintenir ou de l'anéantir[1047]. Le principe du civisme contractuel leur confère tout une série de mécanismes se traduisant sous forme de droits ou d'obligationsqui facilitent la réalisation des droits civiques. A côté des droits bilatéraux, qu'ils doivent exercer collectivement, le civisme contractuel confère aux contractants des droits unilatéraux, que chacun peut isolément mettre en œuvre. Aujourd'hui, pendant que se renforcent les droits bilatéraux des contractants (A.), s'enracinent correlativement à leur profit un ensemble de droits unilatéraux (B.)[1048].

A. <u>Le renforcement des droits bilatéraux des contractants</u>

361. Le principe de l'intangibilité des conventions posé à l'article 1134 alinéa 2 du Code civil est opposé à la révision du contrat. Une telle révision ne s'opére que par consentement mutuel des contractants. Ce texte pose aussi le principe de la libre révocabilité des contrats[1049]. Son originalité tient à ce qu'il est le fruit d'un accord passé entre les contractants pour mettre fin à l'accord qu'ils ont eux-mêmes conclus. Ce que les contractants ont fait, ils sont en principe seuls habilités à le défaire. Pour cela, il faut que le contrat n'ait pas été exécuté, et que les contractants s'accordent pour le faire disparaitre. Dans ce cas, la révocation *«produit le même effet que l'accomplissement d'une condition résolutoire, c'est-à-dire que les choses sont remises au même état que si l'obligation n'avait pas existé»*[1050]. Les contractants ont donc un droit exclusif de révocation conventionnelle du contrat[1051]. Ce droit est désormais renforcé par une série de droits : le droit de révision conventionnelle et le droit de renégociation contractuelle en sont quelques illustrations.

[1047]J. LOHOUES-OBLE, «L'autonomie des parties : le caractère supplétif des dispositions de l'avant-projet d'Acte uniforme OHADA sur le droit des contrats», in *L'harmonisation du droit OHADA des contrats*, *op. cit.*, spéc. 319s.

[1048]Cette présentation ne se veut pas exhaustive, l'imagination débordante des contractants et des autres intervenants au contrat pouvant en créer d'autres.

[1049]En vertu de ce texte, la loi peut prévoir des causes de révocations du contrat. C'est généralement le cas dans les contrats à exécution successive tels le contrat de travail, le bail.

[1050]Civ., 27 juillet 1892, *DP* 1892. 1. 462 ; Cass. com., 30 nov. 1983, *Bull. civ.* IV, n°337, p. 291, *RTD civ.* 1985. 166 obs. J. Mestre, *RTD com.* 1985. 149 obs. J. Hémard et B. Bouloc.

[1051]En ce sens, V. VATINET, «Le mutuus dissensus», *Rev. trim.*, 1987 .252.

***362.* Le droit de révision conventionnelle du contrat[1052].** Le terme révision est inconnu aussi bien du Code civil, des Actes uniformes que des textes européens. Mais, on le trouve désormais dans les projets de textes, la jurisprudence et la doctrine[1053] contemporaines. Il coexiste avec d'autres termes avec lesquels il peut entretenir des rapports d'opposition, de synonymie, de complémentarité ou d'inclusion[1054]. D'après le *Vocabulaire juridique*, la révision est la modification d'un acte juridique (spéc. de son contenu monétaire), en vue de son adaptation aux circonstances. Elle réalise la modification d'un contrat, sous forme d'avenant, de novation ou par les clauses de révision[1055], en période normale ou en cas de bouleversement des circonstances. Le droit de révision conventionnelle doit s'entendre, dans sa plus simple expression, comme une prérogative reconnue aux contractants pour leur permettre d'apporter une modification à leur opération contractuelle initiale. Dans ce cas, ils seront en présence d'un nouveau contrat qui éteint le premier et se substitue à lui, ou du premier contrat qui demeure avec quelques amendements[1056]. Conscients de ce qu'en matière contractuelle la prévision totale est impossible et la survenance des contingences inévitable, les contractants peuvent convenir de la révision de leur contrat afin d'assurer la sauvegarde de leurs intérêts particuliers, ou de concilier ces derniers à l'intérêt général de la société. Cette révision peut être opérée en cours de contrat ou organisée par le contrat. Si elle peut s'opérer dans les contrats instantanés, c'est généralement dans les contrats à exécution différée que ses manifestations sont plus perceptibles[1057].

[1052]La révision conventionnelle se distingue des révisions unilatérale, légale, judiciaire ou arbitrale.

[1053]G. PIETTE, *La correction du contrat*, 2 vol., *P.U.A.M.,* 2004, 693p. ; Ch. JAMIN, «Révision et intangibilité du contrat, ou la double philosophie de l'article 1134 du code civil», in *Que reste-t-il de l'intangibilité du contrat ?,*Colloque organisé le 28/11/1997 par le Centre de droit de la consommation et des contrats de l'Université de Chambéry, *Dr. et patr*., mars 1998, n°58s, .46- 57.

[1054]Cf. G. ROUHETTE, «La révision conventionnelle du contrat», *RIDC*, vol.38 n°2, avril-juin 1986, Études de droit contemporain. Contributions françaises au 12e Congrès international de droit comparé (Sydney-Melbourne, 18-26 août 1986), pp. 369-408. L'on cite notamment la modification, l'adaptation, la variation, la réévaluation, la revalorisation, l'actualisation, l'ajustement, l'amendement, l'évolution, la modulation, l'indexation.

[1055]Le hardship, la clause d'indexation, la clause d'adaptation, la clause d'échelle mobile.

[1056]En ce sens, F. TERRÉ, Ph. SIMLER et Y. LEQUETTE, *op. cit.*, n°472, p.468.

[1057]La rémunération contractuelle du salarié par exemple constitue un élément du contrat de travail qui ne peut être modifié, même de manière minime, sans son accord. Il en va de même du mode de rémunération prévu par le contrat, peu important que l'employeur prétende que le nouveau mode serait plus avantageux. En ce sens, voir G. COUTURIER, «Pot pourri autour des modifications du contrat de travail», *Dr. soc.* 1998, p.878.

363. Le droit de l'OHADA œuvre pour le renforcement du droit de révision conventionnelle[1058]. Il aurait été souhaitable qu'un tel renforcement s'opère par la reconnaissance d'un véritable droit commun de révision conventionnelle du contrat. En effet, l'APAUDC contient de nombreuses dispositions y relatives. Il s'agit par exemple des articles 2/11 (modification de l'acceptation), 2/18 (modification sous forme particulière)[1059], 5/16 (révocation)[1060]. Il s'agit pour l'instant d'un droit spécial de révision conventionnelle du contrat[1061]. Certains Actes uniformes l'admettent cependant : l'article 60 AUDS révisé envisage une possibilité de révision conventionnelle du contrat en admettant la modification conventionnelle de l'assiette de la sûreté ou de la créance garantie ; l'article 82 alinéa 2 du même Acte permet au cédant, à compter de la date de la cession, de modifier l'étendue des droits attachés à la créance cédée avec l'accord du cessionnaire ; l'article 62 de l'AUDSCoop exige le consentement des contractants en cas d'augmentation des coopérateurs ; l'article 108 AUDCG révisé permet au bailleur, en accord avec le locataire, d'apporter des changements à l'état des locaux donnés à bail, ou d'en restreindre l'usage[1062]. Toutes ces mesures visent à sauvegarder les intérêts du contractant qui met ce droit en œuvre. Elles ne sauraient néanmoins porter atteinte aux intérêts du cocontractant et de la société. De la sorte, elles participent inéluctablement du principe du civisme contractuel. Dans une affaire récente, la CCJA a jugé que, lorsque les parties ont prévu par des protocoles d'accord les modalités de modification des loyers du bail qui les lie, l'une d'elles n'est pas recevable dans son action tendant à la révision de ces loyers[1063], si tant il est vrai que les intérêts catégoriels en présence seront en péril. En cas de changement d'activité ou de cession du bail par le preneur, l'accord du bailleur est - sous quelques réserves – nécessaire (AUDCG révisé, art. 113 et 118).

[1058]Le droit européen et les droits européens des contrats vont également dans le même sens. Cf. D. MAZEAUD, «Principes du droit européen du droit du contrat. Projet de cadre commun de référence, Principes contractuels communs. Trois codifications savantes, trois visions de l'avenir contractuel européen...», *RTD Eur.* 2008, p723.

[1059]Ce texte prévoit néanmoins qu'une partie peut être privée du bénéfice de cette disposition si son comportement a incité l'autre partie à agir raisonnablement en conséquence.

[1060]Dans ce cas, les parties peuvent modifier les droits conférés par le contrat au bénéficiaire d'une stipulation pour autrui tant que celui-ci ne les a pas accepté ou n'a pas agi raisonnablement en conséquence.

[1061]C'est la même situation que l'on observe en droit européen des contrats.

[1062]Avant, AUDCG, art. 76. Adde CA Abidjan, n°350, 25-3-2003: A. B. c/ Sté PROSUMA, Ohadata J-03-278.

[1063]CCJA, 2e ch., n°4, 9-3-2006 : A.B c/ Sté PROSUMA, Le Juris-Ohada, n°3/2006, p.16, Ohadata J-07-1 1.

364. C'est dans le domaine de la révision des loyers des baux commerciaux que le droit de révision conventionnelle a été le plus développé. L'article 116 alinéa 2 de l'AUDCG révisé prévoit que le loyer est révisable dans les conditions fixées par les parties ou à défaut lors de chaque renouvellement[1064]. Les contractants déterminent alors librement la périodicité de cette révision. L'article 84 alinéa 2 de l'AUDCG prévoyait une révision conventionnelle triennale du loyer. En supprimant cette périodicité, le législateur de l'OHADA donne plus de latitude aux contractants de s'accorder sur cette révision. Désormais, la révision peut être, selon la durée du contrat, trimestrielle, semestrielle, annuelle, biennale ou triennale. Elle profite généralement à l'un des contractants[1065] ; mais, il n'est pas impossible qu'elle profite à tous, et concourt par là à plus de stabilité économique lorsqu'il s'agit d'un contrat d'envergure nationale ou régionale.

365. Pour faciliter l'exercice du droit de révision conventionnelle, le législateur de l'OHADA n'a fait dépendre sa mise en œuvre d'aucune exigence de forme. Si la révision conventionnelle du loyer commercial n'obéit à aucune forme particulière[1066], elle peut intervenir de différentes manières au sujet desquelles l'attention des contractants mériterait d'être portée. Par dérogation aux règles de la révision légale, les contractants peuvent inclure dans le bail une clause d'indexation ou d'échelle mobile. Celle-ci se caractérise par l'automaticité de l'indexation du loyer en fonction de la variation de l'indice retenu[1067]. Selon l'article 117 de l'AUDCG révisé, les contractants pourront tenir compte de la situation du local et des prix des loyers couramment pratiqués dans le voisinage. En fonction de cet indice d'échelle mobile ou de tout autre indice retenu, le loyer peut varier à la hausse ou à la baisse et même conduire à un loyer inférieur au loyer d'origine, ce à la différence de la révision légale. Toutefois, certaines clauses prévoient une variation dans le seul sens de la variation positive de l'indice. Aussi, pour être licite, et civique, même si les baux retiennent généralement

---

[1064]CCJA, n°029/2006, 28-12-2006: CCTE LE RALLYE c/ S.C. MARCUS, Recueil de Jurisprudence n°8/2006, p. 40, Le Juris-Ohada n°1/2007, p.29, Ohadata J-08-99. Pour des développements similaires en droit français, voir J. MONÉGER, «La saga de la révision du loyer d'un bail commercial: suite et fin», note sous Cass. 3e civ., 27 févr. 2002 (2 arrêts), *RTD. com.* 2002, Ch., .269 ; Civ. 3è, 07 mars 2001, n°99-18.368 ; CA Ouagadougou, ch. civ. et com., n°84,16-7-2004 : Burkina & Shell c/ OUEDRAOGO Sibiri Philippe, Ohadata J-05-228.

[1065]J. MESTRE, «La révision conventionnelle du prix ne saurait bénéficier qu'à un contractant», *RTD civ.* 1998 p.902.

[1066]CA Abidjan, n°350, 25-3-2003 : A. B. c/ Sté PROSUMA, Ohadata J-03-278.

[1067]En ce sens, CA Abidjan, n°1009, 14-11-2000, Sté Transports saint Christophe c/ SERIFA, Ohadata J-04-116 ; Le Juris-Ohada, n° 3/2003, juillet-septembre 2003, p.60.

l'indice du coût de la construction, l'indice retenu doit être en relation avec l'activité de l'un des contractants ou avec le bail.

366. La révision conventionnelle s'appliquera généralement de plein droit à une date déterminée sans que les parties aient à en faire la demande. Il peut arriver qu'elle soit subordonnée à un seuil donné afin d'éviter des variations minimes trop fréquentes. À la différence de la révision légale triennale, le nouveau loyer est alors exigible dès la variation de l'indice retenu. Il peut également arriver que le jeu de la clause d'indexation aboutisse à la fixation d'un loyer hors de proportion avec la valeur locative. Pour remédier à cette situation, l'un ou l'autre des contractants peut demander la révision judiciaire du loyer[1068]. A l'évidence, la révision du contrat la plus naturelle est celle à laquelle les contractants ont consenti. Pourtant, la révision du contrat ne rime pas avec sa renégociation[1069].

367. **La renégociation conventionnelle du contrat.** *«Négocier, c'est mener des conversations en vue de se mettre d'accord. L'obligation de négocier consiste donc à obliger les individus à un échange de propositions et de contre-propositions impliquant éventuellement des concessions réciproques, et dont le but, pour le juriste, est de parvenir précisément à un negotium, décision contraignante pour ses auteurs»*[1070]. Elle n'est ni une information[1071], ni une concertation[1072]. A l'exception des contrats d'adhésion caractérisés par l'absence de négociation préalable, la grande majorité des contrats font l'objet d'une négociation avant leur conclusion, que la période de négociation soit brève ou étalée dans le temps. D'après l'article 249 alinéa 1er de l'AUDCG révisé, *«Les parties sont libres de négocier et ne peuvent être tenues pour responsables si elles ne parviennent pas à un accord»*. C'est ce que prévoit également à la lettre l'article 2/15 (1) de l'APAUDC. Mais, les parties ayant négocié et conclu leur contrat peuvent procéder à une nouvelle négociation? Autrement dit, les contractants peuvent-ils renégocier leur contrat en cours d'exécution?

368. En réalité, les contractants peuvent renégocier leur contrat. D'appréhension apparemment simple, le vocable renégociation est

---

[1068]Cf. AUDCG révisé, art. 117. Cette disposition est d'ordre public.
[1069]D. MAZEAUD, «Renégocier ne rime pas avec réviser!», *D.* 2007 p.765. 13, note sous Cass. com., 3 octobre 2006, n°04-13.214.
[1070]J. CEDRAS, «L'obligation de négocier», *RTD com.* 1985, 265-290.
[1071]La négociation suppose l'information, mais il existe des obligations d'informer en dehors de toute négociation. Elle implique des concessions réciproques alors que l'information est une description à sens unique.
[1072]La négociation implique la concertation, mais il existe des concertations sans négociation.

cependant peu aisé à cerner juridiquement. En fait, renégociation du contrat ne rime ni avec sa révision[1073], ni avec sa réfaction, encore moins sa rectification. Il s'agit d'une faculté laissée à l'appréciation souveraine des contractants, soit lors de la formation du contrat, soit au cours de son exécution. *«Encore dans l'âge de l'adolescence en droit interne, l'obligation de renégocier est déjà arrivée à pleine maturité dans tous les textes dont l'ambition est d'unifier ou d'harmoniser le droit des contrats, soit dans un domaine spécifique, soit dans un espace déterminé»*[1074]. C'est précisément le cas du droit européen et du droit OHADA des contrats. Au départ, la renégociation du contrat était l'apanage des contrats de distribution. Aujourd'hui, l'on observe une généralisation du champ d'application de l'obligation contractuelle de renégocier. Celle-ci tend désormais à s'appliquer à d'autres contrats, surtout à *«tout contrat devenu profondément déséquilibré à la suite d'un changement imprévu des circonstances économiques qui avaient présidé à sa conclusion»*[1075]. La renégociation devient une obligation pour les contractants dès lors qu'ils l'ont expressément stipulé, ou lorsque le législateur l'impose en raison de la survenance de certaines circonstances. Elle peut donc être imposée par les contractants ou aux contractants[1076].

369. La question ne se pose généralement pas lorsque les parties ont convenu de renégocier leur contrat en cours normale de son exécution ou en période de crise contractuelle[1077]. Les contractants peuvent stipuler dans leur contrat des clauses de renégociation, dont l'observation s'impose à elles

---

[1073]Si la clause de renégociation engendre un strict devoir de renégocier, elle emporte un simple devoir de réviser le contrat. Si la renégociation aboutit à la révision du contrat, *«L'insertion d'une clause de renégociation dans un contrat ne contraint pas les contractants, qui renégocient conformément à l'engagement qu'ils ont souscrit dans ladite clause, à réviser le contrat»* (D. MAZEAUD, «Renégocier ne rime pas avec réviser!», *op. cit.*).

[1074]D. MAZEAUD, «Du nouveau sur l'obligation de renégocier», *D.* 2004 p. 1754.

[1075]Voir D. MAZEAUD, «Du nouveau sur l'obligation de renégocier», *op. cit.* La renégociation conventionnelle dans les contrats de crédit immobilier n'a pas reçu un accueil très chaleureux en doctrine et dans la pratique en raison du formalisme informatif imposé au dispensateur de crédit. Certains s'inquiétaient de l'insécurité provoquée dans la mesure où il était prévisible que bon nombre de consommateurs de crédit immobilier ayant obtenu une renégociation de leurs contrats sans avoir reçu une nouvelle offre préalable profiteraient de l'aubaine pour réclamer aux juges que leur cocontractant soit frappé d'une déchéance de son droit aux intérêts.

[1076]J. CEDRAS, *loc. cit.*

[1077]La crise du contrat est une réalité. Cf. Ch. JAMIN et D. MAZEAUD (dir.), *La nouvelle crise du contrat*, Actes du colloque du 14 mai 2001, Université de Lille II, D. 2003, coll. Thèmes et commentaires, 260p.

après sa formation[1078]. Une telle stipulation est conforme à la liberté contractuelle, à la sécurité des transactions et à la justice contractuelle. D'après Denis MAZEAUD, la clause de renégociation instille une dose de flexibilité dans le contrat et en garantit la pérennité[1079]. Le droit européen et le droit de l'OHADA prennent progressivement la mesure de cette obligation en matière contractuelle. Ces clauses sont de plusieurs ordres et embrassent de nombreux domaines dans le but de multiplier les hypothèses de conciliation des intérêts. Le contractant qui refuse de renégocier peut voir sa responsabilité engagée, sans préjudice de l'allocation des dommages et intérêts. L'exécution forcée de son obligation de renégociation peut également être retenue par le juge[1080]. Il n'est donc pas impossible que celui-ci décide d'adapter ou de résilier le contrat.

C'est surtout en raison du bouleversement des circonstances que la renégociation du contrat est intéressante et qu'elle recouvre sa véritable nature. Si elle reste une faculté, ou un devoir[1081], laissée à la discrétion des contractants malgré le bouleversement des circonstances, elle se transforme en une véritable obligation, préalable à la résiliation unilatérale du contrat ou à sa révision judiciaire pour imprévision. Sa finalité première n'est pas seulement de protéger les intérêts de l'un des contractants. Elle vise également la conciliation des intérêts particuliers des contractants à l'intérêt général de la société en recherchant un équilibre non préjudiciable pour chacun des contractants. Ceux-ci étant les maîtres de leur affaire, ils sont les meilleurs juges pour en assurer la perennité[1082]. *«Il s'agit en effet de faire continuer à coopérer des partenaires que l'énormité des intérêts en jeu condamne à s'entendre»*[1083]. Mieux, *«il ne s'agit plus ici, pour chacun des partenaires, d'exploiter la lettre d'un accord fixé une fois pour toutes, au mieux de ses intérêts, mais bien plutôt de veiller en commun avec l'autre partenaire à l'évolution aujourd'hui inéluctable d'une communauté d'intérêts»*[1084].

[1078]Il s'agit des clauses d'arrangement amiable en cas de litige (lors de la survenance de la difficulté, le recours à la justice étatique est rejeté au profit de la négociation amiable), des clauses de reprise de contact (dès la formation du contrat, les contractants se donnent la possibilité ou la probabilité de poursuivre le contrat au-delà de son terme normal), des clauses de hardship (les contractants s'obligent à renégocier le contrat dès que les circonstances imprévues l'ont largement déséquilibré), des clauses d'indexation du prix et de sauvegarde.

[1079]D. MAZEAUD, «Renégocier ne rime pas avec réviser», *op. cit.*

[1080]*Ibid.*

[1081]L. AYNES, «Le devoir de renégocier», Colloque de Deauville, juin 1999, *RJ com.* 1999.

[1082]Cf. A.-S. LAVEFVE-LABORDERIE, La perennité contractuelle, *L.G.D.J.*, 2005, *BDP*, t. 447, 661p.

[1083]J. CEDRAS, *op. cit.*

[1084]*Ibid.*

La substance de ces allégations est également envisagée en droit prospectif européen et de l'OHADA. L'article 6/24 de l'APAUDC prévoit qu' : *«1) En cas de bouleversement des circonstances, la partie lésée peut demander l'ouverture de renégociations. La demande doit être faite sans retard indu et être motivée.*

2) La demande ne donne pas par elle-même à la partie lésée le droit de suspendre l'exécution de ses obligations.

3) Faute d'accord entre les parties dans un délai raisonnable, l'une ou l'autre peut saisir le tribunal».

L'idée de ne pas suspendre l'exécution des obligations du cocontractant conforte celle d'une recherche de conciliation des intérêts.

En droit européen, les PDEC envisagent la possibilité pour les contractants de renégocier leur contrat. Aux termes de l'article 6 :111, les PDEC rappellent tout d'abord le principe de force obligatoire du contrat. Ils optent ensuite pour une obligation légale de renégocier. Ce n'est qu'en cas d'échec de la renégociation que le juge peut soit mettre fin au contrat, soit l'adapter de façon à distribuer équitablement entre les contractants les pertes et profits résultant du déséquilibre contractuel né des circonstances imprévues[1085]. Le renforcement des droits bilatéraux des contractants n'est donc pas un leurre européen et de l'OHADA. A mesure que se renforcent les droits bilatéraux des contractants, s'enracinent davantage leurs droits unilatéraux.

B. L'enracinement des droits unilatéraux au profit des contractants

370. Généralement, le contrat se conclut et s'exécute instantanément. Parfois aussi, la conclusion du contrat peut présenter des facteurs de complication, et procéder ainsi par étapes. Dans cette dernière hypothèse, les contractants procèdent habituellement à de longues négociations[1086] ou par la signature des avant-contrats[1087], surtout lorsqu'il s'agit des contrats à distance, des contrats-types, des contrats de longue durée ou des contrats par représentation. Toutefois, que le contrat soit conclu instantanément ou par

---

[1085]D'après l'article 6:111, une obligation de renégocier s'impose aux contractants «*en vue d'adapter leur contrat ou d'y mettre fin si* (son) *exécution devient onéreuse à l'excès pour l'une d'elles en raison d'un changement de circonstances*». L'article 97 al. 1er de l'Avant-projet de code européen des contrats dispose aussi que, lorsque des événements extraordinaires et imprévisibles ont rendu excessivement onéreuse l'exécution du contrat, le débiteur a «*le droit d'obtenir une nouvelle négociation du contrat*». Le projet Gandolfi va dans le même sens.

[1086]J. CEDRAS, «L'obligation de négocier», *op. cit.*

[1087]Promesse unilatérale de contracter, promesse synallagmatique de contracter, pacte de préférence.

étapes, son élaboration demeure soumise à la volonté des contractants, lesquels peuvent le révoquer. Les droits unilatéraux traduisent la montée en puissance de l'unilatéralisme en matière contractuelle[1088]. Ils vont dans le sens soit du retardement de la conclusion ou de l'exécution du contrat, afin de faciliter la réflexion des contractants, soit de la modification de son contenu afin de l'adapter aux circonstances, soit dans celui de l'anticipation de sa disparition afin d'éviter le maintien d'un engagement voué à la ruine. Plusieurs mesures sont envisageables[1089]. Seront examinés le droit de repentir, le pouvoir de révision unilatérale et le droit de rupture unilatérale.

***371.* Le droit de repentir[1090].** La définition du droit de repentir n'est pas aisée. Elle passe par l'appréhension du vocable repentir[1091]. En matière

---

[1088]Pour certains auteurs, l'unilatéralisme fait partie de ces concepts juridiques récents qui envahissent le droit des contrats. Son développement démontre le besoin de renouveau qui se fait ressentir en la matière. Le droit européen et de l'OHADA lui accordent une place de plus en plus importante, que ce soit de façon directe en matière de détermination du prix ou dans la résolution du contrat, ou encore de manière indirecte en favorisant l'adaptation du contrat aux circonstances. Si ce phénomène répond des enjeux pratiques, il ne saurait devenir un instrument source d'arbitraire, d'inégalité et d'insécurité juridique. Cf. C. DELOBEL, *L'unilatéralisme en droit des contrats, essai de rationalisation*, thèse Nice, 2011, 676p. ; Ch. JAMIN et D. MAZEAUD (dir.), *L'unilatéralisme et le droit des obligations*, *Economica*, 1999, coll. Etudes juridiques, n°9, 10 p.

[1089]En dehors des mesures retenues, l'on cite notamment le droit de révocation et le droit de retention du contractant. La révocation est une manifestation de l'unilatéralisme en matière contractuelle. Elle est intéressante, mais son analyse ici n'est pas pertinente. En effet, le contrat n'est formé que par l'accord des volontés. Or, la révocation de l'offre intervient avant que le contrat ne soit formé. Le droit de rétention du créancier constitue également un droit unilatéral au profit du créancier. Ce droit est appréhendé par le droit de l'OHADA comme une sûreté, et obéit à un régime spécifique. Nous ne l'analyserons pas.

[1090]Il ne faut pas confondre le droit de repentir avec le délai de réflexion. D'après Philippe MALINVAUD, *«le délai de réflexion ne fait que retarder le consentement, donc la conclusion du contrat, cependant que la faculté de repentir ou de rétractation, qui s'exerce une fois le contrat conclu, porte directement atteinte au principe de la force obligatoire du contrat en instaurant un droit de résiliation unilatéral»*, in *Droit des obligations*, 8e éd., *Litec*, 2003, 638 pages, spéc. n°224, .164. Il ne faut pas non plus confondre droit de repentir et droit de rupture unilatérale. La différence fondamentale est que le premier s'exerce dans un certain délai légal ou conventionnel, tandis que le second peut être mis en œuvre à tout moment de l'exécution du contrat. Selon Philippe DÉLEBECQUE, *«la rupture (unilatérale du contrat) doit être distinguée des repentirs, des réflexions, des rétractations, qui sont accordés par certains textes, issus essentiellement du code de la consommation. Nous mettrons de côté tous les repentirs, toutes les rétractations qui peuvent être exercées par des consommateurs : il ne s'agit pas de ruptures unilatérales»* (in *Le droit de rupture unilatérale du contrat : genèse et nature*,

contractuelle, le droit de repentir est la faculté de rétractation accordée au contractant de revenir sur son engagement en dénonçant un contrat préalablement formé[1092]. Ce droit peut remettre en cause les principes cardinaux du droit des contrats, précisément ceux relatifs à la force obligatoire des conventions et à la sécurité des transactions[1093]. Selon MM. TERRÉ, SIMLER et LEQUETTE, le droit de repentir est un mécanisme beaucoup plus original, *«dérogeant au principe qui veut que les parties soient liées irrévocablement dès la rencontre des volontés, il permet à celui qui en bénéficie de rétracter son consentement durant un certain délai. En d'autres termes, au lieu de lui imposer un délai de réflexion avant la conclusion du contrat, on le lui octroie après»*[1094]. Il est néanmoins certain que ce droit joue un rôle *sine qua non* dans la protection des intérêts contractuels, selon qu'il est légal ou conventionnel. Le droit de repentir sous forme légale n'est pas nouveau dans notre environnement juridique. Ses applications se trouvaient déjà dans le Code civil de 1804[1095]. Des textes

---

Séminaire organisé par le DEA de droit des contrats et des biens, et l'Ecole doctorale de droit privé de l'Université de Paris I Panthéon-Sorbonne, le 26 janvier 2004, dont le thème général était *Rupture unilatérale du contrat: vers un nouveau pouvoir*, *Dr. et patr.*, mai 2004, n°126, .57, www.institut-idef.org.

[1091]Littéralement, le repentir est un vif regret que peut avoir une personne d'avoir fait ou de n'avoir pas fait quelque chose. En matière divine ou religieuse, le repentir est le fait pour un fidèle non seulement de regretter douloureusement ses erreurs ou ses péchés, mais aussi de prendre l'engagement de ne plus commettre ces péchés et surtout de conformer désormais ses pensées, faits et actes à ses convictions divines. Dans les sciences criminelles, on parle généralement de repentir actif. Ce dernier est le fait pour un délinquant, postérieurement à la commission de l'infraction, de réparer les conséquences dommageables de celle-ci.

[1092]E. TERRYN (dir.), *Le droit de rétractation. Une analyse de droit comparé: Droits européen, allemand, français, néerlandais et belge*, *Larcier*, 2088, 160p., spéc. .5.

[1093]Cf. G. CORNU, «La protection du consommateur et l'exécution du contrat», in Trav. Ass. H. Capitant, tome XXIV, 1973 ; G. ROUHETTE, «Droit de la consommation et théorie générale du contrat», Mélanges Rodière, 1981, 247s ; R. BAILLOD, «Le droit de repentir», *RTD. civ.* 1984. 227 ; Ph. MALINVAUD, «Droit de repentir et théorie générale des obligations», in Mélanges Sacco, 1992 ; S. MIRABAIL, *La rétractation en droit privé français*, thèse, LGDJ, 1997, BDP, T284, 348p. ; Ph. BRUN, « Le droit de revenir sur son engagement», *Dr. et patr.*, 1998; G. PAISANT, «La rétractation du consommateur en droit français», in Le *droit de rétractation. Une analyse de droit comparé: Droits européen, allemand, français, néerlandais et belge*, *op. cit.*, 63s.

[1094]*Droit civil, Les obligations*, *op. cit.*, 272, n°263.

[1095]Il s'agit de la révocabilité des donations entre époux (art. 1096), la stipulation de dédit en matière de vente (art. 1590), le pacte de rachat ou de réméré (art. 1659).

français anciens et récents ont diversifié ces applications[1096]. Le droit de repentir sous forme conventionnelle n'est pas non plus nouveau[1097].

372. Le droit de l'OHADA tente de renforcer le droit de repentir des contractants. En matière de bail commercial, l'idée de concilier les intérêts en présence n'est pas absente. Le bailleur ne peut en effet s'opposer au droit au renouvellement du bail en réglant au locataire une indemnité d'éviction. A défaut d'accord sur le montant de cette indemnité, celle-ci est fixée par la juridiction compétente[1098]. A ces prévisions, il faudrait ajouter celles de la jurisprudence française qui consacre le droit de repentir du bailleur. Pendant quinze jours, ce dernier peut revenir sur son refus de renouvellement lorsqu'il estime l'indemnité trop élevée. Ce droit ne peut être exercé que si le

---

[1096]Une loi française du 30 juin 1926 relative à la propriété commerciale autorisait le propriétaire d'immeuble à revenir sur son refus initial de renouveller le bail après la fixation de l'indemnité d'éviction. Récemment, des lois y ont instauré le droit de repentir dans les domaines contractuels divers. La loi du 03 janvier 1972 sur le démarchage financier, la première du genre, prévoit que le souscripteur d'un plan d'épargne a un délai de quinze jours pour dénoncer son engagement, et ce sans indemnité. La loi du 22 décembre 1972 (Article L.121-25 et s du Code de la consommation) sur le démarchage à domicile prévoit que «dans les sept jours, jours fériés compris, à compter de la commande ou de l'engagement d'achat, le client a la faculté d'y renoncer par lettre recommandée avec accusé de réception» (Même si nous sommes d'avis avec Philippe MALINVAUD que, cette technique de la lettre recommandée *«n'offre pas (toujours) la certitude et la sécurité qu'on lui accorde généralement»*. La loi du 10 janvier 1978 sur le crédit à la consommation permet aussi au client de revenir sur son engagement dans un délai de sept jours à compter de son acceptation de l'offre de crédit. Il en est de même de la loi du 07 janvier 1981 relative à l'assurance-vie et aux termes de laquelle toute personne physique qui a souscrit un contrat d'assurance-vie a une faculté de renonciation pendant un délai de trente jours à compter du premier versement de la prime, notamment lorsque ce contrat est conclu à la suite d'un démarchage. La loi du 06 janvier 1988, modifiée par l'Ordonnance du 23 août 2001 (Article L. 121-16 et s. C. consom.) a appliqué cette faculté aux opérations de télé-achat consistant à la vente des biens et à la fourniture de prestations de services à distance. La loi du 31 décembre 1989 et celle du 13 décembre 2000 accordent respectivement cette faculté à l'acheteur en cas d'acquisition ou de construction d'un logement neuf.

[1097]Le caractère pécuniaire différencie la faculté légale de repentir de la faculté conventionnelle de repentir. Si l'exercice de la première est gratuit et sans frais, celui de la seconde a presque toujours un coût, sauf stipulation expresse contraire. Cf. Ph. MALINVAUD, *Droit des obligations, op. cit.*, n°129 in fine, p. 92 ; C. civ., art. 1590.

[1098]AUDCG révisé, art. 126 (disposition d'ordre public). Le juge doit dans ce cas tenir notamment compte du montant du chiffre d'affaires, des investissements réalisés par le preneur, la situation géographique du local et les frais de déménagement imposés par le défaut de renouvellement.

locataire est encore dans les lieux et n'a pas déjà acheté ou loué un autre immeuble destiné à sa réinstallation.

373. En droit européen, si le droit de repentir est explicite dans certaines directives[1099] et dans la proposition de règlement relatif à la vente aux consommateurs (art. 41 et s), il se manifeste plutôt de manière implicite dans divers Actes uniformes de l'OHADA. Après avoir posé le principe de l'obligation pour l'acheteur d'en prendre livraison (art. 262 et 269), l'article 272 AUDCG révisé donne à celui qui a reçu la marchandise (l'acheteur) la possibilité de la refuser[1100]. C'est ce que prévoit également indirectement l'article 7 :110 PDEC (Refus de recevoir un bien). La mise en œuvre du droit de repentir ne s'analyse pas comme l'exercice d'un droit discrétionaire ou absolu, mais plutôt comme celle d'un droit de compromis, tendant à préserver tous les intérêts catégoriels en présence. L'acheteur doit prendre des mesures raisonnables, eu égard aux circonstances pour assurer la conservation de la marchandise. Il est alors fondé à retenir la marchandise jusqu'à complet remboursement des frais de conservation engagés. Il pourra par exemple déposer ces marchandises dans le magasin d'un tiers aux frais du vendeur[1101]. D'après l'article 12 de l'AUCTMR : *« Lorsque la livraison n'a pu être effectuée parce que le destinataire a négligé ou refusé de prendre livraison de la marchandise, celui-ci peut toujours en prendre livraison tant que le transporteur n'a pas reçu d'instructions contraires. »*. Cette disposition reconnait au destinataire de la marchandise le droit soit de refuser d'en prendre livraison, c'est-à-dire de revenir sur son engagement, soit de reprendre la livraison qu'il a d'abord refusée tant que le transporteur n'a pas reçu d'instructions contraires. Ceci renseigne à suffisance de l'effectivité de l'enracinement du droit de repentir dans l'espace OHADA.

S'agissant des Etats membres de l'OAPI, l'auteur d'une œuvre est également titulaire d'un certain nombre de prérogatives. Le droit moral constitue l'une de ces prérogatives qui concourt à la protection du droit de l'auteur de l'oeuvre. Ce droit comprend, au-delà du droit de retrait, un véritable droit de repentir. Même postérieurement à la publication de son œuvre, l'auteur jouit de ce droit vis-à-vis du cessionnaire. Il ne peut toutefois

---

[1099]La Directive 2008/48/CE Du Parlement européen et du Conseil du 23 avril 2008 concernant les contrats de crédit aux consommateurs et abrogeant la directive 87/102/CEE du Conseil, parle du droit de rétractation. Adde L. BERNARDEAU, «Le droit de rétractation du consommateur : un pas vers une doctrine d'ensemble, A propos de l'arrêt CJCE 22 avril 1999», *JCP* 2000. I. 218 ; *JCP* 2002, I, 168 ; Ph. BRUN, «Le droit de revenir sur son engagement», *Dr et patr.*, 1998.

[1100]Voir également l'article 290 AUDCG révisé (refus de l'acheteur de recevoir la livraison de la marchandise).

[1101]Dans ce cas, il n'est tenu de supporter que les frais excessifs qui pourraient résulter de ce dépôt.

l'exercer qu'à charge d'indemniser préalablement le cessionnaire du préjudice que ce repentir peut lui causer[1102]. Le droit de repentir n'est pas pour autant un droit passe-partout. Il n'a pas été envisagé en droit de l'arbitrage, compte tenu de l'efficacité avérée de la convention d'arbitrage[1103].

374. Bref, le repentir permet aux contractants de revenir sur leur engagement lorsque leurs intérêts sont menacés. Ce droit unilatéral du contractant n'est plus nécessairement ruineux et peut concourir à la sauvegarde des intérêts contractuels. Il permet au contractant de sortir d'un engagement qui ne lui est plus bénéfique sans pour autant transgresser les autres intérêts en présence. Il s'agit également de pallier un éventuel manque d'information, voire de réflexion préalable. Quid du droit de révision unilatérale.

***376.* Le droit de révision unilatérale.** Un contractant peut il réviser unilatéralement le contrat ? En principe non. Cela relève à première vue exclusivement de la volonté contractuelle et pourrait se substituer à la compétence du juge judiciaire. En terme de sécurité et de justice contractuelle, l'on comprend mal pourquoi un contractant réviserait ce qui a été arrêté de concert. Pourtant, en droit interne des Etats européens, la révision unilatérale du contrat n'est plus surprenante[1104]. La fixation du prix par la volonté d'un seul des contractants a été admise[1105]. En droit camerounais, cette fixation unilatérale du prix est encore impossible.

377. Les évolutions observées dans la société, les flux et reflux du droit européen et de l'OHADA ont permis de constater un enracinement progressif du rôle des contractants en termes d'initiatives unilatérales. L'enracinement du droit de révision unilatérale est en train d'embrasser tout

---

[1102]Accord OAPI, art. 8. C. DUDIEU NJOMGA (dir.), *La contrefaçon des logiciels dans l'espace OAPI. Etude comparée de l'Accord de Bangui Révisé et des Législations du Sénégal, du Gabon, de la Côte d'Ivoire et du Cameroun*, http://buexport.sage.com.dl1.ipercast.net/La-contrefacon-des-logiciels-dans-espace-OAPI-oct2011.

[1103]En ce sens, voir B. BAYO BYBI, «L'efficacité de la convention d'arbitrage en droit OHADA», *Penant*, n°876, Juillet-Septembre 2011, .361, Ohadata D-12-75.

[1104]V. R. DEMOGUE, «Des modifications aux contrats par volonté unilatérale», *RTD civ.* 1970. 245 s.

[1105]A ce sujet, voir D. MAZEAUD, «A propos du droit virtuel des contrats : Réflexions sur les principes d'UNIDROIT et de la Commission LANDO», in Mélanges R. Cabrillac, *Litec*, 1999, p.205 et s., spéc. p.212. Adde Cass. Ass. Plén., 1er décembre 1995: *D.* 1996, 19, note L. Aynes ; *Defrénois*, 1996, 153, 747, obs. P. Delebecque ; *JCP* 1996.II.22565, obs. J. Ghestin ; *RTD civ.* 1996, 1996, 153, obs. J. Mestre.

le contenu du contrat. Comme l'observe Denis MAZEAUD, c'est surtout dans le domaine des obligations contractuelles que se déploie le pouvoir de la volonté unilatérale du contractant[1106]. Celui-ci est manifeste non seulement en matière de prix, mais également sur tous les autres éléments essentiels ou accessoires du contrat. L'article 6 :105 PDEC prévoit la possibilité pour l'un des contractants de déterminer unilatéralement le prix.

Cet enracinement du droit de révision unilatérale se traduit également par l'extension de son champ d'application. En effet, l'exercice de ce droit n'est pas limité à la vente ; elle s'étend à tous les contrats de droit privé. Le contrat de transport est un exemple de choix. Par ailleurs, le droit de révision unilatérale du contrat n'est pas l'apanage d'un seul des contractants ; il profite à tous les contractants. Pour ce qui est du contrat de transport de marchandises par route, l'article 11 de l'AUCTMR, manifestation de l'unilatéralisme en la matière, confère à l'expéditeur ou au destinataire de la marchandise le droit d'en disposer même en cours de route. A travers ce droit de disposition, l'expéditeur ou le destinataire de la marchandise peut demander au transporteur d'arrêter le transport, changer d'itinéraire ou de destinataire de la marchandise, en réviser le prix. Mais, le droit de révision unilatérale du contrat n'est pas un droit discrétionnaire et sans contrôle. Pour assurer la protection efficace des intérêts contractuels, l'architecte exige que son exercice se fasse sans abus et dans les limites du raisonnable[1107].

378. Le législateur régional exige que son exercice soit subordonné à certaines conditions. Le contractant doit présenter l'original de la lettre de voiture contenant les nouvelles instructions ; il doit dédommager des frais et préjudice qu'entraine l'exécution de ces instructions. Il faut en outre que l'exécution de ces instructions soit possible au moment de leur réception, et qu'elle ne porte pas atteinte aux droits et intérêts des autres expéditeurs et destinataires de marchandises. Enfin, l'exécution de ces instructions ne doit pas entrainer la division de l'envoi. La non exécution de ces instructions peut engager la responsabilité du transporteur envers l'ayant droit de la marchandise du préjudice causé de son fait.

***379.* Le droit de rupture unilatérale du contrat.** Ce droit est parfois assimilé à la dénonciation[1108], à la renonciation[1109], à la rétractation, à

[1106]D. MAZEAUD, «A propos du droit virtuel des contrats: Réflexions sur les principes d'UNIDROIT et de la Commission LANDO», *op. cit.*, spéc. p.206.

[1107]Cf. Hobinavalona Ramparany-Ravololomiarana, *Le raisonnable en droit des contrats*, Poitiers, 2009, 464p. ; R. DEMOGUE et Ch. JAMIN, *Des modifications aux contrats par volonté unilatérale*, *D.* 2013, 150p.

[1108]Littéralement, la dénonciation renvoie à l'action de dénoncer, d'annuler ou de rompre. Juridiquement, ce terme est généralement utilisé en droit international

la révocation, à la résolution ou encore à la résiliation. Aucune disposition du Code civil ne fait allusion au terme rupture. On le retrouve en revanche dans le Code de commerce de 1807, dans le Code de la consommation de 1993, et aussi dans le *Vocabulaire juridique*. Ici, la rupture est définie comme une action en général unilatérale (et souvent brutale) consistant à mettre un terme à des pourparlers ou à un projet, et qui coupe court l'établissement de l'état de droit initialement recherché. Ainsi entendu, le contractant a-t-il le droit de rompre unilatéralement le contrat ? La question n'est pas nouvelle en droit. Si l'on se réfère à l'article 1134 alinéa 2 du Code civil, les parties peuvent se mettre d'accord pour mettre fin à leur contrat, plus facilement encore lorsqu'il s'agit d'un contrat à durée indéterminé[1110]. Ce que les parties ont fait, elles peuvent le défaire.

380. En droit interne des Etats européens et de l'OHADA, la rupture unilatérale du contrat est un droit établi[1111] devant la loi[1112], la jurisprudence

public et est l'expression unilatérale de volonté par une partie à un accord de ne plus être lié par cet accord, notamment dans les cas où le retrait unilatéral est prévu soit par une clause dudit accord, soit par une règle de droit international. On le retrouve aussi très souvent en droit du travail (c'est l'acte par lequel l'une des parties à une convention collective à durée indéterminée entend se dégager de l'accord), en procédure civile (c'est la notification d'un acte de procédure à une personne qui n'en est pas le destinataire mais qui a néanmoins intérêt à le connaître) et en procédure pénale (c'est l'acte par lequel un citoyen signale aux autorités policières, judiciaires ou administratives une infraction commise par autrui).

[1109]Littéralement, la renonciation est un acte par lequel on renonce à une chose, à un droit, à une charge, à une fonction. Juridiquement, c'est un acte abdicatif d'abandon d'un droit substantiel (notamment un bien ; ex: renonciation à une succession) ou formel (action en justice par exemple) déjà entré dans le patrimoine.

[1110]Com., 14 novembre 1989, Bull. civ., IV, n°286 ; .Com., 31 mai 1994, Bull. civ., IV, n°194 ; Civ. 1e, 13 décembre 1994, Bull. civ., I, n°332 ; Civ. 1e, 11 juin 1996, Bull. civ., I, n°246.

[1111]Le contrat de travail à durée indéterminé est dominé par le principe de résiliation unilatérale qui permet à l'une ou l'autre partie de le rompre moyennant préavis. Ainsi, le travailleur peut démissionner comme l'employeur peut prononcer le licenciement du travailleur. Malgré cette faculté de résiliation unilatérale, le Code du travail camerounais accorde une place privilégiée au contrat de travail à durée indéterminée qui permet de réaliser l'objectif de la stabilité de l'emploi recherchée par les pouvoirs publics et souhaité par les travailleurs.

[1112]Au Cameroun par exemple, le banquier peut légalement rompre unilatéralement son concours sans avoir à respecter le délai de préavis toutes les fois que le bénéficiaire dudit concours aura un comportement gravement répréhensible ou que sa situation s'avérerait irrémédiablement compromise. Voir en ce sens 22 de l'Ordonnance n°85/002 du 31 août 1985 relative à l'exercice de l'activité des établissements de crédits au Cameroun modifiée et complétée par la loi n°88/006 du 15 juillet 1988, la loi n°90/019 du 10 août 1990 et la loi n°97/014 du 18 juillet 1997

et la doctrine[1113]. Elle se traduit concrètement par la possibilité pour le contractant de résoudre ou de résilier unilatéralement le contrat après sa formation, sans passer par le juge[1114]. Certains auteurs hésitent à l'admettre comme un droit fondamental ou une liberté[1115]. D'autres contestent sa nature de droit en affirmant qu'il s'agit plutôt du *«pouvoir de rupture unilatérale»*[1116]. Pour l'essentiel, le droit de rupture unilatérale du contractant s'apparente à un droit non discrétionnaire, encore moins

---

portant loi des finances pour l'exercice 1997/1998. Adde article L.313-12 du Code monétaire et financier français. Dans les pays européens tels que l'Allemagne, l'Italie, les Pays-Bas et la Suisse, il est reconnu aux contractants-exclusivement ou concurremment avec la résolution judiciaire – un droit de rupture unilatérale du contrat. Il en est de même des pays de la Common Law tels le Canada dont l'article 1604 du nouveau Code civil québécois est fort explicite.

[1113]Ph. DÉLEBECQUE, «Le Droit de rupture unilatérale du contrat : genèse et nature», op. cit., .55s ; du même auteur «L'anéantissement unilatéral du contrat », in *L'unilatéralisme et le droit des obligations*, .61, *Economica*, 1999. L. AYNÈS, «Le droit de rompre unilatéralement : fondement et perspectives», in *Rupture unilatérale du contrat: vers un nouveau pouvoir*, op. cit., .64s ; Ph. STOFFEL-MUNCK, «Le contrôle a posteriori de la résiliation unilatérale», in *Rupture unilatérale du contrat: vers un nouveau pouvoir*, *op. cit*., .82s ; S. LE GAC-PECH, «Rompre son contrat », *RTD. civ*., 2005 (2), .223s ; SOON-KOO MYOUNG, *La rupture du contrat pour inexécution fautive en droit coréen et français*, *LGDJ*, *BDP*, 1996, 287p. ; E. S. DARANKOUM, «La protection du contrat dans l'avant-projet d'Acte uniforme OHADA sur le droit des contrats : conclusion, exécution et remèdes en cas d'inexécution», *op. cit.*, .237.

[1114]La rupture du contrat par le juge à la demande d'une partie reste possible. Cf. notamment les articles 106 alinéa 6, 133 et s, 156, 167 et s, 281 alinéa 1 AUDCG révisé.

[1115]Cons. const., 9 novembre 1999, n°99-419 DC, § 61, JO 16 novembre 1999, 16962, RTD.civ. 2000, .109, obs. J. Mestre. M. DÉLEBECQUE (article précité, .58°) a d'abord estimé que *«cette faculté de résiliation unilatérale est reconnue aux parties, aussi bien au créancier qu'au débiteur, à l'un ou à l'autre des contractants»*. Il a ensuite observé que *«le Conseil constitutionnel ... érige au rang d'une liberté fondamentale, autrement dit d'un droit de l'homme, le droit de rompre unilatéralement un contrat à durée indéterminée. Cette faculté n'est donc pas véritablement l'exercice d'un droit contractuel, c'est semble-t-il, une prérogative encore plus essentielle : l'exercice d'une liberté individuelle»*. Pour conclure, il a enfin admis que *«la rupture unilatérale est un droit ou, du moins, est en train d'être consacrée comme un véritable droit, attribué à l'une ou l'autre des parties contractantes»*. Cette position est confortée par Philippe STOFFEL-MUNCK pour qui *« la faculté de rompre que la jurisprudence reconnaît au créancier dans les contrats à durée déterminée paraît correspondre à l'exercice d'un droit causé et non à l'exercice d'une liberté», loc. cit.*

[1116]L. AYNÈS, «Le droit de rompre unilatéralement : fondement et perspectives», *op. cit.*

arbitraire[1117] ; sa mise en œuvre supposant la réunion de certaines conditions. Il s'agit précisément de l'existence d'un comportement grave du cocontractant[1118], de l'obligation pour l'auteur de la rupture de notifier sa décision de rupture au cocontractant, de laisser s'écouler un certain délai[1119] et de motiver sa décision[1120]. Présente dans tous les contrats de droit privé, la rupture unilatérale du contrat est de plus en plus renforcée dans les contrats à durée indéterminée afin d'éviter la conclusion des engagements perpétuels[1121].

381. Le droit de rupture unilatérale du contrat n'est pas étranger aux droits européen et de l'OHADA. Ce dernier droit a récemment consacré

[1117]D'après MM. Jacques FLOUR et Jean-Luc AUBERT, *«l'exercice du droit de rupture n'est généralement pas discrétionnaire: il ne l'a jamais été et il l'est de moins en moins»*, *op. cit.*, .282, n°388.

[1118]L'exercice de ce droit n'était possible qu'en cas d'urgence, de confiance légitime ou en présence d'une situation très particulière fondée sur l'état de nécessité. En effet, dans une espèce, la marchandise était en train de périr, et l'acquéreur refusait de payer. Face à une telle situation, le vendeur était-il tenu de poursuivre l'exécution du contrat ou pouvait-il y mettre fin de manière unilatérale sans engager sa responsabilité ? Dans son arrêt du 7 février 1975 (Hellburg c/ Schneider, D.1978, jur, .169), la Cour d'appel de Colmar a décidé à bon droit que *«l'une des parties est en droit de rompre le contrat de vente sans l'intervention d'une décision judiciaire, lorsque l'autre partie a rendu cette rupture nécessaire»*. Depuis 1998, la jurisprudence requiert, comme unique condition de fond d'exercice du droit de rupture unilatérale du contrat, un «comportement grave» du contractant c'est-à-dire un comportement qui met en péril les intérêts contractuels de la victime et qui menace l'avenir même du contrat. Dans son arrêt du 20 février 2001, la première chambre de la Cour de cassation confirme et étend encore plus la décision précédente lorsqu'elle décide que *«la gravité du comportement justifie la résiliation unilatérale ... peu important que le contrat soit de durée déterminé ou non»* (Cass. 1ère civ., 20 février 2001, n°95-15.170, Bull. civ. I, 25 ; D. 2001, jur., 1568.).

[1119]Pour permettre à son partenaire d'organiser les conséquences de la rupture.

[1120]Si pour Sophie LE GAC-PECH le fait de réintroduire l'exigence d'un motif - fût-il légitime - de rupture unilatérale aboutit à vider le droit de rompre le contrat de toute sa substance, il est certain que cette dernière formalité permet également d'éviter la discrétion et de sauvegarder ainsi tous les intérêts en présence. Pour plus de détails sur la question, voir D. MAINGUY, «Remarques sur les contrats de situation et quelques évolutions du droit des contrats», Mélanges M. Cabrillac, *Dalloz-Litec*, 1999, .166s ; X. LAGARDE, «La motivation des actes juridiques», in *La motivation*, Trav. Ass. H. Capitant, LGDJ, 2000, .73 ; M. FABRE-MAGNAN, «L'obligation de motivation en droit des contrats», Mélanges J. Ghestin, LGDJ, 2001, .301s ; L. AYNÈS, «La motivation», *RDC* 2004, n°2 ; Ph. STOFFEL-MUNCK, «Abus de droit, agrément et rupture fautive», *RDC* 2005.288. Voir aussi Com., 20 janvier 1998, Bull. civ. IV, n°40 ; RTD.civ., 1998.675, obs. J. Mestre ; D. 1998.J.413, note C. Jamin.

[1121]Ce principe a été déduit par la jurisprudence de l'article 1780 du Code civil.

explicitement la notion de rupture du contrat (AUDCG révisé, art. 296 et s). L'AUDCG du 17 avril 1997 n'avait prévu ni un chapitre spécifique à la rupture du contrat, ni des dispositions éparses la contenant. Cela ne s'est pas fait au détriment de la résolution et de la résiliation, modalités particulières de la rupture du contrat qui ont été maintenues dans cet ordre juridique. En droit commercial général, la résolution et la résiliation étaient exclusivement judiciaires. Aujourd'hui, avec la révision de ce texte, plusieurs de ses dispositions reconnaissent le droit de rupture unilatérale du contrat et confirment que ce droit tentaculaire n'est pas réfractaire à toute réglementation[1122]. Toute partie au contrat de bail à durée indéterminée peut le résilier, à condition de donner congé à l'autre par signification d'huissier de justice ou par notification par tout moyen permettant d'établir la réception effective par le destinataire au moins six mois à l'avance (AUDCG révisé, art. 125). Le régime de cette rupture est quasi-identique à celui du droit interne des Etats. L'article 281 de l'AUDCG révisé en constitue une illustration parfaite en matière de vente commerciale[1123].

Au-delà de la protection des intérês individuels, le droit de rupture unilatérale du contrat facilite aussi la conciliation de tous les intérêts catégoriels en présence. Il exige à cet effet qu'il y ait un comportement grave du cocontractant, un préavis, une notification de la décision de rupture. Par ailleurs, le contractant qui entend rompre le contrat le fait à ses risques et périls. Dans son arrêt Tocqueville du 13 octobre 1998, la Haute juridiction française a décidé que la gravité du comportement d'une partie à un contrat peut justifier que l'autre partie y mette fin de façon unilatérale, et ce à ses risques et périls[1124]. Dans un autre arrêt du 20 février 2001, la première

[1122]En ce sens, voir Sophie Le GAC-PECH, *op. cit.*, .226, n°1 in fine.

[1123]En vertu de cette disposition, *«Toute partie à un contrat de vente commerciale est fondée à en demander au juge compétent la rupture pour inexécution totale ou partielle des obligations de l'autre partie.*
Toutefois, la gravité du comportement d'une partie au contrat de vente commerciale peut justifier que l'autre partie y mette fin de façon unilatérale à ses risques et périls. La gravité du motif de rupture est appréciée par le juge compétent à la demande de la partie la plus diligente.
Quelle que soit la gravité du comportement, la partie qui l'invoque peut être tenue de respecter un préavis avant de notifier à l'autre partie sa décision unilatérale. Faute de préavis suffisant, l'auteur de la rupture engage sa responsabilité même si la juridiction admet le bien-fondé de la rupture.
La partie qui impose ou obtient la rupture du contrat peut obtenir en outre des dommages-intérêts en réparation de la perte subie et du gain manqué qui découlent immédiatement et directement de l'inexécution».

[1124]Cass. 1ère civ., 13 octobre 1998, n°96-21-485, Tocqueville, Bull. civ. I, n°300, 207, 27 janvier 1998, n°95-12. 600, Bull. civ. I, n°29, 19 ; v. également CA Douai, 2e ch, 6 juillet 1999, SA Quantum international c/ SA Fym ; contra CA Paris, 5e ch. A, 15 octobre 2003, n°2002/08440, SA Hervé.

chambre civile de la Cour de cassation confirme et étend encore plus la décision précédente lorsqu'elle décide que *«la gravité du comportement justifie la résiliation unilatérale peu important que le contrat soit de durée déterminé ou non»*[1125]. Vont en droite ligne avec ce courant jurisprudentiel les arrêts rendus le 14 janvier 2003[1126] et le 13 février 2003[1127] par la Cour d'appel de Lyon, le 27 juin 2003 par la Cour d'appel de Paris[1128], le 28 octobre 2003[1129] et le 19 décembre 2003[1130] pour ne citer que ceux-là. Cette dernière exigence permet au juge de contrôler les abus éventuels des contractants dans l'exercice du droit de rupture unilatérale. Pour donner tout son sens à ce droit, Laurent ANYÈS a vivement souhaité que la formule *«à ses risques et périls »* disparaisse dans les prochains arrêts[1131]. Si la reconnaissance entière de ce droit semble nécessaire, la suppression d'une telle exigence parait tout de même discutable, surtout lorsqu'il y a de nombreux intérêts à concilier. Cette conciliation se matérialise par une reconnaissance de droits au profit des contractants, et par leur sujetion correlative à un ensemble d'obligations.

382. En droit prospectif, les PDEC envisagent le droit de rompre le contrat en son article 9 : 301 aux termes duquel *«une partie peut résoudre le contrat s'il y a inexécution essentielle de la part du cocontractant»*. C'est ce qui ressort également de l'article 7.3.1 (1ère) et 7/13 de l'APAUDC de l'OHADA. Il n'est pas non plus interdit aux contractants de stipuler dans

---

1125Cass. 1ère civ., 20 février 2001, n°95-15.170. Bull. civ. I, 25 ; D. 2001, jur., 1568.

1126Cass. 1ère civ, 14 janvier 2003, n°00-19. 815, Contrats, conc. consom. 2003, n°87, n°6.

1127SA Lips c. Sarl Nemo, Juris-data n°209315.

1128Selon son attendu de principe : *«Attendu que la gravité du comportement d'une partie à un contrat peut justifier que l'autre partie y mette fin de façon unilatérale à ses risques et périls»(*25e ch. A, SA Elysées Tours). En l'espèce, un groupement avait pris contact avec une agence de voyage qui devait organiser des voyages importants. Le groupement a par la suite résilié le contrat avec l'agence de manière unilatérale. A la question de savoir si une telle résiliation était valable ou non, la Cour d'appel de Paris a décidé que *la résiliation unilatérale de ce contrat d'agence était justifiée parce qu'il était effectivement apparu que l'agence en question avait déjà manqué à ses obligations, avait mal organisé tel ou tel transport, avait peut être aussi contracté avec des transporteurs qui n'étaient pas fiables dans l'organisation du transport aérien.* De tels comportements peuvent justifier la rupture unilatérale du contrat sur le fondement d'une perte de confiance envers son cocontractant.

1129La Cour de cassation a précisé dans un attendu de principe que *la gravité du comportement d'une partie à un contrat peut justifier que l'autre partie y mette fin de façon unilatérale à ses risques et périls, peu important que le contrat soit de durée déterminée ou non»*, n°01-03.662, Bull. civ. I, n°211, .166.

1130CA Paris, 25e ch. B, 19 décembre 2003, Sté Perpendiculaire c / Flammarion.

1131Op. cit., .68.

leur contrat des clauses leur permettant de sortir unilatéralement du contrat moyennant rémunération ou non. On cite notamment les clauses de remboursement anticipée dans les contrats de prêt d'argent[1132], les *clauses dites d'intuitu personae* permettant d'obtenir une rupture unilatérale lorsque certains éléments concernant le cocontractant changent. Dans ses arrêts du 14 janvier 1997[1133] et du 08 janvier 2002[1134], la chambre commerciale de la Cour de cassation française a expressément reconnu la validité et l'efficacité de ces clauses tout en mettant l'auteur de la rupture normale à l'abri des sanctions. Dans une espèce plus récente, cette Cour a conforté sa position en décidant que la clause du contrat par laquelle les parties stipulent la possibilité pour l'une de résilier unilatéralement le contrat sans observer le délai de préavis faisait la loi des parties et qu'elle devait être respectée en tant que telle[1135]. Pour Sophie Le GAC-PECH en revanche, les clauses de résiliation anticipée ne sont pas aussi efficaces puisqu'elles *«sont soumises au contrôle du juge, ce qui leur fait perdre leur gage de prévisibilité»*[1136]. Or, il appert pour elle que la rupture judiciaire du contrat n'est aucunement favorable à la célérité des affaires ; c'est pourquoi elle semble préférer aux voies conventionnelle et judiciaire la *« voie médiane »* qu'est le droit de rupture unilatérale du contrat[1137]. Avec cet accroissement des pouvoirs des contractants sur la vie ou la mort du contrat, il faut se demander si l'intangibilité jadis consacrée en règle absolue ne serait plus aujourd'hui qu'une peau de chagrin ?[1138] Désormais, en droit européen et de l'OHADA

[1132]P. MISTRETTA, op. cit., .1064s.

[1133]n°95-12. 769, Polyfilla, D. Aff. 1997, .273.

[1134]n°99-11. 840, RTD.civ. 2002, .297.

[1135]Cass. 1ère civ., 3 avril 2001, n°99-18. 442, Bull. Civ. I, n°98.62 : Il s'agissait d'un contrat conclu entre un médecin et un centre médico-chirurgical. Il y était stipulé une clause dont l'article 1er indiquait que les parties avaient le pouvoir, chacune, de mettre fin au contrat quand bon leur semble, sans avoir à motiver leur décision et sans avoir à respecter un quelconque préavis, encore moins à encourir les foudres d'une révocation trop brutale.

[1136]Op. cit., .223. Adde Com., 9 octobre 2001, JCP E 2002.I.640.

[1137]*Op. cit.*, .223. Adde. O. POUMB, *La rupture des contrats à durée indéterminée par volonté unilatérale. Essai d'une théorie générale*, thèse Paris, 1937 ; N.-M. SAGUÈS, *La rupture unilatérale des contrats*, thèse Paris, 1937 ; B. HOUIN, *La rupture unilatérale des contrats synallagmatiques*, thèse Paris II, 1973.

[1138]Actes du colloque de Chambéry ayant pour thème: Que reste-t-il de l'intangibilité du contrat ?, *op. cit.*: *«Est-ce à dire que, devant cette multiplication contemporaine des atteintes tant législatives que jurisprudentielles au principe d'intangibilité traditionnellement entendu, celui-ci ne serait plus désormais qu'une coquille vide? Le principe n'est-il pas devenu l'exception ? Et, s'il en est ainsi, que reste-t-il du contrat lui-même?»*, s'interrogeait à raison le professeur Gilles PAISANT dans son rapport introductif. Pour ce dernier, la réponse à ces questions varie selon que l'on se place dans une perspective optimiste ou pessimiste, sans

des contrats, le contractants peut rompre unilatéralement le contrat. L'extension du rôle des contractants n'est donc plus un leurre, mais une réalité. Il en est de même du juge, qui jouit en la matière de prérogatives de plus en plus importantes.

§2. L'accroissement du rôle du juge

383. Le contrat n'est plus l'affaire des seuls contractants. Le juge y joue également un rôle indéniable. Même si la marge d'erreurs qu'il peut faire n'est pas négligeable[1139], l'office du juge est nécessaire en matière contractuelle[1140]. Détenteur d'une puissance[1141], le juge a un véritable rôle de

---

d'ailleurs rejeter aucune des deux en bloc, mais émettant sans doute le souhait de la survie du contrat malgré ses multiples avatars.

[1139] *«La jurisprudence,* observe le doyen CARBONNIER, *m'a toujours semblé manquer des caractères inhérents à une source autonome du droit : ou elle est transparence de la loi, ou elle est fondation d'une coutume. Modeste pour elle, je l'ai parfois qualifié de simple autorité. Mais, quel que soit le rôle qu'on lui accorde, il s'y mêle beaucoup d'inconvénients», RTD. civ.* 1992, p.342. Adde M.-A. FRISON-ROCHE, «L'erreur du juge», *RTD. civ.* 2001 (4), .819s.

[1140] *«Quoi que l'on fasse,* disait PORTALIS, *les lois positives ne sauraient jamais entièrement remplacer l'usage de la raison naturelle dans les affaires de la vie. Les besoins de la société sont si variés, la communication des hommes est si active, leurs intérêts sont si multipliés et leurs rapports si étendus, qu'il est impossible au législateur de pourvoir à tout... Un code, quelque complet qu'il puisse paraître, n'est pas plutôt achevé, que mille questions inattendues viennent s'offrir au magistrat. Car les lois, une fois rédigées, demeurent telles qu'elles ont été écrites ; les hommes, au contraire, ne se reposent jamais ; ils agissent toujours ; et ce mouvement, qui ne s'arrête pas, et dont les effets sont diversement modifiés par les circonstances, produit à chaque instant quelque combinaison nouvelle, quelque nouveau fait, quelque résultat nouveau. Une foule de choses sont donc nécessairement abandonnées à l'empire de l'usage, à la discussion des hommes instruits, à l'arbitrage des juges. L'office de la loi est de fixer, par de grandes vues, les maximes générales du droit ; d'établir des principes féconds en conséquence, et non de descendre dans le détail des questions qui peuvent naître sur chaque matière.* C'est *au magistrat et au jurisconsulte, pénétrés de l'esprit général des lois, à en diriger l'application»*, in J.E.M. De PORTALIS, *Ecrits et discours juridiques et politiques, op. cit.* 25s. Sur ce phénomène, voir *Le juge et l'exécution du contrat*, Actes du colloque I.D.A. Aix-en-Provence tenu le 28 mai 1993, *P.U.A.M.*, 1993, 142 p. ; Th. S. RENOUX, «Le droit au juge naturel, droit fondamental», *RTD. civ.* 1993 (1), .33-58 ; B. MELIN-SOUCRAMANIEN, *Le juge des référés et le contrat*, *P.U.A.M.* 2000, 428p.

[1141] R. MARTIN, «Les cheminements des pouvoirs judiciaires depuis 1789», *RTD. civ.* 2004 (2) .251, n°2 in fine.

régulateur des relations contractuelles privées[1142]. Longtemps limité à l'interprétation du contrat, ce rôle s'est considérablement accru au regard des mutations socio-économiques contemporaines. De simple observateur de la volonté contractuelle, le juge est devenu un véritable intervenant de la scène contractuelle. Ce dynamisme observé dans le rôle du juge est le corollaire du principe du civisme contractuel. Avec ce principe, en plus d'homologuer les contrats, le juge doit les interpréter, en corriger les lacunes, les imperfections et les insuffisances parce que des intérêts essentiels qui ne sont pas exclusivement ceux des contractants sont en cause. *«Evidemment, il arrive que les parties soient dépassées par leur propre création, que la «chose» leur échappe, glisse de leurs mains et roule sa propre vie. Ainsi, n'existe-t-il pas une sorte d'intérêt contractuel, un intérêt distinct de celui des contractants et dont le juge aurait également la charge? ... Bien souvent il s'agira d'un intérêt vital que les parties n'auront pas su ou voulu elles-mêmes préserver. Le juge pourra alors intervenir afin d'assurer la validité du contrat ... Dans d'autres cas, l'intérêt contractuel sera plus économique. Il conduira à la révision des contrats de longue durée dans certaines circonstances imprévues, afin d'en permettre l'adaptation»*[1143].

384. Cette judiciarisation du contrat est manifeste en droit européen et de l'OHADA des contrats. Ces ordres juridiques ne sont pas hostiles à l'intervention accrue du juge. Selon les termes empruntés à Denis MAZEAUD, le juge y jouera tantôt le rôle de *«concepteur»* du contrat (A.), tantôt celui de *«salvateur»* (B.)[1144].

A. Le juge-concepteur

385. Le droit européen et de l'OHADA des contrats invitent le juge à concevoir le contrat lorsque la volonté des contractants s'est révélée incomplète, inefficace ou impuissante à le conclure valablement. Si ces ordres juridiques reprennent à leur compte les missions classiques du juge en la matière, à savoir la réfaction du contrat ou son interprétation passive, ils intègrent également à son profit de nouvelles prérogatives, manifestation certaine du principe du civisme contractuel. Sans être exhaustives, trois de ces missions retiendront notre attention. Il s'agit pour le juge de prononcer

[1142]Le juge, affirme le doyen RIPERT, est *«le législateur des cas particuliers»*, in *La règle morale dans les obligations civiles*, *op. cit.*, n°15, p. 25.

[1143]B. FAGES, «Nouveaux pouvoirs. Le contrat est-il encore la ''chose'' des parties?», *op. cit.*

[1144] D. MAZEAUD, «A propos du droit virtuel des contrats : réflexions sur les principes d'UNIDROIT et de la Commission LANDO», in Mélanges M. Cabrillac, *Litec* 1999, p. 205 et s.

d'office la nullité du contrat[1145], de déterminer de manière circonstanciée son contenu et de l'interpréter largement.

***386.* L'annulation d'office du contrat par le juge.** Il est difficile d'imaginer que le juge puisse relever d'office les causes de la nullité du contrat. Cette prérogative relève en droit interne comme en droit européen et de l'OHADA de l'appréciation souveraine des contractants. En revanche, dans certains droits internes comme le droit français, cette prérogatives relève désormais de son office[1146], même relative, du moment qu'il respecte certains principes tels le contradictoire[1147]. Conscient de cela, le juge est tenu de tirer les conséquences d'une cause de nullité soulevée par un contractant. La question qui se pose est celle de savoir si, à défaut d'une action en nullité initiée par l'un ou l'autre contractant, le juge peut prononcer d'office la nullité du contrat. La réponse à cette question est aujourd'hui affirmative.

387. Pour le professeur Jacques RAYNARD, *«La promotion de l'autorité judiciaire sur le terrain des clauses abusives trouve désormais écho dans la jurisprudence communautaire. Alors qu'hier la Cour de cassation reconnaissait au juge le pouvoir de déclarer une clause abusive hors décret, aujourd'hui la Cour de justice des Communautés européennes, Cour européenne de justice pour les puristes, prend le relais en venant reconnaître au juge le pouvoir d'apprécier d'office le caractère abusif d'une clause du contrat lorsque celui-ci examine la recevabilité d'une demande»*[1148]. La CJCE a d'abord jugé que la faculté pour le juge d'examiner d'office le caractère abusif d'une clause constitue un moyen propre à la fois à atteindre le résultat fixé à l'article 6 de la directive[1149], à savoir empêcher qu'un consommateur individuel ne soit lié par une clause abusive, et à contribuer à la réalisation de l'objectif visé à son article 7, dès lors qu'un tel examen peut avoir un effet dissuasif concourant à faire cesser l'utilisation de clauses abusives dans les contrats conclus avec les consommateurs par un

---

[1145]L'on aurait pu introduire ici la modulation d'office du contrat par le juge à travers la possibilité pour ce dernier de fixer d'office le délai pour couvrir la nullité (Cf. AUDSCGIE, art. 247). Mais, ce moyen sera examiné au titre de l'évitement de la nullité.

[1146]Cette faculté est impossible en l'état actuel du droit français de la consommation.

[1147]V. art. 12 NCPC. Adde B. FAGES, *Droit des obligations*, *L.G.D.J.* 2007, 631p, spéc. n°241, p.184 et s.

[1148]J. RAYNARD, « Droit européen des contrats: le juge a le pouvoir de relever d'office le caractère abusif d'une clause du contrat », note sous CJCE 27 juin 2000, *RTD. com.* 2000, .939.

[1149]*Dir. 93/13*/CEE du Conseil du 5 avril 1993 concernant les clauses abusives dans les contrats conclus avec les consommateurs.

professionnel[1150]. Cette faculté reconnue au juge a été considérée comme nécessaire pour assurer au consommateur une protection effective, eu égard notamment au risque que celui-ci soit dans l'ignorance de ses droits ou rencontre des difficultés pour les exercer[1151].

Un arrêt de la CJUE est venu renforcer l'office du juge en matière de démarchage à domicile[1152], et particulièrement la possibilité de soulever d'office la violation de l'obligation d'information imposée au professionnel. Cet arrêt s'inscrit dans la lignée de l'arrêt *Rampion* en matière de crédit[1153], en affirmant que la protection du consommateur justifie que le juge national puisse soulever d'office la violation d'une disposition d'origine communautaire, et particulièrement la nullité du contrat de démarchage. Il s'agissait en l'espèce d'un consommateur espagnol qui avait été condamné par une juridiction de son pays au paiement des biens achetés après avoir été démarché à son domicile. En appel, la Cour espagnole constata, sans que le consommateur ait soulevé ce point, que le vendeur n'avait pas rempli son obligation d'information quant au délai de rétractation et encourait, du fait de la législation espagnole, la nullité du contrat de vente. Le droit espagnol prévoyant que seul le consommateur peut demander l'annulation du contrat de vente par démarchage. A la question préjudicielle posée par la Cour d'appel, la CJUE répond positivement en décidant que «*L'article 4 de la directive n°85/577/CEE du Conseil, du 20 décembre 1985, concernant la protection des consommateurs dans le cas de contrats négociés en dehors des établissements commerciaux, ne s'oppose pas à ce qu'une juridiction nationale déclare d'office la nullité d'un contrat relevant du champ d'application de cette directive au motif que le consommateur n'a pas été*

[1150]Cf Arrêts Océano Grupo Editorial et Salvat Editores, précité, point 28, ainsi que du 21 novembre 2002, Cofidis, C-473/00, Rec. p.I-10875, point 32. Adde CJCE, 27 juin 2000, aff. C-240/98 et C-244/98, Océano Grupo Editorial SA, *JCP* E 2001, p.1281, note M. Carballo Fidalgo et G. Paisant, *RTD civ.* 2001, p.878, obs. J. Mestre et B. Fages ; CJCE, 21 nov. 2002, aff. C-473/00, Cofidis, *JCP* G 2003, II, 10082, note G. Paisant, *D.* 2003, p. 486, note C. Nourissat, *RTD com.* 2003, p.410, obs. M. Luby, *Gaz. Pal.* 2003, p.1711, note Ph. Flores et G. Biardeaud ; CJCE, 26 oct. 2006, aff. C-168/05, Mostaza Claro, *JCP* E 2007, I 2018, nos 1 et s., obs. C. Seraglini, *RTD civ.* 2007, p.33, obs. P. Théry, Europe 2006, comm. 378, obs. L. Idot, *D.* 2006, p.3026, obs. Th. Clay; CJCE, 4 juin 2009, aff. C-243/08, Pannon, *RDC* 2009, p.1467, obs. C. Aubert de Vincelles, *JCP* G 2009, 336, note G. Paisant, *D.* 2009, p.2312, note G. Poissonnier.

[1151]Cf. arrêts précités Océano Grupo Editorial et Salvat Editores, point 26, ainsi que Cofidis, point 33 ; arrêt Cofidis, précité, point 34.

[1152]Dir. n°85/577/CEE, 20 déc. 1985, relative aux contrats négociés en dehors des établissements commerciaux.

[1153]CJCE, 4 oct. 2007, aff. C-429/05, *D.* 2008, p. 458, note H. Claret, *Contrats, conc. consom.* 2008, comm. 310, obs. G. Raymond, *JCP* G 2008, II, 10031, note G. Paisant.

informé de son droit de résiliation, alors même que cette nullité n'a à aucun moment été invoquée par le consommateur devant les juridictions nationales compétentes».

388. Le droit de l'OHADA, à l'image du droit européen, devrait rompre sa timidité sur la question du moment que l'objectif poursuivi est noble, à savoir la conciliation des intérêts catégoriels en présence. Les hypothèses d'annulation d'office du contrat par le juge sont certes rares, mais non absentes, bien qu'il ne s'agisse pas de situations contractuelles ordinaires. Le domaine de prédilection de cette action concerne les procédures collectives d'apurement du passif. Les articles 67 et suivants de l'AUPCAP sont édifiants à ce sujet. L'article 70 confère au syndic, organe qui tient ses missions du juge et à qui il rend compte, pouvoir exclusif d'agir en déclaration d'inopposabilité des actes faits pendant la période suspecte devant la juridiction ayant prononcé l'ouverture du redressement judiciaire ou de la liquidation des biens. En application de l'article 67, sont inopposables de droit ou peuvent être déclarés inopposables à la masse des créanciers les actes passés par le débiteur pendant la période suspecte, laquelle période débute à la date de cessation des paiements et finit à la date de la décision d'ouverture. Les actes de cette nature sont nombreux et variés[1154]. Il n'est donc pas anormal qu'en droit des procédures collectives de l'OHADA, le juge puisse annuler d'office les actes accomplis par un débiteur pendant cette période. Cette faculté laissée au juge procède de la conciliation des intérêts contractuels. En droit prospectif des contrats de l'OHADA, la nullité absolue du contrat peut être soulevée d'office par le juge lorsque la condition de formation qu'elle sanctionne s'impose pour la protection de l'intérêt général (APAUDC, art. 3/13). Elle atteste de l'accroissement des prérogatives du juge en matière contractuelle, et spécialement de la nécessité d'anéantir un contrat motivé par le désir de nuire les intérêts du cocontractant et l'esprit même des procédures collectives de l'OHADA.

***389.* La détermination judiciaire circonstanciée du contenu du contrat.** La détermination du contenu du contrat est une manifestation de la liberté contractuelle. Pour assurer la pérennité et l'équilibre du contrat,

---

[1154]Aux termes de l'article 68 de l'AUPCAP, sont opposables, de droit, sans exclusive, tous les actes à titre gratuit translatifs de propriété mobilière ou immobilière, tout contrat commutatif dans lequel les obligations du débiteur excédent notablement celles de l'autre partie, toute hypothèque conventionnelle ou nantissement conventionnel, toute constitution de gage consentie sur les biens du débiteur pour dettes antérieurement contractées. Si l'inopposabilité ne se confond pas à la nullité, elle s'en rapproche par rapport à ses effets puisqu'en fin de compte, il s'agira de priver d'effet le contrat passé pendant la période suspecte.

l'architecte européen et de l'OHADA a permis au juge de fixer le contenu du contrat lorsque les circonstances l'imposent[1155]. Trois points essentiels retiendront notre attention.

390. D'abord, le juge peut substituer un élément de référence proche de celui des contractants lorsque celui que ces derniers ont choisi n'existe pas ou n'existe plus. Une telle approche lui permet de sauver les contrats dont les prix devraient être fixés par référence à un ou plusieurs indices ayant disparu dans l'intervalle. L'article 5/7 (4) de l'APAUDC prévoit à cet effet que: *«Lorsque le prix doit être fixé par référence à un facteur qui n'existe pas, a cessé d'exister ou d'être accessible, celui-ci est remplacé par le facteur qui s'en rapproche le plus»*[1156]. Lorsque dans un contrat les clauses d'indexation prévoient que le montant de l'obligation variera automatiquement en fonction de l'évolution d'un indice choisi par les contractants, le juge peut - lorsque cet indice est inopérant - fixer unilatéralement un indice, qui n'est pas forcément celui voulu par les contractants. Lorsque le prix qui doit être fixé par un contractant s'avère manifestement déraisonnable, il revient au juge, nonobstant toute stipulation contraire, de lui substituer un prix raisonnable.

391. Ensuite, le juge peut choisir le contractant en lieu et place du cocontractant ou des contractants. Il peut désigner le cocontractant en cas de pluralités de demandes, dans l'hypothèse de la continuité du bail pour décès du preneur prévue à l'article 111 de l'AUDCG révisé. Il peut également substituer un tiers de son choix à celui désigné par les contractants pour déterminer le contenu du contrat, lorsque ce dernier ne peut ou ne veut plus le faire. En droit prospectif de l'OHADA, le juge est pleinement investi de cette mission. D'après l'article 5/7 (3) de l'APAUDC, *«Lorsqu'un tiers chargé de la fixation du prix ne peut ou ne veut le faire, il est fixé un prix raisonnable»*. Le pronom « il » renvoie à l'interprète du contrat ou à celui désigné par lui. L'architecte de l'OHADA ne craint donc pas cette immixtion du juge dans le contrat.

392. Enfin, le dynamisme du juge est encore perceptible lorsque le contrat n'a prévu aucun prix. Il lui revient alors de retenir soit un prix raisonnable, soit un prix habituellement pratiqué dans le secteur concerné par le contrat. C'est ce que prévoit l'article 5/7 (1) del'APAUDC en ces termes: *«Lorsque le contrat ne fixe pas de prix ou ne prévoit pas le moyen de le déterminer, les parties sont réputées, sauf indication contraire, s'être*

[1155]Cf. P. ANCEL, «Force obligatoire et contenu obligationnel», *RTD. civ.* 1999, 1 et s.

[1156]Cf. CCJA, arrêt n°036/2008, 3 juillet 2008, Société Burkina et Shell c/ Ouedraogo Sibiri Philippe.

référées au prix habituellement pratiqué lors de la conclusion du contrat, dans le secteur considéré, pour les mêmes prestations effectuées dans des circonstances comparables ou, à défaut d'un tel prix, à un prix raisonnable». C'est donc au juge de retenir ce prix. En cas de révision du loyer, et à défaut d'accord des parties, le juge peut également fixer le nouveau montant du loyer en tenant compte de la situation des locaux, leur superficie, leur état de vétusté, le prix des loyers commerciaux couramment pratiqués dans le voisinage pour des locaux similaires (APAUDC, art. 117). Par ailleurs, lorsque le loyer de la sous-location est supérieur au prix du bail principal, le bailleur a la faculté d'exiger une augmentation correspondante du prix du bail principal, augmentation qui - à défaut d'accord entre les contractants - est fixée par le juge statuant à bref délai, en tenant compte des éléments ci-dessus visés[1157]. Cet accroissement des pouvoirs du juge s'observe également lorsqu'il s'agit d'interpréter le contrat.

393. **L'interprétation large de la volonté contractuelle par le juge.** Interpréter le contrat c'est *«déterminer le sens et la portée des obligations contractées»*[1158], c'est *«en déterminer le sens : plus précisément, déterminer les obligations qu'il a fait naître»*[1159]. Par ailleurs, *«interpréter une convention, c'est avant tout rechercher la volonté des parties. Cette volonté est celle qu'ont réellement eue les parties au moment où elles ont contracté, plutôt que celle que suggère la formule littérale»*[1160]. *«L'interprétation du contrat sert non seulement à déterminer avec précision les obligations que les parties ont entendu assumer, mais encore à déterminer le régime de ce contrat»*[1161]. En droit interne, le juge a un pouvoir résiduel. Il doit interpréter le contrat de manière stricte en recherchant la commune intention des parties[1162]. Une intrusion du juge dans le contrat

---

[1157]AUDCG révisé, art. 122. Adde AUDCG révisé, art. 126 al. 2.

[1158]F. TERRÉ, Ph. SIMLER et Y. LEQUETTE, *op. cit.*, n°444, .450.

[1159]J. FLOUR et J.-L. AUBERT, *op. cit.*, n°401. .289.

[1160]F. TERRÉ, Ph. SIMLER et Y. LEQUETTE, *Op. cit.*, 9e éd. 2005, 453, n°450.

[1161]A. BENABENT, *op. cit.*, n°275, .200.

[1162]Sur ce phénomène, voir M.-A. FRISON-ROCHE, «Les offices du juge», in Mél. J. Foyer, Paris, éd. PUF, 1997 ; J. DUPICHOT, «Pour un retour aux textes : défense et illustration du «petit guide-âne» des articles 1156 et suivants du code civil», Etudes Flour, *Defrénois*, Paris, 1979 ; J. MESTRE et A. LAUDE, «L'interprétation «active» du contrat par le juge», in Le juge et l'exécution du contrat, Colloque IDA, 28 mai 1993, PUAM 1993, Coll. IDA, op. cit., 9s ; R. MARTIN, «Les cheminements des pouvoirs judiciaires depuis 1789», *RTD. civ.* 2004 (2). 251s ; G. DEREUX, *De l'interprétation des actes juridiques privés*, thèse, Paris, 1905 ; J. LOPEZ SANTA MARIA, *Les systèmes d'interprétation des contrats*, Paris, dactyl. 1968, Y. PACLOT, *Recherche sur l'interprétation juridique*, thèse Paris II, Ronéot, 1988 ; G. MARTY, «Rôle du juge dans l'interprétation des contrats», in Trav. Ass. H. Capitant, t.V, 1949. 84s ; Th. IVAINER, «La lettre et l'esprit de la loi des

n'est donc pas concevable[1163]. Pour cela, ce dernier devait fonder son office sur les multiples techniques prévues aux articles 1156 et suivants du Code civil. Marques d'un attachement certain à la liberté contractuelle et à la sécurité des transactions[1164], ces techniques ont été reprises avec raison par l'architecte européen et de l'OHADA[1165].

394. Celui-ci ne s'est pourtant pas limité à l'interprétation stricte du contrat. Il a renforcé les pouvoirs du juge en lui permettant d'interpréter largement le contrat, c'est-à-dire d'y introduire des droits et des obligations qui ne relèvent pas forcément de la volonté des contractants. C'est ce que Jacques MESTRE et Anne LAUDE qualifient *d'interprétation active* du contrat[1166], par opposition à l'interprétation passive. *«Bouche de la loi»*[1167], le juge est désormais la bouche de la loi du contrat. *«Quand la loi (sous*

---

parties», *JCP* 1981. I. 3023 ; F. TERRÉ, «Interprétation : le fait et le droit, la lettre et l'esprit», Mélanges Ligeropoulos, 1985, 527 ; ÉGÉA, «L'interprétation des contrats : Regard sur l'actualité des articles 1156 et suivant du code civil», www.institut-idef.org,2009, 14p. Adde F. GENDRON, «L'interprétation des contrats en droit québécois», www.institut-idef.org, 2009, 6 p. ; P.-A. CRÉPEAU, «Le contenu obligationnel d'un contrat», (1965) 43 R. du B. Can. 1 ; L. POUDRIER-LEBEL, «L'interprétation des contrats et la morale judiciaire», (1993) 27 R.J.T. 581 ; M.-H. MALEVILLE-COSTEDOAT, «L'interprétation des contrats mal rédigés et la formidable actualité des règles d'interprétation du code civil», www.institut-idef.org,2009, 6p.

[1163] Quand le contrat est clair et précis, le juge ne peut pas l'interpréter. Lorsqu'il est flou, obscur ou ambigu, le juge doit l'interpréter en recherchant la commune intention des parties. Cf. Cass. civ., 1ère 15 avril 1872, S. 1873, 1, 232 ; D. P.1872, 1, 176 ; GAJC, 11e éd. *Dalloz* 2000 ; n°160 ; Cass. civ., 1ère, 5 février 2002, n°00-10. 250, Société Press Labo Services c/ Chignard ; Cass. civ. 3e, 6 février 2002, n°00-12.675, Genovese c/ Société civile immobilière du rivage: pour un contrat préliminaire ; Cass. civ. 3e, 13 mars 2002, n°00-17. 665, Berger c/ Cabinet Jammet et Sigo ; Cass. civ. 3e, 13 mars 2002, n°99-14. 152, Société civile immobilière BE c/ Société les vergers des balans ; CA Aix-en-Provence, 26 juin 2002, JCP. G. 2004, II, note V. Egéa. Cette situation, observe M. DUPICHOT, a fait du juge un véritable *«gardien naturel de la foi contractuelle» (Op. cit.*, 179s, n°8).

[1164] On a craint une dérive du pouvoir judiciaire. Sont illustratifs l'adage utilisé sous l'Ancien régime *«Dieu nous garde de l'équité des Parlements!»*, et l'adage régional français *«la Provence souffre de trois malheurs: la Durance, le Mistral, et le Parlement d'Aix»*. De nos jours, on parle plutôt du *«gouvernement des juges»*.

[1165]En ce sens, voir AUDCG révisé, art. 238 et 261 ; APAUDC, art. 4/1 et s. Adde directive du 5 avril 1993 sur les clauses abusives transposée en France par la loi n°95-96 du 1er février 1995, précisant en l'intégrant à l'article L. 133-2 du code de consommation ; M. LAMOUREUX, «L'interprétation des contrats de consommation», *D.* 2006, n°41, *chron.*, .2848.

[1166]J. MESTRE et A. LAUDE, «L'interprétation «active» du contrat par le juge», *op. cit.*

[1167]Selon l'expression chère à MONTESQUIEU.

entendu la loi des parties) est muette, obscure ou insuffisante, le juge est souverain pour dire le droit»[1168], affirme le doyen RIPERT. Le juge n'est pas toujours neutre lorsqu'il interprète le contrat. Il arrive qu'il apporte une note particulière à la volonté des contractants, soit qu'il lui ajoute des éléments qui n'étaient ni déclarés, ni réels, ni supposés ou présumés, soit qu'il substitue sa volonté à la leur. Cette immixtion du juge ne ruine pas forcément la sécurité des transactions et ne remet pas toujours en cause la liberté contractuelle car *«pouvoir souverain ne signifie pas pouvoir arbitraire»*[1169]. Sous le couvert de l'interprétation, le juge procède à un *véritable forçage du contrat. «Le juge ajoute au contrat une obligation à laquelle les parties n'avaient pas songé, et peut être même qu'elles avaient implicitement écartées»*[1170]. Cette démarche du juge doit nécessairement tendre à la conciliation de tous les intérêts catégoriels en présence.

395. De plus en plus, pour interpréter le contrat, le juge s'appuie également sur des nécessités sociales fondées non seulement sur les considérations morales de bonne foi, et d'équité, mais également sur l'impératif de justice et d'utilité sociale. D'après François GENDRON, *«la société libérale du 19e siècle considérait que les obligations d'un contrat tiennent essentiellement à la volonté des parties ; on estime aujourd'hui qu'elles relèvent également, et pour une grande part, de la justice et de l'utilité sociale. La loi impose le respect de la parole donnée, mais elle impose également le respect de la justice. Et c'est dans la mesure où la parole donnée respecte elle-même la justice qu'elle garde sa force obligatoire»*[1171]. Cette interprétation objective ou créatrice est fondée sur une politique de protection des contractants et du contrat ; mais surtout, même si cela n'est pas avoué, dans le but de concilier tous les intérêts en présence. Le juge s'arroge ainsi de pouvoirs qui vont au-delà des stipulations contractuelles. Il s'appuie sur des éléments objectifs que sont notamment la bonne foi, et l'équité. Sous le prétexte d'interprétation équitable du contrat par exemple, il peut insérer dans le contrat une multiplicité d'obligations accessoires constituant des « suites naturelles » de l'obligation principale. On peut en l'occurrence citer l'obligation contractuelle de sécurité, l'obligation générale d'information[1172], l'obligation de surveillance,

---

[1168] *La règle morale dans les obligations civiles*, op. cit., .25, n°15. Voir également l'article 4 du Code civil.

[1169] V. EGÉA, *op. cit.*, .4.

[1170] Ph. MALAURIE, L. AYNÈS et Ph. STOFFEL-MUNCK, *op. cit.*, n°774s ; J. MESTRE et A. LAUDE, *op. cit.*, 18 ; Ch. JAROSSON, *La notion d'arbitrage*, Paris, L.G.D.J. 1987, n°147, p.198.

[1171] *Op. cit.*, .3.

[1172] Il s'agit des obligations de renseignement, d'information, d'avertissement, de conseil, de mise en garde.

l'obligation de loyauté et de bonne foi. Ce n'est pas dans la volonté des contractants que le juge trouve leur siège, mais dans un texte légal. Il en est de même de la bonne foi dans le contentieux de l'interprétation. D'après DOMAT, *«il n'y a aucune espèce de convention où il soit sous entendu que l'un (des contractants) doit à l'autre la bonne foi avec tous les effets que l'équité peut y demander tant en la manière de s'exprimer dans la convention que pour l'exécution...»*[1173]. Ce dernier y voit *«l'assise des conventions »*[1174]. Elle est devenue, aux dires de M. GENDRON, *«le principe directeur de toute interprétation»*[1175]. Elle permet d'adapter la volonté des contractants aux exigences sociales afin d'assurer une conciliation efficace des intérêts contractuels. *« Fidèle à la lettre ou fidèle à l'esprit, il apparait que l'interprétation d'un contrat est d'abord un acte de justice, sinon d'équité...Le contrat n'est donc plus la seule affaire des parties ; de chose privée, il est à certains égards devenu chose sociale. La jurisprudence est de plus en plus abondante où le tribunal se réfère toujours à la volonté des parties, bien sûr, mais aussi à des considérations de bonne foi et d'équité. L'interprétation enregistre ainsi un recul des intérêts individuels au profit des valeurs sociales»*[1176]. L'office d'interprétation du juge ne se limite plus à la conception du contrat, mais participe aussi de sa salvation.

B. Le juge-salvateur

396. L'on conçoit mal qu'à un moment où les mutations socio-économiques imposent une conjugaison des impératifs de liberté et de sécurité à ceux de justice sociale et d'équilibre contractuel, le juge demeure un observateur servile de la volonté contractuelle. Les déséquilibres manifestes du contrat ou la déloyauté organisée des contractants peuvent justifier, sur le fondement de l'ordre public, l'intérêt général, la bonne foi ou de l'équité, mais aujourd'hui encore du civisme, l'accroissement du rôle du juge. En fait, *«Le juge n'a pas ... pour mission d'instiller la proportionnalité dans le contrat en promouvant l'équivalence des prestations ; il lui appartient seulement d'effacer les excès manifestes qui ont leur source dans la déloyauté d'un contractant ou dans un bouleversement profond du contexte économique, politique et social dans lequel évolue le contrat»*[1177]. Il accomplit ainsi une mission salvatrice qui, si elle est en apparence aux

---

[1173] J. DOMAT, *Œuvres complètes*, par J. Rémy, t.1, «Les lois civiles dans leur ordre naturel», Paris, 1835.
[1174] *Ibid.*, .338.
[1175] Op. cit., .5.
[1176] F. GENDRON, *op. cit.*, .3.
[1177] D. MAZEAUD, «A propos du droit virtuel des contrats : Réflexions sur les Principes d'UNIDROIT et de la Commission LANDO», *op. cit.*

antipodes des considérations libérales du contrat, concourt inéluctablement à la sauvegarde des intérêts catégoriels en présence. Sauver le contrat ce n'est donc pas seulement protéger les intérêts d'un ou des contractants, c'est aussi poursuivre un but social[1178]. L'architecte interne, repris par son homologue de droit européen et de l'OHADA, avait déjà reconnu au juge un certain nombre de pouvoirs tels la sanction des abus dans la négociation contractuelle, la résiliation ou la résolution du contrat, la lutte contre les clauses abusives, la condamnation des contrats lésionnaires. Aujourd'hui, les droits régionaux ou communautaire ont affermi le rôle du juge, tantôt dans le sens de la révision des clauses pénales, tantôt dans le contrôle de leurs droits et obligations.

***397.* La révision des clauses pénales**[1179]**.** La clause pénale est une clause comminatoire en vertu de laquelle un contractant s'engage en cas d'inexécution de son obligation principale ou en cas de retard dans l'exécution à verser à l'autre à titre de dommages et intérêts une somme forfaitaire[1180]. Les contractants s'entendent alors sur un forfait de réparation qui, dès la formation du contrat[1181], est sensé couvrir le préjudice qui

---

[1178]Cf. E. S. DARANKOUM, «La protection du contrat dans l'avant-projet d'Acte uniforme OHADA sur le droit des contrats: conclusion, exécution et remèdes en cas d'inexécution», Colloque sur *L'harmonisation du droit OHADA des contrats*, *op. cit.* ; A. A. NGWANZA, *La favor contractus dans les Principes UNIDROIT et l'avant-projet d'Acte uniforme sur le droit des contrats en OHADA*, Paris Sud 11, 2011, 439p.

[1179]Sur cette notion, voir D. MAZEAUD, *La notion de clause pénale*, préf. F. CHABAS *L.G.D.J.*, 1992, 448 p. ; F. CHABAS, «Clause pénale», J.-Cl. Civ., 1976, Fasc. X.

[1180]D'après l'article 1226 du Code civil, c'est la clause par laquelle une personne, pour assurer l'exécution d'une convention, s'engage à quelque chose en cas d'inexécution. Cette «chose» se traduit généralement en somme d'agent, laquelle est généralement supérieure au montant du préjudice réel subi par le créancier. La clause pénale ne se confond pas avec la clause limitative de responsabilité. Si toutes les deux visent à substituer des sanctions conventionnelles aux sanctions légales de l'inexécution des contrats (résolution, résiliation, l'exécution forcée, allocation des dommages et intérêts, etc…), la clause limitative de responsabilité a pour autre but de fixer le plafond de l'indemnisation. Ici, les contractants décident qu'une somme précise sera couverte en cas d'inexécution du contrat par le débiteur, même si le préjudice résultant de cette inexécution peut dépasser la somme fixée. Leur différence est «irréductible» (Ph. MALINVAUD, «De l'application de l'article 1152 du code civil aux clauses limitatives de responsabilité», in L'avenir du droit, Mélanges F. Terré, 1999, p.698). Adde APAUDC, art. 7/6 (Clauses exonératoires), art. 7/31 (Indemnité établie au contrat).

[1181]Le déséquilibre de la clause pénale s'apprécie dès la formation du contrat et non au cours de son exécution. Le juge est donc sensé réviser cette clause conformément à la volonté des contractants.

résulterait de la non exécution du contrat. Le juge a le pouvoir de moduler les clauses pénales. Il peut soit les réduire lorsqu'elles sont excessives[1182], soit les augmenter lorsqu'elles sont dérisoires[1183]. D'après l'article 1152 du Code civil français de 1804, encore malheureusement applicable au Cameroun, il était impossible au juge de modifier le forfait imposé de manière absolue par cette disposition. Cette situation a été à l'origine de nombreux abus dans la pratique des clauses pénales.

398. Le législateur français est intervenu par des lois du 9 juillet 1975 et 11 octobre 1985 pour mettre un terme à ces excès. Il a conféré au juge les pleins pouvoirs en matière de révision des clauses pénales, avec possibilité de le faire *«même d'office»*. C'est la solution qui est aujourd'hui intégralement reprise par l'article 1152 du Code civil[1184]. La Cour de cassation française est claire sur la question[1185]. En cas d'exécution tardive du contrat, l'article 1231 du Code civil français permet au juge de réduire la clause pénale à due concurrence sans préjudice de l'application de l'article 1152 du même code[1186].

399. Cette faculté, qui fait cruellement défaut dans le Code civil en vigueur au Cameroun et dans les textes de droit positif de l'OHADA, devrait être prise en compte lors des prochaines reformes afin d'adapter ce droit aux évolutions socio-économiques. Le souci de sanctionner l'une des volontés contractuelles semble désormais trop réducteur pour justifier la révision de la clause pénale. Il faut également voir dans ce mécanisme la volonté de concilier tous les intérêts catégoriels en présence. Sur la question, le droit

---

[1182]Celle qui donne à son bénéficiaire un dédommagement supérieur à ce qu'il aurait reçu si le contrat avait été exécuté, c'est-à-dire supérieur au dommage prévisible lors de la formation du contrat.

[1183]Une clause pénale est dérisoire lorsque le montant forfaitaire prévu pour la réparation du préjudice subi du fait de l'inexécution du contrat est inférieur au préjudice. Dans ce cas, cette clause joue comme une clause limitative de responsabilité pour le débiteur.

[1184]D'après ce texte, *«Lorsque la convention porte que celui qui manquera de l'exécuter payera une certaine somme à titre de dommages-intérêts, il ne peut être alloué à l'autre partie une somme plus forte, ni moindre. Néanmoins, le juge peut, même d'office, modérer ou augmenter la peine qui avait été convenue, si elle est manifestement excessive ou dérisoire. Toute stipulation contraire sera réputée non écrite»*.

[1185]Cf. Soc., 5 juin 1996, n°92-42298 ; *Defrénois* 1997, 737, obs. D. Mazeaud. Ici, la Cour a décidé qu'*«Après avoir constaté, par une décision motivée, que l'indemnité convenue était manifestement dérisoire, la Cour d'appel a pu l'augmenter dans les proportions qu'elle a souverainement évaluées»*.

[1186]En ce sens, voir la loi du 9 juillet 1975 telle que complétée par la loi du 11 octobre 1985.

prospectif de l'OHADA est également balbutiant. S'il concède au juge le pouvoir de réduire la clause pénale excessive, il ne lui reconnait malheureusement pas le pouvoir d'augmenter la clause pénale dérisoire. Une telle mesure lui aurait sans nulle doute permis de saisir le déséquilibre dans son entièreté, c'est-à-dire de rétablir le déséquilibre créé tant dans son caractère excessif, que dans son aspect dérisoire. C'est la solution qui a été retenue dans l'arrêt rendu le 20 mars 2009 par la Cour d'appel de Ouagadougou[1187]. Certains projets d'uniformisation du droit européen des contrats admettent la validité des clauses pénales. Ils reconnaissent au juge le pouvoir de réviser le forfait fixé par les contractants si celui-ci est manifestement excessif par rapport au préjudice subi du fait de l'inexécution et aux circonstances[1188]. Face à certains déséquilibres, il semble justifié de permettre au juge de moduler les clauses pénales prévues dans le contrat. Il peut réduire celles qui sont excessives, et devrait augmenter celles qui sont dérisoires. Cet office s'étend également au contrôle des droits des contractants.

400. **Le contrôle des droits.** Dans l'accomplissement de sa mission salvatrice, le juge est investi du pouvoir de contrôler les droits des contractants. Il doit s'assurer que les contractants ont exercé leurs droits, mais surtout qu'ils l'ont fait dans le sens de la conciliation de leurs intérêts particuliers à l'intérêt général de la société. Pour l'essentiel, le juge doit contrôler la mise en œuvre par les contractants de leurs droits bilatéraux et spécialement celui de renégosier. Il doit également s'assurer que les contractants n'exercent pas leurs droits unilatéraux de manière arbitraire.

401. Le juge ne saurait obliger les contractants à renégocier. L'échec des négociations entraine de nombreuses conséquences. En période contractuelle normale, comme en période de crise, particulièrement en cas de bouleversement de circonstances, le juge ne peut que réviser, résoudre ou résilier le contrat. Au-delà de ces nouvelles missions du juge, dont l'enracinement en droit européen et de l'OHADA des contrats est progressif, se faufile une toute autre mission non négligeable : celle tenant au contrôle de la renégociation contractuelle. Une telle mission, apparemment banale, est nécessaire puisqu'elle permet de concilier les intérêts contractuels en présence. Un arrêt avant-dire-droit rendu le 26 septembre 2007 par la Cour d'appel de Nancy met clairement en lumière cette allégation[1189]. Cet arrêt est révélateur et révolutionnaire. Il est l'incarnation du civisme contractuel dans

---

[1187] Arrêt n°012, Ouedraogo Etienne c/ Fofie Kouakou Mathurin.

[1188] En ce sens, voir l'article 9. 509 PDEC. Sous réserve de l'article 170 du Code européen des contrats de Pavie, lequel prohibe la stipulation de telles clauses dans tous les contrats où prend part un consommateur.

[1189] 2e ch. com., 26-09-2007, n°06/02221.

les contrats de fourniture d'énergie. On y voit comment les difficultés écologiques pourraient exercer une influence sur le droit des contrats. Il s'agissait en l'espèce d'un contrat de fourniture d'énergie conclu en 1999: la société Novacarb, productrice de carbonate et de bicarbonate à partir de vapeur d'eau, se fournit auprès de la société Socoma. Celle-ci met à sa disposition un système de «*cogénération*» que le client utilise librement. La mésentente entre les contractants a surgi à la suite de l'entrée en vigueur de la loi française n°2004-237 du 18 mars 2004 et de l'ordonnance n°2004-330 du 15 avril 2004 qui instituent le système d'échange de quotas de gaz à effet de serre. Selon ce système, les entreprises concernées se voient affecter par une autorité administrative un nombre de quotas[1190]. A l'inverse, l'exploitant qui ne dispose pas de quotas en nombre suffisant doit en racheter et peut être sanctionné pénalement. En l'espèce, le fournisseur a cédé ses reliquats. Or, selon le client, étant donné que le contrat le rend débiteur des coûts liés à la mise en œuvre d'une nouvelle législation, il devrait également être créditeur de ces bénéfices ; faute de quoi il y aurait déséquilibre du contrat. Au courant de l'année 2005, les contractants ont tenté de renégocier le contrat, mais n'y sont pas parvenues. La société Novacarb a alors assigné en justice son fournisseur. Saisi, le tribunal de commerce de Nancy a, le 26 juin 2006, rejeté la demande de révision du contrat en rappelant sa force obligatoire. Ceci a conduit la société Novacarb, en appel, à faire valoir uniquement «*l'interprétation du contrat par adjonction*» alors que l'intimé arguait de son impossible révision judiciaire. La Cour d'appel de Nancy était alors confrontée à la question de la possible interprétation ou révision du contrat en cas de déséquilibre contractuel non prévisible. Sur le fondement des articles 1134 alinéa 3 et 1135 du code civil, la Cour a alors imposé la renégociation du contrat et s'est réservée le droit de contrôler son échec. Autrement dit, le juge s'est réservé le droit de vérifier que la renégociation s'est déroulée dans le sens souhaité. Au soutien de sa décision, il impose aux contractants de «*corriger le déséquilibre contractuel*», en raison d'une «*atteinte inéquitable aux intérêts particuliers* », et «*dans l'intérêt général de la réduction des émissions de gaz à effet de serre*». Cette décision courageuse est révélatrice de la singularité du civisme contractuel et de la bonne foi, et mérite d'être prise en compte en droit européen et de l'OHADA où les questions environnementales demeurent une préoccupation majeure pour tous.

402. Le juge est également chargé de contrôler les droits unilatéraux dont est investi le contractant sur le sort du contrat. L'on cite notamment le droit de repentir, le droit de révision unilatérale et le droit de rupture unilatérale du contrat. Les contractants doivent les exercer de manière

[1190]C'est-à-dire «*une unité de compte représentative de l'émission de l'équivalent d'une tonne de dioxyde de carbone*», cessibles en cas de reliquats

discrétionnaire, mais non arbitraire. Lorsqu'un des contractants abuse de son droit de déterminer unilatéralement le prix, c'est au juge qu'il revient de mettre les contractants dans la situation à laquelle ils devraient normalement se trouver, à la demande du cocontractant, ou même d'office. Dans ce cas, il ne se limitera pas à retenir la responsabilité du contractant auteur de l'abus ou prononcer la résiliation du contrat, il peut également refaire le contrat lorsque cela est nécessaire. De tels pouvoirs sont admis en droit européen des contrats, tantôt sur le fondement de la protection des consommateurs, tantôt sur la base de la protection du contrat. En droit de l'OHADA, cette tendance n'est pas à exclure. En matière de bail par exemple, la gravité du comportement d'un contractant peut justifier sa rupture unilatérale par le cocontractant. Ce dernier doit alors respecter un préavis suffisant avant de notifier sa décision de rupture unilatérale, faute de quoi sa responsabilité pourra être retenue malgré le bien-fondé de cette rupture (AUDCG révisé, art. 281 al.3). Le juge doit également contrôler l'exercice du droit au renouvellement. Si le bailleur s'oppose au renouvellement du bail du preneur, et qu'ils ne s'accordent pas sur le montant de l'indemnité d'éviction, ce montant doit être fixé par le juge (AUDCG révisé, art.126 al.2). Au-delà de la la préservation des intérêts en présence, c'est la sécurisation du lien contractuel qui est en réalité assurée.

SECTION II. LA SECURISATION DU LIEN CONTRACTUEL

403. Le principe du civisme contractuel concourt à la sécurisation du lien contractuel. Celle-ci est une opération qui consiste à donner un sentiment de sécurité et de fiabilité au contrat et aux contractants. Elle peut procéder soit de la pérennisation du lien contractuel lorsque sa survie est encore possible (§1), soit de la garantie de son équilibre lorsque les intérêts contractuels en présence sont déséquilibrés (§2).

§1. La pérennisation du lien contractuel

404. Le terme pérennisation n'est pas un mot conventionnel en droit. Littéralement, il est défini comme l'action de pérenniser, c'est-à-dire de rendre durable, perpétuel, immortel ou éternel. Pérenniser le lien contractuel serait alors recourir à des mécanismes permettant, en période normale comme en période de crise[1191], de le maintenir jusqu'à son exécution[1192], de

[1191]Les contractants peuvent insérer dans leur contrat des clauses de maintien dudit contrat. A moins qu'elles ne frisent l'abus, de telles clauses sont effectivement admises. Il s'agit par exemple des clauses de renouvellement, de reconduction, de prorogation. Dans de telles circonstances, la suppression de ces clauses est préférée

substituer des mécanismes assurant sa sauvegarde à ceux qui facilitent sa disparition, ou encore de ne l'anéantir que si l'impossibilité de son exécution est établie. Cela responsabilise les contractants et conforte certains principes du droit des contrats tels la force obligatoire des conventions et la sécurité des transactions. Le contrat de société et le contrat de travail peuvent servir de référents à la démonstration. Dans le contrat de travail, les mesures de reclassement pour motif économique[1193], à l'image des bassins de revitalisation en droit français, ainsi que la réintégration sont organisés et très évocateurs en période de crise contractuelle[1194]. En période normale, plusieurs solutions sont envisageables. Le reclassement du travailleur devenu inapte à son emploi est un mécanisme de choix au service de la pérennisation du contrat (A.). Dans le contrat de société, l'architecte impose, pour maintenir en vie un contrat moribond, la régularisation du contrat (B.).

à la disparition du contrat tout entier. Sur la question, voir A.-S. LAVEFVE LABORDERIE, *La pérennité contractuelle*, préf. de C. THIBIERGE Catherine, Paris, *L.G.D.J.*, 2005, coll. *BDP*, 1 vol. (XVII-661p.).

[1192]Cf. J. MESTRE, «Observations sur l'attitude du juge face aux difficultés d'exécution du contrat», in actes du colloque I.D.A. Aix-en-Provence tenu le 28 mai 1993, *P.U.A.M.* 1993, spéc. .97s.

[1193]Cf. B. BOUBLI, «Réflexions sur l'obligation de reclassement en matière de licenciement pour motif économique», *RJS* 3/96, 131 ; Soc., 19 février 1992, Bull. V, n°100 ; Soc. 25 février 1992, *Dr. soc.* 1992, 379 ; Soc. 8 avril 1992, *JCP* éd. E. 1992, II, 360, note J. Savatier. Cf. également l'article 53 s APAUDT. En France, cette obligation d'origine jurisprudentielle (Cass. soc., 25 février 1992, n°89-41.634; Cass. soc., 1er avril 1992, n°89-43.494) est aujourd'hui consacrée par la loi, notamment l'article l'article L.1233-4 du Code du travail. Sur l'extension du périmètre de reclassement par la Cour de cassation, voir Cass. soc., 30 septembre 2013, n°12-13.439 ; Cass. soc., 28 mai 2008, n°06-46.009.

[1194]Le 30 août 2013, le Conseil de Prud'homme de Compiègne a invalidé près de 700 licenciements pour motifs économiques prononcés par le fabricant de pneus Continental. Celui-ci a été condamnée pour défaut de motif économique et non-respect de leurs obligations de reclassement. L'affaire est en cours devant les juridictions.

A. Le reclassement du travailleur devenu inapte à son emploi[1195]

405. *«L'état de santé d'un salarié peut le rendre physiquement inapte, de manière durable, à exécuter la prestation de travail à laquelle il s'était engagé»*[1196]. Cette inaptitude, physique ou mentale, peut tenir soit à une maladie professionnelle, soit à un accident de travail[1197], ou toute autre cause d'inaptitude du travailleur ne dépendant pas forcément de sa volonté. Dans ces différentes hypothèses, les jurisprudences française et camerounaise ont longtemps estimé que, faute d'accomplissement de la prestation promise, l'employeur était en droit de rompre le contrat de travail le liant au travailleur devenu inapte, sans autre forme de procédure. Par la suite, la rupture du contrat de travail dans ces circonstances a été qualifiée de force majeure, avant qu'il ne soit décidé que l'employeur devait respecter le

---

[1195]L'inaptitude du travailleur ne constitue pas la seule hypothèse de reclassement du travailleur pour motif personnel. Le reclassement du travailleur est également possible lorsque le travailleur acquiert après son embauche un diplôme technique retenu par la classification nationale type. Certaines conventions collectives mettent en effet à la charge de l'employeur l'obligation de reclasser le travailleur concerné dans la catégorie correspondante. Ainsi perçu, le reclassement apparaît comme un procédé permettant aux acteurs sociaux de prendre en compte l'amélioration du niveau de connaissance et de salaire du travailleur. Sur la question, voir J SAVATIER, «L'obligation de reclassement d'un salarié déclaré par le médecin du travail inapte à tout emploi dans une entreprise», *Dr. soc.* 2005, .31, note sous Cass Soc, 7 juillet 2004 (4arrêts) ; Cass. Soc. 8 avril 1992, *Dr. soc.* 1992, 626, *RJS*, 5/92, n°598 (C'est cet arrêt qui a consacré l'obligation de reclassement en France. Il prévoyait qu'un licenciement individuel ou collectif ne peut avoir de motif économique réel et sérieux que si, au préalable, l'employeur a tenté de reclasser le salarié») ; B. LARDY-PÉLISSIER, «L'obligation de reclassement», *D.* 1998, .399 ; J. SAVATIER, «La disponibilité d'un emploi en vue d'une réintégration, d'un reclassement ou d'une priorité d'embauche», *Dr. soc.*1999, 146 ; G. COURTURIER, «Vers un droit de reclassement ? », *Dr. soc.* 1999, 497 ; F. HÉAS, *Le reclassement du salarié en droit du travail*, *L.G.D.J.*, 2000, 452p ; F. GÉA, «Licenciement pour motif économique : L'obligation générale de reclassement», *RJS* 7-8/00, 511 ; P.-H. ANTONMATÉI, «L'obligation de reclassement préalable au licenciement pour motif économique : nouvelles dispositions», *Dr. soc.* 02, .274.

[1196]Directive européenne santé ; *La santé du salarié*, Actes des journées Michel Despax, Toulouse I, mai 1999, *Dalloz* et *Revue juridique des barreaux*, oct.-déc. 1999 ; J. SAVATIER, «L'obligation de reclassement des salariés devenus physiquement inaptes à leur emploi», in Mélanges en l'honneur de Henry Blaise, *Economica*, 1995, 419 p., sp. pp.387-398 ; du même auteur «La protection des salariés devenus physiquement inaptes à leur emploi», *Dr. soc.* 1993, 123 ; H. BLAISE, «Maladie et inaptitude physique, causes de rupture du contrat de travail», *RJS*, Fr. Lefebvre, 1990, 315.

[1197]Maladie et accident dûment justifiée constituent deux hypothèses de suspension du contrat de travail. Néanmoins, il ne faut pas les confondre avec l'inaptitude d'un travailleur qui elle empêche la poursuite du contrat de travail en l'état.

formalisme en matière de licenciement, sans pour autant que la rupture lui soit imputable lorsqu'il ne s'agissait pas d'une inaptitude résultant d'un risque professionnel[1198]. Aujourd'hui, la situation a nettement évolué. En droit national, l'employeur est désormais tenu de rechercher toutes les voies possibles pour assurer le reclassement du travailleur devenu inapte dans l'entreprise[1199]. Toute rupture du contrat du travailleur devenu physiquement ou mentalement inapte s'analyse dans ces circonstances comme un licenciement nul[1200], avec toutes les conséquences que cela comporte[1201].

406. A la suite de la plupart des législateurs nationaux, le droit prospectif de l'OHADA et le droit européen admettent l'obligation de reclassement du travailleur devenu inapte à son emploi dans le contrat à durée indéterminée[1202]. En droit de l'OHADA spécialement, cette mesure est régie par les articles 128 et 129 de l'APAUDT. D'après l'article 128, *«Si à l'issue des périodes de suspension, le travailleur est déclaré par le médecin du travail, ou à défaut, par le médecin traitant, inapte à reprendre l'emploi qu'il occupait précédemment, l'employeur est tenu de lui proposer, compte tenu des conclusions du médecin, un autre emploi adapté à ses capacités et aussi comparable que possible à l'emploi précédemment occupé, au besoin, par la mise en œuvre de mesures telles que mutations, transformations de postes ou aménagement du temps de travail»*. Ce texte dessine la nature ambivalente du reclassement pour inaptitude à l'emploi. Il s'agit non seulement d'une obligation à la charge de l'employeur, mais aussi d'un droit au profit du travailleur.

[1198]Cass. soc., 21 mars 1979, *Bull. civ.* V, n°253, *D.* 1979, 413, note J. Pélissier.

[1199]Au Cameroun, plusieurs textes ont explicitement ou implicitement consacré cette obligation de reclassement : art. 21 du décret n°78-547 du 28 décembre 1978 (fixant modalités de prise en charge des prestations en nature aux victimes d'accidents de travail ou de maladie professionnelle) ; art. 11 du décret n°78/484 du 9 novembre 1978 (fixant les dispositions communes applicables aux agents de l'Etat relevant du Code du travail modifié par le décret n°82/100 du 4 mars 1982) ; la loi n°77-11 du 13 juillet 1997 portant réparation et prévention des accidents du travail et des maladies professionnelles ; article 32 (c) et (g) du Code du travail. Pour ce qui est de la France, il convient de se référer aux articles L.122-24-4, L.122-32-5 et L.241-10-1 du Code du travail ; la loi du 7 janvier 1981 concernant les victimes d'accidents de travail.

[1200]Cf. Avant-Projet d'Acte uniforme relatif au Droit du Travail (APAUDT), art. 130.

[1201]Cass. soc., 29 novembre 1990, *Bull. civ.* V, n°600, *RJS* 1/91, n°11, *Dr. soc.* 1991, 115, obs. J. Savatier, *D.* 1991, 339, note Decoopman.

[1202]Le législateur régional et national n'ont pas envisagé l'hypothèse de l'inaptitude dûment constatée en cours d'exécution du contrat de travail à durée déterminée. Le législateur de l'OHADA l'a expressément exclu dans ce contrat (Cf. Art. 131).

En tant qu'obligation, la question ne se pose pas véritablement puisqu'il s'agit d'une mesure tournée vers la défense des intérêts du travailleur et ceux de la collectivité, la valorisation de la personne du travailleur par le renforcement du respect de sa dignité. En fait, l'intérêt de la collectivité est d'assurer à tous les travailleurs une stabilité dans leur emploi. Il s'agit de concilier les exigences de gestion de l'entreprise et celles tenant à la protection de l'employé à travers une meilleure protection de l'emploi[1203]. De la sorte, elle oblige l'employeur à rechercher, s'il y a dans l'entreprise, des emplois qui pourraient permettre d'adapter l'emploi d'un travailleur devenu inapte en raison d'un accident ou d'une maladie à l'occasion de son activité professionnelle. En effet, *«il paraît rigoureux de mettre en chômage une personne qui subit déjà l'épreuve difficile que constitue la diminution de ses capacités physiques»*[1204] ou mentales. D'obligation de moyen, le législateur de l'OHADA a fait du reclassement une obligation de résultat atténuée puisqu'il n'impose plus simplement le reclassement à l'employeur, il l'enjoint non seulement de rechercher un emploi comparable ou compatible à son précédent emploi, mais également, le cas échéant, de mettre en œuvre des mesures telles que les mutations, les transformations de postes ou aménagement du temps de travail pour maintenir le travailleur devenu inapte dans l'entreprise. En outre, le reclassement permet de prendre en compte la réduction des aptitudes professionnelles du travailleur. Le travailleur bénéficiant d'une mesure de reclassement a le privilège de conserver son emploi en dépit de son inaptitude physique ou mentale à l'exercer. Il pourra ainsi soit conserver le même salaire que celui antérieurement perçu, soit obtenir un salaire adapté à sa nouvelle affectation. Toutes choses qui concourent à n'en point douter à son épanouissement personnel et familial, et constituent l'essence même du droit du travail. L'employeur quant à lui a la certitude de pouvoir toujours profiter de l'expérience de son employé, même malade, et d'éviter les conséquences financières de son licenciement.

Quoi qu'il en soit, la prise en compte des faiblesses du travailleur participe d'une humanisation souhaitable des relations de travail. En fait, *«L'homme tient une dignité. Atteindre une telle dignité est la mission essentielle du droit du travail. La fonction consiste à éviter que l'homme soit*

[1203] J. MBENDANG EBONGUE, « Les droits fondamentaux des travailleurs dans le code du 14 Août 1992 », *RJA*, 1994. Du même auteur, *Le code camerounais du travail du 14 Août 1992, Analyse critique*, éd. Friedrich Ebert Stiftung, 1997, 277 p.239.

[1204] J.-J. FOMCHIGBOU MBANCHOUT, «L'obligation de reclassement du salarié à la lumière de l'avant-projet de l'acte uniforme de l'OHADA portant droit du travail», p.243 et s, in J. GATSI (dir.), *L'effectivité du droit de l'OHADA*, coll. Droit uniforme, *P.U.A.*, 2006, 320p.

traité comme des choses»[1205]. Mieux, *«dans une société qui respecte l'homme, celui-ci ne peut pas être assimilé à un outil qui serait jeté au rebut dès qu'il ne remplirait pas exactement les services habituels»*[1206]. L'employeur qui ne respecte pas son obligation de reclasser le travailleur devenu inapte peut par conséquent engager sa responsabilité civile, ou voir sa décision de rupture du contrat de travail annulée.

407. En tant que droit profitant au travailleur[1207], le reclassement peut *a priori* poser problème. Ce droit peut porter une atteinte sérieuse au pouvoir de direction du chef d'entreprise[1208], contraint en quelque sorte de maintenir dans son effectif un travailleur qui ne peut plus remplir les fonctions pour lesquelles il a été recruté, quitte à procéder aux mutations, transformations de postes ou aménagement du temps de travail pour satisfaire cette exigence. L'atteinte est d'autant plus forte qu'aujourd'hui, législateur et juge s'accordent à étendre cette mesure aux cas d'inaptitude non professionnelle[1209]. En réalité, le problème ne se pose pas puisque ce droit n'est pas absolu. D'une part en effet, l'employeur n'est pas tenu de reclasser le travailleur devenu inapte s'il démontre soit qu'il n'existe pas dans son entreprise un poste adapté aux aptitudes nouvelles du travailleur, soit que l'organisation d'un tel poste par mutations, transformations ou aménagement du temps de travail est incompatible avec le fonctionnement

---

[1205] J.-C. JAVILLIER, «Aspects collectifs de la mobilité du personnel», *Dr. soc.*, 1989, p.449.

[1206] M. DESPAX et J. PÉLISSIER, *La gestion du personnel. Aspects juridiques*, t. I, éd. Cujas, Paris 1974, p.240.

[1207] G. COURTURIER, «Vers un droit de reclassement?», *Dr. soc.* 1999, 497.

[1208] L'employeur est le seul juge de l'intérêt légitime de l'entreprise : CS, arrêt n°53/S du 15 avril 1982 ; CS, arrêt n°13/S du 23 novembre 1971 ; CS, arrêt n°15/S du 14 novembre 1967 ; CS, arrêt n°18/S du 27 novembre 1962.

[1209] Cf. articles 119s APAUDT. Sur la généralisation de l'obligation de reclassement aux cas d'inaptitude non professionnelle, voir H. BLAISE, «Une jurisprudence en pleine évolution : maladies et accidents non professionnels, inaptitude physique du salarié», *RJS*, Fr. Lefebvre, 1992, 83 ; J. SAVATIER, art. préc., spéc. p.387: *«L'imputabilité à l'employeur de la rupture pour inaptitude physique a d'abord été admise lorsque cette inaptitude trouvait son origine dans un accident de travail, et donc dans un risque de l'entreprise, avant d'être étendue aux inaptitudes n'ayant pas une origine professionnelle».* Adde Soc., 27 mars 1990, *RJS* 6/90, n°469, affaire Marboutin c/ Deghem: dans cette affaire, la Cour a décidé que, même lorsque le médecin du travail n'a pas pris l'initiative de proposer une mutation ou une modification d'emploi, l'employeur doit, dans la mesure du possible procéder au reclassement du travailleur inapte. La jurisprudence française va plus loin. Elle admet que l'obligation de reclassement ne se limite pas à l'établissement où travaillait le salarié, mais peut notamment s'étendre au groupe auquel appartient l'entreprise (Cons. Prud'h. Corbeil, 20 janv. 1994, D.O. 1994, 282 ; Soc. 12 mai 1993, *Jur. Soc.* 1993, 336 ; Soc. 27 octobre 1993, Bull. V, n°250).

de l'entreprise, ou constitue une gêne ou une charge excessive eu égard à l'utilité économique qui peut en résulter pour l'entreprise[1210]. Dans ce cas, il devra apporter la preuve de l'impossibilité de reclasser le travailleur[1211]. L'on comprend très vite qu'il n'est pas seulement question de sauvegarder les intérêts du travailleur, mais qu'il faut également protéger ceux de l'entreprise en particulier, et de l'économie nationale ou régionale en général. De sorte que, autant le travailleur gagnerait en dignité, mieux la société gagnrait en harmonie et cohésion. D'autre part, le refus du travailleur décharge légitimement l'employeur de son obligation de reclassement. Dans cette seconde hypothèse, le travailleur se verra imputer la responsabilité de la rupture du contrat de travail, et pourra ainsi être privé de tout droit à indemnité, notamment lorsque son refus est abusif[1212]. Dans une espèce, le juge camerounais a décidé qu'en refusant la modification de son contrat de travail, le salarié victime d'un accident de travail ou d'une maladie professionnelle provoque la rupture du contrat de travail, qualifiée en la circonstance de démission[1213]. Le reclassement profite donc au travailleur et préserve tous les intérêts contractuels en présence.

B. L'obligation de régularisation du contrat de société

408. Mécanisme par lequel un contrat entaché d'irrégularités dès sa formation, est mis en conformité avec les prescriptions légales, la régularisation permet, en droit de l'OHADA de pérenniser le contrat de société en le maintenant en vie alors qu'il est en principe annulable à raison de son imperfection[1214]. Ce procédé spécifique permet de réparer le vice sans annuler le contrat. Il s'analyse aussi comme une sanction de la violation du civisme contractuel pour manquement à un intérêt général[1215]. Il s'agit soit pour l'un ou l'autre des contractants de fournir par la suite l'élément qui manquait à la validité du contrat[1216], soit de procéder à la suppression du vice qui l'affectait. Le vice réparé, le contrat initialement malade peut être maintenu pour permettre aux contractants d'exécuter leurs obligations

[1210]J. SAVATIER, *Dr. soc.*, 1980, p.113.
[1211]Cass. soc., 5 décembre 1995, Dr. soc. 1996, 425, obs. A. Mazeaud.
[1212]Ce refus ne doit pas être donné dans le cadre d'une entente entre le travailleur et l'employeur ; cela s'analysreait comme un moyen conventionnel pour contourner une mesure légale devenue obligatoire, sauf impossibilité prouvée.
[1213]CS, arrêt n°72/S du 24 mai 1973 ; CS, arrêt n°24/S du 8 juillet 1982, inédits.
[1214]En ce sens, voir S. DRAPIER, *Les contrats imparfaits*, *P.U.A.M.*, 2001, 536p.
[1215]Ce n'est pas dans ce dernier sens que nous l'aborderons.
[1216]C. DUPEYRON, *La régularisation des actes nuls*, *L.G.D.J.*, 1973, 283p

respectives. Il ne faut pas la confondre avec la confirmation[1217], encore moins la réfection[1218].

409. Le Code civil avait déjà prévu plusieurs hypothèses de régularisation du contrat[1219], éparpillées dans le code. Aujourd'hui, d'autres textes tels que l'AUDSCGIE et l'APAUDC donnent un champ plus large à la régularisation contractuelle. Dans ces différents textes, la régularisation peut porter soit sur le contrat proprement dit, soit sur les mécanismes prévus par le contrat.

410. Le droit des sociétés commerciales de l'OHADA fait appel à la régularisation du contrat de société. Théoriquement, lorsque le contrat de société est irrégulièrement constitué, il encourt forcément la nullité. Or, l'annulation de ce contrat est un acte grave aux conséquences parfois tragiques pour tous les partenaires sociaux. Selon Paul DIDIER, *«la nullité du contrat, qui est de règle dans les contrats-échange irréguliers, n'est pas une bonne sanction des règles relatives à la formation du contrat-organisation. ... Elle est inadéquate dans les contrats-organisation qui servent de fondement et de cadre à une multitude d'autres actes, décisions,*

[1217]Manifestation unilatérale de volonté par laquelle une personne qui peut demander la nullité d'un acte renonce à s'en prévaloir, la confirmation est admise en droit interne (art. 1338 C. civ.) comme en droit régional européen et de l'OHADA (APAUDC, art. 3/13 3e). Contrairement à la régularisation dont le but est d'éliminer l'acte de tout vice, la confirmation permet de maintenir l'acte avec tous ses vices. C'est dire par extension que, si la régularisation demeure possible en présence d'une nullité absolue, il n'y a de confirmation possible qu'en présence d'une nullité de protection, c'est-à-dire d'une nullité relative (Cass. civ.1ère, 17 décembre 1959, Bull. Civ. I, n°546, D. 1960, 294 ; Cass. civ. 3e, 7 juillet 1982, Bull. Civ. III, n°170). En outre, si la régularisation peut provenir de l'une ou l'autre partie à l'acte, la confirmation en revanche ne doit émaner que de la partie normalement en droit de demander la nullité de l'acte.

[1218]La réfection du contrat est la conclusion d'un autre contrat pour remplacer le contrat vicié. Le vice doit alors avoir disparu. Or, on procède à la régularisation pour éliminer le vice encore présent dans le contrat. Si par ailleurs la réfection fait naître un nouveau contrat prenant effet au jour de sa conclusion, la régularisation valide l'acte de manière rétroactive. Toutes deux prennent donc effet à compter du jour de sa conclusion.

[1219]En ce sens, voir les articles 1599 relatif à la vente (La vente de la chose d'autrui est nulle en principe. Mais, si le vendeur devient propriétaire de ladite chose avant le prononcé de la nullité, l'acte est automatiquement régularisé. La vente en principe annulable devient donc parfaitement valable); 1681 relatif à la lésion dans la vente d'immeuble (l'acquéreur immobilier peut régulariser la vente par le paiement du supplément du juste prix), 1998 alinéa 2 relative aux obligations du mandant (le mandant a la possibilité de régulariser ou de *ratifier* un contrat passé par son mandataire au-delà des pouvoirs qui lui avaient été accordés).

délibérations et contrats que son annulation entraîne dans sa chute»[1220]. Conscient de cette situation, afin non seulement d'éviter les effets d'entrainement néfastes que peut engendrer la disparition d'une société commerciale dans l'économie globale, mais aussi d'assurer la préservation efficiente des intérêts des partenaires sociaux, l'architecte de l'OHADA a institué un régime spécial de nullité[1221] qui met en avant la régularisation

---

[1220]P. DIDIER, «Brèves notes sur le contrat-organisation», *op. cit.*, p. 641.

[1221]En vertu de cet Acte uniforme, la nullité d'un contrat de société ne peut être prononcée que si un texte spécial le prévoit C'est une application du principe protecteur «pas de nullité sans texte». Elle est contenue dans l'article 242 en vertu duquel: «La nullité d'une société ou de tous actes, décisions ou délibérations modifiant les statuts ne peut résulter que d'une disposition expresse du présent Acte uniforme ou des textes régissant la nullité des contrats en général et du contrat de société en particulier». Plusieurs autres dispositions du même texte écartent la nullité pour assurer la survie du contrat de société. Selon l'alinéa 2 de l'article 242 précité, «l'énonciation incomplète des mentions devant figurer dans les statuts n'entraîne pas la nullité de la société». Il en est de même de l'article 243 qui prévoit que: «dans les sociétés à responsabilité limitée et dans les sociétés anonymes, la nullité de la société ne peut résulter ni d'un vice de consentement ni de l'incapacité d'un associé, à moins que celle-ci n'atteigne tous les associés fondateurs». Seules quelques dispositions de l'Acte uniforme précité envisagent la nullité comme une sanction des irrégularités de constitution de la société commerciale. Il s'agit de l'article 245 qui sanctionne comme nulle l'omission des formalités de publicité dans les sociétés en commandite simple et en nom collectif ; de l'article 243 qui sanctionne comme nulles les sociétés autres que la société à responsabilité illimitée ou la société anonyme entachées au moment de leur formation d'un vice de consentement ou d'une incapacité ; de l'article 245 alinéa 2 en cas de fraude judiciairement constatée ; en application de l'article 244 de l'Acte uniforme précité, des articles 6 et 1108 du Code civil, la nullité de la société peut également être prononcée lorsqu'il lui manque un de ses éléments essentiels, en l'occurrence lorsque son objet est illicite. En outre, l'Acte uniforme a institué dans son article 251 un régime de prescription spécial (contrairement droit commun des nullités, la prescription de l'action en nullité est de trois ans à compter de l'immatriculation de la société au registre de commerce et du crédit mobilier ou à compter de la publicité de l'acte ayant modifié les statuts. Seule la nullité pour illicéité de l'objet est soumise, conformément à l'article 251 précité, au régime de prescription trentenaire de droit commun). Selon une lecture de l'article 246, la régularisation n'est exclut que lorsque l'activité de la société est contraire à l'ordre public et aux bonnes mœurs. Si la nullité est prononcée, la règle *quod nullum est producit effectum* (c'est-à-dire ce qui est nul ne produit pas d'effet) est inapplicable en l'espèce. La nullité de la société commerciale n'a donc pas un effet rétroactif. Ce souci de sécurisation du lien contractuel est prévu à l'article 253 en vertu duquel: *«lorsque la nullité de la société est prononcée, elle met fin, sans rétroactivité, à l'exécution du contrat. Il est procédé à sa dissolution et, pour ce qui concerne les sociétés pluripersonnelles, à leur liquidation».*

lorsqu'elle est encore possible, et attache les effets d'une société de fait à la société annulée.

411. L'article 75 de l'AUDSCGIE, qui pose le principe de la régularisation du contrat de société[1222], prévoit que *«si les statuts ne contiennent pas toutes les énonciations exigées par le présent Acte uniforme ou si une formalité prescrite par celui-ci pour la constitution de la société a été omise ou irrégulièrement accomplie, tout intéressé peut demander à la juridiction compétente, dans le ressort de laquelle est situé le siège social, que soit ordonnée, sous astreinte, la régularisation de la constitution. Le ministère public peut également agir aux mêmes fins»*. Il s'agit pour les parties au pacte de société d'y insérer une mention essentielle omise ou irrégulièrement accomplie, ou de supprimer l'irrégularité qui y figure[1223].

412. En multipliant les personnes pouvant demander la régularisation du contrat de société, le législateur de l'OHADA tente de multiplier ses chances de sauvetage, et partant celles de protection des intérêts en présence. Il manifeste sa volonté d'assurer la perennité du contrat de société en l'empêchant de voler aux éclats à la première secousse, ainsi que son attachement à la défense des intérêts de tous les acteurs sociaux. Toute personne ayant intérêt à la régularisation de la société, y compris le ministère public, peut invoquer cette irrégularité en mettant la société en demeure de se conformer dans un délai ne pouvant dépasser six mois.

413. L'allongement du délai de prescription de l'action aux fins de régularisation du contrat de société vient couronner cette volonté législative de conciliation des intérêts contractuels. L'action aux fins de régularisation se prescrit par trois ans à compter de l'immatriculation de la société ou de la publication de l'acte modifiant les statuts (art. 77). Ce délai est identique à celui prévu pour l'action individuelle (art. 164 al.2), l'action sociale (art. 170), l'action sociale ou individuelle en responsabilité contre le liquidateur (art. 221 al.2), les actions en nullité des actes, décisions ou délibérations de la société (art. 251 al.2), certaines actions en responsabilité du commissaire aux comptes (art. 727 al.1er) ou les administrateurs ou l'administrateur général (art. 743), et nettement plus long celui prévu pour les sociétés

---

[1222]Sous un angle institutionnel, voir les articles 60, 248, 250, 668, 824 de l'AUDSCGIE.

[1223]Les formalités et les mentions qui peuvent faire l'objet d'une régularisation sont les suivantes : l'élaboration et la signature des statuts ; la dénomination sociale ; l'objet social ; la durée de vie de la société ; le capital social ; l'évaluation des apports ; la libération des apports ; l'établissement des bulletins de souscription ; la déclaration notariée de souscription et de versement ; l'annonce légale de constitution.

constituées de mettre en harmonie leur statut à l'AUDSCGIE[1224]. Ainsi, la régularisation apparait comme un moyen pour les parties au contrat d'éviter la disparition de leur pacte malgré son irrégularité. Mais, la régularisation n'est pas l'unique moyen de pérennisation du contrat lors de sa formation ; il arrive que soit souhaitée la nullité partielle du contrat[1225].

C'est dans ce sens qu'il convient de saisir l'article 3/15 de l'APAUDC. Ce texte dispose qu' *«1) en dépit de l'erreur autorisant une partie à annuler le contrat, celui-ci n'en est pas moins conclu tel que cette partie l'avait envisagé, si l'autre partie manifeste l'intention de s'y conformer ou qu'elle exécute ses obligations ainsi que la victime de l'erreur l'entendait. La partie qui entend agir de la sorte doit faire promptement après avoir été informée de l'erreur commise par l'autre partie et avant que cette dernière n'ait donné suite à la notification d'annulation. 2) La victime de l'erreur perd alors le droit de demander l'annulation du contrat et toute notification antérieure d'annulation est sans effet»*. Cette régularisation, qui consiste à remettre le contractant qui s'est trompé dans l'état dans lequel il avait cru contracter, a pour effet l'extinction de l'action en annulation du contrat. Ce texte étend la régularisation à tous les contrats de droit commun. Elle ne concerne plus uniquement la formation du contrat de société, mais opère également dans d'autres hypothèses. En application de l'article 60 AUDSCGIE par exemple, la réunion de toutes les parts sociales entre les mains d'un associé unique n'est plus une cause de dissolution de plein droit de la société, même dans celle où la forme unipersonnelle n'est pas autorisée. Dans ce dernier cas, si un associé détient tous les titres sociaux, la régularisation est possible dans un délai d'un an. A la demande de toute personne intéressée, le président du tribunal compétent peut, aux fins de régularisation, accorder à la société un délai maximal de six mois. Mieux, si le vice dont est entaché le contrat n'est pas régularisé dans ce délai et que personne ne demande la dissolution de la société, celle-ci ne disparait pas pour autant ; elle peut alors être considérée comme une société de fait définie et régie par les articles 865 et suivants du même Acte uniforme. Perenniser le lien contractuel est donc nécessaire pour la préservation des intérêts catégoriels en présence. Mais le civisme contractuel n'a pas uniquement vocation à perenniser le lien contractuel, il tend aussi à en garantir l'équilibre.

[1224]Le défaut de mise en harmone des statuts à l'AUDSCGIE n'entraine pas pour autant la disparition de la société. Les clauses statutaires contraires à cet Acte uniforme seront plutôt réputées non écrites.
[1225]F. TERRÉ, Ph. SIMLER et Y. LEQUETTE, *op. cit.*, n°357s, .368.

§2. La garantie de l'équilibre contractuel

414. La société a intérêt à ce que le contrat soit équilibré. Un contrat déséquilibré est forcément celui qui garantit le moins possible les intérêts particuliers des contractants, encore moins leur conciliation avec l'intérêt général de la société. L'équilibre doit s'entendre ici comme une égalité des prestations promises dans le cadre du contrat[1226]. Cet équilibre est-il voulu par les contractants ou imposé à eux par le législateur ou par le juge au nom de la justice ou de l'équité contractuelle?

415. L'on a longtemps pensé que les contractants étant maîtres de leur affaire, l'équilibre des prestations devrait être celui envisagé par le contrat. Ceci a fait dire à André FOUILLÉE que tout ce qui est contractuel est juste. C'est ce que soustend l'individualisme contractuel ou l'autonomie de la volonté. L'avènement de la société industrielle a démontré le contraire et a justifié l'interventionnisme étatique en vue de rétablir l'équilibre rompu. Il a alors été procédé, au renouvellement des mécanismes existants jugés inefficaces, du moins à la prise en compte progressive de mécanismes en suspension dans le droit positif jugés plus appropriés. Cette dernière tentative consistant à *«penser le contrat autrement»* s'est également soldée par un échec. Toutes les thèses en présence étaient trop extrémistes pour concilier simultanément les intérêts catégoriels en présence.

416. Le civisme contractuel apparait dans ce contexte, et semble être le mode de réalisation par excellence de l'équilibre en matière contractuelle puisqu'il prône une meilleure conciliation des intérêts en présence. L'architecte européen et de l'OHADA n'est pas resté insensible à ces préoccupations. Plusieurs mécanismes s'offraient à lui. Certains été abandonnés parce que jugés incompatibles avec le processus d'uniformisation ou inefficaces au regard des mutations socio-économiques [1227]. D'autres ont été repris, tantôt intacts[1228], tantôt rénovés[1229]. D'autres

---

[1226]Sur ce phénomène, voir L. FIN-LANGER, *L'équilibre contractuel*, *L.G.D.J.*, 2002, BDP, t. 366, 651p. ; J.-J. BARBIERI, *Vers un nouvel équilibre contractuel : Recherche d'un équilibre des prestations dans la formation et l'exécution des contrats*, thèse Toulouse, 1981, 643p ; E. M. CHARPENTIER, *L'équilibre des prestations : une condition de reconnaissance de la force obligatoire du contrat* ?, thèse Université McGill, 2001, 389p ; M.-A. MOREL, *De l'équilibre des prestations dans la conclusion des contrats*, *D.* 1961, 294p.

[1227]C'est le cas de la cause en droit de l'OHADA et de la *consideration* en droit des pays de la common law. Cf. Ch. CHAPPUIS, «Le renoncement à la cause et à la consideration dans l'avant-projet d'Acte uniforme OHADA sur le droit des contrats», in *L'harmonisation du droit OHADA des contrats*,.253 s ; J. DJOGBENOU, « La cause dans les contrats conclus sur le fondement des Actes uniformes de l'OHADA », *Penant*, n°867, avril-juin 2009, pp.134-172.

enfin ont été institués comme plus appropriés[1230]. Au nom de l'équilibre contractuel, la conciliation des intérêts contractuels se traduit par un meilleur traitement des abus contractuels (A.), et par l'avènement de l'imprévision en matière contractuelle (B.).

A. <u>Un traitement justifié des abus contractuels</u>

417. Le droit des contrats est de plus en plus hostile aux abus. Depuis MONTESQUIEU, *« Tout homme qui a du pouvoir est porté à en abuser »*[1231]. Élaborée dans la sphère politique, cette formule est également d'une acuité particulière en matière contractuelle. Le principe du civisme contractuel confère aux contractants des droits et obligations, dont l'exercice peut créer au profit de son auteur un avantage excessif qui entraîne un déséquilibre significatif soit dans les prestations contractuelles, soit dans les prérogatives contractuelles[1232]. Ce déséquilibre risquant de vider le contrat de tout son intérêt, il s'est avéré nécessaire de procéder au traitement de ses causes. La jurisprudence sur la question est abondante ; et de nombreux travaux doctrinaux ont été élaborés sur la notion ainsi qu'à ses diverses applications[1233]. Avant de montrer comment l'architecte européen et de

---

[1228]Cas de l'erreur et du dol.

[1229]Cas de la lésion et de la violence. La lésion dans son acception objective de lésion qualifiée, c'est-à-dire une sanction de l'exploitation abusive de la faiblesse d'autrui aboutissant à un déséquilibre flagrant dans le cas d'une dépendance économique. La violence va dans le même sens. Cette dernière est la sanction d'une exploitation abusive de la dépendance économique, faite pour tirer profit de la crainte d'un mal menaçant directement les intérêts légitimes du cocontractant (Cass.civ. 1, 3 avril 2002). Elle est prise en compte tant en droit prospectif de l'OHADA (APAUDC, art. 3/10 (Avantage excessif) qu'en droit européen des contrats (PDEC, article 4: 109 Profit excessif ou avantage déloyal). Il s'agit d'un mécanisme efficace de lutte contre le déséquilibre contractuel contemporain de la formation du contrat. Adde D. MAZEAUD, «Lésion et violence qualifiée», *Rev. Dr. Assas., Thèmes et Commentaires*, 2008, .74. Sur la réception de la violence économique en droit français, voir M. BOIZARD, «La réception de la violence économique en droit», *LPA*, 16 juin 2004, n°120, p.5.

[1230]C'est le cas de l'imprévision.

[1231]MONTESQUIEU, *Esprit des lois*, Livre XI, Chap. 4. Plus exactement «De l'Esprit des Lois, ou du rapport que les lois doivent avoir avec la constitution de chaque gouvernement, mœurs, climat, religion, commerce, etc. (sic) ; à quoi l'auteur a ajouté des recherches sur les lois romaines touchant les successions, sur les lois françaises et sur les lois féodales», s.d. [1748], Genève Barrillot & Fils, 2 vol. in-4°.

[1232] Sur ce phénomène, voir *Les prérogatives contractuelles*, Actes du colloque du 30 novembre 2010, *RDC*, 2011/2, *L.G.D.J.*, 2011, pp.639-748.

[1233]En ce sens, voir Ph. STOFFEL-MUNCK, *L'abus dans le contrat: essai d'une théorie*, Paris, *L.G.D.J.* 2000, préface de Roger BOUT, 649p ; A. CATHIARD, *L'abus dans les contrats conclus entre professionnels: l'apport de l'analyse économique du contrat*, P.U.A.M. 2006, préface de Xavier Lagarde, 589p; H.

l'OHADA s'en sont pris pour traiter les abus en matière contractuelle, il convient au préalable de préciser la notion même d'abus.

***418.* La notion d'abus.** L'abus est une *«notion délétère dont l'usage incertain ne laisse d'inquiéter»*[1234]. Il existe une large diversité dans la qualification de la notion d'abus. Cette diversité - parfois source de confusion - se manifeste au travers d'une démultiplication des hypothèses d'abus : l'abus du droit de rompre, l'abus de puissance économique, l'abus de position dominante, l'abus de dépendance économique, l'abus de faiblesse, etc. Dans son expression la plus simple, l'abus renvoie à l'utilisation excessive d'une prérogative ou d'une situation illicites[1235]. Or tout ce qui est excessif est nuisible. Ainsi, la prise en compte de l'abus permet de sanctionner le comportement de certains contractants dans l'exercice soit du droit qui leur est reconnu par la loi[1236], soit de la prérogative qui leur est aménagée par une clause contractuelle[1237]. M. STOFFEL-MUNCK procède

---

BRICKS, *Les clauses abusives*, *L.G.D.J.* 1982, *Bib. Dr. pr.*, tome 175, 286p. ; P. ANCEL, G. AUBERT, C. CHAPPUIS (dir.), *L'abus de droit: comparaisons franco-suisses*, Actes du séminaire de Genève, mai 1998, *PUSE*, 2001, 21p.; Abbas KARIMI, *Les clauses abusives et la théorie de l'abus de droit*, Paris, *L.G.D.J.* 2001, préface de Philippe Simler, 414p.; Ph SOUAD YADINI-NAUDOT, *Le contrat non négocié*, th. Nantes 2000, 447p.; G. PIETTE, *La correction du contrat*, *op. cit.* ; D. MAZEAUD, «Le juge face aux clauses abusives», in *Le juge et l'exécution du contrat*, Colloque IDA Aix-en-Provence, *P.U.A.M.* 1993; M.-A. FRISON-ROCHE, «De l'abandon du carcan de l'indétermination à l'abus dans la fixation du prix», *R.J.D.A.* 1996, chr.

1234 Ph. STOFFEL-MUNCK, *L'abus dans le contrat: essai d'une théorie*, *op. cit.*

1235 Sur la notion d'abus et la théorie de l'abus du droit, voir L. JOSSERAND, «De l'esprit des droits et de leur relativité: théorie dite de l'abus des droits», 2e éd. Paris, *Dalloz*, 1939, 454 p. ; G. RIPERT, «Abus ou relativité des droits», *Rev. crit.* 1929, p.33s ; P. MAZIÈRE, th. Précitée ; E. LETOMBE, *L'abus de droit en droit du travail*, th. Lille 2, 2007, 588p. ; A. NOBLET, *La lutte contre le contournement des droits nationaux en droit communautaire: contribution à l'étude de l'abus de droit communautaire*, th. Rouen, 2004, 552p. ; A.-C. KISS, *L'abus de droit en droit international*, *L.G.D.J.* 1953, préf. Suzanne Bastid, 200p.

1236 C'est notamment le cas de l'abus du droit de rupture du contrat, l'abus du droit de renouvellement du contrat. Dans une affaire récente, il a été jugé que si la partie qui met fin à un contrat à durée indéterminée dans le respect des modalités prévues n'a pas à justifier d'un quelconque motif, le juge peut néanmoins, à partir de l'examen des circonstances établies, retenir la faute faisant dégénérer en abus l'exercice du droit de rompre (Cf. Cass. civ. 1ere, 21 février 2006; Cass. com., 6 mai 2003). Cette situation est récurrente en matière de fixation du prix, ce depuis les arrêts de l'Assemblée plénière de la Cour de Cassation en date du 1er décembre 1995 opérant revirement par rapport à la jurisprudence antérieure sur la détermination du prix (Ass. Plén. 1 décembre 1995).

1237 C'est notamment l'abus dans la mise en œuvre de la clause résolutoire.

à une classification bipartite des abus contractuels : le manquement à la loyauté[1238] d'une part, et, d'autre part, l'usage de la liberté contractuelle au détriment des faibles ou de l'ordre concurrentiel, et l'invocation de la lettre d'une clause contractuelle en infidélité de son esprit[1239]. Quel que soit le cas de figure envisagé, l'abus dans le contrat a des effets pervers tant à l'égard du contractant qu'à l'égard du contrat, et partant de la société. Si d'une part l'abus commis risque de porter une grave atteinte à *«l'intérêt supérieur du lien contractuel»*[1240], supprimant ainsi tout intérêt que le contrat pouvait présenter pour la victime, il est également possible que les intérêts protégés par la société soient affectés, notamment lorsque le contrat présente une importance économique ou sociale dépassant le cadre des intérêts individuels des contractants.

419. Deux mécanismes de traitement des abus contractuels nous intéresseront : le renouvellement de la sanction des clauses léonines et l'affermissement des garanties contractuelles.

***420.* Le renouvellement de la sanction des clauses léonines.** Dans le contrat de société, il n'est pas interdit aux associés d'insérer dans l'acte

---

[1238]Philippe STOFFEL-MUNCK l'analyse comme une faute du contractant. Il s'agit d'une exigence de conformité du comportement du contractant à la morale civile. Loin cependant de fonder la sanction de cet abus sur l'article 1134 alinéa 3 du Code civil qui requiert la bonne foi dans l'exécution du contrat, M. STOFFEL-MUNCK la fonde sur l'article 1382 du Code civil en arguant qu'il s'agit d'un manquement qui peut être commis par toute personne placée en dedans ou en dehors d'un contrat. Cette situation a le mérite de relever un fondement efficace à la sanction de l'abus en tant que faute du contractant. Néanmoins, elle présente aussi le risque de voir s'appliquer à une même situation deux régimes différents, l'un pour l'appréciation de la déloyauté, l'autre pour l'appréciation de l'intention de nuire. Ceci met une pression supplémentaire sur le juge, qui aura sans doute du mal, compte tenu de la variété des cas sur lesquels il est appelé à se prononcer, cette situation peut être une source d'insécurité judiciaire. Il nous semble qu'il serait plus approprié, étant donné que nous sommes ici dans la sphère contractuelle, et que, quelle que soit le fondement choisi, la sanction sera à quelque millimètres près identique, de s'en tenir à l'article 1134 alinéa 1er du Code civil, et la faute du contractant pouvant consister en une inexécution défectueuse, une mauvaise exécution ou un retard dans l'exécution de son obligation.

[1239]M. STOFFEL-MUNCK analyse ces deux cas d'abus comme des limites à la force obligatoire d'une clause contractuelle. Contrairement au précédent cas, celui ci concerne le contenu même du contrat. L'abus consiste ici soit à user de sa liberté contractuelle aux dépens du cocontractant, soit à priver d'effet l'invocation d'une clause. Qu'il s'agisse de l'abus de la liberté contractuelle, ou de l'abus de prérogative contractuelle, la sanction semble aller dans le même sens, c'est-à-dire à priver la clause concernée de tout effet.

[1240]En ce sens, A. CATHIARD, thèse précitée, n°148, .146.

constitutif de la société, ou dans un acte postérieur, des avantages particuliers lors des répartitions des résultats sociaux[1241]. Une telle stipulation est en principe valide[1242]. Dans le silence de l'acte constitutif quant à la répartition des résultats, le Code civil de 1804 avait prévu que la part des associés est proportionnelle aux apports de chacun[1243]. S'agissant du droit des sociétés commerciales de l'OHADA, cette exigence de proportionnalité est formulée à l'article 54 alinéa 1er de l'AUDSCGIE. Seules sont alors proscrites les clauses léonines, qu'elles soient temporaires ou sans durée définie. Sont léonines les clauses du contrat de société dont l'exécution aurait pour résultat de procurer à l'un des associés tous les bénéfices ou de l'affranchir de toute contribution aux pertes. Il en est de même des clauses qui auraient pour effet indirect de prémunir un associé contre les aléas de la société. Cette clause a vocation soit à attribuer à un associé la totalité du profit généré par la société[1244], soit à l'exonérer de la totalité des pertes[1245], soit encore à l'exclure totalement du profit ou à mettre à sa charge la totalité des pertes[1246]. De telles stipulations sont contraires à l'objet même de la société qui est de poursuivre un intérêt commun. Elles constituent pour M. MERLE *«la négation de la société, du jus fraternitatis qui doit animer*

[1241]Ph. REIGNE et Th. DELORME, «La nature nécessairement pécuniaire des avantages particuliers», *Bull. Joly* 2002, p. 1117, § 244.

[1242]Cass. com., 26 mai 2004, Bull. Joly 2004, n°215, p.1100, note J.-F. Barbiéri.

[1243]D'après l'article 1853 dudit Code que: *«Lorsque l'acte de société ne détermine point la part de chaque associé dans les bénéfices ou pertes, la part de chacun est en proportion de sa mise dans le fonds de la société.*
A l'égard de celui qui n'a apporté que son industrie, sa part dans les bénéfices ou dans les pertes est réglée comme si sa mise eût été égale à celle de l'associé qui a le moins apporté».

[1244]*«Le partage des bénéfices*, affirme Jean LAGADEC, *est de l'essence de la société»*, in *Droit commercial et des affaires*, Dyna'sup Droit, Vuibert 2007, 381p. spéc. n°287s, .136.

[1245]D'après Laurent GODON, *«le principe de la contribution aux pertes participe de la définition du contrat de société et existe aussi bien dans les sociétés à risques illimités que dans celles à risques limités»*, in *Les obligations des associés*, préf. de Yves Guyon, *Economica*, 1999, 307p. spéc. n°70, .50s. Pour cet auteur, *«l'aménagement (conventionnel entre associé) ne doit par conséquent jamais aboutir à supprimer totalement l'obligation de l'associé de contribuer aux pertes»*, *op. cit.*, n°273 in fine, .181.

[1246]Les pertes dont il est ici question sont des pertes juridiques. Il s'agit des sommes qui devront être supportées par les associés eux-mêmes lors de la liquidation de la société. Il ne s'agit pas des pertes comptables qui correspondent au déficit c'est-à-dire à l'excédent de charges supportées par la société sur les produits réalisés par elle au cours d'un exercice donné, un tel déficit ayant un traitement purement comptable et fiscal.

chacun des associés»[1247]. En outre, elles sont contraires à l'égalité souhaitée entre les associés[1248], et partant à l'équilibre nécessaire du contrat. Par ailleurs, elles ne participent ni à la sauvegarde des intérêts des contractants, ni à ceux du contrat. Il s'agit en fait d'empêcher que par cette clause, l'un des associés ne se réserve au détriment des autres une *part du lion*[1249] au moment de la répartition des résultats.

421. Le législateur de l'OHADA sanctionne les clauses léonines figurant dans le contrat de société. Cette sanction n'était pas ignorée du législateur de 1804 (C. Civ., art. 1855). Cette disposition s'appliquait au contrat de société et était sanctionnée par la nullité du contrat. Une telle sanction nous semble très sévère puisque la clause léonine entrainait l'annulation de la convention toute entière. Pour éviter aux contractants et au contrat les conséquences parfois néfastes de la nullité, les articles 1844-1 du Code civil français[1250] et 54 de l'AUDSCGIE ont renouvelé la sanction des clauses léonines. Elles ont retenu une sanction certes moins contraignante, mais sans doute plus efficace. Désormais, toute clause léonine contenue dans un contrat de société, même si elle est prévue dans un pacte postérieur aux statuts, est réputée non écrite, c'est-à-dire nulle et insusceptible de produire effet. Ainsi, les clauses léonines n'affectent plus la convention toute entière. La rareté des décisions de la CCJA ou des juridictions nationales ne doit pas conclure à l'ineffectivité de cette sanction. Elle est plus adaptée à l'instauration d'un meilleur équilibre dans le contrat de société.

422. **L'affermissement continu des garanties contractuelles.** Les garanties du contractant en vue de rétablir l'équilibre contractuel sont nombreuses. Il s'agit notamment de la garantie d'éviction, la garantie du parfait achèvement[1251], la garantie de bonne fin[1252], la garantie de bon

---

[1247]Ph. MERLE, *Droit commercial. Sociétés commerciales*, 11e éd., *D.*2007, 925p. spéc. n°42s, .65s. B. MARTOR, N. PILKINGTON, D. SELLERS et S. THOUVENOT estiment dans cette même lancée que de telles clauses sont *«incompatibles avec l'affectio societatis»*, in *Le droit africain des affaires issu de l'OHADA*, 2e éd. *Litec*, préf. de Kéba M'BAYE, 382p. spéc. n°348s, .92s; voir également l'article 53 AUDSCGIE.

[1248]Cf. M. AFANA-BINDOUGA, thèse précitée ; J. MESTRE, «L'égalité en droit des sociétés», *RS.*1989, 399; D. BERTHIAU, *Le principe d''égalité et le droit civil des contrats*, *L.G.D.J.*, 1999, Bibl. dr. privé, T320, 475p. P. MAZIÈRE, *Le principe d'égalité endroit privé*, *P.U.A.M.* 2003, 477p. ; L. FIN-LANGER, *op. cit.*

[1249]L'adjectif léonin vient du latin *leonimus* qui signifie *de lion.*

[1250]Cela s'est fait par l'insertion de la Loi n°78-9 du 4 janvier 1978 modifiant le titre IX du livre III du Code civil.

[1251]Applicable en matière immobilière, elle y désigne la garantie due par l'entrepreneur d'un ouvrage immobilier l'obligeant à réparer tous les désordres

fonctionnement[1253], la garantie des vices cachés et la garantie de conformité. Certaines de ces garanties sont conventionnelles[1254] et d'autres légales[1255]. Ce sont ces dernières qu'il convient d'analyser, les autres étant laissées à l'appréciation des contractants.

423. La garantie d'éviction est l'obligation pour certains contractants, notamment le vendeur et le bailleur, de défendre l'acquéreur contre le trouble apporté par autrui à sa possession et de l'indemniser au cas où la propriété de la chose vendue ou louée serait reconnue appartenir à un tiers ou grevé de droits réels (C. civ., art. 1626 et s). La garantie des vices cachés est l'obligation qu'a le contractant de fournir à son cocontractant une chose qui ne soit pas atteinte de vices soit qui la rendent impropre à l'usage auquel on la destine[1256], soit en empêche l'usage prévu (cf. art. 1641 pour la

---

signalés par le maître de l'ouvrage dans l'année de réception (garantie annale). Elle est régie par l'article 1792-6 nouveau du Code civil français.

[1252]Elle désigne, généralement dans les contrats à exécution successive, l'exécution complète et correcte des engagements, l'aboutissement satisfaisant d'une opération conduite à son terme ou, par extension, les substituts de cette bonne exécution. Dans le contrat de promotion immobilière, elle constitue une garantie de dépassement du prix; dans d'autres contrats, elle correspond à une garantie d'achèvement ou à d'autres garanties de prix.

[1253]En matière immobilière, elle symbolise la responsabilité de plein droit pesant sur le constructeur d'un ouvrage immobilier, d'une durée minimale de deux ans à compter de la réception de l'ouvrage (garantie biennale) et relative aux dommages affectant les éléments d'équipement dissociables du bâtiment. Elle est régie en droit français par l'article 1792-3 nouveau du Code civil français.

[1254]Il s'agit des garanties commerciales.

[1255]Il s'agit de la garantie d'éviction, la garantie contre les vices cachés et la garantie de conformité.

[1256]Il ne faut pas confondre ici l'impropreté qui se rattache à la garantie des vices cachés et celle qui se rattache à la garantie de conformité. La première touche à la non-conformité de la chose à sa destination normale; la seconde est relative à la non-conformité de la chose aux spécifications contractuelles. C'est cette dernière qui constitue un manquement à l'obligation de délivrance conforme, ce qu'on a appelé garantie de conformité. Certains auteurs estiment qu'il n'y a pas une réelle différence entre la garantie des vices cachés et la conformité. La première étant une manifestation de la seconde, ils en appellent à leur unification. Cf. Ph. Le TOURNEAU, *La responsabilité des vendeurs et fabricants*, 4è éd., *Dalloz,* 2011, 341p, .71 ; J. CALAIS-AULOY, «De la garantie contre les vices cachés à la garantie de conformité», in Mélanges C. Mouly, t.II, *Litec*, 1998, 62s. Adde Ce n'est pas l'objet de notre présente étude. Cf. Ph. MALAURIE, L. AYNÈS et P.-Y. GAUTIER, *Les contrats spéciaux*, *Les contrats spéciaux*, 6e éd., *Defrénois* 2012, 710; P. COËFFARD, *Garantie des vices cachés et «responsabilité contractuelle de droit commun»*, th. Poitiers, 2003; Ph. LAURENT, *L'enchevêtrement des actions de l'acheteur liées à l'état du bien vendu*, Thèse Nantes, 1998; G.-J. NANA, *La réparation des dommages causés par les vices d'une chose*, préf. J. Ghestin, LGDJ,

vente et 172A pour le bail). La garantie de conformité est une obligation de délivrance qui pèse sur le garant d'une chose vendue, louée, construite, etc. L'acte de délivrance est d'une importance capitale puisqu'il constitue dans les rares cas cités la cause même de l'engagement de l'un des contractants. Mais cet acte est en lui-même très insuffisant, encore faut-il que le garant délivre à l'autre partie une chose conforme, c'est-à-dire qui tienne compte non seulement de la qualité[1257], de la quantité et de l'identité de cette chose[1258], mais également de ses accessoires matériels, administratifs, juridiques et intellectuelles. L'absence de conformité va entraîner à l'endroit du cocontractant un déséquilibre entre ce qu'il a reçu ou va recevoir et ce qu'il était en droit d'attendre. La garantie de conformité constitue ainsi un moyen légal au service de l'équilibre contractuel.

424. L'architecte européen et de l'OHADA n'ont p as ignorés ces garanties. Il les a repris en leur donnant une orientation qui permettra de satisfaire aux exigences de liberté, de sécurité et d'égalité. Le processus n'est pas identique selon que l'on est en droit européen ou en droit de l'OHADA. A côté de l'adjonction des garanties contractuelles en droit de l'OHADA, s'observe une marche vers leur uniformisation en droit européen.

425. En droit de l'OHADA, le législateur a maintenu les garanties d'éviction[1259], du fait personnel, des vices cachés et de conformité. Dans

1982; C. BOULLEZ, «La garantie contre les vices: la part maudite de la jurisprudence», *Gaz. Pal.* 1994, 2, doctr. p.1241s; M.-L. IORCHE, « Le vendeur professionnel, entre vices cachés et jurisprudence hermétique (à propos d'un arrêt de la première chambre civile de la Cour de cassation du 8 juin 1999)», *D.*2000, chron. p.207s; C. MOULOUNGUI, «Garantie contre les vices de la chose», *J.-Cl. Contrats distribution*, fasc. 330 (1998); Ph. Le TOURNEAU, «Conformités et garanties dans les ventes d'objets mobiliers corporels», *RTD. com.* 1980, p.231s ; P.-H. ANTONMATTÉI et J. RAYNARD, *Droit ivil. Contrats spéciaux*, 7e éd., *Litec* 2013, 537p; A. BÉNABENT, *Droit des contrats spéiaux civils et commerciaux*, 10e éd., *L.G.D.J./Lextenso*, 2013, 712p ; F. COLLART-DUTILLEUL et Ph. DÉLEBECQUE, *Contrats civils et commerciaux*, *op. cit.*

[1257]La qualité de la chose est matérielle, immatérielle, et comprend aussi des droits sur les biens.

[1258]Les parties doivent clairement déterminer les caractéristiques de la chose. A défaut de cette précision, ce qui ne nous semble pas forcément constituer un vice caché, le garant de la conformité doit délivrer une chose de qualité moyenne (Cf. Article 1246C. civ.) ou de qualité marchande (Com., 30 mars 1993).

[1259]*«L'Acte uniforme (AUDCG révisé) ne mentionne la garantie des vices cachés que de façon indirecte, à propos de la résolution de la vente du fonds de commerce. ... Il faut donc se référer au régime général de la vente commerciale et, en particulier à l'article 231 de l'Acte uniforme qui précise l'étendue de la garantie et les conditions de sa mise en œuvre»*, in H.-D. MODI KOKO BEBEY, *Droit*

l'AUDCG révisé, les articles 250, 255 et s, 260 et s sur la vente, et 109 sur le bail sont assez révélateurs. Impulsées par la CCJA, les juridictions nationales s'assurent de leur effectivité[1260]. Si cette multiplication des garanties présente l'inconvénient de la confusion et la disparité qu'il a voulu combattre[1261], il a l'avantage de diversifier les fondements de la protection des intérêts catégoriels en présence.

426.Le droit européen œuvre pour l'uniformisation des garanties contractuelles. L'ordonnance du 17 février 2005[1262] transposant en droit français la directive européenne du 25 mai 1999 a introduit dans ce pays une nouvelle garantie pour l'acheteur dénommée la garantie de conformité[1263]. Cette nouvelle garantie est due par le vendeur non seulement en cas de vice de la chose, mais encore en cas de défaut de conformité aux stipulations du contrat. Elle rejoint ainsi la CVIM en son article 35. L'uniformisation de ces garanties va permettre d'estomper les débats doctrinaux et les hésitations jurisprudentielles. Sur ce seul fondement, il peut garantir l'équilibre contractuel lorsque la stabilité du contrat est menacée ou affectée. Elle évite des interprétations jurisprudentielles divergentes[1264] car elle a le grand mérite

---

communautaire des affaires (OHADA-CEMAC), Droit commercial général et droit de la concurrence, t.1, éd. *Dianoïa* 2008, 207 p., spéc. .104.

[1260]Cf. CCJA, arrêt n°017/2006, 26 octobre 2006, Société nationale des télécommunications dite Sonatel c/ Société d'exploitation dela clinique Sokhna Fatma (garantie d'éviction).

[1261]Cf. J. CALAIS-AULOY, «Une nouvelle garantie pour l'acheteur: la garantie de conformité», *RTD. civ.*, 2005 (4), .701-712.

[1262]Ordonnance relative à la garantie de conformité du bien au contrat due par le vendeur au consommateur.

[1263]Cf. J. CALAIS-AULOY, «Une nouvelle garantie pour l'acheteur: la garantie de conformité», *op. cit.*

[1264]A un moment donné de l'évolution de la garantie de conformité en matière contractuelle, la question de la sanction de son inobservation était encore très discutée dans la doctrine française. Les auteurs se sont demandés si, le contractant qui constate le défaut de conformité doit refuser la livraison ou, émettre des réserves lors de la réception de la chose ou dans un bref délai. De telles interrogations revêtent un intérêt particulier, ce d'autant plus que c'est à ce niveau que se situe la frontière entre la garantie légale de droit commun de conformité et la garantie légale spéciale contre les vice cachés. Après des hésitations jurisprudentielles sans pareil, la troisième chambre civile de la Cour de cassation française a pour la première fois en 1991 décidé que le défaut de la chose vendue, qui la rend impropre à l'usage auquel elle est destinée, et apparu après la délivrance de la chose, constitue un vice caché. Aujourd'hui, toutes les chambres de la Cour de cassation ont admis que le défaut de la chose vendue, qui la rend impropre à l'usage auquel elle est destinée, et apparu après la délivrance de la chose constitue un vice caché. Le moment de délivrance semble donc être ici le critère jurisprudentiel de distinction de la garantie de conformité d'avec l'obligation de garantie des vices cachés. Cette décision a

d'unifier leur régime et d'en déterminer avec exactitude le domaine d'application[1265]. Elle peut cependant avoir l'inconvénient de rendre la matière encore plus complexe qu'elle ne l'est déjà[1266]. Sa limitation à la vente entre professionnels et consommateurs, ne plaide pas davantage en sa faveur. Pourtant, comme pour le droit de l'OHADA, elle permet à la victime de recourir à deux garanties légales: celle du Code civil et celle du Code de la consommation. M. CALAIS-AULOY émet raisonnablement le souhait que cette mesure soit étendue à tous les contrats de vente. Il serait préférable qu'elle s'applique à tous les contrats de droit privé.

427. En opérant de la sorte, le droit européen et de l'OHADA ont affermi les garanties contractuelles. Ils l'ont également revêtu d'une sanction qui satisfasse les intérêts catégoriels en présence. Il n'est plus question d'annuler ou de résoudre le contrat avec légèreté. L'action rédhibitoire a été certes maintenue. Mais, peuvent lui être préférées, au-delà de l'action en exécution forcée, une action estimatoire. Cette dernière est une action en diminution du prix exercée par la victime d'une chose affectée d'un vice rédhibitoire. Cette partie du prix qui lui sera rendue, constitue la valeur de la partie cachée de l'iceberg contractuel au travers de laquelle l'équilibre recherché sera retrouvé, peu importe que son partenaire ait eu connaissance ou pas de ces vices[1267]. Certains auteurs ont affirmé que la garantie des vices cachés connait en droit une *«extension cancéreuse»*[1268] qui permet au contractant soit de prévenir les litiges, et aux victimes de réparer le préjudice qu'elles ont subi du fait de ces vices cachés. Il ne s'agit donc plus pour la victime de requérir l'annulation de la convention toute entière, mais de demander que le surplus lui soit restitué. Si la victime avait eu connaissance

---

quand même eu l'avantage de trouver un point de démarcation entre ces deux obligations légales aux contours sinueux. Pour Philippe Le TOURNEAU, *«tous les défauts, qui se révèleraient après la réception ressortent en théorie de la garantie des vices cachés et ne relèvent donc pas du régime de la défaillance contractuelle»*

[1265]L'une - l'action en garantie de conformité- est une action de droit commun des contrats qui permet d'engager a responsabilité de tout contractant pour non-conformité, tandis que l'autre- l'action en garantie des vices cachés- est une action spéciale à certains contrats (vente, bail).

[1266]Jean CALAIS-AULOY est dubitatif sur son efficacité car il trouve ce double système très complexe, *op. cit.*

[1267]La pratique judiciaire est généralement hostile aux clauses limitatives de la garantie des vices cachés. V. Cass. com., 16 juin 1964: Bull. civ. III, n°312, p.271 et Cass. 3e civ., 28 mars 2007, pourvoir n°06-12299: JurisData n°2007-038222 pour le vendeur de mauvaise foi; Cass. 1ère civ., 24 nov. 1954: JCP 55, II, 8565, note H. B. et Cass. 3e civ., 13 nov. 2003: Resp. civ. et assur. 2004, 44 pour la présomption de connaissance du vice par le vendeur professionnel. Adde Ph. MALINVAUD, «Pour ou contre la validité des clauses limitatives de la garantie des vices cachés dans la vente», *JCP* 75, I, 2690.

[1268]Ph. Le TOURNEAU, *La responsabilité des vendeurs et fabricants*, *op. cit.*

de ces vices, elle aurait pu donner un prix moindre. L'admission de la théorie de l'imprévision apparait aussi comme une voie royale au service de l'équilibrage des contrats.

B. Vers l'avènement de la théorie de l'imprévision en matière contractuelle

428. Le droit en général, et le droit civil des contrats en particulier, est une discipline vivante. Comme les hommes et les institutions auxquels elle s'applique, cette discipline est appelée à évoluer, à s'adapter aux exigences nouvelles. La recherche d'un minimum d'équilibre en matière contractuelle participe de ce courant d'idées. D'après Denis MAZEAUD, l'exigence d'un équilibre minimum constitue *«l'un des commandements les plus forts du droit contractuel contemporain»*[1269]. Cette discipline nécessite ainsi la prise en compte d'instruments tout aussi nouveaux et adaptés aux réalités politiques, économiques, sociales et environnementales susceptibles d'affecter le contrat[1270].

429. L'imprévision est cette théorie en vertu de laquelle le juge peut, à la demande de l'un des contractants, réviser un contrat lorsque l'équilibre des prestations voulu par eux est bouleversé par suite d'un événement extérieur à leur volonté et imprévisible lors de la conclusion du contrat, de sorte que l'exécution du contrat devient non pas impossible mais tellement onéreuse pour lui qu'elle risque de le ruiner[1271]. Généralement, la théorie de l'imprévision s'applique aux contrats de longue durée à exécution successive. Rejetée en droit privé interne français et camerounais, cette théorie connait les faveurs de plusieurs Etats européens, du droit européen et du droit de l'OHADA[1272]. L'examen des généralités de cette théorie doit précéder celui de son régime.

[1269]In «Constat sur le contrat, sa vie et son droit», in *Le contrat*, *LPA*, mai 1998, notes sous Com. 14 octobre 1997, Defrénois, 1998, 1040.

[1270]Toutefois, et Yvette KALIEU ELONGO le souligne à justes titres, *« il ne saurait être question, sous prétexte de la nécessité de contrôler certains contrats afin d'en assurer l'équilibre permanent, de procéder à un entier bouleversement de l'ordonnancement du contrat»*, *op. cit.*, p. 137.

[1271]C'est aussi un mécanisme cher aux partisans du solidarisme contractuel.

[1272]S'agissant de l'Union européenne, il faut remarquer qu'au 1er janvier 2004, parmi les quinze Etats que comportait cet espace communautaire, dix admettent la révision du contrat pour imprévision. Il s'agit de l'Allemagne, l'Autriche, le Danemark, l'Espagne, la Finlande, la Grèce, l'Italie, les Pays-Bas, le Portugal et la Suède. De nouveaux Etats membres de cette Union tels que la Hongrie ou la Pologne admettent aussi la révision du contrat pour imprévision. L'adoption de l'APAUDC généralisera la théorie de l'imprévision à tous les Etats membres et à tous les contrats de droit privé.

***430.* Généralités sur la théorie de l'imprévision.** Les contractants peuvent convenir de modifier leur contrat en cas de bouleversement de circonstances ayant émaillé son exécution à travers l'insertion de clauses de révision[1273]. Selon Georges ROUHETTE, *«les clauses sont tout l'opposé d'un remède à l'imprévision»*[1274]. En l'absence d'une telle convention de révision du contrat ou d'un défaut d'entente des contractants sur le sort à réserver au contrat désormais déséquilibré, le juge peut procéder à cette révision.

431. L'intervention de ce dernier est encore discutée et controversée dans les pays relevant du droit OHADA et ceux de l'Union européenne[1275]. Même s'il est aujourd'hui avéré qu'une telle intervention est un moyen efficace pour redonner au contrat déséquilibré toute son utilité économique et d'assurer par ailleurs une meilleure justice contractuelle, son admission reste sujette à question. Le juge administratif français a admis la théorie de l'imprévision dans les contrats administratifs depuis son arrêt Gaz de Bordeaux rendu le 30 mars 1916 par le Conseil d'État[1276]. Cette admission a

[1273]Il s'agit des clauses d'adaptation automatique dont le meilleur exemple est la clause d'indexation; les clauses de renégociation dont le meilleur exemple est la clause de hardship (encore dénommée clause de sauvegarde en droit public international), la clause de force majeure, la clause rebus sic stantibus en droit administratif, etc...

[1274]G. ROUHETTE, «La révision conventionnelle», *R.I.D.C.* 1986 (2), .401, n°26. Adde R. FABRE, «Les clauses d'adaptation dans les contrats», *RTD. civ.* 1983, 1-30.

[1275]Cf. Allemagne, Autriche, Danemark, Espagne, Finlande, Grèce, Italie, Pays-Bas, Portugal, Suède, Hongrie, Pologne, etc. Les pays de tradition common law n'ont aucune défiance ni pour l'imprévisio, ni vis-à-vis du juge.

[1276]CE, 30 mars 1916, DP, 1916. III. 25; S., 1916. III.17, note Hauriou : le concessionnaire du Gaz de la ville de Bordeaux ne pouvait plus fournir de gaz aux usagers en appliquant les tarifs prévus par l'acte de concession, à la suite de la hausse du prix du charbon consécutive à la guerre de 14-18. Le Conseil d'État obligea le concédant (la ville de Bordeaux) à augmenter les tarifs. En fait, le Conseil d'État n'a pas modifié le prix fixé par le contrat pour la fourniture aux particuliers, il a simplement condamné l'autorité concédante (c'est-à-dire la ville de Bordeaux) à verser au concessionnaire une indemnité pour *«charges extracontractuelles ayant bouleversé l'économie du contrat»*. Il le contraignait à modifier les tarifs. Cf. CE, 9 décembre 1932, Tramways de Cherbourg: D.1933, 3, 17, note Pelloux; S.1933, 3, 9, note Laroque; CE, 15 juillet 1949: S.1950, 3, 61, note Mestre. Messieurs DÉLEBECQUE et PANSIER estiment néanmoins que la jurisprudence Gaz de Bordeaux n'est pas dominante puisque d'après eux, *«la jurisprudence administrative est en réalité assez proche de la jurisprudence civile», Droit des obligations. Contrats et quasi-contrats,* 6è éd. *LexisNexis,* 2013, 465p, n°345, p. 180.

été dictée par le souci d'assurer la continuité du service public[1277], et relève désormais de la politique économique[1278].

432. C'est en droit privé des contrats que la question de la réception de la théorie de l'imprévision a suscité le plus d'émoi. Par son arrêt de principe Canal de Craponne du 6 mars 1876[1279], le juge judiciaire français a refusé d'admettre la théorie de l'imprévision en matière contractuelle. La Cour de cassation française a décidé qu' *«en aucun cas, il n'appartient aux tribunaux, quelque équitable que puisse paraître leur décision, de prendre en considération le temps et les circonstances pour modifier les conventions des parties et substituer des clauses nouvelles à celles qui ont été librement acceptées par les contractants».* Cette jurisprudence constante en droit privé reste encore d'actualité malgré la multiplication des plaidoyers en faveur de la reconnaissance de la théorie de l'imprévision dans les contrats de droit privé. En fait, la théorie reposant sur le refus d'admission de l'imprévision n'a pas que des partisans, elle connait de plus en plus de nombreux détracteurs, lesquels sont plutôt favorables à l'admission de l'imprévision dans les contrats de droit privé[1280]. Pour certains auteurs, il s'agirait d'une manière de respecter la volonté des contractants[1281]. M. BOMSEL justifie le recours à la cette théorie par le recours à la volonté implicite des contractants[1282]. Pour d'autres, la révision pour imprévision est une manifestation de la bonne foi requise des parties dans le contrat ; elle commande à l'un des contractants d'accepter sa révision lorsque son exécution serait devenue difficile et très onéreuse pour son cocontractant[1283].

[1277]Dans un arrêt de 1976, le Conseil d'État a appliqué la théorie de l'imprévision et a condamné l'Etat français à payer une indemnité au concessionnaire alors qu'il avait été mis fin à la concession et qu'il s'agissait plutôt de rétablir un déséquilibre passé, sans aucune nécessité de continuité du service public. Le juge administratif a réalisé que, compte tenu des prérogatives de puissance publique dont dispose l'Etat dans les contrats qu'il conclut avec les particuliers, il serait juste d'adapter ce contrat en cas de bouleversement des circonstances.

[1278]Ph. MALINVAUD, *op. cit.*, spéc. n°281, .196 ; Ph. MALAURIE, L. AYNÈS et Ph. STOFFEL-MUNCK, *op. cit.*, n°758, .367.

[1279]Cass. civ., 6 mars 1876, Commune de Pélissanne et a. c/ Craponne, S, 1876.I.161.; Civ., 6 mars 1876, De Galliffet c/ Commune de Pélissanne, D.1876, 1, 193, note Giboulot; Grands arrêts, t.2, n°165.

[1280]R. DAVID, «L'imprévision dans les droits européens», Mélanges A. Jauffret, *P.U.A.M.*, 1974, p. 211; D. TALLON, «La révision du contrat pour imprévision au regard des enseignements récents du droit comparé», Mélanges A. Sayag, *Litec*, 1997.

[1281]G. MORIN, «La désagrégation de la théorie contractuelle du code», in *APD*, n° spécial: Le problème du contrat, 1940, .17.

[1282]Cité par J. GHESTIN, Ch. JAMIN et M. BILLIAU, *op. cit.*, n°339, .402.

[1283]Ch. JAMIN, «Révision et intangibilité du contrat ou la double philosophie de l'article 1134 du Code civil», *op. cit.*, .49; D. MAZEAUD, «Loyauté, solidarité, fraternité: la nouvelle devise contractuelle?», *op. cit.*, .620-621; du même auteur,

Ces controverses doctrinales attestent donc de la réelle difficulté qu'il y a à admettre l'imprévision en droit des contrats.

433. Récemment, le juge français a manifesté sa volonté d'adapter le contrat de droit privé au bouleversement des circonstances. Dans son arrêt Huard rendu le 30 novembre 1992[1284], la Cour de cassation a approuvé une Cour d'appel d'avoir jugé qu'une société pétrolière (BP) qui refusait de baisser le prix auquel elle fournissait son essence en cas de modification des circonstances économiques, notamment la libéralisation des prix de vente au détail, et mettait par là son distributeur dans une situation très difficile en le privant des moyens de pratiquer des prix concurrentiels n'exécutait pas son contrat de bonne foi. La révision du contrat pour imprévision était donc ici justifiée aussi par l'exigence de bonne foi, par le recours à la notion de cause[1285] que par l'obligation de renégociation du contrat en cas de changement de circonstances. Par la suite, dans son arrêt Chevassus-Marche rendu le 24 novembre 1998, la Cour de cassation a reproché à la Cour d'appel et condamné le mandant de n'avoir pas pris des *«mesures concrètes»* pour permettre au mandataire (agent commercial) de pratiquer des prix concurrentiels[1286]. Mais, à la différence du précédent, le présent arrêt est fondé sur l'obligation générale de loyauté qui existe entre le mandant et le mandataire et contenue dans l'article 1134 alinéa 3 du Code civil. D'autres arrêts ont été rendus dans ce sens, mais avaient l'inconvénient de présenter de nombreuses ambigüités[1287]. C'est donc par des fondements détournés que le juge tente de consacrer la théorie de l'imprévision. Il n'est donc pas

---

«La révision du contrat», *LPA* 30 juin 2005, .4s; C. GUELFUCCI-THIBIERGE, «Libres propos sur la transformation de droit des contrats», *op. cit.*, .400.

[1284]Com., 3 nov. 1992, Bull. civ., IV, n°338; JCP, 1993, éd. G, II, 22164, note G. Virassamy; RTD.civ., 1993, 124, obs. J. Mestre.

[1285]F. TERRÉ, Ph. SIMLER et Y. LEQUETTE, *op. cit.*, n°470s, .487 ; S. LE GAC-PECH, *op. cit.*; Y.-R. KALIEU ELONGO, *op. cit.*

[1286]Or, en droit du travail, la Cour de cassation a admis depuis l'arrêt Expovit du 25 février 1992 que *«l'employeur, tenu d'exécuter de bonne foi le contrat de travail, a le devoir d'assurer l'adaptation des salariés à l'évolution de leurs emplois»* en prenant des mesures concrètes permettant d'éviter le licenciement, notamment le reclassement du salarié.

[1287]Cf. Cass. com. 29 juin 2010 (n°09-67369) ; Cass. civ. 1ère, 16 mars 2004, *RDC* 2004/3, p.642, obs. D. Mazeaud, *D.*2004, p.1754, note D. Mazeaud, *RTD civ.* 2004, p. 290, obs. J. Mestre et B. Fages. Dans l'arrêt de 2004 (Civ. 1re 16 mars 2004, Commune de Cluses) rendu par la Cour de cassation, le juge se sert du troisième alinéa de l'article 1134 alinéa 3 (la bonne foi) afin d'imposer une renégociation au non lésé qui pourra être obligé de verser des dommages et intérêts s'il refuse cette renégociation. Néanmoins, cette jurisprudence doit être nuancée en ce que, si les ferments d'une admission généralisée de la renégociation existent, beaucoup d'éléments justifiant le refus d'une généralisation de la renégociation demeurent.

possible de dire, en l'état actuel des choses, qu'il a véritablement réussi[1288], encore qu'il limite son applicabilité à certains contrats bien précis. La généralisation progressive de la théorie de l'imprévision au droit des contrats est une ambition du législateur qui, si elle venait à aboutir, instituerait une technique longtemps contestée, mais qui a fait ses preuves dans d'autres systèmes juridiques[1289] soit en raison d'une consécration légale[1290], soit du fait d'une évolution jurisprudentielle[1291].

***434.* Le régime de l'admission de la théorie de l'imprévision.** Le droit de l'OHADA n'est pas le seul à vouloir admettre la théorie de l'imprévision. Les PDEC (art. 6.111[1292]) à la suite des Principes d'UNIDROIT (art. 6.2.3) donnent également au juge judiciaire le pouvoir soit de résoudre le contrat, soit de procéder à sa révision en cas de bouleversement des circonstances.

435. Les articles 6/22, 6/23 et 6/24 de l'APAUDC fixent le régime de l'imprévision en droit des contrats de l'OHADA. Leur analyse confirme la volonté de concilier les intérêts contractuels.

436. L'article 6/22 rappelle le principe de la force obligatoire du contrat qui s'impose aux contractants quand bien même l'exécution des clauses contractuelles serait devenue plus onéreuse pour l'un des contractants. En vertu de ce texte, *«Les parties sont tenues de remplir leurs obligations, quand bien même l'exécution en serait devenue plus onéreuse»*. La théorie de l'imprévision n'est donc pas forcément contraire à la liberté contractuelle et à la sécurité des transactions. Elle s'applique à tout contractant et non à un contractant faible ou fort[1293].

[1288]B. FAGES, «Quelques évolutions contemporaines du droit français des contrats à la lumière des Principes de la Commission Lando», *D.* 2003, chron., 2386.

[1289]A l'exception de la France, la Belgique, le Luxembourg ou encore le Québec.

[1290]Cf. Italie, la Grèce, le Portugal, les Pays-Bas, la Hongrie, la Grèce, la Pologne, l'Algérie, l'Égypte, l'Éthiopie. Pour plus de détails, voir FAUVARQUE-COSSON, «Le changement de circonstances», *RDC*, 2004/1, 67s.

[1291]Grande-Bretagne, Allemagne, Espagne, Suisse, Autriche, Japon, pays scandinaves.

[1292]Adde Art. 157 Code Gandolfi. Adde PCCR, l'article III-1:110 ; PCC, art. 7 :101 et 7: 102.

[1293]Le contractant ne peut se soustraire même en cas de survenance d'un déséquilibre. L'article 79 CVIM laisse penser que la théorie de l'imprévision n'est pas la bienvenue. Selon Gaël PIETTE, *«la Convention de Vienne est muette au sujet de la révision (du contrat) pour cause d'imprévision»*, in *La correction du contrat*, *P.U.A.M* 2004, tome 1, préface de Michel Menjucq, p.99, n°146. Ces textes incitent plutôt les parties à parvenir à un accord amiable en vue du rétablissement de l'équilibre rompu.

437. L'article 6/23 ensuite qui définit l'imprévision, sous l'expression *«bouleversement des circonstances»,* en détermine simultanément les conditions d'existence. Il y a alors bouleversement des circonstances lorsque surviennent des événements qui altèrent fondamentalement l'équilibre des prestations, soit que le coût de l'exécution des obligations ait augmenté, soit que la valeur de la contre-prestation ait diminué, et qu'ils soient survenus ou aient été connus de la partie lésée après la conclusion du contrat; que par ailleurs la partie lésée n'ait pu raisonnablement les prendre en considération lors de la conclusion du contrat, qu'ils échappent au contrôle de la partie lésée, et que leur risque n'ait pas été assumé par la partie lésée. L'imprévision est donc une mesure exceptionnelle qui n'opère que dans des circonstances exceptionnelles, c'est-àdire en cas de survenance d'évènements qui altèrent fondamentalement l'équilibre des prestations. Cette altération peut se manifester de deux manières. La première est caractérisée par une augmentation substantielle du coût des obligations de l'une des parties[1294]. La seconde est caractérisée par une forte diminution de la valeur de la contre-prestation, y compris les cas dans lesquels la prestation n'a plus aucune valeur pour le créancier[1295]. La forte diminution de la valeur ou la perte totale de toute valeur des prestations peuvent être dues soit à des modifications radicales des conditions du marché[1296], soit à la disparition de la finalité du contrat[1297]. La diminution de la valeur de la contre-prestation doit néanmoins être mesurée de façon objective. Ceci exclut un simple changement d'opinion du créancier quant à la valeur de la prestation.

En outre, il faut que ces évènements soient extérieurs à la volonté des parties. Plusieurs hypothèses sont envisageables. Il faut d'abord que ces évènements surviennent après la formation du contrat[1298], c'est-à-dire qu'ils n'aient pas été connus d'eux au moment de la conclusion du contrat. Si le contractant lésé avait eu connaissance de ces événements lors de la conclusion du contrat, il aurait pu en tenir compte à ce moment-là. Il ne pourrait donc pas invoquer l'imprévision ou le *hardship* ultérieurement.

[1294]Il s'agira généralement du contractant tenu d'exécuter une prestation non pécuniaire. Une telle augmentation peut résulter par exemple d'une hausse spectaculaire du prix des matières premières nécessaires à la production des marchandises ou à la fourniture des services, ou à l'introduction de nouvelles règles de sécurité exigeant des processus de production beaucoup plus onéreux.

[1295]Ici, l'obligation peut être soit de somme d'argent, soit de nature non pécuniaire.

[1296]Par exemple l'effet d'une hausse spectaculaire de l'inflation sur un prix convenu au contrat.

[1297]Par exemple, l'effet d'une interdiction de construction sur un terrain acquis pour y construire ; l'effet d'un embargo sur les exportations de marchandises en vue de leur exportation ultérieure.

[1298]Ceci permet de distinguer l'imprévision de l'absence de cause ou de la lésion. Ces derniers prennent leur source au moment de la conclusion du contrat.

Ensuite, il faut que le contractant lésé ne soit pas en mesure de prendre raisonnablement ces évènements en considération. En revanche, lorsque le changement est progressif, leur résultat final peut néanmoins justifier l'application de l'imprévision, surtout lorsque le changement opéré est spectaculaire au cours de l'existence du contrat. Dans ce cas, il y a en effet risque de confusion avec l'absence de cause ou la lésion puisque l'évènement existait mais était méconnu du contractant lésé, ou que l'un des contractants avait connaissance de son existence mais n'avait pas informé son cocontractant. Il est plus indiqué de ne prendre en considération que des évènements survenus après la formation du contrat. Par ailleurs, il faut que ces évènements échappent au contrôle du contractant lésé et que les risques crées ne soient pas assumés par lui. Seuls les intérêts contractuels justifient donc l'admission de la théorie de l'imprévision. Y recourir évite au contractant lésé d'être *«esclave d'un contrat désastreux»*[1299].

438. L'article 6/24 détermine les effets de l'imprévision. En la matière, on note une légère nuance entre le droit de l'OHADA et les PDEC. Une fois constaté le bouleversement de circonstances, les parties ont, en droit de l'OHADA, la possibilité de procéder à la renégociation du contrat. Cette possibilité est d'ordre public et se fait à la demande du contractant lésé. Si cette démarche se justifie par la nécessité de respecter la volonté contractuelle, elle parait cependant inefficace à ce stade puisque c'est en vain que le contractant lésé sollicitera la révision du contrat auprès de son cocontractant. Les PDEC offrent alors une approche plus satisfaisante puisqu'ils obligent les contractants à s'asseoir sur la table de négociation lorsque les intérêts de l'un ou l'autre sont menacés. En effet, « *les parties ont l'obligation d'engager des négociations en vue d'adapter leur contrat ou d'y mettre fin si cette exécution devient onéreuse à l'excès pour l'une d'elles en raison d'un changement de circonstances»*. Cette obligation de renégocier n'est pas exclusive de l'exécution de ses obligations par le contractant lésé. Si les contractants parviennent à s'entendre, le contrat suit son cours en tenant compte des modifications apportées. C'est l'échec de la négociation qui entraine l'intervention du juge. Le juge saisi a le choix entre mettre fin au contrat à la date et aux conditions qu'il fixe, ou l'adapter. Ce pouvoir d'appréciation absolu dont dispose le juge doit être guidé par la recherche d'une meilleure conciliation des intérêts contractuels. Il lui permet de concilier les impératifs de liberté, de sécurité, de loyauté, d'équité et d'égalité[1300]. Toutes choses qui participent du civisme contractuel.

[1299]Ph. STOFFEL-MUNCK, *Regards sur la théorie de l'imprévision. Vers une souplesse contractuelle en droit privé français contemporain*, *op. cit.*, n°3.

[1300]En ce sens, voir D. TALLON, «La révision du contrat pour imprévision au regard des enseignements récents du droit comparé», *op. cit.*. B. FAGES, *Droit des obligations*, 2e éd., LGDJ, 2009, 651p. spéc. n°423, .337.

Conclusion du Chapitre

439. Comme nous venons de le montrer, les fonctions du civisme contractuel sont plurielles. Nous les avons regroupées autour de deux points essentiels. D'une part, le civisme contractuel accroît le rôle des contractants et interprètes contractuels. Le contrat étant la chose des parties, le civisme contractuel procède au renforcement de leurs droits bilatéraux et unilatéraux. Toutefois, il est désormais certain que les contractants ne sont plus les maîtres absolus et incontestés du contrat. A côté de ces intervenants essentiels se trouvent les juges, dont les missions ne cessent également de croître en matière contractuelle. Le civisme contractuel en tient compte et contribue à l'accroissement de leur rôle. Ceux-ci ne se limitent plus à l'interprétation stricte de la volonté contractuelle, ils participent désormais à la conception et au sauvetage du contrat.

440. Le civisme contractuel concourt d'autre part à la sécurisation du lien contractuel. Celle-ci se traduit tant par la pérennisation de ce lien que par la garantie de son équilibre. Ainsi, avec le civisme contractuel, la survie du contrat prend de plus en plus le dessus sur son anéantissement ; et la sécurité contractuelle s'accommode mieux de la recherche accrue de moralité contractuelle.

441. Toutes ces fonctions font du civisme contractuel un principe général du droit compte tenu de la synergie des droits et obligations qu'il réalise en vue d'une meilleure conciliation des intérêts contractuels. La violation de ces derniers mérite alors d'être sanctionnée.

- CONCLUSION DU TITRE I DE LA DEUXIEME PARTIE -

442. Nous venons de le montrer, le civisme contractuel est un principe général du droit des contrats en vertu duquel les contractants et interprètes contractuels assurent la conciliation de leurs intérêts particuliers à l'intérêt général de la société. Conceptuellement, ce principe se généralise de plus en plus. Il a vocation à s'appliquer non seulement aux contractants, sans distinction aucune du statut de fort ou de faible, de créancier ou de débiteur ; mais également à tous les contrats de droit privé, qu'ils soient synallagmatiques ou unilatéraux, commutatifs ou aléatoires. A l'égard de ces intervenants contractuels ou de ces types de contrat, le principe du civisme contractuel a une autorité certaine dont l'inobservation peut donner lieu à des sanctions. Or, la sanction de la violation d'une règle juridique est ce qui lui confère sa juridicité[1301]. Une règle est d'autant plus efficace que sa violation

[1301]Certains auteurs rejettent de plus en plus l'idée de la contrainte étatique comme critère de juridicité de la règle. Ils estiment en effet qu'il existe des règles juridiques

est fortement sanctionnée, sans pour autant que la force découlant de la sanction se transforme en abus. Pour Fabien MARCHADIER en effet, *«L'affirmation d'un droit serait creuse si sa violation n'exposait à aucune condamnation. La force d'un droit se mesure aussi à l'intensité des sanctions qui accompagnent sa violation»*[1302]. Comme pour la plupart des principes juridiques en matière contractuelle, la violation du principe du civisme contractuel est sanctionnée. Il faut néanmoins constater que la généralisation observée de la notion de civisme contractuel contraste avec la mise en œuvre des sanctions de sa violation. Ces dernières ont plutôt tendance - et c'est ce qui fait l'une des particularités de ce principe - à se spécialiser.

---

sans sanction ou des sanctions juridiques non contraignantes. Si la véracité d'une telle affirmation ne fait l'ombre d'aucun doute, sa mise en œuvre reste tout de même très parcellaire en droit. Cf. R. LIBCHABER, *L'ordre juridique et le discours du droit, L.G.D.J.*, 2013, 450p.

[1302]In «La réparation des dommages à la lumière de la Convention européenne des droits de l'homme», *RTD civ.* 2009 p.245.

TITRE II LA SPECIALISATION DES SANCTIONS DE LA VIOLATION DU CIVISME CONTRACTUEL

443. Le principe du civisme contractuel permet d'assurer la conciliation des intérêts particuliers des contractants à l'intérêt général de la société. Le non respect des droits qu'il véhicule emporte inéluctablement sanctions[1303]. Ces dernières sont nombreuses et vont de la formation du contrat à sa cessation. Il ne s'agit pas d'analyser toutes les sanctions contractuelles, mais les plus pertinentes en termes de conciliation des intérêts.

444. Leur analyse peut se faire de plusieurs manières[1304]. Mais, l'idée est de ne retenir que celles des sanctions concourant le mieux à la conciliation des intérêts en présence. Ces intérêts sont ceux des contractants d'une part, et d'autre part ceux du contrat. En procédant de la sorte, la conciliation recherchée des intérêts sera démystifiée, et l'efficacité contractuelle prônée à travers la réception du principe du civisme contractuel réalisée.

445. La spécialisation observée des sanctions de la violation du civisme contractuel suppose la mise en lumière de sanctions liées à l'atteinte d'un intérêt spécifique. Elle vise à privilégier une sanction spéciale par souci d'efficacité et de sécurité des transactions plutôt qu'une autre, l'idée étant de maintenir le contrat tant que son exécution reste possible[1305], ou d'accélérer sa disparition lorsque son maintien risque de porter atteinte aux intérêts en présence. Le renouvellement des sanctions contractuelles apparait ici comme une réalité[1306]. Parce qu'elles sont particulières, les sanctions du civisme contractuel seront présentées selon que sont en cause l'intérêt général de la

---

[1303]Selon le *Vocabulaire juridique*, la sanction est *« ''Tout moyen'' destiné à assurer le respect et l'exécution effective d'un droit ou d'une obligation»*.

[1304]Les plus envisageables sont : distinction des sanctions liées à la formation du contrat à celles inhérentes à leur exécution ; distinction des sanctions correctrices et réparatrices, ou encore selon que l'atteinte est portée au contrat ou aux contractants ; distinction de la violation des droits civiques permanents ou contingents.

[1305]Pour marquer cette volonté de sauver le contrat, le législateur européen, à la différence de son homologue de l'OHADA (APAUDC, art. 3/12 ; APAUCC, art. 126), recourt à la notion de «remèdes». Les PDEC consacrent à l'inexécution un chapitre 9 intitulé «Les divers moyens en cas d'inexécution» tandis que sa version anglaise parle de «remedies». Si la sanction ici est une peine prévue pour assurer la formation ou l'exécution d'un contrat, le remède s'analyse comme un moyen thérapeutique, c'est-à-dire destiné à combattre un mal inhérent au contrat.

[1306]Cf. F. COLLART-DUTILLEUL et C. COULON (dir.), *Le renouveau des sanctions contractuelles*, Paris, *Economica*, 2007, coll. Etudes Juridiques, 159p.

société (**Chapitre I**) et les intérêts particuliers des contractants (**Chapitre II**).

Chapitre 1 – Les sanctions de la violation de l'intérêt général

Chapitre 2 – La sanction de la violation d'un intérêt particulier

CHAPITRE I
LES SANCTIONS DE LA VIOLATION DE L'INTERET GENERAL

446. Le civisme contractuel est un ensemble de droits et d'obligations tendant à la conciliation des intérêts particuliers des contractants à l'intérêt général de la société. La violation de l'un quelconque de ces intérêts emporte sanction. La question ici est celle de savoir quels types de sanctions seront retenus en cas de violation de l'intérêt général, lequel s'apprécie généralement lors de la formation du contrat[1307]. Traditionnellement, lorsque le contrat porte atteinte à l'intérêt général, il doit être annulé, c'est-à-dire disparaitre de manière rétroactive en raison de l'inobservation de ses conditions de formation. Dans ce cas, il est réputé n'avoir jamais existé[1308]. On ne peut en effet déroger, par des conventions particulières, aux lois qui intéressent l'ordre public et les bonnes mœurs[1309]. La seule sanction concevable à l'égard de toute convention particulière qui contredirait alors de telles lois est la nullité. Pour le doyen CARBONNIER, le civisme contractuel est une condition de validité du contrat, mieux une exigence nécessaire à la mise en conformité des conventions à l'ordre public et aux bonnes mœurs, et un moyen de lutte contre la fraude. Sa violation ne peut qu'entrainer la nullité du contrat. Cette solution a longtemps prévalu dans l'ordre juridique interne des Etats européens et de l'OHADA.

447. L'architecte européen et de l'OHADA l'a reprise en l'adaptant aux mutations socio-économiques, environnementales et technologiques contemporaines. Si l'idée recherchée était de protéger la force obligatoire des conventions, la conciliation des intérêts contractuels commande de concilier les impératifs de liberté et de sécurité juridique à l'exigence d'efficacité économique. Il n'est donc plus question d'anéantir fatalement le contrat qui violerait l'intérêt général. Il faut trouver des palliatifs qui permettraient aux contractants de tirer profit de leur contrat en dépit de l'atteinte portée à l'intérêt général. La recherche de survie du contrat semble alors avoir pris le dessus sur celle de sa disparition.

448. Par ailleurs, l'atteinte à l'intérêt général de la société ne se limite plus forcément lors de la formation du contrat ; elle peut intervenir

---

[1307] Il n'est cependant pas exclu que la violation de l'intérêt général intervienne après la conclusion du contrat.

[1308] C'est l'adage *«Quod nullum est, nullum producit effectum»*: ce qui est nul est réputé n'avoir jamais existé.

[1309] Les lois qui intéressent l'ordre public et les bonnes mœurs relèvent de l'intérêt général de la société.

lors de son exécution ou de sa cessation[1310]. Dans ce cas, la nullité serait-elle encore la solution magique? A supposer que la violation de l'intérêt général survienne après la formation du contrat, une autre sanction envisageable serait la résolution du contrat[1311]. Cette hypothèse présente en droit interne a également été reprise et améliorée par l'architecte européen et de l'OHADA.

449. Enfin, la nature composite et complexe de la notion d'intérêt général en matière contractuelle[1312] peut participer de la nécessaire conciliation des intérêts contractuels. Cela s'opère par le mécanisme de l'ordre public pris dans son sens large[1313]. Ce dernier constitue alors, comme le démontre M. MEKKI, un mécanisme par lequel peuvent être intégrées dans le contrat des questions d'intérêt général. A supposer que l'ordre public de protection soit en cause, l'évolution observée en matière contractuelle confirme que la recherche de la survie du contrat a pris le dessus sur celle de son anéantissement. Mustapha MEKKI a raisonnablement observé que l'intérêt général ne s'analyse plus exclusivement comme un intérêt général transcendant et uniquement contraignant. Il s'appréhende simultanément comme un intérêt général immanent qui prend corps avec les réalités contractuelles au point que son inobservation n'entraine plus automatiquement la disparition du contrat.

Pour coller aux exigences de conciliation des intérêts prônées par le civisme contractuel, l'architecte européen et de l'OHADA œuvre pour la survie du contrat lorsqu'elle est encore possible, et facilite son anéantissement lorsque son maintien peut ruiner les intérêts catégoriels en présence. Aussi, en cas de violation de l'intérêt général, l'architecte européen et de l'OHADA a – à la différence de son homologue de droit interne – transformé en profondeur la théorie des nullités contractuelles

---

[1310]Comme l'observe en effet Mustapha MEKKI, «En raison de cet arbitrage permanent entre *nullité* et *validité* du *contrat*, il devient impossible de présenter la *nullité* comme une sanction limitée à la seule formation du *contrat*», in «Nullité et validité en droit des contrats : un exemple de pensée par les contraires», *RDC* 2006, .679. Pour d'autres développements sur la relativité de la distinction entre formation et exécution, V. Ch. JAMIN, «Pour en finir avec la formation du contrat !», *LPA* 6 mai 1998, n° 54, p.25-27 ; H. LÉCUYER, «Le contrat, acte de prévision», in *L'avenir du droit*, *op. cit.,* p.643-659, spéc. p.645 et s.

[1311]Si le contrat en cause est un contrat à exécution successive, comme le bail, la sanction appropriée est la résiliation. Nous ne nous attarderons pas sur cette sanction, le droit à résiliation ayant été abordé.

[1312]Sur les relations entre l'intérêt général et le contrat, v. M. MEKKI, *L'intérêt général et le contrat. Contribution à une étude de la hiérarchie des intérêts en droit privé*, préf. de J. Ghestin, *BDP*, t.411, *L.G.D.J.* 2004, 910p.

[1313]Il s'agit de l'ordre public de direction ou de protection, de l'ordre public économique ou social, etc…

(**Section 1**), et amplement rénové celle des résolutions contractuelles (**Section 2**)[1314].

SECTION I. LA TRANSFORMATION DE LA THEORIE DES NULLITES CONTRACTUELLES[1315]

450. La théorie classique des nullités distingue la nullité absolue de la nullité relative. La nullité d'un contrat est absolue lorsque la condition de formation qu'elle sanctionne s'impose pour la protection de l'intérêt général[1316]. En revanche, la nullité d'un contrat est relative lorsque la condition de formation qu'elle sanctionne s'impose pour la protection

[1314]La résolution n'est pas la seule sanction applicable en cas d'inexécution du contrat. D'autres sanctions aussi efficaces peuvent être mises en œuvre telles l'exception d'inexécution (PDEC, art. 9: 201 (1) ; proposition de règlement relatif à la vente, art. 113.1 et 133.1 ; APAUDC, art. 7/3), la responsabilité contractuelle, la théorie des risques, la résiliation des contrats à exécution successive. Le reproche fait à la résolution pour inexécution tenait à ce qu'elle ne joue que dans les contrats synallagmatiques. Cette limitation du champ de la résolution aux contrats synallagmatique mérite pourtant d'être relativisée puisque, désormais, il est des contrats synallagmatiques qui ne peuvent être résolus (contrats aléatoires tels le contrat d'assurance, la rente viagère, les cessions d'office ministériel, les partages, etc…) et des ces contrats qui peuvent être résolus sans être synallagmatiques (prêt, gage, etc…). Sur cette question, voir V. LARRIBAU-TERNEYRE, *Le domaine de l'action résolutoire : Recherches sur le contrat synallagmatique*, thèse Ronéot, Pau, 1988 ; Th. GÉNICON, *La résolution du contrat pour inexécution, L.G.D.J.*, 2007, p.193 et s, n°259 et s.

[1315]L'on aurait pu parler de la théorie de la nullité afin de coller le plus possible à la démonstration. Nous avons préféré l'expression théorie des nullités pour exprimer l'existence, à côté de la nullité, d'autres sanctions qui affectent le contrat en entier. Il s'agit en l'occurrence de l'inexistence, la caducité, l'inopposabilité. Cette théorie permet également de regrouper autour d'une même thématique les variantes tenant au système de nullité (nullité textuelle et nullité virtuelle), aux types de nullité (nullité absolue et nullité relative), à la théorie des nullités proprement dite (nullité classique et nullité moderne). Sur les métamorphoses de cette théorie, voir A. POSEZ, «La théorie des nullités, Le centenaire d'une mystification», *RTD. civ.* 2011, .647. Sur la reconnaissance de l'inexistence comme sanction possible du droit des contrats, v. Cl. WITZ, «La consécration de l'inexistence par plusieurs instruments d'unification du droit», in Etudes offertes au doyen Ph. Simler, *Litec, Dalloz*, 2006, .729.

[1316]Elle peut être invoquée par toute personne qui y a intérêt, et le tribunal peut la soulever d'office. Les cas de nullité absolue sont par exemple l'inobservation des conditions de forme dans un contrat solennel, l'absence ou l'illicéité de l'objet, l'illicéité ou l'immoralité de la cause. Le contrat frappé de nullité absolue n'est pas susceptible de confirmation. C'est ce qui ressort par exemple de l'article 3/13 APAUDC. Sur l'annulation d'office du contrat, voir J. GHESTIN, «L'annulation d'office d'un contrat», Mélanges P. Drai, *D.*2000, .593.

d'intérêts particuliers[1317]. Le législateur européen et de l'OHADA a également retenu cette distinction tenant à la nullité absolue et relative. En dépit de ses nombreux avantages, cette distinction s'accommode pas véritablement de l'exigence de survie du contrat puisque, qu'elle soit relative ou absolue, la nullité du contrat entraine forcément sa disparition. Cette distinction rigide ne permet donc pas de rendre compte de la grande variété des sanctions de nullités et des difficultés de classification qu'elle soulève[1318].

451. La distinction qui sied le mieux dans le cadre de la présente, sans être ni une nouveauté[1319] ni une panacée, est celle qui tient à l'étendue de la nullité. Le but étant de sauver le contrat tant que cela reste possible ; les conséquences de la nullité du contrat vont entrainer sa disparition totale ou partielle. La nullité est totale lorsqu'elle affecte l'intégralité du contrat. Dans ce cas, le contrat disparait dans son entier. Elle est partielle lorsqu'elle n'affecte qu'une clause du contrat. Dans ce cas, à moins que la clause affectée ait constitué un élément déterminant de la volonté contractuelle, seule la clause en cause est appelée à disparaitre, les autres dispositions contractuelles restant parfaitement valables. C'est sous cette approche que la conciliation des intérêts particuliers des contractants à l'intérêt général de la société semble plus adaptée. *« Pour que la nullité soit efficacement mise en œuvre,* dit Mustapha MEKKI, *elle doit être au plus près du contexte économique, social et politique »*[1320]. Ce qui n'est pas le cas de la nullité issue du Code civil de 1804.

Aussi, motivés par le souci de concilier les intérêts contractuels, l'architecte européen et de l'OHADA a opté pour plus de souplesse dans l'application de la nullité. Il vise une certaine proportionnalité entre l'étendue de la nullité et l'étendue de l'illicéité. Autrement dit, si l'illicéité entache tout l'acte, alors l'annulation doit être totale ; si elle ne concerne que

---

[1317]Il en est ainsi lorsque le consentement des parties ou de l'une d'elles est vicié. Il en est de même du trouble mental ou de l'incapacité d'un contractant ; la lésion, l'absence d'objet ou de cause, la violation d'une loi d'ordre public, la stipulation d'une condition impossible. Elle ne peut être invoquée que par la personne en faveur de qui elle est établie, et le tribunal ne peut la soulever d'office. A la différence de l'hypothèse tenant à la nullité absolue, le contrat frappé de nullité relative peut être confirmé. Voir en ce sens l'article 3/14 APAUDC.

[1318]La nullité pour incapacité peut être invoquée par toute personne intéressée alors qu'elle est en principe réservée à l'incapable. Pour résoudre ce problème, le législateur africain et européen a choisi de laisser les questions tenant à l'illégalité et l'immoralité du contrat, ainsi qu'à l'incapacité aux ordres juridiques nationaux.

[1319]Elle est évoquée dans l'APAUDC, de manière indirecte dans le régime juridique des nullités.

[1320]M. MEKKI, «Nullité et validité en droit des contrats : un exemple de pensée par les contraires», *op. cit.*

les effets ponctuels d'une seule clause, il suffira d'annuler cette clause. Ces architectes ont donc maintenu, certes de manière résiduelle, la nullité du contrat (**§1**) ; mais ils ont parallèlement marqué une préférence inhabituelle pour la nullité de la clause contractuelle (**§2**).

§1. La permanence résiduelle de la nullité du contrat

452. A la suite du Code civil, l'architecte européen et de l'OHADA a maintenu la nullité du contrat comme sanction de la violation de ses conditions de formation. Mais, le souci manifeste d'assurer la pérennité, la sécurité et la justice contractuelles a motivé sa prise en compte résiduelle. L'effectivité de la nullité du contrat (A.) ne doit donc pas masquer la réalité de son inadaptation (B.).

A. **L'effectivité de la nullité du contrat**

453. Comme nous l'avons observé, la nullité est la sanction entrainant la disparition rétroactive d'un acte juridique dont les conditions de formation n'ont pas été respectées. *«Au risque de favoriser la multiplication des infractions, toute violation doit être sanctionnée, l'effectivité d'une règle de droit ne pouvant d'ailleurs être évaluée qu'à la lumière des contrôles et des sanctions la soutenant»*[1321]. Le droit européen et de l'OHADA envisagent encore la nullité du contrat dans plusieurs hypothèses, qu'il s'agisse du droit positif ou du droit prospectif.

454. S'agissant particulièrement du droit de l'OHADA, la nullité du contrat est prévue dans plusieurs des Actes uniformes en vigueur. Dans l'AUDCG révisé par exemple, l'omission ou l'inexactitude des mentions requises à l'article 150 peut entraîner la nullité de la vente, si l'acquéreur le demande dans l'année à compter de la date de l'acte, et s'il prouve que cette omission ou cette inexactitude a substantiellement affecté la consistance du fonds cédé et qu'il en subit un préjudice[1322]. Est également nulle et de nul

---

[1321] S. MAIL-FOUILLEUL, *Les sanctions de la violation du droit communautaire de la concurrence*, *L.G.D.J.*2002, 665 p, spéc. .1.

[1322] L'absence de mentions informatives dans l'acte de cession de créance peut pareillement entrainer la nullité dudit acte. En ce sens, voir les articles 81 et s AUDS révisé. Il en est de même du transfert fiduciaire de somme d'argent (art. 88), gage de meubles corporels (art. 96), gage de stock (art. 121), nantissement de créance (art. 127), nantissement de droits d'associés et valeurs mobilières (art. 141), nantissement de compte de titres financiers (art. 147), nantissement des droits de propriété intellectuelle (art. 157), nantissement du fonds de commerce (art. 163). Pour des développements sur cette théorie en droit français, voir R. LIBCHABER, «Pour la nullité absolue - même en matière de formalisme!», *D.*2013, .1113.

effet toute contre-lettre ou convention qui aurait pour objet ou pour effet de dissimuler tout ou partie du prix de cession du fonds de commerce (AUDCG révisé, art. 158). En fait, il n'est pas seulement de l'intérêt de l'acquéreur d'avoir un certain nombre d'informations sur la cession d'un fonds de commerce, il y va également de l'intérêt de tous, créanciers en particulier et la société en général. Compte tenu de la place de choix qu'occupe un fonds de commerce dans un espace juridique et économique donné, de telles exigences participent de la recherche accrue d'une certaine stabilité et efficacité des transactions économiques[1323].

455. En outre, même s'il a prévu plusieurs hypothèses d'annulation du contrat, l'AUDSCGIE limite ces cas d'annulation compte tenu de l'importance que revêtent les entreprises dans la vie sociale, économique et politique d'un Etat ou d'un regroupement d'Etats[1324]. Il rappelle d'abord le principe *«pas de nullité sans texte»*[1325], puis exclut expressément ce qui constitue dans d'autres cas des causes de nullité. En l'occurrence, l'énonciation incomplète des mentions devant figurer dans l'acte de société n'entraine pas la nullité de la société[1326]. Il en est de même, dans les SARL ou dans les SA, des vices de consentement ou de l'incapacité d'un associé, à moins que celle-ci n'atteigne tous les associés fondateurs[1327]. Dans les autres types de société, la nullité pour vice de consentement ou pour incapacité de l'associé peut être prononcée, à la demande de *«toute personne y ayant un*

[1323]La disparition d'un fonds de commerce peut être lourde de conséquences non seulement pour les parties à la cession, mais également pour la société toute entière. C'est son économie globale qui est en fait menacée, surtout en raison de la taille de l'entreprise.

[1324]La même solution est retenue dans l'AUDA. Au sens de l'article 13 dudit Acte, la nullité manifeste d'une convention d'arbitrage ne peut justifier l'intervention du juge étatique que lorsque le tribunal arbitral n'est pas saisi. En fait, la convention d'arbitrage est autonome du contrat principal. La nullité de celui-ci ne peut entrainer la nullité de celle-là (art. 4). D'après l'article 4 :102 (Impossibilité initiale) PDEC, *« Un contrat n'est pas invalide du seul fait que, lors de sa conclusion, l'exécution de l'obligation était impossible ou que l'une des parties n'était pas en droit de disposer des biens qui en forment l'objet».*

[1325]La nullité du contrat doit résulter d'une disposition expresse. Cette mesure vise à garantir les droits des contractants tout en préservant l'intérêt général. Le développement de la théorie dite des nullités virtuelles tend cependant à relativiser cet argument. Elle permet au juge de prononcer la nullité du contrat même en l'absence de texte. Cela a fait dire, avec une pointe d'exagération sans doute, à AZIBER SEID ALGADI que *«Les nullités des contrats ne sont pas des nullités textuelles ; elles sont des nullités virtuelles»*, in *Contrat et droit OHADA des procédures collectives : Etude à la lumière du droit français, Harmattan*, 2009, 372p, spéc. n°173, p.134.

[1326]Cf. AUDSCGIE, art. 242 al. 2.

[1327]Cf. AUDSCGIE, art. 243. Adde art. 198 AUDSCoop.

intérêt»[1328], si la régularisation n'est pas intervenue[1329]. Dans les SCS et les SNC, le non accomplissement des formalités de publicité motivé par la fraude entraine inéluctablement la nullité du contrat de la société. Ceci n'est autre que l'application de l'adage *«fraus omnia corrumpit»,* dont l'une des finalités est de garantir l'existence des conventions et d'en assurer la pérennité par la sanction des manœuvres particulières tendant à porter atteinte aux intérêts contractuels[1330]. En outre, toute convention entre une SA et l'un de ses administrateurs, directeurs généraux ou directeurs généraux adjoints, conclues sans autorisation préalable du conseil d'administration, peut être annulée si elle a eu des conséquences dommageables pour la société[1331]. L'interdiction ou l'encadrement de certaines conventions participe également de ce vaste mouvement de sauvegarde des intérêts de la société commerciale[1332]. Dans tous ces cas, la responsabilité des intervenants peut être mise en œuvre[1333]. L'action en responsabilité, comme dans toutes les autres hypothèses d'annulation du contrat, se prescrit dans le délai désormais réduit de trois ans[1334].

Le Code des assurances prévoit également quelques hypothèses d'annulation du contrat d'assurance. Cette sanction est fonction du comportement du contractant à l'occasion de la formation ou de l'exécution dudit contrat[1335]. Le contrat d'assurance est annulé en cas de fausse déclaration intentionnelle de la part de l'assuré[1336]. En revanche, en présence d'une fausse déclaration non intentionnelle, c'est-à-dire en cas d'omission ou de déclaration inexacte, le contrat n'est pas automatiquement annulé car le législateur de la CIMA a mis en œuvre un cortège de moyens permettant d'assurer la survie du contrat. En effet: *«Si elle* (omission ou déclaration inexacte de l'assuré) *est constatée avant tout sinistre, l'assureur a le droit soit de maintenir le contrat, moyennant une augmentation de prime acceptée par l'assuré, soit de résilier le contrat dix jours après notification adressée à*

1328Ce qui n'est pas sans exclure le ministère public, lequel agit au nom de la société.
1329Cf. AUDSCGIE, art. 248.
1330Dans le même ordre d'idées, voir l'article 443 qui prévoit la possibilité d'annuler pour fraude les conventions approuvées ou désapprouvées par l'AGO.
1331Cf. AUDSCGIE, art. 444. Il faut considérer que dans ce cas, ces dirigeants sont des associés de la société.
1332Dans ce sens, voir les articles 356, 443, 450, 507, 547, 642 de l'AUDSCGIE. Adde art. 251, 313 AUDSCoop. Adde APAU sur les contrats de consommation, art. 111.
1333Cf. articles 256, 316, 738 de l'AUDSCGIE. Adde art. 216, 290, 372 AUDSCoop.
1334Voir en l'occurrence les articles 251, 445, 739 AUDSCGIE. Adde art. 202 AUDSCoop. Le Code civil de 1804 prévoyait un délai plus long : 30 ans pour la nullité absolue et 10 ans pour la nullité relative.
1335En ce sens, voir B. FAGES, *Le comportement du contractant*, *P.U.A.M.*, 1997, 517p.
1336Code CIMA, art. 18.

l'assuré par lettre recommandée ou contresignée, en restituant la portion de la prime payée pour le temps où l'assurance ne court plus.

Dans le cas où la constatation n'a lieu qu'après un sinistre, l'indemnité est réduite en proportion du taux des primes payées par rapport au taux des primes qui auraient été dues, si les risques avaient été complètement et exactement déclarés».

456. L'APAUDC n'est pas resté silencieux sur la question des nullités du contrat. Ce texte consacre toute une section à la théorie des nullités. L'article 3/12 pose notamment le principe de la nullité en ces termes : *«Tout contrat qui n'est pas conforme aux conditions nécessaires à sa formation peut être frappé de nullité»*. Le recours au pronom indéfini *«tout»* montre la volonté du législateur africain de généraliser la nullité à tous les contrats ainsi qu'à tous les contractants, ainsi que sa détermination dans la lutte contre les atteintes aux droits et obligations des contractants et de la société. Le verbe «peut» montre aussi le caractère non absolu de la nullité comme sanction de la violation de l'intérêt général. En multipliant le nombre des titulaires du droit de demander la nullité, on multiplie aussi les chances de dénonciation du contrat illégalement conclu. Parfois, il n'est pas seulement de l'intérêt des contractants que le contrat soit annulé, il en va également de l'intérêt de la société. Cette disposition ignore également la distinction reposant sur le type d'intérêt à protéger car, ici, tout intérêt menacé doit être sauvegardé. Le contrat peut ainsi être annulé pour erreur, pour dol ou pour contrainte[1337]. Tout en distinguant la nullité relative et la nullité absolue, les autres dispositions de cette section précisent le régime de cette nullité, et surtout, intègrent à l'article 3/16 et suivants la théorie de la nullité par notification[1338].

Les hypothèses d'annulation du contrat sont alors réelles en droit européen et de l'OHADA. La nullité demeure donc une sanction nécessaire. Cette nécessité mérite d'être relativisée car la nullité est de plus en plus inadaptée au phénomène contractuel.

[1337] v. les articles 3/5 (erreur), 3/8 (dol) et 3/9 (contrainte) de l'APAUDC. Cette logique est identique en droit prospectif européen. En effet, dans les PDEC, le contrat peut être annulé pour erreur fondamental de fait ou de droit (art. 4:103), dol (art. 4: 107), contrainte (art. 4 :108), abus (art. 4:109).

[1338] Cf. infra. Cette dernière permet au contrat de sortir d'un contrat ruineux.

B. L'inadaptation de la nullité du contrat

457. L'efficacité d'une sanction contractuelle se mesure à sa capacité de persuasion, mais également à la possibilité d'adaptation de son intensité aux circonstances. La nullité est une sanction grave, radicale et rigoureuse qui entraine la disparition rétroactive du contrat. Cette rigueur de la nullité a justifié la prise en compte de nouvelles sanctions jugées plus souples et plus adaptées aux transactions civiles et commerciales. D'après Thomas GÉNICON, *«Le développement des phénomènes d'invalidation partielle du contrat témoigne sans conteste d'un progrès et d'un raffinement du système juridique. Le temps n'est plus où la sanction de la formation du contrat rimait exclusivement avec sa nullité totale, mesure brutale et jugée trop radicale dans certains cas. On souligne à l'envi combien la palette de ces sanctions s'est enrichie pour permettre un traitement plus adéquat de l'illégalité, sur fond de favor contractus : nullité partielle, réputé non écrit, nullité-réduction, nullité-conversion, nullité-substitution»*[1339]. En raison de son caractère judiciaire par exemple, les contractants étaient tenues d'exécuter le contrat jusqu'au prononcé de la nullité par le juge, ce en application de l'adage *«nul ne peut se faire justice à soi-même»*[1340]. Si cette sanction a l'avantage de constituer un refuge aux volontés des contractants, elle a également l'inconvénient majeur d'être inadapté face à certaines situations et, de laisser le prononcé de la nullité à la merci du juge[1341]. De la sorte, elle ne peut assumer avec efficacité, la finalité qui est la sienne. L'inadaptabilité de la nullité du contrat découle surtout du fait qu'elle contrarie les principes fondamentaux de la nullité par l'application du droit moderne des contrats. Plusieurs éléments, non exhaustifs, peuvent confirmer cet état de chose.

458. Pour combler ce déficit d'adaptabilité, le législateur de l'OHADA est allé encore plus loin dans sa volonté de concilier les intérêts particuliers des contractants à l'intérêt général de la société. Il a en effet transformé la théorie des nullités en instituant ce que l'on pourrait désigner

[1339]Th. GÉNICON, «De la nullité partielle à la clause réputée ''partiellement'' non écrite», *RDC* 2010, n°4, P.1199, note sous Cass. soc., 8 avr. 2010, n°08-43056. Sur la notion de *favor contractus* en droit de l'OHADA, voir A. A. NGWANZA, *thèse précitée.*

[1340]L. BOYER et H. ROLAND, *Adages du droit français*, 4e éd., *Litec* 1999, 1021p.

[1341]Ce qui ramène au grand jour la sempiternelle question du pouvoir normatif du juge en matière contractuelle. En effet, les nullités sont habituellement de plein droit. De plus en plus, le juge acquiert un large pouvoir d'appréciation pour le prononcé de la nullité. Cette possibilité légale qui lui est ainsi offerte participe d'un souci de conciliation des intérêts contractuels, quand bien même l'intérêt violé serait d'ordre général. Par exemple, la loi prévoit que le contrat peut entrainer l'annulation ou *«pourra être annulé»* (Cf. AUDCG révisé, art.151).

la nullité non rétroactive[1342]. D'après l'article 253 de l'AUDSCGIE, *«Lorsque la nullité de la société est prononcée, elle met fin, sans rétroactivité, à l'exécution du contrat. Il est procédé à sa dissolution et, pour ce qui concerne les sociétés pluripersonnelles, à leur liquidation»*[1343]. Cette mesure ne se limite pas aux sociétés commerciales, mais s'étend également aux sociétés coopératives[1344]. De rétroactive, la nullité du contrat en droit européen et de l'OHADA est devenue non rétroactive[1345]. En fait, la nullité d'un contrat issu du Code civil entraine sa disparition de manière rétroactive ; ce qui est nul étant supposé n'avoir jamais existé. Or, de plus en plus, il est des situations où l'acte annulable peut produire tous ses effets ou certains d'entre eux si ses titulaires ne l'exercent pas[1346].

459. A travers le mécanisme des restitutions par ailluers, les contractants sont remis à l'état dans lequel ils se trouvaient avant la conclusion du contrat. Or, il est clair que, dans la grande majorité des cas, ce mécanisme sera difficilement opérationnel en cas d'annulation du contrat, fut-il de société. L'annulation des contrats à exécution successive, particulièrement le bail ou le contrat de travail, est également symptomatique de l'inadaptation de cette sanction en termes de sauvegarde des intérêts

---

[1342]Sur la rétroactivité de la nullité, les PDEC (art. 4:115) et la proposition de règlement relatif à la vente (art. 54.1) règlent le problème de manière différente que celle prévue par le futur droit uniforme africain. Ces textes n'attachent à la nullité que des effets rétroactifs.

[1343]Cette disposition se trouve dans le livre VIII (Nullité de la société et des actes sociaux) de la première partie consacrée aux dispositions générales. Ces règles sont communes à toutes les formes de sociétés commerciales. En vertu de l'article 200 de l'AUDSCGIE, l'annulation de la société commerciale entraine sa dissolution. Adde art. 84 et 177 AUDSCoop.

[1344]En application de l'article 203 AUDSCoop, *«Lorsque la nullité de la société coopérative est prononcée, elle met fin à la coopérative, sans effets rétroactifs. Il est procédé à sa dissolution et sa liquidation»*.

[1345]La proposition de règlement relatif à la vente rejette expressément le principe de la nullité sans rétroactivité. Elle prévoit en son article 54.1 que: *«Un contrat qui peut être annulé est valide jusqu'à son annulation mais, une fois annulé, il est rétroactivement anéanti depuis sa conclusion»*. Les PDEC retiennent la même solution (art. 4:115). Pour des développements doctrinaux sur la rétroactivité en matière contractuelle, voir E. MAÎTRE-ARNAUD, *La rétroactivité dans le contrat*, th. Paris 2, 2003, 356p.

[1346]Ces hypothèses surviennent généralement en cas de confirmation ou de prescription de la nullité. Sur ce phénomène, voir notamment Ph. SIMLER, *La nullité partielle des actes juridiques*, thèse Strasbourg, 1968, *L.G.D.J.* 1969 ; R. JAPIOT, *Des nullités en matière d'actes juridiques. Essai d'une théorie nouvelle*, thèse Dijon, 1909 ; J. PIEDELIEVRE, *Des effets produits par les actes nuls*, thèse Paris, 1911, 509 p. ; J. SCHMIDT-SZALEWSKI, «Les conséquences de l'annulation du contrat», *J.C.P.* 1989. I. 3397.

contractuels. Si par exemple la restitution des salaires perçus par l'employé est aisément envisageable, la restitution par l'employeur des prestations de services réalisées par l'employé est difficilement imaginable. Au-delà de l'inadaptabilité de l'annulation du contrat de travail, l'impossibilité de restitution des prestations réciproques qu'elle renferme tient également de la nature particulière dudit contrat. La généralisation de la nullité à tous les cas de malformation des contrats de droit privé peut donc s'avérer plus destructrice que réparatrice.

460. En outre, hormis les hypothèses de vice de consentement ou d'incapacité, le législateur de l'OHADA rend la nullité du contrat de société inopposable aux tiers de bonne foi. Il nage ainsi à contre-courant de la conception traditionnelle de la nullité, et de sa propre conception car la rétroactivité devient un effet attaché à la nullité (APAUDC art. 3/19). Elle était opposable *erga omnes*. L'article 255 de l'AUDSCGIE remet en cause cette approche. En effet: *«Ni la société, ni les associés ne peuvent se prévaloir d'une nullité à l'égard des tiers de bonne foi.*

Toutefois, la nullité pour vice de consentement ou pour incapacité est opposable, même aux tiers de bonne foi, par l'incapable ou par son représentant légal ou par la personne dont le consentement a été vicié».

A travers cette disposition, il s'agit d'éviter les conséquences dommageables que la nullité pourrait avoir vis-à-vis de tous les acteurs contractuels.

461. Enfin, la nullité est en principe judiciaire. En disposant à l'article 3/16 que *«L'annulation du contrat se fait par voie de notification à l'autre»*, le futur droit uniforme des contrats consacre ce qu'il convient d'appeler la nullité par notification ou nullité non judiciaire. Ce droit opte pour plus de souplesse dans l'exercice de l'action en nullité[1347]. En application de l'article 3/17 de l'APAUDC, la notification dont s'agit doit se faire dans un délai raisonnable[1348], à partir du moment où soit le vice a cessé, soit le contractant en droit de l'invoquer connaissait la cause de l'annulation ou ne pouvait l'ignorer, ou encore pouvait agir librement. Même si les hypothèses d'annulation par notification sont pour l'essentiel envisagées dans le cadre de la nullité relative, il est possible et souhaitable d'étendre ces hypothèses aux cas de nullité absolue. Ce mécanisme permet aux

---

[1347]Cf. PDEC, art. 4: 112 et s.

[1348]Pour apprécier le délai raisonnable, le juge compétent doit tenir compte non seulement de ce que, les personnes de bonne foi placées dans la même situation que les contractants regarderaient comme tel, mais également de la nature et du but du contrat, des circonstances de l'espèce, des usages et pratiques des professions ou branches d'activités concernées ; bref de l'environnement du contrat. Adde art. 1 :302 PDEC.

contractants dont le contrat ne peut être maintenu de se débarrasser d'un contrat moribond et dénué désormais de toute utilité. Que de laisser dépendre un contrat devenu inutile pour les contractants à une procédure judiciaire dont l'aboutissement est indéterminé et incertain, il serait contractuellement efficace et économiquement utile de l'anéantir. Ce mécanisme confirme en outre la relative efficacité de la nullité classique, l'intérêt de cette nouvelle forme de nullité dans la conciliation des intérêts contractuels, et - tout comme la résolution non judiciaire - la facilitation de la mise en œuvre de la procédure de nullité nécessaire, sur le plan socio-économique global, au désengorgement des tribunaux. Les nullités, telles que conçues traditionnellement, ne sont plus de droit, mais facultatives compte tenu de la prise en compte de nouveaux mécanismes jugés plus efficaces et du réaménagement de cette nullité. L'article 3/12 est clair à ce sujet puisque *«tout contrat qui n'est pas conforme aux conditions nécessaires à sa formation peut être frappé de nullité»*. La nullité du contrat n'est plus la sanction de référence. Toutes ces hypothèses, non exhaustives la vident en grande partie de sa substance. Aujourd'hui, l'architecte européen et de l'OHADA accorde sa préférence à la nullité de la clause contractuelle[1349].

§2. La préférence réelle de la nullité des clauses contractuelles

462. Le contrat est l'ensemble des clauses contractuelles[1350]. Pour preuve, les clauses contractuelles s'interprètent en donnant à chacune le sens qui résulte du contrat entier (C. civ., art. 1161). C'est dire l'importance qu'une clause occupe dans le contrat[1351]. Mais, l'inverse n'est pas absolument vrai car le contrat va au-delà des clauses qui le composent. Ceci appelle une certaine modération et esprit de conciliation lorsqu'il s'agit d'annuler la clause contractuelle. En droit interne des Etats européens et de

---

[1349]La nullité de la clause est devenue le principe, et celle du contrat l'exception.

[1350]M. MEKKI, «Le nouvel essor du concept de clause contractuelle (1re partie)», *RDC* 2006, n°4, p.1051. Sur l'efficacité des clauses contractuelles, voir M. MEKKI, «Le nouvel essor du concept de clause contractuelle (2e partie)», *RDC* 2007, n°2, p.239. Adde G. HELLERINGER, *Les clauses contractuelles. Essai de typologie*, *L.G.D.J.*, 2012, BDP, t. 536, 470p.

[1351]Sur la notion de clauses contractuelles et des rapports qu'elles entretiennent avec le contrat, voir P.-H. ANTONMATTÉI, *Les clauses du contrat de travail*, éd. *Liaisons*, coll. Droit vivant, 2005 ; G. ARBANT-MICHEL, *Les relations entre les clauses et le contrat*, thèse Montpellier I, 2001, 269p ; Ph. DELEBECQUE, «Clausula, clausulae, clausularum», in *Prospectives du droit économique, Dialogues avec M. Jeantin*, *D.*1999, .33 et s. ; J. GHESTIN, «L'absence de cause et la contrepartie propre à une obligation résultant d'une clause d'un contrat», in *Droit et actualité*, Études J. Béguin, *Litec*, p.311 et s.

l'OHADA, la solution est presqu'identique et varie selon que la clause est déterminante ou non[1352]. En effet, lorsque la clause contractuelle est déterminante de la volonté des contractants, qu'elle relève de la substance même du contrat et non simplement d'une prérogative contractuelle[1353], le contrat emporte nullité[1354]. Dans le cas contraire, remettre en cause la validité dudit contrat serait *«vendre très peu cher la ''peau'' du contrat»*[1355].

463. La rigueur de la sanction de nullité du contrat correspond alors mal à la déformation dont le contrat fait aujourd'hui l'objet. La nullité de la clause malade semble dès lors être une sanction plus appropriée. M. FAGES recommande cette solution lorsqu'il s'interroge en ces termes : *« Pas de pitié pour les clauses, mais de la pitié pour le contrat. N'est-ce pas l'essentiel ?»*[1356]. Cette solution est plus adaptée car, comme le relève Mme FABRE-MAGNAN, *«Il est en effet souvent plus efficace d'annuler la seule clause illicite mais de maintenir pour le reste le contrat. Ainsi par exemple, en droit de la consommation, le professionnel sera bien davantage sanctionné si la clause qu'il cherchait à imposer est annulée mais qu'il est tenu d'exécuter le contrat privé de cette clause, plutôt que de l'autoriser à tenter sa chance avec un autre consommateur (en droit des clauses abusives, la règle est d'ailleurs la nullité de la seule clause). De même, et c'est ce qui explique l'article 900* (du Code civil) *relatif aux donations, dans les actes à titre gratuit, la sanction de la nullité partielle est bien plus efficace, dans la mesure où elle ne décourage pas le donataire de le dénoncer l'illicéité d'une clause accompagnant la donation qu'il a reçue (par exemple d'une clause discriminatoire)»*[1357]. C'est ce que l'on désigne la théorie des nullités

---

[1352]Combinant les articles 900 et 1172 du Code civil, deux dispositions susceptibles d'interprétations opposées, les droits camerounais et français considèrent que la nullité de la clause s'étend au contrat entier lorsqu'elle présente un caractère impulsif et déterminant. En ce sens, voir Cass. civ. 1ère, 24 juin 1971, *Bull. civ.* I, n°405 ; Cass. req., 3 juin 1863, I.429, S.1864, I.269 ; B. TEYSSIÉ, «Conséquences de la nullité d'une clause d'un contrat», *D.*1976, *Chron.* 281.

[1353]Sur la distinction entre la prérogative contractuelle et la substance du contrat, voir *Les prérogatives contractuelles*, Actes du colloque du 30 novembre 2010, *op. cit.*

[1354]B. TEYSSIÉ, «Réflexions sur les conséquences de la nullité d'une clause d'un contrat»: *D.*1976, chr., p.281.

[1355]En ce sens, AZIBER SEID ALGADI, *op. cit.*, n°173, .133.

[1356]B. FAGES, «Le double jeu de la Cour de cassation à l'égard du contenu des conventions», in *Le contrat, liberté contractuelle et sécurité juridique*, *LPA*, 6 mai 1998.

[1357]*Droit des obligations*, 3è éd. Thémis Droit, *PUF* 2012, 748 p., spéc. .470.

partielles[1358]. Elle permet soit de rendre la clause nulle, soit de la réputer non écrite.

A l'aune des phénomènes observés d'interdépendance[1359] et d'autonomisation[1360] des clauses contractuelles, le législateur européen et de l'OHADA a introduit la théorie des nullités partielles, sans tenir compte du caractère plus ou moins déterminant de la clause, mais en se penchant plutôt sur la nécessité de sauvegarder les intérêts contractuels[1361]. Il a ainsi consacré le mécanisme des clauses nulles (A.) et étendu la technique du réputé non écrit (B.).

A. La consécration du mécanisme des clauses nulles

464. Le mécanisme des clauses nulles consiste à déclarer nulle toute clause contractuelle qui viole les règles de formation du contrat. La clause nulle ne peut produire aucun effet, et son éradication ne peut entrainer celle des autres stipulations contractuelles, encore moins l'anéantissement du contrat tout entier. Ce mécanisme permet de sauver un contrat qui peut encore l'être en supprimant simplement la clause malade. Le droit européen et le droit de l'OHADA ont consacré ce mécanisme dans plusieurs de ses dispositions. Pour annuler la clause du contrat au détriment du contrat entier, l'architecte européen et de l'OHADA recourt à plusieurs expressions qui renvoient à la même réalité. Il peut tout d'abord déclarer que la nullité d'une clause n'a aucun effet sur le contrat. Il peut en outre reconnaitre qu'un contrat ou une loi contractuelle est valable nonobstant toute clause ou stipulation contraire. Enfin, il peut déclarer une clause nulle et de nul effet.

465. En droit positif de l'OHADA, les manifestations de l'annulation de la clause au détriment du contrat sont nombreuses. L'article 28 de l'AUCTMR est fortement révélateur. Il prévoit que: *«1- sous réserve des*

[1358]Sur cette notion, voir Ph. SIMLER, *La nullité partielle des actes juridiques*, *op. cit.* ; R. JAPIOT, *Des nullités en matière d'actes juridiques. Essai d'une théorie nouvelle*, *op. cit.* ; J. PIEDELIEVRE, *Des effets produits par les actes nuls*, *op. cit.* ; J. SCHMIDT-SZALEWSKI, «Les conséquences de l'annulation du contrat», *op. cit.*

[1359]Cf. J.-B. SEUBE, «L'interdépendance des clauses contractuelles», note sous Cass. 3e civ., 31 mai 2012, n° 10-27125, in *RDC* 2012, n°4, P.125.5

[1360]Cf. M. MEKKI, «Le nouvel essor du concept de clause contractuelle (1re partie)», *op. cit.* Pour l'auteur, *«... les clauses contractuelles ne sont plus seulement une partie du contrat. Elles gagnent en autonomie»* ; elles constituent *« les capteurs les plus sensibles »* du droit des contrats.

[1361]V. C. RIGALLE-DUMETZ, *La résolution partielle du contrat*, *Dalloz-Sirey* 2003, NBT, 466p. Pour cet auteur, c'est le respect de la volonté des contractants qui justifie la nullité partielle.

dispositions des articles 2 c)[1362]*, 15 alinéa 1*[1363]*, 24 alinéa 3*[1364] *et 27*[1365] *ci-dessus, est nulle et de nul effet toute stipulation qui, directement ou indirectement, dérogerait aux dispositions du présent Acte uniforme. La nullité de telles stipulations n'entraîne pas la nullité des autres dispositions du contrat.*

2- En particulier, sont nulles toute clause par laquelle le transporteur se fait céder le bénéfice de l'assurance de la marchandise ou toute autre clause analogue, ainsi que toute clause déplaçant la charge de la preuve».

Ainsi, est nulle la clause du contrat contraire à l'ordre public ; les autres dispositions devant être respectées par les parties à ce contrat de transport. L'article 28 suscité limite de manière considérable le domaine de la liberté contractuelle. Il s'agit en fait de préserver des intérêts contractuels autres que ceux qui dépendent exclusivement de la liberté d'un contractant.

[1362]Il ressort de ce texte qu' *«à moins que les personnes concernées n'en disposent autrement, l'exigence d'un écrit est satisfaite quels que soient le support et les modalités de transmission, pour autant que l'intégrité, la stabilité et la pérennité de l'écrit soient assurées».*

[1363]Conformément à ce texte, *« les créances résultant de la lettre de voiture sont payables par le donneur d'ordre avant la livraison, sauf stipulation contraire sur la lettre de voiture».*

[1364]Ce texte dispose que: *«les transporteurs sont libres de convenir entre eux des clauses dérogeant au présent article (article 24)».*

[1365]Ce texte prévoit que: *«1- Pour tout litige auquel donne lieu un transport inter-Etats soumis au présent Acte uniforme, si les parties n'ont pas attribué compétence à une juridiction arbitrale ou étatique déterminée, le demandeur peut saisir les juridictions du pays sur le territoire duquel : a) le défendeur a sa résidence habituelle, son siège principal ou la succursale ou l'agence par l'intermédiaire de laquelle le contrat de transport a été conclu ; la prise en charge de la marchandise a eu lieu ou les juridictions du pays sur le territoire duquel la livraison est prévue. 2- Lorsqu'une action est pendante devant une juridiction compétente ou lorsqu'un jugement a été prononcé par une telle juridiction, il ne peut être intenté aucune nouvelle action pour la même cause entre les mêmes parties à moins que la décision de la première juridiction saisie ne soit pas susceptible d'être exécutée dans le pays où la nouvelle action est intentée. 3- Lorsqu'un jugement rendu par une juridiction d'un Etat partie est devenu exécutoire dans cet Etat-partie, il devient également exécutoire dans chacun des autres pays membres aussitôt après l'accomplissement des formalités prescrites à cet effet dans l'Etat intéressé. Ces formalités ne peuvent comporter aucune révision de l'affaire. 4- Les dispositions de l'alinéa 3 du présent article s'appliquent aux jugements contradictoires, aux jugements par défaut et aux transactions judiciaires. Elles ne s'appliquent ni aux jugements qui ne sont exécutoires que par provision, ni aux condamnations en dommages et intérêts qui seraient prononcées en sus des dépens contre un demandeur en raison du rejet total ou partiel de sa demande».*

Une mesure similaire est prévue à l'article 321 de l'AUDSCGIE. Cette disposition fixe le principe et le régime de la nullité d'une telle clause. D'après ce texte: *«Les statuts peuvent prévoir qu'en cas de décès d'un associé, un ou plusieurs héritiers ou un successeur ne peuvent devenir associés qu'après avoir été agréés dans les conditions qu'ils définissent.*

A peine de nullité de la clause, les délais accordés à la société pour l'agrément ne peuvent être plus longs que ceux prévus aux articles 319 et 320 du présent Acte uniforme et la majorité exigée ne peut être plus forte que celle prévue audit article 319.

La décision d'agrément doit être notifiée à chaque héritier ou successeur intéressé par lettre au porteur contre récépissé ou par lettre recommandée avec demande d'avis de réception.

En cas de refus d'agrément, il est fait application des dispositions des articles 318 et 319 du présent Acte uniforme et si aucune solution prévue à cet article n'intervient dans les délais impartis, l'agrément est réputé acquis. Il en est de même si aucune notification n'a été faite aux intéressés».

Le futur droit des contrats de l'OHADA viendra sans doute confirmer ce mécanisme, et l'étendre à tous les contrats de droit commun. En son article 3/18 il est prévu que *«L'annulation se limite aux seules clauses du contrat visées par les causes d'annulation, à moins que, eu égard aux circonstances, il ne soit déraisonnable de maintenir les autres dispositions du contrat»* [1366].

C'est notamment le cas des clauses d'indexation illicites qui, même si elles ont été la cause déterminante du consentement des contractants, le prononcé de leur nullité ne saurait avoir d'effet sur la validité des autres stipulations contractuelles[1367]. Peuvent également être annulées les clauses contractuelles contraires à l'ordre public ou aux bonnes mœurs, ainsi que les clauses contraires aux dispositions impératives de la loi, sauf si celle-ci en dispose autrement[1368]. Il en est de même en cas de lésion (APAUDC, art. 3/10). Ici encore, dans un souci d'efficacité contractuelle, le législateur marque sa faveur pour l'annulation de la clause au détriment de celle du contrat. Il entend ainsi assurer la survie du contrat en dépit de la contravention essentielle dont ce dernier fait l'objet. Un tel mécanisme, tourné vers la pérennisation du lien contractuel, n'est pas contraire à la sécurité des transactions.

466. Le droit européen accorde également une faveur au mécanisme des clauses nulles. D'après l'article 4 :116 PDEC (Annulation partielle):

[1366]P. UNIDROIT, art. 3.16.

[1367]En ce sens, voir M. GEGOUT, «Ordre public et bonnes mœurs», *J-Cl- Civ., Fasc.* I, 5, 1979, n°18.

[1368]Option laissée par l'article 3/1 de l'APAUDC entre la nullité du contrat et la nullité de la clause contractuelle.

«Lorsqu'une cause d'annulation n'affecte que certaines clauses du contrat, l'annulation se limite à ces clauses à moins qu'eu égard aux circonstances de la cause il ne soit déraisonnable de maintenir les autres dispositions du contrat». «L'annulation de l'ensemble du contrat ne devrait donc intervenir que subsidiairement»[1369], c'est-à-dire lorsqu'il est déraisonnable de maintenir les autres dispositions du contrat. Comme tout excès, tout ce qui est déraisonnable est nuisible. La proposition de règlement relatif à la vente prévoit une solution identique. En vertu de son article 54.2: *«Lorsqu'une cause d'annulation n'affecte que certaines clauses du contrat, l'annulation se limite à ces clauses, à moins qu'il ne soit déraisonnable de maintenir le reste du contrat».*

467. Dans ces ordres juridiques, sont également déclarées nulles, sans que cela n'affecte la validité du contrat, les clauses léonines (AUDSCGIE, art. 54), les clauses de déchéance de l'assuré (Code CIMA, art. 20), les clauses abusives (PDEC, art. 4 :110 ; Propositin de Règlement européen relatif à la vente, art. 82s). Pour ces dernières, notamment en ce qui concerne les contrats de vente aux consommateurs, l'avant projet d'Acte uniforme sur le droit de la vente aux consommateurs a prévu que de telles clauses devraient être réputées non écrites. Ce rapprochement de la sanction de nullité de la clause et du réputé non écrit a parfois conduit la jurisprudence à les utiliser indistinctement. En doctrine, Fréderic-Jérôme PANSIER et Thomas GÉNICON ont montré que la proximité entre la clause nulle et la clause réputée non écrite a conduit à la création d'une sanction intermédiaire qui est la *«clause réputée partiellement non écrite»*[1370]. Dans cette affaire, la Cour de cassation française a décidé que la clause de non-concurrence comportant une disposition par laquelle la contrepartie financière serait minorée en cas de rupture pour faute du salarié n'est pas nulle, mais doit être réputée non écrite en ses seules dispositions minorant la contrepartie en cas de faute. Cette démarche adoptée par la Cour est originale puisque, pour la première fois, elle répute non écrite non une clause entière, mais une partie de la clause ou sa modification. Dans l'exemple cité, la clause de non-concurrence est valable, seule la modification entraînant minoration de l'indemnisation doit être écartée. Il n'est cependant pas erroné que cette démarche vient conforter la confusion déjà en cours entre la clause nulle et la clause réputée non écrite.

[1369] R. CABRILLAC, *Droit européen comparé des contrats*, *L.G.D.J.-Lextenso* 2012, 201 p., spéc. n°153, .111.
[1370] Th. GÉNICON, «De la nullité partielle à la clause réputée ''partiellement'' non écrite», *op. cit. ;* F.-J. PANSIER, «De la différence entre '' clause nulle'' et '' clause réputée non écrite''», *Cahiers sociaux*, 01 juin 2010 n°221, p.205, note sous Cass. soc., 8 avr. 2010, n° 08-43056, M. X c/ Société Samse.

Pour autant, ces deux mécanismes ne se confondent pas. Certes, il s'agit de deux sanctions de l'inobservation des règles de formation du contrat, insusceptibles de produire effet, et dont l'éradication ne peut affecter l'ensemble du contrat. Selon Muriel FABRE-MAGNAN, *«L'annulation d'une clause conduit à effacer celle-ci du contrat, à la réputer non écrite, mais les deux sanctions ne sont pas interchangeables»*[1371]. Il est donc certain que la clause nulle est une modalité du réputé non écrit qui, comme nous le verrons, obéit à une logique plus générale[1372].

B. L'extension de la technique du réputé non écrit

468. Nous l'avons observé, la clause nulle est distincte de la clause réputée non écrite. En fait, *« Réputer une ''clause non écrite'' revient à la faire disparaître d'un trait de plume, à l'effacer »*[1373]. Les législateurs français et camerounais n'avaient admis la technique du réputé non écrit que de manière restrictive. Ils l'avaient en effet limité aux clauses pénales (art. 1152 et 1231), ainsi qu'à certains actes à titre gratuit. L'article 900 du Code civil prévoit notamment que *«Dans toute disposition entre vifs ou testamentaire, les conditions impossibles, celles qui sont contraires aux lois ou aux mœurs, seront réputées non écrites»*[1374]. Conscients de l'importance que revêt cette technique en termes de conciliation des intérêts contractuels, les législateurs européen et de l'OHADA l'ont étendu à plusieurs autres hypothèses, avec quelques hésitations par endroits. Pour bien la comprendre et mesure à suffisance son efficacité en matière contractuelle[1375], il convient

---

[1371] *Ibid.*

[1372] Sur la notion de clause réputée non écrite, voir S. GAUDEMET, *La clause réputée non écrite*, *Économica*, 2006, 380p. Dans cette thèse remarquée, l'auteur entend faire de la technique du réputé non écrit une sanction originale, distincte de la nullité, ce contrairement à ce que laisse entendre la doctrine, y compris l'auteur. Il faut tout de même observer que le réputé non écrit n'est pas une sanction *ex nihilo* ; et que, quand bien même elle gagnerait son originalité, ce qui est d'ailleurs envisageable et souhaitable, son point de départ resterait forcément dans la logique des nullités et de l'inexistence.

[1373] Y. BUFFELAN-LANORE et V. LARRIBAU-TERNEYRE, *Droit civil. Les obligations*, 13e éd. *Sirey*, 2012, 1028p. spéc. n°1028, p.381.

[1374] En droit français exclusivement, est également réputée non écrite, en application de l'article 900-8 du Code civil, toute clause par laquelle le disposant prive de la libéralité celui qui mettrait en cause la validité d'une clause d'inaliénabilité ou demanderait l'autorisation d'aliéner. Adde art. 1078-1 (donation-partage), 1244-3 (délai de grâce), 1792-5 (contrat de services), 1831-5 (résiliation du contrat de promotion immobilière en cas de redressement judiciaire ou de liquidation des biens), 1843-5 (limitation de l'exercice de l'action sociale), etc…

[1375] Le droit des contrats de l'OHADA utilise la technique du réputé non écrit dans d'autres domaines que celui des contrats.

de l'analyser comparativement à la nullité du contrat et à la nullité de la clause[1376]. Une telle analyse permettra de déceler au mieux sa singularité.

469. En fait, si la clause nulle est une clause du contrat qui doit être anéantie parce que contraire à un ordre public de protection ou de direction, la clause réputée non écrite est une application de la fiction[1377] consistant à considérer pour non écrit ou inexistant ce qui est effectivement écrit[1378]. Il est question de considérer qu'au moment de la formation du contrat, la clause en cause n'y avait pas été insérée. En effet, une clause réputée non écrite est considérée comme nulle et non avenue *«par le seul effet de la loi»*[1379]. Ceci a fait dire à la troisième chambre civile de la Cour de cassation française, qu'une clause réputée non écrite n'existe pas parce qu'elle n'a jamais été rédigée[1380]. Ainsi, *«En écartant la nullité totale au profit d'une sanction propre au droit de la consommation, la Cour de cassation opte pour la solution la plus efficace au regard de l'objectif poursuivi, à savoir le rétablissement de l'équilibre du contrat»*[1381], et sans doute la sauvegarde des intérêts catégoriels en présence.

[1376]Sur la distinction entre la clause nulle et la clause réputé non écrite, voir F.-J PANSIER, «De la différence entre ''clause nulle'' et ''clause réputée non écrite''. *Cahiers sociaux*, 01 juin 2010 n°221, p.205, note sous Cass. soc., 8 avr. 2010, n°08-43056 M. X c/ Société Samse.

[1377]Sur la théorie des fictions en droit, voir notamment A.-M. LEROYER, *Les fictions juridiques*, th. Paris II, 1995, 2 vol., 619p. J. ISSA-SAYEGH, *Les fictions en droit privé*, 1968, 225p. D. COSTA, *Les fictions juridiques en droit administratif*, Paris, *LGDJ*, Bibliothèque de droit public, t.210, 2000, 614p ; G. WICKER, Les fictions juridiques: Contribution à l'analyse de l'acte juridique, Paris, *L.G.D.J.*, 1996, Bibl. dr. priv., t.253, 459p. ; Ch. BICQUET, «Les fictions juridiques», Communication dite lors de la conférence, placée sous l'égide de la Fondation pour le droit continental et du Centre légal de Corée, in http://www.hanyang.ac.kr/home_news/H5EAFA/0002/101/2013/30-1-11.pdf ; J.-L. BERGEL, «Le rôle des fictions dans le système juridique », *Revue de droit de McGill*, 1988 ; R. DEKKERS, La fiction juridique: étude de droit romain et de droit comparé, 1935, 251p. ; C. PERELMAN et P. FORIERS, Les *présomptions et les fictions en droit : études*, Bruxelles, *Bruylant*, 1974, 350p ; F. GENY, *Méthode d'interprétation et sources en droit privé positif : essai critique*, Paris, *L.G.D.J.* 1954 ; L. LECOCQ, *De la fiction comme procédé juridique*, th. Paris, 1914, 277p.

[1378]En ce sens, B. STARCK, H. ROLAND et L., *Introduction au droit*, 5è éd. *Litec*, 2000, 649p ; J. KULLMAN, «Remarques sur les clauses réputées non écrites», *D.*1993, chron., 59 ; V. COTTEREAU, «La clause réputée non écrite», *JCP*, 1993, I, n°3961, n°5.

[1379]Civ. 3e 1er avril 1987, n°85-15010.

[1380]Cass. civ. 3e, 9 mars 1988, D. 1989, note C. Atias ; *JCP* 1989, II, 21248, note G. Viney ; Cass. civ. 3e, 2 décembre 1987, Bull. civ., III, n°198, *D.* 1987, *IR.* 225.

[1381]P. CRAMIER, «Essai sur la protection du contractant professionnel, en marge du droit de la concurrence», *LPA*, 13/06/2000, n°117, P.4 (2e partie).

Il faut tout de même relever que cette conception de la Cour, bien qu'elle fasse allusion à l'existence, ne cadre pas forcément avec la théorie de l'inexistence. En vertu de celle-ci, un acte juridique auquel manque un élément essentiel est dépourvu d'existence et ne peut produire aucun effet, sans même qu'il soit besoin de faire établir sa nullité en justice. Pour certains auteurs, la théorie de l'inexistence suppose que l'acte n'a pas été formé car il n'y a pas eu accord de volontés[1382]. Il est alors certain que, dans la théorie de l'inexistence qui n'a pas été consacrée par le Code civil comme sanction de l'inobservation des règles de formation du contrat, il manque effectivement au contrat un élément essentiel. En revanche, la clause réputée non écrite est bel et bien écrite dans le contrat. Et, s'il n'est pas besoin de faire constater l'inexistence par le juge, la clause contractuelle ne peut être réputée non écrite que par le juge, en application d'un texte de loi précis. Comme le relève Rollande Sorelle KEUGONG WATCHO, *«la clause réputée non écrite est une technique parfaite pour le contrôle du contenu contractuel»*[1383].

470. En outre, si la clause nulle permet de maintenir le contrat sans la clause, la clause réputée non écrite contraint le juge à compléter systématiquement le contrat. Ce qu'il ne peut pas faire lorsque la clause annulable est d'une importance telle que sa suppression ne saurait justifier la survie du contrat. C'est M. SIMLER qui, dans sa thèse, a distingué trois techniques différentes réalisant la nullité partielle: la nullité d'une clause ou d'une partie d'un acte juridique, la réduction et la nullité de certains effets d'une clause sans modification apparentes de celles-ci[1384]. D'après lui, si dans la nullité d'une clause ou d'une partie d'un acte le juge ampute le contrat d'une de ses dispositions sans en proposer une autre, le recours à la nullité de certains effets du contrat, ou réputé non écrit, le contraint à en proposer une autre. Ainsi, en matière d'assurance responsabilité civile, est couramment réputée non écrite la clause qui subordonne la garantie à la formulation de réclamation de la victime avant la cessation du contrat[1385].

Dans l'arrêt Chronopost rendu le 22 octobre 1996, la Cour de cassation française avait - pour faire bénéficier le contrat au créancier – réputé non écrite une clause qui contrevenait pourtant à une obligation essentielle. Dans cette affaire, la chambre commerciale de ladite Cour a affirmé, sous le visa de l'article 1131 du Code civil qu'en tant que

[1382]En ce sens, voir B. FAGES, *Droit des obligations*, 2e éd., *L.G.D.J.* 2009, 651p. spéc. n°235 *in fine*, p.193 et s.

[1383]R.-S. WATCHO née KEUGONG NGUEKEN, *Le droit des contrats face à l'émergence du droit communautaire*, th. Université de Dschang, *EDIJUCAM*, 2009, 610p..

[1384]Ph. SIMLER, *La nullité partielle des actes juridiques*, *op. cit.*

[1385]Cass. civ. 1ère, 19 décembre 1990, *Bull. civ.*, I, n°303, RGAT 1991, p.155.

«spécialiste du transport rapide garantissant la fiabilité et la célérité de son service, la société Chronopost s'était engagée à livrer les plis de la société Banchereau dans un délai déterminé, et qu'en raison du manquement à cette obligation essentielle de livraison dans les temps la clause limitative de responsabilité, qui contredisait la portée de l'engagement pris, devait être réputée non écrite». Certains auteurs ont qualifié cette décision de *«peu orthodoxe»*[1386] puisque jusque-là, seules les clauses accessoires étaient réputées non écrites[1387], les clauses essentielles étant toujours sanctionnées de la nullité absolue. C'est reconnaître d'autre part que le recours à cette technique, dans le cadre de cette affaire, a permis au juge français d'assurer une meilleure protection des intérêts contractuels en présence, en faisant prévaloir la pérennité du lien contractuel à l'annulabilité du contrat tout entier[1388].

471. D'autres disciplines du droit n'ont pas échappé à cette expansion de la technique du réputé non écrit. En droit des sociétés commerciales de l'OHADA, le législateur a fait un grand bond en arrière. S'il a maintenu dans des situations très limitées la technique du réputé non écrit, dans plusieurs autres, il l'a malheureusement supprimé dans plusieurs hypothèses. C'est le domaine des clauses léonines qui est resté inchangé. Comme nous l'avons montré, l'article 54 de l'AUDSCGIE répute non écrites toutes les clauses léonines[1389]. Il s'agit en fait des clauses qui, soit privent un associé de tout droit aux profits de la société ou lui attribuent la totalité des profits, soit encore mettent à sa charge la totalité des pertes ou l'exonèrent de toute contribution au passif social. Par contre, l'article 125 selon lequel toute clause contraire à l'idée que tout associé ayant le droit de participer aux décisions collectives pour défendre ses intérêts ainsi que ceux de la société est réputée non écrite a été supprimé. Le recul du législateur s'observe également dans plusieurs dispositions, contraires à la démarche protectionniste qu'offre la technique du réputé non écrit. A été modifié par suppression l'article 871 alinéa 2 qui disposait que toute clause des statuts d'un groupement d'intérêt économique prévoyant que les droits des membres peuvent être représentés par des titres négociables est réputée non

[1386]P. CRAMIER, *op. cit.*

[1387]En ce sens, R.-S. WATCHO née KEUGONG NGUEKEN, *op. cit.*

[1388]A.-S. LAVEFVE LABORDERIE, *La pérennité contractuelle*, *op. cit.* ; E.-S. DARANKOUM, «La pérennité du lien contractuel dans la vente commerciale OHADA : Analyse et rédaction des clauses», *Penant* (2005), n°853, pp.500-518. Dce dernier envisage les remèdes juridiques qui permettent d'assurer la survie du contrat de vente. Au nombre de ces remèdes figurent l'octroi d'un délai supplémentaire, les mécanismes de suspension (exception d'inexécution et clause de force majeure) et de renégociation du contrat (le *Hardship*).

[1389]Cf. Chapitre 6 sur les fonctions plurielles du civisme contractuel, notamment le n°73s sur le renouvellement de la sanction des clauses léonines.

écrite. L'article 430 de l'AUDSCGIE qui réputait également non écrite toute clause statutaire qui attribuerait aux administrateurs à ce titre une rémunération, permanente ou non, autre que le salaire en cas de conclusion d'un contrat de travail, les indemnités de fonction, les rémunérations exceptionnelles pour les missions et mandats qui leurs sont confiés, les frais de voyage, déplacements et dépenses engagées dans l'intérêt de la société, a aussi malheureusement été supprimé lors de la révision de cet Acte le 30 janvier 2014. Il en est de même des articles 168, 500 et 742[1390]. Heureusement, le droit des sûretés de l'OHADA constitue encore le siège de plusieurs dispositions qui confirment l'extension de la technique du réputé non écrit. En l'occurrence, *«S'il y a eu cautionnement partiel, le créancier ne peut, pour le reliquat, être préféré à la caution qui a payé et agi en vertu de son recours personnel. Toute clause contraire est réputée non écrite»*[1391].

On retrouve la même démarche dans la sanction des violations des contrats de consommation. La quasi-totalité des clauses abusives, et particulièrement les clauses limitatives de responsabilité, sont réputées non écrites. Il ne s'agit plus simplement des clauses qui procurent au professionnel, en raison de sa puissance économique vis-à-vis du consommateur, un *«avantage excessif»*, mais, avec la directive européenne n°93-13 du 5 avril 1993 sur les clauses abusives, transposée en France par une loi du 1er février 1995, il s'agit des clauses qui ont pour objet ou pour effet de créer, au détriment du consommateur, un *«déséquilibre significatif entre les droits et obligations des parties au contrat»*[1392]. Bien que très

---

[1390]L'article 742 prévoyait qu'est réputée non écrite, toute clause des statuts ayant pour effet de subordonner l'exercice de l'action sociale à l'avis préalable ou à l'autorisation de l'assemblée générale, ou qui comporterait par avance renonciation à l'exercice de cette action.

[1391]Cf. AUDS révisé, art. 32. sont également réputées non écrites certaines règles en matière de cautionnement (19, 24, 25, 29, 32, 36), réserve de propriété (77), cession de créance (86), transfert fiduciaire de somme d'argent (91), gage (104, 105), nantissement de créance (135), etc…

[1392]Même s'il est avéré que le consommateur subira les affres du professionnel, le texte en lui-même parle de déséquilibre significatif entre les droits et obligations des parties au contrat, et non du consommateur. Selon la directive précitée, le consommateur est défini comme *«toute personne physique qui, dans les contrats relevant de la présente directive, agit à des fins qui n'entrent pas dans le cadre de son activité professionnelle»*. La CJCE a réaffirmé à de nombreuses occasions que la définition du consommateur s'appliquait exclusivement aux personnes physiques agissant en dehors de leur activité professionnelle (CJCE, 22 novembre 2001 Cape c/ Idealservice et Idealservice MNRE c/ OMAL). Le professionnel quant à lui est *«toute personne physique ou morale qui, dans les contrats relevant de la présente directive, agit dans le cadre de son activité professionnelle, qu'elle soit publique ou privée»*. Afin de mieux protéger le consommateur, la loi française de modernisation de l'économie, dite «Loi LME», du 4 août 2008, complétée par un décret en date du

mince, la ligne de démarcation entre l'avantage excessif et le déséquilibre significatif n'est tout de même qu'une question d'évidence. En outre, en application de la directive européenne du 25 juillet 1985, l'article 1386-15 du Code civil français répute non écrites les clauses du contrat qui visent à écarter ou à limiter la responsabilité du producteur du fait des produits défectueux[1393].

472. En marquant ainsi sa préférence pour la nullité de la clause contractuelle au détriment de la nullité du contrat, l'architecte juridique européen et de l'OHADA révèle sa ferme volonté de sauver le contrat plutôt que de le détruire. Ce remède enclin de douceur a des vertus prophylactiques indéniables. Comme l'observent en effet Mmes BUFFELAN-LANORE et LARRIBAU-TERNEYRE, *«La nullité sanctionne toujours un vice alors qu'en interdisant à l'avance telle ou telle clause, le législateur a pour but de protéger telle ou telle personne et de garantir l'équilibre contractuel aussi bien sur le plan économique que dans un but politique, moral, familial, ..., individuel ou collectif et ce, même si la clause ainsi interdite ne présente aucun vice. Il s'agit d'une notion nouvelle de l'ordre public réunissant des caractères de l'ordre public classique et de l'ordre public contemporain»*[1394].

L'analyse des hypothèses d'annulation du contrat ou de la clause contractuelle pour violation d'un intérêt général est donc l'occasion de montrer l'attachement de l'architecte européen et de l'OHADA au maintien du contrat, précisément lorsque ce maintien est encore possible. Cette préoccupation est également manifeste en cas de résolution du contrat pour inexécution, mauvaise exécution ou exécution tardive. Dans ce cas, l'architecte a pris le soin de rénover la résolution contractuelle afin de concilier les intérêts particuliers des contractants à l'intérêt général de la société.

---

18 mars 2009, a redéfini le régime des clauses abusives. A la définition suscitée, cette loi a ajouté la notion plus large de «non professionnel».

[1393]Toutefois, pour les dommages causés aux biens qui ne sont pas utilisés par la victime principalement pour son usage ou sa consommation privée, les clauses stipulées entre professionnels sont valables.

[1394]In *Droit civil. Les obligations*, *op. cit.*

SECTION II. LA RENOVATION DE LA RESOLUTION CONTRACTUELLE

473. La résolution du contrat est une sanction de son inexécution[1395]. Par ailleurs, rénover consiste à améliorer en donnant une forme nouvelle. Dire donc de la résolution contractuelle qu'elle a été rénovée en droit européen et de l'OHADA des contrats revient à montrer que cette institution y a subi des transformations dans le sens de son amélioration, et apparait désormais sous un visage nouveau. *«Manifestation du refus de la justice privée- nul ne doit se faire justice à soi-même»*[1396], la résolution du contrat dans le Code civil est essentiellement judiciaire. Cette mesure expressément posée à l'article 1184 du Code civil[1397] ainsi qu'à l'article 281 AUDCG révisé[1398] a été justifiée tant par le souci de faire obstacle aux résolutions arbitraires provoquées par la déclaration unilatérale d'un contractant que par la ferveur due à la force obligatoire des contrats. Hormis ces indéniables avantages, la résolution judiciaire du contrat apparait aujourd'hui comme une sanction grave et dangereuse. Grave, elle l'est parce qu'elle entraine implacablement l'anéantissement du contrat, même viable et protecteur des intérêts contractuels, à la seule condition de prouver la faute du débiteur[1399]. Dangereuse, la résolution du contrat l'est aussi pour plusieurs raisons : sa mise en œuvre peut engranger pour celui qui l'exerce des coûts certains ; ce dernier est scotché à la décision du juge, ce qui constitue à n'en point douter une entrave à la célérité minimale requise dans la vie des affaires ; elle peut en outre retarder de plusieurs mois voire des années une crise contractuelle aigue.

474. Les architectes européen et de l'OHADA n'ont pas supprimé cette sanction contractuelle, que l'inexécution soit essentielle[1400] ou par

---

[1395]Sauf si l'inexécution peut être justifiée par l'impossibilité matérielle d'exécuter. En ce sens, voir notamment l'article 8: 108 PDEC portant sur la force majeure.

[1396]F. TERRÉ, Ph. SIMLER et Y. LEQUETTE, *Droit civil. Les obligations*, 10e éd. *D.* 2009, 1542p, spéc. n°657, .667 s.

[1397]En effet, *«le contrat n'est point résolu de plein droit»* et sa résolution ne peut être demandée qu'en justice.

[1398]Il appartient en principe au juge de prononcer la résolution du contrat. En application de l'article 281 de cet Acte, *«Toute partie à un contrat de vente commerciale est fondée à en demander au juge compétent la rupture pour inexécution totale ou partielle des obligations de l'autre partie».*

[1399]Cass. soc., 25 septembre 2013, n°12-11832. Dans cette affaire, la Cour rappelle que seule la faute est de nature à justifier la résiliation judiciaire du contrat de travail aux torts de l'employeur.

[1400]Pour des applications de la résolution judiciaire en matière commerciale, voir les articles 156 (éviction partielle, charges non déclarées, vices cachés ou défaut de

anticipation[1401]. Mais, elle n'appelle pas de développements particuliers dans le cadre de notre étude. Au regard des inconvénients qu'elle présente, et surtout dans un souci de justice contractuelle, d'attractivité économique et d'efficacité du droit, l'architecte européen et de l'OHADA l'a déjudiciairisé. Il a en effet pris en considération ce qu'il est convenu d'appeler la résolution non judiciaire ou extrajudiciaire, sans que cela ne constitue une nouveauté[1402]. Cette forme de résolution contractuelle offre plusieurs variétés (§1), lesquelles n'enlèvent rien à l'uniformité de son régime (§2). C'est tout ceci qu'il convient dès lors de présenter.

§1. Une variété certaine des résolutions non judiciaires

475. La résolution judiciaire est celle qui est autorisée par une décision de justice. Elle est non judiciaire lorsqu'elle ne découle pas d'une décision de justice. Dans ce cas, elle peut provenir de la loi, de la convention des parties ou de la jurisprudence. La résolution conventionnelle étant laissée à la discrétion des contractants[1403], seule semble intéressante ici la résolution

---

conformité dans le cadre d'une cession de fonds de commerce), 167 (défaut de paiement à l'échéance au vendeur du prix de la cession d'un fonds de commerce). Les notifications tenant à cette cession de fond de commerce se font conformément à l'article 168 AUDCG révisé. L'importance du fonds de commerce sur les plans socio-économiques justifie probablement la nécessité de recourir au juge. En le maintenant, le législateur de l'OHADA a su faire la part des choses, en distinguant ce qui doit se faire rapidement de ce qui nécessite plus de temps de réflexion et de discussion. Pour une hypothèse de résolution judiciaire de la vente en pleine voies d'exécution, voir par exemple l'article 270 (3) et 271 AUPSRVE. En droit prospectif des contrats de l'OHADA par exemple, la résolution judiciaire vient *a posteriori*, et les autres formes de résolutions *a priori*.

[1401]Pour des applications de la résolution judiciaire anticipée en droit de l'OHADA, voir notamment l'article 200 de l'AUDSCGIE qui prévoit la possibilité pour la juridiction compétente de dissoudre par anticipation la société à la demande d'un associé pour justes motifs. Contrairement à la résolution ordinaire, la résolution par anticipation a pour effet de mettre la société en liquidation (art. 201).

[1402]En droit interne des Etats membres de l'OHADA, il existait déjà de nombreuses dérogations à la résolution judiciaire de droit commun. En effet, les parties à un contrat pouvaient prévoir qu'en cas de manquement aux obligations contractuelles, le contrat sera résolu de plein droit. Ces clauses sont valables (sauf interdiction légale) et leurs effets, désignés pactes commissoires, variables. En présence de telles clauses, le rôle du juge s'en trouve substantiellement amoindri à la vérification des conditions de la résolution. Dans certains cas, dans un souci de célérité et de simplification, la loi (C. civ., art. 1657) et la jurisprudence ont admis que le créancier de l'obligation inexécutée peut être libéré sans reCourir au juge. Pour plus de développements en ce sens, voir F. TERRÉ, Ph. SIMLER et Y. LEQUETTE, *Droit civil. Les obligations*, *op. cit.*

[1403]Avec le mécanisme des clauses résolutoires.

légale. La résolution non judiciaire présente donc de nombreuses constantes. Au-delà du fait qu'elle n'est pas judiciaire, la résolution non judiciaire est unilatérale puisqu'elle émane de la volonté d'un seul des contractants. En cela, elle diffère de la résolution amiable[1404] et de la résolution conventionnelle[1405]. Elle présente également de nombreuses variantes fondées sur les raisons de sa mise en œuvre. Ces variantes qu'il convient de présenter sont justifiées non seulement par l'inexécution constatée des obligations contractuelles, mais également par la menace d'une inexécution du contrat[1406]. L'idée de conciliation des intérêts en présence conduit les architectes européens et de l'OHADA à limiter la résolution non judiciaire à une inexécution essentielle d'une part (A.) et, d'autre part, àconsacrer la résolution non judiciaire anticipée (B.).

A. La limitation de la résolution non judiciaire à une inexécution essentielle

475. En présence d'une inexécution essentielle du contrat, l'un des contractants est fondé à le résoudre de manière unilatérale. Cela n'a pas toujours été ainsi. En effet, seules quelques dispositions isolées du droit commun ou du droit spécial permettaient aux contractants de résoudre le contrat sans avoir à recourir au juge. L'article 1657 du Code civil en l'occurrence dispose qu' *«En matière de vente de denrées et effets mobiliers, la résolution de la vente aura lieu de plein droit et sans sommation, au profit du vendeur, après l'expiration du terme convenu pour le retirement»*[1407]. Pour ce qui est de certains Etats membres de l'OHADA, l'article 13 alinéa 3 du code CIMA prévoit la faculté de résiliation non judiciaire du contrat d'assurance au profit de l'assureur en cas de non paiement de la prime par l'assuré. Par ailleurs, pour la mise en œuvre de la résolution non judiciaire du contrat, la règle fut d'abord de ne retenir celle-ci que dans les contrats à durée indéterminée[1408].

[1404]Ici, les contractants, maîtres du contrat, peuvent mutuellement décider de mettre un terme à leur contrat, sans forcément qu'il y ait une inexécution de la part de l'un d'entre eux. En effet, ce que les contractants ont fait, ils peuvent également le défaire.

[1405]Elle est le domaine par excellence des clauses résolutoires. Le contrat organise dans ses dispositions les conditions de sa disparition.

[1406]Au risque d'être descriptif, il ne convient pas simplement de présenter ces différentes variantes, encore faut-il montrer en quoi elles ajoutent à la résolution judiciaire. Son étude ici ne se justifie donc pas.

[1407]En droit français, v. les articles L. 113-3 du code des assurances, L.114-1 du code de la consommation.

[1408]En ce sens, voir Ph. DELEBECQUE, «L'anéantissement unilatéral du contrat», in *L'unilatéralisme et le droit des obligations*, *Economica*, 1999, .68, n°16.

Progressivement, la résolution non judiciaire a évolué. Elle a conquis du terrain, pris son envol et tend, sous l'impulsion du juge, à s'appliquer à des situations de plus en plus variées. Le juge national français, juge européen de droit commun, a en effet admis dans nombre d'arrêts devenus très courants que *«la gravité du comportement d'une partie à un contrat peut justifier que l'autre partie y mette fin de façon unilatérale à ses risques et périls»*[1409], peu importe que ce contrat soit à durée déterminée ou non[1410]. C'est le principe qui est aussi retenu par le législateur africain en matière de vente commerciale. D'après l'alinéa 2 de l'article 281 AUDCG révisé: *«La gravité du comportement d'une partie au contrat de vente commerciale peut justifier que l'autre partie y mette fin de façon unilatérale à ses risques et périls»*. Ce critère subjectif permet au juge d'apprécier le comportement de chacun des contractants. La jurisprudence postérieure va évoquer comme motif de résolution la *«gravité du manquement»*[1411]. L'AUDCG parlait également de *«manquement essentiel»*[1412]. Cette gravité peut donc découler d'un comportement *«particulièrement critiquable de la part d'une partie»*[1413], ou du manquement à une obligation essentielle.

476. Pour concilier la dimension morale aux impératifs économiques du contrat, l'architecte national, européen et de l'OHADA va admettre le droit de résolution non judiciaire du contrat, en le limitant à une inexécution essentielle. L'inexécution ne porte plus sur toute obligation contractuelle, comme le prévoit le droit interne de certains Etats comme la France ou le Cameroun, y compris les articles 249, 254 et s, 256 et s de l'AUDCG révisé. Il n'y a pas non plus lieu de distinguer selon que l'inexécution est certaine,

---

[1409] Cass. civ. 1ère, 20 février 2001, *D.*2001, .705, note Ch. Jamin, *RTD. civ.* 2001 .363, obs. J. Mestre et B. Fages. Adde Cass. civ. 1ère, 13 octobre 1998, n°96-21.485 ; *RTD Civ.* 1999, p.506, obs. J. Raynard ; Bull. civ., I, n°300, D.1999, Jur. .197, note Ch. Jamin ; Somm. .115, obs. Ph. Délebecque, Defrénois, 1999, .374, note D. Mazeaud ; Cass. civ. 1ère, 20 février 2001, .705, note E. Savaux.

[1410] En ce sens, voir Ch. JAMIN, «Les sanctions de l'inexécution du contrat : trois idéologie en concurrence», in L'unilatéralisme et le droit des obligations, *op. cit.*

[1411] Cass. civ. 1ère, 13 mars 2007, *JCP* 2007.I.161, n°2.

[1412] La CVIM parle de «contravention essentielle» (art. 49 et 25). L'article 7/1 APAUDC définit l'inexécution comme étant un *«tout manquement par une partie à l'une quelconque de ses obligations résultant du contrat, y compris l'exécution défectueuse ou tardive»*. L'article 248 de l'AUDCG, supprimé après la révision de 2010, donnait une définition générale du manquement essentiel. En vertu de ce texte, *«Un manquement au contrat de vente commis par l'une des parties est considéré comme essentiel lorsqu'il cause à l'autre partie un préjudice tel qu'il la prive substantiellement de ce qu'elle était en droit d'attendre du contrat, à moins que ce manquement n'ait été causé par le fait d'un tiers ou la survenance d'un événement de force majeure»*.

[1413] R. CABRILLAC, *Droit européen comparé des contrats*, *op. cit.*, p.176.

défectueuse ou tardive ; il suffit qu'elle porte sur une obligation essentielle. Le législateur européen et celui de l'OHADA ont pris le soin de définir de manière stricte ce qu'il faut entendre par inexécution essentielle.

477. En l'état actuel du droit positif européen, aucune directive, règlement ou autre texte ne prévoit la résolution non judiciaire du contrat comme sanction de l'inexécution d'une obligation essentielle, solution pourtant en progressive extension dans la grande majorité des droits des Etats membres[1414]. Au départ en effet, le juge français n'a pas fait de la résolution non judiciaire un principe général[1415]. Récemment en revanche, il a décidé que cette sanction constitue un principe général faisant échec aux clauses contractuelles qui tendent à le limiter[1416].

478. Dans son droit prospectif, le législateur européen a expressément accueilli cette sanction en prévoyant que, si l'inexécution dont s'agit est essentielle, le contrat peut être unilatéralement résolu sans que l'office du juge soit requis. Aux termes de l'article 9: 301 (1) des PDEC en effet: *«Une partie peut résoudre le contrat s'il y a inexécution essentielle de la part du cocontractant»*[1417]. En outre, l'article 114 de la proposition de règlement relatif à la vente prévoit, au profit de l'acheteur que: *«L'acheteur peut résoudre le contrat au sens de l'article 8 si l'inexécution contractuelle par le vendeur est essentielle au sens de l'article 87, paragraphe 2».*

479. Par ailleurs, le droit positif de l'OHADA, qui pourtant a maintenu le principe de la résolution judiciaire des contrats, n'est pas hostile à la résolution non judiciaire du contrat. L'article 281 alinéa 2 de l'AUDCG révisé prévoit de manière exceptionnelle que *«La gravité du comportement d'une partie au contrat de vente commerciale peut justifier que l'autre partie y mette fin de façon unilatérale à ses risques et périls»,* même si *«La gravité*

[1414]La résolution non judiciaire pour inexécution d'une obligation essentielle est admise sans contrôle du juge en droit anglais ; mais sous contrôle du juge dans d'autres droits comme les droits allemand, belge, bulgare, français, italien, roumain.
[1415]Ch. JAMIN, «L'émergence contestée d'un principe de résolution unilatérale du contrat», note sous Nancy, 2e ch. Com., 20 nov. 2000, *J.C.P.*, éd. *G.* 2002, II, n°10113, p.1353.
[1416]Cass. com., 10 février 2009, *RTD civ.* 2009.319, obs. B. Fages. Dans cette affaire, le contrat prévoyait que la résiliation ne pouvait intervenir qu'après trois lettres recommandées motivées. Malgré cela, le contrat a néanmoins été valablement résilié sans que cette procédure soit respectée.
[1417]La Directive 2013/11/UE du 21 mai 2013 relative au règlement extrajudiciaire des litiges de consommation, modifiant le règlement (CE) n°2006/2004 et la directive 2009/22/CE tentent plutôt de trouver des moyens non judiciaire de résolution des litiges inhérents aux contrats de consommation.

du motif de rupture est appréciée par le juge compétent à la demande de la partie la plus diligente».

S'agissant du droit prospectif de l'OHADA, l'APAUDC reconnait la résolution pour inexécution essentielle et en donne une définition stricte. D'après l'article 7/13 dudit Acte : *«1) Une partie peut résoudre le contrat s'il y a inexécution essentielle de la part de l'autre partie. 2) Pour déterminer ce qui constitue une inexécution essentielle, on prend notamment en considération les circonstances suivantes: a) l'inexécution prive substantiellement le créancier de ce qu'il était en droit d'attendre du contrat, à moins que le débiteur n'ait pas prévu ou n'ait pu raisonnablement prévoir ce résultat; b) la stricte exécution de l'obligation est de l'essence du contrat; c) l'inexécution est intentionnelle ou téméraire; d) l'inexécution donne à croire au créancier qu'il ne peut plus compter dans l'avenir sur l'exécution du contrat; e) le débiteur subirait, en cas de résolution, une perte excessive résultant de la préparation ou de l'exécution du contrat. 3) En cas de retard, le créancier peut également résoudre le contrat si le débiteur n'exécute pas dans le délai visé à l'article 7/5».*

Ce texte maintient la notion de privation substantielle et d'attentes légitimes de l'article 248 de l'AUDCG. Ces notions mettent en exergue la gravité des effets que produit l'inexécution. Ainsi, celle-ci est essentielle lorsqu'elle fait subir au créancier de l'obligation inexécutée un préjudice qui lui fait perdre tout intérêt au contrat et aux contractants[1418]. Pour justifier ladite résolution, le préjudice subi doit être particulièrement grave. En effet, sauf conséquences graves[1419], un retard dans l'exécution ne saurait justifier la résolution du contrat pour inexécution essentielle[1420]. Il est alors certain que le recours à ces notions participe d'une nécessaire conciliation des intérêts contractuels. Même pour résoudre unilatéralement le contrat, le créancier doit aussi tenir compte des intérêts de son cocontractant et ceux du contrat. L'on rejoint en quelque sorte le plaidoyer fait par M. MAZEAUD pour un *«altruisme contractuel, respectueux des intérêts particuliers mais sensible à l'intérêt collectif des contractants et aux difficultés qui peuvent frapper chacun»*[1421].

D'après ce texte également, l'exécution du contrat constitue un élément essentiel. En effet, l'inexécution est essentielle si «*la stricte*

[1418]Cf. E. NSIE, «La sanction de l'inexécution des obligations des parties dans la vente commerciale OHADA», *Penant* n° 850, Janvier-Mars 2005, p.96 et s, spéc. .120, Ohadata D-10-58.

[1419]Cass. civ., 30 novembre 1949, *Gaz. Pal.* 1950, 1, .38, *RTD. civ.* 1950, .183, n°2, obs. H. et L. Mazeaud ; Cass. civ. 3e, 17 décembre 1974, *Bull. civ.*, III, n°468, .363.

[1420]Cass. civ., 1er décembre 1908, *D.P.* 1909, I, .420. Adde Cass. civ. 27 novembre 1950, *Bull. civ.*, I, n°237, .182 ; Cass. Civ., 24 février 1970, *Bull. civ.*, I, .54, n°67.

[1421]D. MAZEAUD, «Loyauté, solidarité, fraternité : la nouvelle devise contractuelle», *op. cit.*, .609.

exécution de l'obligation est de l'essence du contrat». L'inexécution essentielle est ainsi acquise lorsque les contractants n'honorent pas aux promesses auxquelles elles ont souscrites. Et le fait de rechercher le maintien du contrat tant que cela reste encore possible concourt à la conciliation des aspects moraux et économiques dont la prise en compte est nécessaire pour assurer une meilleure articulation des intérêts catégoriels en présence.

Les contractants ayant fait de l'exécution du contrat une valeur cardinale, l'on arrive à constater que le civisme contractuel n'est point aux antipodes ni de la liberté contractuelle, ni de la force obligatoire des conventions. Les contractants sont tenus de respecter leur volonté, tant que cela reste possible. Dès lors que l'inexécution de l'obligation est avérée, le créancier de l'inexécution est en droit de résoudre unilatéralement le contrat sans recourir au juge. Ceci lui permet d'assurer la sauvegarde de leurs intérêts respectifs en évitant d'augmenter soit la valeur du préjudice subi, soit les dommages et intérêts qui lui sont dus par le débiteur de l'obligation d'exécuter.

Enfin, ce texte considère comme essentielle une inexécution intentionnelle et téméraire. L'inexécution est intentionnelle lorsqu'elle dénote une intention malveillante de l'un des contractants. Elle est téméraire lorsqu'elle est faite avec audace et irréflexion, et entraine de ce fait des risques pour la réussite de l'opération contractuelle. A travers cette disposition, le législateur entend moraliser davantage les contrats en sanctionnant l'attitude déloyale du contractant. Comme pour la précédente hypothèse, il n'est pas essentiel que l'inexécution porte sur une obligation principale ou secondaire, il suffit que le contractant manifeste sa volonté de ne pas exécuter le contrat.

480. Cette solution n'est pas toujours évidente puisqu'elle suppose de la part du créancier de l'obligation essentielle inexécutée une maîtrise certaine des conditions requises pour sa mise en œuvre. Ce qui n'est pas toujours acquit. En cas de contestation, il reviendra alors au juge de déterminer en quoi le comportement du cocontractant ou le manquement contractuel a été suffisamment grave pour justifier la résolution non judiciaire du contrat pour inexécution essentielle. Ce contrôle *a posteriori* du juge permet de vérifier la régularité de la résolution[1422]. Toutes choses qui mettent en exergue le bienfondé de cette sanction. Rémy CABRILLAC

[1422]Il doit s'assurer que toutes les conditions, de fond comme de forme, sont réunies. Dans l'affirmative, le juge doit prononcer la résolution du contrat. A la différence de la résolution judiciaire qui prend effet au jour du prononcé de la décision de résolution, la résolution non judiciaire pour inexécution du contrat ne prend effet qu'au jour de sa notification. Si la résolution sollicitée est déclarée non fondée par le juge, le contrat restera valable ou le créancier devra payer des dommages et intérêts à son cocontractant.

résume les multiples avantages de la résolution non judiciaire en termes simples. Selon lui: *«Elle permet d'abord de satisfaire les impératifs de rapidité et de flexibilité du monde des affaires, contrariés par la lourdeur d'une rupture judiciaire. La pratique témoigne d'ailleurs de la grande importance pratique de cette résolution extrajudiciaire: tous les jours, des agents économiques mettent un terme à une relation contractuelle sans passer devant un juge, le cocontractant ne se plaignant généralement pas car il se sait en tort. La résolution unilatérale extrajudiciaire constitue en outre une solution plus équitable : il serait injuste d'imposer au créancier, déjà victime de l'inexécution, une intervention judiciaire. Admettre une résolution permet enfin, d'un point de vue générale, de désengorger les tribunaux»*[1423]. Ces faveurs ne se limitent pas à l'inexécution essentielle ; elles sont également perceptibles lorsque l'un des contractants entend résoudre unilatéralement le contrat de manière anticipée.

B. La consécration de la résolution non judiciaire du contrat par anticipation

481. Que se passe-t-il lorsque le cocontractant n'est pas encore en défaut d'exécution, mais que l'on craint qu'il le devienne ? Peut-il résoudre unilatéralement le contrat ? La réponse à cette question est en principe négative, comme contraire aux articles 1184[1424] et 1186[1425] du Code civil. Quelles que soient les craintes qui peuvent peser sur la solvabilité du cocontractant, celui-ci ne commet aucune faute en ne la payant pas tant que la créance n'est pas échue[1426]. Quelques bémols peuvent néanmoins être apportés à ces textes. En cas de faillite du débiteur par exemple, ce dernier perd le bénéfice du terme qui lui avait été accordé[1427]. Pour éviter d'avoir à s'exécuter alors qu'il nourrit des craintes quant à l'exécution corrélative par

---

[1423]In *Droit européen comparé des contrats, op. cit.*, n°258, .174 s.

[1424]Cette disposition prévoit que : *«La condition résolutoire est toujours sous-entendue dans les contrats synallagmatiques, pour le cas où l'une des deux parties ne satisfera point à son engagement. Dans ce cas, le contrat n'est point résolu de plein droit. La partie envers laquelle l'engagement n'a point été exécuté, a le choix ou de forcer l'autre à l'exécution de la convention lorsqu'elle est possible, ou d'en demander la résolution avec dommages et intérêts. La résolution doit être demandée en justice, et il peut être accordé au défendeur un délai selon les circonstances».*

[1425]Ce texte énonce que: *«Ce qui n'est dû qu'à terme, ne peut être exigé avant l'échéance du terme ; mais ce qui a été payé d'avance ne peut être répété».*

[1426]Dans ce cas, l'exception d'inexécution ne peut être valablement invoquée.

[1427]Cf. C. civ., art. 1188. Le débiteur failli doit alors payer comptant. A défaut, il y aura inexécution effective, et non plus seulement la crainte d'une inexécution, et le créancier de l'obligation pourra invoquer les mécanismes de résolution du contrat tels 'exception d'inexécution ou la résolution du contrat.

son cocontractant, le créancier pourrait invoquer le principe général d'exécution de bonne foi des conventions, la règle de l'exception d'inexécution, même par anticipation, la clause résolutoire *ad hoc* insérée dans le contrat ou dans les conditions générales, laquelle clause déterminera les circonstances pouvant entrainer la résolution anticipée du contrat[1428]. En pareilles circonstances, est-il alors possible d'invoquer la résolution du contrat, à titre préventif ? L'admission de la résolution non judiciaire pour inexécution essentielle ne s'est pas faite d'un trait de plume. Il a fallu du temps et il en faut encore pour son enracinement. Quid de la résolution non judiciaire par anticipation ?

482. La résolution non judiciaire par anticipation est celle qui permet à l'un des contractants de résoudre le contrat, avant même l'inexécution, lorsque l'autre contractant déclare qu'il n'exécutera pas le contrat ou lorsqu'il apparaît certain, au vu de ses agissements, qu'il n'exécutera pas à la date prévue. Ainsi, un contrat peut être rompu par anticipation par l'un des contractants pour des raisons subjectives telles la mauvaise foi manifeste du débiteur, ou pour des raisons purement objectives telles le changement de contrôle, la nouvelle stratégie commerciale, les difficultés financières du cocontractant. Contrairement aux dispositions du Code civil[1429] qui n'ont admis cette mesure qu'après de nombreuses hésitations, le droit européen et de l'OHADA a introduit sans ambages la notion de la rupture prématurée sur l'initiative de l'un des contractants (ou résolution par anticipation)[1430], mais

[1428]L'on citera notamment: le risque d'insolvabilité, les manquements anticipés secondaires ou essentiels, les sanctions envisageables (l'exception d'inexécution anticipée, la résolution anticipée, etc…), les palliatifs éventuels tels que la possibilité ou non pour le créancier d'exiger des garanties suffisantes précises. Par ailleurs, les clauses de résolution par anticipation semblent plus importantes dans des contrats à durée déterminée que dans des contrats à durée indéterminée. Dans ce dernier cas en effet, la rupture est toujours autorisée moyennant un préavis raisonnable tandis que dans le premier, la clause peut prévoir un délai de préavis plus Court dans certains cas considérés comme particulièrement importants par les contractants. Les clauses de rupture anticipée offrent la possibilité d'échapper à des procédures longues et coûteuses, de diminuer ses garanties, à la condition toutefois qu'elles soient rédigées d'une manière particulièrement claire et précise. L'avantage majeur d'une clause de résiliation unilatérale par rapport à une clause résolutoire est qu'elle permet aux parties de prévoir n'importe quelle raison pouvant conduire à la résiliation du contrat. Toutefois, en cas de conflit, les juridictions évalueront le caractère raisonnable de la durée du préavis, alors qu'un tel préavis n'est pas obligatoire dans la clause résolutoire.

[1429]Cf. C. civ., art. 1184 et s.

[1430]La résolution par anticipation peut être judiciaire. En effet, une action en résolution peut être admise avant l'inexécution si les conditions de la résolution sont remplies. Voir en l'occurrence l'article 246 AUDCG.

non sans nuance. En effet, dans certains cas, le législateur l'a admis sans contrôle ; dans d'autres, il ne l'a admis qu'à la condition d'un contrôle *a posteriori* du juge.

483. En droit de l'OHADA, l'article 246 de l'AUDCG qui traite de la vente disposait que: *«Si, avant la date de l'exécution du contrat, il est manifeste qu'une partie commettra un manquement essentiel à ses obligations, l'autre partie peut demander à la juridiction compétente la résolution de ce contrat».* A ce sujet, Paul Gérard POUGOUÉ reconnait que *«Si la résolution du contrat de vente organisée en droit OHADA est une sanction judiciaire, sa particularité tient en ce qu'elle peut être demandée de manière anticipée, de façon préventive. On est très éloigné des articles 1184 et suivants du code civil qui supposaient que l'inexécution soit définitivement acquise»*[1431]. Ce qui a l'avantage de faire du droit de l'OHADA *«un droit d'avant-garde»*[1432], *« une réalité plus belle que le rêve »*[1433].

Ce texte qui a consacré la résolution judiciaire par anticipation n'a malheureusement pas été repris lors de la réforme de 2010. La résolution non judiciaire par anticipation n'a pas non plus été consacrée. L'on se doute bien que ce mécanisme n'ait pas reçu un écho favorable auprès du législateur de l'OHADA, sans que le juge national ou régional n'ait eu à se prononcer sur la question, et alors pourtant qu'il a déjà fait ses preuves dans d'autres systèmes. Mais, ce n'est peut être que partie remise car, la résolution non judiciaire par anticipation est admise en droit prospectif de l'OHADA. D'après l'article 7/15 de l'APAUDC en effet : *«Une partie est fondée à résoudre le contrat si, avant l'échéance, il est manifeste qu'il y aura inexécution essentielle de la part de l'autre partie».*

Le rejet de la résolution judiciaire anticipée dans l'AUDCG révisé, et l'admission de la résolution non judiciaire anticipée dans l'APAUDC, texte qui se veut le droit commun des contrats de l'OHADA, révèle sans doute la volonté du législateur de ne pas limiter cette faculté aux seuls contrats de vente, mais de l'étendre, comme le sous-entend le principe du civisme contractuel, à tous les contrats de droit privé. Il s'agit également d'une volonté d'articulation des dispositions de l'AUDCG révisé aux autres textes en matière contractuelle. Ce qui n'est pas négligeable, mais souhaitable.

[1431]P.-G. POUGOUÉ, «Présentation générale du système OHADA», in A. AKAM AKAM (*dir.*), *Les mutations juridiques dans le système OHADA*, *L'Harmattan*, 2009, 262p., spéc. n°5, .11 et s.
[1432]*Ibid.*
[1433]H.-D. MODI KOKO BEBEY, « L'OHADA, une réalité plus belle que le rêve », *op. cit.*

484. Le droit européen a également consacré la résolution non judiciaire par anticipation. Sur le fondement des articles 42 du traité CECA, 181 du traité CEE et 153 du traité CEEA, la CJCE a rendu une décision qui portait sur le droit et le montant de l'indemnité dû à raison de la résiliation unilatérale anticipée du contrat d'entreprise[1434]. L'article 9 :304 PDEC prévoit que *«Si avant la date à laquelle une partie doit exécuter, il est manifeste qu'il y aura inexécution essentielle de sa part, le cocontractant est fondé à résoudre le contrat»*[1435]. Dans le prolongement de cette disposition, la proposition de règlement relatif à la vente admet la résolution non judiciaire par anticipation tant au profit de l'acheteur (art. 116) qu'au bénéfice du vendeur (art. 136).

Dans tous les cas, la mise en œuvre de la résolution anticipée suppose que la demande du créancier de l'obligation en vue d'obtenir les assurances de bonne exécution est restée sans aucun effet. Selon l'article 8:105 PDEC : *«(1) La partie qui croit raisonnablement qu'il y aura inexécution essentielle de la part du co-contractant peut exiger de lui des assurances suffisantes d'exécution correcte et dans l'intervalle suspendre l'exécution de ses propres obligations aussi longtemps qu'elle peut raisonnablement persister dans sa croyance. (2) Lorsque ces assurances ne sont pas fournies dans un délai raisonnable, la partie qui les a exigées est fondée à résoudre le contrat si elle peut toujours croire raisonnablement qu'il y aura inexécution essentielle du co-contractant, à condition de notifier sans délai la résolution»*[1436]. La demande d'assurances suffisante et la suspension de l'exécution participent inéluctablement de la recherche de maintien du contrat, mais surtout de la protection des intérêts catégoriels en présence.

485. Comme la résolution pour inexécution essentielle, la résolution non judiciaire par anticipation peut présenter de nombreux dangers. Elle peut notamment permettre au créancier de l'obligation de sortir d'un contrat, précisément à exécution successive, lorsque le débiteur se trouve dans une situation indélicate sur le plan financier. C'est ce qui explique qu'elle n'ait jamais été admise dans certains Etats européens ou de l'OHADA. C'est le cas de la France et du Cameroun[1437]. En droit européen, le contrat médical

---

[1434]CJCE, aff. C-42/94, Arrêt de la Cour (3ème ch.) du 1er juin 1995, Heidemij Advies BV c/ Parlement européen.

[1435]Voir également art. 72 CVIM ; P. UNIDROIT, art. 7.3.3.

[1436]Dans le même sens, voir l'article 7/16 APAUDC.

[1437]Pourtant, le droit anglais l'admet sous le nom d' *«anticipatory breach of the contract».* Cette théorie y a été introduite dans le cadre de l'affaire *Hochster v. De la Tour* (1853), 2, E & B, 678. Le droit allemand n'a admis cette résiliation anticipée qu'à l'occasion de la réforme du Code civil entreprise en 2002. En ce sens, voir notamment le § 323 (4) BGB. En vertu de ce texte, *«le créancier peut résoudre le*

constitue une plateforme idéale présentant les dangers d'une telle institution. Dans sa résolution 1859, intitulée «*Protéger les droits humains et la dignité de la personne en tenant compte des souhaits précédemment exprimés par les patients* », l'Assemblée parlementaire du Conseil de l'Europe (APCE) a tenu à rappeler la primauté de certains droits, éventuellement civiques, sur les intérêts individuels et personnels des patients à travers l'interdiction absolue de l'euthanasie[1438].

En dépit de ces appréhensions réelles, la résolution non judiciaire par anticipation présente en réalité une foultitude d'avantages qui vont dans le sens, non seulement de la préservation des intérêts contractuels, mais également dans celui de leur nécessaire conciliation. Selon Rémy CABRILLAC, «*Elle permet de trouver plus facilement et plus rapidement des solutions de remplacement. Elle permet également au débiteur d'éviter l'aggravation du préjudice et de limiter les dommages et intérêts dus au créancier*»[1439]. En consacrant la résolution non judiciaire, pour inexécution ou par anticipation, l'architecte européen et de l'OHADA facilite la conciliation des intérêts contractuels en favorisant la disparition d'un contrat qui n'est plus digne d'intérêt pour les contractants. Cette variété de mesures ne doit pas pour autant masquer l'uniformité du régime des résolutions non judiciaires.

§2. L'uniformité du régime des résolutions non judiciaires

486. Les hypothèses de résolution non judiciaire sont certes variées, mais leur régime est uniforme. Il peut tenir aux modalités de sa mise en œuvre et aux conséquences induites de son effectivité. Comme la résolution judiciaire, la résolution non judiciaire du contrat pour inexécution essentielle ou anticipée n'opère que si elle est mise en œuvre par le contractant victime de l'inexécution. L'architecte européen et de l'OHADA a procédé à la simplification des modalités de mise en œuvre de la résolution du contrat tout en élaborant des règles appropriées à la conciliation des intérêts contractuels. Il a ainsi posé l'exigence d'une notification préalable et prompte de la volonté de résoudre unilatéralement le contrat (A.). Lorsqu'elle est admise, contrairement au droit commun de la résolution, la résolution non judiciaire du contrat ne produit pas d'effets rétroactifs,

---

contrat avant même l'échéance de la prestation, s'il est évident que les conditions de la résolution sont remplies».

[1438]Elle a notamment rappelé que « *l'euthanasie, dans le sens de l'usage de procédés par action ou par omission permettant de provoquer intentionnellement la mort d'une personne dépendante dans l'intérêt allégué de celle-ci doit toujours être interdite*».

[1439]R. CABRILLAC, *op. cit.*, n°254, .173 et s.

l'architecte européen et de l'OHADA ayant marqué sa réticence quant à la rétroactivité de ce mécanisme (B.).

A. L'exigence d'une notification préalable et prompte

487. La résolution non judiciaire est nécessaire pour le contractant qui souhaite sortir d'un contrat ne présentant plus d'utilité pour lui. Comme la résolution judiciaire, elle permet au créancier de l'inexécution de mettre unilatéralement et à tout moment un terme au contrat. Ce qui n'est pas forcément sans conséquences néfastes. Le contractant peut - au grand dam de l'adage *nemo auditur proprio turpitudinem allegans*[1440] - abuser de cette prérogative en mettant un terme à un contrat qu'il a rendu inutile. Au débiteur, cette mesure permet de prendre le temps nécessaire à l'exécution de ses obligations, ou encore les mesures nécessaires pour éviter que l'inexécution ne survienne. Elle n'est pas qu'intéressante pour les contractants, elle l'est également pour la société. D'un point de vue général, la résolution non judiciaire permet de désengorger les tribunaux[1441], de faciliter la célérité de la justice contractuelle et celle des affaires. L'efficacité de cette mesure passe nécessairement par la conciliation des intérêts particuliers des contractants à l'intérêt général de la société. Pour ce faire, le législateur européen et de l'OHADA a encadré de manière stricte l'exigence de la notification de la résolution.

488. Que ce soit en raison de la menace d'inexécution ou de l'inexécution essentielle consommée des obligations contractuelles, la résolution non judiciaire s'opère par notification[1442]. En droit de l'OHADA, l'article 7/14 (1) de l'APAUDC qui le prévoit fixe aussi son régime. En vertu de cette disposition: *«La résolution du contrat s'opère par notification au débiteur».* Comme pour l'annulation[1443], la notification de la résolution est l'opération par laquelle la volonté du créancier de résoudre le contrat est

[1440]C'est-à-dire *nul ne peut se prévaloir de sa propre turpitude.*

[1441]M. FONTAINE, *Note explicative de l'APAUDC*, p.253.

[1442]Aux termes de l'article 1/9 de l'APAUDC : *«1) Une notification, lorsqu'elle est requise, peut se faire par tout moyen approprié aux circonstances. 2) Elle prend effet au moment où elle parvient au destinataire. 3) Aux fins du paragraphe précédent, une notification parvient à son destinataire lorsqu'elle lui est faite verbalement ou est délivrée à son domicile ou à son établissement. 4) Aux fins du présent article, le terme "notification" s'applique aussi à une déclaration, demande, requête ou autre communication d'intention».*

[1443]En ce sens, APAUDC, art. 3/16 et s. en droit européen, voir notamment l'article 4: 112 et s des PDEC.

portée à la connaissance du débiteur[1444]. Dans le souci de concilier les intérêts catégoriels en présence, il ne suffit pas que le créancier notifie sa volonté de rompre au débiteur, il faut encore que cette volonté parvienne à ce dernier à temps et d'une certaine manière. Pour en avoir une meilleure intelligence, il convient de la distinguer des notions qui lui sont voisines telles le délai supplémentaire d'exécution, le préavis et la mise en demeure.

489. Le créancier peut accorder à son débiteur un délai supplémentaire d'exécution[1445]. L'article 7/5 de l'APAUDC qui le prévoit en fixe également le régime. D'après ce texte: *«1) En cas d'inexécution, le créancier peut notifier au débiteur qu'il lui impartit un délai supplémentaire pour l'exécution de ses obligations. 2) Avant l'expiration de ce délai, le créancier peut suspendre l'exécution de ses obligations corrélatives et demander des dommages-intérêts mais il ne peut se prévaloir d'aucun autre moyen. Le créancier peut, néanmoins, se prévaloir de tout autre moyen prévu au présent Chapitre lorsque le débiteur lui fait parvenir une notification l'informant qu'il ne s'acquittera pas de ses obligations dans le délai imparti ou lorsque, pendant ce délai supplémentaire, l'exécution correcte n'est pas intervenue. 3) Le créancier qui, dans sa notification, a imparti un délai supplémentaire d'une durée raisonnable peut, si le retard dans l'exécution ne constitue pas une inexécution essentielle, mettre fin au contrat à l'expiration de ce délai. Un délai supplémentaire d'une durée déraisonnable est porté à une durée raisonnable. Le créancier peut, dans sa notification, stipuler que l'inexécution des obligations dans le délai imparti mettra fin de plein droit au contrat. 4)Le paragraphe précédent ne s'applique pas lorsque l'inexécution est d'importance minime par rapport à l'ensemble des obligations du débiteur»*[1446].

En réalité, la notification de la résolution ne rime pas avec le délai supplémentaire d'exécution. Si ce dernier est facultatif, la première est obligatoire. Par ailleurs, le contrat prend fin avec la notification tandis que le délai supplémentaire est un moyen censé permettre au débiteur d'exécuter ses obligations au-delà du temps qui lui avait initialement été accordé. Mais, la non exécution des obligations contractuelles par le débiteur à l'issue de ce délai supplémentaire peut ouvrir au profit du créancier un droit de rupture

[1444]Elle peut être effectué par un huissier de justice (on parle alors de signification), ou par la voie postale. La voie postale n'est utilisée que lorsqu'elle est autorisée par un texte, les contractants restant libres de lui préférer une signification. Parois, il est recommandé de le faire par lettre recommandée ou par lettre simple. En ce sens également, voir l'article 1: 303 PDEC.

[1445]Le délai supplémentaire ne doit pas être confondu avec le délai de grâce. Ce dernier est accordé par le juge, alors que le premier l'est par le créancier.

[1446]En ce sens, voir également l'article 9: 303 et s PDEC.

unilatérale du contrat[1447]. En effet, dans la notification du délai d'exécution supplémentaire adressée par le créancier au débiteur, lequel constitue un avertissement pour ce dernier d'avoir à s'exécuter, le créancier peut mentionner que le non respect du délai nouvellement fixé emportera résolution du contrat. Dans ce cas, le débiteur ne peut exiger que l'exécution soit une fois de plus prorogée. Le créancier aura quant à lui droit aux intérêts dès l'échéance du terme[1448].

490. Le créancier a également l'obligation ou la faculté, selon le cas, de donner un préavis au débiteur[1449]. Ce mécanisme revêt plus d'importance dans les contrats à exécution successive que dans les contrats à exécution instantanée[1450]. Le droit positif et prospectif européen et de l'OHADA ont planché sur la question, certes avec quelques nuances. En matière de bail commercial par exemple, l'article 125 alinéa 1 de l'AUDCG révisé fait de la notification de la résolution une obligation. Cette disposition prévoit notamment que, *«Dans le cas d'un bail à durée indéterminée, toute partie qui entend le résilier doit donner congé par signification d'huissier de justice ou notification par tout moyen permettant d'établir la réception effective par le destinataire au moins six mois à l'avance».* En matière de vente commerciale de l'OHADA en revanche, la résolution - à raison de la gravité du comportement de l'un des contractants - est une faculté. L'alinéa 3 de l'article 281 de l'AUDCG révisé quei le prévoitdispose UE » *«Quelle que soit la gravité du comportement, la partie qui l'invoque peut être tenue de respecter un préavis avant de notifier à l'autre partie sa décision unilatérale. Faute de préavis suffisant, l'auteur de la rupture engage sa responsabilité même si la juridiction admet le bien-fondé de la rupture».* Lorsqu'il est conclu pour une durée indéterminée, la résiliation du contrat d'agence commerciale est possible et suppose l'observation d'un délai de

---

[1447] C'est ce qui ressort de l'article 1/9 (3) de l'APAUDC. D'après ce texte: *«En cas de retard, le créancier peut également résoudre le contrat si le débiteur n'exécute pas dans le délai visé à l'article 7/5».* La résolution du contrat peut s'opérer automatiquement lorsque les contrats ont prévu que le contrat sera résolu à l'issue de cette période supplémentaire.

[1448] APAUDC, art. 7/27 (1) de l'APAUDC.

[1449] d'un délai d'attente légal ou d'usage qui doit être observé entre le moment où une personne est informée d'une mesure qui la concerne et la date à laquelle cette mesure s'appliquera effectivement.

[1450] Ici, les obligations qui naissent du contrat ne s'échelonnent pas dans le temps. Ils épuisent instantanément leurs effets. Là bas en revanche, les obligations sont échelonnées dans une période de temps bien précise. La résolution du contrat entrainant en principe la disparition rétroactive du contrat, il devient difficile dans un contrat successif, tel le bail ou le travail qui a déjà produit ses effets, de restituer la prestation.

préavis raisonnable. L'on pourrait donc calquer le régime de la résolution non judiciaire à celui de la résolution judiciaire des articles 125 alinéa 1 et 281 de l'AUDCG révisé. Par ailleurs, pour tous ces contrats, l'article 5/8 de l'APAUDC est encore plus précis. Mais, contrairement au contrat de bail, et en harmonie avec le contrat de vente, ce texte fait du préavis une obligation puisqu'il retient que *«Chacune des parties peut résilier un contrat à durée indéterminée en notifiant un préavis d'une durée raisonnable»*[1451]. Le contractant est libre de résilier ou non son contrat. Mais, du moment qu'il s'est décidé à le faire, il doit – pour lui faire produire tous effets – notifier un préavis à son cocontractant pour lui permettre de s'organiser dans le sens de la sauvegarde de ses intérêts. Il ne convient alors pas de confondre notification de la résolution et obligation de respecter le délai de préavis. Celle-ci est spécifique et celle-là générale. En outre, il s'agit dans la première de manifester sa volonté de rompre le contrat ; et dans la seconde il est question de permettre au débiteur de se prémunir contre les effets brutaux d'une séparation immédiate[1452]. La disparité observée dans le caractère obligatoire ou facultatif du préavis mérite cependant d'être corrigée. Il conviendrait d'imposer cette formalité au créancier. Cela aura l'avantage de protéger au moins les intérêts du cocontractant et ceux de la société. Laissée la notification à la discrétion du créancier c'est en réalité ouvrir les portes à l'insécurité contractuelle.

491. Le créancier peut également mettre en demeure le débiteur avant de résoudre le contrat. C'est le principe dans la résiliation judiciaire des contrats à exécution successive[1453]. Comme pour les hypothèses précédentes, la notification de la résolution ne se confond pas avec la mise en demeure. La résolution du contrat est informative tandis que la mise en demeure est interpellative. Cette dernière consiste à attirer l'attention du débiteur d'avoir à exécuter ses obligations, faute de quoi le contrat sera rompu. En effet, à travers la mise en demeure, le créancier invite le débiteur à s'exécuter alors que la notification de la résolution l'informe de la cessation des relations contractuelles. Parfois, la mise en demeure précède la notification de la résolution. Selon l'alinéa 2 de l'article 23 de l'AUDS révisé: *«Le créancier ne peut entreprendre de poursuites contre la caution qu'après une mise en demeure de payer adressée au débiteur principal et restée sans effet»*. Cette disposition est assez révélatrice puisqu'elle montre à suffisance le caractère obligatoire et préalable de la mise en demeure en matière de cautionnement, même si l'on se trouve ici dans le domaine

---

[1451] L'article 6: 109 PDEC va dans le même sens.

[1452] En ce sens, voir A. A. NGWANZA, *La favor contractus dans les Principes UNIDROIT et l'Avant-projet d'Acte uniforme sur le droit des contrats de l'OHADA*, *op. cit.*, n°612, p.359.

[1453] En ce sens, voir les articles 131 et 133 de l'AUDCG révisé.

judiciaire[1454]. Mais, cela n'est pas absolu car le contrat peut aussi être résolu sans mise en demeure. Malgré le silence des Actes uniformes sur la mise en demeure dans le cadre de la résolution par notification, il serait plus juste que le créancier mette son débiteur indélicat en demeure de s'exécuter avant d'envisager la rupture du contrat. Dans tous les cas, précisément en cas d'inexécution essentielle, le créancier doit notifier la résolution du contrat au débiteur dans un délai raisonnable et prendre certaines mesures aptes à préserver les intérêts catégoriels en présence. Le créancier victime de l'inexécution essentielle ou anticipée doit notifier la résolution du contrat dans un délai raisonnable à partir du moment où il a eu connaissance ou aurait dû avoir connaissance du manquement[1455]. La forme de la notification importe peu[1456]. Et, la notification n'est reçu que du moment qu'elle parvient au créancier[1457]. L'appréciation du délai raisonnable est laissée à la discrétion des juges. Cette notion souple est susceptible de créer de nombreuses disparités et partant l'insécurité juridique. Aussi, les juges tiennent-ils généralement compte de ce que, les personnes de bonne foi placées dans la même situation que les contractants regarderaient comme tel, de la nature et du but du contrat, des circonstances de l'espèce, des usages et pratiques des professions ou branches d'activités concernées. Les juges exigent pour ce faire des délais extrêmement courts[1458]. Le créancier qui ne procède pas à cette notification peut être déchu de son droit à résolution. Cette déchéance est bienvenue puisqu'elle sanctionne la négligence et le laxisme du créancier dans la sauvegarde de ses propres intérêts[1459]. Une

---

[1454]En ce sens, voir également l'article 133 AUDCG révisé.

[1455]C. APAUDC, art. 7/14 (2).

[1456]L'article 1/9 prévoit en effet que :

1) Une notification, lorsqu'elle est requise, peut se faire par tout moyen approprié aux circonstances».

[1457]L'article 1/9 (2) et suivants prévoit que:

2) Elle prend effet au moment où elle parvient au destinataire.

3) Aux fins du paragraphe précédent, une notification parvient à son destinataire lorsqu'elle lui est faite verbalement ou est délivrée à son domicile ou à son établissement.

4) Aux fins du présent article, le terme "notification" s'applique aussi à une déclaration, demande, requête ou autre communication d'intention». La théorie de la réception ainsi admise est aussi prévue à l'article 1: 303 PDEC.

[1458]Ils sont distincts du délai de prescription de trois (03) ans prévus à l'article 7/12 de l'APAUDC, avec un maximum de dix (10) ans. L'article 12/3 prévoit d'ailleurs des possibilités pour les contractants de modifier ces délais, soit en diminuant le délai de droit commun à au moins un an, soit en abrégeant le délai maximum à quatre ans au plus, soit encore en allongeant le délai maximum à quinze ans au plus. L'article 301 de l'AUDCG révisé prévoit quant à lui en matière de vente, sauf dispositions contraires dudit Acte, un délai de prescription de deux (02) ans.

[1459]Sur la déchéance des droits, voir notamment F. LUXEMBOURG, *La déchéance des droits: contribution à l'étude des sanctions civiles*, *éd. Panthéon-Assas*, 2008,

méconnaissance de ses propres intérêts pouvant avoir des incidences plus ou moins négatives sur ceux de son cocontractant.

Le créancier doit également prendre des mesures tendant à préserver tous les intérêts catégoriels en présence. En matière de vente, l'article 293 de l'AUDCG révisé le révèle à suffisance. En vertu de ce texte : *« La partie qui invoque une inexécution des obligations au contrat doit prendre toutes mesures raisonnables, eu égard aux circonstances, pour limiter sa perte, ou préserver son gain. Si elle néglige de le faire, la partie en défaut peut demander une réduction des dommages-intérêts égale au montant de la perte qui aurait pu être évitée et du gain qui aurait pu être réalisé».*

Le texte ne précise pas quelles peuvent être ces mesures. Il s'agirait sans doute de toutes les diligences qui peuvent être attendues d'un bon père de famille. En revanche, lorsqu'une menace d'inexécution pèse sur le débiteur, ce dernier est tenu de son côté de fournir au créancier des assurances suffisantes de bonne exécution. Ces dernières permettent au débiteur d'éviter les poursuites du créancier, mais surtout de rassurer ce dernier de la certitude de sa créance. L'article 7/16 de l'APAUDC qui le prévoit énonce clairement que: *«La partie qui croit raisonnablement qu'il y aura inexécution essentielle de la part de l'autre partie peut exiger d'elle des assurances uffisantes de bonne exécution et peut, dans l'intervalle, suspendre l'exécution de ses propres obligations. Elle peut résoudre le contrat si ces assurances ne sont pas fournies dans un délai raisonnable»*[1460].

492. Toutes ces mesures appuyées sur l'exigence d'une notification prompte et préalable concourent à la conciliation des intérêts particuliers des contractants à l'intérêt général de la société. Au-delà de l'information et de la collaboration[1461] qu'elle sous-entend, la notification de la résolution non

---

472p. ; A. LE GARS, *La déchéance des droits en droit privé français*, thèse Toulouse I, 2003, 679p.

[1460] L'article 8 :105 PDEC va dans le même sens puisqu'il prévoit que:
«(1) La partie qui croit raisonnablement qu'il y aura inexécution essentielle de la part du co-contractant peut exiger de lui des assurances suffisantes d'exécution correcte et dans l'intervalle suspendre l'exécution de ses propres obligations aussi longtemps qu'elle peut raisonnablement persister dans sa croyance.
(2) Lorsque ces assurances ne sont pas fournies dans un délai raisonnable, la partie qui les a exigées est fondée à résoudre le contrat si elle peut toujours croire raisonnablement qu'il y aura inexécution essentielle du co-contractant, à condition de notifier sans délai la résolution».

[1461] L'article 5/3 de l'APAUDC consacre le devoir de collaboration dans l'espace juridique de l'OHADA. En l'absence d'une consécration explicite de cette obligation, ses manifestations implicites sont avérées. Les articles 252 et 254 (obligations du vendeur), 193, 194, 195 et 199 (obligations du commissionnaire), l'article 210 (obligations du courtier), l'article 217 (obligations de l'agent

judiciaire peut en l'occurrence permettre aux contractants de minimiser les dommages[1462] et de renforcer leurs chances de gain. Dans une espèce, la CCJA a décidé que la prise en compte des difficultés du débiteur ne doit pas se faire au détriment des intérêts du créancier[1463]. Comme l'observe avec raison Achille NGWANZA, *«Admettre la modération du dommage du débiteur est une excellente manière de conforter le civisme contractuel, l'égoïsme étant expulsé de l'esprit des contractants»*[1464]. C'est sans doute cette logique qui a justifiée la réticence de l'architecte européen et de l'OHADA pour la rétroactivité de la résolution.

B. La réticence à l'égard de la rétroactivité de la résolution

493. En droit français comme dans la plupart des droits des Etats membres de l'OHADA, la résolution - judiciaire ou non - opère de manière rétroactive, à l'image de la condition résolutoire qu'évoque l'article 1184 du Code civil[1465]. Tout comme la nullité classique, la résolution du contrat entraine sa disparition de manière rétroactive. L'article 1183 du Code civil est plus explicite puisqu'il prévoit que *«La condition résolutoire est celle qui, lorsqu'elle s'accomplit, opère la révocation de l'obligation, et qui remet les choses au même état que si l'obligation n'avait pas existé. Elle ne suspend point l'exécution de l'obligation ; elle oblige seulement le créancier à restituer ce qu'il a reçu, dans le cas où l'événement prévu par la condition arrive».*

494. Mais, le législateur européen et celui de l'OHADA affiche de plus en plus son hostilité vis-à-vis de la rétroactivité de la résolution du

---

commercial), 273 (de l'AUDCG révisé. Pour ce qui est du droit prospectif européen, voir par exemple les articles 3: 302, 3: 303, 9 :501 (1) PDEC ; et l'article 3 de la Proposition de règlement européen relatif à la vente.

1462 L'article 293 de l'AUDCG révisé est le siège de cette obligation de modération du dommage. Voir également les articles 191 (en dépit de la cessation du contrat), 273 et 274 de l'AUDCG révisé ; l'article 1144 du Code civil ; l'article 163 de la Proposition de Règlement européen relatif à la vente ; l'article 77 de la CVIM.

1463 CCJA, 2 juin 2005, arrêt n°035/2005, Khouri Marie c/ Société Hyjazi Samih et Hassan dite Induschimie et SGBCI, in P. G. POUGOUE, S. S. KUATE TAMEGHE (dir.), *Les grandes décisions de la Cour commune de justice et d'arbitrage de l'OHADA*, *L'Harmattan*, 2010, 694p, spéc. p.569 et s.

1464 Thèse précitée, n°349 *in fine*, p.216.

1465 Ce n'est pas toujours le cas dans les autres droits européens. Une partie de doctrine allemande considère que la résolution entraîne la disparition du contrat pour l'avenir seulement et la transformation des relations des contractants en un nouveau rapport, qui est celui de la restitution. En outre, le contrat résolu est *«discharged»,* il prend fin sans effet rétroactif et les obligations des contractants sont éteintes.

contrat. Cette réticence a été observée en doctrine[1466]. Contrairement à certains auteurs qui estiment que la rétroactivité est de l'essence même de la résolution[1467], Mme RIGALLE-DUMETZ relève que la rétroactivité n'est pas véritablement un effet de la résolution ; il s'agirait selon elle d'un effet du jugement qui prononce la résolution[1468]. Par ailleurs, la résolution ne produit aucun effet sur le contrat, mais plutôt sur les obligations que ce dernier engendre[1469].

Le droit européen et de l'OHADA a consacré cette marque de tendresse pour la non rétroactivité de la résolution. En droit de l'OHADA, plusieurs dispositions, de droit positif et de droit prospectif, ou encore de droit spécial comme de droit commun, le confirment. S'agissant de la vente, l'article 296 alinéa 1 de l'AUDCG révisé dispose que *«La rupture du contrat libère les parties de leurs obligations mais ne les exonère pas des dommages-intérêts éventuels»*. Ce texte ne précise pas si la libération dont s'agit l'est pour le passé ou pour l'avenir. Face à un tel silence, il est tout à fait possible d'envisager que la résolution du contrat peut ne pas entrainer sa disparition uniquement pour le passé, mais également pour le futur, comme la résiliation ; toutes choses non interdites étant permises. L'article 7/17 alinéa 1er de l'APAUDC prévoit de manière plus convaincante que *«La résolution du contrat libère pour l'avenir les parties de leurs obligations respectives»*.

Le droit prospectif européen va dans le même sens. Les PDEC prévoient en effet que: *«(1) La résolution du contrat libère les deux parties de leur obligation d'effectuer la prestation ou de la recevoir dans le futur ; mais, sous réserve des articles 9:306 à 9:308, elle est sans effet sur les droits et obligations qui avaient pris naissance au moment où elle est intervenue»*[1470]. La proposition de règlement relatif à la vente n'est pas des plus silencieuses. Ce texte conçoit la résolution du contrat comme *«la cessation des droits et obligations contractuels des parties, à l'exception de ceux découlant de toute clause contractuelle prévoyant le règlement de différends ou de toute autre clause contractuelle ayant vocation à s'appliquer même après la résolution»*. Cette disposition n'est pas plus aisée à comprendre que l'article 296 alinéa 1er précité. Son analyse laisse penser que la rétroactivité et la non rétroactivité du contrat sont envisageables,

---

[1466] J. GHESTIN, Ch. JAMIN et M. BILLIAU, *Traité de droit civil, Les Obligations. Le contrat, Formation*, 2e éd. *LGDJ*, 1988, 1096p, spéc., n°564-582. Adde J. GHESTIN, Ch. JAMIN et M. BILLIAU, *Traité de droit civil. Les obligations. Le contrat : Les effets*, 3e éd., *L.G.D.J.*, 2001, 1340p.

[1467] Ch. LARROUMET, «Pour la responsabilité contractuelle», in *Le droit privé français à la fin du XXe siècle*, Etudes P. Catala, *Litec*, 2001, p.551 et s, spéc. n°713.

[1468] C. RIGALLE-DUMETZ, *op. cit.*, n°545 s.

[1469] *Ibid.*

[1470] Cf. PDEC, art. 9 :305 (1).

même si, comme l'observe Rémy CABRILLAC, la résolution entraine la cessation des droits et obligations des contractants sans faire produire d'effets rétroactifs au contrat.

Conclusion du Chapitre

495. L'intérêt général reste même en matière contractuelle une valeur cardinale. Sa violation mérite d'être bien encadrée et sanctionnée. La théorie générale du droit des contrats avait retenu la nullité et la résolution judiciaire comme les principales sanctions de la violation de l'intérêt général. Ces sanctions sont très radicales puisqu'elles entrainent la disparition rétroactive du contrat. Il était alors difficile dans de telles conditions de préserver tous les intérêts contractuels en présence. La sauvegarde et la conciliation des intérêts catégoriels en matière contractuelle étant de l'essence du principe du civisme contractuel, la mise en œuvre de ce principe commande le renouvellement des sanctions contractuelles en général, et des sanctions de la violation de l'intérêt général en particulier. L'architecte européen et de l'OHADA, conscient des mutations observées en la matière, a pris en compte toutes les sanctions tendant à la conciliation de tous les intérêts contractuels en présence.

496. Au-delà du maintien des sanctions classiques que sont la nullité et la résolution du contrat, l'architecte européen et de l'OHADA a, en application du civisme contractuel, transformé la nullité contractuelle et rénové la résolution contractuelle. Dans la première hypothèse, même s'il a maintenu de manière résiduelle la nullité du contrat, il a surtout marqué sa préférence pour la nullité des clauses contractuelles, en consacrant le mécanisme des clauses nulles et en élargissant le domaine d'application de la technique du réputé non écrit. Dans la seconde hypothèse, il a essentiellement rénové la résolution contractuelle. A la résolution judiciaire classique, il a ajouté une variété de résolution non judiciaire, précisément la résolution non judiciaire pour inexécution essentielle et la résolution non judiciaire pour inexécution anticipée. En dépit de cette variété de résolution, l'on observe une réelle uniformité du régime de cette résolution marquée non seulement par l'exigence d'une notification préalable et prompte de la résolution, mais aussi par une réticence avérée pour sa rétroactivité. Tous ces mécanismes concourent à la conciliation des intérêts contractuels en cas de violation d'un intérêt général. La violation des intérêts particuliers des contractants devrait également justifier la prise en compte de sanctions spécifiques. C'est ce qu'il convient dès lors de démontrer.

CHAPITRE II
LA SANCTION DE LA VIOLATION D'UN INTERET PARTICULIER

497. Principe général et complémentaire du droit des contrats, le civisme contractuel prône des droits et obligations qui concourent à la conciliation des intérêts particuliers des contractants à l'intérêt général de la société. La violation d'un intérêt général, comme nous l'avons montré, peut justifier soit l'annulation totale ou partielle du contrat, soit sa résolution judiciaire ou non judiciaire. De telles sanctions ne sont pas exclusives de la violation de l'intérêt général. Elles peuvent également être prises en compte en cas de violation d'un intérêt particulier, c'est-à-dire de l'intérêt du contractant. L'exigence de conciliation des intérêts catégoriels que postule le principe du civisme contractuel plaide cependant en leur défaveur lorsqu'un intérêt particulier est violé, l'idée étant que l'exécution du contrat est le pendant indispensable de sa formation, et, penser autrement serait manifestement aux antipodes de la volonté contractuelle[1471].

498. L'on peut s'étonner que l'intitulé du présent chapitre, à la différence du précédent, ne soit pas «les sanctions», mais plutôt «la sanction» de la violation d'un intérêt particulier. Un tel étonnement est légitime, surtout lorsque l'on observe le parterre de sanctions que les architectes de droit interne, européen et de l'OHADA ont prévu en cas de violation d'un intérêt particulier. Il y a néanmoins de nombreuses raisons de relativiser.

D'une part en effet, l'architecte de droit interne a prévu de nombreuses sanctions en cas de violation d'un intérêt particulier. Hormis la nullité que nous avons suggérée comme sanction de la violation d'un intérêt général, l'on observe que la plupart de ces sanctions concerne l'exécution ou l'inexécution du contrat. Il s'agit par exemple de la résolution du contrat, l'exception d'inexécution[1472], le différé de l'exécution[1473], la suspension du

[1471]v. N. MOLFESSIS, « Force obligatoire et exécution: Un droit à l'exécution en nature?», *RDC* 2005, n°1, .37.

[1472]L'exception d'inexécution est une sanction de l'inexécution du contrat parmi tant d'autre (PDEC, art. 9: 201). Elle consiste pour le créancier de l'obligation à ne pas exécuter son obligation tant que son cocontractant n'a pas encore exécuté la sienne. Ce qui suppose que le contrat soit synallagmatique. Mais, comme l'observe Mme VINEY, il ne s'agit là que dune *«solution provisoire»*, car *«il faudra ensuite tirer les conséquences définitives de l'inexécution»* (G. VINEY, «Exécution de l'obligation, faculté de remplacement et réparation en nature en droit français», in M. FONTAINE et G. VINEY (dir.), *Les sanctions de l'inexécution des obligations contractuelles. Etudes de droit comparé*, *Bruylant/LGDJ*, 2001, 1127p, spéc. n°1, p.167).

contrat, le droit de rétention, l'exécution forcée, la réfaction du contrat[1474], la réparation du dommage[1475], etc... Pourtant, la violation d'un intérêt particulier n'est pas l'apanage de la phase d'exécution du contrat ; elle peut également intervenir lors de sa formation ou pendant sa disparition[1476]. Dans une telle hypothèse, quelles sanctions seraient applicables. Au-delà de la nullité en l'occurrence, la réfection du contrat peut constituer un exemple de choix[1477].

[1473]Cf. AUDCG révisé, art. 282 et 285. Le différé de l'exécution n'est pas une sanction en tant que telle, mais un mécanisme qui favorise l'exécution du contrat. Elle peut être assortie de l'obligation de consigner les marchandises aux frais avancés du vendeur ou de l'acheteur selon le cas.

[1474]Dans la doctrine française, il n'existe pas d'accord sur la notion de réfaction contractuelle. Pour certains auteurs, la réfaction prend en compte le manquement d'un contractant pour diminuer l'obligation corrélative de l'autre (v. A. BÉNABENT, *Les obligations*, *Montchrestien*, 9e éd., 2003, 637p, n°402). Pour d'autres, la réfaction consiste à réduire le prix en cas d'inexécution partielle (D. MAZEAUD, «La révision du contrat», *LPA*, 30 juin 2005, n°129, spéc. p.11, n°13). Voir également Ch. ALBIGES, «Le développement discret de la réfaction du contrat», Mélanges M. Cabrillac, *Dalloz/Sirey*, 1999, p.3 et s.

[1475]Pour une étude comparative de ces sanctions, voir Y.-M. LAITHIER, *Etude comparative des sanctions de l'inexécution du contrat*, *op. cit.* ; M. FONTAINE et G. VINEY (dir.), *Les sanctions de l'inexécution des obligations contractuelles. Etudes de droit comparé*, *op. cit.*

[1476]En ce sens, voir l'article 4 : 117 PDEC. En vertu de ce texte en effet:
«(1) La partie qui annule un contrat en vertu du présent chapitre peut obtenir de son cocontractant des dommages et intérêts qui permettent de la placer autant que possible dans la situation où elle se serait trouvée si le contrat n'avait pas été conclu, dès lors que l'autre partie avait, ou aurait dû avoir, connaissance de l'erreur, du dol, de la contrainte ou du fait qu'elle retirait du contrat un profit excessif ou un avantage déloyal.
(2) Lorsqu'une partie est en droit d'annuler un contrat en vertu du présent chapitre mais n'exerce pas ce droit, ou lorsqu'elle avait ce droit mais l'a perdu en application des dispositions des articles 4:113 ou 4:114, elle peut, sous réserve de l'alinéa premier, obtenir des dommages et intérêts limités au préjudice que lui a fait subir l'erreur, le dol, la contrainte ou la prise d'un profit excessif ou d'un avantage déloyal. Le montant des dommages et intérêts est pareillement évalué lorsque la partie a été trompée par une information inexacte au sens de l'article 4:106
(3) Les dispositions pertinentes de la section 5 du chapitre 9 s'appliquent pour le surplus, avec les adaptations appropriées».
Pour une application de la responsabilité en Cours de négociation du contrat, voir l'article 249 AUDCG révisé. Dans ce cas, il s'agit plutôt de la responsabilité extracontractuelle. Pour d'autres hypothèses en la matière, voir l'article 20 de l'AUCTMR.

[1477]Elle consiste en l'établissement d'un nouveau contrat destiné à remplacer le contrat antérieur dans le respect de la volonté initiale des contractants. Concrètement, il s'agit de réparer le vice qui affecte le contrat. Cette mesure ne se

D'autre part, l'architecte de droit interne a prévu de nombreuses sanctions de la violation d'un intérêt particulier en les distinguant selon la nature des obligations en cause ou celle du contrat concerné. Or, de telles distinctions ne concourent pas toujours à la conciliation des intérêts contractuels. En fait, les sanctions ne sont pas identiques selon que l'obligation est de donner, de faire ou de ne pas faire quelque chose ; selon qu'il s'agit ou non d'une obligation de somme d'argent ; selon que l'obligation est de moyen ou de résultat ; ou encore selon que le contrat est synallagmatique ou unilatéral. Ces distinctions, parfois source de confusion, ne sont pas véritablement satisfaisantes compte tenu non seulement des interactions possibles entre ces obligations ou contrats, mais également de la finalité poursuivie, à savoir la sauvegarde de tous les intérêts catégoriels en présence. Mme MUIR WATT le résume en ces termes: *«tout l'intérêt de l'étude comparée des sanctions de l'inexécution réside précisément dans le fait que le régime qui leur est aménagé est un formidable révélateur des politiques juridiques menées en droit des contrats. L'aménagement de ce régime par chaque droit est affaire de valeurs, et non de logique juridique»*[1478].

499. Face à toutes ces observations, une évidence se dégage: La violation de l'intérêt particulier intervenant généralement en cours d'exécution du contrat, la conciliation des intérêts contractuels commande que ne soient retenues que des sanctions adaptées tenant à l'exécution du contrat. Ici encore, il ne s'agit pas d'examiner toutes les sanctions inhérentes à la violation d'un intérêt particulier, une telle démarche étant hasardeuse, fastidieuse et inopportune[1479]. Il s'agit au contraire de recenser parmi cette

---

confond ni avec la réfaction, ni avec la confirmation ou régularisation. La réfaction est une révision du contrat au cours de son exécution ; la confirmation est la renonciation à se prévaloir d'une nullité ; et la régularisation est la validation d'un acte initialement nul en lui apportant l'élément qui lui manque.

[1478]Préface à la thèse de Y. M. LAITHIER, *Etude comparative des sanctions de l'inexécution du contrat, op. cit.*

[1479]L'article 106 (1) (aperçu des moyens d'action à la disposition de l'acheteur) de la proposition de règlement relatif à la vente au consommateur a certes l'inconvénient d'être limité à la vente au consommateur, mais cette limitation n'enlève en rien le mérite qu'il a : celui de regrouper autour d'une seule et même disposition la quasi-totalité des sanctions envisageables en cas de violation d'un intérêt particulier. D'après ce texte en effet:

«*En cas d'inexécution d'une obligation par le vendeur, l'acheteur peut prendre une ou plusieurs des mesures suivantes:*

(a) exiger l'exécution, qui recouvre l'exécution en nature, la réparation ou le remplacement du bien ou du contenu numérique, en vertu de la section 3 du présent chapitre;

(b) suspendre sa propre exécution en vertu de la section 4 du présent chapitre;

pléthore de sanctions celles qui cadrent le mieux aux exigences de conciliation des intérêts catégoriels en présence. Le créancier victime de la violation aura ainsi le choix entre la résolution du contrat ou la mise en œuvre de la responsabilité de son cocontractant[1480] assortie au besoin de dommages et intérêts. C'est d'ailleurs ce que prévoient les articles 1184 alinéa 2 du Code civil, 10/20 de l'APAUDC, 8 :101 et 9 :103 PDEC[1481]. Or, tout comme la nullité, surtout lorsqu'elle est totale, la résolution judiciaire ou non judiciaire du contrat ne s'accommode pas forcément de la protection d'un intérêt particulier[1482]. Dans ce cas, seule la responsabilité contractuelle

---

(c) résoudre le contrat en vertu de la section 5 du présent chapitre et réclamer le remboursement de tout prix déjà payé, en vertu du chapitre 17;
(d) réduire le prix en vertu de la section 6 du présent chapitre; et
(e) réclamer des dommages et intérêts en vertu du chapitre 16».

[1480]Le Code civil traite de la responsabilité contractuelle en ses articles 1142 à 1155. Ces dispositions dont la lettre est restée la même depuis 1804 constitue ce que l'on qualifie de droit commun de la responsabilité contractuelle. Mais, le Code civil n'est plus le seul texte à fixer le régime de cette responsabilité. Au-delà du droit commun de la responsabilité, il existe une pluralité de régime de responsabilité spécifique. En droit de l'OHADA, une pluralité de textes pose le principe de la responsabilité contractuelle. L'on cite notamment l'AUDCG révisé (articles 109, 145, 182, 185, 196, 207, 210, 249, 281 (3), 294, 295), l'AUDS révisé (articles 27, 111, etc…), l'AUPSRVE (article 7), l'AUCTMR (articles 6, 7, 8, 11, 12, 16, 17, 18, 21, 22, 23, etc…), l'APAUDC (articles 2/15, 2/28, 5/14, 7/16, 11/9, etc…). L'AUDSCGIE et l'AUDSCoop posent également le principe de la responsabilité des associés et des coopérateurs associés dans plusieurs de leurs dispositions. Le Code CIMA prévoit la responsabilité de l'assureur et de l'assuré (articles 4, 32, 54, etc…). L'APAU vente aux consommateurs est également édifiant sur la responsabilité du professionnel. Il en est de même du droit européen. La directive européenne du 25 juillet 1985 sur la responsabilité du fait des produits défectueux, la directive 2004/35/CE du Parlement européen et du Conseil du 21 avril 2004 sur la responsabilité environnementale en ce qui concerne la prévention et la réparation des dommages environnementaux, le règlement (CE) n°261/2004 du Parlement européen et du Conseil du 11 février 2004 établissant les règles communes en matière d'indemnisation et d'assistance des passagers en cas de refus d'embarquement et d'annulation ou de retard important d'un vol (abrogeant le règlement CEE n°295/91), le règlement CE n°1371/2007 du 23 octobre 2007 du Parlement européen et du Conseil sur les droits et obligations des voyageurs ferroviaires, le règlement CE n°392/2009 du Parlement européen et du Conseil du 23 avril 2009 relatif à la responsabilité des transporteurs de passagers par mer en cas d'accident sont quelques exemples de textes riches d'intérêt.

[1481]Cf. I. DE LAMBERTERIE, G. ROUHETTE et D. TALLON, *Les principes du droit européen du contrat: l'exécution, l'inexécution et ses suites*, *La Documentation française*, 1997, 293p.

[1482]La résolution du contrat n'est pas aisée puisqu'elle exige la réunion de certaines conditions. Contrairement à la responsabilité contractuelle qui est possible dans tout type de contrat, la résolution n'est envisageable qu'en présence d'un contrat synallagmatique. S'agissant de la résolution non judiciaire ou par notification, M.

doit donc être retenue comme sanction de la violation d'un intérêt particulier. D'où l'idée *a priori* de la sanction de la violation d'un intérêt particulier[1483].

500. Mais, la responsabilité contractuelle en soi est une notion très controversée en droit des contrats[1484]. Pour coller au principe du civisme contractuel, il convient de l'aborder non pas dans sa dimension opérationnelle, mais plutôt dans son approche fonctionnelle[1485]. Il s'agit principalement de la réparation du dommage causé. Or, la réparation du dommage n'est qu'une modalité d'exécution, et, la violation d'un intérêt particulier peut intervenir sans qu'il n'y ait forcément de dommage. C'est donc l'exécution du contrat qu'il faut retenir comme sanction de la violation de l'intérêt particulier, puisqu'elle permettra de réparer le préjudice subi par le créancier. Le doyen CARBONNIER a observé qu' *«il faut réparer le mal, faire qu'il semble n'avoir été qu'un rêve»*[1486]. Cette affirmation montre sinon le rôle de la responsabilité civile sur la société et son importance dans l'ordre juridique, du moins la nécessité de protéger les intérêts contractuels à travers la recherche de l'exécution des obligations contractuelles. Cette affirmation a aussi le mérite de la clarté, quand bien même le préjudice serait toujours réel. Le juge doit donc s'efforcer de remettre la victime dans son état

---

JAMIN observe que : *«l'admission et le développement de la résolution par notification pourrait ne produire qu'un effet de nature procédurale : au lieu que ce soit au créancier de saisir le juge pour solliciter le prononcé de la résolution, ce serait désormais au débiteur, qui aurait décidé de contester cette résolution, que reviendrait cette obligation»* («Le renouveau des sanctions contractuelles : pot-pourri introductif», in F. COLLART-DUTILLEUL et C. COULON, *Le renouveau des sanctions contractuelles*, *op. cit.*, pp.3-28, spéc. n°6, p.7).

[1483]Sur la responsabilité civile délictuelle en droit européen, vor notamment O. MORÉTEAU (dir.), *Principes du droit européen de la responsabilité civile. Textes et commentaires*, *SLC*, 2011, coll. Droit privé comparé et européen, vol. 11, 266 p.

[1484]La doctrine est divisée sur cette notion. Pour certains auteurs, cette notion n'existe pas (Ph. LE TOURNEAU et L. CADIET, *Droit de la responsabilité et des contrats*, *Dalloz action*, 2002, n°6, p.802 s). Pour d'autres, il s'agit plutôt d'un faux concept (Ph. REMY, «La ''responsabilité contractuelle'': histoire d'un faux concept», *RTD. civ.* 1997, p.323 et s. Mais, malgré ces critiques, Charles LARROUMET relève la nécessité de la responsabilité contractuelle au détriment de la responsabilité délictuelle («Pour la responsabilité contractuelle», in *Le droit privé français à la fin du XXe siècle*, Etudes P. Catala, *Litec*, 2001, p.551).

[1485]En France, Laurent BETEILLE et Alain ANZIANI ont rédigé en juillet 2009 un rapport d'information, intitulé «Responsabilité civile : des évolutions nécessaires », qui préconise une réforme du droit de la responsabilité civile.

[1486]Cité par C. COUTANT-LAPALUS, «La sanction civile», in La sanction, Colloque du 27 novembre 2003 organisé à l'Université Jean Moulin Lyon III, 272p. spéc. .211.

antérieur au dommage, en recherchant toutes les voies qui tendent à la protection de ses intérêts.

501. L'architecte européen comme celui de l'OHADA n'a accordé la priorité à aucune de ces mesures séparément[1487]. Ils ont laissé le choix au créancier, en lui donnant une *«option fondamentale»*[1488] entre l'exécution en nature et l'exécution par équivalent[1489]. Cette démarche a l'avantage de concilier les deux thèses dominantes en matière d'exécution : celle des droits français et allemand d'une part, à laquelle s'aligne le Cameroun, axée sur l'exécution en nature prioritairement[1490] ; et, d'autre part, celle du droit anglais, centrée sur l'allocation des dommages et intérêts[1491]. L'opposition entre ces deux systèmes tend d'ailleurs à s'estomper[1492]. Au-delà de l'avantage quantitatif ainsi procuré sans distinction au créancier de l'obligation, cette option favorise la préservation et la conciliation des intérêts contractuels. Il ne s'agit pas pour lui d'abuser de ses prérogatives dans la mise en œuvre de ces sanctions, mais plutôt de choisir la plus efficace et équitable possible. Il peut alors demander soit l'exécution en nature de l'obligation violée (**Section 1**), soit son exécution par équivalent (**Section 2**).

[1487]Il s'agit de mesures radicales, qui ne peuvent cumulativement satisfaire aux impératifs de sécurité et de moralité contractuelles.

[1488]Selon les dires de M. CABRILLAC, in *Droit européen comparé des contrats*, *op. cit.*

[1489]Certains auteurs français contestent pourtant cette alternative : D. TALLON, «L'inexécution du contrat : pour une autre appréciation, *RTD. civ.*, 1994, .223 ; Ph. REMY, «Critique du système français de responsabilité civile», *Droit et cultures*, 1996, .31 ; du même auteur «La responsabilité contractuelle, histoire d'un faux concept», *RTD. civ.*, 1997, pp.323 et s. ; Ph. LE TOURNEAU et L. CADIET, *Droit de la responsabilité et des contrats*, 2è éd., *Dalloz Action*, 200 2, 1540p. Sur la question, voir *Exécution du contrat en nature ou par équivalent*, Colloque de la Revue des Contrats, 14 octobre 2004, *RDC*, n°1, pp.1-230.

[1490]Les différents codes civils de ces Etats ont marqué leur préférence pour l'exécution en nature de l'obligation contractuelle lorsqu'elle est possible. L'allocation des dommages et intérêts intervenant à titre secondaire. En matière extracontractuelle, cette préférence donnée à la réparation en nature se retrouve également dans la directive de 2004 sur la responsabilité environnementale.

[1491]Le droit anglais ignore en principe l'idée d'exécution forcée en nature, ou *specific performance*. Il accorde toute sa faveur à l'exécution par équivalent, c'est-à-dire par l'allocation des dommages et intérêts.

[1492]F. BELLIVIER et R. STEPHONGREEN, «Force obligatoire et exécution en nature du contrat en droit français et anglais: bonnes et mauvaises surprises du comparatisme», Mélanges J. Ghestin, *L.G.D.J.*, 2001, p.91. Adde F. COLLART-DUTILLEUL et J. DERRUPPÉ, «Question de l'exécution forcée de l'obligation de délivrance du bien donné en location », note sous Cass. 3e civ., 16 déc. 1997, arrêt n°1823 D, *RDI* 1998 p.303.

SECTION I. L'EXECUTION EN NATURE

502. L'exécution en nature consiste pour le débiteur d'une obligation inexécutée à fournir directement ou indirectement la prestation pour laquelle il s'était engagé. Cette vision de l'exécution en nature est conforme tant aux exigences de sécurité contractuelle qu'a celles de justice, de morale et d'équité contractuelles. Il s'agit en fait d'honorer aux engagements qu'on a souscrits dans le but de protéger et de concilier les intérêts contractuels en présence et non exclusivements de l'intérêt individuel d'un contractant. Mais, l'exécution en nature de l'obligation n'est envisageable qu'autant que sa réalisation reste possible. Le droit de l'OHADA n'a pas explicitement posé le principe de l'exécution en nature. C'est à l'analyse des dispositions des Actes uniformes en vigueur ainsi que des projets d'Actes uniformes que l'on retrouve ces manifestations. Dans les PDEC, le principe de l'exécution en nature est posé à l'article 9:102[1493], lorsque l'obligation n'est pas de somme d'argent[1494]. On le retrouve également dans la proposition de règlement relatif à la vente au profit de l'acheteur (art. 110.1) et du vendeur (art. 132.1). Mme VINEY a suggéré une conception très large de l'exécution en nature. Cette conception devrait permettre d'examiner au mieux les mécanismes assurant la satisfaction du créancier en lieu et place de la compensation. D'après elle, *«... on constate qu'il existe plusieurs conceptions possibles de l'exécution. - La plus étroite réduit cette notion à l'accomplissement par le débiteur lui-même de la prestation prévue au contrat... Une autre conception, un peu plus large, de l'exécution consisterait à admettre que celle-ci est réalisée dès lors que la prestation prévue au contrat est fournie, mais sans distinguer selon qu'elle l'est par le débiteur lui-même ou par un tiers... Enfin, la conception la plus large de l'exécution y inclut toutes les mesures qui donnent pleine satisfaction au créancier, c'est-à-dire celles qui ont pour effet de lui assurer les avantages qu'il aurait retirés de l'exécution, même si la prestation exigée du débiteur*

[1493]En vertu de ce texte en effet : *«(1) Le créancier d'une obligation autre que de somme d'argent a droit d'exiger l'exécution en nature, y compris la correction d'une exécution défectueuse».*

[1494]Lorsque l'obligation n'est pas de somme d'argent, le créancier peut en principe passer directement aux voies d'exécutions. Le droit de l'OHADA est encore plus novateur (AUPSRVE, art. 28). Au-delà des voies d'exécution, ce droit prévoit des procédures simplifiées de recourvrement, auxquelles le créancier peut recourir pour le recourvrement de ses créances contractuelles, qu'elles portent sur des sommes d'argent ou non. Il s'agit des procédures d'injonction de payer, de délivrer et de restituer. Ces procédures apparemment rapides et peu coûteuses ont vocation à se transformer, en cas de contestation ou d'opposition, en voies de droit commun, caractérisées par leur lenteur et leur coût très élevé.

pour aboutir à ce résultat diffère de celle à laquelle celui-ci s'était engagée»[1495].

503. Ainsi, le créancier peut souhaiter que le débiteur fournisse lui-même la prestation à laquelle il s'était engagé[1496]. Dans ce cas, on parle d'exécution en nature *stricto sensu* (§1). Parfois, il n'est pas essentiel pour le créancier que la prestation soit exécutée par le débiteur. A côté de l'exécution en nature par le débiteur, il existe en effet une variété de solutions. Certaines permettent tantôt à un tiers d'exécuter l'obligation aux dépens du débiteur ; d'autres en revanche permettent au juge d'ordonner des mesures tendant à remédier aux conséquences dommageables de l'inexécution. C'est ce que Géneviève VINEY a appelé *«les succédanés de l'exécution»*[1497] (§2).

§1. Le maintien de l'exécution en nature stricto sensu

504. Il convient dans une approche civique de montrer ce qu'il faut entendre par exécution en nature au sens strict (A.) avant d'en ressortir quelques applications (B.).

A. La notion d'exécution en nature *stricto sensu*

505. Le créancier victime d'une inexécution de la part de son cocontractant peut demander à ce que ce dernier exécute son obligation en nature. Aucun texte ne donne expressément la définition de l'exécution en nature. Mais, cette mesure est bien définie dans la jurisprudence et la doctrine africaine et européenne. C'est sans doute ce qui a justifié l'absence de controverses autour de son interprétation. Au sens strict du terme, l'exécution en nature[1498] renvoie à l'idée que le débiteur fournisse personnellement la prestation à laquelle il s'était engagé. Elle suppose une inexécution volontaire de son obligation par le débiteur[1499]. Ce qui n'est en

---

[1495] *Op. cit.*, n°37, p.200 et s.

[1496] A l'exclusion bien entendu des obligations ayant un caractère personnel (PDEC, art. 9:102 (2) (c)).

[1497] En ce sens, G. VINEY, «Exécution de l'obligation, faculté de remplacement et réparation en nature en droit français», *op. cit.*, spéc. n°23 et s, p.188 et s. Cet article va nous servir de boussole tout au long de nos développements sur l'exécution en nature.

[1498] On parle également d'exécution directe ou d'exécution *ad ipsam rem.*

[1499] A l'exclusion des cas d'exécution spontanée ou d'exécution excusée comme provenant d'un cas de force majeure. Bref, il doit y avoir une absence d'impossibilité matérielle ou juridique d'exécution car, comme l'affirmait déjà le Digeste, *impossibilium nulla obligatio est*, c'est-à-dire *«à l'impossible nul n'est*

soi que légitime puisqu'il s'agit d'exécuter l'obligation tel que cela est prévu dans le contrat. Il s'agit de l'exécution normale du contrat suite à un manquement par le débiteur à son obligation d'exécuter. Par exemple, exécuter en nature le contrat de bail consiste principalement pour le preneur à occuper le local, à payer le loyer, et pour le bailleur à mettre le local à la disposition du preneur, à réaliser les grosses réparations. Dans la vente, l'exécution en nature consistera pour le vendeur à livrer et garantir le bien, et, pour l'acheteur, à payer le prix et prendre livraison. Dans le contrat de réparation automobile, le garagiste entretient le véhicule de son client, et ce dernier en paye le prix.

506. Plusieurs questions se dégagent tout de même autour de cette notion d'exécution en nature, et peuvent rendre parfois très complexe sa mise en œuvre. Le législateur européen et de l'OHADA, à la différence des législateurs nationaux, a principalement retenu la distinction selon que les obligations sont de somme d'argent ou non. Ce n'est qu'accessoirement qu'est mentionnée la distinction des obligations de donner, de faire ou de ne pas faire. Le recul de cette distinction tient peut être au caractère désormais mythique de l'obligation de donner[1500]. L'exécution en nature des dettes de somme d'argent quant à elle présente peu d'intérêt dans le cadre de la présente étude puisqu'en cas d'inexécution, le créancier peut directement recourir aux modes ordinaires de paiement[1501] ou aux voies d'exécution[1502].

507. La question se pose davantage lorsque l'on est en présence d'une obligation autre que celle de somme d'argent. Sont principalement concernées les obligations de comportement, précisément les obligations de faire ou de ne pas faire. Le Code civil a semblé résoudre l'équation en limitant dans son article 1142 l'exécution de ces obligations à l'allocation des dommages et intérêts. Cette disposition est désormais trop réductrice et ne permet pas de concilier les intérêts catégoriels en présence. Pourtant, plusieurs dispositions du Code permettaient déjà de relativiser une telle

---

tenu». Il ne doit pas non plus y a voir abus de droit. En ce sens, voir par exemple les article 9:102 (2) (a) PDEC, 110.3 de la proposition de règlement relatif à la vente.

1500 M. FABRE-MAGNAN, «Le mythe de l'obligation de donner», *RTD. civ.*, 1996, p.85. L'obligation de donner n'engloberait que l'obligation de transférer la propriété ou un autre droit réel, qui, selon Mme VINEY, *«a elle-même été réduite pratiquement à rien par l'admission du transfert automatique de la propriété par le seul accord des volontés»*, *loc. cit.*, n°5, p.172.

1501 APAUDC, art. 7/8.

1502 En ce sens, voir par exemple l'article 9:101 PDEC. Ph. DELEBECQUE, «Les nouvelles procédures civiles d'exécution», in Actes du colloque des 28 et 29 janvier 1993 sur *La réforme des procédures civiles d'exécution par la loi n°91-650 du 9 juillet 1991 et par le décret n°92-755 du 31 juillet 1992, RTD. civ.* 1993, spéc. p.15.

affirmation[1503]. La doctrine française y a également vu - selon les termes de Mme VINEY - un *«principe hostile à la condamnation à exécuter»*[1504]. Aujourd'hui, une telle limitation mérite d'être relativisée. Certains auteurs proposent, à raison, de faire une nouvelle lecture de cette disposition bicentenaire[1505].

Pour Patrick WÉRY, l'article 1142 du Code civil ne doit pas être lu séparément des articles 1143 et 1144 dudit code. Plutôt que de dire, comme l'avaient fait la plupart des auteurs, *«toute obligation doit se résoudre en dommages et intérêts»*[1506], il faudrait dire que *« toute obligation peut se résoudre en dommages et intérêts»*. En France par exemple, le projet Catala renforce de manière considérable cette évolution favorable à l'exécution en nature des obligations contractuelles, y compris celles de faire ou de ne pas faire[1507]. Ainsi, l'exécution en nature reste possible pour tous les contractants, même en ce qui concerne les obligations de faire ou de ne pas

---

[1503] L'article 1184 alinéa 2 qui concerne toutes les obligations contractuelles permet au créancier de l'inexécution soit de forcer le débiteur à exécuter la convention lorsque cela est encore possible, soit de la résoudre avec dommages et intérêts. L'article 1143 qui concerne l'obligation de ne pas faire permet au créancier de demander la destruction de ce qui a été fait par contravention à l'engagement. Les articles 1228 et 1242 constituent également de s illustrations de choix.

[1504] En ce sens, voir W. JEANDIDIER, «L'exécution forcée des obligations contractuelles de faire», *RTD. civ.*, 1976, p.700 et s. ; G. CORNU, «Regards sur le titre III du Livre III du code civil», Cours de DEA de droit privé, 1977, p 68, n°81 et s. ; H. L. J. MAZEAUD et F. CHABAS, Traité, t. III, 1er vol., 6e éd., n°2308 et s., G. MARTY, P. RAYNAUD et Ph. JESTAZ, *Droit civil. Les obligations*, t.2, *Le régime*, 2e éd., *Sirey*, 1989, n°286.

[1505] Pour des développements doctrinaux plus anciens, voir J. CARBONNIER, *Droit civil*, t. 4, *Les obligations*, Paris, *P.U.F.*, 1994, 18e éd., p.579 et s. ; H. DE PAGE, *Traité élémentaire de droit civil belge*, 3e éd., vol.3, Bruxelles, *Bruylant*, 1967, p.123 ; I. MOREAU-MARGRÈVE, «L'astreinte», *Ann. Droit Liège*, 1982, p.67 ; M. PLANIOL et G. RIPERT, *Traité pratique de droit civil français*, avec le conCours de P. EISMEIN, J. RADOULANT et G. GABOLDE, t. 7, Paris, *L.G.D.J.*, 1954, p.90 ; R. DEMOGUE, *Traité des obligations en général*, t.6, Paris, 1931, p.141 ; E. MASSIN, *Droit romain : du caractère pécuniaire des condamnations. Droit icivil de l'exécution forcée des obligations de faire ou de ne pas faire*, thèse, Paris, 1893, 451p ; E. MEYNIAL, «De la sanction civile des obligations de faire ou de ne pas faire», *Rev. Prat. Dr. Fr.*, 1884, p.399 ; C. DEMOLOMBE, *Cours de code civil*, t.12, Paris, 1846.

[1506] Une telle analyse réduit sensiblement le domaine dudit texte.

[1507] L'article 1154 de ce projet inverse l'article 1142 du Code civil en ces termes: *«L'exécution de faire s'exécute si possible en nature (...). A défaut d'exécution en nature, l'obligation de faire se résout en dommages et intérêts»*. Cette solution est reprise par l'article 137 du projet de la Chancellerie, l'article 105 du projet TERRÉ, l'article 241 du BGB allemand, l'article 3: 229 du BW néerlandais.

faire[1508]. L'idée n'est pas d'accorder une primauté excessive à l'exécution en nature, mais plutôt de donner au créancier une option entre ces deux modes d'exécution, sans pour autant dénier au débiteur la possibilité d'exécuter son obligation telle qu'elle avait vu le jour[1509]. Le débiteur a le droit de s'exécuter en nature tant que cette exécution reste toujours possible et qu'elle n'a causé aucun dommage au créancier. Dans ce cas, ce dernier ne peut pas refuser[1510] l'offre d'exécution qui lui est faite. Inversement, le créancier peut se rabattre sur les dommages et intérêts si le débiteur refuse de s'incliner devant la condamnation d'exécuter en nature[1511]. Cet auteur a été rejoint par Mme VINEY, qui propose d'aller encore plus loin et de tirer les conséquences plus complètes de cette relecture en retenant que *«la formule de l'article 1142 peut être interprétée comme permettant au créancier d'opter pour les dommages et intérêts dès que l'inexécution est constatée. Autrement dit, ce texte autorise le créancier à demander des dommages et intérêts soit de préférence à l'exécution en nature, soit en cas de résistance*

[1508]Toutefois, les PDEC excluent l'exécution en nature lorsque *«le créancier peut raisonnablement obtenir l'exécution par un autre moyen»* (art. 9:102 (2) (d). La présente exception autorise le recours, sous le contrôle du juge, de la faculté remplacement.

[1509]Pour reprendre un exemple classique, un fleuriste ne peut pas contraindre son client qui lui a passé une commande de muguet pour le premier mai d'en prendre livraison après cette échéance. C'est également le cas d'un débiteur qui n'est plus en mesure de restituer un corps certain qui lui avait été remis parce que ce dernier est détruit ou a été volé.

[1510]Cass. 3e civ. 27-03-2013, n°12-13.734 (n°336 FS-P+B), *D.*2013, p.910. Dans cette affaire, la Cour a décidé que le preneur à bail de locaux à usage d'habitation, qui recherche la responsabilité du bailleur pour défaut d'exécution de son obligation d'entretien, ne peut refuser l'offre de ce dernier d'exécuter son obligation en nature. Elle reconnait ainsi qu'une Cour d'appel qui a constaté que l'Office public de l'habitat de la communauté urbaine de Bordeaux offrait de réaliser les travaux, a pu en déduire, sans modifier l'objet du litige, que le locataire ne pouvait demander une réparation en équivalent. En sens contraire, voir Hugo BARBIER, «Le créancier demandeur de dommages-intérêts peut-il se voir imposer une prestation en nature ?», note sous Com. 28 mai 2013, n°12-16.861, inédit et Civ. 3e, 27 mars 2013, n°12-13.734, *RTD. civ.* 2013 p.603 : le juge du fond ne peut réparer en nature lorsqu'on lui demande réparation en dommages-intérêts sans procéder à une modification du litige et enCourir la cassation.

[1511]P. WÉRY, *L'exécution en forcée en nature des obligations contractuelles non pécuniaires. Une relecture des articles 1142 à 1144 du code civil*, éd. Kluwer, coll. Scientifique de la Faculté de droit de Liège, Préface de I. MOREAU-MARGRÈVE, 1993, 421p. Adde du même auteur «L'exécution en nature de l'obligation contractuelle et la réparation en nature du dommage contractuel», rapport belge, in *Les sanctions de l'inexécution des obligations contractuelles. Etudes de droit comparé*, *op. cit.*, pp.205-262.

du débiteur à l'exécution»[1512]. Dans ce cas, le créancier peut alors recourir à l'exécution forcée en nature en convoquant les procédures simplifiées de recouvrement et les voies d'exécutions[1513] qui sont mieux connues ; le juge peut également prononcer à l'encontre du débiteur des condamnations sous astreinte.

En lisant cette disposition ainsi, l'on ramène à peu de chose la question qui s'est posée de savoir si la condamnation à exécuter est de droit ou si le juge peut lui préférer une condamnation à des dommages et intérêts. L'idée n'est en effet pas tant celle là, mais plutôt celle de savoir si les intérêts en présence seront préservés. Une telle lecture, parce qu'elle offre de nombreuses possibilités de satisfaction au créancier sans porter atteinte aux intérêts du débiteur parait satisfaisante et conforme aux exigences du civisme contractuel. La mise en œuvre de cette condamnation quant à elle ne soulève plus d'inquiétude puisque le créancier peut, après mise en demeure restée infructueuse, faire exécuter la condamnation sans contrainte physique sur le débiteur[1514], encore que celui-ci soit une personne physique.

Cette nouvelle lecture de l'article 1142 du Code civil est donc plus protectrice des intérêts catégoriels en présence. Elle concilie les impératifs de sécurité, de justice et de moralité contractuelle. L'architecte européen et de l'OHADA en donne de nombreuses applications.

B. Quelques applications de l'exécution en nature *stricto sensu*

508. L'exécution en nature ainsi décrite n'est pas une sanction étrangère au droit européen ou au droit de l'OHADA, qu'il s'agisse du droit

---

[1512] *Op. cit.*, n°9, p.175.

[1513] L'on comprend alors que l'exécution en nature, la réparation en nature et l'exécution forcée *«sont loin d'être des synonymes»* (P. WÉRY, «L'exécution en nature de l'obligation contractuelle et la réparation en nature du dommage contractuel», *op. cit.*, n°1, p.205 et s.). L'exécution forcée en nature est la conséquence de l'inexécution de la condamnation à exécuter en nature. En droit de l'OHADA, v. G. KÉRÉ KÉRÉ, «Le droit commun de l'exécution forcée dans l'espace OHADA», *RASJ*, 2010, vol.7, n°1, pp.65-83.

[1514] C'est une application de l'adage *«nemo potest praecise cogi ad factum»* (Personne ne peut être contraint à faire une chose) qui interdit désormais toute contrainte par corps comme contraire au droit fondamental de la personne à son intégrité physique ; sous réserve dans certains cas, de l'expulsion *manu militari*. En fait, c'est un acquis que le créancier ne peut par exemple pas contraindre le peintre à achever le travail artistique qui lui a été confié. Par ailleurs, si le débiteur d'une promesse d'hypothèque ne peut être contraint par la force à se présenter chez un notaire en vue de signer l'acte constitutif d'hypothèque, l'on conçoit dans la foulée que le juge puisse- pour protéger les intérêts contractuels - rendre une décision valant signature en lieu et place de celle du débiteur.

positif ou prospectif. En raison de l'option qu'elle procure au créancier pour sa satisfaction, et la sécurité qu'elle confère au débiteur pour éviter que ses intérêts ne soient simultanément affectés, il serait indiqué de généraliser son admission.

509. En droit de l'OHADA, plusieurs dispositions peuvent attester de la reconnaissance de l'exécution en nature *stricto sensu*. Le contrat de cautionnement offre un bon terrain d'application de. Le cautionnement est *«un contrat par lequel la caution s'engage, envers le créancier qui accepte, à exécuter une obligation présente ou future contractée par le débiteur, si celui-ci n'y satisfait pas lui-même»* (AUDS révisé, art. 13). Le créancier ne peut entreprendre de poursuites contre la caution qu'après une mise en demeure de payer adressée au débiteur restée sans effet (AUDS révisé, art. 23 al.2). La caution est en droit de refuser le bénéfice de la prorogation du terme (délai d'exécution) accordée au débiteur et de le poursuivre pour le forcer au paiement ou obtenir une garantie ou une mesure conservatoire (AUDS révisé, art. 23 al.3). Lorsqu'elle est solidaire, la caution est tenue de la même manière que le débiteur solidaire (AUDS révisé, art. 26).

En matière de vente commerciale, l'article 250 alinéa 1er de l'AUDCG avait posé le principe de l'exécution en nature des obligations contractuelles par le vendeur[1515] ; et ses alinéas 2 et 3 quelques unes de ses applications[1516]. C'est ce principe qui a malheureusement été supprimé par l'AUDCG révisé au profit d'une multiplicité d'applications. Si cette tendance a l'avantage d'offrir aux contractants une pluralité de mesures d'exécution du contrat en nature, elle renferme également l'inconvénient majeur d'extraire de ce dispositif un principe qui aurait servi de base ou de référent à une infinité d'applications. En effet, dire de l'acheteur qu'il peut exiger du vendeur l'exécution de toutes ses obligations inclut tous les modes d'exécution du contrat, que ce soit l'exécution en nature ou l'exécution par équivalent. On imagine alors mal qu'une préférence soit accordée à cette série de mesures spéciales limitées, sans doute efficaces, au détriment d'une mesure générale plus large. Il est en effet difficile de concevoir des droits spéciaux qui ne soient pas assis sur un droit commun. C'est le problème

---

[1515]Ce texte prévoit que: *«L'acheteur peut exiger du vendeur l'exécution de toutes ses obligations».*

[1516]Ce texte prévoit que: *«Si les marchandises ne sont pas conformes au contrat, l'acheteur peut exiger du vendeur la livraison de marchandises de remplacement si le défaut de conformité constitue un manquement essentiel au contrat et si cette livraison est demandée au moment de la dénonciation du défaut de conformité, ou dans un délai raisonnable à compter de cette dénonciation.*
Si les marchandises ne sont pas conformes au contrat, l'acheteur peut exiger du vendeur qu'il répare le défaut de conformité. La réparation doit être demandée au moment de la dénonciation du défaut de conformité, ou dans un délai raisonnable à compter de cette dénonciation».

aujourd'hui du droit des contrats spéciaux prévus dans les Actes uniformes en vigueur au détriment du droit commun contenu dans l'APAUDC. Ce dernier texte contient aussi de nombreuses dispositions en matière d'exécution en nature *stricto sensu.* Les articles 7/9, 7/10, et 7/12 en sont quelques illustrations. Ces dispositions correspondent aux tendances des codifications actuelles et des projets d'harmonisation au plan européen[1517].

510. En droit européen, les directives et règlements laissent aux Etats la liberté de déterminer le régime des sanctions applicables aux violations des dispositions nationales prises pour leur application[1518]. Ce qui nous ramène, au plan national, à la faveur accordée à l'exécution en nature en France et dans les pays de droit continental, et à l'exécution par équivalent dans les pays de Common law. Malgré les nombreuses limites prévues à l'article 9 :102 (2)[1519], les PDEC - repris par la proposition de règlement relatif à la vente au profit tant de l'acheteur (art. 110.1) que du vendeur (art. 132.1) - posent également de manière claire et précise le principe de l'exécution en nature[1520]. En vertu de l'article 9 :102 (1) dudit texte en effet: *«Le créancier d'une obligation autre que de somme d'argent a le droit d'exiger l'exécution en nature».* Pour faciliter l'exécution et

---

[1517]Inspirées des P. UNIDROIT, l'APAUDC ne s'éloigne pas de l'avant-projet Gandolfi de Code européen des contrats, des travaux du réseau de chercheurs européens sur le CCR (ou DCFR) ou encore des Principes contractuels communs issus des travaux de l'Association Henri Capitant et de la société de législation comparée.

[1518]Voir notamment la Directive n°85/577/CEE concernant les contrats négociés en dehors des établissements commerciaux ; directive n°93/13/CEE concernant les clauses abusives dans les contrats conclus avec les consommateurs ; la directive n°97/7/CE concernant les contrats à distance et la directive n°99/44/CE sur la vente et les garanties des biens de consommation.

[1519]D'après ce texte en effet, l'exécution en nature ne peut être obtenue lorsque l'exécution est impossible ou illicite, lorsqu'elle comporte pour le débiteur des efforts ou dépenses déraisonnables, lorsqu'elle consiste à fournir des services ou réaliser un ouvrage présentant un caractère personnel ou dépend de relations personnelles, ou encore lorsque le créancier peut raisonnablement obtenir l'exécution par un autre moyen. Ces limites sont tout aussi importantes que le principe. Il suffit, pour s'en souvenir, d'évoquer ces arrêts ayant condamné un entrepreneur à refaire un ouvrage en son entier, au motif que la construction présentait des défauts mineurs par rapport aux plans convenus avec le client. Un exemple frappant en était l'hypothèse où la Cour de cassation imposait aux juges du fond de faire droit à la demande de démolition d'une maison au motif que *«le niveau de la construction présentait une insuffisance de 0,33 mètre par rapport aux stipulations contractuelles»* (Cass. civ. 3e, 11 mai 2005, Bull. civ. III, n°103).

[1520]Ce texte pose également le principe de la correction d'une exécution défectueuse. Celle-ci peut obéir, comme nous l'avons plus loin, au régime de la révision judiciaire, bilatérale ou unilatérale des obligations contractuelles.

concilier les intérêts contractuels en présence, le législateur européen n'a pas pris en compte la distinction classique entre les obligations de *dare*, de *praestare*, de *facere* et de *non facere*. Seule reste maintenue la distinction entre les obligations de sommes d'argent et les obligations non pécuniaires, les premières étant d'ailleurs très limitées et ne posant pas véritablement de problème[1521].

En France, le projet de la Chancellerie est révélateur de la volonté marquée d'étendre l'exécution en nature à toutes les obligations contractuelles, qu'elles soient ou non de sommes d'argent. Par trois fois, ce projet souligne de principe que le créancier a le droit à une exécution en nature. Cette affirmation figure d'abord parmi les principes directeurs, en corollaire de la force obligatoire du contrat. L'article 17 dudit projet dispose en effet que: *«le contrat légalement formé s'impose aux parties..... Chacune d'elles peut exiger de son cocontractant l'exécution de son obligation telle qu'elle a été prévue par le contrat»*. L'idée est ensuite reprise par l'article 110 du même projet puisque *«les obligations de donner, de faire ou de ne pas faire s'exécutent en principe en nature»*. Enfin, en ce qui concerne l'exécution forcée en nature, l'article 162 du projet admet que *«le créancier d'une obligation de faire peut en poursuivre l'exécution en nature sauf si cette exécution est impossible ou si son coût est manifestement déraisonnable»*. Dans une espèce, le juge français, juge européen de droit commun, a confirmé la thèse de l'effectivité de la sanction de l'exécution en nature des obligations de comportement, précisément de l'obligation de ne pas faire. Par contrat du 7 février 2005, la société Michel Lafon publishing (Michel Lafon) a cédé à la société Librairie générale française (LGF) le droit d'exploiter dans la collection du "Livre de Poche", pour une durée de cinq ans, l'œuvre de Ian Y... et Dustin Z... intitulée "La règle de quatre", s'interdisant, pendant la durée du contrat, de publier ou de laisser publier cet ouvrage dans une collection à grande diffusion dont le prix de vente ne serait pas au moins deux fois et demi supérieur à celui du livre de poche. Quelques temps plus tard, la société LGF ayant appris qu'en dépit de ses engagements, la société Michel Lafon s'apprêtait à commercialiser l'ouvrage dans une collection dont le prix n'excédait pas 10 euros, l'a assignée en référé en interdiction, sous astreinte de la poursuite des actes de commercialisation et en retrait de la vente des exemplaires mis sur le marché. Suite au renvoi de l'affaire au fond par le juge des référés, le tribunal de grande instance a accueilli la demande. La Cour d'appel saisie infirma la décision du tribunal, motifs pris de ce que les obligations de faire ou de ne pas faire se résolvent en dommages et intérêts, conformément à l'article 1142 du Code civil. C'est cette dernière décision que va casser et annuler la Cour de cassation. Celle-ci

[1521]En fait, les obligations monétaires se prêtent volontiers aux procédures d'exécution forcée grâce à l'éventail des voies d'exécution mis à la disposition du créancier impayé.

estime *«Qu'en statuant ainsi, alors qu'en sollicitant le prononcé d'une mesure visant à interdire, sous astreinte, la poursuite des actes de commercialisation entrepris par la société Michel Lafon en méconnaissance de ses engagements, la société LGF n'avait fait qu'user de la faculté reconnue à toute partie contractante de poursuivre l'exécution forcée de la convention lorsque celle-ci est possible, de sorte que le prononcé d'une telle mesure, en ce qu'elle tendait à l'exécution forcée de la convention, relevait des pouvoirs du juge du fond, la Cour d'appel a violé par fausse application l'article 1142 du Code civil et par refus d'application les autres textes».*

L'on comprend donc que, la partie envers laquelle un engagement contractuel n'a point été exécuté a la faculté de forcer l'autre à l'exécution de la convention lorsque celle-ci est possible. La Cour rappelle également que le prononcé de mesures d'interdiction et de retrait, sous astreinte, destinées à assurer une telle exécution et le respect des engagements souscrits, entre dans les pouvoirs des juges du fond tenus de trancher le litige, tel que déterminé par les prétentions des parties, conformément aux règles de droit qui lui sont applicables[1522].

511. Le créancier qui souhaite demander l'exécution en nature de l'obligation doit agir avec diligence pour éviter que son laxisme n'aggrave le dommage et n'entraine des pertes qui auraient pu être évitées. S'il manque de demander l'exécution dans un délai raisonnable à partir du moment où il a eu ou aurait dû avoir connaissance de l'inexécution, il est déchu de son droit à l'exécution en nature (PDEC, art. 9 :102 (3).

512. Il peut arriver que le débiteur ne soit pas ou plus en mesure d'accomplir lui-même la prestation à laquelle il s'était engagé. Dans ce cas, l'architecte européen et de l'OHADA, à la suite de son homologue de droit interne, a prévu des solutions intermédiaires qui se situent à cheval entre l'exécution en nature *stricto sensu* et l'exécution par équivalent. C'est ce qu'on qualifie de succédanés de l'exécution en nature[1523].

[1522]v. D. MAZEAUD, «Exécution forcée de l'obligation contractuelle de ne pas faire (Civ. 1ère, 16 janvier 2007, pourvoi n°06-13983, D. 2007, p.1119), *RDC*, 2007, n°3, p.719.

[1523]Une telle présentation va à contreCourant des positions de certains auteurs français. Ces auteurs estiment, non parfois sans raison, qu'en matière contractuelle, *«la réparation n'a pas d'autonomie par rapport à l'exécution. Elle serait une forme d'exécution, l'exécution par équivalent»* (cité par Mme VINEY, *loc. cit.*, n°2 et s, p.168 et s). Voir en ce sens, D. TALLON, «L'inexécution du contrat : pour une autre appréciation», *RTD. civ.*, 1994, .223 ; Ph. REMY, «Critique du système français de responsabilité civile», Droit et cultures, 1996, .31 ; du même auteur «La responsabilité contractuelle, histoire d'un faux concept», *RTD. civ.*, 1997, pp.323 et s. ; Ph. LE TOURNEAU et L. CADIET, *Droit de la responsabilité et des contrats*, 2e éd. *Dalloz-Sirey*, 2002, 1540p.

§2. Le recours aux succédanés de l'exécution en nature

513. En droit européen et de l'OHADA, il existe bel et bien des succédanés à l'exécution en nature *stricto sensu.* En droit positif, il n'existe malheureusement pas de principe général autour duquel se regroupent tous ces succédanés. On les retrouve éparpillés tantôt dans des textes nationaux, tantôt dans des actes uniformes ou dans des directives et règlements. En droit prospectif, la question mérite également d'être envisagée, même si elle y est abordée de manière différente. Le droit européen affiche un visage identique à celui du droit positif. En revanche, en droit de l'OHADA, les succédanés de l'exécution en nature sont regroupés en droit prospectif autour de ce qu'il est possible d'appeler le *«droit à l'exécution».* L'article 7/10 de l'APAUDC qui le renferme dispose que: *«Le droit à l'exécution comprend, le cas échéant, le droit à la réparation ou au remplacement de l'objet, ainsi qu'à tout autre moyen de remédier à une exécution défectueuse. Les dispositions des articles 7/8*[1524] *et 7/9*[1525] *sont alors applicables».* Le législateur de l'OHADA a ainsi distingué trois catégories de succédanés à l'exécution en nature, que l'on retrouve également en droit européen[1526]. Mais, nous n'examinerons que deux, la troisième catégorie constituée de « tout autre moyen » pouvant rentrer au besoin dans la deuxième catégorie[1527]. Il s'agit d'une part du remplacement (A.), et d'autre part de la réparation en nature (B.).

A. <u>Le remplacement</u>

514. Le remplacement ou faculté de remplacement s'entend de l'exécution des obligations contractuelles par un tiers, ou par le créancier lui-même, *aux dépens du débiteur.* Si donc l'exécution en nature *stricto sensu* suppose l'exécution de l'obligation par le débiteur à ses propres dépens, tel qu'il s'était engagé, la faculté de remplacement permet soit au créancier, soit à un tiers d'exécuter l'obligation, aux dépens du débiteur. En droit interne des Etats européens et de l'OHADA, la faculté de remplacement constitue

---

[1524]Cette disposition qui porte sur l'exécution de l'obligation de somme d'argent prévoit qu' *«A défaut par le débiteur de payer une dette de somme d'argent, le créancier peut en exiger le paiement».*

[1525]Cette disposition qui porte sur l'exécution de l'obligation non pécuniaire prévoit, sous réserve de quelques exceptions, qu' *«A défaut par le débiteur de s'acquitter d'une obligation autre que de somme d'argent, le créancier peut en exiger l'exécution ...».*

[1526]Cf. Proposition de règlement européen relative à la vente au consommateur, art. 106, 111.

[1527]Elle concerne *« tout autre moyen de remédier à une exécution défectueuse»,* et semble limitée à l'exécution défectueuse des obligations contractuelles, et peut recouvrir d'autres sanctions contractuelles telles que la nullité contractuelle, la résolution partielle, l'exécution par équivalent.

une mesure licite. Pour ce qui est du droit français et camerounais, cette mesure est régie pour les obligations de faire ou de ne pas faire par les articles 1143 et 1144 du Code civil[1528]. D'après l'article 1143, *«le créancier a le droit de demander que ce qui aurait été fait par contravention à l'engagement soit détruit ; et il peut se faire autoriser à le détruire aux dépens du débiteur, sans préjudice des dommages et intérêts s'il y a lieu»*. L'article 1144 quant à lui prévoit que : *« Le créancier peut aussi, en cas d'inexécution, être autorisé à faire exécuter lui-même l'obligation aux dépens du débiteur. Celui-ci peut être condamné à faire l'avance des sommes nécessaires à cette exécution. »*.

515 L'analyse de ces deux dispositions conduit à un double constat : celui de la réalité de la faculté de remplacement d'une part; et d'autre part celui plus pertinent ensuite de la multiplicité des procédés de remplacement. Le créancier peut en effet être autorisé à exécuter lui-même l'obligation aux dépens du débiteur. Dans ce cas, il peut également demander que le débiteur soit condamné à faire l'avance des sommes requises pour cette exécution. Il s'agit ici d'éviter d'aggraver le dommage subi et de permettre au créancier sans ressources de sauver ses intérêts du fait de l'inexécution du contrat par son cocontractant. Le créancier peut en outre demander que ce qui a été fait par contravention à l'engagement soit détruit par lui ou par un tiers au détriment du débiteur, le tout sans préjudice des dommages et intérêts. Ce qui est encore plus intéressant au sujet de ces dispositions est l'absence de hiérarchie entre ces différentes mesures, et la possibilité de les cumuler avec les dommages et intérêts ; toutes choses qui confirment la volonté de mettre à la disposition du créancier de nombreuses mesures nécessaires à la sauvegarde de ses intérêts contractuels.

516. Mais, il ne s'agit pas seulement d'assurer la sauvegarde des intérêts du créancier, encore faut-il que ceux du débiteur ne soient pas affectés lors de la mise en œuvre de cette faculté de remplacement. Au-delà de tout, il est question de concilier tous les intérêts catégoriels en présence. La conciliation des intérêts exige de *« veiller à ce que le débiteur ne soit pas évincé trop facilement de l'exécution de son contrat »*[1529]. Pour ce faire, le législateur a soumis la mise en œuvre du remplacement au respect de certaines conditions.

[1528]L'exercice se prête mal aux obligations de somme d'argent, car on imagine mal que pour une dette de somme d'argent, le débiteur soit condamné à l'exécuter en nature par autre chose que la somme d'argent. A moins bien entendu de le condamner à exécuter gratuitement un travail au profit du créancier, ce qui serait contraire à la prohibition du travail forcé et contractuellement incivique.

[1529]P. WÉRY, «L'exécution en nature de l'obligation contractuelle et la réparation en nature du dommage contractuel», *op. cit.,* spéc. n°39, p.254.

517. Dans un premier temps, il faut que le remplacement soit évident. Cela suppose d'abord, pour être autorisé à faire exécuter l'obligation soi-même ou par un tiers, que le créancier ait droit à l'exécution et que celle-ci soit encore possible. Cette idée va en effet de soi car agir autrement reviendrait accorder au débiteur le bénéfice d'une faculté à laquelle il n'a pas droit, toutes choses qui seraient corrélativement contraires à l'idée d'égalité des contractants. Cela suppose ensuite que l'obligation à exécuter soit fongible, c'est-à-dire, comme nous l'avons déjà observé, qu'elle n'ait pas un caractère personnel. En effet, comme le dit l'adage précité *nemo potest praecise cogi ad factum* (nul ne peut être physiquement contraint à exécuter ce qu'il ne veut pas faire), même s'il s'y est initialement engagé. Cela suppose enfin, ce qui est plus normal, que le créancier mette en œuvre le remplacement en choisissant le tiers chargé d'exécuter l'obligation, en avançant éventuellement les frais qu'il recouvrera par la suite. En fait, c'est le créancier qui maîtrise le mieux l'exécution de la sanction. C'est lui par exemple qui choisira l'entrepreneur chargé d'achever les travaux, ou qui passera la commande auprès d'un autre fournisseur des marchandises qui ne lui ont pas été livrées par le vendeur. Il est question de ne pas remettre au débiteur le choix de l'exécutant en raison de sa faute ou de sa résistance, ou encore au juge qui peut manquer de connaissance en la matière, à moins sans doute de recourir à une expertise ou de maintenir un minimum de contrôle sur le déroulement des opérations de remplacement. Dans tous les cas, cette mise en œuvre ne doit pas se faire au mépris des intérêts du débiteur. Confirmant les propos de M. JOURDAIN[1530], Jacques MESTRE et Bertrand FAGES observent à raison que *«le juge reste libre d'apprécier le mode de réparation sollicité en tenant compte de tous les intérêts en présence»*[1531].

518. Dans un second temps, mais non le dernier, il faut que la décision de remplacement émane d'une personne précise, en dehors de laquelle il ne peut être valable. En principe, le remplacement est judiciaire. C'est au juge qu'il revient en effet de l'ordonner. Le créancier doit donc requérir, parfois au moment de la demande d'exécution en nature, au besoin sous astreinte, l'autorisation de la juridiction compétente avant de procéder

[1530]En ce sens, voir Civ. 3e, 28 septembre 2005, Société Maginot c/ Perrin-Jassy, n°04-14.586, FS-P+B, *RTD. civ.* 2006.129, obs. P. Jourdain. S'interrogeant, Patrice JOURDAIN apporte une conception que nous partageons du pouvoir souverain du juge en terme d'appréciation du mode opportun de réparation du dommage : *«Mais le mieux ne serait-il pas encore de laisser le juge libre d'apprécier l'opportunité du mode de réparation sollicité en tentant compte de tous les intérêts en présence ? Nous ne sommes pas loin de le penser»*.

[1531]Cf. J. MESTRE et B. FAGES, «Les sanctions judiciaires de l'inexécution... ou de l'exécution contractuelle», note sous Civ. 3e, 28 sept. 2005, n°04-14.586, *RTD. civ.* 2006 p.311.

ou de faire procéder au remplacement. Gardien des intérêts contractuels, il revient à cette juridiction de s'assurer que l'exercice de cette mesure ne porte pas atteinte aux intérêts catégoriels en présence.

Mais, le remplacement peut aussi être fait à l'initiative du créancier sans recourir au juge. Cette hypothèse est rare mais pas impossible, et peut aisément être justifiée par l'urgence, quitte pour le débiteur de saisir par la suite le juge en contestation de ce qui a été exécuté. Quel que soit le cas, l'idée centrale demeure la recherche de sauvegarde des intérêts contractuels. Elle sied mieux avec l'exigence de souplesse et de rapidité de plus en plus manifeste en matière contractuelle, mais surtout également avec la volonté de sauver les intérêts en présence. Pour renforcer cette idée, il a été admis deux variantes.

La première, sans grand intérêt pratique puisqu'elle participe de la liberté contractuelle, consiste pour les contractants soit à insérer dans leur contrat des clauses de remplacement les dispensant du préalable de l'autorisation judiciaire[1532], soit encore à conclure des contrats de remplacement[1533]. On peut parler dans ce cas de remplacement conventionnel. L'efficacité d'un tel remplacement mérite d'être relativisée puisqu'il laisse subsister la possibilité d'un recours *a posteriori* du débiteur, notamment contre le montant des frais mis à sa charge.

La seconde, plus pertinente, même si elle présente à peu près les mêmes inconvénients que la précédente[1534], consiste pour le créancier à exécuter lui-même l'obligation ou à la faire exécuter par un tiers sans autorisation préalable du juge. On parle dans ce cas de remplacement unilatéral. Admis tant par la doctrine[1535] que par la jurisprudence[1536], le remplacement unilatéral n'est valable que si certaines conditions sont remplies[1537]. Le créancier doit se trouver dans l'urgence ou dans la nécessité

[1532]Cf. P. WÉRY, «Les clauses relatives au remplacement du débiteur défaillant», in *Les clauses applicables en cas d'inexécution des obligations contractuelles*, *La Charte*, 2001, p.229 et s.

[1533]Cf. APAUDC, art. 7/23 ; PDEC, art. 9:506. L'article 164 de la proposition de règlement européen relative à la vente parle de «convention de règlement».

[1534]Il s'agit d'une dispense provisoire car le débiteur peut toujours saisir la juridiction compétente pour contester le montant de la somme mise à sa charge ou la régularité des conditions de mise en œuvre du remplacement.

[1535]Pour ce qui est de la vente commerciale, voir notamment J. P. LE GALL, «Le retard dans la livraison des marchandises vendues», *RTD. com.*, 1963, p.265 et s. ; Y. PICOD, Le devoir de loyauté dans l'exécution du contrat, préf. G. Courturier, Paris, *L.G.D.J.*, 1989, pp.195-198 ; M. FONTAINE, «La mise en œuvre de la résolution des contrats synallagmatiques pour inexécution fautive», *R.C.J.B.* 1991, p.31.

[1536]Com. 1er juin 1959, *J.C.P.*, 1959, II, 11206, note J. Hémard.

[1537]v. P. WÉRY, «L'exécution en nature des obligations contractuelles», in *Les obligations contractuelles*, éd. *J.B.B.*, 2000, p.371, n°20.

d'agir[1538]. L'idée d'urgence et de nécessité permet à ce dernier de sauver ses intérêts que de les sacrifier à l'autel des lenteurs parfois criardes dans la reddition des décisions de justice. C'est très souvent le cas des denrées périssables dont la sauvegarde peut à bon droit justifier une action solitaire du créancier. Le créancier doit également faire constater le manquement avant de procéder au remplacement. Ceci permet de limiter les éventuelles contestations. A défaut de faire un constat contradictoire, le créancier pourra dresser un état des lieux en utilisant les moyens de preuve légaux requis. Très souvent, il s'agira de solliciter un constat d'huissier. Dans certains systèmes juridiques nationaux, des photos ou des reportages peuvent constituer sinon des preuves, du moins un commencement de preuve. Enfin, le créancier doit prendre toutes les mesures nécessaires pour informer le débiteur du processus de remplacement. Il doit au préalable le mettre en demeure de s'exécuter. De la sorte, il l'invite à s'exécuter sous peine de procéder à son remplacement. A l'expiration de l'échéance ainsi fixée, et après avoir procédé au remplacement, le créancier doit encore avertir le débiteur défaillant pour que ce dernier ne prenne plus des dispositions dans le sens de l'exécution de l'obligation.

Dans tous les cas précités, il serait idoine que la doctrine ou la jurisprudence considère le remplacement comme un droit pour le créancier et simultanément comme une obligation pour le débiteur. Chacun des contractants garde la possibilité de saisir *a priori* ou *a posteriori* la juridiction compétente en cas d'abus. Selon Mme VINEY, *«La solution préférable consisterait semble-t-il à considérer le remplacement comme une modalité de l'exécution et à admettre, en conséquence, que, lorsqu'il est demandé par le créancier, il doit en principe lui être accordé, sauf si le juge constate que cette demande est abusive»*[1539]. Il serait également approprié de généraliser le remplacement à tous les contrats de droit privé. Une telle démarche participe d'une harmonisation souhaitable du droit des contrats avec pour finalité la recherche permanente de conciliation des intérêts contractuels.

[1538]Les clauses de remplacement peuvent préciser ou supprimer totalement la condition d'urgence. En revanche, les clauses de remplacement ne peuvent exonérer le créancier de ses obligations informatives, encore moins priver le débiteur de son droit de contester en justice le montant des frais mis à sa charge.

[1539]Pour constater l'abus, il suffira de démontrer que le remplacement n'est pas nécessaire, et que le créancier peut se satisfaire d'une exécution par équivalent ou que l'exécution par un tiers au dépens du débiteur présente des inconvénients graves pour le débiteur ou pour d'autres personnes.

519. Les droit européen et de l'OHADA ont repris, chacun à sa manière, les mesures citées aux articles 1143 et 1144 du Code civil[1540]. L'article 7/10 de l'APAUDC par exemple pose le principe du remplacement sans en préciser les modalités de mise en œuvre. Si cet avant-projet est adopté en l'état, le régime juridique du remplacement pourra être inspiré de celui susdécrit. En matière de vente commerciale, l'article 283 de l'AUDCG révisé admet le remplacement comme sanction de l'inexécution des obligations contractuelles. D'après l'alinéa 1er de ce texte en effet: «*Si l'acheteur invoque dans les délais fixés aux articles 258 et 259 du présent Acte uniforme un défaut de conformité des marchandises livrées, le vendeur a la faculté d'imposer*[1541]*, à ses frais exclusifs et sans délai, à l'acheteur le remplacement des marchandises défectueuses par des marchandises conformes*». Dans ce cas, «*l'acheteur peut convenir avec le vendeur d'un délai supplémentaire pour le remplacement, aux frais exclusifs du vendeur, des marchandises défectueuses par des marchandises conformes*» (AUDCG révisé, art. 283 al.2). Avant le terme de ce nouveau délai, l'acheteur ne peut « *invoquer l'inexécution des obligations du vendeur et si le vendeur exécute ses obligations dans ce délai, l'acheteur ne peut prétendre à des dommages-intérêts*» (AUDCG révisé, art. 283 al.3). L'idée de remplacement en matière de vente commerciale de l'OHADA est encore évoquée aux articles 298 et 299 dudit Acte.

En matière de bail à usage professionnel, l'article 107 de l'AUDCG révisé est également fort révélateur. En effet, lorsque le bailleur refuse d'assumer les grosses réparations qui lui incombent, «*le preneur peut se faire autoriser par la juridiction compétente, statuant à bref délai, à les exécuter conformément aux règles de l'art, pour le compte du bailleur. Dans ce cas, la juridiction compétente, statuant à bref délai, fixe le montant de ces réparations et les modalités de leur remboursement*»[1542].

[1540]Même si certains mécanismes tels que la destruction ne sont pas expressément cités, il n'est pas impossible de le ranger dans la catégories des mesures que le juge peut prendre en application des articles 1143 ou 1144 du Code civil puisque le droit national qui n'est pas contraire au droit de l'OHADA reste en vigueur ; ou en application de l'article 7/10 qui s'est contenté de poser le principe du remplacement sans en préciser les modalités de mise en œuvre ; ou encore de l'article 283 de l'AUDCG révisé lorsqu'il s'agit d'une vente commerciale. Ce dernier texte constitue une porte ouverte aux pouvoirs du juge car le remplacement des marchandises défectueuses peut procéder de la destruction des marchandises livrées au renouvellement de celles à livrer.

[1541]C'est-à-dire soit dans le délai d'un mois qui suit la livraison lorsque le défaut de conformité est apparent au jour de la livraison, soit, lorsque le défaut de conformité est caché le jour de la prise de livraison, dans le délai d'un an à compter du jour où ce défaut a été constaté ou aurait dû l'être.

[1542]Il s'agit d'une disposition d'ordre public.

Le droit des sûretés offre également des hypothèses intéressantes de remplacement. L'article 16 alinéa 1er en l'occurrence, pour nous limiter à celui-là, contraint le débiteur à fournir une autre caution ou à fournir une sûreté réelle donnant les mêmes garanties au créancier, lorsque la caution qu'elle avait fournie est devenue insolvable. La place qu'occupe cette disposition dans l'AUDS révisé, précisément dans le cadre de la formation du cautionnement, peut laisser penser que cette mesure ne s'applique qu'à cette phase contractuelle. Tel n'est en réalité pas le cas. En fait, cette disposition a vocation à s'appliquer même après la formation du cautionnement.

Bien que pertinente, le remplacement n'est pas l'unique succédané de l'exécution en nature. Le juge peut ordonner des mesures qui n'ont pas une véritable assise textuelle, mais qui tendent toutes à remédier aux conséquences dommageables de l'inexécution et qui peuvent se justifier aussi par cette volonté de concilier tous les intérêts en présence. C'est ce qu'on a qualifié de *«réparation en nature»*.

B. La réparation en nature

520. Concrètement, il s'agit de la possibilité laissée au juge de prononcer à l'encontre du débiteur le manquement à ses obligations contractuelles, c'est-à-dire en cas d'inexécution, d'exécution tardive ou défectueuse de ses obligations contractuelles, une condamnation consistant pour ce dernier à fournir une prestation distincte de celle à laquelle il s'était engagée, du moment qu'il est établi que cette prestation de remplacement a vocation à compenser la perte causée par le manquement[1543]. C'est la voie qu'a suivie la Cour de cassation française dans un arrêt rendu le 2 mars 2005. Dans cette affaire, l'acquéreur d'un immeuble en état futur d'achèvement avait constaté lors de la prise de possession que l'accès au balcon devait se faire par une forte marche de 32 cm et qu'en outre la hauteur de passage était insuffisante au niveau du châssis coulissant. Il prétendait

[1543]Cf. Cass., 3e civ. 25-01-2006, n°04-18.672 (n°117 FS-P+B). Dans cette affaire, la société locataire avait demandé dès le 12 avril 1995 à son bailleur d'effectuer sur le hangar les gros travaux lui incombant contractuellement, à savoir la réfection totale de la toiture et la consolidation des piliers et des murs. Elle a renouvelé sa demande par courriers des 22 février 1997 et 22 mars 1997 ; mais que la situation s'était aggravée à la suite de la tempête du 26 décembre 1999, et qu'en juillet 2001, la commune avait effectué sur place plusieurs visites qui lui avaient permis de constater l'état des lieux ainsi que la nécessité de prendre des mesures d'urgence afin de sauvegarder le clos et le couvert. Qu'en fin de compte, la Cour de cassation à la Cour d'appel ayant déduit que la société en cause était fondée à demander au bailleur, tenu de lui assurer une jouissance paisible de la totalité des lieux loués, de reconstruire le bâtiment démoli.

fonder son action sur le droit commun de la responsabilité contractuelle pour défaut de conformité et réclamait la réparation en nature de l'anomalie, mais il avait été débouté de ses demandes. Il se posait alors devant la Cour de cassation, d'une part la question de la qualification du désordre, et d'autre part celle de l'exécution en nature.

Sur la qualification du désordre, il est établi qu'à partir du moment où un ouvrage est affecté d'une anomalie par rapport à ce que devrait être un ouvrage normal, on a affaire à une défectuosité (ou vice de l'immeuble, ou vice de construction) et non à un vice de conformité. Or, sans doute dans le souci d'assurer la conciliation des intérêts catégoriels en présence, la Cour décide désormais que les défauts de conformité apparents, et même manifestes, demeurent soumis au droit commun de la responsabilité contractuelle.

S'agissant de l'exécution en nature, le même scénario s'est produit. En application de l'article 1642-1 du Code civil français, dans les cas où le vendeur n'a pas pris l'engagement de réparer le vice, seule la résolution de la vente ou la diminution du prix pouvaient être envisagées comme sanctions. C'est d'ailleurs ce qui a justifié le refus de la Cour d'appel d'ordonner la réparation en nature. Cela n'a pas empêché la Cour de cassation de casser l'arrêt puisqu'elle va estimer, probablement pour des raisons identiques à celles sus-évoquées, que le vice apparent peut faire l'objet d'une réparation en nature.

La réparation en nature est donc un moyen mis au service du juge pour lui permettre non seulement de préserver les intérêts du créancier victime de l'inexécution en sanctionnant le débiteur indélicat, mais surtout aussi de concilier les intérêts en présence en évitant que les droits du débiteur défaillant ne soient à leur tour violés. Certains auteurs rejettent cependant l'idée de la réparation en nature en matière contractuelle aux motifs qu'elle reviendrait à consacrer l'existence d'obligations judiciaires[1544]. En réalité, et c'est la thèse à laquelle nous adhérons, *«l'obligation de réparer le dommage trouve son origine dans la loi, qui impose au responsable d'un dommage d'indemniser la victime»*[1545]. L'article 7/12 en est une illustration flagrante car l'exécution en nature peut trouver son fondement dans *«tout autre moyen»* dont peut se prévaloir le créancier[1546].

[1544] v. J. CARBONNIER, *Droit civil*, t.4, *Les obligations*, *op. cit.*, p. 579 et s ; G. RIPERT et J. BOULANGER, *Traité de droit civil d'après le traité de Planiol*, t.2, Paris, *L.G.D.J.*, 1957, p.437.

[1545] P. WÉRY, «L'exécution en nature de l'obligation contractuelle et la réparation en nature du dommage contractuel», *op. cit.*, spéc. n°28, p.239.

[1546] En vertu de cette disposition: *«(1) Le créancier qui, ayant exigé l'exécution d'une obligation autre que de somme d'argent, ne l'a pas reçue dans le délai fixé ou, à défaut, dans un délai raisonnable, peut se prévaloir de tout autre moyen. (2)*

521. En aucun cas, la réparation en nature ne devrait s'entendre d'une modalité de réparation sous forme d'argent[1547]. Elle rentre plutôt dans le registre des modes d'exécution en nature des obligations contractuelles, distinctes des modes d'exécution par équivalent qui impliquent l'allocation des dommages et intérêts. Il n'est pour autant pas question en outre d'assimiler la réparation en nature à une forme de réparation autre que l'allocation des dommages et intérêts. Auquel cas, elle engloberait, elle-même comprise, toutes les hypothèses d'exécution en nature parmi lesquelles figurent l'exécution en nature au sens strict du terme et le remplacement. Par ailleurs, même si une partie de la doctrine française notamment a tendance à les assimiler[1548], la réparation en nature ne doit pas être confondue avec l'exécution en nature[1549]. Si celle-ci s'impose du seul fait de l'engagement et réunit considérablement les pouvoirs du juge,

---

Lorsque la décision du tribunal relative à l'exécution d'une obligation autre que de somme d'argent ne peut faire l'objet d'une exécution forcée, le créancier peut se prévaloir de tout autre moyen», que le moyen soit prévu, comme le retient l'article 8:101 (1) PDEC, ou non comme le laisse aussi penser la disposition examinée.

[1547] Mme VINEY dans son article précité a clarifié la distinction entre l'exécution et la réparation sous forme de dommages et intérêt. D'après elle, cette distinction est incontestable et, qu'à vouloir la nier, on se réduirait à nier l'évidence. Selon elle, ces deux mécanismes sont distincts tant au niveau de la forme de la réparation qu'à celui de leur objet. Sur la forme de réparation, Mme VINEY observe avec raison que si les dommages et intérêts ne sont alloués qu'en cas de dommage consécutif à l'inexécution, l'exécution constitue plutôt un droit qui nait de la seule constatation de la défaillance du débiteur, sans besoin de prouver que le créancier a subi un préjudice. D'après leur objet en outre, elle relève qu' *«alors que l'exécution se limite au paiement de la somme due et non payée, la réparation va très souvent au-delà».* Il ne reste pas moins vrai, comme l'a montré Marie-Eve ROUJOU DE BOUBEE, que *« la distinction entre la réparation en nature et exécution est loin d'être toujours nettement tranchée: il est parfois difficile de discerner les techniques susceptibles de satisfaire le créancier de celles qui ne pourront lui apporter qu'une compensation... Souvent on passe de manière presque insensible de l'exécution à la réparation »* (*Essai sur la notion de réparation, L.G.D.J.*, 1974, p.193). Adde P. RÉMY-CORLAY, «Exécution et réparation : deux concepts?», *RTD. civ.* 1997, p.323.

[1548] Cf. W. JEANDIDIER, « L'exécution forcée des obligations contractuelles de faire», *op. cit. ;* G. CORNU, «Regards sur le titre III du Livre III du code civil», *op. cit.* ; H. L. J. MAZEAUD et F. CHABAS, Traité, *op. cit.* ; P. RAYNAUD et P. JESTAZ, *Droit civil. Les obligations*, *op. cit.*

[1549] Comme l'observe Mme VINEY, *«... la principale difficulté que soulève la réparation en nature c'est qu'elle est très difficile à distinguer de l'exécution alors que précisément elle n'a de raison d'être que si elle est autonome par rapport à celle-ci»* (in «Exécution de l'obligation, faculté de remplacement et réparation en nature en droit français», *op. cit.*, n°35, p.199).

l'exécution devant être prononcée du moment qu'elle est possible et satisfactoire pour le créancier, celle-là en revanche exige un préjudice en relation de causalité avec l'inexécution et confère de larges pouvoirs au juge, ce dernier pouvant choisir la modalité qui lui parait la mieux adaptée à la situation[1550], sans que cela n'entraine forcément, comme le craignait une partie de la doctrine, la consécration des obligations judiciaires.

522. Les droits européens et de l'OHADA n'ignorent pas complètement la réparation en nature. Certes, à l'image des droits nationaux de la plupart de leurs Etats membres, les PDEC ne reconnaissent pas explicitement la réparation en nature[1551]. Pourtant, ils sont riches de ses applications. Et, la rareté des décisions de justice en la matière ne doit pas suffire à justifier la méconnaissance de ce mode d'exécution des obligations contractuelles. En effet, ce dernier ne relève point de l'imagination. Si théoriquement il peut prêter à discussion, en pratique, il s'agit d'une véritable sanction de l'inobservation d'un intérêt particulier du contractant. Son enracinement dans ces ordres juridiques se fait de manière implicite, certes, mais certaine.

On retrouve le mécanisme dans plusieurs directives, règlements et Actes uniformes en vigueur. A la lumière des principes UNIDROIT, l'APAUDC en l'occurrence fait allusion à la réparation en nature dans son article 7/10 en tant que modalité du droit à l'exécution, mais ne distingue pas clairement ces mécanismes[1552]. A défaut d'y voir une forme d'exécution en nature des obligations contractuelles, comme nous l'avons montré à travers l'observation de sa place dans l'arborescence de notre présente étude, l'on pourrait y voir, dans une vision d'ensemble cette fois ci, une modalité de mise en œuvre de la responsabilité contractuelle[1553]. Le juge ne peut donc la

---

[1550]Pour plus de développements doctrinaux dans ce sens, voir G. VINEY, «Exécution de l'obligation, faculté de remplacement et réparation en nature en droit français», *op. cit. ;* P. WÉRY, «L'exécution en nature de l'obligation contractuelle et la réparation en nature du dommage contractuel», *op. cit.,* n°26 et s, p.236 et s. ; M.-E. ROUJOU DE BOUBÉE, *Essai sur la notion de réparation, op. cit.*

[1551]Toutes les dispositions du Code civil traitant de la responsabilité contractuelle n'envisagent que la condamnation du débiteur au paiement des dommages et intérêts.

[1552]v. G. VINEY, «Exécution de l'obligation, faculté de remplacement et réparation en nature en droit français», *op. cit.*

[1553]Cf. P. WÉRY, «L'exécution en nature de l'obligation contractuelle et la réparation en nature du dommage contractuel», *op. cit.,* n°31 et s, p.243 et s. Pour cet auteur, *«La réparation en nature se présente ainsi comme une des suites possibles de la responsabilité contractuelle»* (*op. cit.*, n°25, p.235). Adde G. VINEY, «Les obligations. La responsabilité : effets», in Traité de droit civil, sous la dir. de J. GHESTIN, Paris, *L.G.D.J.*, 1988 ; J.-M. VAN RYN, *Responsabilité et contrats en droit positif, Sirey*, 1933, 362p, spéc. p.32, n°26.

soulever d'office ; il faut que la demande lui soit faite par le créancier. Dans ce cas, le juge doit satisfaire à sa demande, à moins que celle-ci ne soit abusive. En matière de bail par exemple, le juge peut ordonner au débiteur de procéder à la remise en l'état des lieux. Ceci n'est que la conséquence de l'obligation faite au bailleur de délivrer les locaux en bon état (AUDCG révisé, art. 105) et au preneur d'exploiter les lieux loués en bon père de famille (AUDCG révisé, art. 113). En matière de vente également, il est courant que le juge impose au vendeur la mise en conformité du bien si ce dernier s'avère défectueux ou non conforme. Il arrive également qu'il sanctionne le contractant qui manque à son obligation de remise en l'état du bien. D'après l'article 298 de l'AUDCG révisé en effet: *«L'acheteur ne peut obtenir la rupture du contrat ou exiger la livraison de marchandises de remplacement s'il lui est impossible de restituer les marchandises dans l'état où il les a reçues, et si cette impossibilité est due à un acte ou une omission de sa part».*

523. Plusieurs autres dispositions, qui ne seront pas épuisées ici, constituent des illustrations parfaites de la réparation en nature en droit de l'OHADA. Le fait par exemple pour l'agent commercial d'agir au mépris de son obligation de non concurrence peut amener le juge à prononcer à son encontre la déchéance du droit à l' *« indemnité spéciale »* prévue à l'article 219 alinéa 2 de l'AUDCG révisé. De la même manière, il peut condamner le vendeur du fonds de commerce de cesser l'exploitation du fonds exercée au mépris de son engagement de non rétablissement (AUDCG révisé, art. 155).

524. D'autres mesures peuvent être prises en compte au titre de modalités de réparation en nature. Le prononcé d'une déchéance du bénéfice d'une créance pour sanctionner l'inexécution contractuelle imputable au créancier déchu, le prononcé de l'inopposabilité d'un acte conclu en violation des droits contractuels d'autrui, la privation du bénéfice d'une prescription acquisitive qui était acquise, la condamnation du débiteur d'une obligation d'information d'avoir à la garantir, le prononcé d'une décision tenant lieu d'acte de la partie condamnée[1554], le prononcé de la suspension du bail lorsque les réparations urgentes faites par le bailleur rendent impossible la jouissance du bail (AUDCG révisé, art. 107 al.5), le prononcé d'une décision d'expulsion *manu militari* ou d'enlèvement des biens dans un local en constituent quelques exemples parmi tant d'autres.

Parfois, l'exécution en nature peut être impossible[1555] ou ne plus présenter d'intérêt pour le créancier[1556]. Parfois également, le créancier peut

[1554]L'hypothèse est celle du débiteur qui refuse de se présenter devant le notaire pour signer un acte. Dans ce cas, la décision rendue par le juge tient lieu de signature en ses lieux et place.
[1555]Cas de disparition de la chose à livrer par exemple.

préférer rompre la relation contractuelle qui le lie au débiteur indélicat et ne demander qu'une exécution par équivalent, sous la forme d'une allocation de dommages et intérêts. C'est ce qu'il convient désormais d'examiner.

SECTION II. L'EXECUTION PAR EQUIVALENT

525. L'exécution des obligations contractuelles peut se faire par équivalent. Il s'agit d'une sanction de l'inexécution d'une obligation contractuelle qui se traduit par le versement de dommages et intérêts par le débiteur à la victime de l'inexécution. Les dommages et intérêts correspondent à une somme d'argent versée au créancier et destinée à compenser le préjudice subi du fait de l'inexécution du contrat[1557]. L'analyse des sources contractuelles en droit européen et de l'OHADA confirme que, dans le souci d'assurer la conciliation des intérêts particuliers des contractants à l'intérêt général de la société, ces architectes ont non seulement maintenu les modes classiques d'exécution par équivalent, prévus par les législateurs nationaux (**§1**), mais qu'ils entendent également instituer un nouveau mode d'exécution par équivalent connu sous l'appellation de dommages et intérêts punitifs (**§2**).

§1. Le maintien des modes classiques d'exécution par équivalent

526. L'architecte européen et de l'OHADA a suivi son homologue de droit interne en matière d'exécution par équivalent. En agissant de la sorte, il a voulu marquer non seulement l'importance de telles sanctions, mais aussi faciliter l'exécution des obligations contractuelles par la multiplication des hypothèses d'exécution qui tiennent compte des intérêts contractuels. Cette démarche conforme aux exigences du civisme contractuel soulève néanmoins quelques interrogations. Certaines tiennent aux justifications de ces dommages et intérêts (A.) ; d'autres en revanche relèvent de leur évaluation (B.).

[1556]Le service promis n'était utile au créancier qu'à l'échéance fixée pour son exécution. Cas de livraison tardive d'un gâteau de mariage par exemple.

[1557]v. P. JOURDAIN, «Les dommages et intérêts alloués par le juge», in M. FONTAINE et G. VINEY (dir.), *Les sanctions de l'inexécution des obligations contractuelles. Etudes de droit comparé*, *Bruylant/LGDJ*, 2001, 1127 p, pp.263-305.

A. Les justifications de l'allocation des dommages et intérêts

527. Le civisme contractuel est un faisceau de droits et d'obligations qui concourent à la conciliation des intérêts contractuels. Le bénéfice des dommages et intérêts constitue un droit pour le contractant victime de l'inexécution par son cocontractant de ses obligations. Le droit européen et le droit de l'OHADA sont unanimes à ce sujet. Traditionnellement, il existe en matière contractuelle deux formes de dommages et intérêts : les dommages et intérêts compensatoires et les dommages et intérêts moratoires[1558]. Les dommages et intérêts compensatoires sont des sommes d'argent dus par le débiteur d'une obligation en raison d'un manquement contractuel, qu'il s'agisse d'une inexécution, d'une exécution défectueuse ou d'une exécution tardive. Ces dommages et intérêts ont pour objectif de compenser le préjudice découlant de l'inexécution de l'obligation par l'un des contractants. A la suite du droit interne, de nombreuses dispositions ont été prévues à cet effet par le droit européen[1559] et le droit de l'OHADA[1560]. On parle en revanche de dommages et intérêts moratoires lorsque le dommage subi provient du retard de l'exécution d'un paiement. Contrairement aux précédents, les dommages et intérêts moratoires visent à réparer un retard dans le paiement d'une somme d'argent. Pour bénéficier de ces intérêts, le créancier n'a pas alors à démontrer l'existence et l'étendue du

---

[1558]Les indemnités compensatrices sont distincts des dommages et intérêts et ne retiendront pas notre attention.

[1559]v. la Directive 90/314/CEE du Conseil, du 13 juin 1990 concernant les voyages, vacances et circuits à forfait qui renvoie aux Etats membres la charge de prendre des mesures afin que le responsable d'un manquement contractuel dédommage son cocontractant. La Directive 2006/123/CE du Parlement européen et du Conseil du 12 décembre 2006 relative aux services dans le marché intérieur prévoit une «assurance responsabilité professionnelle» qui permet au prestataire de service de couvrir vis-à-vis des destinataires ou des tiers sa responsabilité éventuelle en cas de dommages résultant de la prestation du service. S'agissant du droit prospectif, voir notamment les articles 3:204, 4:106, 4:117, 8:101, 8 :102, 9:103, 9:401, 9:501,9 :502, 9:510 des PDEC. En outre, la partie VI *«Dommages et intérêts; intérêts de retard»* de la proposition de règlement européen relatif à la vente contient des dispositions communes complémentaires relatives aux dommages et intérêts dus en cas de préjudice (dommages et intérêts compensatoires) et aux intérêts à verser en cas de retard de paiement (dommages et intérêts moratoires).

[1560]En droit positif de l'OHADA, sont révélateurs les articles 115, 188, 200, 229, 284, 291, 292, 296 de l'AUDCG révisé ; les articles 32, 101 et 109 de l'AUDS révisé ; les articles 6-2, 7 et 27-4 de l'AUCTMR pour ne citer que ceux-là. En droit prospectif en outre, sont convaincants en ce sens les articles 2/28, 3/20, 7/17, 7/19, 7/20, 7/28, 7/29, 7/30 de l'APAUDC.

préjudice[1561]. Ici également, plusieurs dispositions ont été adoptées par l'architecte européen[1562] et de l'OHADA[1563].

528. Dans une perspective civique, la fonction des dommages et intérêts, qu'ils soient compensatoires ou moratoires, n'est pas la punition du débiteur, encore moins la protection exclusive du créancier, mais surtout aussi la conciliation des intérêts contractuels[1564]. Une analyse superficielle des dispositions y afférentes peut laisser penser que les dommages et intérêts ont uniquement vocation à indemniser le créancier de l'obligation. Cette piste n'est pas négligeable puisqu'en principe, la somme d'argent est versée au créancier au titre de l'inexécution, de la mauvaise exécution ou du retard observé dans le paiement. Pour combler les attentes du créancier, le droit européen et le droit de l'OHADA adoptent une conception large du préjudice réparable. Ce dernier couvre non seulement le préjudice matériel, corporel ou moral, mais également le préjudice actuel, futur[1565] ou non pécuniaire[1566]. Les dommages et intérêts constituent alors *«un montant qui permette de placer, autant que possible, le créancier dans la situation où il se serait trouvé si le contrat avait été dûment exécuté. Ils tiennent compte tant de la perte qu'il a subie que du gain dont il a été privé»*[1567]. La possibilité pour le créancier de l'obligation de cumuler les dommages et intérêts avec les autres moyens d'exécution en nature ou par équivalent constitue une hypothèse supplémentaire de satisfaction du créancier[1568].

Pourtant, il ne s'agit pas uniquement de protéger les intérêts du créancier victime de l'inexécution, il est également question d'assurer la sauvegarde des intérêts du débiteur ainsi que ceux du contrat à travers l'adoption des règles qui empêchent de sanctionner plus qu'il n'en faut ou qui limitent ou exonèrent le débiteur de son obligation de supporter les dommages et intérêts si le créancier a contribué à la réalisation du dommage. Le juge peut en l'occurrence réduire le montant des dommages et intérêts en cas de faute du créancier[1569]. En outre, si le débiteur est responsable du manquement contractuel, il n'a pas à supporter le préjudice subi par la faute,

[1561]C. civ., art. 1153 alinéa 2.

[1562]PDEC, art. 9:508. Adde Proposition de règlement européen relatif à la vente.

[1563]Pour s'en convaincre, il convient de se référer aux articles 187, 291 de l'AUDCG révisé ; à l'article 43 de l'AUDSCGIE ; aux articles 7/4, 7/7, 7/27, 7/28 de l'APAUDC.

[1564]Les dommages et intérêts ne sont pas une peine d'amende, dont le montant est versé à l'État. Il s'agit plutôt d'une somme d'argent adressée à la victime d'un dommage.

[1565]Cf. PDEC, art. 4:502; 9:501. Adde APAUDC, art. 7/21.

[1566]Cf. PDEC, art. 4:501. Adde APAUDC, art. 7/21.

[1567]Cf. PDEC, art. 9:502.

[1568]En ce sens, voir notamment les articles 7/17, 7/19; les articles 8:102 PDEC.

[1569]Cf. APAUDC, art. 7/25, 7/26; PDEC, art. 9:504, 9:505.

le laxisme, la négligence ou l'imprudence du créancier. Par ailleurs, pour éviter les spéculations néfastes aux intérêts du débiteur, l'article 9 : 401 (3) des PDEC interdit à bon droit au créancier qui peut réduire le prix de la prestation d'obtenir des dommages et intérêts pour diminution de valeur de la prestation.

En réalité, l'étude des justifications des dommages et intérêts sous l'angle du principe du civisme contractuel amène à l'heureux constat selon lequel, contrairement à la vision individualiste ou solidariste de l'allocation des dommages et intérêts. Il ne s'agit plus d'assurer uniquement la protection des intérêts de l'un des contractants, fort ou faible, mais il est surtout question aussi de concilier tous les intérêts catégoriels en présence. Cette vision civique des dommages et intérêts est également manifeste au regard des interrogations que soulève l'évaluation des dommages et intérêts.

B. L'évaluation des dommages et intérêts

529. Cette évaluation soulève de nombreuses interrogations. Certaines ne seront pas prises en compte dans le cadre de nos développements car elles trouvent des réponses claires et précises en droit européen et de l'OHADA. Elles tournent autour des caractères du dommage, des modalités de paiement, de la monnaie d'évaluation et du calcul des intérêts. Tout d'abord, pour être réparable, le dommage doit être certain même s'il est futur, direct et prévisible[1570]. Puis, le paiement se fait en argent par tout moyen, soit d'une traite, soit par des versements périodiques[1571]. Ensuite, la monnaie de paiement est en principe celle qui est prévue dans le contrat, et à défaut, celle qui exprime de la façon la plus adéquate le préjudice du créancier[1572]. Enfin, il faut relever qu'en droit interne comme en droit européen et de l'OHADA, les intérêts moratoires sont calculés sur la base de l'intérêt légal dont le taux est fixé forfaitairement. Cependant, les contractants peuvent conventionnellement fixer un autre taux, à condition de le stipuler par écrit et que ce taux ne soit

---

[1570]Cf APAUDC, art. 7/21 et 7/22 ;

[1571]Cf. PDEC, art. 7:107; APAUDC, art. 7/29.

[1572]Concrètement, pour les contrats conclus en droit de l'OHADA, la monnaie de paiement peut être le franc cfa ou l'euro. Pour un contrat international OHADA et droit européen, la monnaie est soit le franc cfa, soit l'euro, la première étant adossée à la seconde. Le Cours de la monnaie en bourse permet enfin de déterminer le taux de la monnaie lorsque le contrat conclu entre un des Etats européens ou de l'OHADA et un Etat non membre de ces deux organisations. En ce sens, voir les articles 7/30 APAUDC.

pas usuraire[1573]. Les intérêts peuvent eux-mêmes produire des intérêts. On parle encore d'anatocisme ou de capitalisation des intérêts. La créance de réparation peut également produire des intérêts à compter du jour du prononcé du jugement. Cette démarche vise inéluctablement à inciter le débiteur à un paiement rapide.

530. Une question semble aujourd'hui plus pertinente et aussi plus délicate: celle qui obéit au montant des dommages et intérêts. Il s'agit de l'évaluation monétaire. La question du montant des dommages et intérêts contractuels obéit selon le système juridique en cause au principe de la réparation prévisible ou au principe de la réparation intégrale. En application du principe de la réparation prévisible, seule la réparation du dommage prévu lors de la conclusion du contrat est possible. En revanche, et conformément au principe de la réparation intégrale, tout le préjudice doit être réparé, mais rien que le préjudice. Dans ce cas, le montant de la réparation est indépendant de la gravité de la faute[1574]. Autrement dit, le débiteur qui n'a commis qu'une faute légère peut être appelé à supporter d'importants dommages et intérêts[1575]. Le Code civil a retenu le principe de la réparation prévisible. Le principe de la réparation intégrale n'apparaissant qu'exceptionnellement en cas de dol ou de faute lourde du débiteur. C'est ce que prévoit l'article 1150 du Code civil[1576]. L'article 1150 du Code civil permet non seulement à garantir l'exécution des obligations contractuelles, mais également de limiter l'étendue des demandes de dommages et intérêts formulées par les contractants, sur le fondement de l'article 1147 du Code civil. Cette disposition confirme la volonté de l'architecte de sanctionner les comportements des contractants. Dans une espèce relativement récente, le juge français a décidé que *«Le fait de manquer une correspondance aérienne en raison d'un retard de la SNCF n'est pas un dommage prévisible au sens de l'article 1150 du Code civil, sauf à prouver que la compagnie ferroviaire*

[1573]L'APAUDC et les PDEC parlent de *«taux bancaire de base à Court terme moyen pratiqué pour la monnaie de paiement du contrat au lieu où le paiement doit être effectué»* (7/27 et 9:508).

[1574]Les PDEC par exemple ne conditionnent pas l'octroi des dommages et intérêts à la preuve de la faute du débiteur. D'après Rémy CABRILLAC, *«les dommages et intérêts constituent davantage un remède à l'inexécution du contrat, une exécution par équivalent, que la conséquence d'une responsabilité contractuelle»* (in *Droit européen comparé des contrats*, *op. cit.*, n°267, p.181).

[1575]Le droit anglais admet le versement de damages pour compenser le préjudicie subi par le créancier sans que la faute du débiteur ne soit exigée. Le droit allemand en revanche subordonne, comme le droit français, le droit du créancier à des dommages et intérêts à un préjudice intervenu en lien avec une faute du débiteur.

[1576]En vertu de cette disposition: *«Le débiteur n'est tenu que des dommages et intérêts qui ont été prévus ou que l'on a pu prévoir lors du contrat, lorsque ce n'est point par son dol que l'obligation n'est point exécutée».*

était au courant de la destination finale du passager lors de la réservation»[1577]. Cette solution a été reprise en des termes assez voisins par les PDEC. En vertu de l'article 9:503 desdits principes: *«Le débiteur n'est tenu que du préjudice qu'il a prévu ou aurait dû raisonnablement prévoir au moment de la conclusion du contrat comme étant une conséquence vraisemblable de l'inexécution, lorsque ce n'est point intentionnellement ou par sa faute lourde que l'obligation n'est pas exécutée».*

531. La position de l'architecte de l'OHADA est plutôt hésitante. Dans le mandat, il retient l'exception de la réparation intégrale. En vertu de l'article 200 alinéa 2 de l'AUDCG révisé en effet, le commissionnaire qui est en faute est tenu de réparer *«tout»* le dommage causé par l'inobservation du contrat. Comme dans les hypothèses précédentes, le dédommagement dû par le débiteur doit couvrir tout le dommage et uniquement le dommage, sans qu'il en résulte ni appauvrissement, ni enrichissement du créancier victime du manquement contractuel. C'est la raison pour laquelle l'indemnité est calculée sur la valeur au jour du jugement, permettant ainsi de tenir compte de la variation intrinsèque du dommage, de la hausse du coût de la vie ou de la dépréciation de la monnaie survenue depuis le jour du dommage. L'évaluation du dommage au jour du jugement trouve sa justification dans la nécessité de réparer le dommage causé au créancier aussi complètement que possible[1578]. Cette position de l'architecte de l'OHADA peut laisser penser que la problématique de l'évaluation monétaire du dommage est un long fleuve tranquille. Mais, l'article 7/20 de l'APAUDC, qui doit constituer dans cet espace le droit commun des contrats, va poser une approche totalement différente de celle jusque là relevée[1579]. Inspirée des Principes UNIDROIT, cette disposition va abandonner la notion de faute et consacrer expressément le principe de la réparation intégrale en droit de l'OHADA. Il prévoit en effet que : «*1) Le créancier a droit à la réparation intégrale du préjudice qu'il a subi du fait de l'inexécution. Le préjudice comprend la perte qu'il a subie et le bénéfice dont il a été privé, compte tenu de tout gain résultant pour le créancier d'une dépense ou d'une perte évitée.*

[1577] Civ. 1ère, 28 avr. 2011, n°10-15.056, SNCF c/ Les époux X ; Dijon, 7 oct. 2003 ; Civ. 1ère, 25 janv. 1989.

[1578] Le dommage n'est pas figé. Il peut varier dans son contenu comme dans son expression monétaire entre le jour du fait dommageable et celui de la reddition de la décision de condamnation à réparer. Cf. P. JOURDAIN, «Les dommages-intérêts alloués par le juge», in M. FONTAINE et G. VINEY (dir.), *Les sanctions de l'inexécution des obligations contractuelles. Etudes de droit comparé*, *op. cit.*, pp.263-305, spéc. n°3, p.265.

[1579] Ce principe n'est pas dégagé par le Code civil. C'est la jurisprudence qui va le déduire de ses dispositions.

2) Le préjudice peut être non pécuniaire et résulter notamment de la souffrance physique ou morale».

532. Aucune de ces approches n'est mauvaise en soi. La réparation prévisible a l'avantage de la sécurité puisqu'elle sied à la volonté des contractants. Mais, cette sécurité n'est parfois qu'illusoire. Il arrive très souvent en effet que le préjudice subi soit nettement plus important que ce qu'avaient prédit les contractants. Dans une telle hypothèse, pour ne citer que celle-là, il est difficile de voir dans le principe de la réparation prévisible un principe au service de tous les intérêts contractuels. La réparation intégrale quant à elle vise à réparer tout le dommage. Toutes choses qui facilitent également la satisfaction des intérêts de la victime de l'inexécution. Mais, telle qu'elle est conçue en droit français et européen, elle introduit l'idée de faute qui n'est pas toujours conforme à la défense des intérêts des contractants puisqu'il est des hypothèses où la réparation intégrale peut être demandée sans faute. Dans ce cas, la réparation serait irrecevable ou non fondée.

L'approche adoptée par le législateur de l'OHADA à l'article 7/20 de l'APAUDC parait la plus appropriée puisqu'elle vise, en dehors de toute idée de faute, la satisfaction des intérêts du créancier sans porter atteinte à ceux du débiteur. Les PDEC reprennent ce principe dans son article 9 :502. Les projets de réforme du droit français des contrats quant à eux proposent de l'intégrer dans le Code civil[1580]. Le BGB allemand et le droit anglais retiennent également une formule très proche[1581]. Cette convergence des droits nationaux et des projets de textes supranationaux vers la consécration du principe de la réparation intégrale en dehors de toute idée de faute atteste que la démarche retenue par le législateur de l'OHADA mérite encore plus d'attention. C'est l'approche qui justifie le mieux la formule souvent reprise en droit français selon laquelle *«le propre de la responsabilité civile est de rétablir aussi exactement que possible l'équilibre détruit par le dommage et à replacer la victime dans la situation où elle se serait trouvée si l'acte*

[1580]Cf. Projet Catala, art. 1370 ; Projet Terré, art. 118 alinéa 1er. Adde CEC, art. 166.1.

[1581]D'après le § 249 (1) BGB, l'octroi des dommages et intérêts a pour fonction de *«rétablir l'état des choses qui aurait existé si le fait générateur de l'obligation de réparer n'était pas survenu»*. Dans le même sens, selon un auteur anglais en outre, *«the object of an award of damages for breach of contract is to place the claimant, so far as money can do it, in the same situation, with respect of damages, as if the contract had been performed»* (Anson's law of contract, V.17.III.). Dans une espèce, la *Court of appeal* anglaise a à cet effet jugé que l'acheteur d'une machine qui n'avait pas la productivité promise ne pouvait à la fois demander, à titre de dommages et intérêts, la différence entre le prix d'achat et la valeur actuelle de la machine plus le manque à gagner pour toute la période d'utilisation (*Culliname v. British «Rema» manufacturing co. Ltd (1954), 1 QB 292.*

dommageable n'avait pas eu lieu»[1582]. Ce principe qui n'était jusque là formulé nulle part permet donc d'assurer une *«adéquation aussi parfaite que possible entre l'étendue de l'indemnisation et l'ampleur du dommage»*[1583]. Ce qui semble ne pas être le cas - bien que l'idée de conciliation des intérêts soit l'une des finalités - des dommages et intérêts punitifs qu'il convient maintenant de présenter.

§2. L'avènement d'un nouveau mode d'exécution par équivalent: de l'allocation des dommages et intérêts punitifs

533. La recherche d'une meilleure protection des intérêts contractuels peut justifier que soient pris en compte de nouveaux modes d'exécution par équivalent dans le but de vaincre l'inexécution, l'exécution fautive ou défectueuse par le débiteur de ses obligations contractuelles. Il s'agit en l'espèce d'allouer des dommages et intérêts dits punitifs au contractant ayant subi le préjudice et de réprimer et dissuader le contractant fautif[1584]. Dans la plupart des droits nationaux des Etats européens ou membres de l'OHADA, cette prise en compte est encore au stade embryonnaire. En plus de la méfiance, la plupart de ces droits sont réfractaires à cette nouvelle forme de sanction contractuelle. L'on observe tout de même quelques velléités de reconnaissance des dommages et intérêts punitifs dans ces droits, y compris en droit de l'OHADA. Mais, cette volonté de reconnaitre les dommages et intérêts punitifs pose un double problème : celui de la détermination des contours de la notion même de dommages et intérêts punitifs (A.), et celui de son appréciation (B.).

A. La notion de dommages et intérêts punitifs

534. Aucun texte, aucune décision de justice ne définit expressément la notion de dommages et intérêts punitifs. La doctrine quant à elle ne s'en est pas encore véritablement appropriée. Lorsque c'est le cas, ce n'est que de façon approximative. Pourtant, cette notion n'est pas une création *ex nihilo*. Née en Angleterre à la fin du 18ème siècle, les dommages et intérêts punitifs avaient pour but de punir l'auteur du dommage et de le dissuader pour l'avenir de la réalisation d'un acte fautif. Ils assurent ainsi plusieurs fonctions que certains tribunaux américains ont pris le soin de rappeler de façon détaillée. Dans un arrêt *Cooper Industry v. Leatherman Tool* rendu en 2001 par la Cour Suprême des États-Unis, le juge John Paul Stevens rappelle que:

[1582]Civ. 1ère, 17 juillet 1976, *Bull. civ.* II, n°327 ; Cass. civ. 2e, 4 février 1982, *JCP* 1982.II.19984, note J.-F. BARBIERI.
[1583]P. JOURDAIN, «Les dommages-intérêts alloués par le juge», *op. cit.*
[1584]En ce sens, voir L. GRATTON, «Le dommage déduit de la faute», *RTD. civ.* 2013 p.275.

«Although compensatory damages and punitive damages are typically awarded at the same time by the same decisionmaker, they serve distinct purposes. The former are intended to redress the concrete loss that the plaintiff has suffered by reason of the defendant's wrongful conduct. The latter, which has been described as quasi-criminal, operate as private fines intended to punish the defendant and to deter future wrongdoing. A jury's assessment of the extent of a plaintiff's injury is essentially a factual determination, whereas its imposition of punitive damages is an expression of its moral condemnation»[1585].

535. Les dommages et intérêts punitifs avaient ainsi élus domicile dans certains domaines tels celui des atteintes au droit à l'image ou à l'honneur[1586], aux droits de propriété intellectuelle[1587], au droit de la concurrence[1588], au droit de la consommation. On le constate, les dommages et intérêts punitifs, tels qu'ils étaient pensés au départ se prêtaient mal au phénomène contractuel. Tel ne semble plus être le cas aujourd'hui au point où les y examiner ne relèverait point d'un héroïsme outrageant. Néanmoins, dans le cadre des présents développements, il ne s'agira pas de réécrire l'histoire des dommages et intérêts punitifs. Il sera plutôt question de montrer si et comment le droit européen et de l'OHADA des contrats les appréhende, afin d'en proposer une définition appropriée à travers laquelle ils ne seraient plus perçus comme une dénaturation du système indemnitaire traditionnel, mais plutôt comme un complément nécessaire à la satisfaction des intérêts contractuels.

536. D'après Rémy CABRILLAC, *«Les dommages et intérêts punitifs peuvent être définis comme les dommages et intérêts dus par le*

[1585]Sur le domaine environnemental, voir WANDA MASTOR, «Responsabilité environnementale et dommages et intérêt punitifs. Cour suprême des États-Unis», 25 juin 2008, Exxon Shipping Co. Et Al. v. Baker et Al., *Constitutions* 2010 p.144.

[1586]J. HAUSER, « Du cumul des sanctions en cas d'atteinte à la vie privée et du respect des décisions judiciaires », *RTD civ.* 2008 p.79, note sous Civ. 1ère, 2 oct. 2007, RJPF 2007/12.11, note E. Putman. D'après M. HAUSER, *«l'addition des condamnations, si elle a pour but principal de conduire à la réparation, va tout de même au delà, aux confins de ces dommages-intérêts punitifs qu'on évoque parfois».*

[1587]En droit européen, voir le livre vert «sur la lutte contre la contrefaçon» (COM (98) 569 final, 15 oct. 1998). Adde J.-C. GALLOUX, «La directive relative au respect des droits de propriété», *RTD com.* 2004 p. 698 ; C. MARÉCHAL, «L'évaluation des dommages-intérêts en matière de contrefaçon», *RTD. com.* 2012 p.245.

[1588]e sens, voir notamment D. FASQUELLE et R. MESA, «La sanction de la concurrence déloyale et du parasitisme économique et le Rapport Catala», *Recueil Dalloz* 2005 p.2666.

débiteur au-delà de la réparation du dommage pour sanctionner son comportement»[1589]. Il s'agit d'une sanction qui confère à l'indemnisation civile un caractère dépassant le *statu quo ante*, c'est-à-dire qui va au-delà de la simple remise en état de la situation préexistant avant la réalisation du dommage. Cette acceptable définition mérite tout de même d'être revisitée. Pour autant que l'on s'y prête, une telle démarche passe mieux non seulement par l'examen des raisons qui ont justifié l'avènement progressif des dommages et intérêts punitifs, mais également par l'analyse de leur état d'admission en droit européen et de l'OHADA.

537. L'apparition des dommages et intérêts punitifs est la conséquence de plusieurs facteurs plus ou moins conjugués. L'échec des sanctions civiles constitue une illustration non négligeable. En fait, les comportements déloyaux ou à risque se sont multipliés et diversifiés, et la responsabilité contractuelle n'est plus à même d'assurer efficacement la réparation du préjudice, qu'il soit matériel ou moral. Le cantonnement des dommages et intérêts traditionnels à la réparation du dommage, et rien que le dommage, a poussé certains contractants à violer volontairement les règles de droit en la matière du moment que la condamnation pécuniaire encourue s'avérait inférieure au bénéfice qu'ils tireraient de leur comportement. Cette inefficacité des sanctions civiles est relayée par l'inefficacité de la répression pénale. Un certain nombre d'agissements répréhensibles échappent de plus en plus au droit pénal. C'est le cas, par exemple, de la réparation des atteintes à la vie privée.

Pourtant, depuis de longues dates, les droits anglais et américains admettent les dommages et intérêts punitifs[1590] dans le but de punir et de dissuader le débiteur. Dans les pays de tradition romano-germaniques, qui constituent la source d'inspiration première des pays membres de l'OHADA, la situation est un peu controversée. Théoriquement, ces pays ne reconnaissent pas les dommages et intérêts punitifs. Mais, dans la pratique, judiciaire notamment, tout laisse penser que la difficulté réside plutôt dans la consécration de cette technique. En Allemagne et en Italie, les juges refusent l'exequatur des jugements américains condamnant l'auteur de dommages à des dommages et intérêts punitifs. En revanche, ces juges ont tendance à alourdir le montant de l'indemnité destinée à réparer le dommage moral subi par la victime, ce qui constitue certainement un moyen indirect de

[1589] In *Droit européen comparé des contrats*, *op. cit.*, n°273, p.185.

[1590] Si en droit anglais on parle des *«exemplary damages»,* en droit américain il s'agit plutôt des *«punitive damages»*. Dans les deux cas, il s'agit d'une institution particulière qui n'a qu'un champ d'application limité à certaines formes d'actions. Cette sanction est également admise au Québec depuis 1991 (Cf. C. civil, art. 1621 ; Charte des droits et libertés de la personne, art. 49 ; Loi sur la protection du consommateur, art. 272).

sanctionner l'auteur du dommage non plus seulement par rapport à son fait, mais aussi et surtout à raison de la gravité de sa conduite[1591]. La Cour suprême espagnole a également utilisé cette notion en 2001. En France, après de nombreux rejets des juridictions[1592], la Cour de cassation a pour la première fois reconnu, dans un arrêt rendu le 1er décembre 2010, la validité du principe de l'allocation de dommages-intérêts punitifs au regard de l'ordre public international[1593], même si cette reconnaissance est faite sous réserve du caractère proportionné de leur montant à la gravité du manquement contractuel et au préjudice subi[1594]. A travers ce revirement, la Cour de cassation française marque sa sensibilité vis-à-vis de l'innovation proposée par l'avant projet Catala, qui institue en son projet d'article 1371 du Code Civil, la possibilité d'attribuer des dommages-intérêts punitifs[1595].

En réalité, les dommages et intérêts punitifs, nous l'avons dit, ont vocation à réparer le dommage, mais surtout à punir le comportement des

---

[1591]En ce sens, v. S. CARVAL, *La responsabilité civile dans sa fonction de peine privée*, coll. *BDP*, t.250, Paris, *L.G.D.J.*, 1998, 415p.

[1592]CA Poitiers, 26 février 2009, RG n°07-02.404 (arrêt rendu sur renvoi, et qui a à nouveau refusé d'accorder l'exequatur à ce jugement américain, cette fois au motif que l'allocation de dommages et intérêts punitifs était contraire à l'ordre public international de fond) ; CA Paris, 30 mai 2006, RG n°04/22000 ; CA Paris, 3 juillet 2006, RG n°04/00952. Contra : N. RONTCHEVSKY, «Du coût d'un conflit d'intérêts non révélé: le tribunal de commerce de Paris condamne une banque d'affaires à payer des dommages-intérêts considérables à une société cotée pour avoir manqué gravement et à de multiples reprises à ses devoirs d'indépendance, d'impartialité et de rigueur dans ses analyses financières», (T. com. Paris, 12 janv. 2004, *SA LVMH c/ Sté Morgan Stanley & Co International Ltd et Sté Morgan Stanley Dean Witter Inc.*, RG 2002/093985, *Rev. sociétés* 2004, p.297, note F.-L. Simon, *RTD com.* 2004 p.337.

[1593]Cf. Cass. civ. 1er décembre 2010, n°09-13.303, FS-P+B+R+I, Epoux Schlenzka c/ SA Fountaine Pajot ; *RTD civ.* 2011.124, obs. B. Fages. La Cour énonce que le principe de l'allocation de dommages-intérêts de nature punitive n'est pas en soi contraire à l'ordre public international. Adde V. WESTER-OUISSE, «La Cour de cassation ouvre la porte aux dommages-intérêts punitifs !», *Dalloz actualité*, 24 mars 2011, *RCA* 2011. Etude 5.

[1594]En ce sens, H. GAUDEMET-TALLON, «De la conformité des dommages-intérêts punitifs à l'ordre public», note sous Cass. 1re civ., 1er décembre 2010, Epoux X. c. Soc. Fountaine-Pajot, *RCDIP* 2011, p.93.

[1595]L'article 54 du projet de réforme présenté par l'Académie des sciences morales et politique prévoit quant à lui que: *«Lorsque l'auteur du dommage aura commis intentionnellement une faute lucrative, le juge aura la faculté d'accorder, par une décision spécialement motivée, le montant du profit retiré par le défendeur plutôt que la réparation du préjudice subi par le demandeur. La part excédant la somme qu'aurait reçue le demandeur au titre des dommages-intérêts compensatoires ne peut être couverte par une assurance de responsabilité».*

contractants. Or, la punition est une mission régalienne de l'Etat. Il en est de même des sources de la responsabilité contractuelle, lesquelles restent essentiellement nationales. Ceci va sans doute rebondir sur l'admissibilité des dommages et intérêts punitifs en droit européen et de l'OHADA.

538. Au niveau européen, l'on constate qu'aucune tentative d'harmonisation européenne n'est intervenue à ce jour. Au contraire, les derniers textes élaborés par les institutions communautaires tendent au *statu quo* en la matière. Par exemple, la directive 2004/48 écarte toute hypothèse de reconnaissance des dommages intérêts punitifs[1596]. En son considérant 26, cette directive énonce que « *Le but est non pas d'introduire une obligation de prévoir des dommages et intérêts punitifs, mais de permettre un dédommagement fondé sur une base objective tout en tenant compte des frais encourus par le titulaire du droit tels que les frais de recherche et d'identification.* ». L'objectif est donc d'inviter le juge à évaluer au mieux le préjudice en tenant compte de tous les éléments pertinents de l'affaire.

Plus intéressant encore est le règlement (CE) n°864/2007 du Parlement européen et du Conseil du 11 juillet 2007 sur la loi applicable aux obligations non contractuelles (dit règlement «Rome II»). Ce texte autorise expressément le recours des tribunaux des États membres à l'exception d'ordre public et aux lois de police afin, notamment, de paralyser l'application d'une disposition de la loi désignée par ce règlement qui conduirait à l'octroi de dommages et intérêts exemplaires ou punitifs non compensatoires excessifs[1597]. Ni les PDEC, ni la proposition de règlement sur la vente ne prévoit l'hypothèse d'une réparation par des dommages et intérêts punitifs. Ce qui montre la défiance vis-à-vis de cette sanction au plan européen, par rapport aux droits nationaux des Etats.

539. En droit positif de l'OHADA, le principe des dommages et intérêts punitifs n'est pas non plus consacré. Aucun texte, aucune décision de justice ne se prononce favorablement à l'institution de cette sanction. Pourtant, l'article 7/11 de l'APAUDC montre que le droit de l'OHADA est attentif aux transformations des droits nationaux des Etats européens et d'ailleurs. D'après ce texte: *«1) Le tribunal qui ordonne au débiteur de s'acquitter de ses obligations peut également lui imposer une pénalité s'il ne se conforme pas à la décision. 2) La pénalité est payable au créancier, sauf dispositions impératives de la loi du for. Le paiement de la pénalité n'empêche pas le créancier de réclamer des dommages-intérêts».*

A la lecture de cette disposition, quelques observations s'en suivent. Si en droit prospectif français *«la faculté de prononcer des dommages et*

[1596]Cf. Directive 2004/48/CE du Parlement européen et du Conseil du 29 avril 2004 relative au respect des droits de propriété intellectuelle.

[1597]En ce sens, voir le considérant n° 32 et l'article 27 du règlement (CE) n°864/2007.

intérêts punitifs n'est ouverte au juge qu'à l'encontre d'une faute manifestement délibérée, notamment d'une faute lucrative, c'est-à-dire celle qui est commise parce que l'avantage escompté par son auteur est supérieur à la sanction encourue»[1598], en droit prospectif de l'OHADA, le juge ne peut prononcer ces dommages que si le débiteur ne se conforme pas à la «décision»[1599]. L'on s'imagine qu'il s'agit de la décision de condamnation à payer des dommages et intérêts compensatoires. Plus loin cependant, l'article 7/11 prévoit, à l'image de ce qui est admis dans les autres droits nationaux, non seulement que la pénalité est versée au créancier[1600], à moins qu'elle ne soit contraire à l'ordre public international d'un Etat, mais aussi que ces dommages et intérêts ne sont pas incompatibles avec les dommages et intérêts compensatoires et moratoires.

540. L'on observe alors cette tendance à la reconnaissance des dommages et intérêts punitifs dans les droits européens et en droit de l'OHADA. La confirmation expresse de cette admission en droit commun des contrats devrait permettre de donner plus de rayonnement aux sanctions contractuelles en général, et aux sanctions de la violation des intérêts particuliers sous le prisme du civisme contractuel.

L'imprécision de la notion de dommages et intérêts punitifs semble alors être à l'origine de son rejet ou des hésitations autour de son admission. Une meilleure clarification permettrait sans doute de se fixer sur son régime juridique, et partant de faciliter son intégration dans ces différents ordres juridiques.

Au regard de tout ce qui précède, les dommages et intérêts punitifs peuvent être définis comme des dommages et intérêts judiciaires dus par le débiteur au profit du créancier et du trésor public en raison de la gravité de son comportement et du profit qu'il en tire lors de l'inexécution du contrat. C'est une peine privée, au même titre que la clause pénale et l'astreinte, dont l'appréciation relève du pouvoir souverain du juge.

Ce n'est pas tant parce que les autres droits ne tiennent pas compte de la gravité du comportement du débiteur ou du profit qu'il tire de ce comportement, mais c'est plutôt parce que cette définition, imparfaite sans doute, a l'avantage de la simplicité et de la clarté, mais surtout de la synthèse. Si le juge peut donc modérer le dommage, il faut aussi lui

---

[1598]R. CABRILLAC, *Droit européen comparé des contrats*, *op. cit.*, n°275, p.186.

[1599]Ce qui rapproche cette pénalité judiciaire de l'astreinte, entendue comme une condamnation pécuniaire accessoire, fixée à tant par jour de retard dans l'exécution de la condamnation principale.

[1600]Comme dans le cas de la clause pénale. Ceci la différencie des amendes pénales qui bénéficient au Trésor public alors que les dommages et intérêts punitifs, tout comme les sommes provenant d'une clause pénale, reviennent intégralement au créancier.

reconnaitre la faculté de l'augmenter, qui plus est lorsque le contractant a posé un acte contraire aux intérêts contractuels. A partir de là, il est possible de faire une appréciation de la notion de dommages et intérêts punitifs.

B. L'appréciation des dommages et intérêts punitifs

541. L'appréciation des dommages et intérêts punitifs relève du pouvoir souverain, mais non autoritaire, du juge[1601]. En dépit de l'opportunité certaine de la sanction des dommages et intérêts punitifs, les dangers de cette sanction sont réels, et sa recevabilité ne peut qu'être conditionnée. Au-delà de la remise en cause du sacro-saint principe de la réparation intégrale et de l'incitation constante au procès, nous nous limiterons à évoquer deux principaux dangers.

Le premier est la confusion des genres qui découle de la double nature civile et pénale des dommages et intérêts punitifs. Le mélange du pénal et du civil est généralement source de confusion. Or, il est constant que le pénal appartient à l'Etat et le civil aux particuliers. Les particuliers n'ont donc pas à s'immiscer dans le domaine pénal. Par ailleurs, si le pénal réprime, le civil répare. Or, les dommages et intérêts punitifs sont accordés dans le cadre d'une procédure civile, ce qui fait perdre injustement au débiteur les garanties dont il a droit dans le cadre d'une procédure pénale. Introduire par conséquent les dommages et intérêts punitifs en droit des contrats consisterait à redécouvrir et à admettre la responsabilité civile dans sa fonction de punition et de prévention[1602]. En réalité, «*Le besoin d'une sanction qui ne soit pas enfermée dans le cadre rigide du droit pénal et qui ne prenne pas seulement en compte le besoin d'indemnisation de la victime mais aussi le profit tiré par l'auteur de son acte ainsi que la nocivité de son comportement, se fait sentir de plus en plus fortement aujourd'hui notamment en droit de la concurrence, de la presse, de l'environnement*»[1603].

Le second est le caractère excessif des sommes d'argent qui sont allouées au créancier victime des agissements du débiteur. Aux Etats-Unis, les juges accordent souvent des *punitives damages* fixés par des jurys d'une valeur gigantesque pouvant atteindre les 400 millions de dollars ; ce qui a été

1601En matière d'assurance, voir D. NOGUÉRO, «Appréciation souveraine de la faute intentionnelle en assurance dommages, impliquant néanmoins la volonté de créer le dommage tel qu'il est survenu», note sous Cass. 2e civ., 9 avr. 2009, *Sté ACM Iard c/ SCI Axestev et a.*, pourvoi n°08-15.867, inédit, *RDI* 2009 p.483.

1602En ce sens, B. STARCK, *Essai d'une théorie générale de la responsabilité civile considérée en sa double fonction de garantie et de peine privée*, Paris, éd. *L. Rodstein*, 1947, préf. M. Picard, 503p.

1603G. VINEY, Rapport de synthèse, colloque «*Faut-il moraliser le droit français de la réparation?*» *LPA*, 20 novembre 2002, p.66.

jugé en France comme contrevenant à l'ordre public étatique[1604]. Les sommes ainsi octroyées à la victime sont colossales et excessives. Elles ne peuvent avoir pour conséquence négative que d'augmenter le coût de la production et des services. Elles pourraient également décourager certains contractants, personnes physiques ou morales, par crainte d'un tel litige. On peut donc aisément comprendre les inquiétudes de Philippe DELEBECQUE quant à l'admission implicite des dommages et intérêts punitifs dans l'ordre juridique français au travers de l'arrêt du 1er décembre 2010 précité. Pour cet auteur, *«on peut redouter le pire et voir se développer des condamnations empreintes d'une certaine vindicte, d'autant que le contrôle sur leur disproportion ne peut intervenir qu'en cas d'excès au regard du préjudice alloué et de la gravité des fautes reprochées. La réprobation intuitive, largement irrationnelle qu'un juge ou un arbitre peut avoir, à tort ou à raison, face à certains événements graves ou à certaines catastrophes, ne doit pas être encouragée par le droit. N'instrumentalisons pas la responsabilité civile»*[1605].

Face à ces montants astronomiques, l'on peut s'interroger sur l'opportunité d'un plafonnement du montant alloué au titre de dommages et intérêts punitifs. Deux logiques sont envisageables : celle d'un plafonnement légal et celle d'un plafonnement judiciaire. A l'analyse, un plafonnement légal des dommages et intérêts punitifs risque de les rigidifier et inciter le juge à s'en rapprocher. En revanche, les laisser à la discrétion du juge peut être source d'insécurité. Pourtant, il semble plus indiqué de laisser la détermination du montant à la discrétion du juge, sous réserve du respect de quelques exigences. Le juge devra par exemple se livrer à un contrôle de proportionnalité entre le montant des dommages et intérêts punitifs alloués, la gravité du manquement du contractant et le préjudice subi. Cette opération faite, il conviendra d'affecter la moitié de ces dommages et intérêts au créancier et l'autre au trésor public puisque le comportement du débiteur ne fait pas que poser un préjudice au créancier, il porte également atteinte aux intérêts de la société. dans cette dernière condition, le rsique de voir les juges renflouer les caisses publiques à partir de ce mécanisme n'est pas négligeable. Il ne faut pourtant pas voir le diable partout, de peur de penser en fin de compte que les espaces juridiques sont des jungles où règnent la loi du plus fort ou du décideur.

542. Comme nous l'avons montré à l'occasion de l'examen des dangers qui les entourent, les dommages et intérêts punitifs sont opportuns en droit européen et de l'OHADA. Autant le civisme contractuel a vocation

---

1604Cf. Civ. 1ère, 20 février 2007, pourvoi n°05-14. 082, Bull. 2007, I, n°68 ; 1ère Civ., 14 janvier 2009, pourvoi n°07-17. 194, *Bull.* 2009, I, n°3 ;1ère Civ., 28 janvier 2009, pourvoi n°07-11. 729, *Bull.* 2009, I, n°15.

1605Note sous Civ. 1re, 1er décembre 2010, n° 09-13.303, *RTD. com.* 2011 p.666.

à satisfaire les intérêts du créancier, du débiteur et de la société, autant l'allocation des dommages et intérêts punitifs constitue l'une des rares sanctions contractuelles à remplir cette triple fonction protectrice. Selon Rémy CABRILLAC, *«Les dommages et intérêts punitifs peuvent remplir une triple fonction. Au-delà de l'évidente fonction de sanction du comportement du débiteur, ils peuvent également remplir une fonction dissuasive: éviter qu'un futur responsable adopte un comportement prohibé. Enfin, les dommages et intérêts punitifs peuvent avoir une fonction apaisante pour la victime, dont l'indignation face à la conduite du débiteur ne serait pas apaisée par le seul octroi de dommages et intérêts compensatoires»*.

On le voit bien, les dommages et intérêts punitifs dédommagent la victime de par sa fonction de réparation, répriment les comportements déloyaux du débiteur à travers sa fonction de punition, et moralisent les transactions contractuelles par le biais de sa fonction de dissuasion. La reconnaissance de ces dommages s'impose alors avec acuité car cela permettrait «*de faire d'une pierre deux coups sinon trois: en réparant le dommage subi, en punissant la faute commise et en assurant autant qu'il est possible la dissuasion*»[1606]. Mais, pour éviter la multiplication des procès dus à l'appât du gain et les dérapages processuels que cela pourrait entrainer, et partant concilier tous les intérêts en présence, la recevabilité de la demande des dommages et intérêts punitifs mérite d'être subordonnée à la satisfaction de certaines exigences.

544. Cette demande ne doit être reçue qu'en présence de certaines conditions. Il faut d'abord que le comportement du débiteur soit d'une gravité exceptionnelle pour justifier que la réparation se fasse au-delà de ce que le débiteur était normalement en droit d'attendre. La gravité du comportement s'apprécie tant au regard de la vulnérabilité du créancier que de l'ampleur du préjudice subi. Il faut ensuite que les avantages tirés par le débiteur en raison de son comportement soient plus importants que les dommages et intérêts compensatoires qu'il doit verser au créancier. Le simple profit escompté d'un manquement contractuel ne suffit pas pour prononcer une condamnation au paiement de dommages et intérêts punitifs. Enfin, il faut que la gravité du comportement du débiteur soit proportionnelle au préjudice subi par le créancier et au profit tiré par le débiteur. L'exigence de proportionnalité trouve sa raison d'être dans le souci de moralisation des transactions contractuelles et dans l'exigence permanente de procès équitable. Autant elle sanctionne le comportement du débiteur, autant elle évite au créancier de spéculer et de s'enrichir de façon injustifiée au détriment de son cocontractant. Ces exigences participent de la conciliation des intérêts catégoriels en présence.

[1606] F. TERRÉ, « Propos sur la responsabilité civile », *APD*, 1977, p. 40.

Conclusion du Chapitre II du Titre II de la Deuxième Partie

545. Nous l'avons montré, l'exécution est la sanction de la violation d'un intérêt particulier du contractant. Il s'agit en fait d'une manifestation du civisme contractuel car elle concourt à la conciliation des intérêts particuliers des contractants à l'intérêt général de la société à travers ses diverses variantes. Il peut s'agir de l'exécution en nature ou de l'exécution par équivalent. Bien que disséminé en droit européen et en droit de l'OHADA, à l'image du droit interne des Etats membres de ces ordres juridiques, les multiples hypothèses d'exécution visent à préserver tous les intérêts catégoriels en présence. L'on pense notamment à l'exécution en nature *stricto sensu*, au remplacement, à la réparation en nature, à l'allocation des dommages et intérêts compensatoires et moratoires, et à l'allocation des dommages et intérêts punitifs.

546. Toutes ces variantes, sanctions de la violation d'un intérêt particulier, s'analysent parfois comme un droit. Cette qualification qui leur est prêtée s'accommode du principe du civisme contractuel. L'adoption des textes de droit prospectif reconnaissant les dommages et intérêts punitifs permettra d'intégrer dans l'ordre juridique interne une sanction efficace et appropriée à la sanction des comportements contractuels en particulier, et celle des intérêts particuliers des contractants en général.

CONCLUSION DU TITRE II DE LA DEUXIEME PARTIE

547. Nous venons de le montrer, la violation du principe du civisme contractuel emporte inéluctablement sanctions. Ces sanctions sont spéciales et varient selon l'intérêt catégoriel à préserver. Lorsque c'est l'intérêt général qui est en cause, plusieurs types de sanctions sont envisageables. Mais, la nullité et la résolution sont celles qui ont retenu notre attention. Il ne s'est pas agi de les envisager exclusivement dans leur forme classique, mais de les entrevoir également sous leur nouveau visage. La nullité par exemple s'est transformée. On observe une permanence résiduelle de la nullité du contrat, mais une préférence réelle pour la nullité de la clause contractuelle. S'agissant de la résolution, c'est à peu près le même schéma. La résolution judiciaire est maintenue ; mais des résolutions non judiciaires émergent avec un régime uniforme. La violation d'un intérêt particulier en revanche entraine une sanction encore plus spécifique. Il s'agit de rechercher l'exécution de l'obligation contractuelle, que cette exécution se fasse en nature ou par équivalent. Lorsque l'exécution en nature est encore possible, elle peut se faire de manière stricte par le débiteur lui-même, ou de manière large par le recours à d'autres techniques consistant pour le créancier à exécuter ou à faire exécuter l'obligation contractuelle aux dépens du débiteur. Il s'agit du remplacement ou de la réparation en nature. En revanche, lorsque le contractant choisit l'exécution par équivalent, il peut obtenir du juge des dommages et intérêts compensatoires ou moratoires, et/ou des dommages et intérêts punitifs lorsque le comportement du débiteur a été d'une gravité exceptionnelle, et que les avantages tirés par ce dernier en raison de son comportement sont de loin plus importants que les dommages et intérêts compensatoires qu'il doit verser au créancier. Ces sanctions ne sont pas parfaites, encore moins mécaniques. Elles ont en revanche l'avantage de concourir à la conciliation des intérêts catégoriels en présence. Consacrer celles qui ne sont encore que des tendances renforcera de manière certaine la stabilité, la justice et la moralité contractuelles.

CONCLUSION DE LA DEUXIEME PARTIE

548. Il était question pour nous de ressortir l'essence du civisme contractuel. Autrement dit, de rechercher ce qu'il y a de plus important ou de plus original en cette expression, ce qui au-delà de son existence la caractérise fondamentalement. Dans la présente étude, nous avons observé que le civisme contractuel a vocation à se généraliser et à occuper toute la sphère contractuelle au point qu'il serait désormais très réducteur de l'assimiler à une condition extrinsèque de validité du contrat tenant à son contenu. Il s'agit en réalité d'un principe général du droit des contrats, distinct, mais complémentaire, des principes généraux actuels à l'instar de l'autonomie de la volonté et du solidarisme contractuel. En tant que principe, le civisme contractuel a pour fonction non seulement d'accroître le rôle des contractants et interprètes contractuels, mais également de sécuriser le lien contractuel.

549. Nous avons en outre relevé qu'à l'image de tous les principes généraux du droit des contrats, la violation du principe du civisme contractuel emporte sanctions. Celles-ci ont vocation à se spécialiser en raison de l'intérêt catégoriel à préserver. Si la nullité et la résolution sanctionnent la violation d'un intérêt général ; la violation d'un intérêt particulier est quant à elle sanctionnée par l'exécution en nature et l'exécution par équivalent.

550. Dans tous les cas, le principe du civisme contractuel est celui qui, en l'état actuel du droit européen et de l'OHADA, peut assurer au mieux la conciliation des intérêts particuliers des contractants à l'intérêt général de la société. Il peut également assurer une synergie entre les exigences de stabilité, de moralité et de justice, pour un monde contractuel meilleur.

CONCLUSION GÉNÉRALE

551. En droit européen et de l'OHADA des contrats, le civisme contractuel existe et a une essence particulière. La diversité de ses sources ainsi que celle des droits et obligations qu'il véhicule, qualifiés de manière circonstancielle de droits civiques, ne suffisent pas à masquer l'unité de sa nature et de son régime. Ses sources sont en effet plurielles et peuvent découler aussi bien des règles contraignantes que des règles dont la juridicité ne tient pas forcément de la coercition étatique. Les droits civiques qu'il véhicule quant à eux sont tantôt permanents, tantôt contingents. Les droits permanents demeurent aussi longtemps que dure la personnalité juridique. Rien de surprenant alors qu'ils soient attachés à la personnes ou certains attributs de sa personnalité. Les droits contingents en revanche ont vocation à ne durer que tant que restent irrésolus les questions à l'origine de leur émergence. Leur étude exhaustive étant impossible, elle a été regroupée autour de la thématique essentielle du développement durable. Le civisme contractuel est donc à l'ère du temps et sa montée en puissance est perceptible à travers les écrits qui lui sont de plus en plus consacrés. Sa reconnaissance expresse dans les ordres juridiques européen et de l'OHADA des contrats symbolisera l'avènement d'un nouveau principe général du droit dans un domaine qui mériterait d'être pensé autrement en ce début de vingt et unième siècle[1607]. Ce principe ne conduit pas à l'annihilation des principes généraux existants en la matière, tels le libéralisme ou le solidarisme contractuels ; il assure plutôt leur complémentarité. Il adoucit ce que ces principes antérieurs ont d'extrêmement rigoureux, et affermit ce qu'ils ont d'anormalement souple. Si sa consécration expresse en tant que principe général du droit des contrats constitue une opportunité envisageable, cette nécessité reste tout de même relativisable puisque, comme les autres principes cités, il est l'œuvre de la doctrine. Cette consécration n'entame point également ses fonctions, qu'il s'agisse de l'accroissement du rôle des contractants ou des interprètes contractuels, ou encore de la sécurisation du lien contractuel à travers la recherche accrue de sa pérennité ou de la garantie de son équilibre. D'ailleurs, l'enracinement du principe du civisme contractuel passe en outre par la prise en compte de sanctions singulières de la violation des droits civiques. Celles-ci varient selon que l'intérêt violé est un intérêt général de la société ou des intérêts particuliers des contractants. En tout état de cause, l'idée est de sauver le contrat lorsque cela reste

---

[1607] v. G. LEWKOWICZ et M. XIFARAS (dir.), *Repenser le contrat*, *D.* 2009, 305p ; P. TERCIER, «Quels fondements pour le contrat au XXIe siècle», in BELLANGER et al. (dir.), *Le contrat dans tous ses états*, 2004, 125è anniversaire de la Semaine Judiciaire, pp.209-225.

toujours possible, ou de faciliter sa disparition lorsque sa mise en œuvre risque de porter atteinte à l'une ou l'autre catégorie d'intérêt en présence.

552. La nécessité de protéger les intérêts particuliers des contractants et l'intérêt général de la société étant un enjeu majeur de toute société démocratique, idéal dont se réclame la grande majorité des États contemporains ou des regroupements étatiques, l'on pourra regretter qu'à défaut d'une reconnaissance expresse du législateur, le juge européen ou de l'OHADA - qu'il soit national ou a-national - ne s'empresse pas de l'insérer dans son ordre juridique comme un nouveau principe de référence, alors pourtant que la protection des intérêts contractuels constitue l'un de leurs objectifs majeurs. Comment concevoir en réalité un marché intérieur ou un espace de liberté, de sécurité, de justice et d'attractivité économique lorsque les droits et obligations des contractants en présence sont méconnus ou non protégés à leur juste mesure?[1608] Il n'est point de doute qu'au-delà de la responsabilisation des contractants ou de l'évolution de l'office du juge, l'admission du principe du civisme contractuel à l'échelle européenne et de l'OHADA facilitera son insertion dans les ordres juridiques nationaux des États membres.

553. A l'analyse, il appert qu'en droit européen ou de l'OHADA des contrats, le civisme contractuel n'est pas une vue de l'esprit, une imagination d'un juriste en herbe qui veut au passage, comme le faisait déjà remarquer Philippe JESTAZ, se donner de l'importance[1609]. Le principe du civisme contractuel est une réalité. Dans un droit des contrats en pleine mutation, il constitue un principe novateur et fédérateur, apte à assurer le renouvellement et l'adaptation de la matière au gré des circonstances. Il est sans doute la marque de l'admission progressive d'un pouvoir normateur en droit des contrats, expression d'un pluralisme juridique dont la montée en puissance ne peut être ignorée dans toutes les sphères de la société, et plus précisément dans le domaine contractuel, sauf à vouloir méconnaître en la matière la place certaine du non-droit, tel que décrit par le doyen CARBONNIER[1610], c'est-à-dire d'autres systèmes de droit ou de norme tels que la religion, la

---

[1608]En ce sens, v. L. CADIET (dir.), *Droit et attractivité économique: le cas de l'OHADA*, éd. *IRJS*, 2013, tome 48, 233p. M. DONY (dir.), *La dimension externe de l'espace de liberté, de sécurité et de justice au lendemain de Lisbonne et Stockholm : un bilan à mi-parcours*, éd. *Université de Bruxelles*, coll. I.E.E., 2012, 286p. ; J. MONAR (dir.), *La réalisation de l'espace de liberté, de sécurité et de justice: les États membres à l'épreuve*, éd. *La documentation française*, 2009, 208p.

[1609]In «Principes Généraux, adages et sources du droit en droit français», *op. cit.* p.224.

[1610]Cf. J. CARBONNIER, *Flexible droit. Pour une sociologie du droit sans rigueur*, *op. cit.*, p. .. et s.

morale, les mœurs, ou la manière de vivre au jour le jour ; l'inhibition intériorisée, la prudence, la crainte, la sobriété, le bon sens ou sens commun. Le non-droit n'est pas, selon le doyen CARBONNIER la violation du droit ou l'anti-droit, mais autre chose que le droit, laquelle peut avoir la même fonction que le droit à défaut de droit, à la place du droit, c'est-à-dire la fonction de réguler ou de modérer les comportements humains, de faire régner l'ordre et la paix dans la société[1611]. Comme il aimait raisonnablement le remarquer pour manifester son attachement au pluralisme juridique, *«le droit n'est pas cet absolu dont nous rêvons souvent»*[1612].

[1611]En ce sens, voir http://expocujas.univ-paris1.fr/Carbonnier/non-droit.html. Extrait de: Trois thèmes de sociologie du droit par Jean CARBONNIER CD «Les grands juristes contemporains», LADEF.

[1612]In Jean CARBONNIER (1908-2003), Colloque international en hommage au doyen Jean CARBONNIER, organisé les 5 et 6 novembre 2008 par la Bibliothèque Cujas, en coopération avec le Sénat et l'Association Française Droit et Culture et avec le soutien de la mission de recherche Droit et justice. Adde R. VERDIER, *Sur les Écrits de Jean Carbonnier (1908-2003)*, *P.U.F.*, 2008, 1376p.

ANNEXES

Liste des annexes

- L'Annexe I est un tableau représentant l'état d'adhésion à l'OHADA, les dates d'adhésion et de l'entrée en vigueur du traité au 31 décembre 2013.

- L'Annexe II est un schéma récapitulatif des État membres de l'Union européenne au 31 décembre 2013.

- L'Annexe III est un schéma récapitulatif des État membres du Conseil de l'Europe au 31 décembre 2013.

ANNEXE I

États membres de l'OHADA (17)

Pays	Date de ratification du Traité	Date de dépôt des instruments	Date d'entrée en vigueur
Bénin	08.03.1995	10.03.1995	18.09.1995
Burkina Faso	06.03.1995	16.04.1995	18.09.1995
Cameroun	20.10.1995	04.10.1996	03.12.1996
République centrafricaine	13.01.1995	13.01.1995	18.09.1995
Comores	20.02.1995	10.04.1995	18.09.1995
République du Congo	28.05.1997	18.05.1999	17.07.1999
Côte d'Ivoire	29.09.1995	13.12.1995	11.02.1996
Gabon	02.02.1998	04.02.1998	05.04.1998
Guinée	05.05.2000	22.09.2000	21.11.2000
Guinée-Bissau	15.01.1994	26.10.1995	24.02.1996
Guinée équatoriale	16.04.1999	15.06.1999	14.08.1999
Mali	07.02.1995	23.03.1995	18.09.1995
Niger	05.06.1995	18.07.1995	18.09.1995
République démocratique du Congo *(Nouveau)*	27.06.2012	13.07.2012	13.09.2012
Sénégal	14.06.1995	14.06.1995	18.09.1995
Tchad	13.04.1996	03.05.1996	02.07.1996
Togo	27.10.1995	20.11.1995	19.01.1996

ANNEXE II

États membres de l'Union européenne (28)

Nom français (forme Courte)	Date d'adhésion	Code[N 1]	Nom local (forme Courte)	Capitale	Langue(s) officielle(s)	Monnaie
Allemagne	25 mars 1957	DE	*Deutschland*	Berlin	allemand (de)	euro (EUR, €)
Autriche	1er janvier 1995	AT	*Österreich*	Vienne	allemand (de)	euro (EUR, €)
Belgique	25 mars 1957	BE	*Belgique, België, Belgien*	Bruxelles	français (fr), néerlandais (nl), allemand (de)	euro (EUR, €)
Bulgarie	1er janvier 2007	BG	България *(Bălgaria)*	Sofia	bulgare (bg)	lev (BGN)
Chypre[N 2]	1er mai 2004	CY	Κύπρος *(Kýpros), Kıbrıs*	Nicosie	grec (el), turc (tr)	euro (EUR, €)[N 3]
Croatie	1er juillet 2013	HR	*Hrvatska*	Zagreb	croate (hr)	kuna (HRK, kn)
Danemark	1er janvier 1973	DK	*Danmark*	Copenhague	danois (da)	Couronne (DKK)
Espagne	1er janvier 1986	ES	*España*	Madrid	espagnol (es)	euro (EUR, €)
Estonie	1er mai 2004	EE	*Eesti*	Tallinn	estonien (et)	euro (EUR, €)
Finlande	1er janvier 1995	FI	*Suomi, Finland*	Helsinki	finnois (fi), suédois (sv)	euro (EUR, €)
France	25 mars 1957	FR	*France*	Paris	français (fr)	euro (EUR, €)
Grèce	1er janvier 1981	EL, GR[N 4]	Ελλάδα *(Elláda)*, Ελλάς	Athènes	grec (el)	euro (EUR, €)

Nom français (forme Courte)	Date d'adhésion	Code[N 1]	Nom local (forme Courte)	Capitale	Langue(s) officielle(s)	Monnaie
			(Ellás)			
Hongrie	1er mai 2004	**HU**	*Magyarország*	Budapest	hongrois (hu)	forint (HUF, Ft.)
Irlande	1er janvier 1973	**IE**	*Éire, Ireland*	Dublin	irlandais (ga), anglais (en)	euro (EUR, €)
Italie	25 mars 1957	**IT**	*Italia*	Rome	italien (it)	euro (EUR, €)
Lettonie	1er mai 2004	**LV**	*Latvija*	Riga	letton (lv)	euro (EUR, €)
Lituanie	1er mai 2004	**LT**	*Lietuva*	Vilnius	lituanien (lt)	litas (LTL)
Luxembourg	25 mars 1957	**LU**	*Lëtzebuerg, Luxembourg, Luxemburg*	Luxembourg	luxembourgeois (lb), français (fr), allemand (de)	euro (EUR, €)
Malte	1er mai 2004	**MT**	*Malta*	La Valette	maltais (mt), anglais (en)	euro (EUR, €)
Pays-Bas	25 mars 1957	**NL**	*Nederland*	Amsterdam[N 5]	néerlandais (nl)	euro (EUR, €)
Pologne	1er mai 2004	**PL**	*Polska*	Varsovie	polonais (pl)	złoty (PLN, zł.)
Portugal	1er janvier 1986	**PT**	*Portugal*	Lisbonne	portugais (pt)	euro (EUR, €)
République tchèque	1er mai 2004	**CZ**	*Česká republika*	Prague	tchèque (cz)	Couronne (CZK)
Roumanie	1er janvier 2007	**RO**	*România*	Bucarest	roumain (ro)	leu (RON)
Royaume-Uni	1er janvier 1973	**UK, GB**[N 6]	*United Kingdom*	Londres	anglais (en)	livre sterling (GBP, £)

Nom français (forme Courte)	Date d'adhésion	Code[N 1]	Nom local (forme Courte)	Capitale	Langue(s) officielle(s)	Monnaie
Slovaquie	1er mai 2004	**SK**	*Slovensko*	Bratislava	slovaque (sk)	euro (EUR, €)
Slovénie	1er mai 2004	**SI**	*Slovenija*	Ljubljana	slovène (sl)	euro (EUR, €)
Suède	1er janvier 1995	**SE**	*Sverige*	Stockholm	suédois (sv)	Couronne (SEK)

ANNEXE III

ÉTATS MEMBRES DU CONSEIL DE L'EUROPE (47)

Belgique
Danemark
France
Irlande
Italie
Luxembourg
Norvège
Pays-Bas
Royaume-Uni
Suède

Autres États membres (par ordre d'adhésion)

Grèce (9 août 1949)
Turquie (9 août 1949)
Islande (7 mars 1950)
Allemagne (13 juillet 1950)
Autriche (16 avril 1956)
Chypre (24 mai 1961)
Suisse (6 mai 1963)
Malte (29 avril 1965)
Portugal (22 septembre 1976)
Espagne (24 novembre 1977)
Liechtenstein (23 novembre 1978)
Saint-Marin (16 novembre 1988)
Finlande (5 mai 1989)
Hongrie (6 novembre 1990)
Pologne (26 novembre 1991)
Bulgarie (7 mai 1992)
Estonie (14 mai 1993)
Lituanie (14 mai 1993)
Slovénie (14 mai 1993)
Japon (20 novembre 1996)
Mexique (1er décembre 1999)
Vatican (7 mars 1970)
République tchèque (30 juin 1993)
Slovaquie (30 juin 1993)
Roumanie (7 octobre 1993)
Andorre (10 novembre 1994)
Lettonie (10 février 1995)
Albanie (13 juillet 1995)
Moldavie (13 juillet 1995)
Macédoine (9 novembre 1995)
Ukraine (9 novembre 1995)
Russie (28 février 1996)
Croatie (6 novembre 1996)
Géorgie (27 avril 1999)
Arménie (25 janvier 2001)
Azerbaïdjan (25 janvier 2001)
Bosnie-Herzégovine (24 avril 2002)
Serbie (3 avril 2003)
Monaco (5 octobre 2004)
Monténégro (11 mai 2007) [12]

Ancien État membre associé

Protectorat de Sarre (du 3 août 1950 au 31 décembre 1956)

Pays candidat à l'adhésion

Biélorussie (12 mars 1993)

Pays observateurs

Au Comité des ministres

Canada (29 mai 1996)
États-Unis (10 janvier 1996)

À l'Assemblée Parlementaire (Délégués de parlements nationaux)
Canada (28 mai 1997)
Israël (2 décembre 1957)
Mexique (4 novembre 1999)
Maroc (21 juin 2011)
Palestine (6 octobre 2011)

INDEX ALPHABÉTIQUE

(Les numéros renvoient aux paragraphes)

Abus :
Abus de droit : ***12s***
Abus de majorité : ***199s***
Abus de minorité : ***201s***
Abus d'égalité : ***203s***
Clauses abusives : ***42, 387, 522***
Accord
Externe : ***55, 94s, 122***
Interétatiques : ***94s***
Action
Rédhibitoire : ***427***
Estimatoire : ***427***
En exécution forcée : ***427***
Altruisme : **4, 479**
Arbitre : ***41, 54, 327s***
clause compromissoire
compromis
amiable composition
obligation de révéler les causes de conflits d'intérêts
indépendance
impartialité et neutralité
Arrêt pilote : ***66s***
Attentes légitimes : ***479***
Autonomie de la volonté ou libéralisme contractuel : ***11, 17, 415, 547***
Bail
à usage professionnel : ***519***
droit au renouvellement : ***41, 402, 524***
résiliation : ***490***
Bon père de famille : ***141, 290, 292, 317, 318, 491, 522***
Bonne foi : ***4s***
Bonne gouvernance : ***236s, 266***
Bonnes mœurs : ***6s***
Cautionnement : ***14, 312, 320, 509, 519***
contrat de
opération de
Remplacement
ou faculté de remplacement : ***514s***
contrats de remplacement : ***518s***
Réparation
en nature : ***270, 520s***
intégrale : ***530s***
Cession (globale) d'œuvres futures : ***156***
Civisme : ***9s***
notion
civique
incivisme
citoyenneté
civilisation
civilités
fiscal
Civisme contractuel
notion : ***12s***
principe général de droit : ***284s***
principe général, abstrait et impersonnel : ***286s***
principe permanent et constant : ***293s***
principe écrit, non écrit, jurisprudentiel ou prétorien : ***296s***
autorité du principe : ***306s***
Clause
contractuelle : ***5, 419s, 464s, 546***
résolutoire : ***52, 160, 338, 481***
pénale : ***397s***
de non rétablissement : ***179, 189, 523***
de dédit : ***343, 371***
Cohérence : ***4, 101, 311, 342s***
Commerce équitable : ***226s, 241s, 273***
Confiance légitime : ***333***
Coopération ou collaboration : ***5, 21, 110, 112, 338, 343, 492***

devoir
principe
Déchéance : ***63, 312, 467, 491, 523s***
Délais de grâce : ***309, 313s***
Développement durable ou développement soutenable : ***36, 206s, 273, 345s***
notion
objectif
principe
droit civique
environnement
écologie
responsabilité sociale ou sociétale des entreprises
Dignité : 4, 129s, 485
de la personne
du contractant
droit à la
humaine
traitement inhumain et dégradant
prohibition des engagements perpétuels
Discrimination – Non-discrimination : ***36, 185, 188, 289, 304 (interdiction,***
Domicile : ***166s***
droit au
professionnel
personnel
droit au respect du
indisponibilité du
insaisissabilité du
Dommages
minimiser le : ***312, 492***
modérer le : ***51, 398, 492***
Dommages et intérêts
notion : ***526s***
moratoires : ***527s***
compensatoires : ***527s***
punitifs : ***525, 533s***
Données personnelles (protection) : ***14, 37, 145, 265***
Droit souple : ***6s***
soft law
droit mou
Droits civiques
contingents : ***82s, 125, 205s***
permanents : ***125, 126s***
Droits d'auteur et droits voisins : ***82s***
Effet : ***14,58, 62s, 169***
horizontal :
vertical
direct
Egalité
des rémunérations : ***76, 185***
des sexes : ***184s***
du déroulement de carrière : ***188s***
Environnement : ***236s***
notion
obligation environnementale
obligation d'information environnementale
droit à l'environnement
droit à un environnement sain
responsabilité environnementale
Etat de droit : ***33, 379***
Étude d'impact environnemental : ***223***
Exécution
en nature : ***501, 502s***
par équivalent : ***501, 525s***
Fidélité contractuelle : ***124, 197, 298***
Fraude à la loi : ***6s***
Gouvernance d'entreprise, corporate governance, ou gouvernement d'entreprise : ***237s***
Harcèlement : ***9, 188***
sexuel
moral
Immutabilité des conventions matrimoniales (principe) : ***295***
Imprévision : ***110, 434s***
notion
conditions

causes
effets
théorie
changement des circonstances ou bouleversement des circonstances
clauses d'indexation
clauses d'échelle mobile
clauses de hardship
Indemnités exemplaires : ***103***
Intégrité (physique, morale) : ***76, 138, 139s***
Juge
concepteur : ***384, 385s***
salvateur : ***384, 396s***
Juridicité : ***6, 14, 279, 442, 550***
Justiciabilité : ***125, 232***
Léonin (e)
clause : ***419s, 467, 471***
concession : ***252***
Logement (droit au) : ***124, 126, 173***
Loyauté du dirigeant social : ***193, 196s***
Méthode : ***21***
littérale
exégétique
comparative
historique
téléologique
inductive
Méthode de liste : ***104, 105***
Méthode de livre : ***104, 106***
Notions autonomes : ***45s***

Obligation
reclassement : ***101, 405s***
non concurrence : ***101, 189s, 197, 523***
Ordre public civique : ***6, 344, 346***
Pacte commissoire : ***156, 160s***
Parité : ***21, 181, 182s, 244***
Participation à la vie sociale : ***193, 194s***
droit de participation aux décisions collectives
droit de vote
Pluralisme juridique : ***552***
Précaution (principe) : ***89, 227, 256***
Primauté (principe) : ***485***
Profession
salariée : ***180, 181s***
non salariée : ***180, 192s***
Proportionnalité : ***4, 420, 451, 541, 544***
Rapport de situation comparée : ***187***
Réfaction : ***285, 315, 368, 385, 498***
Régularisation : ***404, 408s***
Renégociation : 4, 361, 367s, 433, 438
Repentir : ***370, 371s***
Réputé non écrit : ***463, 468s***
Résolution
judiciaire : ***474***
non judiciaire : ***474, 475s***
Révision
conventionnelle : ***362s***
unilatérale : ***370, 376s***
Rupture unilatérale : ***370, 379s***
Siège social : ***166s***
Sincérité contractuelle : ***153, 221, 290***
Solidarisme contractuel : ***1s***
Subsidiarité : ***14, 56, 71, 89, 227, 256***
Transparence : ***4, 21, 197, 219, 242, 245s, 257s***
Travail forcé ou obligatoire : ***101, 140***
Unilatéralisme : 370s, 377
Usages et pratiques contractuelles : 115, 116s, 224
Vie privée : ***21s***

BIBLIOGRAPHIE

OUVRAGES GÉNÉRAUX

ANTONMATTÉI P.-H. et RAYNARD J., *Droit civil. Contrats spéciaux*, 7e éd., *Litec* 2013, 537p

ASSI-ESSO A.-M., ISSA-SAYEGH J. et LOHOUES-OBLE J., *CIMA, Droit des assurances*, coll. *DUA*, AUF, Bruxelles, *Bruylant*, 2002, 506p

AUBERT J. L., *Le contrat. Droit des obligations*, 3e éd., *D.* 2005, coll. Connaissance du droit, 142p

BÉNABENT A., *Droit des contrats spéiaux civils et commerciaux*, 10e éd., *L.G.D.J./Lextenso*, 2013, 712p

BENABENT A., *Droit civil. Les obligations*, 9e éd. *Montchrestien*, 2003, 637p

BERGÉ J.-S. et ROBIN-OLIVIER S., *Droit européen. Union européenne – Conseil de l'Europe*, 2è éd., *PUF*, 2011, Coll. *Thémis*, 540p.

BERGEL J.-L., *Théorie générale du droit*, 3e éd., coll. *Méthodes du droit*, 1999, 346p

BERTRAND A.-R., *Droit d'auteur*, 3e éd., *D.* 2010, 978p.

BLANPAIN R. et JAVILLIER J.-C., *Droit du travail communautaire*, 2e éd., Paris, *LGDJ*, 1995, 447p.

BLOUGH R., *Le forçage, du contrat à la théorie générale*, *P.U.A.M.*, 556p.

BOKALLI V.-E. et COSSI SOSSA D., *Droit des contrats de transport de marchandises par route*, éd. *Bruylant/Juriscope*, 2008, 169p.

BOYER L. et ROLAND H., *Adages du droit français*, 4e éd., *Litec* 1999, 1021p.

BUFFELAN-LANORY E et LARRIBAU-TERNEYRE V., *Droit civil. Les obligations*, 13e éd. *Sirey*, 2012, 1028p.

CABRILLAC R., *Droit européen comparé des contrats*, *L.G.D.J.-Lextenso* 2012, 201p.

CARBONNIER J.

Droit civil. 1ère éd. *P.U.F.*, 1957

Droit civil. Les obligations, t.4, 22e éd. *P.U.F.*, 2000, 665p

Droit civil. Introduction, 27e éd., *PUF*, coll. "Thémis droit privé", 2002, 391p

CHIREZ A. et GASTALDI L., *Droit du travail: tendances et pratiques*, Le Moniteur, *Dalloz*, 1993, 308p

COLLART-DUTILLEUL F. et DELEBECQUE Ph., *Contrats civils et commerciaux*, 9e éd. *Dalloz*, 2011, 1028p

COLOMBET Cl., *Propriété littéraire et artistique et droits voisins*, 9e éd., *D.* 1999, 463p

COMBACAU J. et SUR S., *Droit international privé*, 8è éd. *Montchrestien*, 2008, 818p

DE PAGE H., *Traité élémentaire de droit civil belge : prinipe, doctrine, jurisprudence*, 3e éd., vol. 3, Bruxelles, *Bruylant*, 1967

DE SAINT-EXUPERY A., *Terre des hommes*, éd. *Gallimard*, 1939, 224p

DEBRAY R., *La République expliquée à ma fille*, *Le Seuil*, 1998, 61p

DÉLEBECQUE Ph. D et PANSIER F.-J., *Droit des obligations. Contrats et quasi-contrats,* 6è éd. *LexisNexis,* 2013, 465p

DÉMOGUE R.,

Traité des obligations en général. 1. Sources des obligations, Paris, 1923-1925, 5 vol.

Les notions fondamentales du droit privé/ essai critique pour servir d'introduction à l'étude des obligations, réédition *La mémoire du droit*, 2001, 681p

DEMOLOMBE C., *Cours de code civil*, t.12, Paris, 1846.

DICTIONNAIRES,

Dictionnaire Petit Larousse illustré, 2014

Dictionnaire Le nouveau Petit Robert de la langue française, 2014

Dictionnaire juridique pratique, Le droit de A à Z, 3e éd., EJE, 1998, 755p.

Dictionnaire du vocabulaire juridique, 2e éd. Litec, 2004, 401p sous la direction de CABRILLAC R.

Dictionnaire de droit de la propriété intellectuelle, éd. Ellipses, 2008, 430p, par BERNAULT C. et CLAVIER J.-P.

Vocabulaire juridique, 10e éd. *P.U.F.*, 2014, coll. Quadrige, sous la direction de CORNU G.

Dictionnaire des droits fondamentaux, *Dalloz*, 2006, 751p, CHAGNOLLAUD D. et DRAGO G. (dir)

Dictionnaire de philosophie, .12. par VINAS, M. P.

Dictionnaire historique de la langue française, Le Robert, 2012

Lexique de sociologie, 3e éd., *D.* 2010, Y. ALPE, J.-R. LAMBERT, BEITONE A., PAREYRE S., et DOLLO C. (dir)

FABRE-MAGNAN M., *Droit des obligations*, 3e éd. Thémis Droit, *PUF* 2012, 748p.

FAGES B., *Droit des obligations*, 2e éd., *L.G.D.J.*, 2009, 651p.

FLOUR J. et AUBERT J.-L., *Les obligations. Le contrat, formation, effets, actes unilatéraux, actes collectifs. 1. L'acte juridique*, 8e éd. *Armand Colin*, 1998, 394p

FLOUR J., AUBERTJ.-L. et SAVAUX E., *Les obligations. Le contrat, formation, effets, actes unilatéraux, actes collectifs. 1. L'acte juridique*, 14è éd. *Sirey/Dalloz*, 2010, 499p.

GAUTIER P.-Y., *Propriété littéraire et artistique*, *PUF*, coll. Droit fondamental, 8e éd., 2012, 903p

GHESTIN J., *Traité de droit civil, Les Obligations. Le contrat, Formation*, 2e éd. *LGDJ*, 1988, 1096p

GHESTIN J., JAMIN Ch. et BILLIAU M., *Traité de droit civil. Les obligations. Le contrat : Les effets*, 3e éd., *L.G.D.J.*, 2001, 1340p

GHESTIN J., GOUBEAUX G. et FABRE-MAGNAN M., *Droit civil, introduction générale*, Paris, 4è éd., *L.G.D.J.,* 1994, 891p.
GRYNBAUM L. et RICCI J.-C., *Droit civil. Les obligations, Hachette Supérieur*, 2005, 319p
KENGUEP E., *Droit des transports terrestres, aériens et maritimes*, éd. *CRAF*, 2010, 167p
LAGADEC J., *Droit commercial et des affaires*, Dyna'sup Droit, Vuibert 2007, 381p.
LE TOURNEAU Ph. et CADIET L., *Droit de la responsabilité et des contrats*, 2e éd., *Dalloz Action*, 2002, 1540p
LEGRAND P., *Le droit comparé*, 4e éd, *P.U.F.*, 2011, coll. *Que sais-je ?*, 127p.
LUCAS A. et LUCAS H.-J., *Traité de la propriété littéraire et artistique*, 3e éd., *Litec*, 2006, 1210p.
MAINGUY D. et RESPAUD J.-L., *Droit des obligations, Ellipses*, 2008, 429p
MALAURIE Ph., AYNES L. et CROCQ P., *Les sûretés : la publicité foncière*, 6e éd., *Defrénois*, 2012, 425p
MALAURIE Ph., AYNÈS L. et GAUTIER P.-Y., *Les contrats spéciaux*, 6e éd., *Defrénois* 2012, 710.
MALAURIE Ph., AYNÈS L. et STOFFEL-MUNCK Ph., *Les obligations*, 6è éd. *L.G.D.J./Lext*, 2013, 848p
MALINVAUD Ph., *Droit des obligations*, 8ème éd., *Litec*, 2003, 638p.
MARTY G., RAYNAUD P. et JESTAZ Ph., *Droit civil. Les obligations*, t.2, *Le régime*, 2e éd., *S.* 1989, 457p
MAZEAUD A., *Droit du travail*, 5e éd. *Montchrestien*, 2006, 635p
MAZEAUD et F. CHABAS H. L. J., *Leçons de droit civil. Théorie générale.* t.2, vol. 1. *Obligations*, 9è éd. *Montchrestien*, 1998, 1353p
MERLE Ph., *Droit commercial. Sociétés commerciales*, 11e éd., *D.* 2007, 925p.
PLANIOL M. et RIPERT G., *Traité pratique de droit civil français*, avec le concours de P. EISMEIN, J. RADOULANT et G. GABOLDE, t.7, Paris, *L.G.D.J.*, 1954
PORTALIS J.-E.-M., *Discours préliminaire sur le projet de Code civil*, présenté le 1er Pluviôse an IX, in *Rapports et travaux inédits sur le code civil*, Paris, Joubert, 1844.
RIPERT G. et BOULANGER J., *Traité de droit civil d'après le traité de Planiol*, t.2, Paris, *L.G.D.J.*, 1957
ROUBIER P., *Théorie générale du droit: Histoire des doctrines juridiques et philosophie des valeurs sociales, Sirey*, 1946, 282p
SÉRIAUX A., *Droit des obligations*, 2e éd. *PUF*, 1998, 779p
STARCK B., ROLAND H. et BOYER L.,
Introduction au droit, 5è éd. *Litec*, 2000, 649p
Obligations. Contrat, t.2, 4e éd. *Litec*, 1993, 873p.

TERRÉ F., *Introduction générale au droit*, Précis *Dalloz*, 2009, 656p.
TERRÉ F. et LEQUETTE Y., *Les grands arrêts de la jurisprudence civile*, 11e éd, 2000, 675p
TERRÉ F., SIMLER Ph. et LEQUETTE Y., *Droit civil. Les obligations*, 10e éd. *Dalloz*, 2009, 1542p.

OUVRAGES SPÉCIAUX, THÈSES, MONOGRAPHIES, COURS, TRAVAUX COLLECTIFS

AFANA BIDOUNGA M., *L'égalité des associés dans l'Acte uniforme de l'OHADA relatif au droit des sociétés commerciales et du groupement d'intérêt économique*, thèse, Nantes, 2010, 944p.
AGUEMON K., *Réflexion sur l'abus de droit en droit des sociétés dans l'espace OHADA : Contribution du droit français*, thèse Lyon III, 7 septembre 2013, 510p.
AKAM AKAM A. (*dir.*), *Les mutations juridiques dans le système OHADA*, *L'Harmattan*, 2009, 262p.
ALBIGES Ch., *De l'équité en droit privé*, éd. *L.G.D.J.* 2000, t. 329, 383p
ALLEGART V., *Le droit des sociétés et les droits et libertés fondamentaux*, *PUAM*, 2005, 428p.
ANCEL P., AUBERT G., CHAPPUIS C. (dir.), *L'abus de droit: comparaisons franco-suisses*, *PUSE*, 2001, 217p
ANTONMATTÉI P.-H., *Les clauses du contrat de travail*, éd. *Liaisons*, coll. Droit vivant, 2005, 113p
AUBER E., *La répartition des compétences: une comparaison Etats-Unis-Union européenne*, *L'Harmattan*, 2009, 160p
ARBANT-MICHEL G., *Les relations entre les clauses et le contrat*, thèse Montpellier I, 2001, 269p
AYANGMA AYANGMA J., *Le dirigeant sociétal*, thèse de doctorat en droit, Université de Douala, 2010, 737p
AYNÈS L., *Crise économique et droit des contrats*, éd. *Thémis*, 20p
AZIBER SEID ALGADI, *Contrat et droit OHADA des procédures collectives : Etude à la lumière du droit français*, *L'Harmattan*, 2009, 372p
BALTHAZARD B. L., *Le développement durable face à la puissance publique*, *L'Harmattan*, 2006, 320p
BARBIERI J.-J., *Vers un nouvel équilibre contractuel : Recherche d'un équilibre des prestations dans la formation et l'exécution des contrats*, thèse Toulouse, 1981, 643p ;
BARRE-PEPIN M. et COURTANT-LAPALUS C. (dir.), *Logement et famille: des droits en question*, Thèmes et commentaires, Actes du colloque organisé en décembre 2004 à l'Université de Bourgogne, éd. *Dalloz*, 2005, 354p.
BARREYRE A., *L'évolution et la crise du contrat : étude synthétique et critique*, thèse Bordeaux, 1937, 137p.

BAYO BYBI B., *Le rôle de la CCJA dans la sécurisation de l'espace OHADA*, thèse, Université de Caen, 16 novembre 2009, 378p.
BEHAR-TOUCHAIS M. (dir.), *L'interdiction de se contredire au détriment d'autrui*, *Economica*, 2001, 192p
BELLANGER H. (dir.), *Le civisme, vertu privée, d'utilité publique*, éd. *Autrement*, Coll. Morales n°19, Paris, 1996, 236p.
BERRADA S., *Recherches sur le principe de proportionnalité dans l'ordre juridique communautaire*, thèse, Bordeaux IV, 2003, 680p.
BERTHIAU D., *Le principe d''égalité et le droit civil des contrats*, *L.G.D.J.*, 1999, Bibl. dr. privé, T320, préface de Jean-Louis Sourioux, 475p.
BIDJA NKOTTO Th., *Les contrats de l'administration au Cameroun*, Thèse, Paris I, 2000, T1, 310p.
BILE KANGAH E.-J., *Réflexions sur la future harmonisation du droit des affaires de l'OHADA*, mémoire de maîtrise de droit privé, Université Catholique de l'Afrique de l'Ouest, 2007
BLOUGH R., *Le forçage, du contrat à la théorie générale*, *P.U.A.M.*, 556p.
BOUGLE C., *Le solidarisme*, Paris, éd. *M. Giard*, 1907
BOURGEOIS M., *La personne objet du contrat*, 1ère éd. *Larcier*, 2005, 554p.
BRUNET F., *Le pouvoir modérateur du juge en droit civil français*, thèse Paris II, 1973, 471p.
BUY M, DELEBECQUE Ph, DUREUIL B., LAUDE A., MAZEAUD D., MESTRE J. et Y. PICOD, *Le juge et l'exécution du contrat*, Actes du colloque I.D.A. Aix-en-Provence tenu le 28 mai 1993, *P.U.A.M.*, 1993, 143p
CABINET NGASSAM NJIKE, *Recueil des textes relatifs aux établissements de crédit et aux établissements de microfinance (EMF)*, 2e éd., *Licemo*, 2009, 739p.
CABRILLAC R., D. MAZEAUD et PRÜM A. (dir.), *Le contrat en Europe: Aujourd'hui et demain*, *SLC*, coll. Travaux de l'Association H. Capitant, 2008, 194p.
CADIET L. et CORNU G. (dir.),
Droit et attractivité économique: le cas de l'OHADA, éd. *IRJS*, 2013, tome 48, 233p.
Le droit contemporain des contrats : bilan et perspectives, *Economica*, 1987, 284p
CALMES S., *Du principe de la protection de la confiance légitime en droits allemand, communautaire et français*, Dalloz, 2001, 728p
CARBONNIER J.,
Droit et passion du droit sous la Ve République, éd. *Flammarion*, 1996, 276p
Sociologie juridique, 3è éd., *Quadrige/P.U.F.*, 2012, 416p
Essais sur les lois, 2è éd. *Defrénois*, 1995, 336p
Flexible droit. Pour une sociologie du droit sans rigueur, 10e éd. *L.G.D.J.*, 2001, 493p.

Le procès et le jugement, Cours de sociologie juridique, 1961-1962, Association corporative des étudiants en droit, Paris, 1962
CARVAL S., *La responsabilité civile dans sa fonction de peine privée*, *BDP*, t.250, Paris, *L.G.D.J.*, 1998, 415p.
CATHIARD A., *L'abus dans les contrats conclus entre professionnels: l'apport de l'analyse économique du contrat*, *P.U.A.M.* 2006, 589p
CAUMES C., *L'interprétation du contrat au regard des droits fondamentaux,* thèse Université d'Avignon et des pays du Vaucluse, 2010, 333p.
CHARPENTIER B., *La garantie des vices cachés dans le domaine de la vente de navires*, mémoire DEA du Centre de Droit Maritime et Océanique de l'Université de Nantes, 2003
CHARPENTIER E.-M., *L'équilibre des prestations : une condition de reconnaissance de la force obligatoire du contrat* ?, thèse Université McGill, 2001, 389p
CHEVRIER E., *Le caractère commercial de la relation établie*, *Dalloz*, 2003.
CLAM J. et MARTIN G. (dir.), *Les transformations de la régulation juridique*, Paris, *L.G.D.J.*, 1998, 454p
CLAUDEL E. et THULLIER B. (dir.), *Le droit mou : une concurrence faite à la loi*, Paris, Travaux du CEDCACE, 2004, disponible à http://www.glose.org/cedcace.htm
COËFFARD P., *Garantie des vices cachés et ''responsabilité contractuelle de droit commun''*, L.G.D.J., 2005, 270p
COLLART-DUTILLEUL F. et COULON C. (dir.), *Le renouveau des sanctions contractuelles*, Paris, *Economica*, 2007, coll. Etudes Juridiques, 159p.
COMMAILLE J., *L'esprit sociologique des lois. Essai de sociologie politique du droit*, Paris, *PUF*, coll. « Droit, éthique, société », 1994, 277p.
CONSEIL D'ETAT,
La dégradation de la norme, Rapport public 1991, Etudes et documents, n°43, *Doc. fr*, 32.
Le droit souple, étude annuelle de 2013.
CONSEIL DE L'EUROPE, *Charte sociale européenne, Recueil des textes du Conseil de l'Europe*, 4e éd., Strasbourg, Conseil de l'Europe, 2003, 527p
COSTA D., *Les fictions juridiques en droit administratif*, Paris, *LGDJ*, Bibliothèque de droit public, t.210, 2000, 614p.
COSTA D. et PELISSIER A. (dir.), *Contrats et droits fondamentaux*, Actes du colloque qui s'est déroulé le 12 janvier 2007 à l'Université d'Avignon, *PUAM,* 2011, 144p
COURDIER-CUISINIER A.-S., *Le solidarisme contractuel*, éd. *Litec*, 2006, 741p.
COZIAN M., VIANDIER A. et DEBOISSY F., ***Droit des sociétés*, 24è éd. *LexisNexis/Litec*, 2011, 856p**

Crise du pouvoir et crise du civisme, éd. Chr. Soc., 1954, coll. Sem. sociale de France, 390p
DAILLIER P., NGUYÊN QUÔC DINH et PELLET A., *Droit international public : formation du droit, sujets, relations diplomatiques et consulaires, responsabilité, réglement des différends, maintien de la paix, espaces internationaux, relations économiques, environnement,* Paris, *L.G.D.J.*, 7e éd. 2002, 1510p
DARMAISIN S., *Le contrat moral*, *L.G.D.J.*, 2000, *BDP*, t.343, 537p.
DE BÉCHILLON M., *La notion de principe général en droit privé*, préf B. Saintourens, *PUAM* 1998, 298p.
DE BOÜARD F., *La dépendance économique née d'un contrat*, *LGDJ* 2007, 717p
DE GAUDIN DE LAGRANGE E., ***La crise du contrat et le rôle du juge*, thèse Montpellier, 1935, 261p**
DE LA GRANDERIE D., *La longue marche: entreprises, droits de l'homme, mondialisation*, Paris, éd. F.X. de Guibert, 2008, 180p.
DE LAMBERTERIE I., ROUHETTE G. et TALLON D., *Les principes du droit européen du contrat: l'exécution, l'inexécution et ses suites*, Paris, *La Documentation française*, 1997, 293p.
DE PORTALIS J.-E.-M., *Ecrits et discours juridiques et politiques*, coll. Centre de Philosophie du Droit, *PUAM*, 1988, 406p
DE VAREILLES-SOMMIÈRES P. (dir), *Le droit privé européen*, *Economica*, 1998, 256p
DEBET A., *L'influence de la Convention européenne des droits de l'homme sur le droit civil*, *D.* 2002, coll. NBT, 998p
DEBRAY R., *Que vive la République*, éd. *Odile Jacob*, 1991, 218p
DECOCQ A., *Essai d'une théorie générale des droits sur la personne*, *L.G.D.J.*, 1960, 459p
DEKKERS R., *La fiction juridique : étude de droit romain et de droit comparé*, *Sirey*, 1935, 250p
DELEBECQUE Ph., *Les clauses allégeant les obligations dans les contrats*, thèse Aix-Marseille 3, 1981, 663p.
DELMAS-MARTY M., *Le relatif et l'universel*, *Seuil*, 2004, coll. La couleur des idées, 439p
DELOBEL C., *L'unilatéralisme en droit des contrats, essai de rationalisation*, thèse Nice, 2011, 676p.
DELORE P., *Cité, civisme, civilisation*, éd. du livre français, 1941, 128 p.
DEREUX G., *De l'interprétation des actes juridiques privés*, Paris, *A Rousseau*, 1905, 491p
DESBOIS H., *Le droit d'auteur en France*, 3e éd., *Dalloz*, 1978, 1003p
DESCARTES R., *Les règles pour la direction de l'esprit*, Œuvres philosophiques, tome I (1618-1637), Paris, *Classiques Garnier*, 2010
DESPAX M. et PÉLISSIER J., *La gestion du personnel. Aspects juridiques*, t. I, éd. Cujas, Paris 1974

DIEUX X., *Le respect dû aux anticipations légitimes d'autrui. Essai sur la genèse d'un principe général de droit, Bruylant/L.G.D.J.*, 1995, 286p
DIJOUX R., *La contractualisation des droits fondamentaux*, éd. *L'Harmattan*, 2012; 582p
DOM J.-P., *Les montages en droit des sociétés : aspects de droit interne*, 2e éd. *Joly*, 2000, coll. Pratiques des affaires, 576p.
DOMAT J., *Œuvres complètes*, par J. Rémy, t.1, «Les lois civiles dans leur ordre naturel», Paris, 1835
DOMMEN C. et CULLET Ph., *Droit international de l'environnement: textes de base et références, Kulwer Law International*, 1998, 814p
DONY M. (dir.), *La dimension externe de l'espace de liberté, de sécurité et de justice au lendemain de Lisbonne et Stockholm : un bilan à mi-parCours*, éd. *Université de Bruxelles*, coll. I.E.E., 2012, 286p
DOUET F., *Contribution à l'étude de la sécurité juridique le droit fiscal interne, L.G.D.J.*, 1997p
DRAPIER S., *Les contrats imparfaits, P.U.A.M.*, 2001, 536p
DUBEY B., *La répartition des compétences au sein de l'Union européenne à la lumière du fédéralisme suisse: systèmes, enjeux et conséquences, Helbing & Lichtenhahn, Brylant, L.G.D.J.*, 2002, 876p
DUBOIS P., *Le solidarisme*, thèse pour le doctorat de 3è cycle, Lille, 1985, 2 vol., 211p
DUDIEU NJOMGA C. (dir.), *La contrefaçon des logiciels dans l'espace OAPI. Etude comparée de l'Accord de Bangui Révisé et des Législations du Sénégal, du Gabon, de la Côte d'Ivoire et du Cameroun*, http://buexport.sage.com.dl1.ipercast.net/La-contrefacon-des-logiciels-dans-espace-OAPI-oct2011. pdf.
DUMAS R. et GARAUD E., *CEDH et droit des affaires*, éd. *Francis Lefebvre*, 2008, 438p
DUPICHOT Ph., *Le pouvoir des volontés individuelles en droit des sûretés*, éd. Panthéon-Assas, Paris II, 2005, 840p
DUPEYRON D., *La régularisation des actes nuls*, Paris, *L.G.D.J.*, 1973, t. XXIII, 283p
DURKHEIM E.,
De la division du travail social, 7è éd., Paris, *P.U.F.*, 2007, 40-XLIV, 416p, par S. Paugam ;
Les règles de la méthode sociologique, 13è éd., *P.U.F.*, 2007, 20-XXII, 149p, par F. Dubert.
ELUARD P., *Le Poète et son ombre*, *Seghers*, 2008, 224p
ENCINAS DE MUNAGORRI R., *L'acte unilatéral dans les rapports contractuels, L.G.D.J.*, 1996, t.254, 551p
ESSEN M.-A., *Jurisprudence relative à l'article 6 de la Convention européenne des droits de l'homme*, Strasbourg, éditions du Conseil de l'Europe, 1ère éd., 1985.

EYANGO DJOMBI A. D., *L'adaptation du contrat aux circonstances dans l'avant-projet d'Acte uniforme de l'OHADA sur le droit des contrats*, thèse, Université de Douala, 21 décembre 2012

FAGES B., *Le comportement du contractant*, *P.U.A.M.*, 1997, 519p

FAVOREU L. et al., *Droits et libertés fondamentales*, 3è éd., *Dalloz*, 2005, 576p

FAUVARQUE-COSSON B. (dir.), *La confiance légitime et l'Estoppel*, *SLC*, 2007, 444p

FIN-LANGER L., *L'équilibre contractuel*, *L.G.D.J.*, 2002, BDP, t. 366, 651p

FONTAINE M. et VINEY G. (dir.), *Les sanctions de l'inexécution des obligations contractuelles. Etudes de droit comparé*, *Bruylant/LGDJ*, 2001, 1127p

Force majeure et imprévision, **éd. CCI, 1989, 30p**

FOUILLÉE A., *La science sociale contemporaine*, 5è éd., Paris, *Hachette*, 1910, 424p

GARCIA K., *Le droit civil européen. Nouvelle matière, nouveau concept*, éd. *Larcier*, 2008, coll. Europe, 674p.

GATSI J., *Le contrat-cadre*, éd. *L.G.D.J.*, 1996, t.273, 336p.

GATSI J. (dir.), *L'effectivité du droit de l'OHADA*, coll. Droit uniforme, *P.U.A.*, 2006, 320p.

GAUDEMET S., *La clause réputée non écrite*, *Économica*, 2006, 380p.

GENIAUT B., *La proportionnalité dans les relations du travail : de l'exigence au principe*, préface d'Antoine JEAMMAUD, *Dalloz*, 2009, 474p.

GÉNICON Th., *La résolution du contrat pour inexécution*, *L.G.D.J.*, 2007, 826p

GENY F. et SALEILLES R., *Méthode d'interprétation et sources en droit privé positif : essai critique*, Paris, *L.G.D.J.* 1954, 2 vol., 446p et 422p

GERRY-VERNIÈRES S., *Les ''petites'' sources du droit : à propos des sources étatiques non contraignantes*, Paris, *Economica*, 2012, coll. Recherches juridiques, 536p.

GODON L., *Les obligations des associés*, préf. de Yves Guyon, *Economica*, 1999, 307p.

GOUNOT E., *Le principe de l'autonomie de la volonté en droit privé. Contribution à l'étude critique de l'individualisme juridique*, éd. *Arthur Rousseau*, Paris, 1912, 470p.

GOUTAL J.-L., *Essai sur le principe de l'effet relatif des contrats*, thèse Paris II, éd. 1981

GRYNBAUM L., ***Le contrat contingent. L'adaptation du contrat par le juge sur habilitation du législateur*, *L.G.D.J.*, 2004, BDP, t.389, 404p**

GRYNBAUM L. et NICOD M. (dir), *Le solidarisme contractuel*, *Economica*, 2004, coll. Etudes juridiques, n°18, 206p.

HÉAS F., *Le reclassement du salarié en droit du travail*, *L.G.D.J.*, 2000, 452p
HELLERINGER G., *Les clauses contractuelles. Essai de typologie*, *L.G.D.J.*, 2012, BDP, t.536, 470p.
HOBINAVALONA RAMPARANY-RAVOLOLOMIARANA, ***Le raisonnable en droit des contrats*, Université de Poitiers, 2009, 464p.**
HOUIN B., *La rupture unilatérale des contrats synallagmatiques*, thèse Paris II, 1973, 722p
HOUTCIEFF D., *Le principe de cohérence en matière contractuelle*, préf. Horatia MUIR WATT, *PUAM* 2001, t.1 et t.2, 1134p.
ISSA-SAYEGH J., *Les fictions en droit privé*, 1968, 225p.
ISSA-SAYEGH J., POUGOUE P.-G. et SAWADOGO F.-M. (dir.), *OHADA. Traité et Actes uniformes commentés et annotés*, *Juriscope*, 2002, 958p.
JAMIN Ch. (dir.), *Droit et économie des contrats*, *L.G.D.J.*, coll. Droit et économie, 2008, 306p
JAMIN Ch. et MAZEAUD D. (dir.),
L'harmonisation du droit des contrats en Europe, *Economica*, 2001, 178 p.
La nouvelle crise du contrat, D. 2003, coll. Thèmes et commentaires, 260p.
L'unilatéralisme et le droit des obligations, *Economica*, 1999, coll. Etudes juridiques, n°9, 103p.
La nouvelle crise du contrat, Actes du colloque du 14 mai 2001, organisé par le centre René-Demogue de l'Université de Lille II, *D.* 2003, coll. Thèmes et commentaires, 260p.
JAPIOT R., *Des nullités en matière d'actes juridiques. Essai d'une théorie nouvelle*, thèse Dijon, 1909, 964p
JAROSSON Ch., *La notion d'arbitrage*, Paris, *L.G.D.J.* 1987, 407p
JESTAZ, Ph.
Autour du droit civil, Ecrits dispersées – Idées convergentes, *D.* 2005, 442p.
Les sources du droit, Paris, *Dalloz* 2005, coll. Connaissance du droit, 157p
KADDOUCH R., *Le droit de vote de l'associé*, thèse de doctorat en droit, Université d'Aix-Marseille, 14 décembre 2001, 729p
KAMTO M., PONDI J.-E. et ZANG L. (dir.), *L'OUA : rétrospective et perspectives africaines*, Paris, Economica, 1990, 338p.
KARIMI ABBAS, *Les clauses abusives et la théorie de l'abus de droit*, Paris, *L.G.D.J.* 2001, préf. Philippe SIMLER, 414p.
KASSIS A., *Théorie générale des usages du commerce*, *L.G.D.J.*, 1984, 602p
KASTANAS E., *Unité et diversité : notions autonomes et marge d'appréciation des Etats dans la jurisprudence de la Cour européenne des droits de l'homme*, *Bruylant*, 1996, 482p.
KAYSER P., *La protection de la vie privée par le droit*, *Economica/PUAM*, 3e éd., 1995, 605p.

KEBA M'BAYE, *Les droits de l'homme en Afrique*, Paris, 2e éd., *A. Pedone*, 1992, 312p.
KELSEN, H.
Théorie générale du droit et de l'Etat, Bruylant, LGDJ/Bruylant, 1997, 517p, par Laroche B., Paulson S. L. et Faure V.
Théorie pure du droit, par Charles Eisenmann, *L.G.D.J./Bruylant,* 1999, 367p.
KISS A.-C., *L'abus de droit en droit international, L.G.D.J.* 1953, préf. Suzanne BASTID, 200p.
KWEMO S., *L'OHADA et le secteur informel*, Paris, éd. *Larcier*, 2012, 432p.
L'harmonisation du droit OHADA des contrats, Actes du colloque de Ouagadougou (Burkina Faso) tenu du 15 au 17 novembre 2007, *R.D.U.A.*, 2008, 676p.
La gestion des risques de conflits de normes et de juridictions entre l'OHADA et les organisations voisines, Acte du colloque tenu à Lomé, les 8 et 9 octobre 2010, La documentation de l'OHADA, 99 p
La responsabilité des constructeurs (journées égyptiennes de l'Asso. Capitant), Tome XLII, *Litec*, 1993, 530p.
La santé du salarié, Actes des journées Michel Despax, Toulouse I, mai 1999, *Dalloz* et *Revue juridique des barreaux*, oct.-déc. 1999, 135p
LAVEFVE-LABORDERIE A.-S., *La perennité contractuelle, L.G.D.J.*, 2005, BDP, t. 447, 661p.
LAITHIER Y.-M., *Etude comparative des sanctions de l'inexécution du contrat, L.G.D.J.*, 2004, 666p.
LARRIBAU-TERNEYRE V., *Le domaine de l'action résolutoire : Recherches sur le contrat synallagmatique*, thèse Ronéot, Pau, 1988
LAURENT Ph., *L'enchevêtrement des actions de l'acheteur liées à l'état du bien vendu*, Thèse Nantes, 1998
LAVEFVE-LABORDERIE A.-S., *La pérennité contractuelle, L.G.D.J.*, 2005, BDP, t.447, 661p.
Le consommateur, Travaux de l'Association Henri Capitant, Journées colombiennes, Tome LVII/2007, *Bruylant* et *LB2V*, 2010, 794p
Le contrat au début du XIXe siècle, Etudes offertes à Jacques GHESTIN, *L.G.D.J.*, 2001, 992p
Le droit privé français à la fin du XXe siècle, Etudes P. Catala, *Litec*, 2001, 1023p
Le droit souple, Travaux de l'Association Henri Capitant, Journées nationales, tome XIII/Boulogne-sur-mer, Thèmes et commentaires, éd. *Dalloz*, 2009, coll. Thèmes et commentaires, 178p.
LE GARS A., *La déchéance des droits en droit privé français*, thèse Toulouse I, 2003, 679p.
Le juge et l'exécution du contrat, Colloque IDA du 28 mai 1993, *PUAM* 1993, 142p

Le projet de droit commun européen de la vente : menace ou opportunité pour le modèle contractuel français ?, Colloque annuel de l'Association du Master 2 Droit Privé Général de l'Université Panthéon-Assas, Paris II, tenu à Paris le jeudi 10 mai 2012

Le renouvellement des sources du droit des obligations, Actes du colloque organisé à Lille par l'Association Henri Capitant, *L.G.D.J.*, 1997, 189p

LE TOURNEAU Ph.,

Le contrat de vente, *Dalloz*, 2005, coll. Connaissance du droit, 145p.

La responsabilité des vendeurs et fabricants, 4è éd., *Dalloz,* 2011, coll. Connaissance du droit, 341p

LE TOURNEAU Ph. et CADIET L., *Exécution du contrat en nature ou par équivalent*, Colloque de la Revue des Contrats, 14 octobre 2004, *RDC*, n°1, pp.1-230

LECOCQ L., *De la fiction comme procédé juridique*, th. Paris, 1914, 277p.

LECUYER Y., *Mémento de la jurisprudence de la CEDH*, *Hachette Supérieur*, 2012, 159p.

LEDOUX P., *Le droit de vote des actionnaires*, *L.G.D.J.*, 2002, 446p

LEROYER A.-M., *Les fictions juridiques*, th. Paris 2, 1995, 2 vol., 619p.

Les pratiques contractuelles d'affaires et les processus d'harmonisation dans les espaces régionaux, .Colloque tenu à Libreville (Gabon) du 26 au 28 octobre 2011

Les prérogatives contractuelles, Actes du colloque du 30 novembre 2010, *RDC*, 2011/2, *L.G.D.J.*, 2011, pp.639-748.

Les usages et pratiques professionnelles en droit de la propriété intellectuelle, Colloque organisé le 18 juin 2008 par le Master droit de propriété intellectuelle appliquée de Paris XII.

LETOMBE A, *L'abus de droit en droit du travail*, th. Lille 2, 2OO7, 588p.

LEWKOWICZ G. et XIFARAS M. (dir.), *Repenser le contrat*, *D.* 2009, 305p

LIBCHABER R., *L'ordre juridique et le discours du droit. Essai sur les limites de la connaissance du droit*, *L.G.D.J.*, 2013, 450p.

LICHERE F., POTVIN-SOLIS L., RAYNOUARD A. (dir.), *Le dialogue entre les juges européens et nationaux : incantation ou réalité ?*, *Bruylant-Némésis*, coll. 2004, 242p

LUXEMBOURG F., *La déchéance des droits: contribution à l'étude des sanctions civiles*, *éd. Panthéon-Assas*, 2008, 472p.

MAIL-FOUILLEUL S., *Les sanctions de la violation du droit communautaire de la concurrence*, *L.G.D.J.*2002, 665p.

MAÎTRE-ARNAUD E., *La rétroactivité dans le contrat*, th. Paris 2, 2003, 356p.

MARECHAL J.-P. et QUENAULT B. (dir.), *Le développement durable : Une perspective pour le XXIe siècle*, P.U.R., 2005, 422p.

MARGUENAUD J.-P. (dir.), *CEDH et droit privé. L'influence de la jurisprudence de la Cour européenne des droits de l'homme sur le droit*

privé français, Rapport scientifique de la «Mission de recherche droit et justice», Paris, *La Documentation française*, coll. Perspectives sur la justice, 2001, 253p

MARTINON A., *Essai sur la stabilité du contrat de travail à durée indéterminée,* préf. De Bernard TEYSSIE, *Dalloz*, *NBT*, 2005, 676p.

MARTOR B., PILKINGTON N., SELLERS D. et THOUVENOT S., *Le droit africain des affaires issu de l'OHADA*, 2e éd. *Litec*, préf. de Kéba M'BAYE, 382p.

MASSIN E., *Droit romain : du caractère pécuniaire des condamnations. Droit icivil de l'exécution forcée des obligations de faire ou de ne pas faire*, thèse, Paris, 1893, 451p

MATRINGE J., *Tradition et modernité dans la Charte africaine des droits de l'homme et des peuples : étude du contenu normatif de la Charte et de son apport à la théorie du droit international des droits de l'homme*, Bruylant, 1996, 137p.

MAUGENEST D. et POUGOUE P.-G. (dir), *Droits de l'homme en Afrique centrale*, Colloque de Yaoundé (9-11 novembre 1994), *UCAC-KARTHALA*, 283p.

MAURIN L. *Contrat et droits fondamentaux*, *L.G.D.J.*, 2013, coll. *BDP*, t. 545, 540p.

MAZIÈRE P., *Le principe d'égalité endroit privé*, *P.U.A.M.* 2003, préface de Bernard Teyssié, 477p.

MBENDANG EBONGUE J., *Le code camerounais du travail du 14 Août 1992, Analyse critique*, éd. Friedrich Ebert Stiftung, 1997

MEKKI M., *L'intérêt général et le contrat. Contribution à une étude de la hiérarchie des intérêts en droit privé*, *L.G.D.J.*, 2004, *BDP*, t.411, 910p.

MEKKI M. et CADIET L. (dir.), *La preuve : regards croisés*, Colloque organisé par l'Institut de recherche en droit des affaires (IRDA, Université de Paris 13) et le Centre de Recherches sur la Justice et le Procès (C.R.J.P., Université de Paris 1), le 29 novembre 2013.

MELIN-SOUCRAMANIEN B., *Le juge des référés et le contrat*, *P.U.A.M.* 2000, 428p.

MILINGO ELLONG J.-J., *La sécurisation des créances bancaires dans la zone CEMAC*, mémoire de DEA, FSJP, Université de Douala, mai 2005, 123 p.

MIRABAIL S., *La rétractation en droit privé français*, thèse, *L.G.D.J.*, 1997, BDP, t.284, 348p.

MODI KOKO BEBEY H.-D.,

Droit communautaire des affaires (OHADA-CEMAC), Tome 1- Droit commercial général et droit de la concurrence, éd. *Dianoïa*, 2008, 207p.

Le régime des investissements privés au Cameroun, thèse Paris I, 1989, 580p.

MOLFESSIS N. (dir.), *Les pratiques juridiques, sources du droit des affaires*, *LPA*, 27 novembre 2003, n°237, numéro spécial

MONAR J. (dir.), *La réalisation de l'espace de liberté, de sécurité et de justice : les États membres à l'épreuve*, éd. *La documentation française*, 2009, 208p.
MONTESQUIEU, *De l'esprit des lois*, Œuvres complètes III, *Bibliothèque de la Pléiade*, *Gallimard*, 1964, 509p.
MORÉTEAU O. (dir.), *Principes du droit européen de la responsabilité civile. Textes et commentaires*, *SLC*, 2011, coll. Droit privé comparé et européen, vol. 11, 266p.
MORVAN P., *Le principe* de *droit privé*, *L.G.D.J.*, éd. Panthéon-Assas, 1999, 788p.
MOSTAPHA MOHAMAD EL-GAMMAL, ***L'adaptation du contrat aux circonstances économiques L'Adaptation du contrat aux circonstances économiques: étude comparée de droit civil français et de droit civil de la République arabe unie*, 1967, 344p.**
MOUSSERON P., *Les usages en droit de l'entreprise*, *LexisNexis*, 2010, 253p
NADAUD S., *Codifier le droit civil européen*, éd. *Larcier*, 2008, coll. Europe, 464p.
NANA G.-J., *La réparation des dommages causés par les vices d'une chose*, *L.G.D.J.*, 1982, 406p
NGOUE W . J., *L'obligation de sécurité en droit médical*, thèse Paris 13, 1999, 345p
NGUEBOU TOUKAM J., *Cours de droit commercial général*, *CAMUP*, Septembre 2004
NGUIHE-KANTE P., *Entreprises commerciales et droits fondamentaux : essai de systématisation à l'étude des particularismes au regard des droits français et camerounais*, *PUAM*, 2012, 527p.
NGWANZA A.-A., *La favor contractus dans les Principes UNIDROIT et l'Avant-projet d'Acte uniforme sur le droit des contrats en OHADA*, thèse Paris-Sud 11, 2011, 439p.
NOBLET A., *La lutte contre le contournement des droits nationaux en droit communautaire: contribution à l'étude de l'abus de droit communautaire*, th. Rouen, 2004, 552p.
ONDOA M., *Les contrats relatifs aux droits d'auteur*, 1ère éd., *P.U.L.*, 2008, 192p.
OSMAN F., *Les principes généraux de la Lex Mercatoria : contribution à l'étude d'un ordre juridique a-national*, Paris, *L.G.D.J.*, 1992, *BDP*, t.224.
PAVIA M.-L. et REVET Th. (dir), *La dignité de la personne humaine*, *Economica*, 1999, 181p.
PACLOT Y., *Recherche sur l'interprétation juridique*, thèse Paris II, Ronéot, 1988, 482p.
PELISSIER A. et COSTA D. (dir), *Contrats et droits fondamentaux*, *P.U.A.M.*, 2011, 142p

PENIN O., *La distinction de la formation et de l'exécution du contrat*, *L.G.D.J./Lextenso*, 2012, 474p
PERELMAN C. et FORIERS P., *Les présomptions et les fictions en droit : études*, Bruxelles, *Bruylant*, 1974, 350p
PEROT-MOREL M.-A., *De l'équilibre des prestations dans la conclusion des contrats*, *D.* 1961, 294p.
PETTITI L.E., DECAUX E. et IMBERT P.-H. (dir.), *La Convention européenne des droits de l'homme, commentaire article par article*, 2è éd. *Economica*, 1230p
PHILIPPE D. M., ***Changement de circonstances et bouleversement de l'économie contractuelle*, Bruxelles, *Bruylant*, 1986, 714p**
PICOD Y., *Le devoir de loyauté dans l'exécution du contrat,* préf. G. Courturier, Paris, *L.G.D.J.*, 1989, 254p
PIEDELIEVRE J., *Des effets produits par les actes nuls*, thèse Paris, 1911, 509p.
PIERRE R., *Les droits fondamentaux des personnes morales de droit privé*, thèse Limoges, 2010, 628p.
PIETTE G., *La correction du contrat*, 2 vol., *P.U.A.M.,* 2004, 693p.
PIGNARRE G. (dir), Forces *subversives et forces créatrices en droit des obligations : rétrospectives et perspectives à l'heure du Bicentenaire du Code civil,* Actes du colloque tenu le 10 décembre 2004 à la Faculté de droit et d'économie de l'Université de Savoie, *Dalloz*, 2005, 169p.
POLLAUD-DULIAN A., *Le droit de destination. Le sort des exemplaires en droit d'auteur*, *LGDJ*, 1989, 552p
PORACCHIA D., *La réception juridique des montages conçus par les professionnels du droit*, *PUAM*, 1998, 521p.
POUGOUE P.-G. (dir), *Encyclopédie du droit OHADA*, *éd. Lamy*, 2012, 2275p.
POUGOUE P. G. et KUATE TAMEGHE S. S. (dir.), *Les grandes décisions de la Cour commune de justice et d'arbitrage de l'OHADA*, *L'Harmattan*, 2010, 694p
POUMB O., *La rupture des contrats à durée indéterminée par volonté unilatérale. Essai d'une théorie générale*, thèse Paris, 1937
PRÈS X., *Les sources complémentaires du droit d'auteur français : le juge, l'Administration, les usages et le droit d'auteur*, *P.U.A.M.*, 2004, 439p
PRIETO C. (dir.), *Regards croisés sur les Principes du droit européen du contrat et sur le droit français*, *PUAM*, 2003, 582p.
PRIEUR M., *Droit de l'environnement*, Paris, Dalloz (coll. Précis), 5e éd., 2004, 1001p.
Projet de cadre commun de référence. Terminologie contractuelle commune, Travaux de l'Association Henri CAPITANT des amis de la culture juridique française et la Société de législation comparée (SLC), *SLC*, coll. Droit privé européen et comparé, vol. 6 et 7, 2008

PYM BOLLERI D. et al., *Recueil de textes relatifs aux établissements de crédit, aux établissements de microfinance et jurisprudence annotée de la Cour de Justice Communautaire de la CEMAC*, éd. *Juriafrica*, 2012, 888p.

Que reste-t-il de l'intangibilité du contrat ?, Colloque tenu le 28 Novembre 1997 à la Faculté de droit et d'économie de Chambéry, *Dr. et Patr.*, n°58, mars 1998.

QUÉZEL-AMBRUNAZ Chr. (dir.), *Les défis de l'harmonisation européenne du droit des contrats*, Université de Savoie, 2012, 274p.

RACCAH A. (dir.), *Le traité de Lisbonne : de nouvelles compétences pour l'Union européenne*, éd. *L'Harmattan*, 2012, 238p.

RANOUIL V., *L'autonomie de la volonté : naissance et évolution d'un concept*, *PUF*, 1980, 165p.

Recueil d'études sur les sources du droit, en l'honneur de François GÉNY, Tomes 1, 2 et 3, Sirey, 1934

REIFEGERSTE S., *Pour une obligation de minimiser le dommage*, *PUAM*, 2002, 359p

RÉMY-CORLAY P. et FENOUILLET D. (dir.), *Les concepts contractuels français à l'heure des principes du droit européen des contrats*, *D.* 2012, coll. Thèmes et commentaires, 276 p.

RIGALLE-DUMETZ C., *La résolution partielle du contrat*, th. Lille II, *Dalloz-Sirey* 2003, NBT, 466p

RIPERT G.,

Les forces créatrices du droit, Paris, *L.G.D.J.,* 1995, 431p.

La règle morale dans les obligations civiles, 4è éd., *LGDJ*, 1949, 432p.

ROUHETTE G., *Contribution à l'étude critique de la notion de contrat*, thèse Paris, 1965, 381p.

ROUHETTE G., DE LAMBERTERIE I., TALLON D. et WITZ C., *Principes du droit européen des contrats*, coll. Droit privé et comparé européen, coll. dirigée par B. Fauvarque-Cosson, Société de législation comparée, 2003, 655 p.

ROUJOU DE BOUBEE M.-E., *Essai sur la notion de réparation*, *L.G.D.J.*, 1974, 493p

ROUSSEAU J.-J., *Du contrat social*, 1962, 506p

SAALIU NGOM B., *Les droits de l'homme et l'Afrique*, *Silex*, 1984, 113p

SAGUÈ N.-M., *La rupture unilatérale des contrats*, thèse Paris, 1937

SARTRE J.-P., *L'existentialisme est un humanisme*, Paris, *Gallimard*, 1996, 120p.

SAVAUX E., *La théorie générale du contrat, mythe ou réalité ?,* thèse, Paris 1, 1993, 424p.

SCHMIDT D., *Les droits de la minorité dans la société anonyme*, Paris, Sirey 1970, 264p.

SERVERIN E., *De la jurisprudence en droit privé, théorie d'une pratique*, *P.U.L.*, Critique du droit, 1985, 458p

SIMLER Ph., *La nullité partielle des actes juridiques*, *L.G.D.J.* 1969, BDP, t. 101, 511p
SOON-KOO MYOUNG, *La rupture du contrat pour inexécution fautive en droit coréen et français*, thèse, LGDJ, Bibliothèque de droit privé, 1996, 287p.
SOUAD YADINI-NAUDOT Ph, *Le contrat non négocié*, th. Nantes 2000, 447p.
SOUSTELLE Ph., *Les délais judiciaires différant l'exécution de l'obligation*, thèse Saint-Etienne, 1996
STARCK B., *Essai d'une théorie générale de la responsabilité civile considérée en sa double fonction de garantie et de peine privée*, Paris, éd. *L. Rodstein*, 1947, préf. M. Picard, 503p.
STARCK, H. ROLAND B. et BOYER L., *Introduction au droit*, 5è éd. *Litec*, 2000, 649p
STOFFEL-MUNCK Ph.,
L'abus dans le contrat. Essai d'une théorie, Paris, *L.G.D.J.*, 2000, BDP, t.337, 649p.
***Regards sur la théorie de l'imprévision. Vers une souplesse contractuelle en droit privé français contemporain*, préface R. Bout, *P.U.A.M.*, 1994, 178p**
SUDRE F. (dir.),
L'interprétation de la Convention européenne des droits de l'homme, Nemesis-Bruylant, coll. «Droit et justice», n°21, 1998, 354p
Les concepts autonomes de la Convention européenne des droits de l'homme, Cahiers de l'IDEDH, 1997, n°6, 136p
TALLON D. et HARRIS D. (dir.), *Le contrat aujourd'hui : comparaisons franco-anglaises*, *L.G.D.J.*, 1987, 443p
TERRYN E. (dir.), *Le droit de rétractation. Une analyse de droit comparé: Droits européen, allemand, français, néerlandais et belge*, *Larcier*, 2088, 160p.
http://expocujas.univ-paris1.fr/Carbonnier/non-droit.html. Extrait de: Trois thèmes de sociologie du droit par Jean CARBONNIER CD «Les grands juristes contemporains», LADEF.
THIBIERGE C. et alii, *La densification normative : Découverte d'un processus*, éd. Mare et Martin, 2014, 1204p
THIBIERGE C. (dir.), *La force normative. Naissance d'un concept*, *L.G.D.J.*, 2009, 912p.
THIBIERGE L., *Le contrat face à l'imprévu*, *Economica*, 2011, 552p
TRUILHÉ E., *Vers un droit communautaire des contrats*, thèse Aix-Marseille, 2002, 532p.
TULARD J., FAYARD J.-F. et FIERRO A., *Histoire et dictionnaire de la Révolution française. 1789-1799*, éd. *Robert Laffont*, 1998, 1223p

VAN DER MENSBRUGGHE F.-R. (dir.), *L'utilisation de la méthode comparative en droit européen, P.U.N.*, 2003, Travaux de la Faculté de droit de Namur n°25, 218p.

VAN RYN J.-M., *Responsabilité aquilienne et contrats en droit positif, Sirey*, 1933, 362p

VERDIER R., *Sur les Écrits de Jean Carbonnier (1908-2003), P.U.F.*, 2008, 1376p

VERDIER R. et alii, *Jean CARBONNIER (1908-2003) : art et science de la législation,* Actes du colloque international, Palais du Luxembourg, 5-6 novembre 2008, éd. *Sénat*, 2012, 163p

VINEY G. et FONTAINE M. (dir.), *Les sanctions de l'inexécution des obligations contractuelles, L.G.D.J./Bruylant*, 2001, 1127p.

VIVANT M. et BRUGUIERE J.-M., *Droit d'auteur*, 2è éd. *Dalloz*, 2013, 1102p

VOINOT D. et SÉNÉCHAL J. (dir.), *Vers un droit européen des contrats spéciaux*, préface de Ch. Von BAR, Bruxelles, éd. *Larcier*, 2012, 232p.

VOIRIN P., ***De l'imprévision dans les rapports de droit privé*, thèse Nancy, 1922, 307p**

VON BAR C., CLIVE E. et SCHULTE-NÖLKE H. (dir.), *Principles, Definitions and Model Rules of European Private Law. Draft Common Frame of Reference (DCFR)*, New York, *Oxford University Press*, 2010, 6563p

WATCHO née KEUGONG NGUEKEN R.-S., *Le droit des contrats face à l'émergence du droit communautaire*, th. Université de Dschang, *EDIJUCAM*, 2009, 610p.

WEIL A., *La relativité des conventions en droit privé français, Dalloz*, 1939, 1062p

WÉRY P., *L'exécution en forcée en nature des obligations contractuelles non pécuniaires. Une relecture des articles 1142 à 1144 du code civil*, éd. Kluwer, coll. Scientifique de la Faculté de droit de Liège, Préface de I. MOREAU-MARGRÈVE, 1993, 421p.

WICKER G., *Les fictions juridiques : Contribution à l'analyse de l'acte juridique*, Paris, *L.G.D.J.*, 1996, Bibl. dr. priv., t.253, 459p.

WICKER G. (dir.), *Droit européen du contrat et droits du contrat en Europe. Quelles perspectives pour quel équilibre?*, Actes du Colloque organisé le 19 septembre 2007 par le Centre d'études et de recherche en droit des affaires et des contrats (CERDAC), *Litec* 2008, 92p.

WIDLOECHER P. et QUERNE I., *Le guide du développement durable en entreprise, Paris,* éd. d'Organisation, 2009, 301p.

WONG A. et YAMEOGO U.K.S., *Les responsabilités sociétales des entreprises en Afrique francophone* (livre blanc), éd. *Charles Léopold Mayer*, 2011, 300p

XYNOPOULOS G., *Le contrôle de proportionnalité dans le contentieux de la constitutionnalité et de la légalité en France, en Allemagne, et en*

Angleterre, Préface de Yves GAUDEMET, *L.G.D.J.*, *BDP*, 1995, T.179, 468p.

YAFRADOU ADAM TAIROU, *Préoccupations environnementales et droit de l'entreprise dans l'espace OHADA*, *L'Harmattan*, 2013, 432p.

YAMEOGO U. K., *L'émergence de la responsabilité sociale des entreprises en Afrique : état des lieux, enjeux et perspectives*, mémoire de Master 2 professionnel Management de la RSE 2007, Paris 12 (Créteil), 2007.

ZARROUK A., *L'implicite et le contenu contractuel. Étude de droit comparé : droit français et tunisien*, éd. *L'Harmattan*, 2012, coll. Logiques Juridiques, 654p.

ARTICLES, COMMUNICATIONS, CRHONIQUES, REVUES, FASCICULES, WEBOGRAPHIE

ALBIGES Ch., «Le développement discret de la réfaction du contrat», Mélanges M. Cabrillac, *Dalloz/Sirey*, 1999, p.3 et s

ALPA G., « Rapport Général sur la sécurité du consommateur », in *Le consommateur*, Travaux de l'Association Henri Capitant, Journées colombiennes, Tome LVII/2007, *Bruylant* et *LB2V*, 2010, 794p, spéc. p.275 et s.

ANCEL P., «Force obligatoire et contenu obligationnel», *RTD. civ.* 1999, p.1 et s.

ANCÈZE M.-E., «Un exemple de société fermée : la close corporation aux Etats-Unis», *Rev. Soc.* 1979, p.289.

ANDRIANTSIMBAZOVINA J., «Les méthodes d'interprétations de la Cour EDH des droits de l'homme, instrument de dialogue? », in F. LICHERE, L. POTVIN-SOLIS, A. RAYNOUARD (dir.), *Le dialogue entre les juges européens et nationaux: incantation ou réalité ?*, *Bruylant-Némésis*, *op. cit.*, p.167

ANTONMATÉI P.-H., «L'obligation de reclassement préalable au licenciement pour motif économique: nouvelles dispositions», *Dr. soc.* 02, p.274.

ARNAUD N. et ARNAUD A.-J., «Une doctrine de l'état (sic) tranquilisante: le solidarisme juridique», *APD*, 1976.

ASTAIX A., «Vente à distance et démarchage: publication de la directive », *D.*2011. Actu 2926.

ATIAS Ch., «Qu'est-ce qu'un contrat ?», in Ch. JAMIN (dir.), *Droit et économie des contrats*, *L.G.D.J.*, coll. Droit et économie, 2008, pp.3-19.

ATIYAH P. S., «L'évolution du droit anglais de l'accord vers la reliance et l'exclusion de la responsabilité pour vices dans la vente de marchandises », in D. TALLON et D. HARRIS (dir.), *Le contrat aujourd'hui: comparaisons franco-anglaises*, *op. cit.*, p.57

AUBERT J.-L., «A propos d'une distinction renouvelée des parties et des tiers», *RTD. civ.* 1993, p.263 et s

AUBERT-MONPEYSSEN Th., «Principe ''à travail égal, salaire égal'' et politiques de gestion des rémunérations», *Dr. soc.* 2005, p.18
AUVERGNON Ph., «Corps et contrat de travail: Quels droits fondamentaux?», in *AFSJP/UDs*, tome 1, vol. 1, 1997, pp.49-63.
AYNÈS L.,
«La motivation», *RDC* 2004, n°2
«L'imprévision en droit privé», *RJ com.* 2005.397 et s.
«Le devoir de renégocier», Colloque de Deauville, juin 1999, *RJ com.* 1999.
«Le droit de rompre unilatéralement : fondement et perspectives», in *Rupture unilatérale du contrat : vers un nouveau pouvoir*, op. cit., p.64s
«Présentation générale de la réforme», *D.* 2006, n°19, p.1289.
BAHANS J.-M. et MENJUCQ M., « La reconnaissance d'un usage commercial comme règle de droit (à propos du courtage en vins en bordelais) », *D.*2004, p.414 et s.
BAILLOD R., «Le droit de repentir», *RTD. civ.* 1984. 227
BALLAL O., «Le renouveau en droit OHADA : les usages contribuent-ils à l'harmonisation du droit des affaires en Afrique ?», *Journal des sociétés*, pp.42-47.
BALTHAZARD B. L., «Le développement durable face à la puissance publique», *L'Harmattan*, 2006, p.11.
BARBE V., «La protection des droits fondamentaux en France après le traité de Lisbonne», in A. RACCAH (dir.), *Le traité de Lisbonne: de nouvelles compétences pour l'Union européennes ?, op. cit.,* pp.223-236.
BATIFFOL H., «La crise du contrat et sa portée», *APD*, 1968, t. 18, Sur les notions de contrat, 1968, p.13.
BATTEUR A., « L'application de la loi du 19 mai 1988 relative à la responsabilité du fait des produits dans les rapports entre professionnels», *LPA*, n°200, 08/10/2001, pp.5-17.
BATTISTINI P., «L'égalité des rémunérations au regard de la jurisprudence de la CJCE», in *RRJ*, *PUAM*, 2001-1, pp.301-320.
BAYO BYBI B., «L'efficacité de la convention d'arbitrage en droit OHADA», *Penant*, n°876, Juillet-Septembre 2011, .361, Ohadata D-12-75.
BAZIN-BEUST D., «Une analyse du pacte commissoire... ou prudence est mère de sûreté chez les financeurs?», *LPA*, 19 mai 2011 n°99, p.50.
BEALE H., «La Commission Lando: le point de vue d'un common lawyer», in *L'harmonisation du droit des contrats en Europe, op. cit.* pp.127-140.
BEIGNIER B., «L'ordre public et les personnes», in *L'ordre public à la fin du XXe siècle*, *Dalloz*, 1996, p.13 s.
BELLIVIER F. et STEPHONGREEN R., «Force obligatoire et exécution en nature du contrat en droit français et anglais: bonnes et mauvaises surprises du comparatisme», Mélanges J. Ghestin, *L.G.D.J.*, 2001, p.91.
BELLO AHMED, «Pourquoi il faut adopter le projet d'Acte uniforme de l'OHADA relatif au droit du travail ?», *RDUA*, n°005, 2011, pp.11-18, Ohadata D-12-20.

BENKEMOUN L., «Sécurité juridique et investissements internationaux», Colloque de Niamey sur *La sécurité juridique et judiciaire dans l'espace UEMOA* tenu les 17 au 24 mars 2006.

BENYEKHLEF K., «*Les transactions dématérialisées sur les voies électroniques : panorama des questions juridiques*», in D. POULIN, P. TRUDEL et E. MACKAAY (dir.), *Les autoroutes électroniques. Usages, droit et promesses*, Cowansville, éd. Yvon Blais, 1995, p.115.

BERGEL J.-L., «Le rôle des fictions dans le système juridique», *Revue de droit de McGill*, 1988, vol. n°33, p.362s

BERNARDEAU L.,

«Droit communautaire et droit des contrats: perspectives d'évolution», *CCC* 2001, chron. n°19, p.4.

«Le droit de rétractation du consommateur : un pas vers une doctrine d'ensemble, A propos de l'arrêt CJCE 22 avril 1999», *JCP* 2000. I. 218

«Le droit de rétractation du consommateur : un pas vers une doctrine d'ensemble ; A propos de l'arrêt CJCE 13 décembre 2001», *JCP* 2002, I, 168

BERTHOU K., «La CJCE, et l'égalité de traitement : quelles orientations», CJCE, 7 juillet 2000, Julia Schnorbus, *Dr. soc.* 01, 879

BERTHOU K. et A. MASSELOT K., «Egalité de traitement et maternité», *Dr. soc.* 1999, .942.

BETEILLE L. et ANZIANA. I, «Responsabilité civile : des évolutions nécessaires», Rapport d'information n°558 (2008-2009) - 15 juillet 2009

BICQUET Ch., «Les fictions juridiques», Communication dite lors de la conférence, placée sous l'égide de la Fondation pour le droit continental et du Centre légal de Corée, in http://www.hanyang.ac.kr/home_news/H5EAFA/0002/101/2013/30-1-11.pdf

BLAISE H.,

«Maladie et inaptitude physique, causes de rupture du contrat de travail», *RJS*, Fr. Lefebvre, 1990, 315.

«Une jurisprudence en pleine évolution : maladies et accidents non professionnels, inaptitude physique du salarié», *RJS*, Fr. Lefebvre, 1992, 83

BLANC D. et DEROULEZ J., «La longue marche vers un droit européen des contrats», *D. 2007*, chron. p.1615-1623.

BLANCHER R., «Abus de droit. Montage juridique, preuves, pénalités pour manœuvres frauduleuses», *RTD. com.* 1993, p.220.

BOISSON DE CHAZOURNES L., «Le principe de précaution: nature, contenu et limites», in C. LEBEN, J. VERHOVEN, (dir.), *Le principe de précaution, aspects de droit international et communautaire*, éd., *Panthéon-Assas*, Diffusion LGDJ, Paris, 2002, p.85.

BOIZARD M., «La réception de la violence économique en droit», *LPA*, 16 juin 2004, n°120, p.5.

BONASSIES P., «Le transport multimodal trans-maritime : approche juridique», *Annales de l'Institut Méditerranéen des Transports Maritimes (I.M.T.M.)*, 1988, p. 93 et s.
BONNET V.,
«L'accouchement sous X et la Cour européenne des droits de l'homme (à propos de l'arrêt Odièvre c/ la France du 13 février 2003)», R.T.D.E., 2004, n°58, pp.405-421.
«Indisponibilité ou insaisissabilité du logement de la famille», in *Logement et famille : des droits en question*, sous la direction de M. BARRÉ-PÉPIN et C. COUTANT-LAPALUS, Actes du colloque organisé en décembre 2004 à l'Université de Bourgogne, éd. *Dalloz*, 2005, 354p, spéc. pp.175-190.
BOSTANJI S., «*De la promotion des usages du commerce international par la justice étatique. A propos de l'affaire Interco c/ North African International Bank*», *J.D.I.*, Décembre 2005, 1067.
BOUBLI B., «Réflexions sur l'obligation de reclassement en matière de licenciement pour motif économique», *RJS* 3/96, 131.
BOUCARD H.,
«Les instruments internationaux d'unification: concurrence ou modèle pour les droits nationaux?», in G. WICKER (dir.), *Droit européen du contrat et droits du contrat en Europe. Quelles perspectives pour quel équilibre?*, *op. cit.*
«Essai sur la protection du contractant professionnel, en marge du droit de la concurrence», *LPA*, 13/06/2000, n°117, p.4 (2e partie).
BOULANGER J., «Principes généraux du droit et droit positif», in *Le droit privé au milieu du XXe siècle*, Etudes offertes à G. Ripert, *LGDJ*, 1950, T1, .51s.
BOULOUIS J.,
«La fonction normative de la jurisprudence», *Dr. soc.*, 1989, n°7/8.
«Quelques observations à propos de la sécurité juridique», Mélanges Pescatore, Nomo Verlag, 1987, p.53.
BOUMAKANI B., «Le juge interne et le droit Ohada», *Penant* 2002, p.146 et s.
BOUTONNET M., «Des obligations environnementales spéciales à l'obligation environnementale générale en droit des contrats», *D.*2012, p.377.
BRAC M., «Codes de bonne conduite: Quand les sociétés jouent à l'apprenti législateur», in E. CLAUDEL et B. THULLIER (dir.), *Le droit mou: une concurrence faite à la loi*, Paris, Travaux du CEDCACE, 2004, disponible à http://www.glose.org/cedcace.htm
BRUN Ph., «Le droit de revenir sur son engagement», in Ch. JAMIN et D. MAZEAUD, *Que reste-t-il de l'intangibilité du contrat*, *Dr et patr.* 1998, *op. cit.*, p. 78 et s
BRUNAT L., «Sanctions applicables en cas de fausse déclaration de la nature ou du poids des marchandises», *B.T.* 1978, p. 166

CABRILLAC M., «De quelques handicaps dans la construction de la théorie de l'abus de minorité», *Mélanges offerts à A. Colomer*, Paris, *Litec*, 1993, n°6, p.111
CALAIS-AULOY J.,
«Une nouvelle garantie pour l'acheteur: la garantie de conformité», *RTD. civ.*, 2005 (4), .701-712.
«De la garantie contre les vices cachés à la garantie de conformité», Mélanges C. Mouly, t.II, *Litec*, 1998, p.62 et s.
«L'attente légitime, une nouvelle source de droit subjectif ? » Mélanges Y. Guyon, *Dalloz*, 2003, p.171
CANIVET G.,
«Réflexions sur la place du citoyen dans le marché unique européen», *RTDE*, 2008 (1), p.119 et s.
« Le droit communautaire et l'office du juge national », *Dr. et soc.*, 20/21-1992, pp. 143-154.
CARBONNIER J., «L'avenir d'un passé», in *L'avenir du droit,* Mélanges en hommage à F. TERRÉ, *P.U.F.*, *Dalloz*, Jurisclasseur, 1999, p.10
CARTRON A.-M. et COURSIN B., «La fiabilisation des systèmes judiciaires nationaux: un effet secondaire méconnu de l'OHADA», www.ohada.com, Ohadata, D-07-30.
CASHIN RITAINE E., «Nouvelles tendances en droit des obligations- Quel droit s'applique ? », Rapport présenté au Colloque sur *L'harmonisation du droit OHADA des contrats*, *op. cit.,* pp. 66-99.
CASTAGNE S., «Vote'' en faveur du droit de vote », *Dr. Sociétés*, oct. 2000, p.6.
CAUDAL S., *Rapport introductif,* in S. CAUDAL, *Les principes en droit*, *Economica* 2008, 384p, p.6 et s.
CEDRAS J.,
«Le solidarisme contractuel en doctrine et devant la Cour de cassation», file://E:\2-etude-M-Cedras.htm, 16 octobre 2010.
«L'obligation de négocier», *RTD com.* 1985, pp.265-290.
CHABAS F., «Clause pénale», J.-Cl. Civ., 1976, Fasc. X.
CHANTELOUP H., FAURE G., DAURY-FAUVEAU M. et GUTMANN D., «La convention du Conseil de l'Europe sur les droits de l'homme et la biomédecine», *LPA*, 23 octobre 1998, n°127, p.3 et s.
CHAPPUIS Ch., «Le renoncement à la cause et à la considération dans l'avant-projet d'Acte uniforme OHADA sur le droit des contrats», in *L'harmonisation du droit OHADA des contrats*, *op. cit.,* p.253 et s.
CHAPUS R., «De la valeur juridique des principes généraux du droit et des autres règles jurisprudentielles du droit administratif», *D.* 1966, chr., .99.
CHARBIT N., «L'esperanto du droit ? La rencontre du droit communautaire et du droit des contrats, à propos de la communication de la Commission européenne relative au droit européen des contrats», *JCP* 2002, éd. G., I, 100

CHAZAL J.-P.,
«La protection par les juges du fond de la partie économiquement faible dans les contrats de distribution», *JCP* 1999, II, n°10244.
« De la signification du mot loi dans l'article 1134 alinéa 1er du code civil», *RTD. civ.*, avril-juin 2001, pp.265-283.
«Les nouveaux devoirs des contractants. Est-on allé trop loin?», in Ch. JAMIN et D. MAZEAUD (dir.), *La nouvelle crise du contrat*, *op. cit.*, p.112 et s.
« L.Josserand et le nouvel ordre contractuel », *RDC* 2003. 325.
CHEVRIER E., «Pas d'aide à la reconversion des concessionnaires déchus!», *D.* 2002 p.1754.
COLLART-DUTILLEUL F., **«La théorisation des contrats spéciaux : du droit des contrats au droit des biens», *RDC*, 01 avril 2006, n°2, p.604.**
CONSTANTIN A., «Réflexions sur la validité des conventions de vote», in *Mélanges J. Ghestin*, *L.G.D.J.*, 2001, p.253
CORNU G.,
«La protection du consommateur et l'exécution du contrat», in Trav. Ass. H. Capitant, Journées canadiennes, t. XXIV, La protection des consommateurs, *D.* 1973, p. 144
«Un Code civil n'est pas un instrument communautaire», *D.* 2002, p.351.
«Regards sur le titre III du Livre III du code civil», Cours de DEA de droit privé, 1977
« La jurisprudence aujourd'hui. Libre propos sur une institution controversée », *RTD. civ.* 1992, p.342.
COSSI SOSSA D., «Le champ d'application de l'avant-projet d'Acte uniforme OHADA sur le droit des contrats : contrats en général / contrats commerciaux /contrats de consommation», Rapport présenté au Colloque sur *L'harmonisation du droit OHADA des contrats, op. cit.*
COUTANT-LAPALUS C., «La sanction civile», in La sanction, Colloque du 27 novembre 2003 organisé à l'Université Jean Moulin Lyon III, 272p., spéc. .211.
COUTURIER G.,
«Pot pourri autour des modifications du contrat de travail», *Dr. soc.* 1998 p.878.
«Vers un droit de reclassement?», *Dr. soc.* 1999, 497.
CRAMIER P., «Essai sur la protection du contractant professionnel, en marge du droit de la concurrence», *LPA*, 13/06/2000, n°117, P.4 (2e partie)
CRÉPEAU P.-A., «Le contenu obligationnel d'un contrat», (1965) 43 R. du B. Can. 1
DAGOT M., «Les illusions de la lettre recommandée», *JCP N*, 2003, 1266
DAIGRE J.-J., «Le droit de vote est-il encore un attribut essentiel de l'associé ?», *JCP* éd. E 1996, I, 575.
DAMMANN R.,

«La réforme des sûretés mobilières : une occasion manquée», *D.* 2006, n°19, p.1298
«Mobilité des sociétés et localisation des actifs», *Cah. dr. entr.*, mars-avr. 2006, p.41.
DARANKOUM E.-S.,
«La pérennité du lien contractuel dans la vente commerciale OHADA: Analyse et rédaction des clauses», *Penant* (2005), n°853, pp.500-518.
«La protection du contrat dans l'avant-projet d'Acte uniforme OHADA sur le droit des contrats: conclusion, exécution et remèdes en cas d'inexécution», Rapport présenté au Colloque sur *L'harmonisation du droit OHADA des contrats*, *op. cit.*
«La clause réputée non écrite», *JCP*, 1993, I, n°3961, n°5.
DAVID R., «L'imprévision dans les droits européens», Mélanges A. Jauffret, *P.U.A.M.*, 1974, p.211.
DE BÉCHILLON D., «Le contrat comme norme dans le droit public positif», *RFDA*, 1992, pp.15-35.
DE KERCHOVE G. et MARQUARDT S., «Les accords internationaux conclus par l'Union européenne», *AFDI*, vol. 50, 2004, pp.803-825.
DE LAMBERTERIE I. et VIVANT M., **«Commerce électronique : de nouvelles pratiques contractuelles ? », *Légipresse*, 2001, p.369.**
DE MONTALIVET P., «Les principes généraux du droit», *Juris-classeur adm*, fasc. 38.
DE SALVIA M.,
«Principes généraux du droit de l'homme à un environnement sain selon la Convention européenne des droits de l'homme», *Annuaire international des droits de l'homme*, vol. I/ 2006, Bruylant, p.57 et s
«La place de la notion de sécurité juridique dans la jurisprudence de la Cour européenne des droits de l'homme», *Cahiers du Conseil constitutionnel* n°11 (Dossier: Le principe de sécurité juridique)-décembre 2001, http://www.conseil-constitutionnel.fr/conseil-constitutionnel/francais/documentation-publications/cahiers-du-conseil/cahier-n-11/la-place-de-la-notion-de-securite-juridique-dans-la-jurisprudence-de-la-Cour-europeenne-des-droits-de-l-homme.52122.html, 15 avril 2011, à 10h33'
DE TISSOT O., «Pour une analyse juridique du concept de ''dignité'' du salarié», *Dr. soc.* 1995, p.972 et s.
DE VINCELLES C., «Premier regard sur la proposition d'un droit commun européen de la vente, Aperçu rapide», *JCP* 2011. 1376.
DÉJEANT-PONS M.,
«Le droit à l'environnement, droit fondamental au niveau européen dans le cadre du Conseil de l'Europe, et la Convention européenne de sauvegarde des droits de l'homme et des libertés fondamentales», *R.J.E*, 1994, n°4.
«L'insertion du droit de l'homme à l'environnement dans les systèmes régionaux de protection des droits de l'homme», *RUDH*, 1991, p.461.

«Le droit de l'homme à l'environnement et la Convention européenne de sauvegarde des droits l'homme et des libertés fondamentales», in Liber amicorum M. A. EISSEN, *Bruylant/LGDJ*, 1995, p.79
DELEBECQUE Ph.,
«L'attribution du bien, l'originalité du gage commercial», in Colloque de Deauville sur *Le gage commercial*, du 10 au 11 juin 1994, R. jur. Com., n° spécial, novembre 1994
«Le régime des hypothèques», in *Commentaire de l'Ordonnance du 23 mars 2006 relative aux sûretés*, *JCP* éd. G. 2006, suppl. n°20, I n°23 et s
«Le transport multimodal », *R.I.D.C.*, 2-1998, pp.527-537
«Clausula, clausulae, clausularum », in *Prospectives du droit économique, Dialogues avec M. Jeantin*, *D.* 1999, .33 et s.
«Les nouvelles procédures civiles d'exécution», in Actes du colloque des 28 et 29 janvier 1993 *sur La réforme des procédures civiles d'exécution par la loi n°91-650 du 9 juillet 1991 et par le décret n°92-755 du 31 juillet 1992, RTD. civ.* 1993
«L'anéantissement unilatéral du contrat», in *L'unilatéralisme et le droit des obligations*, *Economica*, 1999.
«Le Droit de rupture unilatérale du contrat : genèse et nature», *Dr. et patr.* 2004, n°126, p. 55et s
«Le droit de rupture unilatérale du contrat : genèse et nature», Séminaire organisé par le DEA de droit des contrats et des biens, et l'Ecole doctorale de droit privé de l'Université de Paris I Panthéon-Sorbonne, le 26 janvier 2004, dont le thème général était *Rupture unilatérale du contrat : vers un nouveau pouvoir*, *Dr.et patr.*, mai 2004, n°126, .57, www.institut-idef.org
DELMAS SAINT HILAIRE, **«L'adaptation du contrat aux circonstances économiques», in *La tendance à la stabilité du rapport contractuel*, 1960**
DELPECH X., «Mise en œuvre de la jurisprudence de l'Assemblée plénière du 1er décembre 1995: vers un avènement du «solidarisme contractuel»?», *D.* 2002, p.302.
DEMOGUE R., « **Des modifications au contrat par volonté unilatérale», *RTD civ.* 1907, p.243 et s**
DEROUSSIN D., «Le droit romain a-t-il connu des principes ? Sur les significations (possibles) de principia, praecepta et regulae iuris», in *Les principes en droit*, *op. cit.*, .127s.
DEUMIER P., «Les sources de l'éthique des affaires. Codes de bonne conduite, chartes et autres règles éthiques», in *Libre droit,* Mélanges en l'honneur de Ph. LE TOURNEAU, *Dalloz*, 2008, p. 337
DHOMMEAUX J., «Le droit de l'homme à un environnement sain dans les principaux instruments des Nations unies relatifs aux droits de l'homme », *AIDH*, vol. I/ 2006, Bruylant, p.71 et s.
DIALLO BAKARY, «Réflexions sur le pouvoir d'évocation de la CCJA dans le cadre du traité de l'OHADA», *RTDJA*, n°1, p.55 ; *Penant*, n°858, p.40 ; Ohadata D-07-23

DIAKHATE M. et SAMBE I., «Regards croisés sur l'intervention du juge dans la vie des sociétés commerciales», *Revue sénégalaise du droit des affaires*, n°1, janvier-juin 2003, p.111, Ohadata D-04-34.

DIDIER P.,

«Brèves notes sur le contrat-organisation», «Brèves notes sur le contrat-organisation», in Mélanges en l'honneur de François Terré, *D.* 1999, p. 635 et s.

«Les conventions de vote», in Mélanges J. Foyer, *P.U.F.* 1997, p.341

DIETZ A., «Principaux aspects de la législation et de la jurisprudence récentes du droit des contrats d'auteur en Allemagne», *RIDA* 4/2003, p.147-233

DJOGBENOU J., « La cause dans les contrats conclus sur le fondement des Actes uniformes de l'OHADA », *Penant*, n°867, avril-juin 2009, pp.134-172.

DONDERO B., «La captation des opportunités d'affaires: regards vers l'Etranger», *Gaz. Pal.* 2012, .13

DOUMBE-BILLÉ S.,

«Droit international et développement durable», in *Les hommes et l'environnement*, Mélanges en hommage à A. Kiss, Paris, éd. *Frison Roche*, 1998, pp.230- 259

«La Conférence des Nations unies sur l'environnement et le développement (Rio de Janeiro, 3- 14 juin 1992) », *A.F.D.I.*, XXXVIII, 1992, pp.823- 843.

DUBOUT E., «Interprétation téléologique et politique jurisprudentielle de la Cour européenne des droits de l'homme», *R.T.D.H.*, 2008, pp.383 et s.

DUMAS R., «Les droits fondamentaux : source nouvelle de la matière commerciale, *Jurisclass*, commercial, fasc. 30, 2007.

DUPICHOT J., «Pour un retour aux textes : défense et illustration du «petit guide-âne» des articles 1156 et suivants du code civil», Etudes Flour, *Defrénois*, 1979, p. 179

DUPICHOT Ph., «La réforme du régime hypothécaire, D. 2006, n°9, p.1291.

DUPRÉ DE BOULOIS X., «Les droits fondamentaux des personnes morales», *RDLF*, in http://webu2.umpf-grenoble.fr/rdlf/?p=1248, 17 octobre 2012.

DUPUY R. J., «La technique de l'accord mixte utilisée par les Communautés européennes», *Annuaire de l'Institut de droit international*, 1973, p.259

DURRY G., «Solidarisme contractuel en droit des assurances», in L. GRYNBAUM et M. NICOD, *Le solidarisme contractuel*, *op. cit.*, pp.125-132.

EDELMAN B., «La dignité de la personne humaine, un concept nouveau», in M.-L. PAVIA et Th. REVET, *La dignité de la personne humaine*, *op. cit.*, pp.25-34.

ÉGÉA V., «L'interprétation des contrats : Regard sur l'actualité des articles 1156 et suivant du code civil», www.institut-idef.org,2009, 14p.
EL KARIM J., «Les principes généraux de droit en matière pénale», in *Les dénominateurs communs entre les principes généraux du droit musulman et des droits arabes et les principes généraux du droit français*, *op. cit.*, .5.
ESSOH J.-B., «L'OHADA et les droits de l'homme : état des lieux et perspectives d'une cohabitation », Formation des formateurs de l'ESUMA, formation tenue du 03 au 07 septembre 2012 sur les thèmes *Ingénierie pédagogique, Droit commercial général, Droit des sociétés coopératives et Droits de l'Homme.*
FABERON J.-Y., Avant-propos, in L. GRAMMATICO, *Les moyens juridiques du développement énergétique dans le respect de l'environnement en droit français (Recherches sur le droit du développement durable)*, *PUAM*, 2003, 319p.
FABRE R., «Les clauses d'adaptation dans les contrats», *RTD. civ.* 1983, pp.1-30.
FABRE-MAGNAN M.,
«Le mythe de l'obligation de donner», *RTD. civ.*, 1996, p.85.
«L'obligation de motivation en droit des contrats », Mélanges J. Ghestin, *L.G.D.J.,* 2001, .301s
FAGES B.,
«Le double jeu de la Cour de cassation à l'égard du contenu des conventions», in *Le contrat, liberté contractuelle et sécurité juridique*, *LPA*, 6 mai 1998.
«Les conséquences de l'annulation du contrat», *J.C.P.* 1989. I. 3397.
«Quelques évolutions contemporaines du droit français des contrats à la lumière des Principes de la Commission Lando», *D.* 2003, chron., 2386.
«Nouveaux pouvoirs. Le contrat est-il encore la chose des parties?», in Ch. JAMIN et D. MAZEAUD, *La nouvelle crise du contrat*, *op. cit.,* pp.153-161.
FARJAT G., «Nouvelles réflexions sur les Codes de conduite privée», in J. CLAM et G. MARTIN (dir.), *Les transformations de la régulation juridique*, Paris, *L.G.D.J.*, 1998, p.151-164.
FASQUELLE D. et MESA R., «La sanction de la concurrence déloyale et du parasitisme économique et le Rapport Catala», *Recueil Dalloz* 2005 p.2666.
FAUVARQUE-COSSON B.,
«Le changement de circonstances», *RDC*, 2004/1, 67s.
«Faut-il un Code civil européen?», *RTD civ.2002*, 463.
«Vers un droit commun européen de la vente», *Rec. Dalloz*, *Chr.* 5 janvier 2012, n°1, p.34 et s.
FENEON A., «Le pacte commissoire : une innovation importante du nouvel Acte uniforme sur les sûretés», *Penant*, n°877, octobre-décembre 2011, p.429, Ohadata D-12-82.

FERGUSON R.-B., «The legal status of non-statutory Codes of Practice», *J. Bus. L.* 1988, 12s.
FLAUSS J. F.,
«Le droit de l'homme à un environnement sain, entre juridicisation et justiciabilisation», *Annuaire international des droits de l'homme*, vol. I/ 2006, *Bruylant*, pp.531-534.
«La Convention européenne des droits de l'homme, une nouvelle interlocutrice pour le juriste d'affaires», *RJDA* 1995, p.524.
FLECHEUX G., «L'avocat et les principes généraux du droit», in *Les dénominateurs communs entre les principes généraux du droit musulman et des droits arabes et les principes généraux du droit français*, octobre 2001, www.fsedu.usj.edu.lb/unte-usj., .3
FOMCHIGBOU MBANCHOUT J.-J., «L'obligation de reclassement du salarié à la lumière de l'avant-projet de l'acte uniforme de l'OHADA portant droit du travail», p.243 et s, in J. GATSI (dir.), *L'effectivité du droit de l'OHADA*, *op. cit.*
FONTAINE M.,
«L'Avant-projet d'Acte uniforme sur le droit des contrats: vue d'ensemble», Rapport présenté au Colloque sur *L'harmonisation du droit OHADA des contrats, op. cit.* spéc. p.207.
Note explicative à l'Avant-projet d'Acte uniforme sur le droit des contrats, www.ohada.com.
«Apports des Principes d'UNIDROIT et d'autres instruments élaborés par UNIDROIT à la modernisation des contrats d'affaires», Colloque sur *Les pratiques contractuelles d'affaires et les processus d'harmonisation dans les espaces régionaux, op. cit.*
«La mise en œuvre de la résolution des contrats synallagmatiques pour inexécution fautive», *R.C.J.B.* 1991, p.31.
FRISON-ROCHE M.-A.,
«Les offices du juge», in Mél. J. Foyer, Paris, éd. *P.U.F.*, 1997, p. 463
«L'erreur du juge», *RTD. civ.* 2001 (4), .819s.
«De l'abandon du carcan de l'indétermination à l'abus dans la fixation du prix», *R.J.D.A.* 1996, chr., p.3
« Volonté et obligation », *APD*, t.44, 2000, p. 135.
GAILLARD E., «La distinction des principes généraux du droit et des usages du commerce international», in Etudes offertes à BELLET, Paris, *Litec*, 1991, p.203
GALLOUX J.-C., «La directive relative au respect des droits de propriété», *RTD com.* 2004 p.698
GAMET L., «La preuve en droit du travail», in M. MEKKI et L. CADIET (dir.), *La preuve: regards croisés*, Colloque organisé par l'Institut de recherche en droit des affaires (IRDA, Université de Paris 13) et le Centre de Recherches sur la Justice et le Procès (C.R.J.P., Université de Paris 1), le 29 novembre 2013.

GANDOLFI G.,
«Le code européen des contrats», in *Le contrat en Europe: Aujourd'hui et demain, op. cit.*, p.116.
«Pour un Code européen des contrats», *RTD civ.*, 1992 (4), pp.707-736
GAYRAUD A. et ROBERT M., «*Les usages en matière de propriété intellectuelle»*, in P. MOUSSERON, *Les usages en droit de l'entreprise*, *LexisNexis*, Actualités de droit de l'entreprise, t.27, 2010, p.169
GÉA F., «Licenciement pour motif économique: L'obligation générale de reclassement», *RJS* 7-8/00, 511
GEGOUT M., «Ordre public et bonnes mœurs», *J-Cl- Civ., Fasc.* I, 5, 1979, n°18.
GÉLINAS F., «Codes, silence et harmonie- Réflexions sur les principes généraux et les usages du commerce dans le droit transnational des contrats», *Les Cahiers de droit*, vol. 46, n°4, 2005, pp.941-960.
GENDRON F., «L'interprétation des contrats en droit québécois», www.institut-idef.org, 2009, 6p.
GHESTIN J.,
«L'absence de cause et la contrepartie propre à une obligation résultant d'une clause d'un contrat», in *Droit et actualité*, Études J. Béguin, *Litec*, p.311 et s.
«L'annulation d'office d'un contrat», Mélanges P. Drai, *D.* 2000, .593.
«La notion de contrat», recueil *Dalloz Sirey*, 1990, 23e cahier - Chr. 147.
«L'utile et le juste dans les contrats», *D.* 1982, *Chron.* p.1
«La distinction des parties et des tiers au contrat», *JCP* 1992.I.3628
«Nouvelles propositions pour un renouvellement de la distinction des parties et des tiers», *RTD. civ.* 1994 (4), 777 et s
GNAZALE G., TCHOTOURIAN I. et VIOLAY L., «Implication des salariés dans la vie de l'entreprise : lorsque le droit pose les fondements d'une nouvelle gouvernance», https://papyrus.bib.umontreal.ca/xmlui/handle/1866/2595
GRATTON L., «Le dommage déduit de la faute», *RTD. civ.* 2013 p.275.
GREVAIN-LEMERCIER K., «Le devoir de loyauté des dirigeants sociaux : le retour», *Gaz. Pal.* 2012, p.7 s
GRIDEL J.-P., «Sur l'hypothèse d'un droit européen des contrats: les propositions de l'académie des privatistes européens (Pavie)»: *Gaz. Pal.* 21 et 22 février 2003, p.3.
GRIMALDI C., «La preuve en droit des contrats», in M. MEKKI et L. CADIET (dir.), *La preuve: regards croisés*, Colloque organisé par l'Institut de recherche en droit des affaires (IRDA, Université de Paris 13) et le Centre de Recherches sur la Justice et le Procès (C.R.J.P., Université de Paris 1), le 29 novembre 2013.
GRIMALDI M., «Le logement et la famille», *Defrénois* 1983, art. 33120, p.1025 et s.
GRYNBAUM L., «La mutation du droit des contrats sous l'effet du traitement du surendettement», *Contr. Conc. Consom.* 2002, *chron.* n°16, I.

GUELFUCCI-THIBIERGE C.,
«Libres propos sur la transformation de droit des contrats», *RTD. civ.* 1997, p. 357
«Le droit souple. Réflexion sur les textures du droit», *RTD civ.* 2003, p.600 et s.

GUASTINI R., «Les principes de droit en tant que sources de perplexité théorique», in *Les principes en droit, Economica*, 2005, p.113.

GUYON Y., «Conclusion», in *L'Organisation pour l'Harmonisation en Afrique du droit des affaires*, Association Henri Capitant, *LPA*, 13 octobre 2004 n°205, p.59.

HASTINGS-MARCHADIER A., «Les contrats de droit privé des personnes publiques et la liberté contractuelle», *AJDA*, 1998, pp.683-693

HAUSER J., «Le solidarisme contractuel, mythe ou réalité ? », Rapport de synthèse, in L. GRYNBAUM et M. NICOD (dir.), *Le solidarisme contractuel*, *Économica, op. cit.*, pp.193-201.

HELLERINGER G., «Le dirigeant face aux opportunités d'affaires», *D.* 2012. 1560.

HOQUART J.-M., «Le pacte commissoire, une fausse bonne idée?», in *Réformer l'hypothèque*, *Dr. et Patr.*, novembre 2005, comm. 142, pp.80 et s.

HOVASSE H., «Coup d'arrêt à la ''désacralisation'' du droit de vote», *Dr. Sociétés*, mai 1999, p.3 et s

HUET J., «Nous faut-il un "euro" droit civil?», *D,*.2002, p.2611.

IBRAHIMA KHALIL DIALLO, «Etude de l'Acte uniforme relatif aux contrats de transport de marchandises par route», Communication dite à l'ERSUMA, Porto-Novo, session de formation du 23 au 27 août 2004.

IBRIGA L.-M., « La juridictionnalisation des processus d'intégration en Afrique de l'Ouest : une hypothétique juridicisation », in *La gestion des risques de conflits de normes et de juridictions entre l'OHADA et les organisations voisines*, Colloque tenu à Lomé, 2010, La documentation de l'OHADA, 99 p, spéc. pp. 17-36.

ISRAËL J.-J., «Le droit au développement« », *RGDIP*, 1983, vol. 87, n°1, pp.5-41.

ISSA-SAYEGH J., «Questions impertinentes sur la création d'un droit social régional dans les Etats africains de la zone franc», *Bulletin de droit comparé du travail et de la sécurité sociale*, Université Montesquieu-Bordeaux IV, 1999, p.170 et s

IVAINER Th., «La lettre et l'esprit de la loi des parties», *JCP* 1981. I. 3023

IZORCHE M.-L., «Le vendeur professionnel, entre vices cachés et jurisprudence hermétique (à propos d'un arrêt de la première chambre civile de la Cour de cassation du 8 juin 1999)», *D.* 2000, chron. p.207s

JACOT-GUILLARMOD O., «Règles, méthodes et principes d'interprétation dans la jurisprudence de la CEDH», in L. PETTITI (dir.), E.

DECAUX, P.-H. IMBERT, *La Convention européenne des droits de l'homme, commentaire article par article*, *op. cit.*, pp. 41-63
JAMIN Ch.,
«Plaidoyer pour le solidarisme contractuel», in Etudes offertes à Jacques GHESTIN, *Le contrat au début du XIXe siècle*, *L.G.D.J.*, 2001, p.441
«Réseaux intégrés de distribution: de l'abus dans la détermination du prix au contrôle des pratiques abusives», JCP 1996.I. 3959, n°7.
«Révision et intangibilité du contrat, ou la double philosophie de l'article 1134 du code civil», in *Que reste-t-il de l'intangibilité du contrat ?*, Colloque organisé le 28/11/1997 par le Centre de droit de la consommation et des contrats de l'Université de Chambéry, *Dr. et patr.*, mars 1998, pp.46-57.
«Un droit européen des contrats?», in P. DE VAREILLES-SOMMIÈRES (dir.), *Le droit privé européen*, *Économica*, *op. cit.*, p.40.
«Les sanctions de l'inexécution du contrat: trois idéologie en concurrence», in *L'unilatéralisme et le droit des obligations*, *op. cit.*, p. 71 et s
«Pour en finir avec la formation du contrat !», *LPA* 6 mai 1998, n°54, p.25-27
«Le renouveau des sanctions contractuelles : pot-pourri introductif», in F. COLLART-DUTILLEUL et C. COULON, *Le renouveau des sanctions contractuelles*, *op. cit.*, pp.3-28.
JAVILLIER J.-C., «Aspects collectifs de la mobilité du personnel», *Dr. soc.*, 1989, p.449.
JEANDIDIER W., «L'exécution forcée des obligations contractuelles de faire», *RTD. civ.*, 1976, p.700 et s.
JEANTIN M., «Observations sur les conventions de vote», *JCP* éd. E 1986, 15405.
JESTAZ, Ph.
«Principes généraux, adages et sources du droit en droit français», http://www.cedroma.usj.edu.lb/pdf/dencom/jestaz.pdf, 19/09/2012. Egalement *Autour du droit civil. Ecrits dispersés-Idées convergentes*, *Dalloz*, 2005, .224.
«La loi et le contrat», Rapport de synthèse présenté au colloque sur *La loi et le contrat* organisé à Toulouse le 16 mars 2001 sous la direction de Thierry REVET ; in *Autour du droit civil. Ecrits dispersés-Idées convergentes*, *Dalloz*, 2005, pp.397-410.
«Les standards dans les divers systèmes juridiques », Rapport de synthèse, in *Autour du droit civil. Ecrits dispersés- Idées convergentes*, *Dalloz*, 2005, .19-29 ; *RRJ*, Droit prospectif, 1988-4, .1182s.
« L'inflation des avis en droit », Rapport de synthèse, in *Autour du droit civil, Ecrits dispersées- Idées convergentes*, *D.*2005, 442p.
JIOGUE G., «La clause de non-concurrence en droit du travail camerounais», Annales de Faculté des sciences juridiques et politiques de

l'Université de Dschang (A/FSJP/Ds), Tome 1, volume 2, *PUA* 1997, .137-151

JOHNSON F. K. A., « Les principes de gouvernement d'entreprise (L'OCDE) », Flash n°3, *Revue des experts associés*, n°6, déc. 2005, Ohadata D-05-60.

JORION B., «La dignité de la personne humaine ou la difficile insertion d'une règle morale dans le droit positif», *RDP*, 1999, p.197 s.

JOSSERAND L.,

«Le contrat dirigé», *DH* 1933, p.89

«De l'esprit des droits et de leur relativité: théorie dite de l'abus des droits», 2e éd. Paris, *D.* 1939, 454p.

«Aperçu général des tendances actuelles de la théorie des contrats», *RTD civ.* 1937, p.1

JOURDAIN P., «Les dommages et intérêts alloués par le juge», in M. FONTAINE et G. VINEY (dir.), *Les sanctions de l'inexécution des obligations contractuelles. Etudes de droit comparé, op. cit.*, pp.263-305

JOXE P., «Les principes généraux de droit ayant valeur constitutionnelle», in *Les dénominateurs communs entre les principes généraux du droit musulman et des droits arabes et les principes généraux du droit français*, Colloque organisé par le Centre d'études des droits du monde arabe de la Faculté de droit et des sciences politiques de l'Université Saint-Joseph de Beyrouth, tenu à Beyrouth au Liban, en octobre 2001, www.fsedu.usj.edu.lb/unte-usj., .2

KAHN Ph., «Droit européen des contrats, à propos des principes LANDO», in *Etudes européennes et internationales en hommage à C. J. BERR, Curei*, 1996, pp.179-188.

KAMTO M., «Les nouveaux principes du droit international de l'environnement», *Rev. jur. env.*, 1993-1, p.12.

KAMTOH P., «La Cour africaine des droits de l'homme et des peuples», H:\CADHP\La Cour africaine des Droits de l'Homme et des peuples-AHJUCAF - Cours judiciaires suprêmes francophones.mht, consulté le 02 novembre 2012.

KEBA M'BAYE,

«Historique de l'Organisation pour l'Harmonisation en Afrique du Droit des Affaires», Avant propos de la Revue *Penant* n°827, 1998, spécial OHADA, p.126.

«Le droit au développement, comme un droit de l'homme», *RDH*, 1972, pp.503-534.

KELSEN H., «La théorie juridique de la convention», in *Le problème du contrat, APD* 1940, pp.33-76.

KENFACK-DOUAJNI G., «La coordination de l'Avant-projet d'Acte uniforme sur le droit des contrats avec les autres Actes uniformes de l'OHADA», Rapport présenté au Colloque sur *L'harmonisation du droit OHADA des contrats, op. cit.*, pp.367-377

KÉRÉ KÉRÉ G., «Le droit commun de l'exécution forcée dans l'espace OHADA», *RASJ*, 2010, vol. 7, n°1, pp.65-83.
KIEMDE P., «Intégration régionale et harmonisation du droit social en Afrique », *Rev. Burkinabé de droit*, n°39-40, n° spécial, p.133, Ohadata D-05-54.
KISS A.,
Préface du rapport rédigé par H. SMETS sur «Un droit à l'environnement, un droit fondamental dans l'Union européenne», *REDE* n°4, 2001
«Peut-on définir le droit de l'homme à l'environnement ?», *RJE*, 1976, p.16
«Définition et nature juridique du droit de l'homme à l'environnement?», in P. KROMAREK (dir.) *Environnement et droits de l'homme*, éd. *Unesco*, 1987, pp.16-19.
«La notion de patrimoine commun de l'humanité », *R.C.A.D.I.*, 1982, tome II, volume 175, pp.321-232.
«Les origines du droit à l'environnement : le droit international », *RJE*, n° spécial 2003, pp.13-16.
KSENTINI F.-Z., «Droit de l'homme à l'environnement», E/CN.4/Sub.2/1994/9, 26 juillet 1994, pp.3-12.
KUATE TAMEGHE S.-S., «Interrogations sur l'abus de minorité dans l'Acte uniforme relatif au droit des sociétés commerciales et du groupement d'intérêt économique», http://afrilex.u-bordeaux4.fr/sites/afrilex/IMG/pdf/kuate_interrogations.pdf
KULLMAN J., «Remarques sur les clauses réputées non écrites», *D.* 1993, chron., 59.
LACORDAIRE J.-B.-H., « Cinquante-deuxième conférence, (*Du double travail de l'homme*, 16 avril 1848) », in *Conférences de Notre-Dame de Paris*, tome III
LAGARDE X., «La motivation des actes juridiques», in *La motivation*, Trav. Ass. H. Capitant, LGDJ, 2000, .73
LAGER F., «Le projet d'Acte uniforme OHADA droit du travail du 24 novembre 2006 permettra t-il de faire rentrer l'économie informelle dans le secteur formel?», *Penant*, 866, p.92.
LAHERRE E., «Le juge et le principe ''à travail égal, salaire égal''», *Sem. Soc. Lamy*, 4 juillet 2005
LALAUT C., «Le contrat et la Convention européenne des droits de l'homme», *Gaz. Pal.*, 7-8 mai 1999, p.2.
LAMOUREUX M., «L'interprétation des contrats de consommation», *D.* 2006, n°41, *chron.*, .2848.
LANDO O., «Why codify the European Law of Contract?», *REDP*, 1997, vol. 5, pp.525-535
LARDY-PÉLISSIER B., «L'obligation de reclassement», *D.*1998, p.399
LARROUMET Ch., «Pour la responsabilité contractuelle», in *Le droit privé français à la fin du XXe siècle*, Etudes P. Catala, *Litec*, 2001, p.551.

LAUDE A., «L'obligation de minimiser son propre dommage existe-t-elle en droit privé français?», in M. BEHAR-TOUCHAIS (dir.), *Faut-il moraliser le droit français de la réparation du dommage?, LPA,* n°232, 20 novembre 2002
LE CANNU P., «L'abus de minorité», *Bull. Joly sociétés,* 1986, p.429 et s.
LE GAC-PECH S., «Rompre son contrat», *RTD. civ.*, 2005 (2), .223s
LE GALL J. P., «Le retard dans la livraison des marchandises vendues », *RTD. com.*, 1963, p.265 et s.
LE TOURNEAU Ph., «Conformités et garanties dans les ventes d'objets mobiliers corporels», *RTD. com.,* 1980, p.231s
LEBOULANGER Ph., «L'arbitrage et l'harmonisation du droit des affaires en Afrique», *Rev. Arb.*, 1999, n°3, pp.541-591.
LÉCUYER H.,
«Les principes généraux dans les droits des contrats français et libanais», in *Les dénominateurs communs entre les principes généraux du droit musulman et des droits arabes et les principes généraux du droit français*, Colloque organisé par le Centre d'études des droits du monde arabe de la Faculté de droit et des sciences politiques de l'Université Saint-Joseph de Beyrouth, tenu à Beyrouth au Liban, en octobre 2001, www.fsedu.usj.edu.lb/unte-usj
«Le contrat, acte de prévision», in *L'avenir du droit*, Mélanges F. Terré, 1999, pp.643-659
LENAERTS K., «Le droit comparé dans le travail du juge communautaire», *R.T.D. eur.* 2001, p.495.
LEQUETTE Y.,
«Bilan des solidarismes contractuels», Mélanges Paul DIDIER, *Litec/Dalloz*, 2008, pp.247-287.
«Vers un code civile européen», éd. *Le Seuil, Pouvoirs*, 2003/4, n°7.
«Quelques remarques à propos du projet de Code civil européen de M. von Bar», *D.* 2002, p.2202.
LEVENEUR L.,
«Le solidarisme contractuel : un mythe», in L. GRYNBAUM et M. NICOD, *Le solidarisme contractuel: mythe ou réalité ?, op. cit.,* pp.173-191.
«Le forçage du contrat», in *Que reste-t-il de l'intangibilité du contrat* ?, *Dr. et patr.* 1998, p. 69 et s.
LEVINET M., «Lecture critique du ''modèle européen'' de protection des droits de l'homme», in D. MAUGENEST et P.-G. POUGOUE (dir), *Droits de l'homme en Afrique centrale, op. cit.,* 283p, pp. 13-29
LIBCHABER R., «Pour la nullité absolue- même en matière de formalisme!», *D.* 2013, .1113.
LOHOUES-OBLE J., «L'autonomie des parties: le caractère supplétif des dispositions de l'avant-projet d'Acte uniforme OHADA sur le droit des contrats», in *L'harmonisation du droit OHADA des contrats, op. cit.,* spéc. p.319 et s.

LOKIEC P., «Le droit des contrats et la protection des attentes», D. 2007, Chr., p.321.
LOUSSOUARN Y. , «Rapport de synthèse», in *La Bonne foi*, Trav. Ass. H. Capitant, 1992, p.7 et suiv.,
LUCAS O., «La convention européenne des droits de l'homme et les fondements de la responsabilité civile», *JCP* 2002, éd. G., I, 111, p.286.
LUCAS-SCHLOETTER A., «Le droit contractuel d'auteur allemand depuis la réforme du 22 mars 2002», *Prop. Intell.* 2005, p.403-413.
MAINGUY D., «Remarques sur les contrats de situation et quelques évolutions du droit des contrats», in Mélanges M. Cabrillac, *Dalloz-Litec*, 1999, .166s
MALAURIE Ph., «Le Code civil européen des obligations et des contrats, une question toujours ouverte», *JCP* 2002. I. 110.
MALEVILLE-COSTEDOAT M.-H., «L'interprétation des contrats mal rédigés et la formidable actualité des règles d'interprétation du code civil », www.institut-idef.org, 2009, 6p.
MALINVAUD Ph.,
«Pour ou contre la validité des clauses limitatives de la garantie des vices cachés dans la vente», *JCP* 75, I, 2690.
«De l'application de l'article 1152 du code civil aux clauses limitatives de responsabilité», in Mélanges en hommage à François Terré, 1999, p. 689 et s
«Réponse-hors délai- à la Commission européenne: à propos d'un Code européen des contrats», *D.*2002, p.2542.
«Droit de repentir et théorie générale des obligations», in Mélanges Sacco, 1994, .743s
MAMADOU KONATÉ, « Crise financière et contrats commerciaux », www.ohada.com/content/newsletter/879/crise-financiere-et-contrats-commerciaux.pdf
MANKOU M., «Environnement et renouveau des droits de l'homme. Expérience comparées de mise en œuvre : expérience de l'Afrique», in *Environnement et renouveau des droits de l'homme*, *La Documentation française*, Paris, 2006, pp.163- 171.
MANKOU-NGUILA A.-C., «La notion de siège social en droit OHADA: brève analyse comparative de la jurisprudence de la Cour Commune de Justice et d'Arbitrage de l'OHADA et de la Cour de Justice des Communautés Européennes», *Revue congolaise de droit des affaires* n°4, jan-mars 2010, p.23 Ohadata D-11-90.
MANUSCO S., «Le droit OHADA vers sa population. Y-a-t'il une place pour les droits originellement africains dans le processus d'harmonisation du droit des contrats en Afrique?», in Colloque sur *Les pratiques contractuelles d'affaires et les processus d'harmonisation dans les espaces régionaux*, *op. cit.*, 17p.
MARCHADIER F., «La réparation des dommages à la lumière de la Convention européenne des droits de l'homme», *RTD civ.* 2009 p.245

MARÉCHAL C., «L'évaluation des dommages-intérêts en matière de contrefaçon», *RTD. com.* 2012 p.245.
MARGUENAUD J.-P.,
«Inventaire raisonné des arrêts de la Cour européenne des droits de l'homme relatifs à l'environnement», *REDE*, 1998-1, p.5
«La Cour européenne des droits de l'homme, ''La victime d'une violation de la CEDH''», p.31.
«L'incidence de la CEDH sur le droit de l'environnement», *Journal des tribunaux-Droit européen*, 12/1998, n° 54, pp.217- 222
MARTIN R., «Les cheminements des pouvoirs judiciaires depuis 1789», *RTD. civ.* 2004 (2). 251s
MARTY G., «Rôle du juge dans l'interprétation des contrats», in Trav. Ass. H. Capitant, t.V, 1949. 84s
MARZO C., «La définition d'une nouvelle méthode de jugement attachée à la citoyenneté européenne. Réflexions autour de l'arrêt Förster», *RTDE*, 2009 (3), .439s.
MASSE-DESSEN H., «L'application du droit européen sur l'égalité hommes-femmes», *Liaisons soc. mens.* décembre 1998, 54.
MATHIEU B.,
«La sécurité juridique: un principe constitutionnel clandestin mais efficient», Mélanges Gélard, *Montchrestien*, 1999, p.301
«Le droit au logement : un droit subjectif ?», in *Logement et famille: des droits en question*, sous la direction de M. BARRE-PEPIN et C. COUTANT-LAPALUS, éd. *Dalloz*, 2005. Actes du colloque organisé en décembre 2004 à l'Université de Bourgogne, pp.19-36.
MATTOUT J.-P., «Les apports des règles et usances uniformes 500 au droit des crédits documentaires», Banque et Droit n°35, juin 1994.
MAUGENEST D. et POUGOUE P.-G. (dir), *Droits de l'homme en Afrique centrale*, Colloque de Yaoundé (9-11 novembre 1994), *UCAC-KARTHALA*, 283p,
MAVILLA J.-C.,
«Plaidoyer pour le respect des droits de l'homme et des peuples pour l'Afrique de l'an 2000», in D. MAUGENEST et P.-G. POUGOUE (dir), *Droits de l'homme en Afrique centrale*, *op. cit.*, pp.111-126.
«La protection des minorités en Afrique», *Revue congolaise de droit*, n°2, pp.37-59
MAZEAUD, D.
«Loyauté, solidarité, fraternité: la nouvelle devise contractuelle?», in *L'avenir du droit*, Mélanges en hommage à F. TERRE, *Dalloz*, 1999, p. 603
«Du nouveau sur l'obligation de renégocier», *D.* 2004, p.1754.
« La confiance légitime et l'estoppel », *RIDC*, 2006, vol. 2, p. 362 et s.
«Encore la bonne foi, mais une dernière fois ...», *Defrénois*, 15 décembre 2000 n°23, p.1379, note sous Cass. civ. 3e, 15 février 2000 (rejet), *RTD civ.* 2000, 565.

«Les nouveaux instruments de l'équilibre contractuel. Ne risque-t-on pas d'aller trop loin?», in Ch. JAMIN et D. MAZEAUD (dir.), *La nouvelle crise du contrat*, *op. cit.*, p. 136 et s
«A propos du droit virtuel des contrats: Réflexions sur les Principes d'UNIDROIT et de la Commission LANDO», in Mélanges M. Cabrillac, *Litec* 1999, p.205 et s.
«Principes du droit européen du droit du contrat, Projet de cadre commun de référence, Principes contractuels communs. Trois codifications savantes, trois visions de l'avenir contractuel européen...», *RTD Eur.* 2008, p.723.
«La réduction des obligations contractuelles», in *Que reste-t-il de l'intangibilité du contrat ?, op. cit.,* n°58s, pp.58-68
«Le principe de proportionnalité et la formation du contrat», in *Existe-t-il un principe de proportionnalité en droit privé ? LPA.*, n°117, 30/09/1998
«La bataille du solidarisme contractuel: du feu, des cendres, des braises ...», Mélanges en l'honneur du professeur Jean Hauser, *LexisNexis/Dalloz*, 2012, 1060p., spéc. p.441s
«Faut-il avoir peur d'un droit européen des contrats?», in Mélanges Malinvaud, *Litec*, 2007 et *De tous horizons*, Mélanges Xavier Blanc-Jouvan, *SLC*, 2005, 941p, pp.309-327.
«Obligation de loyauté: premier aperçu», *RPT*, 2013.
«Renégocier ne rime pas avec réviser !», *D.* 2007 p.765. 13, note sous Cass. com., 3 octobre 2006, n°04-13.214.
«Le nouvel ordre contractuel », *RDC*, 01 décembre 2003 n°1, p.295.
«La commission Lando: le point de vue d'un juriste français, in Ch. JAMIN et D. MAZEAUD (dir), *L'harmonisation du droit des contrats en Europe*, coll. Etudes juridiques, *Economica*, 2001, p.141 et s.
«Exécution forcée de l'obligation contractuelle de ne pas faire (Civ. 1ère, 16 janvier 2007, pourvoi n°06-13983, D. 2007, p.1119), *RDC*, 2007, n°3, p.719.
«La révision du contrat», *LPA* 30 juin 2005, p.4 et s
«Le juge face aux clauses abusives», in *Le juge et l'exécution du contrat*, Colloque IDA Aix-en-Provence, *P.U.A.M.* 1993
«Lésion et violence qualifiée», *Rev. Dr. Assas., Thèmes et Commentaires*, 2008, .74.
«Regards positifs et prospectifs sur ''Le nouveau monde contractuel''», *LPA*, 07 mai 2004 n°92, p.47
MBENDANG EBONGUE J., « Les droits fondamentaux des travailleurs dans le code du 14 Août 1992 », *RJA*, 1994.
MEINERTZHAGEN-LIMPENS A., «La reliance dans le droit de la common law des contrats», Mélanges P. Van Ommeslaghe, Bruylant, 2001, p.173,
MEKKI, M.
«Propos introductifs sur le droit souple», in *Le droit souple*, Travaux CAPITANT précités, pp.1-23.

«Rapport général: Regard de droit substantiel sur le risque de la preuve», M. MEKKI et L. CADIET (dir.), *La preuve : regards croisés*, Colloque organisé par l'Institut de recherche en droit des affaires (IRDA, Université de Paris 13) et le Centre de Recherches sur la Justice et le Procès (C.R.J.P., Université de Paris 1), le 29 novembre 2013.
«Les doctrines sur l'efficacité du contrat en période de crise», *RDC*, 01 janvier 2010, n°1, p.383.
«Le nouvel essor du concept de clause contractuelle (1ère partie)», *RDC* 2006, n°4, p.1051.
«Le nouvel essor du concept de clause contractuelle (2e partie)», *RDC* 2007, n°2, p.239.
«Nullité et validité en droit des contrats: un exemple de pensée par les contraires», RDC 2006, .679.
MEKOUAR M. A.,
«Le droit à l'environnement dans la Charte africaine des droits de l'homme et des peuples, étude juridique de la FAO», en ligne FAO, Rome, 2001.
«La Convention africaine : petite histoire d'une grande rénovation », Environmental policy and law, vol. 34, n°1, février 2004, p.43.
MENDY M., «Les pratiques de gouvernement des entreprises africaines, entre africanisation et occidentalisation : le cas des pays membres de l'OHADA», www.ifge-online.org/docftp/meyliancige2008.pdf.
MERCADAL B., «Pour la validité des conventions de vote entre actionnaires», RJDA 1992, p.727.
MERTENS DE WILMARS J., «Le droit comparé dans la jurisprudence de la Cour de justice des Communautés européennes», *J.T.D.E.*, 1991, p.36.
MERTENS DE WILMARS J. et STEENBERGEN J., «La notion sécurité juridique dans la jurisprudence de la Cour de justice des communautés européennes», in Mélanges R. Legros, Bruxelles, *ULB* 1985, p. 449 et s
MESTRE J.,
«La révision conventionnelle du prix ne saurait bénéficier qu'à un contractant», *RTD. civ.* 1998 p.902.
«L'évolution du contrat en droit privé français», in *L'évolution contemporaine du droit des contrats*, *P.U.F.* 1985, Journées René Savatier, Poitiers, 24-25 octobre 1985, p.41 et s.
Rapport de synthèse (hétérodoxe) sur la question de l'intangibilité du contrat, in *Que reste-t-il de l'intangibilité du contrat ?*, *Dr. et Patr.*, n°58, mars 1998.
«L'égalité en droit des sociétés», *RS.* 1989, .399
«Observations sur l'attitude du juge face aux difficultés d'exécution du contrat», in actes du colloque I.D.A. Aix-en-Provence tenu le 28 mai 1993, *P.U.A.M.* 1993, pp.91-99
MESTRE J. et FAGES B., «Erreur et fiscalité», *RTD. civ.* 2003, p.699.

MESTRE J. et LAUDE A., «L'interprétation «active» du contrat par le juge», in Le juge et l'exécution du contrat, Colloque IDA, 28 mai 1993, *PUAM* 1993, Coll. IDA, *op. cit.,* p.9 et s

MEYER P.,

«La sécurité juridique et judiciaire dans l'espace OHADA», Colloque de Niamey sur La sécurité juridique et judiciaire dans l'espace UEMOA du 17 au 24 mars 2006, *Penant* n°855, p.151, Ohadata D-06-50

«L'Avant-projet d'Acte uniforme OHADA sur le droit des contrats: innovations et débats», *RDAI/IBLJ*, n°3, 2008, p.291 et s.

MEYNIAL E., «De la sanction civile des obligations de faire ou de ne pas faire», *Rev. Prat. Dr. Fr.*, 1884, p.399

MIGNOT M.,

«De la solidarité et du solidarisme contractuel en particulier ou le solidarisme a-t-il un rapport avec la solidarité», *RRJ-DP*, 2004 (4), p. 2153

«La nature du cautionnement réel à la lumière de la pratique contractuelle bancaire», *Dr. et Patr.* 2002, .110.

MILINGO ELLONG J.-J.,

« Le protêt et la protection du porteur d'un effet de commerce dans la zone CEMAC », *Revue de l'ERSUMA*, n°3, septembre 2013, pp.233-251

« Les conflits de normes en matière de droits fondamentaux : le cas de l'OHADA et de l'Union africaine », (2014), 2 B.D.E, .28.

« De la responsabilité pénale des dirigeants sociaux dans l'espace communautaire de l'OHADA », contribution rédigée lors de l'Université d'été 2009 du Club Horizon OHADA tenu à l'Université d'Orléans, sur *La bonne gouvernance*, http://www.ohada.com/content/newsletters/643/Dossier-Pedagogique.pdf

MODI KOKO BEBEY H.-D.,

«La reforme du droit des affaires de l'OHADA au regard de la mondialisation de l'économie», Conférence donnée à la MSH Ange Guépin de Nantes, 16 mai 2002, thème général *La Mondialisation vue d'Afrique*

« L'OHADA, une réalité plus belle que le rêve », *Lettre d'information (n°24) du Notariat francophone*, 10-17 octobre 2013, p. 8 et s.

MOLFESSIS N.,

«La dignité de la personne humaine ne droit civil», in M.-L. PAVIA et Th. REVET (dir), *La dignité de la personne humaine, Economica*, 1999, 181p., spéc. pp.107-136

«Force obligatoire et exécution: Un droit à l'exécution en nature?», *RDC* 2005, n°1, p.37.

«Les sources constitutionnelles du droit des obligations», in *Le renouvellement des sources du droit des obligations*, Actes du colloque organisé par l'Association Henri Capitant, Tome I, Lille, 1996, .94, n°34.

MONCEF KDHIR, «Vers la fin de la sécurité juridique en droit français?», *LPA*, 18 août 1993, n°98.

MOORE DICKERSON C., « Le droit de l'OHADA », *Rec. Dalloz*, 2007, p. 560 et s.
MORANGE G., «Une catégorie juridique ambiguë : les principes généraux du droit», *RDP, 1977, tome n°4,.763.*
MOREAU-MARGRÈVE I., «L'astreinte», *Ann. Droit Liège*, 1982, p.67
MOREAU M.-A., «L'obligation générale de préserver la santé des travailleurs (ou ne pas oublier l'ancrage communautaire de certains textes)», *Revue droit social*, 2013, p.410.
MORIN G., «La désagrégation de la théorie contractuelle du code», in *APD*, n° spécial: Le problème du contrat, 1940, .17.
MOULOUNGUI C., «Garantie contre les vices de la chose», *J.-Cl. Contrats distribution*, fasc. 330 (1998)
MOUSSERON P., «Introduction terminologique : des comportements aux ''bonnes pratiques' '», *Journal des sociétés*, n°92, novembre 2011, pp.12-13.
MPONDO MBOKA G.-R., «Le gouvernement d'entreprise dans le droit OHADA», *JALA* 2011, vol. 14, .155s
MUIR WATT H.,
«La fonction subversive du droit comparé», *R.I.D.I.C.*, 200/3, p.503 et s.
«Reliance et définition du contrat», Dialogues avec M. Jeantin, Dalloz, 1999, p.57
«Pour l'accueil de l' «estoppel» en droit privé français», Mélanges en l'honneur d'Y. Loussouarn, *Dalloz*, 1994, p.303.
NDENDÉ M., «La construction du droit des transports maritimes en Afrique», *Revue Congolaise des Transports et des Affaires Maritimes*, n°1, août-décembre 2004, p.87 et s.

NEMEDEU R.,
«La sous-traitance», Colloque de Brazzaville des 28 au 30 octobre 2011 sur *Les pratiques contractuelles d'affaires et les processus d'harmonisation dans les espaces régionaux, op. cit.*
«La recherche du critère d'arbitralité des litiges concernant les personnes morales de droit public en droit OHADA», vol. 6, n°1, *RASJ*, 2009, pp.45-73.
NGWE M.-A., «L'application des Actes uniformes de l'Ohada au Cameroun», *Penant*, *JurisAfrica*, janv-mars 2005, n°850, pp.81-95.
NDJOCKÈ R.-M., «Le régime matrimonial des camerounais : L'immutabilité des conventions matrimoniales en cause», *AFSJP/UD*, n°2/2002, .161.
NJEUFACK TEMGWA R., «La règle de la majorité dans le droit des sociétés commerciales OHADA», *AFSJP/UDs*, tome 10, 2006, pp.81-96.
NSIE E., «La sanction de l'inexécution des obligations des parties dans la vente commerciale OHADA», *Penant* n° 850, Janvier-Mars 2005, p.96 et s, spéc. .120, Ohadata D-10-58.

ONANA ETOUNDI F., «Les Principes d'UNUIDROIT et la sécurité juridique des transactions commerciales dans l'avant-projet d'Acte uniforme OHADA sur le droit des contrats», *Rev. dr. unif.* 2005-4, p.683 et s.
OPPETIT B., «Sur la coutume en droit privé», *Rev. Droits,* n°3, 1986, p.39
OSMAN F., «Avis, directives, codes de bonne conduite, recommandations, déontologie, éthique, etc. : réflexion sur la dégradation des sources privées du droit », *RTD Civ.* 1995, p.509
ÖST F., «Originalité des méthodes d'interprétation de la Cour européenne des droits de l'homme», in M. DELMAS-MARTY, *Raisonner la raison d'Etat, vers une Europe des droits de l'homme*, *PUF*, coll. Les voies du droit, 1989, 512p, spéc. p. 405 et s
PACTEAU B., «La sécurité juridique: un principe qui nous manque? », *AJDA* 1995, n° spécial, p.151.
PAILLUSSEAU J., «Le droit de l'OHADA, un droit très important et original», *La semaine juridique*, éd. G., Cahiers de droit de l'entreprise, n°5 supplément au n°44 du 28 octobre 2004, p.1, Pratique et actualités du droit OHADA, Journées d'études Juriscope Poitiers, p.101, Ohadata D-12-64.
PAISANT G., «La rétractation du consommateur en droit français», in Le *droit de rétractation. Une analyse de droit comparé: Droits européen, allemand, français, néerlandais et belge*, *op. cit.,* .63s.
PANOUSSIS I. K., «Les droits de l'Homme dans le traité de Lisbonne», in A. RACCAH (dir.), *Le traité de Lisbonne : de nouvelles compétences pour l'Union européenne*, *op. cit.,* pp. 209-221.
PANSIER F.-J., «De la différence entre ''clause nulle'' et '' clause réputée non écrite''», *CSB* 2010, 221-A33
PATAUT E., «Citoyenneté de l'Union et nationalité étatique (2010)», *RTDE*, 2010 (3), .617s.
PAVIA M.-L., «La déCourverte de la dignité de la personne humaine», in M.-L. PAVIA et Th. REVET (dir), *La dignité de la personne humaine*, *Economica*, 1999, 181 p., spéc. pp.3-24 ;
PÉDAMON M., «Y a-t-il lieu de distinguer les usages de la coutume en droit commercial», *RTD civ.* 1959, p.335
PÉLISSIER A., «La participation des droits fondamentaux, à la construction d'un droit européen des contrats», in R. CABRILLAC, D. MAZEAUD et A. PRÜM (dir.), *Le contrat en Europe: Aujourd'hui et demain*, p. 29 et s
PENNEAU J., «De l'irrégularité des conventions de vote dans le droit des sociétés commerciales, *JCP éd. Cl* 1975, II, 11776.
PETIT F., «Droits fondamentaux, corps et vie privée du salarié», in *AFSJP/UDs*, tome 1, vol. 1, 1997, pp.21-29.
PETTITI L.-E., «La dignité de la personne humaine en droit européen», in M.-L. PAVIA et Th. REVET (dir), *La dignité de la personne humaine*, *Economica*, 1999, 181p., spéc. pp.53-66
PICOD Y.,

«L'obligation de non-concurrence de plein droit et les contrats n'emportant pas transfert de clientèle», *JCP* E, 1994. I.349 ; n°7 et s. ;
«L'obligation de coopération dans l'exécution du contrat», *JCP* 1998, I, 3318
PIGNARRE L.-F., « Le très spécial avant le général : l'impossible droit commun », in Chr. QUÉZEL-AMBRUNAZ (dir.), *Les défis de l'harmonisation européenne du droit des contrats*, spéc. pp167-177.
POISSON J.-P., «Les notaires parisiens devant la révolution», *PA*, 23 août 1999 n°167, p.12.
POLLAUD-DULLIAN, F. «A propos de la sécurité juridique», RTD civ. 2001.487; P.-G. POUGOUE, «Les figures de la sécurité juridique», *RASJ*, Université de Yaoundé II – FSJP, Vol. 4, n°1, 2007, pp.1-8.
POSEZ A., «La théorie des nullités, Le centenaire d'une mystification», *RTD. civ.* 2011, .647.
POUDRIER-LEBEL L., «L'interprétation des contrats et la morale judiciaire», (1993) 27 *R.J.T.* 581
POUGOUE P.-G.,
«L'avant-projet d'acte uniforme OHADA sur le droit des contrats: les tribulations d'un universitaire», www.ohada.com, Ohadata, D-07-41, p. 2 et s
«Lecture de la Charte africaine des droits de l'homme et des peuples», in D. MAUGENEST et P.-G. POUGOUE (dir), *Droits de l'homme en Afrique centrale*, *op. cit.*, pp.31-45 ;
«Présentation générale du système OHADA», in A. AKAM AKAM (*dir.*), *Les mutations juridiques dans le système OHADA*, *L'Harmattan*, 2009, 262 p., spéc. n°5, .11 et s.
PREBENSEN S.-C., «Evolutive interpretation of the European Convention of Human Rights», in P. MAHONEY and al. (éds), Protecting Human Rights : The European Perspective. 11.
ROCHE J., «Réflexions sur le pouvoir normatif de la jurisprudence», in *Actualité juridique, 1962*, .532s.
PRIETO C., «Un Code civil européen: de l'utopie à la prospective juridique», *LPA*, 2004, n°92, p.19
PRIEUR M.,
« Droit de l'homme à l'environnement et développement durable», voir le site : www.francophonie-durable.org/documents/colloque-ouaga-a5-prieur.pdf .
«Le droit à l'information en matière d'environnement, présentation de la directive 90/313/CEE du 7 juin 1990», in M. PRIEUR (sous la dir.), *Le droit à l'information en matière d'environnement dans les pays de l'Union européenne*, PULM, Limoges, 1997, p.11
RAYMOND G., «Solidarisme contractuel en droit de la consommation», in L. GRYNBAUM et M. NICOD (dir.), *Le solidarisme contractuel*, pp.107-124.

RAYNARD J., «Droit européen des contrats: le juge a le pouvoir de relever d'office le caractère abusif d'une clause du contrat», note sous CJCE 27 juin 2000, *RTD. com.* 2000, .939.

REIGNE Ph. et DELORME Th., «La nature nécessairement pécuniaire des avantages particuliers», *Bull. Joly* 2002, p.1117, § 244.

REIS P., «Le droit du travail dans le droit de l'OHADA», *Revue de l'ERSUMA: Droit des affaires - Pratique Professionnelle*, n°1 - Juin 2012, *Etudes.*

RÉMY-CORLAY P.,

«Exécution et réparation : deux concepts?», *RTD. civ.* 1997, p.323.

«Applications des règles et usances uniformes relatives aux crédits documentaires ; pouvoirs respectifs du banquier et du donneur d'ordre», *RTD. civ.*, 2005, p.357

REMY Ph.,

«Critique du système français de responsabilité civile», Droit et cultures, 1996, .31

«La ''responsabilité contractuelle'': histoire d'un faux concept », *RTD. civ.* 1997, p.323 et s.

RENOUX Th. S., «Le droit au juge naturel, droit fondamental», *RTD. civ.* 1993 (1), .33-58

REVET Th.,

«Un droit européen du travail ?», in P. DE VAREILLES-SOMMIÈRES (dir), *Le droit privé européen*, *Economica*, 1998, pp.108-121.

«La dignité de la personne humaine en droit du travail», in M.-L. PAVIA et Th. REVET (dir), *La dignité de la personne humaine*, *Economica*, 1999, 181p, spéc. pp.137-157.

REYGROBELLET A., «La problématique environnementale en droit des baux commerciaux», *JCP N* 2011, 1279.

RIPERT G.,

«Abus ou relativité des droits», *Rev. crit.* 1929, p.33s

«Le droit de ne pas payer ses dettes», *DH* 1936, 57

RIVOAL O., «La dépendance économique en droit du travail», *D.* 2006, n°13, chron., pp.891-896.

ROCHE J., «Réflexions sur le pouvoir normatif de la jurisprudence», in *Actualité juridique, 1962*, .532s.

ROUHETTE G.,

«Droit de la consommation et théorie générale du contrat», Mélanges Rodière, 1981, 247s

«La révision conventionnelle du contrat », *RIDC*, Vol. 38 n°2, Avril-juin 1986. Études de droit contemporain. Contributions françaises au 12e Congrès international de droit comparé (Sydney-Melbourne, 18-26 août 1986) pp. 369-408.

SAINTAUGUSTIN, *Confessions*, XI, 14, http :www.abbaye-saint-benoit.ch/saints/augustin/confessions.htm.

SAINT-JAMES V., «Réflexions sur la dignité de l'être humain en tant que concept juridique du droit français», *Recueil Dalloz*, 1997, p.61.
SARGOS P.,
«Les principes généraux du droit privé dans la jurisprudence de la Cour de cassation. Les garde-fous des excès du droit», *La semaine juridique, JCP*, n°12, 21 mars 2001, .590.
«Le Conseil d'Etat et les principes», in S.CAUDAL, *Les principes en droit, op. cit.*, .335.
SAVATIER J.,
«L'obligation de reclassement des salariés devenus physiquement inaptes à leur emploi», in Mélanges en l'honneur de Henry Blaise, *Economica*, 1995, 419p, sp. pp.387-398
«La protection des salariés devenus physiquement inaptes à leur emploi», *Dr. soc.* 1993, 123
«La disponibilité d'un emploi en vue d'une réintégration, d'un reclassement ou d'une priorité d'embauche», *Dr. soc.*1999, 146
SAVATIER R., «Du prétendu effet relatif des contrats», *RTD. civ.* 1934, 525-545
SAVAUX E., «L'adéquation de l'offre de lois contractuelles aux besoins des consommateurs», in *Droit européen du contrat et droits du contrat en Europe. Quelles perspectives pour quel équilibre?*, p.51 et s.
SCHMIDT-SZALEWSKI J., «Les conséquences de l'annulation du contrat», *JCP* 1986. I. 3397
SCICLUNA H., «Droits des patients dans les textes du Conseil de l'Europe», *LPA*, 21 mai 1997, n°61, p.31.
SÉRIAUX A., «Réflexions sur les délais de grâce», *RTD. civ.*, 1993, .781.
SIBONY A.-L. et DEFOSSEZ A., « Liberté d'établissement et libre prestation de services », *RTDE*, 2009, p.511.
SIMON D., «Le contrôle de proportionnalité exercé par la Cour de justice des Communautés européennes», *PA*, 05 mars 2009, n°46, p.17.
SIMON F.-L., «La spécificité du contrat unilatéral», *RTD civ.*, 2006, p.209.
SIMON P.-H., «L'éducation civique», in *Crise du pouvoir et crise du civisme, op. cit.*
SINAY-CYTERMANN A., «Protection ou surprotection du consommateur?», *JCP* 1994. I.3804
SOURIOUX J.-L., «Le concept de principe général», in *Les dénominateurs communs entre les principes généraux du droit musulman et des droits arabes et les principes généraux du droit français*, op. cit. .1.
SOYER J.-C. et DE SALVIA M., « L'article 6 », in L.-E. PETTITI, E. DECAUX et P.-H. IMBERT (dir.), *La Convention européenne des droits de l'homme, commentaire article par article*, *Economica*, 1995, p.251 ;
SPIELMANN D., «Jurisprudence des juridictions de Strasbourg et de Luxembourg dans le domaine des droits de l'Homme: conflits, incohérences

et complémentarité», in Ph. ALSTON, *L'Union européenne et les droits de l'Homme*, Bruxelles, *Bruylant*, 2001, p.789.
STOFFEL-MUNCK Ph.,
«Abus de droit, agrément et rupture fautive», *RDC* 2005.288.
«Le contrôle *a posteriori* de la résiliation unilatérale», in *Rupture unilatérale du contrat: vers un nouveau pouvoir*, *op. cit.*, p.82s.
STORP R., «La convention de vote dans la GmbH et l'AG », *Rev. sociétés* 1980, p.73.
SUDRE F.,
«Le recours aux ''notions autonomes''», in F. SUDRE (dir.), *L'interprétation de la Convention européenne des droits de l'homme*, *op. cit.*, p.93.
«A propos du dynamisme interprétatif de la Cour européenne des droits de l'homme», *JCP* 2001, I, p.335
«Droit international et européen des droits de l'homme», 1997, p.342, n°242.
«La protection du droit à l'environnement par la CEDH», in Commission européenne et environnement, (dir. J- C. MASCLET), *La documentation française*, Paris, 1997, pp.209- 222.
«Les aléas de la notion de vie privée dans la jurisprudence de la Cour EDH», in Mélanges PETTITI, Bruylant, 1998, pp.687-705.
TALLON D.,
«Vers un droit européen du contrat», *Mélanges Colomer*, Litec 1993, p. 485 et s
«Les principes pour le droit européen du contrat», *Defrénois* 2000.683.
«Les travaux de la commission Lando», in *L'harmonisation du droit des contrats en Europe*, *Economica*, 2001, p.119 et s.
«L'inexécution du contrat : pour une autre appréciation», *RTD. civ.*, 1994, .223
«La révision du contrat pour imprévision au regard des enseignements récents du droit comparé», Mélanges A. Sayag, Litec, 1997.
TCHAKOUA J.-M.,
«Droits fondamentaux, corps et intégrité physiques du salarié», *AFSJP/UDs*, tome 1, vol. 1, 1997, pp.30-48.
«L'harmonisation du droit du travail dans le cadre de l'OHADA : la mesure d'un changement en perspective», *Ohadata* D-10-29.
TCHOTOURIAN I.,
«La responsabilité sociale des entreprises vue sous l'angle du développement durable ou quand le monde des entreprises change», *Lex Electronica*, vol. 13, n°3 (Hiver/Winter 2009), www.lex-electronica.org/docs/articles_213.pdf, du 01er juin 2013.
«Aspects environnementaux et sociaux de la R.S.E. et management des entreprises: une éthique au centre et autour de l'entreprise », *Revue Management et avenir*, 2006/4, n°10, pp.57-77.

«Ethique, responsabilité sociale, audit social et développement durable … Quel bilan et quelles perspectives d'avenir ?», http://ias2005.free.fr/Actes/Pdf/tchotourian.pdf, 25 juin 2013.
TEMPLE H., «Quel droit de la consommation pour l'Afrique? Une analyse critique du projet d'Acte uniforme sur le droit de la consommation», *Revue burkinabé de droit*, n°43-44, 1er et 2e semestres 2003, Ohadata D-05-26.
TERCIER P., «Quels fondements pour le contrat au XXIe siècle», in BELLANGER et al. (dir.), *Le contrat dans tous ses états*, 2004, 125è anniversaire de la Semaine Judiciaire, pp.209-225.
TERRÉ F.,
«Interprétation : le fait et le droit, la lettre et l'esprit », Mél. Ligeropoulos, 1985, 527
«Propos sur la responsabilité civile», *APD*, 1977, p. 40.
TEYSSIÉ B.,
«Réflexions sur les conséquences de la nullité d'une clause d'un contrat»: *D.*1976, chron., p.281
«Conséquences de la nullité d'une clause d'un contrat», *D.* 1976, *Chron.* 281.
«Les accords relatifs à l'implication des salariés dans les sociétés européennes », *SJE*, 2005.
THIBIERGE-GUELFUCCI C.,
«De l'élargissement de la notion de partie au contrat…à l'élargissement de la portée du principe de l'effet relatif», *RTD. civ.* 1994 (2). 275-285
«Libres propos sur la transformation du droit des contrats», *RTD. civ.* 1997 (2), .369.
«Le droit souple. Réflexions sur les textures du droit», *RTD. civ.*, 2003, p.599 s
«Sources du droit, sources de droit : une cartographie», in *Libres propos sur les sources du droit*, Mélanges en l'honneur de Philippe JESTAZ, *Dalloz*, 2006, 644p.
THIBIERGE L., «Libres propos sur la transformation du droit des contrats», *RTD. civ.* 1997, p.357 et s.
THILLIER H., «*L'usage en Droit du travail*», *JCP* 1975, éd. C.I., II, 11619
TOMASIN D., «Les sanctions du non paiement», *RDI* 2013, p.46 et s.
TRÉBULLE F.-G., «L'influence de la crise sur le Grenelle de l'environnement», *RD imm.*, 2010, p.15.
TRUCHET D., «Le contrat administratif, qualification juridique d'un accord de volontés», in
TURPIASSU-MERLIN L., «En quête de la pleine effectivité du droit à l'environnement», http://www.droitconstitutionnel.org/congresParis/comC8/TupiassuTXT.pdf.

VALEMBOIS A.-L., «La sécurité juridique: une constitutionnalisation en marche mais non aboutie (Bilan de la jurisprudence constitutionnelle de 2005)», *LPA*, 13 juin 2006, n°117, p.7.
VALUET J.-P., «Droit de vote en assemblée générale d'actionnaires : régime actuel et perspectives d'évolution», Dr. patr., nov. 1997, p.28.
VAN GERVEN W., *« Rapport introductif »,* in Ch. JAMIN et D. MAZEAUD (dir), *L'harmonisation du droit des contrats en Europe*, *op. cit.*, p.3 et s.
VAN OVERSTRAETEN M. et DEPRÉ S., «Le traitement automatisé de données à caractère personnel et le droit au respect de la vie privée en Belgique», *R.T.D.H.*, 54/2003, pp.665-701.
VATINET V., «Le mutuus dissensus», *Rev. trim.*, 1987 .252.
VERDUSSEN M., «Le droit à un environnement sain dans les constitutions des Etats européens», Annuaire international des droits de l'homme, vol. I/ 2006, Bruylant, p.328 et s.
VIANDIER A., «Après l'article de Michel Jeantin sur les Conventions de vote», in *Mélanges Jeantin*, Dalloz 1999, p.311
VIGNON E., «Peut-on qualifier le droit de l'OHADA de droit communautaire ?», www.ohada.com, Ohadata D-10-51. Adde J. ISSA, «Conflits entre droit communautaire et droit régional dans l'espace OHADA», www.ohada.com, Ohadata D-06-05.
VINEY G.,
«Exécution de l'obligation, faculté de remplacement et réparation en nature en droit français», in M. FONTAINE et G. VINEY (dir.), *Les sanctions de l'inexécution des obligations contractuelles. Etudes de droit comparé*, *Bruylant/LGDJ*, 2001, 1127p, spéc. n°1, p.167.
«Les obligations. La responsabilité: effets», in Traité de droit civil, J. GHESTIN (dir), Paris, *L.G.D.J.*, 1988.
Rapport de synthèse, colloque «*Faut-il moraliser le droit français de la réparation?*» *LPA*, 20 novembre 2002, p.66.
VIRALLY M., «La distinction entre textes internationaux ayant une portée juridique entre leurs acteurs et textes qui en sont dépourvus», *Annuaire de l'Institut de droit international*, vol. 60-I, II, 1983, p.221-223.
VIVANT M., «Le contrat plongé dans l'''économie numérique''», *RDC*, 01 avril 2005 n°2, p.533.
WALINE M., «Le pouvoir normatif de la jurisprudence», in Mélanges Georges Scelle, 1950, pp. 613-632
WANDA MASTOR, «Responsabilité environnementale et dommages et intérêt punitifs. Cour suprême des États-Unis», 25 juin 2008, Exxon Shipping Co. Et Al. v. Baker et Al., *Constitutions* 2010 p.144.
WEIL L., «La dignité de la personne humaine en droit administratif », in M.-L. PAVIA et Th. REVET, *op. cit.*, pp.85-106.
WEIL P., «Vers une normativité relative en droit international ?», *RGDDIP*, 1982. 5 s.

WERTENSCHLAG B., «Le bail vert», *AJDI*, 2010, p.693.
WÉRY P.,
«L'exécution en nature des obligations contractuelles», in Les obligations contractuelles, éd. *J.B.B.*, 2000, p.371, n°20.
«Les clauses relatives au remplacement du débiteur défaillant», in *Les clauses applicables en cas d'inexécution des obligations contractuelles*, *La Charte*, 2001, p.229 et s.
«L'exécution en nature de l'obligation contractuelle et la réparation en nature du dommage contractuel», rapport belge, in *Les sanctions de l'inexécution des obligations contractuelles. Etudes de droit comparé*, *op. cit.*, pp.205-262.
WESTER-OUISSE V., «La Cour de cassation ouvre la porte aux dommages-intérêts punitifs !», *Dalloz actualité*, 24 mars 2011, *RCA* 2011. Etude 5.
WIEDERKER G., «Pacte commissoire et sûretés conventionnelles», études Jauffret, *L.G.D.J.*, 1974, p.662s
WITZ Cl.,
«Plaidoyer pour un Code européen des obligations», *D.*2000, chron. 79.
«La longue gestation d'un code européen des contrats (Rappel de quelques initiatives oubliées)», *RTD. civ.* 2003, p.447-454.
«La consécration de l'inexistence par plusieurs instruments d'unification du droit», in Etudes offertes au doyen Ph. Simler, *Litec*, *Dalloz*, 2006, .729.
«L'obligation de minimiser son propre dommage dans les conventions internationales: l'exemple de la Convention de Vienne sur la vente internationale», in *Faut-il moraliser le droit français de la réparation du dommage*, *op. cit.*; p. 50
YADO TOÉ,
«La problématique actuelle de l'harmonisation du droit des affaires par l'OHADA», Colloque sur *L'harmonisation du droit OHADA des contrats*, *op. cit.*, pp.23-36.
«L'application des Actes uniformes de l'Ohada au Cameroun», *Penant*, *JurisAfrica*, janv-mars 2005, n°850, pp.81-95.
ZAMPINI F., «La Cour de justice des Communautés européennes, gardienne des droits fondamentaux ''dans le cadre du droit communautaire''», *RTDE*, 1999, p.659.
ZHANG SHAOHUI, «Les Principes d'UNIDROIT et la réforme du droit chinois des obligations», Rapport présenté au Colloque sur *L'harmonisation du droit OHADA des contrats*, *op. cit.*, pp.153-177
ZENATI-CASTAING F.,
«Les principes généraux en droit privé», in *Les principes en droit*, *op. cit.*, pp.256-273.
«L'évolution des sources du droit dans les pays de droit civil», *D.*, 2002, *chron.* p.15.

TEXTES, LEGISLATION, REGLEMENTATION : DROIT EUROPEEN, DROIT DE L'OHADA ET DROITS NATIONAUX

OHADA, Cameroun et autres droits nationaux africains

Accord portant révision de l'accord de Bangui du 02 mars 1977 instituant l'OAPI

Arrêté camerounais n°0069/MINEP du 09 mars 2006 fixant les différentes catégories d'opération dont la réalisation est soumise à une étude d'impact environnemental.

AUCTMR, adopté le 22 mars 2003 et entré en vigueur le 01 janvier 2004

AUDA, adopté le 11 mars 1999 et entré en vigueur le 11 juin 1999

AUDCG adopté le 17 avril 1997, entré en vigueur le 01 janvier 1998, révisé le 15 décembre 2010 au Togo

AUDS, adopté le 17 avril 1997 et entré en vigueur le 01 janvier 1998, révisé le 15 décembre 2010 au Togo

AUDSC, adopté le 15 décembre 2010, et entré en vigueur le 15 mai 2011

AUDSCGIE, adopté le 17 avril 1997 et entré en vigueur le 01 janvier 1998, révisé le 30 janvier 2014

AUOHCE, adopté le 24 mars 2000 et entré en vigueur le 01 janvier 2001 pour ce qui est des comptes personnels des entreprises, et le 01 janvier 2002 pour les comptes consolidés et les comptes combinés

AUPCAP, adopté le 10 avril 1998 et entré en vigueur le 01 janvier 1999

AUPSRVE, adopté le 10 avril 1998, et entré en vigueur le 10 juillet 1998

Charte africaine des droits de l'homme et des peuples (CADHP) ou Charte de Banjul (Gambie) adopté le 27 juin 1980, et entré en vigueur le 21 octobre 1986

Code de la Conférence interafricaine des marchés d'assurances (CIMA)

Code civil applicable au Cameroun

Déclaration de Québec sur les «arrangements de N'djamena» et sur le «mécanisme de financement autonome» du 17 octobre 2008.

Décret camerounais n°2005/0577/PM du 23 février 2005 fixant les modalités de réalisation des études d'impact environnemental

Décret camerounais n°78/484 du 9 novembre 1978 (fixant les dispositions communes applicables aux agents de l'Etat relevant du Code du travail modifié par le décret n°82/100 du 4 mars 1982)

Décret camerounais n°78-547 du 28 décembre 1978 (fixant modalités de prise en charge des prestations en nature aux victimes d'accidents de travail ou de maladie professionnelle)

Loi camerounaise n°2001-1 du 16 avril 2001 portant code minier

Loi camerounaise n°2010/012 du 21 décembre 2010 relative à la cybersécurité et à la cybercriminalité au Cameroun.

Loi camerounaise n°2011/025 du 14 décembre 2011 portant valorisation des gaz associés

Loi camerounaise n°2012/006 du 19 avril 2012 portant code gazier

Loi camerounaise n°77-11 du 13 juillet 1997 portant réparation et prévention des accidents du travail et des maladies professionnelles
Loi camerounaise n°96/12 du 5 août 1996 relative à la gestion de l'environnement.
Loi camerounaise n°2010/021 du 21 décembre 2010 sur le commerce électronique au Cameroun
Ordonnance camerounaise n°85/002 du 31 août 1985 relative à l'exercice de l'activité des établissements de crédits au Cameroun modifiée et complétée par la loi n°88/006 du 15 juillet 1988, la loi n°90/019 du 10 août 1990 et la loi n°97/014 du 18 juillet 1997 portant loi des finances pour l'exercice 1997/1998
Protocole de Maputo adopté en juillet 2003.
Règlement d'arbitrage de la CCJA
Règlement d'arbitrage du centre d'arbitrage du Groupement Interpatronal du Cameroun (GICAM)

Europe, France et Autres droits nationaux européens

Acte unique européen signé les 17 et 28 février 1986
Charte des droits fondamentaux de l'Union européenne adoptée le 7 décembre 2000, adaptée le 12 décembre 2007, et entré en vigueur le 1er décembre 2009
Charte sociale européenne signée le 18 octobre 1961 et révisée le 3 mai 1996
Codes français divers (civil, travail, environnement, propriété intellectuelle, etc…)
Communication de la Commission au Conseil et au Parlement européen concernant le droit européen des contrats [COM(2001) 398, juillet 2001]
Communication de la Commission au Parlement européen et au Conseil «un droit européen des contrats plus cohérent-plan d'action», COM (2003) 68 final du 12 février 2003
Communication de la Commission au Parlement européen et au Conseil «Droit européen des contrats et révision de l'acquis : la voie à suivre», COM (2004) 651 final du 11 octobre 2004.
Communication de la commission au parlement européen, au conseil, au comité économique et social européen et au comité des régions relative à des marchés publics pour un environnement meilleur [COM(2008) 400/2]
Convention d'Aarhus le 8 juillet 2002 entrée en vigueur le 6 octobre 2002
Convention de sauvegarde des droits de l'homme et des libertés fondamentales (ou convention européenne des droits de l'homme) signée le 4 novembre 1950 et entrée en vigueur le 3 septembre 1953.
Convention pour la protection des droits de l'homme et de la dignité de l'être humain à l'égard des applications de la biologie et de la médecine (convention des droits de l'homme et la biomédecine) de 1997
Convention pour la protection des personnes à l'égard du traitement automatisé des données à caractère personnel de 1981

Décision de la Commission du 26 avril 2010 portant création du groupe d'experts pour un cadre commun de référence dans le domaine du droit européen des contrats (2010/233/UE), JO L 105 du 27.4.2010, p. 109.
Décision-cadre du Conseil de l'Union européenne 2008/977/JAI du 27 novembre 2008 relative à la protection des données à caractère personnel traitées dans le cadre de la coopération policière et judiciaire en matière pénale (ancien troisième pilier).
Décret d'application n°2005-1309 du 20 octobre 2005 modifié par le décret n°2007-451 du 25 mars 2007.
Décret français n° 2000-110 du 4 février 2000 portant publication de la charte sociale (révisée) européenne du 3 mai 1996
Décret français n°2002-1187 du 12 septembre 2002 portant publication de la Convention d'Aarhus.
Directive 2001/29/CE du Parlement européen et du Conseil du 22 mai 2001 sur l'harmonisation de certains aspects du droit d'auteur et des droits voisins dans la société de l'information.
Directive 2001/86/CE du 8 octobre 2001 (en créant Société Européenne par , cette directive a donné l'occasion de régler la question de l'implication des travailleurs et de leur participation au conseil d'administration et de surveillance et d'affermir les droits des salariés dans la gouvernance
Directive 2002/14/CE du 11 mars 2002 établissant un cadre général relatif à l'information et la consultation des travailleurs dans la Communauté européenne
Directive 2002/58/CE, modifiée en 2009 sur la vie privée et les communications électroniques
Directive 2004/18/CE du Parlement européen et du Conseil, du 31 mars 2004, relative à la coordination des procédures de passation des marchés publics de travaux, de fournitures et de services
Directive 2004/35/CE du Parlement européen et du Conseil du 21 avril 2004 sur la responsabilité environnementale en ce qui concerne la prévention et la réparation des dommages environnementaux
Directive 2004/35/CE du Parlement européen et du Conseil du 21 avril 2004 sur la responsabilité environnementale
Directive 2004/48/CE du Parlement européen et du Conseil du 29 avril 2004 relative au respect des droits de propriété intellectuelle
Directive 2004/82/CE du Conseil du 29 avril 2004 concernant l'obligation pour les transporteurs de communiquer les données relatives aux passagers
Directive 2005/29/CE du Parlement européen et du Conseil du 11 mai 2005 relative aux pratiques commerciales déloyales des entreprises vis-à-vis des consommateurs dans le marché intérieur et modifiant la directive 84/450/CEE du Conseil et les directives 97/7/CE, 98/27/CE et 2002/65/CE du Parlement européen et du Conseil et le règlement (CE) n°2006/2004 du Parlement européen et du Conseil («directive sur les pratiques commerciales déloyales»).

Directive 2005/32/CE du Parlement européen et du Conseil du 6 juillet 2005 établissant un cadre pour la fixation d'exigences en matière d'éco-conception applicables aux produits consommateurs d'énergie et modifiant la directive 92/42/CEE du Conseil et les directives 96/57/CE et 2000/55/CE du Parlement européen et du Conseil).

Directive 2006/123/CE du Parlement européen et du Conseil du 12 décembre 2006 relative aux services dans le marché intérieur

Directive 2006/24/CE du 15 mars 2006 sur la conservation de données générées ou traitées dans le cadre de la fourniture de services de communications électroniques accessibles au public ou de réseaux publics de communocations, et modifiant la directive 2002/58/CE

Directive 2008/48/CE Du Parlement européen et du Conseil du 23 avril 2008 concernant les contrats de crédit aux consommateurs et abrogeant la directive 87/102/CEE du Conseil (droit de rétractation)

Directive 2011/83/UE du Parlement européen et du Conseil du 25 octobre 2011 relative aux droits des consommateurs, modifiant la directive 93/13/CEE du Conseil et la directive 1999/44/CE du Parlement européen et du Conseil et abrogeant la directive 85/577/CE du Parlement européen et du Conseil, JOUE 22 novembre 2011, L 304/65.

Directive 2011/92/UE du 13 décembre 2011 concernant l'évaluation des incidences de certains projets publics et privés sur l'environnement

Directive 2013/11/UE du Parlement européen et du Conseil du 21 mai 2013 relative au règlement extrajudiciaire des litiges de consommation et modifiant le règlement (CE) n°2006/2004 et la directive 2009/22/CE.

Directive 75/117/CEE du Conseil, du 10 février 1975, concernant le rapprochement des législations des États membres relatives à l'application du principe de l'égalité des rémunérations entre les travailleurs masculins et les travailleurs féminins

Directive 76/207/CEE du Conseil, du 9 février 1976, relative à la mise en œuvre du principe de l'égalité de traitement entre hommes et femmes en ce qui concerne l'accès à l'emploi, à la formation et à la promotion professionnelles, et les conditions de travail

Directive 76-207 CE du 9 février 1976 relative à la mise en œuvre du principe de l'égalité de traitement entre hommes et femmes

Directive 79/7/CEE du Conseil, du 19 décembre 1978, relative à la mise n œuvre progressive du principe de l'égalité de traitement entre hommes et femmes en matière de sécurité sociale

Directive 85/337/CE du 27 juin 1985 concernant l'évaluation des incidences de certains projets publics et privés sur l'environnement, modifiée et complétée à plusieurs reprises

Directive 86/378/CEE du Conseil du 24 juillet 1986 relative à la mise en œuvre du principe de l'égalité de traitement entre hommes et femmes dans les régimes professionnels de sécurité sociale

Directive 86/613/CEE du Conseil du 11 décembre 1986 sur l'application du principe de l'égalité de traitement entre hommes et femmes exerçant une activité indépendante, y compris une activité agricole, ainsi que sur la protection de la maternité

Directive 90/314/CEE du Conseil, du 13 juin 1990 concernant les voyages, vacances et circuits à forfait

Directive 92/85/CEE du Conseil, du 19 octobre 1992, concernant la mise en œuvre de mesures visant à promouvoir l'amélioration de la sécurité et de la santé des travailleuses enceintes, accouchées ou allaitantes au travail

Directive 93/13/CEE du Conseil du 5 avril 1993 concernant les clauses abusives dans les contrats conclus avec les consommateurs

Directive 95/46/CE du Parlement européen et du Conseil du 24 octobre 1995 relative à la protection des personnes physiques à l'égard des données à caractère personnels et à la libre circulation de ces données.

Directive 95/46/CE du Parlement européen et du Conseil relative à la protection des personnes physiques à l'égard du traitement des données à caractère personnel et à la libre circulation de ces données, adoptée le 24 octobre 1995 (applicable dans l'ancien premier pilier)

Directive 96/34/CE du Conseil du 13 juin 1996 concernant l'accord-cadre sur le congé parental conclu par l'UNICE, le CEEP et la CES

Directive 96/97/CE du Conseil, du 20 décembre 1996, modifiant la directive 86/378/CEE relative à la mise en œuvre du principe de l'égalité de traitement entre hommes et femmes dans les régimes professionnels de sécurité sociale

Directive 97/11/CE est venue clarifier, compléter et améliorer les règles relatives à la procédure d'évaluation dans un souci d'efficacité et d'harmonisation.

Directive 97/75/CE du Conseil du 15 décembre 1997 modifiant et étendant au Royaume-Uni la directive 96/34/CE du Conseil du 13 juin 1996 concernant l'accord-cadre sur le congé parental conclu par l'UNICE, le CEEP et la CES

Directive 97/80/CE du Conseil du 15 décembre 1997 relative à la charge de la preuve dans les cas de discrimination fondée sur le sexe

Directive 98/52/CE du Conseil du 13 juillet 1998 étendant au Royaume-Uni de Grande-Bretagne et d'Irlande du Nord la directive 97/80/CE relative à la charge de la preuve dans les cas de discrimination fondée sur le sexe

Directive du 22 juillet 2003 2003/72/CE relative à l'implication des travailleurs dans la société coopérative européenne

Directive du 9 février 1976 ayant institué la notion d'égalité de traitement

Directive du CE et du PE du 10 décembre 2011 relative à l'application des droits des patients en matière de soins de santé transfrontaliers.

Directive européenne du 25 juillet 1985 sur la responsabilité du fait des produits défectueux

Directive européenne n°86-278 du 12 juin 1986 n°86/278 relative à la protection de l'environnement et notamment des sols lors de l'utilisation des boues d'épuration en agriculture

Directive européenne n°2011/24 du 9 mars 2011 relative à l'application des droits des patients en matière de soins transfrontaliers

Directive n°2006/123/CE du 12 décembre 2006 du Parlement européen et du Conseil relative aux services dans le marché intérieur

Directive n°85/577/CEE, 20 décembre 1985 relative aux contrats négociés en dehors des établissements commerciaux

Directive n°89/391/CEE Conseil du 12 juin 1989 concernant la mise en œuvre de mesures visant à promouvoir l'amélioration de la sécurité et de la santé des travailleurs au travail

Directive n°92/58/CEE du Conseil, du 24 juin 1992, concernant les prescriptions minimales pour la signalisation de sécurité et/ou de santé au travail (neuvième directive particulière de la directive n°89/391/CEE), modifié par la Directive n°2007/20/CE du 28 juin 2007

Directive n°93/13/CEE du 5 avril 1993 concernant les clauses abusives dans les contrats conclus avec les consommateurs

Directive n°97/7/CE du 20 mai 1997 concernant la protection des consommateurs en matière de contrats à distance

Directive n°99/44/CE sur la vente et les garanties des biens de consommation.

Loi constitutionnelle n°2005-205 du 1er mars 2005 relative à la Charte de l'environnement (JORF n°0051 du 2 mars 2005 page 3697)

Loi française DADVSI (sur le droit d'auteur et des droits voisins dans la société de l'information), votée le 1er août 2006.

Loi française de modernisation de l'économie, dite «Loi LME», du 4 août 2008, complétée par un décret en date du 18 mars 2009

Loi française du 03 janvier 1972 sur le démarchage financier

Loi française du 06 janvier 1988, modifiée par l'Ordonnance du 23 août 2001 (Article L. 121-16 et s. C. consom.)

Loi française du 07 janvier 1981 relative à l'assurance-vie

Loi française du 10 janvier 1978 sur le crédit à la consommation

Loi française du 13 juillet 1983 portant modification du code du travail et du code pénal en ce qui concerne l'égalité professionnelle entre les femmes et les hommes (loi Rondy)

Loi française du 18 mai 1998 relative à la responsabilité du fait des produits défectueux, et introduite aux articles 1386-1 à 1386-18 du Code civil

Loi française du 22 décembre 1972 (Article L.121-25 et s du Code de la consommation) sur le démarchage à domicile prévoit que «dans les sept jours»,

Loi française du 30 juillet 2003 relative à la prévention des risques technologiques et naturels et à la réparation des dommages (JO du 31 juillet 2003).

Loi française du 30 juin 1926 relative à la propriété commerciale

Loi française du 7 janvier 1981 concernant les victimes d'accidents de travail

Loi française du 9 juillet 1975 telle que complétée par la loi du 11 octobre 1985.

Loi française Hadopi 1 du 12 juin 2009 favorisant la diffusion et la protection de la création sur internet

Loi française Hadopi 2 du 28 octobre 2009 (relative à la protection pénale de la propriété littéraire et artistique sur internet).

Loi française n° 2012-954 du 6 août 2012 sur le harcèlement sexuel

Loi française n°2002-285 du 28 février 2002 autorisant l'approbation de la Convention d'Aarhus

Loi française n°2004-1343 du 9 décembre 2004 de simplification du droit

Loi française n°78-17 du 6 janvier 1978 relative à l'informatique, aux fichiers et aux libertés, modifiée par la loi n° 2004-801 du 6 août 2004 relative à la protection des personnes physiques à l'égard des traitements de données à caractère personnel.

Loi française n°95-96 du 1er février 1995 transposant la Directive du 5 avril 1993 sur les clauses abusives

Loi française n°96-314 du 12 avril 1996 portant diverses dispositions d'ordre économique et financier (JO 13 avril 1996, p.5707)

Loi Grenelle I (ou loi française n° 2009-967 du 3 août 2009 de programmation relative à la mise en œuvre du Grenelle de l'environnement.

Loi Grenelle II (loi française) du 12 juillet 2010 portant engagement national pour l'environnement.

Loi n°2004-801 du 6 août 2004 relative à la protection des personnes physiques à l'égard des traitements de données à caractère personnel.

Principes de droit européen des contrats

Programme de la Commission n°99/027, avril 1999, COM (99), 101 final.

Projet CATALA sur la réforme du droit français des obligations et du droit de la prescription du 22 septembre 2005

Projet de la Chancellerie, sur la réforme du droit français des obligations

Projet TERRÉ, sur la réforme du droit des obligations

Proposition de Règlement relatif à un droit commun européen de la vente

Protocole n°1 de la Conv. EDH.

Protocole n°12 de la Conv. EDH sur l'interdiction générale de la discrimination

Protocole n°8 relatif à l'adhésion de l'Union européenne à la Conv. EDH

Protocole sur les registres des rejets et transferts de polluants (protocole PRTR) de 2003, entré en vigueur le 8 octobre 2009 et transposé en droit européen par le Règlement no 166/2006 du 18 janvier 2006 concernant la création d'un registre européen des rejets et des transferts de polluants, et modifiant les directives 91/689/CEE et 96/61/CE du Conseil

Règlement (CE) n°261/2004 du Parlement européen et du Conseil du 11 février 2004 établissant les règles communes en matière d'indemnisation et d'assistance des passagers en cas de refus d'embarquement et d'annulation ou de retard important d'un vol (abrogeant le règlement CEE n°295/91)
Règlement (CE) n°45/2001 du 18 décembre 2001 sur le traitement des données à caractère personnel par les institutions et organes communautaires
Règlement (CE) no 1980/2000 du parlement européen et du conseil du 17 juillet 2000 établissant un système communautaire révisé d'attribution du label écologique
Règlement CE n°1371/2007 du 23 octobre 2007 du Parlement européen et du Conseil sur les droits et obligations des voyageurs ferroviaires
Règlement CE n°392/2009 du Parlement européen et du Conseil du 23 avril 2009 relatif à la responsabilité des transporteurs de passagers par mer en cas d'accident
Règlement du 25 juin 1999 portant Réglementation du transport de marchandises dangereuses par route
Règlement n°1071/2009 du Parlement et du Conseil du 21 octobre 2009 établissant des règles communes sur les conditions à respecter pour exercer la profession de transporteur par route, et abrogeant la directive 96/26/CE du Conseil régissant l'accès à la profession de transporteur routier» (JOCE L 300 du 14 nov. 2009)
Résolution du Parlement européen du 3 septembre 2008 sur le cadre commun de référence pour le droit européen des contrats (2009/C 295 E/09).
Résolution du Parlement européen du 9 juillet 2008 sur le rôle du juge national dans le système juridictionnel européen (2007/2027(INI)), JOUE, C 294 E/27 du 3 décembre 2009.
Résolution du Parlemet européen du 9 juillet 2008 sur le rôle du juge national dans le système juridictionnel européen (2007/2027 (INI).
Traité d'Amsterdam signé le 2 octobre 1997, entré en vigueur le 1er mai 1999
Traité de Lisbonne signé le 13 décembre 2007, entré en vigueur le 1er décembre 2009.
Traité de Maastricht ou traité sur l'Union européenne, traité constitutif de l'Union européenne, est signé le 18 février 1992 et entré en vigueur le 1er novembre 1993
Traité de Nice signé le 26 février 2001 et entré en vigueur le 1er février 2003
Traité de Rome de du 25 mars 1957 instituant la Communauté économique européenne
Traité de Rome de du 25 mars 1957 instituant la Communauté européenne de l'énergie atomique

Textes Internationaux
Convention de Vienne sur la vente internationale de marchandises (CVIM) du 11 avril 1980
Convention n°29 de l'Organisation International du Travail (OIT) du 28 juin 1930 sur le travail forcé
Déclaration des droits de l'homme et du citoyen (DDHC) du 26 août 1789
Déclaration universelle des droits de l'homme (DUDH) du 10 décembre 1948
Principes d'UNIDROIT 2010 relatifs aux contrats du commerce international
Règles de la Haye (ou Convention de Bruxelles) du 25 août 1924 pour l'unification de certaines règles en matière de connaissement modifiée par les Protocoles du 23 février 1968 et du 21 février 1979

JURISPRUDENCE ET NOTES DE JURISPRUDENCES EUROPÉENNES

Cour de Justice de l'Union Européenne (CJUE)
CJCE 20 oct. 1993, n°C-92/92, n°C-326/92, «Phil Collins», *D.* 1995, jur. 133, note EDELMAN; *RIDA* 1994, n°159, p.304.
CJCE 20 sept. 2001, Grzelczyk, C-184/99, point 31.
CJCE 29 janvier 2008, affaire C-275/06.
CJCE 31 mars 1981 aff. 96.80, Juri-social, 1981 S.J. 84
CJCE, 11 décembre 2007, International Tranport Worker's Federation et Finnish Seamen's Union c/ Viking Line ABP,
CJCE, 11 décembre 2007, Viking, C-438/05, Rec. I-10779, note D. Simon, Europe, 2/2008. comm. 40, p.18-20
CJCE, Deutsche Milkkofor, Gmbit et autres contre République fédérale d'Allemagne, Rec. CJCE, p.2669.
CJCE, 10 avr. 2003, aff. C-20/01, Commission c/ Allemagne
CJCE, 10 décembre 2002, BAT, aff. C-491/01
CJCE, 10 mars 1970, Commission c/ Italie, 7/69, p.117
CJCE, 10 novembre 1982, Rau, aff. 261/81.
CJCE, 11 juillet 1968, Danvin, 26/67, p.463
CJCE, 11 novembre 1975, avis 1/75, 1375, point 2.
CJCE, 11 octobre 2007, affaire C-451/05, Elisa : Rec. CJCE 2007, I, p.8251.
CJCE, 12 décembre 1974, Malrave et Koch, 36/74, Rec. 1405
CJCE, 12 novembre 1969, Stauder, aff. 26/69, Rec. 1969.
CJCE, 13 décembre 1979, Liselotte Hauer c/ Land Rheinland-Pfalz, Aff. 44/79, Rec. CJCE, p.3727
CJCE, 13 novembre 1973, Werhahn Hansamühle, 63/72, p.1229
CJCE, 14 déc. 1991, Avis 1/91
CJCE, 14 juillet 1988, Smanor, aff. 298/87.
CJCE, 14 mai 1974, J. Nold, Kholen-und Baustoffgro Bhandlung c/ Commission, Aff. 4/73, Rec. CJCE, p.491

CJCE, 15 juin 1978, Defrenne, 149/77, p.1365
CJCE, 15 octobre 2002, LMV.
CJCE, 15juillet 1960, Van Lackmüller, 43/59, p.933
CJCE, 16 mai 1979, Tomadini, 84/78, p.1801
CJCE, 17 déc. 1970, aff. 25/70, Rec., 1161
CJCE, 9 mars 1978, Simmenthal, aff. 106/77.
CJCE, 17 décembre 1970, Internationale Handelsgesellschaft mbH contre Einfuhr- und Vorratsstelle für Getreide und Futtermittel, Aff. 11/70
CJCE, 17 décembre 1970, Internationale Handelsgesellschaft, aff. 11/70, Rec. jur. 1970.
CJCE, 17 juillet 1981, Oebel, 155/80, p.1993
CJCE, 17 mai 1990, aff. 262/88, Rec. 1990, p.I-1889.
CJCE, 17 septembre 2002, C-513/99, Concordia Bus Finland Oy Ab c/ Helsingin kaupunki et autres
CJCE, 18 décembre 2007, Laval, C-341/05, Rec. I-11767.
CJCE, 18 juin 1991, Ert, aff. C-260/89.
CJCE, 5 octobre 1994, TV10, aff. C-23/93.
CJCE, 18 mai 1982, AM & S, 155/79, p.1575
CJCE, 1962, Klöckner, Rec. p.653.
CJCE, 20 février 1979, Buitoni
CJCE, 1974, Casagrande, Rec. p.773.
CJCE, 1976, Defrenne/Sabena, Rec. p.455.
CJCE, 1979, Hauer, Rec. p.3727.
CJCE, 20 février 1979, «Cassis de Dijon», aff. 120/78.
CJCE, 20 septembre 1988, Beentjes, aff. C-31/87
CJCE, 6 novembre 2003, B. Lindquist, Aff. C-101/01, Rec. CJCE, 2003 I-12971.
CJCE, 21 mai 1985, Commission c/ République fédérale d'Allemagne, aff. C-248/83, Rec. 1985
CJCE, 21 nov. 2002, aff. C-473/00, Cofidis, *JCP* G 2003, II, 10082, note G. Paisant, *D.* 2003, p. 486, note C. Nourissat, *RTD com.* 2003, p.410, obs. M. Luby, *Gaz. Pal.* 2003, p.1711, note Ph. Flores et G. Biardeaud
CJCE, 21 novembre 2002, Cofidis, C-473/00, Rec. p.I-10875, point 32
CJCE, 21 septembre 1989, Hoechst c/ Commission CE, Aff. Jointes 46/87 et 227/88, Rec.
CJCE, 22 novembre 2001 Cape c/ Idealservice et Idealservice MNRE c/ OMAL
CJCE, 22 octobre 2002, Roquete Frères SA, Aff. C-94/00, Rec. CJCE, p.I-9001
CJCE, 24 juin 1986, Akso, 53/85, p.1985
CJCE, 25 avril 2002, *aff. C-52/00, Commission c/ France*
CJCE, 25 janvier 1979, Racke, aff. 98/78, 69.
CJCE, 25 juillet 1991, Säger c/ Dennemeyer, aff. C-76/90

CJCE, 26 juin 1980, National Panasonic c/ Commission, Aff. C-136/79, Rec. CJCE, p.2033.
CJCE, 26 oct. 2006, aff. C-168/05, Mostaza Claro, *JCP* E 2007, I 2018, n°1 et s., obs. C. Seraglini, *RTD civ.* 2007, p.33, obs. P. Théry, Europe 2006, comm. 378, obs. L. Idot, *D.* 2006, p.3026, obs. Th. Clay
CJCE, 26 sept. 2000, aff. C-225/98, Commission c/ France
CJCE, 27 juin 1990 aff. 33-89, RTDE, 1991, 429, obs. E. TRAVERSA
CJCE, 27 juin 2000, aff. C-240/98, Oce'ano Grupo Editorial SAS Preston e. alii et D. Fletcher e.alii
CJCE, 15 mai 1986, Johnston, n° 22/84, Rec. p.1651.
CJCE, 28 octobre 1975, Ruttili c/ Ministre de l'Intérieur, Aff. 36/75.
CJCE, 3 sept. 2008, Kadi et Al Barakaat, aff. jointes C-402/05 et C-415/05
CJCE, 30 avril 1974, Haegeman II, aff. 181/73, 449
CJCE, 30 avril 1996, aff C-13/94, Rec. CJCE, I, p.2159, *JCP* 1997, éd. E, I, 659 ; n°2, obs. P.-H. ANTONMATTÉI
CJCE, 30 avril 1996, P. c/ S. et Cornwall Cournty Courncil, Aff. C-13/94, Rec. CJCE p.I-2143, concl. Tesauro.
CJCE, 30 septembre 1987, Demirel, aff. 12/86, 3719
CJCE, 31 mars 1971, Commission c. Conseil, 22/70, p.263
CJCE, 4 déc. 2003, aff. C-448/01, Evn AG et autres c/ Autriche
CJCE, 4 juin 2009, aff. C-243/08, Pannon, *RDC* 2009, p.1467, obs. C. Aubert de Vincelles, *JCP* G 2009, 336, note G. Paisant, *D.* 2009, p.2312, note G. Poissonnier.
CJCE, 4 oct. 2007, aff. C-429/05, *D.* 2008, p.458, note H. Claret, *Contrats, conc. consom.* 2008, comm. 310, obs. G. Raymond, *JCP* G 2008, II, 10031, note G. Paisant.
CJCE, 5 mars 1996, aff C-46/93 et C-48/93, Brasserie du pêcheur et Factortame Ltd et autres, Rec. p.1029
CJCE, 5 octobre 1994, X c/ Commission, Aff. C-404/92 P, Rec. CJCE, p.I-4737.
CJCE, 6 novembre 2003, B. Lindquist, Aff. C-101/01, Rec. p. 1-12971
CJCE, 7 février 1990 aff. C. 268-88, Rec. 1990, I, p.I-1889.
CJCE, 7 février 1991, aff. 184-89, RTDE, 1993, 82, obs. E. TRAVERSA.
CJCE, 8 avril 1976, aff. 43.75 RTDE, 1976, 521, obs. C. PHILIP.
CJCE, 8 avril 1976, Defrenne, 43/75, Rec. 455
CJCE, 8 avril 1992, Commission c/ Allemagne, Aff. C-62/90, Rec. CJCE, p.I-2575.
CJCE, 8 avril 1992, Commission c/ RFA, Aff. C-62/90, Rec. CJCE, p.I-2575.
CJCE, aff. C-42/94, Arrêt de la Cour (troisième chambre) du 1er juin 1995, Heidemij Advies BV c/ Parlement européen.
CJCE, arrêt du 14 juillet 1994, C-91/92, Faccini Dori, Rec. p. I-3325 et du 12 novembre 1996 C-201/94, Smith and Nephew, Rec. p.I-5819.
CJCE, arrêt Van Gend en Loos, 5 février 1963, affaire 26/62

CJCE, Avis du 28 mars 1996, avis 2/94, Rec. jur., 1996, p.1759.
CJCE, du 12 novembre 1969, Erich Stauder contre Ville d'Ulm – Sozialamt, Aff. 29/69
CJCE, ERT/DEP, 18 juin 1991, Ert/Dep, affaire C-260/89
CJCE, Ordonnance de référé du 18 octobre 2002, Commission c/ Technische Glaswerke Ilmeneau GmbH
CJCE, points 17 et 18 ; CJCE, 17 octobre 1989, Dow Bénélux c/ Commission CE, Aff. 85/87, Rec. CJCE, p.3137, points 28 et 29.
CJCE, SA Buitoni c/ Fonds d'orientation et de régularisation de marchés agricoles, aff. 12/78, Rec., p.677
CJUE, 21 déc. 2011-C-495/10 centre hospitalier universitaire de Besançon/Thomas Dutrueux, CPAM du Jura - JCP A 2012, act.27.
CJUE, aff. Procter & Gamble c/ OHMI du 16 février 2000.
CJUE, Grande ch., 2 mai 2012, affaire C-406/10, SAS Institute Inc. c/ World Programming Ltd.
Conclusions sous CJCE, 9 octobre 2001, Pays-Bas c/ Parlement européen et Conseil de l'Union européenne.
TPICE, 30 janvier 2002, Max. Mobil Telekommunikation Service GmbH c/ Commission

Cour Européenne des Droits de l'Homme (Cour EDH et Comm. EDH)

Comm. EDH, 13 décembre 1984, n°10741/84, S. c/ Royaume-Uni
Comm. EDH, 4 mars 1996, n°18890/91, Meyer c/ RFA: DR 85/65
Comm. EDH, 6 octobre 1981, n°9177/80, RFA : DR 26/255).
Comm. EDH, 8 février 1978, n°7456/76, Wiggins c/ Royaume-Uni: DR 13/40.
Cour EDH, 16 décembre 1992, Niemietz c/ Allemagne, Rec. A251-B.
Cour DH, 2 août 1984, Malone c/ Royaume-Uni, série A, n°82, § 67
Cour DH, 24 avril 1990, Kruslin
Cour DH, 25 février 1993, Funke c/ France
Cour EDH (grande chambre), 23 mars 1995, req. N°15318/89, Loizidou c/ Turquie.
Cour EDH, 26 juillet 2005, Silliadin c/ France du (Rec. 2005-VII)
Cour EDH, 26 mars 1985, X. et Y. c/ Pays-Bas).
Cour EDH, 06 juin 2006, Segerstedt-Wiberg et al.
Cour EDH, 11 juillet 2002, Goodwin c/ RU
Cour EDH, 11 octobre 2005, n°73049/01, Anheuser-Busch Inc. c/ Portugal.
Cour EDH, 11 octobre 2012, C.N. et V. c/ France (n° 67724/09)
Cour EDH, 13 février 2003, Odièvre c/ France, § 44
Cour EDH, 13 juin 1979, Marckx.
Cour EDH, 14 février 2006, Le Carpentier et autres c/ France, req. n°67847/01.
Cour EDH, 16 avril 2002, n°36677/97, SA Dangeville c/ France : RJF 7/02 n°889.

Cour EDH, 16 avril 2002, Sté Colas Est c/ France : AJDA 2002, p. 502, obs. J.-F. Flauss.
Cour EDH, 16 avril 2002, Sté Colas Est et al. c/ France, Rec. CEDH, n°37971/97, 2002-III.
Cour EDH, 16 décembre 1992, Niemietz c/ Allemagne, § 29.
Cour EDH, 16 décembre 1992, Niemietz c/ Allemagne, Série A, n°25-B, points 30 et s, Grands arrêts Cour EDH, n°40
Cour EDH, 16 juillet 1971, Ringeisen c/ Autriche, n°2614/65.
Cour EDH, 16 mars 1997, Laskey-Royaume-Uni,
Cour EDH, 16 novembre 2004, arrêt Moreno c/ Espagne du 16 novembre 2004, *JCP* 2005, I, 103, obs. F. SUDRE.
Cour EDH, 17 février 2005, A. et D. c/ Belgique, § 85
Cour EDH, 17 février 2005, K.A. et A.D. c/ Belgique, requête n° 42758/98 et 45558/99.
Cour EDH, 18 février 1999, arrêt Larkos c/ Chypre.
Cour EDH, 18 janvier 2011, Chapman c/ Royaume-Uni
Cour EDH, 18 juin 2002, Öneryildiz c/ Turquie, *JCP* 2002, I, 157, obs. F. SUDRE.
Cour EDH, 18 novembre 2004, arrêt Prokopovich c/ Russie, JCP 2005, I, 103, obs. F. SUDRE.
Cour EDH, 19 février 1997, Laskey, Jaggard et Brown c/ RU, § 50
Cour EDH, 20 avril 2004, arrêt Surugiu c/ Croatie.
Cour EDH, 20 novembre 2005, British American Tobacco Company Limited c/ Pays-Bas, Série A, n°331, avis de la commission, p.37.
Cour EDH, 20 septembre 1994, Otto-Preminger-Institut c/ Autriche, § 47
Cour EDH, 21 février 1986, James et autres c/ Royaume-Uni, Série A, n°98
Cour EDH, 21 février 1990, Powell et Rayner c/ Royaume-Uni, Série A, n°172
Cour EDH, 21 novembre 1995, arrêt Velosa Barreto c/ Portugal, série A no 334.
Cour EDH, 21 novembre 1995, Barreto c/ Portugal, série A no 334.
Cour EDH, 21 octobre 1997, Pierre Bloch c/ France, n°24194/94.
Cour EDH, 22 avril 1993, arrêt MODINOS c/ Chypre, § 20 et s.
Cour EDH, 22 décembre 2005, arrêt Tekin Yildiz c/ Turquie
Cour EDH, 22 septembre 1995, S.W. c/ RU, § 44
Cour EDH, 23 février 1995, Gasus Dosier und Fodertechnik GmbH c/ Pays-Bas, Série A, n°306-B
Cour EDH, 23 novembre 1983, Van der Mussele c/ Belgique, série A, n°70
Cour EDH, 23 septembre 2008 E.G. c/ Pologne et autres affaires « relatives à la rivière Boug », req. n°50425/99.
Cour EDH, 24 avril 1990, Huvig.
Cour EDH, 24 février 1998, Botta c/ Italie, § 33.
Cour EDH, 24 mai 2005, n°61302/00, Buzescu c/ Roumaine
Cour EDH, 24 octobre 1996, Guillot c/ France, § 22

Cour EDH, 25 avril 1978, Tyrer c/ Royaume-Uni, n°7819/77 ; 7878/77.
Cour EDH, 25 février 1993, Funke c/ France, Série A, n°256 A
Cour EDH, 25 février 1997, Z. c/ Finlande, Rec. 1997-II.
Cour EDH, 25 mars 1983, Silver et a. c/ Royaume-Uni, § 97
Cour EDH, 25 mars 1992, B. c/ France
Cour EDH, 25 septembre 1996, arrêt Buckley c/ Royaume-Uni, RTDH 1997, p.47, obs. O. de SCHUTTER.
Cour EDH, 26 juin 1986, Van Marle et autres c/ Pays-Bas, Série A, n°101, § 41-42.
Cour EDH, 26 mars 1987, Leandre c/ Suède, Rec. A116.
Cour EDH, 27 août 2004, Connors c/ Royaume-Uni
Cour EDH, 28 juin 1978, König c. RFA, n°6232/73.
Cour EDH, 28 mars 1992, Editions Périscope c/ France, n°11760/85.
Cour EDH, 28 septembre 1995, Procola c/ Luxembourg, n°14570/89, § 39.
Cour EDH, 29 avril 1999, Chassagnou et autres c/ France : Rec. 1999, III
Cour EDH, 29 avril 2002, Pretty c/ RU, § 62
Cour EDH, 29 mars 2006, arrêt Scordino c/ Italie.
Cour EDH, 29 mars 2010, Depalle c/ France
Cour EDH, 29 mars 2010, Brosset-Triboulet c/ France
Cour EDH, 30 mars 1989, Chapell c/ Royaume-Uni, Série A, n°152-B points 25 et 63
Cour EDH, 30 mars 1989, Chappell c/ Royaume-Uni, Série A. 152-A.
Cour EDH, 31 août/octobre 2003, arrêt Demades c/ Turquie.
Cour EDH, 31 juillet 2001, Parti de la Prospérité c/ Turquie, § 43
Cour EDH, 4 octobre 2007, Verein Gegen Tierfabriken Schweiz c/ Suisse
Cour EDH, 4e Sect., 6 novembre 2012, Redfearn c. Royaume-Uni.
Cour EDH, 5 juillet 2005, n°28743/03, Melnitchouk c/ Ukraine.
Cour EDH, 6 février 2001, Bensaid c/ Royaume-Uni, § 47.
Cour EDH, 7 février 2008, n°32299/03, SC Plastik Abc SA c/ Roumaine
Cour EDH, 8 mars 2011, Association des propriétaires de biens immobiliers à Łódź et autres c/Pologne, n°3485/02.
Cour EDH, 9 décembre 1994, Lopez Ostra c/ Espagne, série A, n°303-C, JCP G, 1995, I, p.205, chron. F. Sudre
Cour EDH, 9 décembre 1994, Raffineries Grecques
Cour EDH, 9 novembre 1999, Doring c/ Allemagne : Rec. 1999, VIII.
Cour EDH, 9 octobre 1979, Airey c/ Irlande, n°6289/73, A. 32, § 24.
Cour EDH, arrêt du 12 décembre 1969, 29/69, Slauder/Ulm, Rec. p.419.
Cour EDH, arrêt du 14 mai 1974 par exemple, 4/73, Nold, Rec. p.I-491.
Cour EDH, arrêt du 1er février 2000, Mazurek.
Cour EDH, arrêt du 29 octobre 1975, 36/75, Rutili, Rec. p.1219,
Cour EDH, arrêt du 3 décembre 1996, C-268/94, République portugaise/Conseil, Rec. p.I-6177 et les conclusions de l'avocat général A. La Pergola présentées le 23 mai 1996, points 25 à 29.
Cour EDH, arrêt du 5 février 1963, 26/62, Van Gend en Loos, Rec. p.1.

Cour EDH, arrêt du 9 avril 2002 (requête n°46726/99, Podkolzina c/ Lettonie, point 34 de l'arrêt, J.D.I., 2003, p.572, obs. E. DECAUX)
Cour EDH, avis 2/94 du 28 mars 1996, Rec. p.I-1759.
Cour EDH, Buckley c. Royaume-Uni, 25 septembre 1996
Cour EDH, Johnston et autres c/ Irlande, 18 décembre 1986, série A, n°112.
Cour EDH, Kopp, 25 mars 1998
Cour EDH, Lopez-Ostra c/ Espagne, 9 déc. 1994, A, n°303-C
Cour EDH, Muller et autres c/ Suisse, 24 mai 1988, série A133
Cour EDH, Oneryildiz c/ Turquie, 30 novembre 2004
Cour EDH, Pine Valley Developments Ltd et al c/ Irlande, arrêt du 29 novembre 1991, série A n°222, p.23.
Cour EDH, Pine Valley developments, 29 nov. 1991, A, n° 222
Cour EDH, 9 décembre 1994, Lopez Ostra c/ Espagne, § 51.
Cour EDH, req. n°31443/96, *R.T.D.H.* 2005, p.203, note E. LAMBERT-ABDELGAWAD.
Cour EDH, req. n°42326/98, affaire Odièvre c/ France (AcCourchement sous X).
Cour EDH, Rotaru, 4 mai 2000
Cour EDH, Tătar c. Roumanie, 27 janvier 2009, 3e Sect., req. n°67021/01
Cour EDH, Zander,A, 25 nov. 1993, n°279 B
FLAUSS J., Note sous Cour EDH, 4e sect. 13 juill. 2004, *Pla et Puncernau c/ Andorre*, *AJDA* 2004. 1812.
MARGUENAUD J.-P., «Avis de tempête européenne sur l'interprétation des testaments et des contrats privés», note sous Cour EDH, 4e sect. 13 juill. 2004, *Pla et Puncernau c/ Andorre*, *RTD. civ.* 2004, p.804.
MARGUENAUD J.-P., note sous CEDH, 13 février 2003, requête n° 42326/98, Odièvre c/ France, *R.T.D. civ.*, 2003, p.375.
REVET Th.et ROCHFELD J., «CEDH et interprétation des contrats de droit privé», note sous CEDH 13 juillet 2004 requête n°69498/01, Pla et Puncernau c/ Andorre, *RDC* 2005, 3, p.645.
ROCHFELD J., « Le solidarisme à la mode européenne : vers une obligation d'information sur les risques d'atteintes graves à un droit fondamental en raison de la conclusion ou l'exécution d'un contrat », note sous Cour. EDH, 29 janvier 2013, n°66610/09, Zolotas c/ Grèce : *RTD. civ.* 2013, obs. J.P. Marguénaud.
The Rt Hon. The Baroness Hale of Richmond, DBE, PC, in *Dialogue entre juges: «Quelles sont les limites à l'interprétation évolutive de la Convention?»*, *Cour EDH*, 2011

Notes de jurisprudence et Jurisprudence française

BARBIER H., «Le créancier demandeur de dommages-intérêts peut-il se voir imposer une prestation en nature?», note sous Com. 28 mai 2013, n°12-16.861, inédit

BEHAR-TOUCHAIS M., «Solidarisme contractuel et contrat de distribution», note sous Cass. com., 15 janvier 2002, Sté France Motors c/ Nodée, pourvoi n°99-21.172
BURGORGUE-LARSEN L., «L'apparition de la Charte des droits fondamentaux dans la jurisprudence de la Cour de justice des Communautés», note sous Parlement c/ Conseil, 27 juin 2006, *AJDA*, 4 décembre 2006, n°41/2006, pp.2286-2288.
C. const., DC n° 94-348 du 3 août 1994, JCP, 1995. II. 22404, note Y. Broussolle ; D. 1995, somm., .351, obs. P. Gaïa ; RFDC, 1994. 832, note P. Gaïa.
C. const. 9 avril 1996, décision n°96-375 DC
C. const., décision 343-344 DC du 27 juillet 1994, *RJC*, I, p.592 ; *RFDC*, 1994, 799, obs. L. FAVOREU et Th. RENOUX ; *RFDA* 1994, 1019, note B. MATHIEU
C. const., décision du 27 juillet 1994 (343-344 DC, *Bioéthique*, GD n°47),
C. const., n°95-359 DC, 19 janvier 1995, *Rec*. p.176.
CA Aix-en-Provence, 10 mai 2001: D. 2002, Somm. P. 2299, obs. A. Lepage
CA Aix-en-Provence, 26 juin 2002, JCP. G. 2004, II, note V. Egéa.
CA Aix-en-Provence, 29 avril 1988, J.C.P., 1999, 21191, note P. Pedrot.
CA Amiens, 22 avril 1898, Affaire Louise Ménard
CA Colmar, 7 février 1975, Hellburg c/ Schneider, D.1978, jur, .169
CA Dijon, 7 oct. 2003
CA Douai, 2e ch, 6 juillet 1999, SA Quantum international c/ SA Fym ; contra CA Paris, 5e ch. A, 15 octobre 2003, n°2002/08440, SA Hervé.
CA Grenoble, 30 oct. 2008, n° 06/419.
CA Grenoble, 6 mai 1964, Dalloz, 1964, p.783.
CA Limoges, 4 mars 1988.
CA Lyon, 13 février 2003, SA Lips c. Sarl Nemo, Juris-data n°209315.
CA Montpellier, 8 août 2007.
CA Nancy, 26 septembre 2007, 2e ch. com., 26-09-2007, n°06/02221.
CA Orléans, 16 janv. 2006
CA Paris, 10 juin 1986, *RIDA*, juill. 1987, n° CXXXIII, p.157.
CA Paris, 10 mars 2011, arrêt Tecso, RG 09/28537, D. 2011. Pan. 3023, obs. T. Clay.
CA Paris, 15 janvier 1999, JCP 1999, II, 10068, note Laurence Boy.
CA Paris, 21 février 2012, RG : 10/06953.
CA Paris, 21 mars 1988 : Juris-Data, n°021125.
CA Paris, 25 septembre 1996, Bouteiller et a. c/ SA Nouvelle hydro-technique.
CA Paris, 25e ch. B, 19 décembre 2003, Sté Perpendiculaire c / Flammarion.
CA Paris, 26 juin 1990, S.A. Fromageries Bel, *Revue sociétés,* 1990, p.613, note M. Boizard ; *JCP éd. E*, 1990.II. n°21589, note M. Germain
CA Paris, 27 juin 2003, 25e ch. A, SA Elysées Tours.

CA Paris, 28 juin 1985, *D.* 1987.16, note A. Gourio
CA Paris, 3 juillet 2006, RG n°04/00952.
CA Paris, 30 mai 2006, RG n°04/22000
CA Paris, 4e Ch. A, 10 novembre 1992
CA Paris, 9 septembre 2010, RG n°09/16182, Cts Allaire, note P. Pinsolle, Bull. ASA 2011. 197, 29(1) ; D. 2010. 2933, spéc. 2939, obs. T. Clay.
CA Poitiers, 26 février 2009, RG n°07-02.404
Cass. 08 juin 2006 (Société Total Solvants, n°04-19.069).
Cass. 15 juin 1892, Patureau-Miran
Cass. 18 janvier 1830, Rueff
Cass. 1ère civ, 14 janvier 2003, n°00-19. 815, Contrats, conc. consom. 2003, n°87, n°6.
Cass. 1ère civ. 20 juin 2000, (pourvoi n°97-22.394, arrêt n°1159 P+B), Epoux Lecarpentier c/ SA Royal Saint-Georges Banque
Cass. 1ère civ., , n°01-03.662, Bull. civ. I, n°211, .166.
Cass. 1ère civ., 13 octobre 1998, n°96-21-485, Tocqueville, Bull. civ. I, n°300, 207, 27 janvier 1998, n°95-12. 600, Bull. civ. I, n°29, 19
Cass. 1ère Civ., 14 janvier 2009, pourvoi n°07-17. 194, *Bull.* 2009, I, n°3
Cass. 1ère civ., 20 février 2001, n°95-15.170, Bull. civ. I, 25 ; D. 2001, jur., 1568.
Cass. 1ère civ., 20 février 2001, n°95-15.170, Bull. civ. I, 25 ; D. 2001, jur., 1568.
Cass. 1ère civ., 20 juin 2000
Cass. 1ère civ., 24 nov. 1954: JCP 55, II, 8565, note H. B.
Cass. 1ère civ., 25 mars 1957, Bull. civ. I, n°149
Cass. 1ère civ., 26 décembre 1961, Bull. civ. I, n°622.
Cass. 1ère Civ., 28 avril 1969, RTD.civ., 1970. 186, Obs. Durry.
Cass. 1ère Civ., 28 janvier 2009, pourvoi n°07-11. 729, *Bull.* 2009, I, n°15.
Cass. 1ère civ., 3 avril 2001, n°99-18. 442, Bull. Civ. I, n°98.62
Cass. 1ère civ., 5 février 1958, Bull. civ. I, n°78
Cass. 1ère civ., 6 nov. 1979, *RIDA*, juill. 1980, p.167 ; *JCP* 1980, IV, p.25.
Cass. 1ère civ., 9 novembre 1999
Cass. 26 janvier 1897, de la Boussinière
Cass. 29 février 2012 (Société La Plazza c/ X),
Cass. 2e civ., 10 Juin 1970, JCP 70, IV, 204.Bull. II, n°22, 17.
Cass. 3e civ., 13 nov. (2003: Resp. civ). et (assur. 2004, 44)
Cass. 3e civ., 28 mars 2007, pourvoi n°06-12299: JurisData n°2007-038222
Cass. 3e civ., 6 mars 1996, Bull. civ. III, 1996, n°60, p.41, D. 1997, p.167, note de B. de LAMY, JCP, éd. G 1996, I, 3958, obs. C. JAMIN, RTD civ. 1996, p.897, obs. J. MESTRE et p.1024, obs. J.-P. MARGUENAUD.
Cass. 3è civ., 6 mars 1996
Cass. 3e, civ. 27-03-2013, n°12-13.734 (n°336 FS-P+B), *D.* 2013, p.910
Cass. 7 novembre 2007, n°06-18.617

Cass. Ass. Plén. 1 décembre 1995.
Cass. Ass. Plén., 1er décembre 1995: *D.* 1996, 19, note L. Aynès ; *Defrénois*, 1996, 153, 747, obs. Ph. Delebecque ; *JCP* 1996.II.22565, obs. J. Ghestin ; *RTD civ.* 1996, 1996, 153, obs. J. Mestre.
Cass. Ass. plén., 31 mai 1991, Bull. civ., 1991, n°4, .5.
Cass. civ 1, 1er février 2012.
Cass. civ. 10 octobre 2012, arrêt n°1072
Cass. civ. 17 janvier 1995, Bull. civ. I, n°43
Cass. civ. 1e, 11 juin 1996, Bull. civ., I, n°246.
Cass. civ. 1e, 13 décembre 1994, Bull. civ., I, n°332
Cass. civ. 1e, 28 avr. 2011, n°10-15.056, SNCF c/ Les époux X.
Cass. civ. 1ère, 10 avril 2013 n°11-19.530.
Cass. civ. 1ère, 13 mars 2007, *JCP* 2007.I.161, n°2.
Cass. civ. 1ère, 13 octobre 1998, n°96-21.485 ; *RTD Civ.* 1999, p. 506, obs. J. Raynard ; Bull. civ., I, n°300, D. 1999, Jur. .197, note Ch. Jamin ; Somm. .115, obs. Ph. Délebecque, Defrénois, 1999, .374, note D. Mazeaud
Cass. civ. 1ère, 20 février 2001, .705, note E. Savaux.
Cass. civ. 1ère, 14mars 1995, Bull. civ. I, n°129
Cass. civ. 1ère, 15juillet 1999, Bull. civ. I, n°238
Cass. civ. 1ère, 16 mars 1994
Cass. civ. 1ère, 16 mars 2004, Commune de Cluses, *RDC* 2004/3, p.642, obs. D. Mazeaud, *D.* 2004, p.1754, note D. Mazeaud, *RTD civ.* 2004, p.290, obs. J. Mestre et B. Fages.
Cass. civ. 1ère, 17 juillet 1976, *Bull. civ.* II, n°327
Cass. civ. 1ère, 17 novembre 1987, *Lexilaser*, arrêt n°1.224, pourvoi n°86-12.901.
Cass. civ. 1ère, 18 avril 1961, *JCP* 1961.II.12184, note J. Savatier.
Cass. civ. 1ère, 19 décembre 1990, *Bull. civ.*, I, n°303, RGAT 1991, p.155.
Cass. civ. 1ère, 20 février 2001, *D.* 2001, .705, note Ch. Jamin, *RTD. civ.* 2001 .363, obs. J. Mestre et B. Fages.
Cass. civ. 1ère, 20 février 2007, pourvoi n°05-14. 082, Bull. 2007, I, n°68
Cass. civ. 1ère, 21 février 2006
Cass. civ. 1ère, 24 juin 1971, *Bull. civ.* I, n°405.
Cass. civ. 1ère, 29 avril 2003.
Cass. civ. 1ère, 30 septembre 2010, pourvoi n°09-67930, X. c/ Banque La Henin.
Cass. civ. 1ère, 5 novembre 1991, Conta c/ SARL Le Blanc distribution et autre, Bull. civ. I, n°297, .195 ; RJDA 1992, n°11, .15 ; JCP 1993, éd. C.I.II, .17, note A. Viandier
Cass. civ. 1re, 1er décembre 2010, n°09-13.303, FS-P+B+R+I, Epoux Schlenzka c/ SA Fountaine Pajot ; *RTD civ.* 2011.124, obs. B. Fages.
Cass. civ. 1re, 25 janv. 1989.
Cass. civ. 27 novembre 1950, *Bull. civ.*, I, n°237, .182
Cass. civ. 2e, 22 octobre 2009, M. X c/ RATP, pourvoi n°08-20166.

Cass. civ. 2e, 4 février 1982, *JCP* 1982.II.19984, note J.-F. BARBIERI.
Cass. civ. 3e, 07 mars 2001, n°99-18.368.
Cass. civ. 3e, 11 juillet 2012, n°11-10.478, arrêt n°860 FS-P+B+R+I, Agence de l'environnement et de la maîtrise de l'énergie c/ Mmes X… et Y…, AJDA 2012. 1436.
Cass. civ. 3e, 11 mai 2005, Bull. civ. III, n°103.
Cass. civ. 3e, 13 mars 2002, n°00-17. 665, Berger c/ Cabinet Jammet et Sigo
Cass. civ. 3e, 13 mars 2002, n°99-14. 152, Société civile immobilière BE c/ Société les vergers des balans
Cass. civ. 3e, 17 décembre 1974, *Bull. civ.*, III, n°468, .363.
Cass. civ. 3e, 1er avril 1987, n°85-15010.
Cass. civ. 3e, 2 décembre 1987, Bull. civ., III, n°198, D. 1987, IR. 225.
Cass. civ. 3e, 27 mars 2013, n°12-13.734, *RTD. civ.* 2013 p.603
Cass. civ. 3e, 28 septembre 2005, Société Maginot c/ Perrin-Jassy, n°04-14.586, FS-P+B, *RTD. civ.* 2006.129, obs. P. Jourdain.
Cass. civ. 3e, 6 février 2002, n°00-12.675, Genovese c/ Société civile immobilière du rivage
Cass. civ. 3e, 7 juillet 1982, Bull. Civ. III, n°170
Cass. civ. 3e, 9mars 1988, D. 1989, note C. Atias ; JCP 1989, II, 21248, note G. Viney
Cass. civ. 8 octobre 1968, D. 1969. 157, note J. Mazeaud
Cass. civ., 4 juillet 2012, pourvoi n°11-19.624, arrêt n° 811.
Cass. civ., 1er décembre 1908, *D.P.* 1909, I, .420.
Cass. civ., 1er juillet 1844, S. 1845, 1, p.17
Cass. civ., 1ère 15 avril 1872, S. 1873, 1, 232 ; D. P.1872, 1, 176 ; GAJC, 11e éd. *Dalloz* 2000 ; n°160
Cass. civ., 1ère, 5 février 2002, n°00-10. 250, Société Press Labo Services c/ Chignard
Cass. Civ., 24 février 1970, *Bull. civ.*, I, .54, n°67.
Cass. civ., 27 juillet 1892, *DP* 1892. 1. 462
Cass. civ., 28 octobre 1991, RTD.civ. 1992-397.
Cass. civ., 30 novembre 1949, *Gaz. Pal.* 1950, 1, .38, *RTD. civ.* 1950, .183, n°2, obs. H. et L. Mazeaud
Cass. civ., 6 mars 1876, Commune de Pélissanne et a. c/ Craponne, S, 1876.I.161.
Cass. civ., 6 mars 1876, De Galliffet c/ Commune de Pélissanne, D. 1876, 1, 193, note Giboulot; Grands arrêts, t.2, n°165.
Cass. civ., 7 avril 1932 Kopr c/ Société de filature et de tissage de Ligugé, DP 1933, 1, p.153, note P. Cordonnier
Cass. civ., 7 avril 1932
Cass. civ.1ère, 17 décembre 1959, Bull. Civ. I, n°546, D. 1960, 294
Cass. com, 11 janv. 1972, n°69-11.682.

Cass. com, arrêt du 14 janvier 1992, Vitama.
Cass. com. 1er juin 1959, *J.C.P.*, 1959, II, 11206, note J. Hémard.
Cass. com. 24 février 1998
Cass. com. 27 février 1996.
Cass. com. 29 juin 2010 (n°09-67369)
Cass. com. 7 juin 1999.
Cass. com., 10 février 2009, *RTD civ.* 2009.319, obs. B. Fages.
Cass. com., 10 juillet 2012, n°11-20.268, *Rev. soc.* 2012. 630, obs. S. Prévost ; Rev. soc. 2013. 219, note M. Roussille.
Cass. com., 10 septembre 2013, F-P+B, n°12-23.888.
Cass. com., 11 février 1964 : Bull. Civ. 1964, n°67
Cass. com., 12 février 2002, n°00-11.602
Cass. com., 14 janvier 1992, Vitama, *D.* 1992, 337, note J.-Cl. Bousquet ; *RTD com,* 1992, p.636, obs. Y. Reinhard ; *JCP éd. E*, 1992.II.302, note A. Viandier
Cass. com., 14 mars 1950, Ruffier des Aimes c/ Bernard, JCP.1950.II.5694, note D. Bastian.
Cass. com., 14 novembre 1989, Bull. civ., IV, n°286
Cass. com., 16 juin 1964: Bull. civ. III, n°312, p.271
Cass. com., 16 juin 1998, *Rev. sociétés*, 1999, p.103; Cass. com., 20 octobre 1998, Bull. Joly, 1999, p.66.
Cass. com., 18 décembre 2012, n°11-24.305, D. 2013, note T. Favario ; *Rev. soc.* 2013. 362, note T. Massart ; *RTD com.* 2013.90, obs. B. Dondero et P. Le Cannu
Cass. com., 18 mai 1982, *Rev. sociétés*, 1982, p.804, note Paul Le CANNU.
Cass. com., 20 janvier 1998, Bull. civ. IV, n°40 ; *RTD. civ.*, 1998.675, obs. J. Mestre ; D. 1998.J.413, note Ch. Jamin.
Cass. com., 20 mai 2008, n°06-10.043.
Cass. com., 6 juin 2001, *Lamy Sociétés Commerciales*, Mars 2002, 144 p1 et s, note Isabelle Grossi
Cass. com., 22 avril 1980, SA Marseillaise de Crédit c/ SA Banque Hervet, *D.* 1981.48, chron. M. Vasseur.
Cass. com., 24 février 1998, n°96-12.638
Cass. com., 24 janvier 1995, 46, note Jeantin
Cass. com., 26 janvier 1999, n°97-11.225
Cass. com., 26 mai 2004, Bull. Joly 2004, n°215, p.1100, note J.-F. Barbiéri.
Cass. com., 29 mai 1972, JCP 73.II.17337, note Yves Guyon.
Cass. com., 3 nov. 1992, Bull. civ., IV, n°338; JCP, 1993, éd. G, II, 22164, note G. Virassamy; RTD.civ., 1993, 124, obs. J. Mestre.
Cass. com., 30 nov. 1983, *Bull. civ.* IV, n°337, p.291, *RTD civ.* 1985. 166 obs. J. Mestre, *RTD com.* 1985. 149 obs. J. Hémard et B. Bouloc.
Cass. com., 31 mai 1994, Bull. civ., IV, n°194
Cass. com., 4 mars 1969 : Bull. Civ. 1969, n°81

Cass. com., 6 mai 2002, SA Fiat auto France c/ SA Sofisud, pourvoi n° 99-14.093, *RDC*, 2003, n°1, p.154.
Cass. com., 6 mai 2002, SA Fiat auto France c/ SA Sofisud, pourvoi n°99-14.093.
Cass. com., 6 mai 2003, n01-12216
Cass. com., 7 juin 1994, *Dallest c./ SARL Provence sidérurgie exportation,* n°92-13.935
Cass. com., 8 avril 2008, n°02-10.359
Cass. com., 8 juillet 1997, Bull. Joly, 1997, p.980;
Cass. com., 9 fév. 1999, Revue sociétés, 1999, p.81, note P. Le Cannu ;
Cass. com., 9 février 1999, *D. aff.*, 1999, n°155, p. 563 ; JCP éd. E 1999, p.724, Y. GUYON ; Bull. Joly 1999, p.566, n°122, J. J. DAIGRE ; Rev. Sociétés 1999, p.81, P. Le CANNU ; Dr. Sociétés 1999, n°67, Th. BONNEAU.
Cass. com., 9 mars 1993, Flandin, n° 91-14.685
Cass. com., 9 oct. 2007, RJDA 2008, n°5, p.543 ; 23 oct. 2007, RJ com 2008, n°1, chron., p.39, obs. M.-H. Monsérie-Bon.
Cass. com., 9 octobre 2001, JCP E 2002.I.640.
Cass. com., art. L. 223-30, alinéa 30 alinéa 3.
Cass. plén., 17 novembre 2000, Perruche.
Cass. Req., 23 juin 1941, Succession P. Cornet, *JDS* 1943, p.209, note R.B.
Cass. req., 3 juin 1863, I. 429, S. 1864, I. 269.
Cass. soc, 28 février 2002, Bull. civ. V, n°81.
Cass. soc. 10 Octobre 1979, B.C., V. n°704.
Cass. soc. 12 mai 1993, *Jur. Soc.* 1993, 336
Cass. soc. 19 mars 2008, n°01-43227
Cass. soc. 2 décembre 2003, n°01-43227.
Cass. soc. 2 octobre 2001 : RJS 12/01 n°1394 ; Bull. civ. 2001, V, n°291, D. 2001, JP p.3148, note P. Y. Gautier
Cass. soc. 25 février 1992, *Dr. soc.* 1992, 379
Cass. soc. 27 mars 2012, n°10-19915.
Cass. soc. 27 octobre 1993, Bull. V, n°250
Cass. soc. 3 mai 2011, n°09-67464.
Cass. soc. 3 octobre 1991, Juris-Data, n°002542
Cass. soc. 8 avril 1992, *Dr. soc.* 1992, 626, *RJS*, 5/92, n°598
Cass. soc. 8 avril 1992, *JCP* éd. E. 1992, II, 360, note J. Savatier.
Cass. soc., 10 juillet 2002, n°99-43334, *Bull. civ.* V, n°239
Cass. Soc., 11 avril 2002, Hachidi, *Dr Soc.*2002, 676, obs. P. Chaumette
Cass. soc., 12 janvier 1999, n°96-40. 755, Bull. n°7.
Cass. soc., 15 décembre 1998, *Dr. soc.* 1999, 187, obs. M. Bonnechére
Cass. soc., 17 mai 2005, n°03-40.017, Société NAMS : RIJ 8-9/05 n°799 ; Bull. civ. 2005, V, n°165 ; CCE 2005, comm. n°121, obs. A. Lepage.
Cass. soc., 18 mars 2003, n°00-46358, *Bull. civ.* V, n°98
Cass. soc., 19 février 1992, Bull. V, n°100

Cass. soc., 1er avril 1992, n°89-43.494
Cass. soc., 21 juin 2005, Sem. Soc. Lamy 4 juillet 2005, n°1222, p.11
Cass. soc., 21 mars 1979, *Bull. civ.* V, n°253, *D.* 1979, 413, note J. Pélissier.
Cass. soc., 24 mai 1960, Le Bocage c/ Dr François, Bull. civ. IV, n°562, .435 ; D. 1961, Somm.3 ; JCP 1961.II.12044, note J. Savatier ; Gaz. Pal. 1960.2.298.
Cass. soc., 25 février 1992, n°89-41.634
Cass. soc., 25 mai 2005, *JCP S* 2005, 1174, p.23, note Bousez.
Cass. soc., 25 septembre 2013, n°12-11832.
Cass. soc., 27 février 1991, JCP, 1991, Ed. E., I, 53, n°7, obs. TEYSSIE
Cass. soc., 27 mars 1990, *RJS* 6/90, n°469, affaire Marboutin c/ Deghem
Cass. soc., 28 mai 2008, n°06-46.009
Cass. soc., 29 novembre 1990, *Bull. civ.* V, n°600, *RJS* 1/91, n°11, *Dr. soc.* 1991, 115, obs. J. Savatier, *D.* 1991, 339, note Decoopman.
Cass. soc., 29 octobre 1996, Ponsolle, Dr. soc. 1996, 1013
Cass. soc., 3 mai 2006, *JCP S* 2006, n°25, obs. J.-F. Cesaro
Cass. soc., 30 septembre 2013, n°12-13.439
Cass. soc., 5 décembre 1995, Dr. soc. 1996, 425, obs. A. Mazeaud.
Cass. soc., 5 juin 1996, n°92-42298 ; *Defrénois* 1997, 737, obs. D. Mazeaud.
Cass. soc., 8 octobre 1996, RJS, 11/96, n°1178.
Cass., 17mai 1988, Bull. civ., IV, n°167.
Cass., 3e, civ. 25-01-2006, n°04-18.672 (n°117 FS-P+B)
Cass.2e civ.7Janvier 1998 : JCP 98, I.129, n°12, obs. LOISEAU ; Bull. II, n°4, 2, *RTD civ.* 1998, 369, obs. Mestre ; *Defrénois* 1998,737, obs. D. MAZEAUD.
Cass.soc. 3 février 2010, 08-40 144, Valérie X. c/ Les Hôtels de Paris
CE, 30 mars 1916, DP, 1916. III. 25; S., 1916. III.17, note Hauriou.
CE, 9 décembre 1932, Tramways de Cherbourg: D. 1933, 3, 17, note Pelloux; S. 1933, 3, 9, note Laroque
CE, Ass., 26 octobre 1945, .213, D. 1946, .158, note G. Morange, EDCE, 1947, n°1, .48, concl. R. Odent.
CE, ass., 27 octobre 1995. Ville d'Aix-en-Provence, *RFD adm.* 1995. 1204. Concl. Frydman ; *D.* 1996. 177 note Lebreton ; *JCP* 1996. II. 22630, note F. Hamon. (Commune de Morsang-sur-Orge
CE, 30 novembre 1923, Couitéas,, Rec. Lebon, p. 789.
Civ. 1ère ; 22 janvier 1991, Bull. civ. I, n°30.
Civ. 1ère, 16 mars 1999, D. 1999. Jur. 497, note P. Courbe.
Civ. 1ère, 16 novembre 1976, Bull. civ. I, n°350.
Civ. 2 novembre 1954, *RGAT* 1955. 37.
Civ. 26 janvier 1948, *RGAT* 1948, 45 ; D. 1949. 442
Civ. 3e, 6 mars 1996
Civ. 3e, 6 mars 1996, *Bull. civ. III*, n°60 ; D. 1996, som., p.379.
Civ., 1e, 13 Décembre 1989, Bull. civ., 1989, I, n°387, .260.

Civ., 1ère, 7 avril 1987, Bull. civ., 1987, I, n°119, .31.
COCHET D., «Tempête sur l'obligation de sécurité de l'exploitant de télésiège», note sous Cass. civ. 1ère, 11 juin 2002, PA, 30 mai 2003 n°108, p.12.
COLLART-DUTILLEUL F. et DERRUPPÉ J., «Question de l'exécution forcée de l'obligation de délivrance du bien donné en location», note sous Cass. 3e civ., 16 déc. 1997, arrêt n°1823 D, *RDI* 1998 p.303.
Cons. const. 13 juin 2013, n°2013-672 DC.
Cons. Const. Décis. n°2006-540 DC, 27 juill. 2006, JO 3 août, p.11541
Cons. const., 9 novembre 1999, n°99-419 DC, § 61, JO 16 novembre 1999, 16962, *RTD.civ.* 2000, .109, obs. J. Mestre.
Cons. Prud'h Compiègne, 30 août 2013, Sté Continental, F12/00162 et s.
Cons. Prud'h. Corbeil, 20 janv. 1994, D.O. 1994, 282
DELEBECQUE Ph.,
«Transport ferroviaire : l'étendue de l'obligation de sécurité du transporteur ; quelles limites?», note sous Cass. civ. 1re, 21 novembre 2006, pourvoi no 05-10783, RDC, 01 avril 2007 n°2, p.392
« Les droits des passagers s'affirment», note sous CA Paris, 17e ch., 14 mars 2005, D. 2005, p.1304, RDC, 01 octobre 2005 n° 4, p. 1101
GAUDEMET-TALLON H., «De la conformité des dommages-intérêts punitifs à l'ordre public», note sous Cass. 1re Ch. civ., 1er décembre 2010, Epoux X. c. Soc. Fountaine-Pajot, *RCDIP* 2011, p. 93.
GAUVIN F., «L'obligation de sécurité de l'exploitant d'un télésiège : la valse à trois temps de la Cour de cassation», note sous Cass. civ. 1ère, 10 mars 1998, *LPA*, 02 octobre 1998 n°118, p.23
GÉNICON Th., «De la nullité partielle à la clause réputée ''partiellement'' non écrite», *RDC* 2010, n°4, p.1199, note sous Cass. soc., 8 avr. 2010, n° 08-43056
GHESTIN J., «La consécration de la valeur constitutionnelle de la liberté contractuelle», note sous Cons. const., déc. 13 juin 2013, n° 2013-672 DC, *Sem. Jur.*, éd. G., 9 septembre 2013, n°37.
HAUSER J., «Du cumul des sanctions en cas d'atteinte à la vie privée et du respect des décisions judiciaires», *RTD civ.* 2008 p. 79, note sous Civ. 1ère, 2 oct. 2007, RJPF 2007/12.11, note E. Putman.
JAMIN Ch.,
«L'émergence contestée d'un principe de résolution unilatérale du contrat», note sous Nancy, 2e ch. Com., 20 nov. 2000, *J.C.P.*, éd. *G.* 2002, II, n°10113, p.1353.
note sous Civ. 1ère, 31 janvier 1995, D. 1995, p. 390, 1ère col.
MAZEAUD D.,
«Constat sur le contrat, sa vie et son droit», in *Le contrat*, *LPA*, mai 1998, notes sous Com. 14 octobre 1997, Defrénois, 1998, 1040.
note sous Civ. 1re, 1er décembre 2010, n°09-13.303, *RTD. com.* 2011 p.666.

«Obligation d'information», note sous Cass. com., 12 mai 2004, pourvoi n°00-15.618, *RDC*, 01 octobre 2004 n°4, p.923.

MESTRE J. et FAGES B., «Les sanctions judiciaires de l'inexécution... ou de l'exécution contractuelle», note sous Civ. 3e, 28 sept. 2005, n°04-14.586, *RTD. civ.* 2006 p.311.

MONÉGER J., «La saga de la révision du loyer d'un bail commercial : suite et fin», note sous Cass. 3e civ., 27 févr. 2002 (2 arrêts), *RTD. com.* 2002, Ch., .269

NOGUÉRO D., «Appréciation souveraine de la faute intentionnelle en assurance dommages, impliquant néanmoins la volonté de créer le dommage tel qu'il est survenu», note sous Cass. 2e civ., 9 avr. 2009, *Sté ACM Iard c/ SCI Axestev et a.*, pourvoi n°08-15.867, inédit, *RDI* 2009 p.483.

PANSIER F.-J., «De la différence entre ''clause nulle'' et '' clause réputée non écrite''», *Cahiers sociaux*, 01 juin 2010 n° 221, p.205, note sous Cass. soc., 8 avr. 2010, n°08-43056, M. X c/ Société Samse.

PICOD Y., note sous Soc. 27 nov. 1991, D. 1992.297

PILLET G., « La faute de la victime ne peut exonérer partiellement le transporteur tenu d'une obligation de sécurité de résultat », note sous Cass. civ. 1ère, 13 mars 2008, pourvoi n°05-12551, *L'Essentiel Droit des contrats*, 01 juin 2008 n°1, p.3

- Req. 15 Juin 1892, s. 1893, I,.281, note Labbé

ROLLAND R., «L'obligation de sécurité de l'agence de voyages : entre responsabilité contractuelle du fait d'autrui et responsabilité personnelle», note sous Cass. civ. 1ère, 3 mai 2000, *LPA*, 16 octobre 2001, n°206, p.16

RONGET F., « L'obligation de sécurité de la S.N.C.F. en cas d'agression d'un voyageur», note sous Trib. gr. inst. Cambrai, 23 janvier 2003, *LPA*, 13 mai 2004 n°96, p.14

RONTCHEVSKY N., Note sous T. com. Paris, 12 janv. 2004, *SA LVMH c/ Sté Morgan Stanley & Co International Ltd et Sté Morgan Stanley Dean Witter Inc.*, RG 2002/093985, *Rev. sociétés* 2004, p.297, note F.-L. Simon, *RTD com.* 2004 p.337.

SAINTOURENS B.,

- «L'obligation de loyauté du gérant et de l'associé de la SARL», note sous Cass. com., 15 novembre 2011, *Gaz. Pal.* 2012, 19
- «Associé de SAS et activité concurrente à celle de la société», note sous C. com., 10 septembre 2013, F-P+B, n°12-23.888, Sté EGT environnement c/ Sté LBDI, *Rev. soc.*, nov. 2013, n°11, pp. 625-628.

SAVATIER J., «L'obligation de reclassement d'un salarié déclaré par le médecin du travail inapte à tout emploi dans une entreprise», *Dr. soc.* 2005, .31, note sous Cass. Soc, 7 juillet 2004 (4 arrêts)

SCHMIDT D. et DION N., note sous Cass. Com, 27.02.1996 JCP E II 838

SEUBE J.-B., «L'interdépendance des clauses contractuelles , note sous Cass. 3e civ., 31 mai 2012, n° 10-27125, in *RDC* 2012, n°4, P.1255

- T. com. Le Havre, 9 mars 1948 : DMF 1949. 514
- T. com. Marseille, 14 juin 1950, Revue Scapel, 1950. 48
- T. com. Marseille, 4 mars 1969, DMF. 755
- TA Châlons-en-Champagne, Ord. du 29 avril 2005, Conservatoire du patrimoine naturel et autres, req. N° 0500828, 05008829 et 0500830, JCP A, 23 mai 2005.
- TGI Toulouse, 30 octobre 1995, *D.*, 1996.101, note D. Mayer et J.-F. CHASSAING

VEDEL G., note sous CE, Ass., 4 avril 1952, Syndicat régional des quotidiens d'Algérie, JCP 1952.II.7138.

Autres jurisprudences européennes

- Audiencia Provincial de Salamanca (Espagne), 26 marzo de 2008, Eva Martín Martín contre EDP Editores SL et Juan Caballo Bueno
- *Court of appeal* (British), *Culliname v. British «Rema» manufacturing co. Ltd (1954), 1 QB 292.*

JURISPRUDENCE ET NOTES DE JURISPRUDENCE AFRICAINES

Cour Commune de Justice et d'Arbitrage (CCJA)

- CCJA, 1ère chambre, arrêt n°002 du 28 février 2008, aff. V. c/ BICI-BAIL S.A., Le Juris Ohada n°3, juillet-août-septembre 2008, p. 2, Rec. jur. CCJA, n°11, janvier-juin 2008, p.24
- CCJA, 1ère chambre, arrêt n°059 du 30 décembre 2008, aff. Mme R. c/ M. B, Le Juris Ohada n°1/2009, janvier-mars, p.32
- CCJA, 2e ch., n°4, 9 mars 2006, A.B c/ Sté Prosuma, Le Juris-Ohada, n°3/2006, p.16, Ohadata J-07-11
- CCJA, arrêt n°006/2009 du 26 février 2009, aff. Seywa Antoinette c/ Zouzoua Nathalie, Rec. jur. CCJA n°13, janvier-juin 2009, p.45.
- CCJA, arrêt n°011/2002 du 28 mars 2002, ManuTech c/ DDCI.
- CCJA, arrêt n°012/2002 du 18 avril 2002, *Société Elf Oil Côte d'Ivoire c/ Société Cotracom.*
- CCJA, arrêt n°014/2002 du 18 avril 2002, affaire Halaoui Issam c/ CIDE Sarl.
- CCJA, arrêt n°017/2006, 26 octobre 2006, Société nationale des télécommunications (Sonatel) c/ Société d'exploitation de la clinique Sokhna Fatma
- CCJA, arrêt n°035/2005 du 2 juin 2005, Mme Khouri Marie c/ Société Hyjazi Samih et Hassan dite Induschimie et Société Générale de Banques en Côte d'Ivoire (SGBCI)
- CCJA, arrêt n°036/2008, 3 juillet2008, Société Burkina et Shell c/ Ouedraogo Sibiri Philippe.

- CCJA, arrêt n°041/2009 du 30 juin 2009, audience publique du 30 juin 2009, pourvoi n°076/2006/PC du 22 décembre 2006, aff. M. Koblan Akomci c/ Mme Aka Bertin née Thérèse Eliane Akissi, Rec. jur. CCJA, n°13, janvier-juin 2009, p.109.
- CCJA, arrêt n°048/2008 du 20 novembre 2008, Kheir Ali c/ SCP BM et Mme Diby Irène.
- CCJA, arrêt n°059/2008 du 30 décembre 2008, Mme Roufai Fatoumata c/ M. Fréderic Jean Berthoz.
- CCJA, arrêt n°064/2005 du 22 décembre 2005, aff. Sany Quincaillerie c/ Subsahara Services NC, Rec. jur. CCJA, 6 juin-décembre 2005, p.54.
- CCJA, arrêt n°18/2003 du 1ç octobre 2003, Société AFROCOM c/ CSSPA, Le Juris-Ohada, n°4/2003, p. 10, note Brou Kouakou Mathurin, Rec. jur. CCJA, n°2, juillet-décembre 2003, p.30
- CCJA, avis n°1/2001/EP du 30 avril 2001, Avis n°002/99/EP du 13 oct. 1999.
- CCJA, n°029/2006, 28-12-2006 : CCTE LE RALLYE c/ S.C. MARCUS, *Rec. Jur.* CCJA n 8-2006, p. 40, Le Juris-Ohada n°1/2007, p.29, Ohadata J-08-99.

Cour Suprême du Cameroun

- CS, arrêt n°13/S du 23 novembre 1971
- CS, arrêt n°15/S du 14 novembre 1967
- CS, arrêt n°18/S du 27 novembre 1962
- CS, arrêt n°24/S du 8 juillet 1982
- CS, arrêt n°53/S du 15 avril 1982
- CS, arrêt n°72/S du 24 mai 1973
- CS, arrêt n°78/Civ du 12 août 2010, aff. Dame Nkemla née Pessonka Alice c/ Nkemla Albert.

Autres jurisprudences africaines

- CA Abidjan, Civ. n°683, 30 mai 2000, Abidjanaise d'Assurances c/ Société Afrique énergies industries
- CA Abidjan, n°1009, 14-11-2000, Sté Transports saint Christophe c/ SERIFA, Ohadata J-04-116 ; Le Juris-Ohada, n°3/2003, juillet-septembre 2003, p.60
- CA Abidjan, n°350, 25-3-2003: A. B. c/ Sté PROSUMA, Ohadata J-03-278
- CA Bouaké, civ. n°117/2001 du 18 juillet 2001, B. c/ B.. et J.., Le Juris Ohada, n° 2/2003, avril-juin 2003, p. 48, note anonyme, www.ohada.com, Ohadata J-03-200
- CA Bouaké, n°85-2000, 24 mai 2000, affaire K. c/ Société P.

- CA Ouagadougou, ch. civ. et com., n°84,16-7-2004: Burkina & Shell c/ OUEDRAOGO Sibiri Philippe, Ohadata J-05-228
- CA Ouagadougou, ord. Réf. n°79, 27 septembre 2001
- Cons. Const. Sénégal, Déc. n°3/C/93 du 16 décembre 1993, *Penant*, numéro spécial OHADA, 1998, p. 225
- CA Ouagadougou, 20 mars 2009, arrêt n°012, Ouedraogo Etienne c/ Fofie Kouakou Mathurin.

JURIDISPRUDENCE INTERNATIONALE

- CIJ, affaire du Sud ouest africain, 2e phase, arrêt du 18 juillet 1966, Rec. 1966, p.5.
- CIJ, avis consultatif du 11 avril 1949, Réparation des dommages subis au service des Nations unies, *CIJ Rec 1949*, p.174

Postface

L'ouvrage de Monsieur Jean Joss MILINGO ELLONG tiré de sa thèse de doctorat sur *le civisme contractuel en droit européen et OHADA des contrats*, constitue une contribution majeure dans la connaissance de la notion de civisme contractuel dont l'essence et les manifestations sont passées au crible de la critique scientifique. Partant d'une interrogation sur l'essence et la place du civisme dans une relation contractuelle, essentiellement intéressée, voire égoïste, l'auteur parvient à la conclusion que le civisme contractuel constitue une véritable obligation incombant à tout contractant.

L'ouvrage est le résultat d'un impressionnant travail de recherche et d'une démarche à la fois méthodologique et pédagogique. Monsieur Jean Joss MILINGO ELLONG, s'inspire naturellement de nombreuses publications scientifiques qui abordent tel ou tel aspect particulier du sujet. Il propose ensuite, dans un effort remarquable de systématisation, une conception originale du civisme contractuel. La tâche était pourtant loin d'être aisée. Sa réalisation a nécessité beaucoup de courage et d'abnégation. L'impétrant, passionné par son sujet de thèse, a aussi fait preuve d'une grande ambition scientifique. Le résultat n'est pas alors surprenant.

La grande originalité de l'ouvrage réside dans l'approfondissement de la réflexion sur la définition et la fonction du civisme contractuel. Dans son essai de systématisation, Monsieur Jean Joss MILINGO ELLONG démontre que le civisme contractuel ne traduit pas simplement un besoin de solidarité ou de fraternité devant exister entre contractants ; ce qui le ramènerait à la sphère privée des relations contractuelles. Mais, le civisme contractuel, consubstantiel au contrat, n'est pas davantage une condition de validité de celui-ci. Il doit plutôt s'analyser comme une véritable obligation juridique. A cet égard le civisme impose aux contractants, une conduite ou des comportements particuliers dont l'inobservation est sanctionnée.

L'étude est également originale par son champ, en ce qu'elle englobe le droit européen des contrats et le droit OHADA. Cela tend à démontrer, qu'à l'instar du phénomène contractuel lui-même, le civisme contractuel ne connaît pas de véritables frontières spatiales, et que ses exigences peuvent être identiques dans des systèmes normatifs ou des environnements juridiques différents. Cette constatation qui se dégage de l'esprit des systèmes étudiés autorise l'auteur à proposer l'érection du civisme contractuel au rang de principe général du droit.

Qu'il partage ou pas les opinions émises par Monsieur Jean Joss MILINGO ELLONG, le lecteur de cet ouvrage se fera une idée sur la réalité du civisme contractuel et son contenu. De ce point de vue l'ouvrage fera certainement date, et sa lecture peut être recommandée. De même, outre les préoccupations théoriques et pratiques de l'auteur, dont le souci est avant tout scientifique, c'est-à-dire de contribuer à une meilleure connaissance du civisme contractuel, le lecteur découvrira un juriste engagé. En effet, l'ouvrage confirme que le droit est toujours le reflet d'une certaine idéologie. De facto, lorsqu'il se positionne comme un défenseur passionné et acharné du civisme contractuel, Monsieur Jean Joss MILINGO ELLONG nous invite aussi à en découvrir les fondements idéologiques, à travers ce qui pourrait devenir sa conception du contrat en droit européen et en droit OHADA, et plus justement sa conception idéologique du contrat.

A travers ses prises de position, Monsieur Jean Joss MILINGO ELLONG a également confirmé qu'il était plein de convictions et fortement marqué par les valeurs de justice, de solidarité et de loyauté, qu'il prône dans la relation contractuelle. Autant de qualités qui m'ont naturellement conduit, eu égard à l'ampleur des recherches envisagées, à solliciter le concours de mon collègue et ami Philippe DELEBECQUE de l'Ecole de Droit de la Sorbonne. Ce fut alors une merveilleuse occasion de communion scientifique dans un important projet, et surtout une codirection très bénéfique à Monsieur Jean Joss MILINGO ELLONG qui a su tirer tous les avantages de la convention de cotutelle de thèse, liant les Universités de Douala et de Paris 1, Panthéon-Sorbonne.

La sanction de la thèse par la plus haute mention, et la subvention octroyée en vue de sa publication témoignent amplement du mérite, du jeune docteur en Droit Privé Jean Joss MILINGO ELLONG, récemment promu au grade de chargé de cours à la Faculté des sciences juridiques et politiques de l'Université de Douala.

Nantes le 02 septembre 2015

Henri Désiré MODI KOKO BEBEY
Professeur, Agrégé des Facultés de Droit
Doyen de la Faculté des Sciences Juridiques et Politiques
Université de Dschang (Cameroun)

- TABLE DES MATIÈRES -

[Les numéros renvoient aux pages]

LE CIVISME CONTRACTUEL EN DROIT
DE L'OHADA ET EN DROIT EUROPEEN III
LE CIVISME CONTRACTUEL EN DROIT
DE L'OHADA ET EN DROIT EUROPEEN V
Dédicace VII
Remerciements IX
Préface XI
Résumé XV
Abstract XVI
Liste des principales abréviations XVII
Sommaire XXIII

INTRODUCTION *1*

PREMIÈRE PARTIE
L'EXISTENCE DU CIVISME CONTRACTUEL *38*

TITRE I - LES SOURCES DU CIVISME CONTRACTUEL 40
CHAPITRE I 43
L'ABSENCE DE SOURCES EXPLICITES
DU CIVISME CONTRACTUEL 43
SECTION I. L'ABSENCE DE SOURCES LEGALES EXPLICITES 44
§1. L'absence de sources légales explicites du droit primaire 44
A. Le silence du droit primaire de l'OHADA 44
B. Le silence du droit primaire européen 48
§2- L'absence de sources légales explicites du droit secondaire 54
A. Le silence des Actes uniformes en droit de l'OHADA 54
B. Le silence des règlements et des directives
en droit de L'Union européenne 56
C. Le silence de la Conv. EDH en droit du Conseil de l'Europe . 58
SECTION II. L'ABSENCE
DE SOURCES JURISPRUDENTIELLES EXPLICITES 64
§1. La jurisprudence de la CCJA 66
§2. La jurisprudence de la CJUE 69
A. La sauvegarde des droits et obligations civiques par le recours
aux principes généraux du droit de l'Union européenne 70
B. La reconnaissance des droits fondamentaux
en tant que principes généraux du droit de l'Union européenne 73
§3. La jurisprudence de la Cour EDH 76
A. Le recours à la méthode téléologique 77
B. Le recours à la technique des arrêts pilote 80
Conclusion du Chapitre 83
CHAPITRE II L'EMERGENCE DE SOURCES IMPLICITES
DU CIVISME CONTRACTUEL 85
SECTION I. L'EMERGENCE
DE SOURCES CONVENTIONNELLES IMPLICITES 87

§1. L'émergence de sources conventionnelles implicites dans l'espace OHADA 87
A. La multiplicité des sources conventionnelles 87
1. La convention de Nairobi portant CADHP 88
2. Le Code des assurances adopté dans le cadre de la CIMA 91
3. L'accord de Bangui régissant l'OAPI 94
B. De la légitimité des sources conventionnelles 98
1. L'adhésion de l'OHADA aux sources conventionnelles implicites 98
2. L'adoption d'un Acte uniforme relatif aux domaines d'application des sources conventionnelles implicites 100
§2. Emergence de sources conventionnelles implicites en droit européen 101
A. Les sources conventionnelles du Conseil de l'Europe 101
B. Les sources conventionnelles de l'Union européenne 107
SECTION II. L'EMERGENCE DE SOURCES INFORMELLES IMPLICITES 109
§1. Les sources informelles proprement européennes et de l'OHADA 112
A. Les sources informelles propres au droit de l'OHADA 112
B. Les sources informelles propres au droit de l'Union européenne 117
§2. Les projets académiques en droit européen et de l'OHADA des contrats 120
A. L'Avant-projet d'Acte uniforme de l'OHADA sur le droit des contrats 120
B. Les projets académiques élaborés en droit européen des contrats 122
§3. Les usages et pratiques contractuelles en droit européen et de l'OHADA 126
A. La notion d'usages et pratiques contractuelles 127
B. L'institutionnalisation progressive des usages et pratiques contractuelles 129
Conclusion du Chapitre 132

CONCLUSION DU TITRE 1 DE LA PREMIERE PARTIE – 135

TITRE II – LE CONTENU DU CIVISME CONTRACTUEL 137
CHAPITRE I LES DROITS CIVIQUES PERMANENTS 139
SECTION I. LA PERSONNE 139
§1. Le respect de la dignité du contractant 140
A. L'affirmation du droit du contractant au respect de sa dignité 142
1. Une affirmation souhaitée en droit de l'OHADA 142
2. Une affirmation avérée en droit européen 143
B. Applications contractuelles du droit du contractant au respect de sa dignité 145
1. Le droit du contractant au respect de son intégrité 145

2. Le droit du contractant au respect de sa vie privée 148
§2. La garantie de la sécurité du contractant 153
A. La sécurité de la personne du contractant 154
1. Une admission généralisée de l'obligation de sécurité 154
2. Une application spéciale de l'obligation de sécurité : la sécurité du passager 157
B. La sécurité des biens du contractant 164
1. Le droit du contractant au respect de ses biens 165
2. La problématique du pacte commissoire dans le respect des biens du contractant 168
SECTION II. LE DOMICILE 176
§1- Le domicile personnel du contractant 177
A. La notion de domicile personnel 177
B. La protection du domicile personnel 179
§2. Le domicile professionnel du contractant 182
A. La notion de domicile professionnel 182
B. La protection du domicile professionnel 184
SECTION III. LA PROFESSION 186
§1. La profession salariée 187
A. La parité 188
1. L'égalité des rémunérations entre les femmes et les hommes 189
2. L'égalité du déroulement de carrière entre les femmes et les hommes 193
B. La non concurrence 194
§2. La profession non salariée 196
A. Le renforcement des droits civiques des associés 197
1. Le droit des associés de participer à la vie sociale 197
2. Le devoir de loyauté du dirigeant social associé à l'égard des autres associés 199
B. L'encadrement des abus des associés 202
1. L'encadrement des abus de majorité 203
2. La sanction des abus de minorité 204
3. L'encadrement de l'abus d'égalité 207
Conclusion du Chapitre 208
CHAPITRE II LES DROITS CIVIQUES CONTINGENTS 209
SECTION I. LA NOTION UNITAIRE DE DEVELOPPEMENT DURABLE 211
§1. La genèse évolutive de la notion de développement durable 212
A. Historique de la notion de développement durable 212
B. Les fondements possibles du développement durable 217
1. En droit de l'OHADA 219
2. En droit européen 224
§2. La nature juridique du développement durable en question 228
A. De l'objectif au principe juridique de développement durable 229
B. Le développement durable, un droit civique 230

SECTION II. DES APPLICATIONS CONTRACTUELLES PLURIELLES DU DEVELOPPEMENT DURABLE 232
§1. Un développement significatif du commerce équitable 236
A. Les principes contractuels du commerce équitable 238
B. Les bases textuelles du commerce équitable 241
§2. La prise en compte progressive des données environnementales 244
A. L'émergence des obligations environnementales 245
B. La reconnaissance graduelle du droit à un environnement sain 251
C. L'institution de la responsabilité environnementale 256
Conclusion du Chapitre 261
– CONCLUSION DU TITRE II DE LA PREMIERE PARTIE – 262
CONCLUSION DE LA PREMIÈRE PARTIE 262
DEUXIÈME PARTIE 263
L'ESSENCE DU CIVISME CONTRACTUEL 263
TITRE I - LA GÉNÉRALISATION DE LA NOTION DE CIVISME CONTRACTUEL 265
CHAPITRE I LA QUALIFICATION DU CIVISME CONTRACTUEL 267
SECTION I. LE CIVISME CONTRACTUEL: UN PRINCIPE GENERAL DU DROIT DES CONTRATS 268
§1. La multiplicité des caractères du civisme contractuel 268
A. Le caractère général, abstrait et impersonnel du civisme contractuel 268
1. Le civisme contractuel, un principe général 269
2. Le civisme contractuel, un principe abstrait 271
3. Le civisme contractuel, un principe impersonnel 272
B. Le caractère permanent et constant du civisme contractuel 273
C. Le caractère plus ou moins écrit et jurisprudentiel du civisme contractuel 275
1. Le civisme contractuel, un principe plus ou moins écrit 275
2. Le civisme contractuel, un principe prétorien 279
§2. L'autorité certaine du civisme contractuel 283
A. L'autorité du civisme contractuel à l'égard des contractants 283
1. L'autorité du principe du civisme contractuel à l'égard du créancier 284
2. L'autorité du principe du civisme contractuel à l'égard du débiteur 291
B. L'autorité du civisme contractuel à l'égard des tiers 295
1. L'autorité du civisme contractuel à l'égard du juge 297
2. L'autorité du civisme contractuel à l'égard de l'arbitre : l'obligation de révéler les causes de conflits d'intérêts 299
SECTION II. LE CIVISME CONTRACTUEL: UN PRINCIPE COMPLEMENTAIRE EN DROIT DES CONTRATS 303
§1. La complémentarité du civisme contractuel vis-à-vis des principes actuels 303

A. Civisme contractuel et autoncmie de la volonté, deux principes complémentaires 305
B. Civisme contractuel et solidarisme contractuel, deux principes complémentaires 307
§2. De la consécration textuelle du civisme contractuel 317
A. Une opportunité envisageable 317
B. Une nécessité relativisable 320
Conclusion du Chapitre 322
CHAPITRE II LES FONCTIONS PLURIELLES DU CIVISME CONTRACTUEL 325
SECTION I. L'ACCROISSEMENT DU RÔLE DES CONTRACTANTS ET DES INTERPRETES CONTRACTUELS 326
§1. L'accroissement du rôle des contractants 327
A. Le renforcement des droits bilatéraux des contractants 327
B. L'enracinement des droits unilatéraux au profit des contractants 334
§2. L'accroissement du rôle du juge 347
A. Le juge-concepteur 348
B. Le juge-salvateur 356
SECTION II. LA SECURISATION DU LIEN CONTRACTUEL 361
§1. La pérennisation du lien contractuel 361
A. Le reclassement du travailleur devenu inapte à son emploi .. 363
B. L'obligation de régularisation du contrat de société 367
§2. La garantie de l'équilibre contractuel 372
A. Un traitement justifié des abus contractuels 373
B. Vers l'avènement de la théorie de l'imprévision en matière contractuelle 382
Conclusion du Chapitre 389

- CONCLUSION DU TITRE I DE LA DEUXIEME PARTIE - 389

TITRE II LA SPECIALISATION DES SANCTIONS DE LA VIOLATION DU CIVISME CONTRACTUEL 391
CHAPITRE I LES SANCTIONS DE LA VIOLATION DE L'INTERET GENERAL 393
SECTION I. LA TRANSFORMATION DE LA THEORIE DES NULLITES CONTRACTUELLES 395
§1. La permanence résiduelle de la nullité du contrat 397
A. L'effectivité de la nullité du contrat 397
B. L'inadaptation de la nullité du contrat 401
§2. La préférence réelle de la nullité des clauses contractuelles 404
A. La consécration du mécanisme des clauses nulles 406
B. L'extension de la technique du réputé non écrit 410
SECTION II. LA RENOVATION DE LA RESOLUTION CONTRACTUELLE 416
§1. Une variété certaine des résolutions non judiciaires 417
A. La limitation de la résolution non judiciaire à une inexécution essentielle 418

B. La consécration de la résolution non judiciaire du contrat par anticipation 423
§2. L'uniformité du régime des résolutions non judiciaires 427
A. L'exigence d'une notification préalable et prompte 428
B. La réticence à l'égard de la rétroactivité de la résolution 434
Conclusion du Chapitre 436
CHAPITRE II LA SANCTION DE LA VIOLATION D'UN INTERET PARTICULIER 437
SECTION I. L'EXECUTION EN NATURE 443
§1. Le maintien de l'exécution en nature stricto sensu 444
A. La notion d'exécution en nature *stricto sensu* 444
B. Quelques applications de l'exécution en nature *stricto sensu* 448
§2. Le recours aux succédanés de l'exécution en nature 453
A. Le remplacement 453
B. La réparation en nature 459
SECTION II. L'EXECUTION PAR EQUIVALENT 464
§1. Le maintien des modes classiques d'exécution par équivalent 464
A. Les justifications de l'allocation des dommages et intérêts... 465
B. L'évaluation des dommages et intérêts 467
§2. L'avènement d'un nouveau mode d'exécution par équivalent : de l'allocation des dommages et intérêts punitifs 471
A. La notion de dommages et intérêts punitifs 471
B. L'appréciation des dommages et intérêts punitifs 477
Conclusion du Chapitre II du Titre II de la Deuxième Partie 480

CONCLUSION DU TITRE II DE LA DEUXIEME PARTIE 481

CONCLUSION DE LA DEUXIEME PARTIE 483

CONCLUSION GÉNÉRALE 485

ANNEXES 489

INDEX ALPHABÉTIQUE - 497

BIBLIOGRAPHIE – 501

Postface 577

Questions juridiques aux éditions L'Harmattan

Dernières parutions

CONCILIATION ET MÉDIATION DEVANT LA JURIDICTION ADMINISTRATIVE
Actes du colloque du Conseil d'État du 17 juin 2015
Sous la direction de Jacques Biancarelli et Béatrice Blohorn-Brenneur
Voici près de 25 ans que le Conseil d'État, confronté à une judiciarisation croissante de la société, réfléchit aux modes alternatifs de règlement des différends afin de les pacifier et de rendre les justiciables davantage confiants en la justice administrative. Après avoir rappelé le contexte juridique et les enjeux d'une telle impulsion, un bilan comparatif des pratiques du juge administratif et du juge judiciaire a permis de mesurer combien il est nécessaire et urgent de compléter la boîte à outils dont dispose le premier. Voici une réflexion, les références et les outils nécessaires à la juridiction administrative.
(Coédition GEMME, 24.00 euros, 246 p.)
ISBN : 978-2-343-07270-8, ISBN EBOOK : 978-2-336-39774-0

L'ERREUR JUDICIAIRE
Apprendre à douter pour lutter contre les erreurs judiciaires
Sous la direction de Xavier Pin
L'erreur judiciaire hante autant qu'elle jalonne l'histoire de notre justice pénale. Nous avons tous en mémoire de retentissants procès ayant vu des individus accusés ou condamnés, avant d'être disculpés, graciés ou réhabilités. Le législateur y est sensible au point de réformer régulièrement la procédure pénale pour tenter d'éviter, de corriger ou de réparer, autant que possible, de telles erreurs. Une loi du 20 juin 2014 réforme les procédures de révision et de réexamen des condamnations pénales définitives : elle est l'occasion d'essayer de comprendre ces fiascos judiciaires.
(Coll. Droit privé et sciences criminelles, 15.00 euros, 126 p.)
ISBN : 978-2-343-07284-5, ISBN EBOOK : 978-2-336-39807-5

LE DROIT CONSTITUTIONNEL DE LA Vᵉ RÉPUBLIQUE
(Treizième édition)
Lascombe Michel, Toulemonde Gilles
Cet ouvrage s'adresse aux étudiants en droit, aux élèves des instituts d'études politiques et aux candidats aux concours administratifs. Il couvre l'essentiel du programme de droit constitutionnel, c'est-à-dire aussi bien les constitutions françaises depuis 1789 que l'actuel texte constitutionnel. Cette nouvelle édition tient compte des derniers développements induits par les changements politiques, des dernières réformes des règlements des assemblées et de la jurisprudence la plus récente.
(Coll. Logiques Juridiques, 42.00 euros, 506 p.)
ISBN : 978-2-343-07916-5, ISBN EBOOK : 978-2-336-39877-8

LA PROXIMITÉ EN DROIT INTERNATIONAL PRIVÉ DE LA FAMILLE
Bouyahia Sabrine Maya - Préface de Lotfi Chedly et Marie Goré
Parmi les méthodes proposées pour trancher les litiges présentant un élément d'extranéité, figure celle reposant sur le principe de proximité. L'étude porte sur deux systèmes de droit international privé de la famille différents (droit français et droit tunisien) pour mettre en exergue d'une

part l'adaptation de cette méthode aux spécificités de chaque ordre étatique et d'autre part son adéquation avec tous les différents systèmes de droit.
(Coll. Logiques Juridiques, 54.00 euros, 618 p.)
ISBN : 978-2-343-05464-3, ISBN EBOOK : 978-2-336-39866-2

QUARTIER-FEMMES ÉCROU 10970
Boh-Petit Dominique
Cellule 24 : une femme dit toute sa souffrance d'être enfermée. Elle a tué. Son histoire est à la rubrique des faits divers. La Cour d'assises la jugera. Bien des années plus tard, elle est libérée. La vie doit reprendre. Ce récit est parfaitement conforme à la réalité. Tout a existé et existe encore.
(Coll. La justice au quotidien, 15.00 euros, 130 p.)
ISBN : 978-2-343-07436-8, ISBN EBOOK : 978-2-336-39812-9

GABELOUS ET CONTREBANDIERS
Histoire des fermiers généraux de Dijon (1760-1780)
Evrard Sébastien - Préface de Marc Fradet
En exhumant un registre du personnel de la direction des fermes de Dijon, l'auteur retrace, entre 1760 et 1780, la vie méconnue de centaines d'agents au service du doit et de l'impôt. Ces derniers servaient un système protecteur (la retraite fait son apparition dès 1768), parfois très rémunérateur, mais qui s'avère aussi, sous certains aspects, une machine à broyer les hommes : le régime des sanctions que met en place la Ferme est d'une efficacité redoutable. En définitive, la Ferme présente un aspect mitigé.
(Coll. Mémoires des Douanes, 28.50 euros, 278 p.)
ISBN : 978-2-343-06683-7, ISBN EBOOK : 978-2-336-39845-7

DICTIONNAIRE OHADA
(3e édition)
Bitsamana Hilarion Alain
Ce dictionnaire spécial du droit des affaires OHADA propose une définition claire et précise, avec tous les compléments nécessaires, des principaux termes utilisés tous les jours se rapportant à l'OHADA. Un ouvrage de référence permettant de décoder l'OHADA, accessible à toute personne s'intéressant au monde des affaires en Afrique comme à l'étranger.
(39.00 euros, 398 p.)
ISBN : 978-2-343-07656-0, ISBN EBOOK : 978-2-336-39786-3

LA DÉJUDICIARISATION ET LES PROCÉDURES NON CONTENTIEUSES EN AFRIQUE
Amboulou Hygin Didace
La déjudiciarisation comprend l'ensemble des mécanismes de gestion des différends en rationalisant les moyens matériels et humains de la justice, afin de pallier les déficiences du système judiciaire et de limiter les surcharges des juridictions. Les institutions de nombreux pays sont analysées et les déjudiciarisations en droit public et en droit privé sont abordées.
(Coll. Études africaines, 17.50 euros, 156 p.)
ISBN : 978-2-343-06928-9, ISBN EBOOK : 978-2-336-39805-1

COMMENT RENFORCER L'INDÉPENDANCE DE LA MAGISTRATURE AU SÉNÉGAL ?
Ngom Babacar
Préface de Amadou Mahtar Mbow
L'ouvrage présente dans une première partie les garanties légales d'indépendance de la justice, notamment la règle de la séparation des pouvoirs, le principe de la soumission des juges à l'autorité de la loi et celui de l'inamovibilité du magistrat du siège. Après une analyse critique de ces dispositions, l'auteur formule des propositions de renforcement de l'indépendance de la magistrature.
(13.50 euros, 124 p.)
ISBN : 978-2-343-05158-1, ISBN EBOOK : 978-2-336-39837-2

LE DROIT PÉNAL DES AFFAIRES AU CAMEROUN
Djila Kouayi Kemajou Rose
Préface de Victor-Emmanuel Bokalli
Dans le domaine des affaires, la liberté d'entreprendre et d'investir comporte de nombreux risques, au rang desquels le risque pénal. La délinquance en col blanc n'étant plus réservée aux grandes sociétés commerciales, les moyens de lutte et de sécurisation des investisseurs nécessitent un droit pénal des affaires dont l'objectif est la recherche d'une éthique dans ce domaine.
(Coll. Études africaines, 35.50 euros, 350 p.)
ISBN : 978-2-343-07840-3, ISBN EBOOK : 978-2-336-39777-1

50 ANS DE MARIAGE
Réflexions d'un notaire sur l'évolution du couple ces cinquante dernières années
Dauptain Pierre
De la pilule contraceptive jusqu'au mariage pour tous, l'auteur nous propose une réflexion sur les lois qui ont accompagné l'évolution du couple au cours des cinquante dernières années. Il analyse cette évolution pour aborder les problématiques juridiques et morales qui font tant débat de nos jours. Il s'appuie sur des travaux de juristes ou de sociologues, des articles de presse, mais aussi sur les chansons et les films qui ont marqué ces années et qui témoignent de façon si éclairante des changements de mentalités.
(Éditions Pepper, 16.50 euros, 148 p.)
ISBN : 978-2-343-07677-5, ISBN EBOOK : 978-2-336-39690-3

MÉTHODOLOGIE ET ASPECTS FORMELS DE LA RECHERCHE
Petit manuel à l'usage des juristes
Marain Gaëtan
L'ouvrage propose un véritable apprentissage du formalisme qui doit permettre aux étudiants et aux professionnels confrontés à la rédaction d'une thèse ou d'un mémoire juridique d'aborder ce travail avec sérénité. L'auteur donne une méthode de recherche pour définir le sujet, trouver et compulser les références utiles, échafauder un plan. Il aborde également les thèmes des citations d'auteur, notes de bas de page, mise en page. Il traite enfin du travail de relecture et de l'épreuve de soutenance.
(19.00 euros, 178 p.)
ISBN : 978-2-343-07638-6, ISBN EBOOK : 978-2-336-39556-2

RISQUES, ACCIDENTS ET CATASTROPHES
Liber amicorum
En l'honneur de Madame le professeur Marie-France Steinlé-Feuerbach
Sous la direction Hervé Arbousset, Caroline Lacroix et Benoît Steinmetz
L'étude et l'analyse des risques sont au cœur des réflexions du Professeur Steinlé-Feuerbach. Ses nombreux écrits de doctrine sur la thématique des accidents et des catastrophes ont amené à ce que ses collègues et amis lui dédient cet ouvrage. Ces mélanges donnent une vue d'ensemble d'une matière devenue une véritable discipline transcendant le clivage droit public-droit privé.
(Coll. Sciences criminelles, 34.00 euros, 334 p.)
ISBN : 978-2-343-07169-5, ISBN EBOOK : 978-2-336-39677-4

ÉTAT, COLLECTIVITÉS TERRITORIALES ET DROITS SOCIAUX
Étude du droit comparé
Sous la direction d'Olivier Lecucq
Comment, selon leur organisation territoriale respective, La France, l'Espagne et l'Italie œuvrent à la satisfaction des droits sociaux. Quels sont les rôles de l'État en ce domaine ? Quelles sont les actions qui en découlent et comment se coordonnent-elles ? Quelles en sont les implications en termes d'égalité des citoyens et des territoires ? L'ouvrage tente de répondre à ces questions en interpellant la réalisation de l'État social dans un contexte de crise, de réduction des déficits et de maîtrise des dépenses.
(Coll. Bibliothèques de droit, 22.50 euros, 221 p.)
ISBN : 978-2-343-07585-3, ISBN EBOOK : 978-2-336-39683-5

LE PRINCIPE DE PRÉCAUTION
Au carrefour de la philosophie, du droit et des sciences
Calderaro Norbert
La notion de principe de précaution, qui donne lieu à beaucoup de controverses, nécessite de la part d'un juriste une analyse objective pour écarter ce qu'elle n'est pas et définir son contenu véritable. Après un aperçu des sources philosophiques, l'auteur réalise une synthèse du principe de précaution en droit international, européen, en droit comparé et en droit interne. Il intègre notamment les tout derniers développements de la jurisprudence du Conseil d'État.
(18.50 euros, 180 p.)
ISBN : 978-2-343-05457-5, ISBN EBOOK : 978-2-336-39452-7

LES COLLECTIVITÉS TERRITORIALES ET LA SPÉCULATION
Goasdoué Mélissa - Avant-propos de Michel Verpeaux
Préface de Julien Martin
L'ancien dispositif empêchant la conclusion d'opérations financières spéculatives par les collectivités locales ayant échoué, un nouveau dispositif fonctionnant au cas par cas a été mis en place. Après une étude des imperfections de la notion de spéculation puis des liens unissant ces imperfections à l'échec du précédent dispositif dans la protection des collectivités contre les risques spéculatifs, le présent ouvrage s'attache à démontrer comment et dans quelle mesure cette protection est désormais rendue possible.
(Coll. Droit des collectivités territoriales, série Travaux, 15.00 euros, 140 p.)
ISBN : 978-2-343-07619-5, ISBN EBOOK : 978-2-336-39520-3

LE DROIT DE LA GUERRE
Traité sur l'emploi de la force armée en droit international (3 volumes)
Cumin David
Aussi ancien que la guerre et que le droit international dont il constitue le cœur historique, le droit de la guerre existe. Croisant droit et polémologie, portant sur les conflits armés internationaux et internes, ce traité expose, explique et reconstruit l'ensemble du droit international contemporain relatif à l'emploi de la force armée - auteurs et acteurs de la belligérance, ses buts, moyens, théâtres, régimes - et propose une analyse critique de la responsabilité réparatrice et punitive.
Volume 1 (Coll. Droit comparé, 46.00 euros, 458 p.)
ISBN : 978-2-343-06498-7, ISBN EBOOK : 978-2-336-39588-3
Volume 2 (Coll. Droit comparé, 60.00 euros, 760 p.)
ISBN : 978-2-343-07707-9, ISBN EBOOK : 978-2-336-39589-0
Volume 3 (Coll. Droit comparé, 48.00 euros, 468 p.)
ISBN : 978-2-343-07708-6, ISBN EBOOK : 978-2-336-39590-6

LA RESPONSABILITÉ DE PROTÉGER
Nouvelle approche du droit international
Gandou D'Isseret Crépin Gyscard
Le droit d'ingérence humanitaire se comprend comme une éthique de détresse, une obligation de protéger les personnes en danger de mort. La responsabilité de protéger traduit en acte la nécessité impérative de prendre soin de l'homme, ou de la collectivité humaine en général, quand les conditions de son existence connaissent une détérioration significative ou quand elles sont sur le point de le devenir.
(Coll. Harmattan Congo, 16.50 euros, 152 p.)
ISBN : 978-2-343-06724-7, ISBN EBOOK : 978-2-336-39575-3

L'Harmattan Italia
Via Degli Artisti 15; 10124 Torino
harmattan.italia@gmail.com

L'Harmattan Hongrie
Könyvesbolt ; Kossuth L. u 14-16
1053 Budapest

L'Harmattan Kinshasa
185, avenue Nyangwe
Commune de Lingwala
Kinshasa, R.D. Congo
(00243) 998697603 ou (00243) 999229662

L'Harmattan Congo
67, av E. P. Lumumba
Bât. – Congo Pharmacie (Bib. Nat.)
BP2874 Brazzaville
harmattan.congo@yahoo.fr

L'Harmattan Guinée
Almamya Rue KA 028, en face
du restaurant Le Cèdre
OKB agency BP 3470 Conakry
(00224) 657 20 85 08 / 664 28 91 96
harmattanguinee@yahoo.fr

L'Harmattan Mali
Rue 73, Porte 536, Niamakoro,
Cité Unicef, Bamako
Tél. 00 (223) 20205724 / +(223) 76378082
poudiougopaul@yahoo.fr
pp.harmattan@gmail.com

L'Harmattan Cameroun
BP 11486
Face à la SNI, immeuble Don Bosco
Yaoundé
(00237) 99 76 61 66
harmattancam@yahoo.fr

L'Harmattan Côte d'Ivoire
Résidence Karl / cité des arts
Abidjan-Cocody 03 BP 1588 Abidjan 03
(00225) 05 77 87 31
etien_nda@yahoo.fr

L'Harmattan Burkina
Penou Achille Some
Ouagadougou
(+226) 70 26 88 27

L'Harmattan Sénégal
10 VDN en face Mermoz, après le pont de Fann
BP 45034 Dakar Fann
33 825 98 58 / 33 860 9858
senharmattan@gmail.com / senlibraire@gmail.com
www.harmattansenegal.com

L'Harmattan Bénin
ISOR-BENIN
01 BP 359 COTONOU-RP
Quartier Gbèdjromèdé,
Rue Agbélenco, Lot 1247 I
Tél : 00 229 21 32 53 79
christian_dablaka123@yahoo.fr

Achevé d'imprimer par Corlet Numérique - 14110 Condé-sur-Noireau
N° d'Imprimeur : 127343 - Dépôt légal : mars 2016 - *Imprimé en France*

www.ingramcontent.com/pod-product-compliance
Lightning Source LLC
LaVergne TN
LVHW011220061026
849535LV00001BA/105
9782343088730